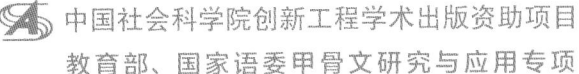中国社会科学院创新工程学术出版资助项目

教育部、国家语委甲骨文研究与应用专项

甲骨学发展120年

王宇信　［韩］具隆会　著

中国社会科学出版社

图书在版编目（CIP）数据

甲骨学发展 120 年 / 王宇信,（韩）具隆会著 . —北京：中国社会科学出版社，2019.5
ISBN 978 - 7 - 5203 - 4345 - 9

Ⅰ.①甲… Ⅱ.①王…②具… Ⅲ.①甲骨学—历史—中国 Ⅳ.①K877.1

中国版本图书馆 CIP 数据核字（2019）第 074436 号

出 版 人	赵剑英
责任编辑	安　芳
责任校对	李　莉
责任印制	李寡寡

出　　版	中国社会科学出版社
社　　址	北京鼓楼西大街甲 158 号
邮　　编	100720
网　　址	http://www.csspw.cn
发 行 部	010 - 84083685
门 市 部	010 - 84029450
经　　销	新华书店及其他书店

印刷装订	北京市十月印刷有限公司
版　　次	2019 年 5 月第 1 版
印　　次	2019 年 5 月第 1 次印刷

开　　本	710×1000　1/16
印　　张	47.75
字　　数	758 千字
定　　价	265.00 元

凡购买中国社会科学出版社图书，如有质量问题请与本社营销中心联系调换
电话：010 - 84083683
版权所有　　侵权必究

谨以此书献给甲骨学发展 120 周年

代　序*

杜占元

尊敬的联合国教科文组织驻华代表欧敏行女士、尊敬的单霁翔院长，各位专家、各位来宾、媒体朋友们：

时值北京隆冬时节，这里却是暖意融融。今天，我们在具有独特文化标志的故宫博物院，召开甲骨文成功入选"世界记忆名录"发布会。在故宫博物院举办可谓意味深长，故宫博物院是中华民族的骄傲、是全人类的珍贵文化遗产，1987年入选世界文化遗产名录，它所蕴含的深厚历史积淀和博大精深、灿烂辉煌的文化内涵与甲骨文入选"世界记忆名录"这件中华文化的盛事相得益彰。在此，我谨代表教育部、国家语委对甲骨文成功入选"世界记忆名录"表示热烈祝贺！对联合国教科文组织给予甲骨文等中国珍贵文献遗产的重视和肯定表示衷心的感谢！对为此付出辛勤努力的有关单位和专家学者表示诚挚的敬意！

甲骨文是目前已知中国最早的成体系的文字，记载了殷商社会的历史和文化，是中华文化宝库中的璀璨明珠。甲骨文以实物形态保存和呈现了我国悠久的历史文明，不仅是中华民族的宝贵文化遗产，也是全人类共同的文化遗产。中华文明是世界诸多文明中唯一没有中断过的文明，在几千年历史长河中孕育发展的中华文化，是中华民族的根与魂。在世界文明发

---

* 本文为原教育部副部长、国家语言文字工作委员会主任杜占元先生于2017年12月26日在故宫博物院建福宫举行的"甲骨文成功入选'世界记忆名录'发布会"上的讲话。征得杜先生同意，置于本书前作为代序，特此说明。

展史上，历史悠久的几大古老文明，都曾创造了自己的文字，但只有汉字与伟大的中华文明生生不息，传承至今。可以说，从甲骨文一脉相承发展到今天的汉字，为中华文化的传承与发展提供了坚实的载体和重要保证，为实现国家统一和多民族融合发挥了重要作用。中国文字不但为中华文化的传承发展做出独特的贡献，对世界尤其周边国家也产生过长远的影响，为世界文明发展做出了重大贡献。甲骨文入选"世界记忆名录"，正是其价值得到世界公认的体现，也将是其为世界文明做出新贡献的新起点。

党和国家高度重视以甲骨文为代表的中华优秀传统文化的传承与发展。习近平总书记指出，文化自信是一个国家、一个民族发展中更基本、更深沉、更持久的力量；没有高度的文化自信，没有文化的繁荣兴盛，就没有中华民族伟大复兴；并强调要重视甲骨文等古文字研究。随着中国经济建设和社会发展取得举世瞩目的伟大成就，中国日益走近世界舞台中央，语言文字作为文化的重要载体和鲜明标志，迎来了前所未有的发展机遇。普通话和汉字成为世界上越来越热门的语言文字，孔子学院受到各国人民欢迎。历史悠久的中国语言文字，是中华民族建立文化自信、推进文化繁荣的不竭源泉，也是促进世界各民族交流沟通的文明使者，它正在以崭新的姿态为人类命运共同体的建设谱写新的华章。

珍惜先人遗产、光大古老文字文明，是实现中国梦的必然要求。做好甲骨文的整理、研究与保护工作是我们义不容辞的责任。从清末学者王懿荣"一片甲骨惊天下"到今天已经过去将近120年，经过几代学者苦心孤诣，薪火相传，甲骨文研究取得了显著成果，特别是进入21世纪以后，集大成的甲骨著录与文献集成相继问世，甲骨文相关工具书也越来越完备，研究方法也有了长足的发展。但是，我们还应清醒地认识到，当今的甲骨文和甲骨学研究还不能很好地适应新时代的要求，研究内容缺乏全面系统的规划，在服务社会需求，扩大甲骨文的认知度和影响力方面也比较薄弱。特别值得关注的是，我们对甲骨文所蕴含的历史和文化价值的认识还远远不够，通过加强甲骨文研究来挖掘和阐释中华优秀传统文化的深刻内涵，展现中华文明的精髓是新时代赋予我们的新使命。甲骨文研究要在继承中创新，在创新中发展，特别要更加重视和促进语言、历史、文化、考古、天文等多学科融合，深度发掘甲骨文所蕴含的思想文化价值，充分发掘甲骨文研究在新时代文化研究和文化建设中的重要作用。要采用先进科学技术手段助推甲骨文研究，如建立甲骨文信息数据库，采用大数据、云计算的研究方法，运用超景深电子数码显微镜、高清晰数码照相等一系列新技术和跨学科的研究方法，助力甲骨文研究迈向新阶段。

甲骨文研究任重道远。教育部、国家语委会同文化部、科技部、国家文物局等相关部委联合制订了甲骨文研究与应用专项方案，计划用三年的时间，在甲骨文基础研究、数字化建设以及推广应用等方面取得一批新成果，同时力争在2019年甲骨文发现120周年这样的重要时间节点有一批有影响的成果面世。该专项方案包含若干子项目，推动甲骨文入选"世界记忆名录"即是其中之一，它的成功为专项工作开启了良好开端。在时间紧、任务重的情况下，今年教育部、国家语委克服各种困难抓紧方案的落实，设立了专项资金，先期启动立项十多个科研项目，未来还将规划设立更多项目，希望有关部门和专家学者积极参与和支持这项工作。我们还将继续大力支持甲骨文研究的国际合作，共同促进人类文明的进步和发展。

女士们、先生们、朋友们，甲骨文的历史已有三千多年，但甲骨文被发现、被认识的历史却只有一百多年。近代学者、"甲骨四堂"之一罗振玉在《殷虚书契待问编》中说道："今日所不知者，异日或知之。在我所不知者，他人或知之"……对甲骨文的探索、认识之路"道阻且长"。我们要不忘初心，牢记使命，以甲骨文入选"世界记忆名录"为契机，做好甲骨文的研究保护和人才培养等工作，使"绝学"不绝，"冷门"不冷。将甲骨文研究融入中华传统文化创造性转化、创新性发展之中，为增强中华民族文化自信注入力量，让古老的文字在这个伟大的时代焕发出崭新的光彩。

最后，预祝"甲骨收藏与绝学振兴"高峰论坛取得圆满成功！祝各位嘉宾新年快乐、万事如意！

谢谢大家！

写在书前的话

王宇信

自1899年甲骨文被发现以后,经过几代海内外学者默默地守护和"上穷碧落"地追求,在"衣带渐宽终不悔"孜孜探索中,甘于"冥行长夜"的冷清寂寞。他们在"乍睹晨星"般的发现中,享受着"灯火阑珊"的快乐,终于使120年来的甲骨学绝学不绝,冷门不冷,并与现代科学技术发展同步,成为一门举世瞩目的国际性学问。甲骨学在经历了其发展道路上的百年辉煌以后,自2000年进入了创造研究再辉煌的新世纪。特别是2016年5月17日在"全国哲学社会科学座谈会"上,习近平同志强调"要重视发展有重要文化价值和传承意义的绝学、冷门学科"。特别是"一些学科事关文化传承的问题,如甲骨文等古文字研究等。要重视这些学科,确保有人做,有传承"的重要讲话,高屋建瓴,把甲骨文置于中华文化传承和发展的民族文化自信和文化复兴的大格局中加以认识,从而使"看上去同现实距离较远"的甲骨文等古文字研究学者深受鼓舞,以更饱满的热情和更新的规模,纷纷投入了政府推动下的甲骨研究全面深入发展与弘扬新阶段的研究热潮中,顶层设计的一系列研究课题的提出和开展,将把这一新阶段打造得更加靓丽辉煌。

作为中华人民共和国培养起来的一名老甲骨文研究者,笔者曾有幸以参加《甲骨学一百年》《甲骨文合集释文》和《甲骨学通论》(增订本)等著作的研究,送走了辉煌的甲骨文发现100周年纪念,并能参与甲骨学研究新世纪的开局巨献《商代史(11卷)》(2008年)及其后《新中国甲骨学六十年》（2013年）等项目的研究，为新一百年甲骨学研究的再辉煌，继续做着我力所能及的研究工作。虽然我现已属耄耋之年，但又有幸参与了甲骨研究新阶段的顶层设计研究项目，并又感受到了自己终生追求的中华国粹甲骨文，被列入"世界记忆名录"的激动和自豪。在2019年甲骨文发现120年到来的日子里，我又将以拙著《甲骨学发展120年》，作为我又有幸参与这一隆重纪念活动的献礼。

有朋友问我，你的《甲骨学发展120年》（以下简称《发展120年》），和此前出版的《甲骨学一百年》（以下简称《100年》）和《新中国甲骨学六十年》（以下简称《60年》）等同类著作，在内容和体例方面有什么不同么？我的回答是，不同是有的！

首先，就是二者涉及的时间段不同。《发展120年》的涉及时间，涵盖了《100年》及《60年》等，并一直延续到2016年10月28日以后，以中国文字博物馆在《光明日报》上刊出的甲骨文字优秀释读成果"奖励公告"为标志，开启的政府推动下的甲骨文研究全面深入发展与弘扬新阶段。由于《发展120年》与此前出版的《100年》及《60年》等同类著作包含时间段的不同，因而有关甲骨学发展的内容和信息量要丰富了许多。特别是甲骨文研究国际学术交流的加强，以前诸书都不可能有专篇叙述。也就是在这一新阶段，甲骨文这一中华传统文化精华走出了国门，成为中国人民站起来、富起来、强起来的国际文化交流使者，从而改变了近代中国甲骨文是帝国主义分子觊觎、劫掠的对象和结束了任其宰割的俎上之肉的屈辱历史；此外，迄至目前，各种甲骨学通论性著作和学术史都不曾给以足够注意的甲骨文书法艺术，《发展120年》给予了特别关注。应该说，甲骨文书法对普及学者释读甲骨文字的新成果，并使更多的人民大众识知甲骨文、感受甲骨文的文化魅力很有意义。可以说，甲骨文研究这一"阳春白雪"，正是通过甲骨文书法这一艺术形式，才走进人民大众之中，从而使更多的人民群众喜爱甲骨文，普及了甲骨文的知识和增强社会认同感。鉴于此，本书介绍了引领甲骨书法艺术发展方向的重要学术会议和对提高甲骨文书法艺术有重要参考价值的几部著作。不被甲骨学研究主流看好的甲骨文书法艺术，本书将其列入大雅之堂，以期引起学术界对甲骨文书法艺术的重视。不仅如此，本书还对"新阶段"到来之前进行了追述，即甲骨学者在新世纪初所做的努力和所取得的成就，并凝心聚力谋发展，未雨绸缪，为研究进入顶层设计的"新阶段"研究做好了资料和人才的充分准备。如此等等，在《100年》或《60年》一类著作中，是不可谈及的。

其次，新著《发展120年》与已出版的《100年》《60年》等类著作，虽然在内容上都涉及了"甲骨学"和百年来甲骨学的发展，但二书对"发展"的内容和侧重点是不尽相同的。《发展120年》的内容侧重甲骨文研究不同阶段的发展过程，即120年来研究所经历的发展历程和所取得的成绩。而这些成绩是体现在不同阶段的甲骨文发现、著录、甲骨学研究、殷商史和考古学研究等不同领域的研究所取得的成果上。而这些成果承上启下，推动了甲骨文研究动态的由一个阶段向另一个阶段的前进，而甲骨学发展各阶段的总集成，就是百年来的甲骨学史；《100年》和《60年》等同类总结综述性著作，则侧重研究发展不同阶段所取得的标志性成果，及取得这些成果的探索过程和成果的重大价值所在，从而使研究者从中得到启示、借鉴和在研究中参考、应用，但对整个甲骨学发展史来说，是跳跃式的片断阐述而缺乏系统全面的介绍。因此也可以说，《100年》等总结综述性著作，是发展史长河所取得重大成果的"特写"；而《发展120年》，则是甲骨学发展史"全景式"的记录与追踪。

再次，正是本书定名为《发展120年》，因而在已经出版的《100年》《60年》等总结综述性著作中，所不便叙述的甲骨学发展的一些具体过程，或不够叙述"规格"入书的一些内容，可以从叙述"发展"过程的需要出发，在本书中较为详备地加以追述；或作为重大阶段性成果的补苴，把一些过程写入书中，从而把"规格"衬托得更为凸显。诸如《100年》在叙述中华人民共和国成立前，中央研究院发掘殷墟甲骨文时，只在组成"第三节　殷墟考古发掘出土的甲骨文"目下三个小分节之"一、考古发掘与甲骨文的成批出土"中有简略介绍。虽然此节文字不多，但涉及内容颇广。在本小分节中，从北宋金石学谈起，再谈到董作宾受命去安阳调查殷墟甲骨文埋藏情形；由决定发掘殷墟，再谈到十五次大规模发掘甲骨文及出土总片数，可谓上下近千年来面面俱到，却面面实际上该到的不到。又如《60年》也只用一节"《甲》《乙》——

科学发掘甲骨文总集"和另一节"YH127坑甲骨发现的重大学术意义"就一带而过了。而《发展120年》所叙述的当年15次发掘殷墟时,每次发掘的时间、人员和收获,以及发掘过程中发生的一些意外事件等,在《100年》和《60年》等类著作中是根本无暇涉及的。特别是在抗战期间,史语所的甲骨学家如何在极端困难的条件下,坚持研究,守护和传承了中华文脉的丰富、生动的历史内容,《100年》等书是付诸阙如了。而《发展120年》则有广阔的空间,得以对发掘初期,"中研院"与河南当局关于殷墟发掘权之争加以追述。又如著名的YH127坑甲骨重大发现背后整体搬迁的曲折过程、"室内发掘"的考古创新等值得记述回忆。不仅如此,还对该坑甲骨的"散佚"社会之谜进行的追踪等,从而体现了甲骨学史的完整性,也增强了本书的资料性、趣味性和可读性;又如在《100年》《60年》等同类著作中不便用专设篇章,集中谈殷墟15次发掘的指导者"四大导师"和发掘的参加者"考古十兄弟"的贡献及所走的不同人生道路等,在拙著《发展120年》中,就可以从甲骨学发展史创造者的角度,在"第二章 120年来甲骨文的发现和发掘"的"五 甲骨文'科学发掘'时期(1928—1937年)"给以相当篇幅进行追溯。特别是在抗战期间,史语所的学者从南京到长沙、昆明、宜宾的不断搬迁,在居无定所的极端困难条件下,仍然坚持着研究著述,即本书219页"八千里路云和月,辗转迁徙保文脉"所叙述的内容。这在《100年》和《60年》等书中,是不可用如此篇幅从细节上进行叙述的。因而《发展120年》,从细节上丰富了甲骨学发展史的曲折性。当年前辈学者亲身经历的鲜活事件,在今天就成了我们可借鉴的历史。而前辈留下的记录文字,就成了今天研究甲骨学史的珍贵史料。

其四,120年来甲骨学研究之所以取得大发展,是几代大师坚持对甲骨文的守护、追求和对甲骨学研究不断开拓、创新,耗尽心力和辛勤笔耕所取得的。他们的著作和治学经验,也和甲骨文一样,成为值得我们继承和弘扬的宝贵文化财富。本书特设"120年来甲骨学发展史上有贡献的甲骨学家"专章,集中展示了创造甲骨学120年发展史的甲骨学家的风采。人事有代谢,往来成古今。缅怀、致敬为甲骨学研究做出贡献的学者,寄希望于群星灿烂的研究新秀,显示了甲骨学研究事业的兴旺发达和代有传人的雄厚潜力。这一堪称"全家福"式的甲骨学"六世同堂"的大合影式专章的设置，在此前出版的《100年》《60年》等同类著作中是没有的。

其五，当今的甲骨学已成为一门国际性学问。操着不同语言的各国学者，在世界文化遗产甲骨文面前有了共同的语言。在甲骨文故乡安阳成立的中国殷商文化学会，历年来在河南安阳、郑州、洛阳、偃师，在北京房山琉璃河、平谷，在河北邢台，在四川广汉三星堆、成都金沙，在江西南昌，在山东烟台福山、淄博高青等地召开过多次国际学术会议并出版了"夏商周文明研究"系列论文集11部，代表了甲骨文研究的最新水平和引领了甲骨学的发展方向。与此同时，甲骨文从封锁严密的仓库中走出来，在举办的有关展览上重见天日并接触了人民群众的地气。山东烟台市福山区王懿荣纪念馆成功打造了全国唯一的"甲骨学发展史馆"，而国家典籍博物馆在北京先后举办了《殷契重光——国家图书馆藏甲骨文精品展》和《甲骨文记忆展》等，把甲骨文研究成果大众化、普及化，使秘藏不露的甲骨实物走近人民大众，并使人民大众得见神秘甲骨文的真面目，近距离认知和感受国之瑰宝甲骨文博大精深的文化底蕴，加深理解和认识学者的研究及其成果的价值。广大群众在休闲和怡情养志中，受到中华传统文化的熏陶和教益，从而焕发出甲骨文的时代价值。不仅如此，甲骨文实物和甲骨文书法还走出国门，分别走进了联合国总部和南美洲墨西哥的阿卡普尔科市和大洋洲的澳大利亚悉尼市，从而使更多的各国人民，赞叹世界文化遗产甲骨文对人类文明进程做出的巨大贡献。让刻在甲骨上的文字"活"起来的大好形势，是以往一直作为"小众"的冷门甲骨学科所不敢想象的，也是此前的《100年》《60年》等著作中所没有的景象。

我感到十分幸运的是，在有幸参加了二十多年前的甲骨学一百年纪念盛典之后，又能以拙著《甲骨学发展120年》为献礼，参加甲骨文发现120周年隆重纪念活动。我非常感谢中国社会科学院学部主席团，在我自2003年退休十年之后，又批准我这一研究课题进入创新工程，从而使我有了向120周年纪念活动献礼的可能；我也感谢教育部语信司"甲骨文等古文字研究与应用专项"对此书出版的支持。我还应感谢杜占元先生，他慨先在故宫博物院"甲骨文成功入选'世界记忆名录'发布会"上（2017年

12月26日),代表教育部所做的大会发言讲稿,作为本书的"代序"发表,从而使广大国人记住我们的中华瑰宝甲骨文,进一步提升为世界遗产的这一值得自豪和欢庆的时刻!

王宇信

2019年2月18日凌晨

清稿于方庄芳古园"入帘青小庐"寓所

目　　录

序论 ……………………………………………………………………（1）
  一　商朝灭亡,甲骨深埋地下三千多年…………………………（1）
  二　甲骨文的第一个发现者王懿荣和早期购藏家………………（3）
  三　甲骨文与中国近代史料"四大发现"…………………………（5）
  四　甲骨文在世界文明史上的地位………………………………（6）

第一章　甲骨文与甲骨学 …………………………………………（8）
  一　殷墟甲骨文基本知识…………………………………………（8）
    （一）片数和字数………………………………………………（8）
    （二）甲骨文字是表意文字……………………………………（8）
    （三）甲骨的整治与占卜………………………………………（13）
  二　甲骨文与中国古代文明的弘扬………………………………（41）
    （一）"文献不足"的商代历史文化研究………………………（41）
    （二）甲骨文保存了丰富的商代历史文化信息………………（42）
    （三）甲骨文为中国考古学的形成和发展提供了契机………（43）
    （四）甲骨文与商代社会历史的复原…………………………（53）
    （五）甲骨文与汉语史和语言学研究…………………………（56）
    （六）甲骨文与古代科学技术成就的弘扬……………………（77）
    （七）商代的医学成就…………………………………………（111）
    （八）甲骨文与中国青铜时代…………………………………（124）
    （九）甲骨文与商代气象、天文历法的复原…………………（128）

第二章 120年来甲骨文的发现和发掘 …………………………… (150)
- 一 1899年以来甲骨文发现和发掘的几个时期概述 ………………… (150)
- 二 甲骨文的埋藏时期(公元前1046—1881年) ………………… (151)
- 三 甲骨文的"药材时期"(清咸丰年间—1899年) ………………… (155)
  - (一)小屯村民售"药材",批量"龙骨"发"北路" ………………… (155)
  - (二)动物遗骨成化石,"龙骨"疗效见《本草》 ………………… (156)
  - (三)"龙骨"药房煎汤剂,"刀尖"野药摆小摊 ………………… (157)
  - (四)人吃(或涂)"龙骨"知多少,痛心盲毁识君(文)晚 ………………… (158)
- 四 甲骨文的私人挖掘时期(1899—1928年) ………………… (158)
  - (一)历年"私挖"甲骨情形 ………………… (159)
  - (二)国内收藏家的甲骨购藏 ………………… (163)
  - (三)国外购藏家的甲骨购藏 ………………… (171)
  - (四)"私人挖掘"时期甲骨出土小结 ………………… (174)
- 五 甲骨文"科学发掘"时期(1928—1937年) ………………… (175)
  - (一)董作宾赴安阳调查殷墟地下还有没有可能继续出土甲骨 ………………… (175)
  - (二)中央研究院决定发掘殷墟 ………………… (177)
  - (三)殷墟科学发掘甲骨文(1928年10月至1937年6月)和中国考古新纪元 ………………… (178)
  - (四)整体迁台史语所,师友分离隔海天 ………………… (235)
- 六 新中国殷墟考古持续的进行与甲骨文的不断出土(1949年至今) ………………… (236)
  - (一)1950年春殷墟发掘和甲骨文的出土 ………………… (237)
  - (二)甲骨历年屡发现,屯南数量为"亚军" ………………… (237)
  - (三)花东甲骨整一坑,百年巨现第三次 ………………… (241)
  - (四)1949年以后殷墟出土甲骨小计:七十年来屡出土,地不爱宝迎辉煌 ………………… (242)
- 七 安阳殷墟以外地区出土的商代有字甲骨 ………………… (243)
- 八 国内外殷墟甲骨文收藏概况 ………………… (244)
  - (一)两岸三地崇甲骨,十三万片焕文明——甲骨文收藏在中国 ………………… (245)

（二）甲骨文化传世界，日加骨多冠列国——甲骨文收藏
　　　　在国外 ………………………………………………………（245）
　　（三）十五万骨五洲珍，优秀文明四海传——国内外收藏殷墟
　　　　甲骨小结 ……………………………………………………（247）
九　西周甲骨的发现 …………………………………………………（247）

第三章　120 年来甲骨学研究取得了辉煌的成就 ……………（253）
一　甲骨学研究的草创时期(1899—1928 年) ……………………（253）
　　（一）甲骨文的著录 ……………………………………………（254）
　　（二）甲骨文研究 ………………………………………………（264）
　　（三）王国维"两考""一论"，甲骨商史攀高峰 ………………（283）
二　甲骨学研究的发展时期(1928—1937 年) ……………………（288）
　　（一）甲骨文的著录取得新成就 ………………………………（288）
　　（二）甲骨文研究 ………………………………………………（312）
　　（三）甲骨文字考释的深入 ……………………………………（352）
　　（四）商代史的复原研究 ………………………………………（359）
三　甲骨学的深入发展时期(1949—1978 年) ……………………（368）
　　（一）甲骨文著录的不断出版 …………………………………（368）
　　（二）甲骨学研究的深入发展 …………………………………（379）
　　（三）甲骨文字考释的深入 ……………………………………（388）
　　（四）甲骨学研究的全面总结性著作 …………………………（399）
　　（五）甲骨学研究与考古学成果 ………………………………（403）
　　（六）商代史研究的深入发展 …………………………………（413）
四　甲骨学的全面深入发展时期(1978 年至今) …………………（433）
　　（一）甲骨文的著录取得新成就 ………………………………（433）
　　（二）甲骨断代研究的细化与"两系说"的构筑 ………………（484）
　　（三）西周甲骨的著录与研究的发展 …………………………（493）
　　（四）殷墟考古发掘与研究不断取得新成果 …………………（504）
　　（五）甲骨学商史研究的全面深入发展 ………………………（527）

第四章 120年来甲骨学发展史上有贡献的甲骨学家 ……………（544）

一 甲骨学发展史上的四个第一人 ……………………………（544）
（一）甲骨文发现第一人——王懿荣（1845—1900年）……（544）
（二）甲骨文著录第一人——刘　鹗（1857—1909年）……（545）
（三）甲骨文研究第一人——孙诒让（1848—1908年）……（546）
（四）甲骨文字典编纂第一人——王　襄（1876—1965年）……（546）

二 甲骨"四堂"开山功 ………………………………………（547）
（一）"导夫先路"的雪堂——罗振玉（1866—1940年）……（547）
（二）"继以考史"的观堂——王国维（1877—1927年）……（548）
（三）"区其时代"的彦堂——董作宾（1895—1963年）……（550）
（四）"发其辞例"的鼎堂——郭沫若（1892—1978年）……（550）

三 甲骨学"八老"权威大师 …………………………………（552）
（一）容　庚（1894—1983年）…………………………………（552）
（二）于省吾（1896—1984年）…………………………………（553）
（三）唐　兰（1901—1979年）…………………………………（554）
（四）商承祚（1902—1991年）…………………………………（555）
（五）陈梦家（1911—1966年）…………………………………（556）
（六）胡厚宣（1911—1995年）…………………………………（557）
（七）严一萍（1912—1987年）…………………………………（559）
（八）饶宗颐（1917年至2018年2月5日）……………………（560）

四 甲骨学"六外国权威"学者 ………………………………（561）
（一）明义士（1885—1957年）…………………………………（561）
（二）岛邦男（1908—1977年）…………………………………（562）
（三）雷焕章（1922—2010年）…………………………………（563）
（四）伊藤道治（1925—2017年）………………………………（564）
（五）吉德炜（1932—2017年）…………………………………（564）
（六）松丸道雄（1934年至今）…………………………………（565）

五 甲骨学"五资深"学者 ……………………………………（566）
（一）李学勤（1933年至今）……………………………………（566）
（二）裘锡圭（1935年至今）……………………………………（567）

（三）王宇信（1940年至今） …………………………………………（568）

（四）刘一曼（1940年至今） …………………………………………（570）

（五）许进雄（1941年至今） …………………………………………（571）

六　甲骨学"七领军"学者 …………………………………………（572）

（一）葛英会（1943年至今） …………………………………………（572）

（二）朱凤瀚（1947年至今） …………………………………………（572）

（三）宋镇豪（1949年至今） …………………………………………（573）

（四）黄天树（1949年至今） …………………………………………（575）

（五）蔡哲茂（1951年至今） …………………………………………（575）

（六）朱歧祥（1958年至今） …………………………………………（576）

（七）吴振武（1957年至今） …………………………………………（577）

七　甲骨学"九新秀"学者 …………………………………………（578）

（一）唐际根（1964年至今） …………………………………………（578）

（二）朱彦民（1964年至今） …………………………………………（579）

（三）韩江苏（1964年至今） …………………………………………（580）

（四）林宏明（1971年至今） …………………………………………（581）

（五）徐义华（1972年至今） …………………………………………（581）

（六）赵　鹏（1976年至今） …………………………………………（582）

（七）孙亚冰（1978年至今） …………………………………………（583）

（八）铃木敦（1959年至今） …………………………………………（584）

（九）河永三（1962年至今） …………………………………………（584）

八　群星灿烂 …………………………………………………………（585）

（一）喻遂生（1948年至今） …………………………………………（585）

（二）沈建华（1953年至今） …………………………………………（585）

（三）黄德宽（1954年至今） …………………………………………（586）

（四）王蕴智（1955年至今） …………………………………………（587）

（五）宫长为（1957年至今） …………………………………………（587）

（六）张玉金（1958年至今） …………………………………………（588）

（七）刘　钊（1959年至今） …………………………………………（589）

（八）李宗焜（1960年至今） …………………………………………（589）

（九）常耀华（1960年至今） …………………………………（590）
（十）马季凡（1960年至今） ……………………………………（591）
（十一）江林昌（1961年至今） …………………………………（591）
（十二）陈年福（1961年至今） …………………………………（592）
（十三）具隆会（1962年至今） …………………………………（593）
（十四）李雪山（1963年至今） …………………………………（594）
（十五）方　辉（1964年至今） …………………………………（595）
（十六）赵平安（1964年至今） …………………………………（596）
（十七）郭旭东（1965年至今） …………………………………（596）
（十八）陈爱民（1965年至今） …………………………………（597）
（十九）李立新（1967年至今） …………………………………（598）
（二十）岳洪彬（1968年至今） …………………………………（599）
（二十一）刘凤华（1971年至今） ………………………………（600）
（二十二）刘　源（1973年至今） ………………………………（600）
（二十三）章秀霞（1974年至今） ………………………………（601）
（二十四）李　发（1974年至今） ………………………………（602）
（二十五）齐航福（1975年至今） ………………………………（602）
（二十六）周忠兵（1977年至今） ………………………………（603）
（二十七）蒋玉斌（1978年至今） ………………………………（604）
（二十八）门　艺（1979年至今） ………………………………（604）
（二十九）王子杨（1979年至今） ………………………………（605）

第五章　国际学术交流的加强 …………………………………（606）
一　国际学术会议的成功召开 ……………………………………（606）
（一）中国殷商文化学会历次召开的国际学术会议 ……………（606）
（二）海外召开的殷商文明国际研讨会 …………………………（616）
二　甲骨文书刻艺术的弘扬 ………………………………………（620）
（一）甲骨书法的组织：各地甲骨文书法学会的成立 …………（620）
（二）甲骨书法研讨会的召开和甲骨书法 ………………………（622）
（三）甲骨书法大展的举办 ………………………………………（625）

（四）甲骨书法研究著作 …………………………………………（627）
　　（五）甲骨文走出象牙之塔 ……………………………………（631）
三　甲骨文成功入选"世界记忆名录" ……………………………（639）
　　（一）"甲骨文成功入选'世界记忆名录发布会'"在北京故宫
　　　　　博物院召开 ……………………………………………（639）
　　（二）甲骨文出土地安阳召开"庆祝甲骨文成功入选'世界
　　　　　记忆名录'座谈会" ……………………………………（643）
　　（三）"甲骨文收藏与绝学振兴高峰论坛"在故宫举行 ………（644）

第六章　迎接甲骨学研究新世纪的再辉煌
　　　　——开始了政府推动下的甲骨学全面深入发展与弘扬
　　　　新阶段 ……………………………………………………（646）
一　冷门甲骨，代有传承 …………………………………………（646）
　　（一）甲骨文与"中国历史之开幕时期"的商代 ……………（647）
　　（二）众里寻他千百度 …………………………………………（650）
二　一个甲骨学重镇在中国社会科学院成长 ……………………（653）
　　（一）涌现出一批引领甲骨学发展方向的标志性著作 ………（654）
　　（二）一支高素质研究队伍代有传人 …………………………（657）
三　甲骨文中传承的中华基因——以国家图书馆藏甲骨文
　　为例 ……………………………………………………………（662）
　　（一）商代历史档案第一库 ……………………………………（662）
　　（二）片片甲骨震天下 …………………………………………（664）
　　（三）让刻（或写）在甲骨上的文字活起来 …………………（666）
四　殷墟的保护与弘扬无竟时——向殷墟博物苑·世界文化遗产·
　　国家考古遗址公园砥砺前行 …………………………………（667）
五　鼓励·互动·再辉煌 …………………………………………（670）
　　（一）鼓励与肯定 ………………………………………………（670）
　　（二）互动与互补 ………………………………………………（674）
　　（三）开始了政府推动下的甲骨学全面深入发展与弘扬
　　　　　新阶段 ……………………………………………………（675）

120 年来甲骨学大事记 ……………………………………………（677）

附录一 甲骨著录书目及简称表 ……………………………（710）

附录二 插图及配文 ……………………………………………（717）

参考目录 ……………………………………………………………（719）

后记 …………………………………………………………………（739）

序　　论

甲骨文是我国商朝晚期（公元前 13—前 11 世纪）刻（或写）在甲骨上的占卜记事文字。甲是龟腹甲（也有少量龟背甲），骨是牛肩胛骨（也有极少量的虎骨、牛头骨、鹿头骨、人头骨等）。"国之大事，在祀与戎。"（《左传·成公十三年》）崇尚神权的商王，经常通过占卜以决定国家大事和自己的行止。占卜完毕后，把所问之事用刀契刻在甲骨之上，所以有学者又称之为"契文"或叫作"卜辞"。

公元前 11 世纪，商朝灭亡。商王室广泛用于占卜记事的甲骨文被深埋地下，由于文献失载，故三千多年来不复为人知。1899 年，伟大的爱国主义学者王懿荣在北京发现并鉴定古董商带来古骨上的刻文"确在篆籀之间"，"乃畀以重金"，成为购藏甲骨文第一人。甲骨文被学者发现以后至今，已经经历了 120 多个年头。经过几代海内外学者的追求、探索、研究、开拓，甲骨文的发现和流传已经历了"私人挖掘时期"（1899—1928 年）、"科学发掘时期"（1928—1937 年）、"继续科学发掘时期"（1949 年至今）。随着甲骨文出土的增多和科学发掘的持续进行，甲骨学研究经历了发展道路上的"草创时期"（1899—1928 年）、"发展时期"（1928—1937 年）、"深入发展时期"（1949—1978 年）和"全面深入发展时期"（1978 年至今），并取得了辉煌的成就，已成为一门国际性的学问。自 1999 年甲骨文发现百年以后，甲骨学研究又进入了新世纪再辉煌时期。

一　商朝灭亡，甲骨深埋地下三千多年

甲骨文是商朝晚期的珍贵历史文物，距今已 3000 多年。兴起于西方的周

族人,在周武王(姬发)的率领下讨伐商王朝。公元前1046年,在商郊牧野与商纣王率领的大军决战。商军"前徒倒戈",商纣王大败而归,逃回商都,"登于鹿台之上,蒙衣其殊玉,自燔于火而死"(《史记·周本纪》),昔日繁华的殷都成了一片废墟。(图1)自此,"失国埋卜",甲骨文被深埋殷都废墟的历史泥土之下。由于我国古文献中失载甲骨文,从此再不复为人所知。

图1 (左)甲子朝决战牧野,商纣军倒戈溃逃;(右)逃鹿台婓裹珠玉,自焚死下场可悲

周武王灭掉商王朝以后,西周王朝建立。商纣王的"亲戚"箕子投降,"于是武王乃封箕子于朝鲜"。两年后,"箕子朝周,过故殷虚(按:虚即高丘,古人建都于丘虚高地),感宫室毁坏,生禾黍,箕子伤之"。(图2)

图2 麦秀渐渐掩殷墟,箕子疾首忍涕泣(文/王宇信;图/薛永亮)

"乃作《麦秀之歌》以歌咏之。其诗曰：麦秀渐渐兮，禾黍油油，彼狡童兮，不与我好兮。""所谓狡童者，纣也。殷民闻之，皆为流涕。"(《史记·宋微子世家》)昔日繁华的商朝都城已风光不再，成了长满麦黍的农田。

二　甲骨文的第一个发现者王懿荣和早期购藏家

1899 年，著名金石学家王懿荣发现古董商带来的这些"古骨"（或传为中药的"龙骨"）上刻有"行列整齐"的文字。文字学造诣极高的他，认为这些文字"确在篆籀之间，乃畀以重金"收买，成为甲骨学史上第一个鉴定并有意识收藏甲骨的人。此后，不少达官贵人和学者也竞相收购，从而使甲骨文身价倍增，直至"每字酬以价银二两五钱。"小屯村民为逐厚利，干脆在地里搭棚埋灶以抢时间多挖甲骨文，甲骨文的"私人挖掘时期"开始了。

王懿荣（1845—1900 年）1899 年第一个鉴定、购藏甲骨文，奠定了国际性学问甲骨学的形成和发展的基础，因此被海内外学者尊崇为"甲骨文之父"。[图3：(1)]

基本与王懿荣同时，王襄、孟定生也在天津开始收藏少量甲骨。其后，1901 年左右，刘鹗、端方等也收藏有数量不等的甲骨。[图3：(2)、(3)、(4)]

虽然私人挖掘时期（历 30 余年）挖出了 10 余万片甲骨文，但与甲骨伴出的其他遗物以及出土环境等科学信息遭到了破坏，而且不少被卖到国外。尽管如此，甲骨文避免了被作为"龙骨"入药"吃掉"的厄运和破坏，一跃成为举世瞩目的文化珍品。（图4、5）

为了改变甲骨文的全面科学信息遭到损失的状况，自 1928 年秋，中央研究院在安阳殷墟开始了科学发掘甲骨文的工作，直到 1937 年因抗日战争爆发工作暂停，先后进行了 15 次大规模发掘，共出土甲骨文 28574 片（其中有河南地方当局发掘 3656 片）。在甲骨文的"科学发掘时期"，还发现了殷王陵、宫殿宗庙基址等多处重要遗迹和大批精美铜器、玉器、白陶等珍贵文物，为中国考古学的形成和发展奠定了基础。

图3 （1）王懿荣像；（2）王襄像；（3）刘鹗像；（4）端方像

图4 殷墟遗址鸟瞰图

图 5　当年的洹河北岸（参见《平庐影谱》）

三　甲骨文与中国近代史料"四大发现"

19世纪末和20世纪初，殷墟甲骨文与汉晋木简、敦煌写经、内阁大库档案的大批问世，被誉为中国近代史料的"四大发现"，为中国传统学术向近代学术转型奠定了基础。（图6）

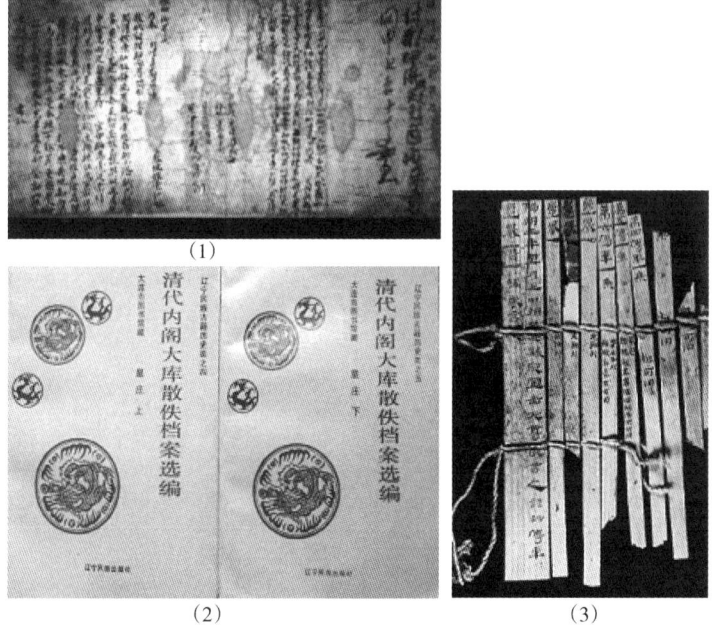

图 6　(1) 敦煌文书；(2) 清代内阁大库档案；(3) 流沙坠简

四 甲骨文在世界文明史上的地位

甲骨文是我国三千多年前使用的最早的有系统的文字，与世界上最早出现的古文字——古埃及纸草文字（公元前 4000 年）、古苏美尔象形文字（公元前 3500—前 3100 年）、古印度哈拉帕文化的印章图像文字（公元前 2300—前 1500 年）同称为世界四大最早文字，（图 7）为推动人类文明进程做出了巨大贡献。但出于种种原因，其他古文字已经失传，并成为"死文字"，唯有中国的甲骨文"一枝独秀"，经金文、战国文字、籀文、小篆、隶书、楷书的传承衍变，成为今天通行的汉字。虽然从甲骨文到今天的汉字，三千多年来有所变化发展，但其间嬗递之迹可寻，具有无限生命力和蕴含丰富的民族基因。

图 7　(1) 古埃及象形文字；(2) 其解读者弗朗索瓦－商博朗
　　　(3) 苏美尔文字；(4) 古印度印章图像

甲骨文等古文字研究，事关中华文化的传承问题。习近平同志在2016年5月17日"全国哲学社会科学座谈会"上，重申党重视传统文化的态度，"要重视这些学科，确保有人做、有传承"。习近平同志的重要讲话，极大地鼓舞了甲骨学界，是走向新世纪甲骨学研究再辉煌新阶段奋进的动员令和前进的号角。

第一章　甲骨文与甲骨学

一　殷墟甲骨文基本知识

（一）片数和字数

自1899年殷墟甲骨文被发现以后，迄今120年来已发现15万片左右。这15万片甲骨文上所出现的单字，据学者最新统计，共4378个之多。[①]

（二）甲骨文字是表意文字

甲骨文和世界上流行的音节文字（每一个符号代表一个音节，若干音节组成表意思的词。诸如日本语即为音节文字系统）、音素文字（若干音素符号，再由音素组成音节，若干音节组成表达意义的词，诸如拉丁语系、斯拉夫语系即是）不同，是表意文字。（图1-1）

殷墟甲骨文字属于表意文字。先民创造的每一个甲骨文字，都非常科学，并蕴含着丰富的文化底蕴。有当代学者用古代学者总结出的"六书"原则，分析甲骨文字的结构。所谓"六书"，即，

> 指事者，视而可识，察而见意，上、下是也。
> 象形者，画成其物，随体诘诎，日、月是也。
> 形声者，以事为名，取譬相成，江、河是也。
> 会意者，比类合谊，以见指㧑，武、信是也。

---

① 参见李宗焜《甲骨文字编》，中华书局2012年版。

转注者，建类一首，同意相受，考、老是也。

假借者，本无其字，依声托事，令、长是也。

Aa	Bb	Cc	Dd
Ee	Ff	Gg	Hh
Ii	Jj	Kk	Ll
Mm	Nn	Oo	Pp
Qq	Rr	Ss	Tt
Uu	Vv	Ww	Xx
Yy	Zz		

段 行	あ段			い段			う段			え段			お段		
	平	片	罗马	平	片	罗马	平	片	罗马	平	片	罗马	平	片	罗马
あ行	あ	ア	a	い	イ	i	う	ウ	u	え	エ	e	お	オ	o
か行	か	カ	ka	き	キ	ki	く	ク	ku	け	ケ	ke	こ	コ	ko
さ行	さ	サ	sa	し	シ	si	す	ス	su	せ	セ	se	そ	ソ	so
た行	た	タ	ta	ち	チ	ti	つ	ツ	tu	て	テ	te	と	ト	to
な行	な	ナ	na	に	ニ	ni	ぬ	ヌ	nu	ね	ネ	ne	の	ノ	no
は行	は	ハ	ha	ひ	ヒ	hi	ふ	フ	hu	へ	ヘ	he	ほ	ホ	ho
ま行	ま	マ	ma	み	ミ	mi	む	ム	mu	め	メ	me	も	モ	mo
や行	や	ヤ	ya	い	イ	i	ゆ	ユ	yu	え	エ	e	よ	ヨ	yo
ら行	ら	ラ	ra	り	リ	ri	る	ル	ru	れ	レ	re	ろ	ロ	ro
わ行	わ	ワ	wa	い	イ	i	う	ウ	u	え	エ	e	を	ヲ	wo
か行	が	ガ	ga	ぎ	ギ	gi	ぐ	グ	gu	げ	ゲ	ge	ご	ゴ	go
さ行	ざ	ザ	za	じ	ジ	zi	ず	ズ	zu	ぜ	ゼ	ze	ぞ	ゾ	zo
た行	だ	ダ	da	ぢ	ヂ	di	づ	ヅ	du	で	デ	de	ど	ド	do
は行	ば	バ	ba	び	ビ	bi	ぶ	ブ	bu	べ	ベ	be	ぼ	ボ	bo
は行	ぱ	パ	pa	ぴ	ピ	pi	ぷ	プ	pu	ぺ	ペ	pe	ぽ	ポ	po
													ん	ン	n

图1－1　英文字母表（左）；日文字母表（右）（平假名、片假名及罗马字发音表）

当代有学者从甲骨文字形体构造实际出发，走出传统的“六书”说，提出了“象形、象意、形声”的“三书”说，并认为这“足以范围一切中国文字，不归于形，必归于意，不归于意，必归于声”①（见表1－1、表1－2、表1－3）。

表1－1　**象意字字形举例表**

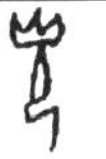 光	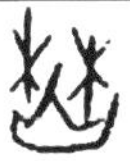 焚	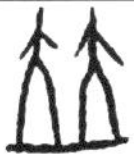 竝	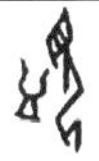 监	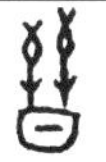 晋
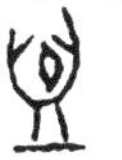 血	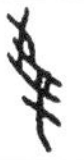 受	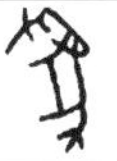 为	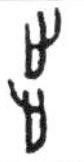 步	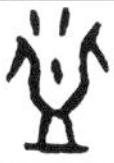 益
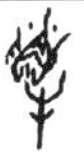 解	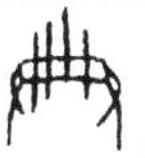 典	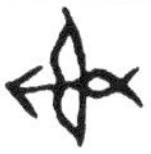 射	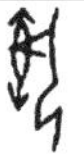 执	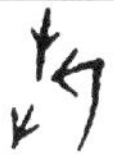 折
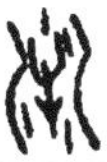 沉	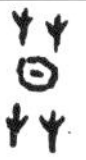 莫	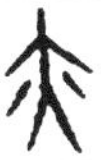 亦	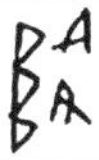 降	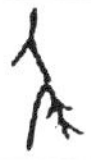 尾
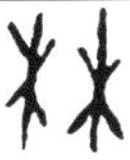 林	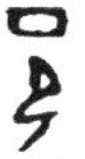 邑	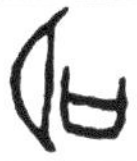 名	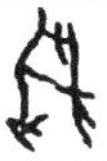 耤	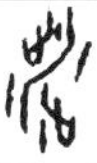 涉

① 唐兰：《中国文字学》，上海古籍出版社1979年版，第75—78页。

续表

族	旅	宗	突	明
執	吹	次	取	出
复	各	臭	夾	言
北	舞	采	斗	孚
羌	梦	逐	鳴	束
牢	析	泉	疾	生
刃	面	宿	疾	从
及	即	夾	隻	戒
丽	至	正	韋	之
立	勿	陟	朝	望
伐	兴	弃	日	美
见	艮	告	圣	既
盥	依	鄉	毓	蓐
直	友	巫	牧	以
刖	剢	宝	先	企

表1-2　　　　　　　　　　象形字字形举例表

鹿	象	日	月	火
斤	足	鱼	心	耳
人	女	首	目	自
齿	鼎	鬲	木	壶
犬	豕	牛	羊	马
它	母	兕	盾	豹
戈	戊	云	雨	裘
万	虫	爪	角	糸
兔	虎	斧	门	户
豻	山	口	刀	川
丘	网	寻	龙	凤
贝	麇	我	戚	册
爵	车	舟	弓	矢
簠	州	宀	燕	元
宫	止	匕	缶	皿
翌	行	身	疋	水

续表

鸟	龟	虫	子	丝
禾	黍	来	桑	栗
酉	眉	干	其	异
虹	龟	猱	麇	阜

表1-3　　　　　　　　　形声字字形举例表

千	兑	何	任	艰
嬉	沚	洪	姬	妹
姓	汝	娘	直	涂
省	湄	斧	旦	洱
易	鼻	漢	督	昼
此	往	后	室	麟
复	腹	降	寝	徒
帛	百	酒	淄	驳
霸	震	雪	霎	零
霾	駛	陲	猶	冲

续表

災	酒	洹	潢	潦
淵	廬	星	杞	柳
春	楚	喪	桐	杉
雉	鰀	秜	牡	牝
舊	唯	祀	雍	淮

（三）甲骨的整治与占卜

甲骨文是用刀契刻（也有极少量用毛笔写）在龟甲和兽骨上的商朝晚期（公元前13—前11世纪）的占卜、记事文字。由于文献中对有关占卜方法及占卜过程失载，因而学者们只能依据出土甲骨实物的观察，创造性地复原了三千多年前殷人占卜过程之一斑。

1. 卜材——甲骨占卜（契刻）所用的卜材是龟甲和兽骨等

（1）甲是龟腹甲，也有用背甲的，或从中脊剖开，再磨去首尾，成鞋底状，称为"改制背甲"（参见图1-2、图1-3）。

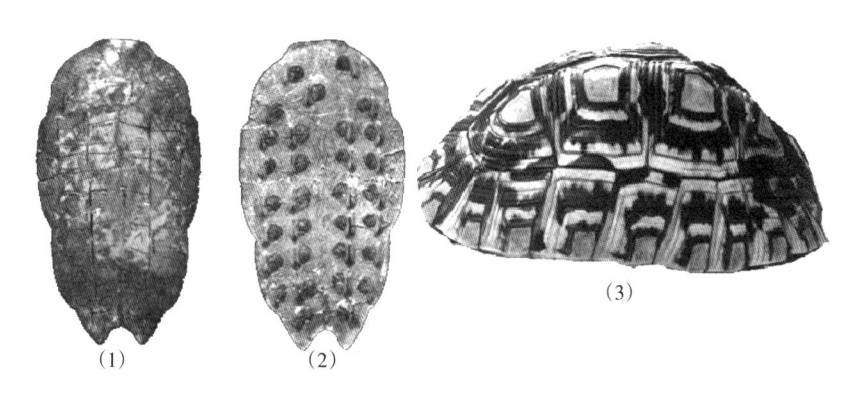

图1-2　（1）龟腹甲正面；（2）反面；（3）龟背甲

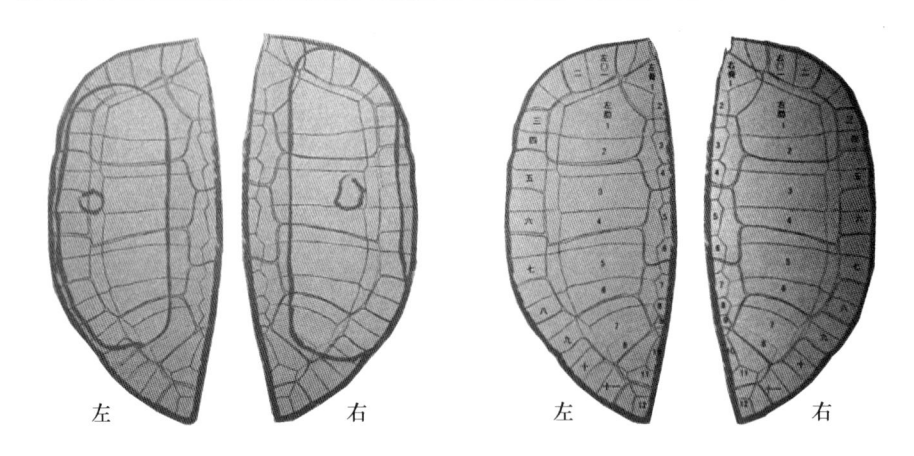

图1-3 (1) 改制龟背甲;(2) 龟背甲

(2) 骨是牛的肩胛骨,右、左肩胛骨一对为"一屯"。(图1-4;图1-5)

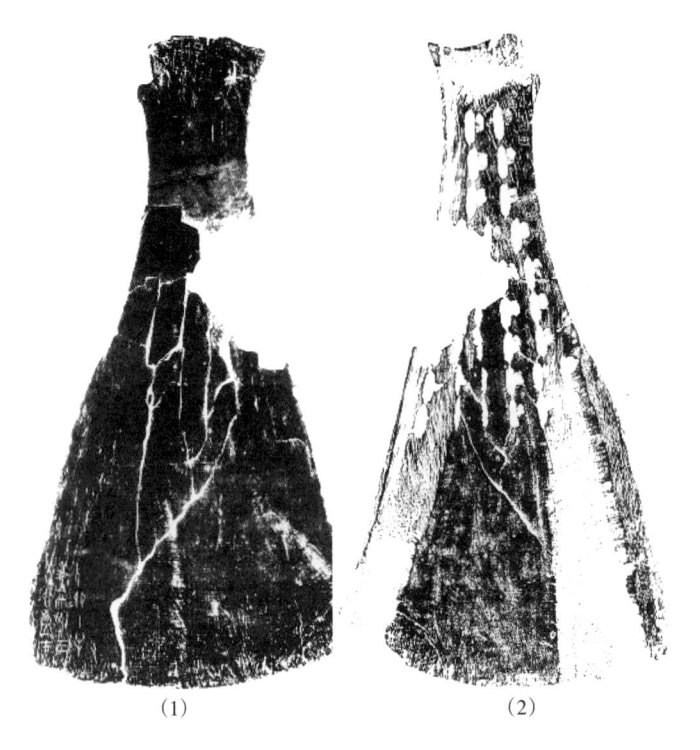

图1-4 (1) 牛左肩胛骨正面;(2) 反面《合集》390正/反

(1)　　　　　　　　(2)

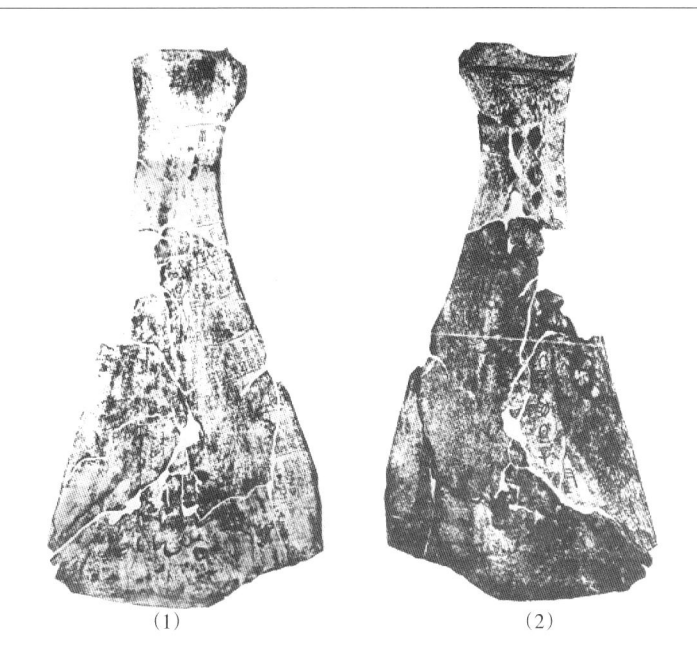

图1-5　(1) 牛右肩胛骨正面；(2) 反面《合集》20576 正/反

(3) 也有用牛头骨的，称为"牛头刻辞"。(图1-6)

(1)　　　　　　　　(2)

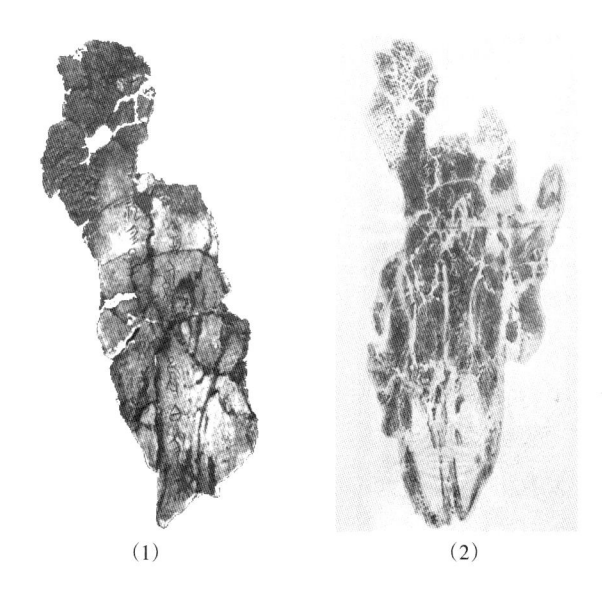

图1-6　(1) 牛头刻辞照片；(2) 牛头刻辞拓片《甲编》3939

(长39.5厘米，宽17.5厘米)

（4）也有用鹿头骨的，称为"鹿头刻辞"。（图1-7）

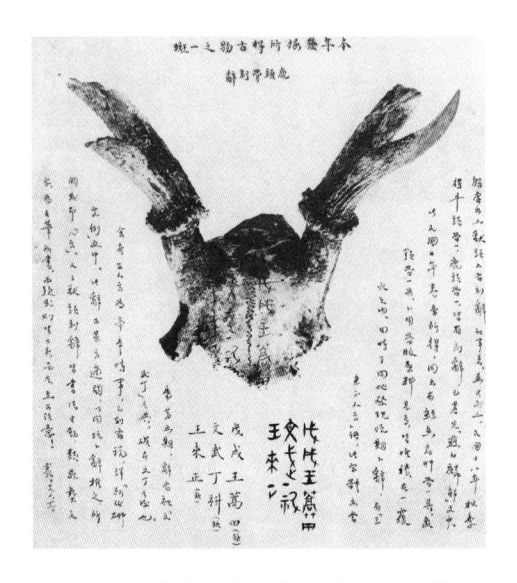

图1-7 鹿头刻辞（参见《平庐影谱》）

（5）也有用虎骨的，称为"虎骨刻辞"。（图1-8）

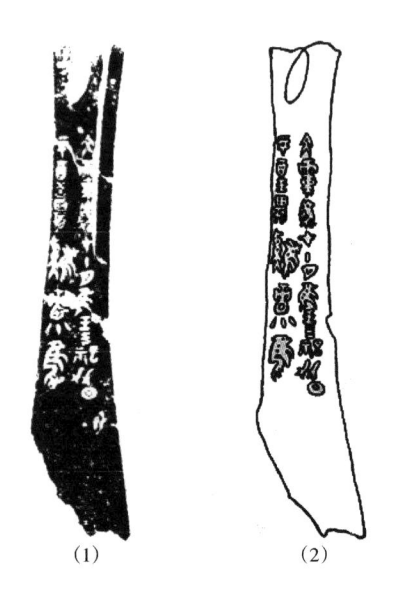

图1-8 （1）虎骨刻辞拓本；（2）虎骨刻辞摹本《怀特》B1915
（现藏加拿大多伦多博物馆）

（6）也有用人头骨的，称为"人头刻辞"。（图 1-9）

（1）　　　　　　　（2）

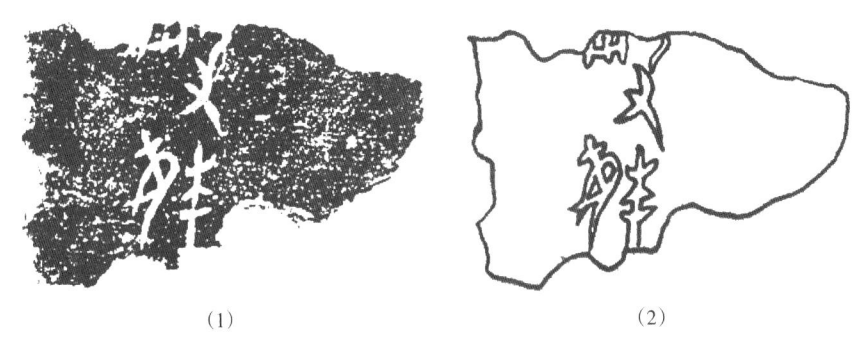

图 1-9　（1）人头刻辞拓本；（2）人头刻辞摹本①

2. 卜材的来源

（1）甲骨文记载和文献的印证

商代占卜用龟主要来自西方和南方。甲骨文中记有"贞龟不其南氏"（《合集》8994），是说南方进贡占卜用龟。又有"西龟。一月"（《合集》9001），是说龟自西方贡来。《尚书·禹贡》"九江纳赐大龟"，古文献记南方九江进贡大龟。《庄子·秋水》"吾闻楚有神龟"，战国时南方的楚国就以产龟著称（图 1-10、图 1-11）。

图 1-10　《合集》8994　　　图 1-11　《合集》9001

① 参见陈梦家《殷虚卜辞综述》，中华书局 1988 年版，第 326—327 页。

（2）古生物学家鉴定的证明

生物学家对安阳殷墟出土龟甲进行过鉴定，"此种中国胶龟仅产于南方，如福建、广东、广西、海南、台湾等地"①。1936年发现的著名YH127坑出土一版最大龟甲（《乙》4330：图1-12），长达1.2尺，与现在马来半岛的龟类为同一种属。②

（3）卜龟为进贡而来

甲桥刻辞上常记某人进贡卜龟之数目，其中一人名"我"者，动辄贡入上千只龟，即"我氏千"（图1-13）。此外，记"我"一次贡入千龟者，还见于《乙》3452、《乙》2684、《乙》6686、《乙》1053、《乙》2702等。不仅如此，贡龟数目还见于甲尾刻辞（图1-14）、背甲刻辞（图1-15）等。

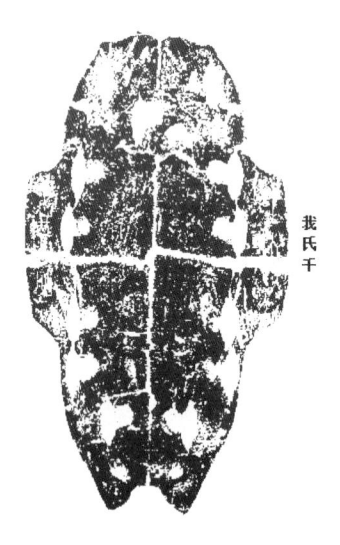

图1-12 《乙编》4330

图1-13 《乙编》6967 　　图1-14 甲尾刻辞《合集》9334　　图1-15 背甲刻辞《甲编》2993

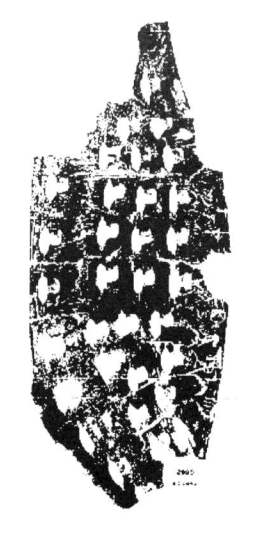

---

① 卞美年：《河南安阳遗龟》，《中国地质学会会志》十七卷一号，1937年。
② 参见陈梦家《殷虚卜辞综述》，中华书局1988年版，第8页。

(4) 商代占卜用龟极多

据学者统计，在甲桥、甲尾、背甲刻辞上所见贡龟"共491次，凡贡12334版"①，即"其贡龟之数，总计12334只"之多。学者据20世纪30年代以前出土有字龟甲共80015片推测，历年出土无字龟甲"其至少亦当与有字者数量相等"。因此，历年殷墟所出"合有字无字甲骨两者计之，其数量为：甲十六万零三十片"。如"以龟甲10片为一全龟"计算，最低限度当用龟16003只。②可见当时用龟之多！（图1-16）

(5) 牛肩胛骨

商人用牛祭祀以后，有的用于祭祀牛牲之肩胛骨就被保存下来，以供作占卜的卜材之用。（图1-17）

图1-16 《补编》100/正

(6) 甲骨文用牛数量统计

学者对40多年来出土的牛胛骨刻辞数量进行过统计，计有29595版。而出土无字牛胛骨数量基本与有字牛胛骨相当，两者合计至少应为59190版。若以"兽骨五片为一副胛骨，则相当用胛骨11858个"③，如果"一牛左、右胛骨为一对共两块，则应需牛5000头以上"④ 可见占卜用骨所需牛数之多！

---

① 参见胡厚宣《殷代卜龟之来源》，《甲骨学商史论丛初集》第四册，1944年成都齐鲁大学国学研究所石印本，载于《甲骨文研究资料汇编》，北京图书馆出版社2000年版。
② 同上书；亦可参见王宇信《中国甲骨学》，上海人民出版社2009年版，第121—122页。
③ 参见王宇信《中国甲骨学》，上海人民出版社2009年版，第121—122页。
④ 同上书，第122页。

图 1-17　商王迷信钟埋祭，牛牢殉献悦鬼神（文/王宇信；图/薛永亮）

（7）甲骨文龟卜与骨卜情况之一般

历年出土甲骨实物表明，占卜所用龟甲较牛骨为多。甲骨学权威胡厚宣据28种甲骨著录书中的材料统计，有字龟甲与有字肩胛骨之比例"约为百分之七十三与二十七"[1]，即有字牛胛骨不及龟甲的三分之一。

3. 甲骨的整治

龟甲和兽骨在占卜前还需经过整治，使之成为备用的卜材。

（1）取材。即收取、贡纳而来的龟、骨等占卜用材料。

①卜龟：《周礼·春官》龟人职："凡取龟用秋时，攻龟用春时。"占卜用的龟，多是秋天由南方贡纳而来。而"攻龟用春时"，就是春天将龟杀死，剔去血肉、内脏，使其成为龟甲空壳。

甲．"攻龟"。即将龟杀死之前，要举行祭祀仪式。《周礼·春官》龟人职"上春衅龟，祭祀先卜"，"衅"即杀牲以取其血祭之。

---

[1] 参见胡厚宣《殷代卜龟之来源》，《甲骨学商史论丛初集》第四册，1944年成都齐鲁大学国学研究所石印本，载于《甲骨文研究资料汇编》，北京图书馆出版社2000年版。

乙．祭龟

甲骨文里有祭龟的记录，如，

"弜又（侑）龟。"（《甲》2697）即"不侑祭龟么？"（图 1 – 18）

"……燎龟……一牛。"（《甲》279）即"对龟行烧燎一牛之祭么？"（图 1 – 19）

"辛丑卜，燎龟弌三牢。"（《佚》234）即"辛丑日卜问，行烧燎之祭于龟，宰杀三对牛么？"（图 1 – 20）

图 1 – 18　《甲编》2697 　　　图 1 – 19　　　图 1 – 20　《佚》234
　　　　　　　　　　　　　　《甲编》279

②卜骨：占卜用的牛胛骨，可能多为在殷都当地所筹集。1928 年第一次科学发掘殷墟时，曾发现"未经切错削治之大兽骨也。吾人得此等骨料之多，可数百斤"[①]。牛胛骨原料当有专门的存贮场所，1973 年小屯南地窖穴 H99 曾出土未经加工的牛胛骨 31 版，此灰坑（H99）当是为专门贮存骨料之用。[②]

（2）削锯与刮磨。龟壳和肩胛骨还要经过削锯、刮磨等工序后，方能施钻、凿以备占卜之用。

[①] 董作宾：《新获卜辞写本后记》，《安阳发掘报告》第一期，1929 年，第 211 页。
[②] 参见肖楠《1973 年安阳小屯南地发掘简报》，《考古》1975 年第 1 期。

①龟甲的削锯

甲．龟壳先从背甲与腹甲的连接处（即所谓"甲桥"）锯开，并使部分"甲桥"连在腹甲上。（图1-21、图1-22）

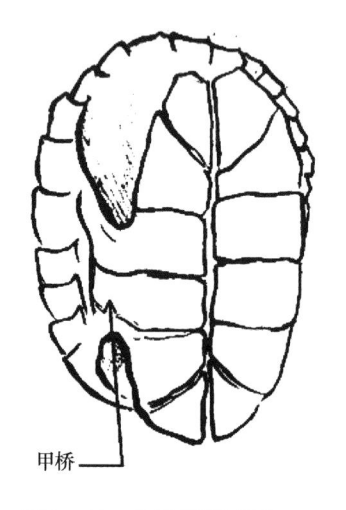

图1-21　龟甲甲桥图画　　　图1-22　龟甲甲桥照片

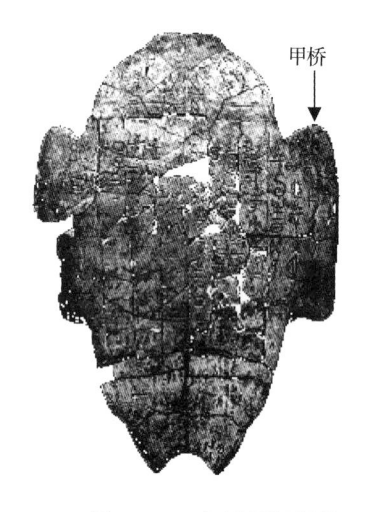

乙．再锯去腹甲上所留"甲桥"边缘的凸出部分，将之错磨成整齐的弧形，使整个腹甲外缘较为平直。

卜用背甲较大者，从中脊锯开，使之一分为二（图1-23）。

或将背甲加以"改制"，即锯开之半背甲，再将其中脊凸起部分锯去，并锯去首尾两端，使之呈鞋底形，有时中间还穿孔（图1-24）。

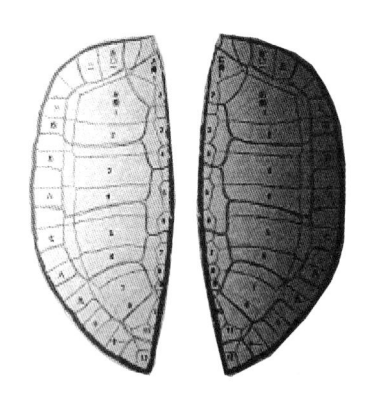

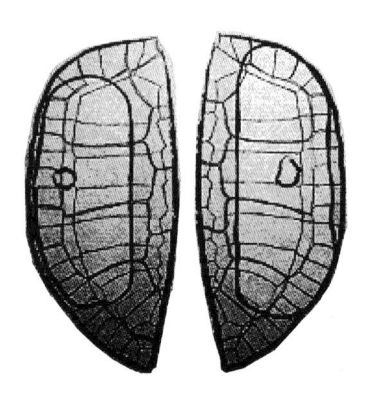

图1-23　锯开背甲一分为二　　　图1-24　改制背甲（中国文字博物馆）

丙．龟甲的刮磨

刮去龟甲表面的鳞片，并将下面留有的垢文刮平。磨错龟甲正面（外表面）、反面（内里面）高厚不平之处，使龟版匀平变薄。错磨之后再进行刮磨，使龟版平滑光润。①

②肩胛骨的削锯

甲．肩胛骨各部位名称

肩胛骨上端为骨臼（即关节窝）。骨臼的一边有凸出的臼角，其背面下有一道凸出的骨脊，肩胛骨的这部分较薄。臼角下的边缘为"内缘"与臼角相对的部分为"外缘"，其正面有一道较为隆起部分，外缘较厚而圆（图 1 – 25）。

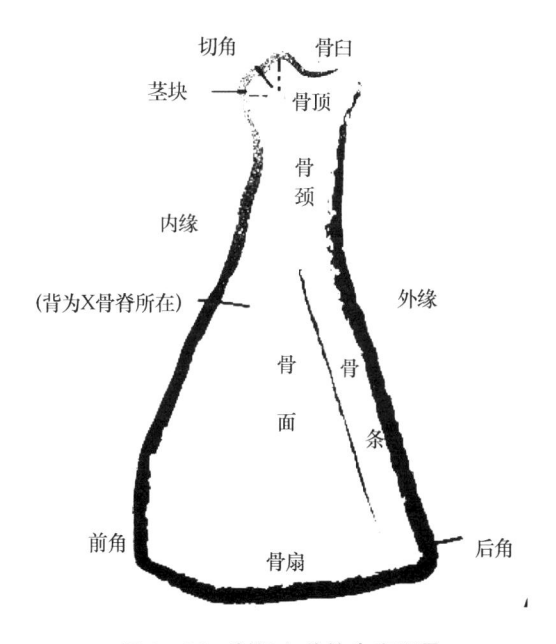

图 1 – 25　削锯之前的牛肩胛骨

肩胛骨经削锯以后，还要对其正反面骨理呈多孔、粗涩的地方以及未削锯的地方再进行刮磨处理，以便骨面平滑。

---

① 以上参见董作宾《商代龟卜之推测》，《安阳发掘报告》第一期，1929 年；陈梦家《殷虚卜辞综述》，中华书局 1988 年版，第 10—11 页。

乙．削锯过程

先将骨臼从长向切下，去掉骨臼一半或三分之一；将骨臼臼角以下凸起的骨脊削平；再将凸出的臼处向下再向外切，使之成为 90° 缺口；骨臼切处以下隆起部分也尽量削平（图 1-26）。

丙．商代骨卜定制

我们面对胛骨正面（即无骨脊之一面）时，右边切去臼角者，即为右胛骨（图 1-27）。而左边切去臼角者，即为左胛骨（图 1-28）。可据此原则，判断牛胛骨的左右。

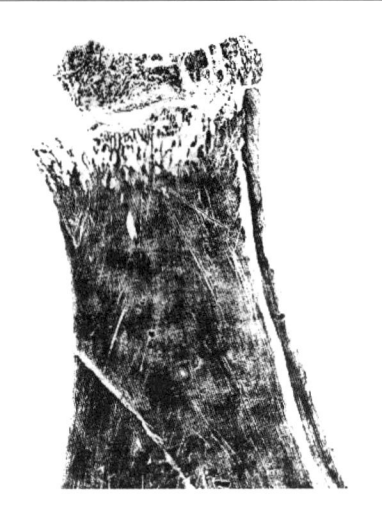

图 1-26　削锯完成后的牛肩胛骨

图 1-27　右肩胛骨《合集》2387/正　　图 1-28　左肩胛骨《合集》5452

（3）钻凿的制作

钻与凿一般施于龟甲和兽骨背面。因为施钻、凿处甲骨较其他部分要薄，故占卜时烧灼龟甲兽骨背面，由于骨面厚薄不同，易于在薄处正面呈现裂纹（即卜兆）以供判断凶吉之用。

①凿的制作:《荀子·王制》"钻龟陈卦",《史记·龟策列传》"必钻龟于庙堂之上",是说占卜以前,要对卜用甲骨进行钻、凿处理。即龟甲和兽骨背面制作出"枣核形"的凿和圆窠状的"钻"。

前辈学者认为"先凿而后钻……由其钻处可求得其物大小"①,即所用钻子之大小。也有学者认为椭长形凿或圆形的凿,"绝大多数是用凿子凿成的,也就是挖出来的"。②(图1-29)

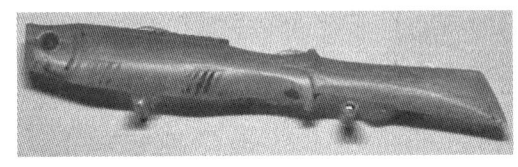

图1-29 殷墟妇好墓出土玉刻刀(左);骨刻刀(右)

最新研究成果表明,甲骨上的凿不是用凿子凿挖而成的,而是用下述方法制作的。

甲. 用刀挖刻而成

观察出土甲骨实物标本,可以见到不少甲骨的凿内壁上都留有清晰刀痕(图1-30)。

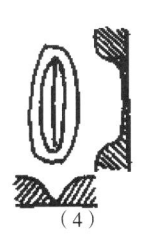

(1) (2) (3) (4) (5)

图1-30 用刀挖刻凿示意图③

有的长方形凿挖成后,又用刀继续把凿边缘加宽,内壁呈现出一圈凸棱。从平面上看,则显出内、外两圈;有的凿在长方形基础上,修正并加

---

① 董作宾:《商代龟卜之推测》,《安阳发掘报告》第一期,1929年。
② 陈梦家:《殷虚卜辞综述》,中华书局1988年版,第12页。
③ 参见王宇信《中国甲骨学》,上海人民出版社2009年版,第728页,例图三。

宽凿外圈，外圈显尖弧形，但内圈仍近似原来的长方形。

乙．轮开槽

这种凿是使用一种与现在砣轮近似的小轮开槽后制成的。一种是轮开槽后不再用刀加工，或只用刀加工凿的边缘部分，而不加工底部，这样制作的凿纵剖面保持弧形；一种是轮开槽后，底部用刀加工量较大，刀痕明显，已看不出弧状（图1-31）。

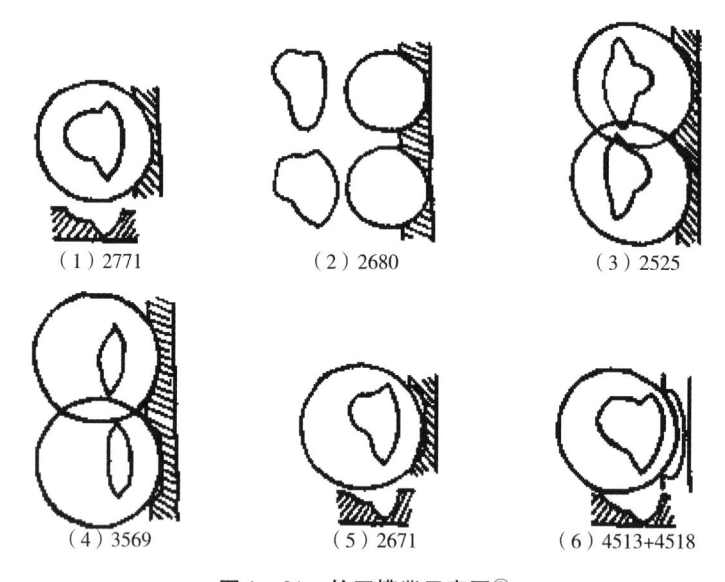

图1-31　轮开槽凿示意图①

②钻的制作：甲骨上的"钻"，也多并非用钻子钻成。据1973年小屯南地所出甲骨实物研究，学者复原了甲骨上施"钻"之工艺，即多数是先轮开槽，然后再用刀加工修整，也有直接用刀刻挖成"钻"的②（图1-32）。

③凿钻在甲骨上的分布：钻、凿多施在龟甲和胛骨的反面。

甲．龟甲上凿、钻分布：一般以龟甲反面中线（俗称"千里路"）为轴，左右对称，分布错落有致。右边，钻在凿的左侧；左边，钻在凿的右侧（图1-33）。

---

① 参见王宇信《中国甲骨学》，上海人民出版社2009年版，第729页，例图四。
② 同上书，第127页。

(1) 751　　　　(2) 2173　　　　(3) 2777

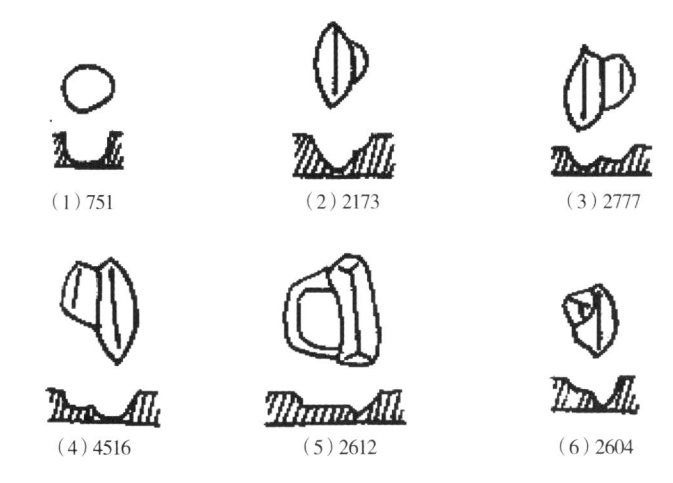

(4) 4516　　　　(5) 2612　　　　(6) 2604

图 1-32　钻之制法实例①

乙．胛骨上凿、钻分布：一般胛骨背面所施凿、钻，多在卜骨外缘（与臼角相对的一边）较厚处一侧。中部削骨脊处凿较少，往往排列零乱。右胛骨的反面，钻施于凿旁之左（图 1-34）。左牛胛骨的反面，钻多施于凿旁之右（图 1-35）。也有少数正面施凿钻者（图 1-36）。

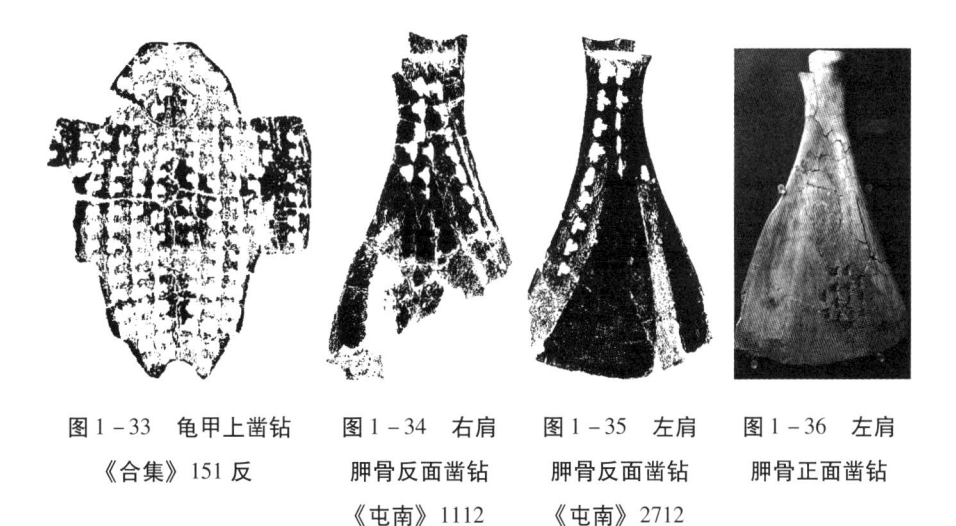

图 1-33　龟甲上凿钻《合集》151 反　　图 1-34　右肩胛骨反面凿钻《屯南》1112　　图 1-35　左肩胛骨反面凿钻《屯南》2712　　图 1-36　左肩胛骨正面凿钻

---

① 参见王宇信《中国甲骨学》，上海人民出版社 2009 年版，第 729 页，例图五。

丙．牛胛骨背面凿钻排列

有一行长凿者（图1-37）。

有两行凿者，又有四种排列不同（图1-38）：

第一种，内缘（臼角以下边缘）第一行第一凿与外缘第一行凿平齐。

第二种，甲骨内缘第一行第一凿与外缘第一行第二凿平齐。

第三种，甲骨内缘第一行第一凿与外缘第一行第三凿平齐。

第四种，胛骨内缘第一行第一凿与外缘第一行第四凿平齐。

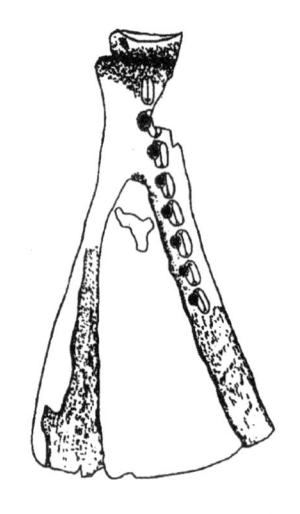

图1-37 一行长凿牛胛骨背面《屯南》2295

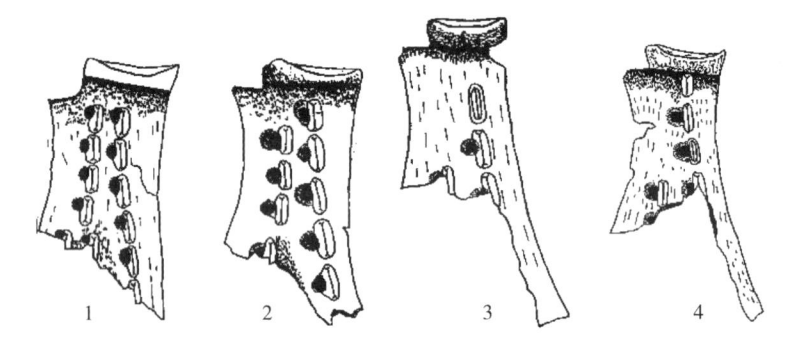

图1-38 二行凿者不同排列：第一种《屯南》1126；第二种《屯南》2163；第三种《屯南》728；第四种《屯南》619（从左至右）

④甲骨上钻、凿的功能

龟甲和胛骨卜材上钻、凿的制作，对占卜活动很有意义。甲骨学前辈大师董作宾指出："凿之，所以使正面（腹甲外面）易于直裂也。钻之，所以使正面易于横裂也。钻凿之后，灼于钻处，即可使正面见纵横之坼纹，所谓卜兆者也。"[1] 占卜者可据龟、骨上呈现的卜兆坼纹判断吉凶，以实现天人的沟通。（图1-39）

---

[1] 董作宾：《商代龟卜之推测》，《安阳发掘报告》第一期，1929年。

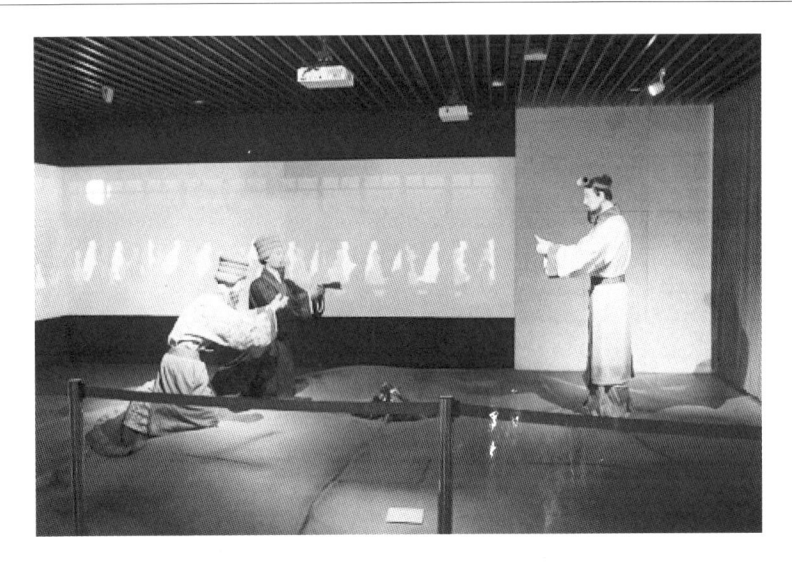

图1-39　观察卜兆示意图（参见中国文字博物馆展陈）

（4）甲骨的占卜与文字的契刻

商王十分迷信，在处理"国之大事"或决定个人行止时，都要"卜以决疑"，冀求得到天神地祇和祖先的护佑，即通过占卜来指导和决定自己的一切行动。因此，商王几乎天天卜，事事卜。商王占卜时，把整治好的甲骨卜材请来，并举行隆重的仪式，在甲骨上施灼呈兆，借以判断所问之事的凶吉，然后把所问之事契刻（或书写）在甲骨上，这就为我们今天留下了当时的大量占卜记事文字——甲骨文。（图1-40）

①学者复原的灼龟

甲．灼龟。《周礼·春官》："菙氏掌共燋契，以待卜事。"所谓燋，学者考证即为炭，"为燋薪之经火烧而焦黑者。而所谓焦黑者，亦即燋也"。因而"燋"，应为"炭"，"为燋薪之经火烧而焦黑者"，"采来之散木为樵，火烧而焦为燋"①。从出土甲骨实物的灼痕看，灼处火力应当很集中。"多数现出内外两层，内层焦黑，是烧灼时的接触面；外层黄褐色，是受热的波及区。"② 因此，甲骨背面的灼，当是炭火所灼，而不是摇曳不定的炬火

---

① 董作宾：《商代龟卜之推测》，《安阳发掘报告》第一期，1929年。
② 中国社会科学院考古研究所：《小屯南地甲骨钻凿形态》，《小屯南地甲骨》下册第三分册，中华书局1983年版。

图 1-40　占卜演示图（参见河南安阳师范学院甲骨学殷商文化研究中心展陈）

所能奏效的。

乙．汉代文献所记的灼龟过程

《史记·龟策列传》所记汉代灼龟过程，可供我们了解商代灼龟呈兆过程时的参考。

卜先以造（《索隐》说：造音灶，造谓烧荆之处）灼钻，钻中已，又灼龟首，各三。各复灼所钻中曰正身，各三。即以造三周龟，祝曰："假之玉灵夫子（《索隐》说：尊神龟而为之作号）。夫子玉灵，荆灼而心，令而先知。而上行于天，下行于渊，诸灵数蓂（《索隐》：蓂音近策，或蓂是策之别名。此卜筮之书，其字亦无可核，皆放此），莫如汝信。今日良日，行一良贞。某欲卜某，即得而喜，不得而悔。即得，发乡我身长大，手足收人皆上偶。不得，发乡我身挫折，中外不相应，首足灭去。"

在灼龟时，边祷祝边述说所卜之事。灼完之后，再根据正面所呈兆象判断吉凶。《说文》"占，视兆问也。"甲骨上的占辞就是根据卜兆所做出的判断。至于什么样兆象为吉，什么样兆象为凶，虽有学者进行过一定的研究，但因时代久远，我们今天已不得其详了。[①]

[①] 有关卜兆的研究成果可以参见张秉权《殷虚卜龟之卜兆及其有关问题》，《"中央研究院"院刊》第 1 辑，1954 年。

② 卜后刻字

商人占卜以后，还要把所卜事项的内容契刻在所卜用的龟版或胛骨之上，这就是我们通常所说的"甲骨卜辞"。甲骨上的这些有关占卜记事文字，是如下步骤这样契刻上去的。

甲．刻字工具

安阳殷墟考古发掘曾出土青铜刀、锥，据前辈学者推测"这大概就是殷人契刻文字的工具"①。近年殷墟也出土了几件青铜小刻刀、两件小铜锥等。1950年发掘的著名武官村大墓，曾出土碧玉刻刀，学者研究后认为，如"仿当日实用刻刀而模制者至今锋利可刻划龟甲"②。1976年，著名的殷墟妇好墓又出土玉质刻刀20多件。这些刻刀多为动物形象，当为实用的有价值工艺品③（图1-41）。

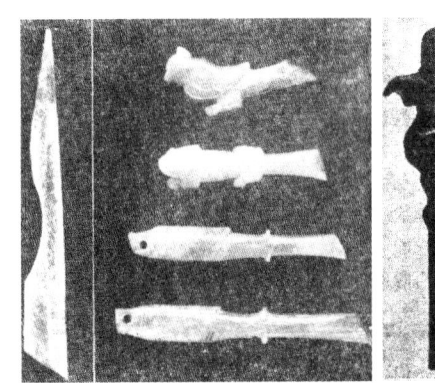

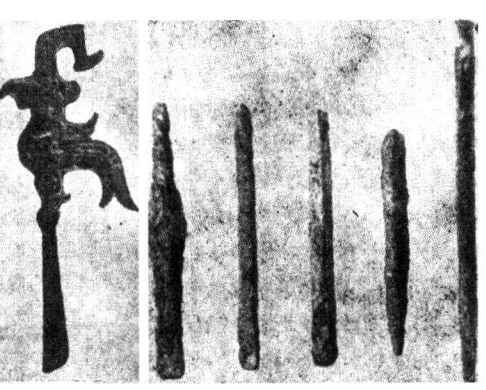

图1-41　殷墟出土各种刻字刀（从左至右）玉刻刀（妇好墓出土）；铜刻刀（苗圃北地出土）；铜刻刀（大司空村出土）

乙．刻字过程

传统意见：前辈学者董作宾大师据"卜辞有仅用毛笔书写而未刻的，又有全体仅刻直划的，可见是先写后刻。"又说"如果不写而刻，那么在每一个字的结构上，稍繁的便不易刻，何况每一笔划，又须刻两面刀锋。一

---

① 董作宾：《甲骨文断代研究例》，《庆祝蔡元培先生六十五岁论文集》，1933年。
② 郭宝钧等：《一九五〇年春殷墟发掘报告》，《中国考古学报》1951年第5期。
③ 中国社会科学院考古研究所编著：《殷墟妇好墓》，文物出版社1980年版，第145—146页。

个字犹难先直后横,何况全行?何况全版?"① 一度被学术界所宗信。

学者深入研究后的新说:甲骨学前辈学者陈梦家经进一步研究,认为:"书写的字既然较刻辞为粗大,且常与刻辞相倒,所以书辞并非为刻辞而作的,更不是写了忘记刻的。刻辞有小如蝇头的,不容易先书后刻,况且卜辞所常用的字并不多,刻惯了自然先直后横,本无需乎先写了作底子。"② 有学者进一步作模拟刻写甲骨实验后指出:"估计一般不必书写起稿,而是依靠熟练的技艺,以刀为笔信手刻来而成的。"③ 商代贞人是具有高度文化素养之人,所卜之事早已胸有成竹,契刻文字当轻车熟路,又何须先用毛笔写好墨底,再进一步"描红"刻字呢?!

图 1-42　甲骨涂朱拓本《国博》036 正(左),反(右)
(《合集》137 正、反,"菁"5)(现藏国家博物馆)

③刻字奏刀的先后

甲. 董作宾的研究:董作宾据通篇缺刻横划之刻辞判断,甲骨文应先刻全版的竖划,然后再刻全版之横划。他认为甲骨文"这种先直后横的

---

① 董作宾:《甲骨文断代研究例》,《庆祝蔡元培先生六十五岁论文集》,1933 年。
② 陈梦家:《殷虚卜辞综述》,中华书局 1988 年版,第 15 页。
③ 赵铨、钟少林、白荣金:《甲骨文字契刻初探》,《考古》1982 年第 1 期。

第一章 甲骨文与甲骨学　33

契刻方法，也同于三千年后今日的木板刻字。（图1-43）工匠们为着方便都是先刻了横划，然后补刻直划（这固然是相反的，其实为的便利则一）"。并进一步说，"卜辞既经写，就一手执版，一手提刀，为的版是向着自己，所以就先刻纵笔及斜笔，刻完了横转过来，再一一补足横划"。[①]此说一度被学术界所接受。

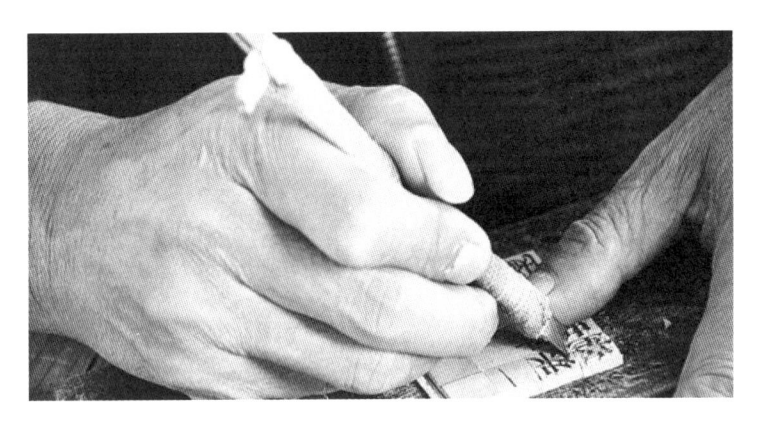

图1-43　**木板刻字示意图**（参见《南方都市报》2012年1月7日）

乙．最新模拟实验刻字的新成果

学者进行模拟甲骨刻字实验表明，"刻时无论横竖，凡直线均为推刻而成。但推刻的顺逆则根据骨料的形状而定，以便于把握及运刀为准，不受任何限制"。在骨料左下方边部刻字，竖划多由下向上推刻，横划多由左而右。而在骨料右上方边部刻字时，则竖划多由上而下，横划多由右而左。在骨料中部刻字，笔顺就可灵活掌握。因此，"卜辞刻字基本上应是一字刻完再刻一字，而不是许多字先竖后横地刻。为了减少转动骨版的次数而采取通篇或通行先竖刻后横刻的流水作业法，不见得

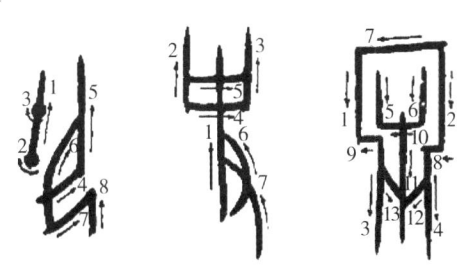

图1-44　**甲骨文字笔画顺序及运刀方向举例**（参见《甲骨文字契刻初探》）

---

① 董作宾：《甲骨文断代研究例》，《庆祝蔡元培先生六十五岁论文集》，1933年。

是普遍规律。"①（图1-44）

丙．殷人刻字笔顺基本与今人书写一致

学者据缺刻划卜辞的全面整理，发现殷人契刻文字的奏刀先后为自上而下，先左后右，与现代人书写汉字的笔顺基本一致。彭邦炯认为："甲骨文的契刻既不同于一般的笔书，也不同于一般的篆刻艺术，它是介于这二者之间的一种当时的通用书法。它不是'先书后刻'也不是'照抄一种底本'，书契者应该是书法纯熟而高度技巧的书者以刀代笔的即席工作"②。彭邦炯在《书契缺刻笔画再探索》中，详细地整理了甲骨上书契的方法，主要有：缺刻横、直与先直后横；缺刻上、下笔与从上到下；缺刻左、右画与从左至右（参见图1-45至图1-50)③。

图1-45 缺刻横笔例

---

① 赵铨、钟少林、白荣金：《甲骨文字契刻初探》，《考古》1982年第1期。
② 彭邦炯：《书契缺刻笔画再探索》，《甲骨文发现一百周年学术研讨会论文集》，台湾师范大学国文学系，"中研院"史语所，1998年5月。
③ 同上。

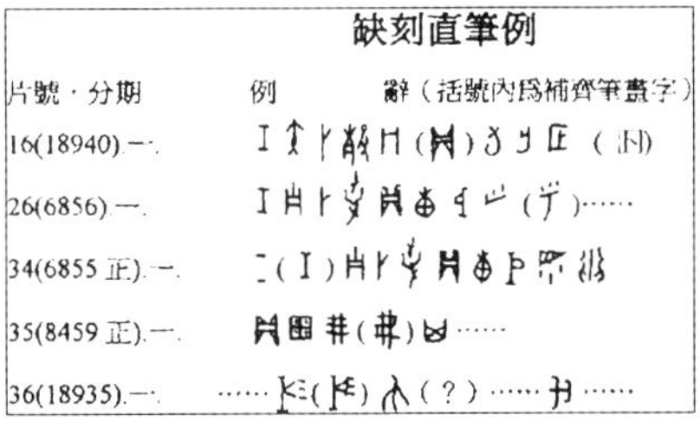

图 1-46 缺刻直笔例

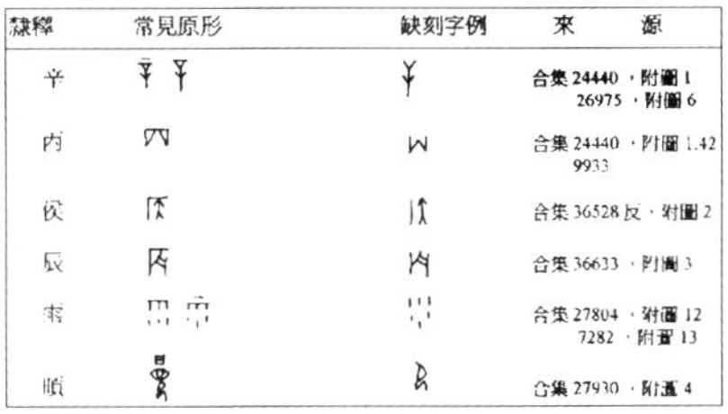

图 1-47 缺上部笔画例

图 1-48 缺下部笔画例

图 1-49 缺左部笔画例

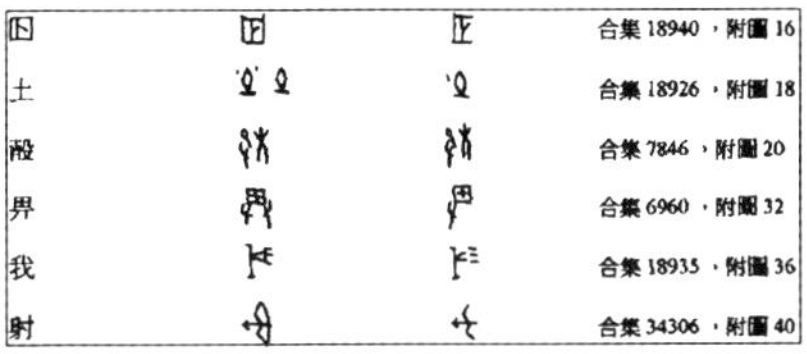

图 1-50 缺右部笔画例

④《周礼·春官》有关卜事之官职司可与甲骨实物所反映的占卜过程相对应（参见表 1-4）。

表 1-4　　　　　　　《周礼·春官》卜官职司与龟卜过程

《周礼·春官》卜官职司	龟卜过程
龟人：取龟、攻龟	卜材，即杀龟、削、锯、刮、磨亦属之
華氏：掌共燋契	燋炭，即准备用以灼龟的燃料
卜师：作龟、命龟	灼龟，即扬火以灼龟，钻、凿制作亦属之
大卜：作龟、命龟	卜问者，即告龟所卜问之事
占人：占龟、系币	视兆问者，即视龟版所现兆坼以定吉凶，书其命龟之事及兆于策而系之于龟

从表 1-4 卜官职司与学者复原的龟卜过程比对中，我们可以看出，虽然《周礼》一书成书较晚，所记多托名周制，但商代占卜之制与之却有不

少相近之处，对研究商周礼制有重要价值。

（5）甲骨占卜后的处理

①再修饰

甲．涂朱、涂墨：一些甲骨刻毕文字后，还涂以朱砂或墨色，俗称"涂朱"（图1-42、图1-51）、"涂墨"处理。此种作风盛行于甲骨文第一期武丁时代。董作宾认为甲骨涂朱、涂墨"为的装潢美观，和卜辞本身是没有关系的"①。但陈梦家认为"填朱和涂墨是有区别的，并不是为了美观。同版之中，大字小字也是有区别的，所以往往大字填朱而小字填墨"②。（图1-52）中国社会科学院考古研究所经过模拟刻写甲骨的实验，对甲骨涂朱、墨作出了解释，"书刻细小的文字时，有可能先在骨料上涂色，以便于字划的观察与掌握，然后擦拭，则字划中填入颜色十分醒目。有些出土字骨上涂朱，可能出于某种宗教意识，以增加其神秘色彩，一般可能与刻字的涂色有关"③。即在甲骨上涂以墨色（即炭黑），刻字时易于显出白色笔划，以区别刻字处与未刻字处。刻完后将墨色抹去，显出甲骨骨板的本色，而所刻的字口里自然又被抹时的炭黑填满，而文字也更显得醒目。这样解释甲骨"涂墨"处理是有道理的。但甲骨涂朱与刻字可能关系不大。因为朱砂红艳、热烈，为温色。试想在刻字前，将甲骨满版涂以朱砂，当鲜艳耀目。刻字时稍一久视，必使人目眩眼胀，因此刻字时不可能在版上涂以朱红。我们认为甲骨文大字涂朱者，多有重要内容，可能与宗教意识或祭祀的特殊需要有关。山东大汶口文化遗址的诸城前寨出土一件陶大口尊，上面所刻的"旦"字涂有朱红的颜色。④ 有人推测"陶尊是用于祭祀的礼器，现在又在这礼器上发现了与农事、天象有关的刻文，而且有的刻文上又特意涂上红色。那么，这几件陶尊会不会是用来祭日出、求丰收的呢？"⑤ 盛行于商武丁一代的甲骨大字涂朱，不仅仅是为了"美观"，也应与一定的宗教信仰或祭祀仪式有关。

---

① 董作宾：《〈殷虚文字乙编〉序》，中央研究院历史语言研究所，1948年。
② 陈梦家：《殷虚卜辞综述》，中华书局1988年版，第15页。
③ 赵铨、钟少林、白荣金：《甲骨文字契刻初探》，《考古》1982年第1期。
④ 任日新：《山东诸城前寨遗址调查》，《文物》1974年第1期，"旦"字从于省吾释。
⑤ 邵望平：《远古文明的火花——陶尊上的文字》，《文物》1978年第9期。

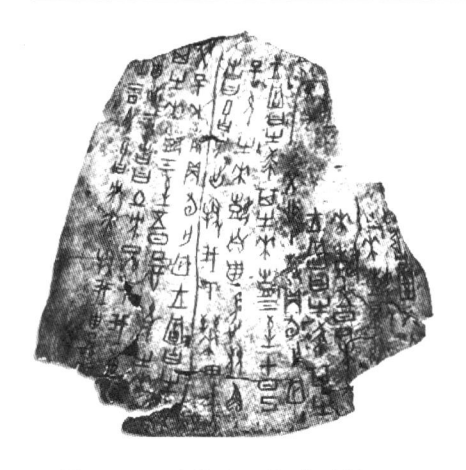

图 1-51　涂朱牛胛骨《国博》35　　　　　　图 1-52　朱墨并施

（《合集》6057/正）　　　　　　　　　　　（《乙编》6664）

乙．刻划卜兆

有时还要刻划卜兆，以便兆纹清晰。在殷墟著名的 YH127 坑甲骨中，就发现了占卜以后，用刀再刻划卜兆的例子。而且在刻划过的卜兆上，还涂以朱墨。董作宾认为"刻划卜兆这件事，很明白是为的美观"[1]。胡厚宣在《甲骨六录》《释双剑誃所藏甲骨文字》中说："三版龟甲有一共同点，即卜兆皆经刻过是也。考甲骨卜辞契刻卜兆之例，在已著录之甲骨中，实前所未闻，诸家也从无注意及之者。据余所见，中央大学、华西大学及束天民氏所藏各有一片。中央研究院第十三次发掘殷墟共得甲骨文字一七八〇四片，除（一）经改造过之龟背甲，（二）经剖削重刻之龟腹甲，（三）牛胛骨，（四）武丁以前之甲骨，共约数百版外，其余数千版乃至万版龟甲，其卜兆皆经刻过……此实一至有兴味之事也。"

胡厚宣认为，这些"皆刻成不规则之深划"。经过刻划的卜兆，"疑与涂朱涂墨之例同，目的在使其显赫，以求美观"。陈梦家对上述说法不以为然，认为"这种说法，尚待考虑"[2]，但为何如此，未予解释。胡厚宣怀疑其与涂朱涂墨之例相同是很有道理的。我们认为，武丁时代整治甲骨可能有这么一种习惯，即占卜后与刻写文字之前，先要将卜兆用刀刻划一遍。

---

[1]　董作宾：《〈殷虚文字乙编〉序》，中央研究院历史语言研究所，1948 年。
[2]　陈梦家：《殷虚卜辞综述》，中华书局 1988 年版，第 16 页。

因为灼裂之兆有时在骨面纤细不显，而所刻甲骨文字又不能与卜兆相重（即犯兆），故需先用刀将兆纹加深，这样再刻文字，就不致因看不清兆纹而使文字"犯兆"了。至于涂墨之事，当为将卜兆刻划好之后，再涂墨刻字。字刻好以后，抹去甲骨表面之炭黑，一部分炭黑自然会留在刻划过的卜兆兆纹和文字字口之内。

当然，甲骨文字与刻划卜兆的涂朱、涂墨，只是甲骨卜毕处理的一种方法而不是全部方法。具体地说，只是盛行于第一期武丁时代的一种风气。了解了这一点，也就会明白为什么二、三、四、五期以后不少甲骨文字不再涂朱、涂墨的道理了。

①占卜结束后对甲骨的处理

1928年以来的殷墟科学发掘工作，不仅发现了大批甲骨文，也把甲骨文卜毕的最后处理方法，即将其"终结"过程也从地下"发掘"出来了。

甲．存储：即有意地保藏甲骨。如第一次科学发掘殷墟的第九坑，出土一、二、五期甲骨。第二次科学发掘"大连坑"，出土一、二、三期及五期甲骨。不同时期甲骨存于一坑，当是有意识存储于此。

乙．埋藏：著名的YH127甲骨窖藏坑，共出土17000多版甲骨。此坑开挖时本为存储谷物之用，后来用于存储甲骨（图1-53）。1973年小屯南地甲骨的发掘也为有意识"埋藏"甲骨提供了新的例证。"在几个窖穴中发现有大量的卜骨和少量的卜甲集中地放置在一起，而其他的文化遗物，

图1-53　YH127甲骨窖藏坑模型

如陶片、牛骨则很少。"灰坑 H17 内"卜骨、卜甲（主要是骨卜）层层叠压放在一起"，"坑内共出卜甲、卜骨 165 片，其中有字的卜甲 2 片，卜骨 105 片"。又如灰坑 H62，"坑内埋藏 20 片经过整治、凿、灼的卜骨，但无一有刻辞"。"还发现有以放置骨料为主的窖穴。"正如发掘者所指出的，这些坑"可能是有意识储存的"①。

丙．散佚：在殷墟不少灰坑、版筑基址的灰土中，也偶有甲骨发现，可能因当时使用过的甲骨太多，在集中存储或搬运过程中，被遗落所致。第六次科学发掘时，曾于一个窖穴的土阶旁发现一版五期甲骨，当为搬运时所遗落者。

丁．废弃：殷墟出土甲骨中，曾发现有骨版被锯去文字部分而改作他用者。或把用过的甲骨，作练字习刻之用，不少"干支表"即为习刻之作。在《甲编》中"2880、2881（图 1-54），2692、2693（图 1-55）四号，

图 1-54 《甲编》2880（左）；2881（右）

---

① 肖楠：《1973 年安阳小屯南地发掘简报》，《考古》1975 年第 1 期。

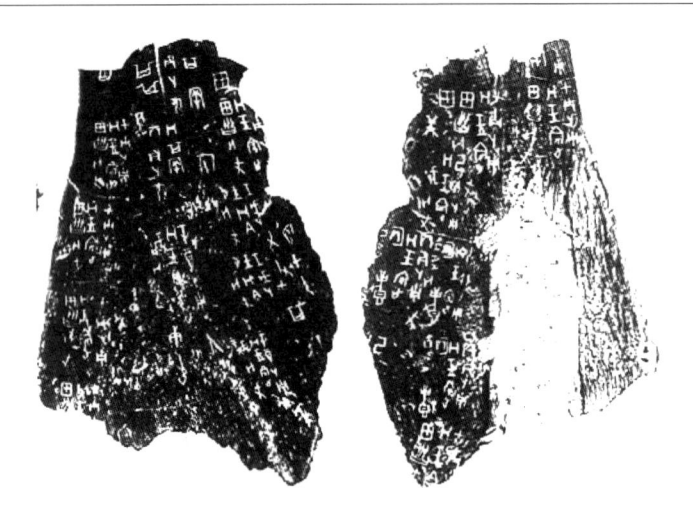

图 1-55 《甲编》2692（左）和 2693（右）（2693 为 2692 的反面）

原是大胛骨一版，裂而为二，正反两面均有文字。可是在正面只有十组卜辞伴着卜兆，是第三期贞人'何'所记的，其余的还有四十段却都是初学的人抄贞人'宁'的卜辞，作为习字之用的。"这种供习刻用的废弃甲骨，应是"废物利用"[①]。此外，灰坑中被随意抛弃的甲骨与陶片、碎牛骨等生活垃圾混杂一起，当是作为"废弃"之物处理的。

（6）近代少数民族骨卜习俗与古代占卜

《周礼》所记卜官职司，多为卜龟之事。虽然语焉不详，但仍可供学者据卜龟实物复原商代龟卜过程的参考。但有关商代骨卜，古文献中失载。"礼失求诸野"，少数民族中保存的用羊骨进行占卜的习俗，可供复原商代骨卜活动参考，补充了文献记载的不足。

中华人民共和国成立以前，在彝族、羌族、纳西族等少数民族中，常用羊骨进行占卜，其卜问范围包括生产和生活的各方面，占卜决定着他们日常生活中的一切活动。

①巫师：掌管"羊骨卜"活动者，是本民族的巫师。这些人相当于商代的"贞人"，但又稍有不同，即还没有脱离生产活动，占卜也尚未成为他们一种专门固定的职业。

---

① 参见董作宾《〈殷墟文字甲编〉自序》，商务印书馆 1948 年版，第 8 页。

②卜材：主要以羊肩胛骨为主，彝族人也有使用少量牛、猪肩胛骨的。卜用羊、牛骨多为巫师平时贮存，但认为祭祀时所杀祭牲的肩胛骨最为灵验。以上习俗，与商代人存贮龟甲、肩胛骨以备卜用的习俗是相近的。

③占卜方法与过程：彝、羌、纳西族等基本相同，但以云南永胜县彝族（他鲁人）最为典型，其程序如下：

甲．祷祝：祷祝词主要是由巫师赞扬羊骨灵验。与此同时，问卜者说出所要占问的事情。在祷告时，有的少数民族（如羌族）还要举行一定的仪式，即手持青稞、燃烧柏枝等。

乙．祭祀：彝族（他鲁人）用羊骨占卜时，要请羊骨"吃"米，羌族则烧青稞，纳西族在骨上撒小麦。通过对其祭祀以求得保佑、灵验。

丙．灼骨：祷告、祭祀后，将艾叶或火草搓成的颗粒放在骨上点燃直到将骨烧出裂纹。纳西族、羌族卜一事灼炙一处，而羌族烧灼多处。

丁．释兆：巫师观察骨面上呈现的裂纹（兆），根据各族自己传统释兆方法，判断所卜的吉凶。

④占卜后卜材处理：释兆以后，有的民族（纳西族）把卜用过的羊骨看为"圣物"，集中埋藏或烧掉。云南几个少数民族曾使用的"羊骨卜"习俗，为文献失载的商代骨卜的复原提供了佐证。①

二　甲骨文与中国古代文明的弘扬

（一）"文献不足"的商代历史文化研究

中国历史悠久，自传说时代的黄帝计起已有5000多年。而且就从进入奴隶制的"三代"王朝夏、商、周计起，也有4000多年的阶级社会史。但是由于缺乏当时文字的记载，19世纪20年代"疑古"之风炽起时，曾一度有人否定"三代"王朝及以前的历史，提出"东周以上无信史"（即公元前841年以前）。生活在春秋末年知识渊博的孔夫子，也发出"殷礼吾能言之，宋不足征也。文献不足故也，足则吾能征之也"（《论语·八佾》）的慨叹

---

① 参见林声《记彝、羌、纳西族的"羊骨卜"》，《考古》1963年第3期；《云南永胜县彝族（他鲁人）"羊骨卜"的调查和研究》，《考古》1964年第2期；汪宁生《彝族和纳西族的羊骨卜——再论古代甲骨占卜习俗》，《文物考古论集》，文物出版社1986年版。

(图 1-56 左)。

甲骨文的出土,证明了成书于汉代司马迁之手的《史记·殷本纪》2800 多字可信,也证明其《夏本纪》的记载也并非空穴来风。(图 1-56 右)随着夏文化的遗址、商都遗址和大批有铭周代铜器的发现,中国历史上存在夏、商、周朝已得到了出土文字和考古资料的证明。现在,利用甲骨文并结合文献、考古发现的资料,"文献不足"的商王朝的政治、经济、文化社会面貌已被全方位地在多卷本《殷商史》中勾勒出来。可以毫不夸大地说,1899 年甲骨文的发现,让我们发现了一个奴隶社会,把中国有文字记载的历史提前了 1000 年。因此,蕴含中华基因的甲骨文对历史研究,特别是对商史的研究,是第一手宝贵资料,具有非常重要的史料价值。

图 1-56 孔子像(左);司马迁像(右)

(二)甲骨文保存了丰富的商代历史文化信息

1899 年甲骨文发现至今,所出土 15 万片以上的甲骨文,是商朝人留给我们的宝贵文化遗产,也是研究商代历史文化的第一手文字资料。

诚如甲骨学权威胡厚宣所指出的:现在这"十六、七万片的甲骨文字,每片平均就以十字计算,已经是一百六十七万言了"[①],其所涵盖面较广且内容非常丰富。再加上大量的商代遗迹遗物的文化遗存,不但商史可据以研究,就是商以前和商以后的好多古史上的问题,也可以从这里出发并深入探求获得解决。

甲骨文里保存的丰富商代历史文化信息,为中国古代优秀传统文化的

---

① 胡厚宣:《五十年甲骨学论著目·序》,中华书局 1952 年版。

弘扬和多学科的研究，提供了弥足珍贵的材料。

（三）甲骨文为中国考古学的形成和发展提供了契机

1. 科学发掘甲骨文与中国殷墟考古学

1928年10月，为科学发掘甲骨文，以获得更多的与甲骨文伴出的科学讯息，在殷墟展开了大规模的田野考古工作，从而使学者走出书斋，将传统的金石学研究领域的甲骨学，走出已取得深厚积累金石学研究领域（参见表1-5），被纳入了历史考古学范畴，并成为考古学的分支学科。

表1-5　　　　　　　　　青铜器重要著录与研究著作

（1）图像类

书名	简称	作　者	版本情况
考古图十卷	考古	（宋）吕大临	北京图书馆藏元刻黑字本；明程士庄泊如斋本；明万历郑朴考正巾箱本；万历二十九年吴万化宝古堂翻泊如斋本；乾隆十八年天都黄晟亦政堂修补宝古堂本
博古图录三十卷	博古	（宋）王黼等撰	元至大重修本；明嘉靖七年蒋旸翻刻至大重修本；明万历十六年程士庄泊如斋本；万历二十四年郑朴考正巾箱本；万历二十七年广陵于承祖刻本；万历二十八年吴万化宝古堂翻泊如斋本
续考古图五卷		（宋）佚名	清光绪十三年陆心源十万卷楼丛书刻本
西清古鉴四十卷	古鉴	（清）梁诗正等编	清乾隆二十年内府刻本；光绪十四年迈宋书馆铜版本；光绪十四年鸿文书局石印小本；光绪三十四年集成图书公司石印小本
宁寿鉴古十六卷			1913年涵芬楼依宁寿宫写本石印小本
西清续鉴甲编二十卷（附录一卷）	续鉴	（清）王杰等编	清宣统二年涵芬楼依宁寿宫写本石印小本
西清续鉴乙编二十卷	续乙	（清）王杰等编	1931年北京古物陈列所石印小本
十六长乐堂古器款识考四卷		（清）钱坫（献之）著	清嘉庆元年自刻本；1933年开明书局翻刻本
怀米山房吉金图一卷	怀米	（清）曹载奎（秋舫）辑	清道光二十年自刻石本；苏州尊汉阁翻刻石本；日本明治十五年文石堂翻刻木本；1922年陈氏影印石本
长安获古编二卷		（清）刘喜海（燕庭）辑	自刻本；清光绪三十一年刘鹗补刻标题本
两罍轩彝器图释十二卷	两罍轩	（清）吴云（平斋）著	同治十一年自刻本；文瑞楼石印本
攀古楼彝器款识二册	攀古楼	（清）潘祖荫（伯寅）著	同治十一年自刻本；1913年西泠印社翻刻本

续表

书名	简称	作者	版本情况
恒轩所见所藏吉金录二册	恒轩	（清）吴大澂（清卿）著	光绪十一年自刻本；西泠印社重刻本
陶斋吉金录八卷；续录二卷附补遗	陶斋	（清）端方（午桥）著	光绪三十四年石印本；续录宣统元年石印本；有正书局石印本
双王玺斋金石图录一卷		邹安（适庐）辑	1916年影印本
梦郼草堂吉金图三卷；续编一卷	梦郼	罗振玉（叔言）辑	1917年影印本；续编1918年影印本
梦坡室获古丛编十二卷		周庆云（梦坡）藏器；邹寿祺（景叔）编次	1927年石印本
宝蕴楼彝器图录二册	宝蕴楼	容庚（希白）著	1929年影印本
新郑古器图录二卷	新郑	阎百益撰	1929年商务印书馆影印本
澂秋馆吉金图二册	澂秋馆	陈承裘（子良）藏器；孙壮（伯恒）编次	1931年石印本
颂斋吉金图录一册续录二册	颂斋	容庚著	1933年影印本；续录1938年影印本
武英殿彝器图录二册	武英殿	容庚著	1934年影印本
双剑誃吉金图录二卷	双剑誃	于省吾（思泊）著	1934年影印本
善斋吉金录二十八册		刘体智（晦之）辑	1934年石印本
海外吉金图录三册	海外	容庚著	1935年影印本
十二家吉金图录二册	十二家	商承祚（锡永）著	1935年影印本
贞松堂吉金图三卷	贞松堂	罗振玉（叔言）辑	1935年影印本
邺中片羽初集二册；二集二册；三集二册	邺中	黄濬（百川）辑	初集1935年影印本；二集1937年影印本；三集1944年影印本
善斋彝器图录三册	善斋	容庚著	1936年影印本
尊古斋所见吉金图四卷	尊古斋	黄濬（百川）辑	1936年影印本
西清彝器拾遗一册	西清	容庚著	1940年影印本
痴盦藏金一册；续集一册		李泰棻（痴盦）著	1940年影印本；续集1941年影印本
双剑誃古器物图录二册		于省吾著	1940年影印本

(2) 款识类

书名	简称	作者	版本情况
岩窟吉金图录二册	岩窟	梁上椿著	1943年影印本
历代钟鼎彝器款识法帖二十卷	薛氏	（宋）薛尚功（用敏）著	宋绍兴十四年刻本；明万历十六年陆氏万岳山人刻朱印本；崇祯六年朱谋垔刻本；清嘉庆二年阮元刻本；博文斋翻刻阮氏本；光绪三十三年刘世珩刻本附札记；民国初古书流通处石印本；1932年中央研究院历史语言研究所影印宋拓残片十页；1935年于氏石印朱谋垔刻本
啸堂集古录二卷		（宋）王俅（子弁）辑	宋淳熙三年跋本；明翻刻本；清嘉庆十六年张蓉镜刻本附考异二卷；民国振新书社翻明刻本；1921年百一庐金石丛书石印明刻本；1922年商务印书馆石印淳熙本
钟鼎款识一卷		（宋）王厚之（顺伯）辑	嘉庆七年阮元刻本；道光二十八年叶志诜翻刻本；版心人名翻刻本；1921年百一庐金石丛书缩印版心人名本
积古斋钟鼎款识十卷	积古斋	（清）阮元（云台）编录	嘉庆九年刻本；光绪五年崇文书局翻刻本；光绪八年抱芳阁翻刻本；光绪九年改称鲍氏后知不足斋刻本
筠清馆金文五卷		（清）吴荣光（荷屋）撰	道光二十二年刻本；杨守敬重刻本
从古堂款识学十六卷		（清）徐同柏（寿臧）释文；徐士燕（谷孙）樛录	光绪十二年同文书局石印本；光绪三十二年蒙学报馆石印本
攈古录金文三卷九册		（清）吴式芬（子苾）撰	光绪二十一年家刻本；1913年西泠印社翻刻本
缀遗斋彝器款识考释三十卷		（清）方濬益（谦受）著	1935年商务印书馆石印本
愙斋集古录二十六册；释文賸稿二卷		（清）吴大澂（清卿）著	1918年商务印书馆石印本；賸稿1919年商务印书馆石印本，1921年再版附愙斋集古录后
奇觚室吉金文述二十卷		（清）刘心源（幼丹）撰	光绪二十八年石印本；1926年陈乃乾翻印本
周金文存六卷附补遗	周存	邹安（适庐）辑	1916年石印本
贞松堂集古遗文十六卷；补遗三卷；续编三卷		罗振玉撰集；罗福颐（子期）樛	1930年石印本；补遗1931年石印本；续编1934年石印本
小校经阁金文拓本十八卷		刘体智（晦之）辑	1925年石印本
三代吉金文存二十卷	三代	罗振玉辑	1937年影印本
积微居金文说		杨树达著	1953年中国科学院铅字本

(3) 通考类

书名	简称	作者	版本情况
殷周青铜器铭文研究		郭沫若著	1931年石印手稿本；1954年人民出版社重订本
金文丛考四卷；金文余释之余；一卷		郭沫若著	1932年日本影印手稿本；1952年人民出版社改编本
西周金文辞大系图录考释八册	大系	郭沫若著	1932年影印本；1958年科学出版社增订本
商周彝器通考二册	通考	容庚著	1941年哈佛燕京学社铅印本

2. 殷墟考古的发掘与甲骨文的分期断代

中国田野考古学自1928年在殷墟发掘甲骨文的过程中草创，并随1934年后岗"三层文化"（即白陶、黑陶、彩陶）的发现，以"地层学"为标志的中国田野考古学形成了，又经过类型学和区系研究的继续发展，终于走向了今天的中国考古学"黄金时代"。

甲骨文的成批发现和断代研究的发展，也为殷墟考古分期绝对年代的确立提供了可信依据（参见表1-6）。①

表1-6　　　　　　殷墟文化分期与甲骨文分期对照表

分期代表者王名	殷墟文化分期		甲骨文分期	
	邹衡	考古所	胡厚宣	董作宾
盘庚 小辛 小乙	第一期	第一期	第一期	第一期
武丁				
祖庚 祖甲	第二期	第二期	第二期	第二期
廪辛 康丁 武乙 文丁	第三期	第三期	第三期	第三期
				第四期
帝乙 帝辛	第四期	第四期	第四期	第五期

---

① 参见王宇信《中国甲骨学》，中国社会科学出版社2009年版，第185页。

3. 甲骨文与殷墟重要遗迹性质的推定

殷墟甲骨文的研究，为考古遗迹和现象的阐释提供了依据。诸如殷墟五号墓的墓主妇好在历史上的活动和五号墓时代的考定，族墓地和祭祀场的考定以及殷墟宫殿宗庙功能的研究等。

1952 年 11 月，毛泽东同志视察殷墟时，在小屯农田里的一条水沟边坐了一会儿。这地方是一片高出周围地面约 80 厘米的岗地，"岗地略成三角形，东窄西宽，面积约一万平方米"。24 年后，即 1976 年毛泽东逝世的那年，在离他当年坐过不远的地方，发现了自殷墟发掘以来，首次发现的一座保存完好的商代女性贵族的墓葬，这就是我们所说的"妇好墓"。一代巨人逝去的时候，一位三千多年前的商代女统帅却走进我们的研究视野里①。

1976 年 7 月，中国社会科学院考古研究所在安阳小屯西北地发掘了一座晚商墓葬（编号为 M5）。该墓保存较完整，随葬器物极为丰富。值得注意的是，该墓出土的大量青铜礼器上，不少铸有铭文"妇好"字样。

最先在一件铜瓿的底里发现了"妇好"铭文，但"妇"字的写法与甲骨卜辞"妇"字的写法并不相同，而"好"字却很规范。当时虽然不能确定墓主人是"妇好"，但至少说明墓主是与商王室有关系的人物。接着"妇好"铭文在炊器、食器、酒器、兵器等类铜器上大量出现，总数在 100 件以上，非其他墓中出土几种有铭铜器所能比拟，由此确定"妇好"应是墓主人。又根据 6 件成套镂空铜觚上的铭文与甲骨卜辞"妇好"的写法完全一致，并且墓葬的年代与武丁时期宾组卜辞的年代相符合，由此可以断定，墓主人应该是商王武丁诸妇之一的"妇好"（图 1-57）。

（1）妇好参与商代对外战争

甲骨文常见"妇某"的"妇"字。甲骨文第一期（即武丁时代）凡云"妇某"者，均为人名。据郭沫若考证，妇下一字为女字，乃殷王武丁之妃嫔。② 武丁多妻，据学者的统计达六十四人之多。③ 而妇好在殷墟出土的 15 万片甲骨中，有关她的卜辞就有一百七八十条。

---

① 杨善清、杜久明：《中国殷墟——去安阳认识商代文明》，上海大学出版社 2006 年版，第 188 页。
② 郭沫若：《骨臼刻辞之一考察》，《古代铭刻汇考续编》1934 年。
③ 胡厚宣：《殷代婚姻家族宗法生育制度考》，《甲骨学商史论丛初集》第一册，1944 年成都齐鲁大学国学研究所石印本，载于《甲骨文研究资料汇编》，北京图书馆出版社 2000 年版。

图 1-57　各种妇好铭文

甲申卜，㱿，贞呼妇好先奴人于庞。（《合集》7283）

乙酉卜，㱿，贞勿呼妇好先于庞奴人。（《合集》7284）

丙戌卜，㱿，贞勿呼妇好先奴人于庞。（《合集》7287/正）（图1-58）

图 1-58　《合集》7287/正

"先"是先导之意。"伿"与"登"同义。唐兰谓:"卜辞诸饔字则皆如伿,盖供给之义。"① "庞"为地名,也有学者认为是对商王朝有义务的部族、方国之一。② 这三条卜辞,连续三天问:"要不要命令妇好为商王前驱,征兵聚众于庞地?"表示这次战役的重要性。

妇好代商王武丁征集兵员,事关重要。因此何时征集,何时不要征集,随时都要听从武丁的命令。作为先头部队将领的妇好,还参与了一系列的战斗。

辛巳卜,贞登妇好三千登旅万,呼伐囗[方](图1-59《英藏》150/正)

"登人",王襄谓:"登人疑即《周礼·大司马》比军众之事,将有征伐,必先聚众。"③ 这次征伐某方的战役,妇好统帅一万三千人之多,可见商代战争规模之大。(图1-59)

图1-59 《英藏》150正

此外,妇好还参加了征伐土方、巴方等战役。

辛巳卜,争,今㞢王登人呼妇好伐土方,受有佑,五月(图1-60《合集》6412)

辛未卜,争,贞妇好其从沚𢦏伐巴方王自东㪔伐捍(重)陷于妇好立(图1-61《合集》6480)

图1-60 《合集》6412

---

① 唐兰:《天壤阁甲骨文存考释》,1939年辅仁大学北平影印本,北京图书馆出版社2000年版。
② 陈梦家:《殷虚卜辞综述》,中华书局1988年版,第316页。
③ 王襄:《簠室殷契征文考释·征伐》,1925年天津博物馆影印本,北京图书馆出版社2000年版,第2页。

图 1-61 《合集》6480

有不少妇好参加征战的甲骨记录证明，妇好出现在西方、北方、东方及西南方的战场上，而且在历次战斗中，妇好都作为先头部队的将领，并曾统率诸如沚馘、侯告等著名将领。武丁时期的这一系列战争，为促进我国奴隶社会的繁荣和多民族国家的逐步形成，在客观上起了一定的作用。

（2）妇好主持祭祀活动

殷墟甲骨卜辞研究表明，妇好不仅参加对外战争，还曾主持祭祀祖先、拥有自己的封地。从这些甲骨卜辞中我们可以了解，妇好与武丁其他诸妇相比，不仅条数较多，而且涉及的活动范围也比其他诸妇广，可见妇好在武丁诸妇中占有重要的地位。

《礼记·表记》载："殷人尊神，率民以事神，先鬼而后礼。"尊神、尚鬼，表明当时殷人相信有特殊的"神明"主宰着世界。商王朝统治阶级为了维持他们的统治，保护他们的特权，大力渲染神鬼的存在，从精神上麻醉被统治者。因此，祭祀成了商王朝奴隶主阶级的重要政治活动。这些活动的主持者，主要是商王本人。同时，商王也命令他的亲信、重臣代为主祭。妇好就曾经在商王的命令下，主持过一系列祭祀活动。

贞勿呼妇好往燎。（图1-62 《铁》45.1，《合集》2641）

贞妇好出（侑）替于多妣，酒。（《合集》2607）

乙卯卜，殻，贞呼妇好有及于妣癸。（《合集》94/正）

妇好［不］佳出（侑）泉。（《合集》2611）

据甲骨卜辞记录，妇好经常受命主持祭典，所祭的对象为高祖、父、母、先妣以及神泉等。祭祀时

图1-62 《铁》45.1、《合集》2641

屠杀俘奴和各种人牲，还用牛、酒等。"妇好参加祭祀活动如此之多，而且身为卜官，也从另一侧面说明她是当时奴隶主统治集团中的重要成员。"[1]

（3）妇好有封地

武丁时期，商王朝为了加强对奴隶的镇压和各方国的控制，经常把诸妇、诸子、功臣分封在外地。这些被封的奴隶主贵族，既要为商王朝贡纳、服役，还要从征、戍边。因此，商王对他们的情况非常关心，不断为之求神问卜。而妇好，就很有可能被封在外地并时常回到王都（即现在的殷墟）觐见商王。

---

[1] 王宇信、张永山、杨升南：《试论殷墟五号墓的"妇好"》，《考古学报》1977年第2期。

癸酉卜，亘，贞生十三月妇好来
贞生十三月妇好不其来（图1-63《合集》2653）

甲骨卜辞中的"生月"，是"下月"①。"十三月"是"殷人早期历法是年终置闰，故闰年有十三月"②。《合集》2653两条卜辞，问："到了下月（十三月）妇好来不来？"表示武丁对妇好的关心。

妇好其来。（图1-64《合集》2654）

这条卜辞问：妇好归还王都么？

学者们分析妇好活动的甲骨记录，并指出商王武丁对妇好的关心和在诸妇当中的重要地位。"有时武丁不在安阳，出游在外，则令妇好往其所在之地。"武丁有多妻，"诸如妇妌等都被封在外地，妇好有时还与他们见面。"妇好还有"向商王贡纳"的义务等，武丁关心"妇好的生育、吉凶病祸以及为之举行祭祀"，妇好死后，甲骨文还有祭祀她的记录。③如此等等。

4. 小结

以搜寻更多的甲骨文为契机，推动了中国田野考古学在殷墟的草创、形成和发展。（图1-65）而90多年来的殷墟科学考古和研究，不仅发现

图1-63 《合集》2653

图1-64 《合集》2654

---

① 陈梦家：《殷虚卜辞综述》，中华书局1988年版，第116页。
② 王宇信、张永山、杨升南：《试论殷墟五号墓的"妇好"》，《考古学报》1977年第2期。
③ 同上。

了大批有地层依据的甲骨文，还把历史考古学的研究方法引入了甲骨学研究领域，推动了甲骨学研究的发展。甲骨学的研究，对考古分期绝对年代的确定和考古遗迹和现象的阐释、解读等，起到了画龙点睛——透过现象看到本质的作用。

图 1-65　（1）妇好墓发掘；（2）武官村北地祭祀坑；（3）小屯西北地区遗址发掘情形；（4）1937 年殷墟宫殿区乙二十遗址发掘现场

图 1-66　（1）殷墟宫殿区；（2）王陵区鸟瞰图

（四）甲骨文与商代社会历史的复原

1. 商史刻在甲骨上

甲骨文作为商朝人（公元前 13—前 11 世纪）留下的文字记录，使新史学家因缺乏当时文字的证据，一度把商王朝的历史作为"传疑时代"进行研究的状况大为改观。自甲骨文发现以后，商王朝作为中国历史的开篇，现已广为海内外学术界所接受,从而把被"疑古派"大大缩短的我国文明历史从西周共和元年(即公元前841年)始,上推了五百多年(即自公元前13世纪始)。不仅如此,也为上溯其前曾存在的夏王朝历史提供了坐标(参见表1-7)。

表1-7　　　　　　　　　　夏商周断代工程年表①

夏代年表	禹、启、太康、仲康、相、少康、予、槐、芒、泄、不降、扃、孔甲、皋、发、癸(公元前2070—前1600年)		
商前期年表	汤、太丁、外丙、中壬、太甲、沃丁、太庚、小甲、雍己、太戊、中丁、外壬、河甲、祖乙、祖辛、沃甲、祖丁、南庚、阳甲、盘庚(迁殷前)(公元前1600—前1300年)		
商后期年表	盘庚(迁殷后)公元前1300年		
	小辛 在位50年		
	小乙 前1251年		
	武丁 前1250—前1192年 在位59年		
	祖庚 前1191年		
	祖甲		
	廪辛 在位44年		
	康丁 前1148年		
	武乙 前1147—前1113年 在位35年		
	文丁 前1112—前1102年 在位11年		
	帝乙 前1101—前1076年 在位26年		
	帝辛(纣)前1075—前1046年 在位30年		
西周年表	武王 公元前1046—前1043年 在位4年		
	成王 前1042—前1021年 在位22年		
	康王 前1020—前996年 在位25年		
	昭王 前995—前997年 在位19年		
	穆王 前976—前992年 在位55年		
	(共王当年改元)共王 前922—前900年 在位23年		
	懿王 前899—前892年 在位8年		
	孝王 前892—前886年 在位6年		
	夷王 前885—前878年 在位8年		
	厉王 前877—前841年 在位37年		
	(共和当年改元)共和 前841—前828年 在位14年		
	宣王 前827—前782年 在位46年		
	幽王 前781—前771年 在位11年		

---

① 参见《夏商周断代工程年表》,世界图书出版公司2000年版,第86—88页。

2. 商史研究的第一手资料与 11 卷本《商代史》的完成

"惟殷先人,有册有典。"(《尚书·多士》)虽然商代的典册迄今尚未见出土,但大量商代甲骨文为我们提供了丰富的历史文化信息,是我们全面系统研究商代社会结构、国家形态、宗教组织、方国征伐、社会经济、习俗与宗教信仰、经济与科技、文化与艺术诸方面第一手资料。经过几代学者的积累与继承、开拓与创新、追求与前进,全方位、多角度、深层次复原商代社会历史面貌的大型研究著作——《商代史》(十一卷本)终于在 2011 年由中国社会科学出版社出版了(图 1-67 及表 1-8)。[①]

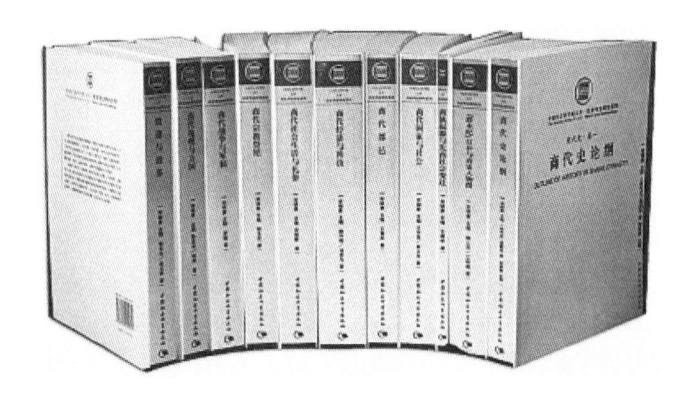

图 1-67　《商代史》(11 卷)

表 1-8　　　　　　　　　《商代史》各卷作者及书名

卷数	卷　名	作者	出版年月	字数
卷一	商代史论纲	宋镇豪主笔	2011 年 7 月	590 千字
卷二	《殷本纪》订补与商史人物徵	韩江苏、江林昌	2010 年 12 月	750 千字
卷三	商族起源与先商社会变迁	王震中	2010 年 11 月	190 千字
卷四	商代社会与国家	王宇信、徐义华	2011 年 7 月	720 千字
卷五	商代都邑	王震中	2010 年 10 月	590 千字
卷六	商代经济与科技	杨升南、马季凡	2010 年 10 月	915 千字
卷七	商代社会生活与礼俗	宋镇豪	2010 年 10 月	731 千字
卷八	商代宗教祭祀	常玉芝	2010 年 10 月	636 千字
卷九	商代战争与军制	罗琨	2010 年 11 月	645 千字
卷十	商代地理与方国	孙亚冰、林欢	2010 年 10 月	567 千字
卷十一	殷遗与鉴赏	宫长为、徐义华	2011 年 7 月	550 千字

---

①　宋镇豪主编《商代史》(全 11 卷)于 2010 年 10 月至 2011 年 7 月由中国社会科学出版社出版。

(五) 甲骨文与汉语史和语言学研究

1. 中国最早有系统的文字：文字的溯源与流变

甲骨文距今已三千多年，是我国目前发现的最早有系统的文字。甲骨文本身已经是比较成熟的文字，是文字形成过程中的一个重要阶段，其前还应有相当长时间的形成过程——文字形成之源的追溯与探索。

多年以来，在一些仰韶文化遗址，如陕西西安半坡、长安五楼、临潼姜寨、零口、垣头、邰阳莘野、铜川李家沟、宝鸡北首岭、甘肃泰安大地湾等处[①]以及青海乐都柳湾[②]等地，发掘出的陶器上都有刻划符号发现。有的学者认为这些是"具有文字性质的符号"[③]；"对后世文字发明有一定影响，但本身绝不是文字"[④]；"某些记号为汉字所吸收，并不能证明它们本来就是文字"[⑤]。但也有学者认为"结绳、刻木等才是真正的原始记事方法，我们的先民使用过这种方法，后来发展为刻划的标记，逐步具备形音义而形成文字。陶器符号的发展，正反映了这样的过程"[⑥]。在一些龙山文化遗址，如山东青岛赵村[⑦]、河南永城王油坊[⑧]等地也都有刻划符号的发现。20世纪60年代以来，对夏文化的探索取得了很大进展，在河南偃师二里头遗址也有刻划符号的发现[⑨]。特别是河南登封县告城镇王城冈遗址发现了已相当成熟的会意文字"共"字等。[⑩] 值得注意的是，"分布在中国东部的大汶口文化和良渚文化，也发现有陶器符号，其形体更接近商周文字，为探讨文字起源投射了新的光明"。"大汶口文化的符号比较端正规整，有象形性，很像后来的青铜铭文。多数古文字学者同意这种符号是文字，因

---

① 参见王志俊《关中地区仰韶文化刻划符号综述》，《考古与文物》1980年第3期。
② 参见青海省文物管理处考古队等《青海乐都原始社会墓地反映出的主要问题》，《考古》1976年第6期。
③ 郭沫若：《古代文字之辨证之发展》，《考古》1972年第3期。
④ 汪宁生：《从原始记事到文字发明》，《考古学报》1981年第1期。
⑤ 裘锡圭：《汉字形成问题的初步探索》，《中国语文》1978年第3期。
⑥ 李学勤：《考古发现与中国文字起源》，《中国文化研究集刊》第二辑，复旦大学出版社1985年2月。
⑦ 孙善德：《青岛市郊区发现新石器时代和殷周遗址》，《考古》1965年第9期。
⑧ 商丘地区文管会等：《1977年河南永城王油坊遗址发掘情况》，《考古》1978年第1期。
⑨ 洛阳发掘队：《河南偃师二里头遗址发掘简报》，《考古》1965年第5期。
⑩ 李先登：《王城冈遗址出土的铜器残片及其他》，《文物》1984年第11期。

为它们都能依照古文字的规律释读"①。甲骨文与大汶口文化、登封告城镇王城冈等地发现的文字是一脉相承的,在我国文字发展史上占有重要地位。甲骨文基本为象形表意文字,与今天的表意汉字承传之迹可寻。因此,甲骨文是汉语史和语言学研究的第一手可信资料。

(1) 仓颉造字传说

仓颉造字是中国古代汉族神话传说之一。仓颉,又称苍颉,复姓侯刚,号史皇氏,轩辕黄帝史官,曾把流传于先民中的文字加以搜集、整理和规范使用,在汉字创造的形成过程中起了重要作用,他根据野兽的脚印研究出了汉字,为中华民族文化的传承和昌盛做出了不朽的功绩。但学者普遍认为汉字由仓颉一人创造只是传说,他可能只是汉字的整理者,被后人尊为"造字圣人"(图1-68)。今陕西省白水县城西北17.5公里史官村有仓

(1)

(2)

(3)

图1-68　(1) 仓颉像;(2) 陕西白水县的仓颉庙;(3) 河南南乐县的仓颉庙

---

① 参见李学勤《考古发现与中国文字起源》。有关大汶口文化的文字性质及社会性质的讨论已编入《大汶口文化讨论文集》,齐鲁书社1979年版。

颉墓、仓颉庙。仓颉庙为全国文物重点保护单位。此外，河南省濮阳市南乐县也有一处仓颉墓和仓颉庙，表明仓颉造字传说影响之深远和广泛。

（2）结绳记事传说

《易经·系辞》："上古结绳而治，后世圣人易之以书契。"《庄子·胠箧篇》："昔者容成氏、大庭氏、伯皇氏、中央氏、栗陆氏、骊留氏、轩辕氏、赫胥氏、尊卢氏、祝融氏、伏牺氏、神农氏，当是时也，民结绳而用之。"《周易正义》引《虞郑九家易》："古者无文字，其有约誓之事，事大大结其绳，事小小结其绳，结之多少，随物众寡；各执以相考，亦足以相治也。"（图1-69）

图1-69　结绳记事图

（3）刻木为记

刻木为另一种符号语言。史书上也记载我国远古曾有刻木记事的历史事实，如《后汉书》载，"大人有所召呼，则刻木以为信，虽无文字，亦不敢违。"（图1-70）《岭外代答》也载："瑶人无文字，其要约以木契合二板而刻之，人执其一，守之甚信。"《云南腾越州志》也提到："夷有风俗，一切借贷赊用、通财期约诸事，不知文字，唯以木刻为符，各执其半，如约

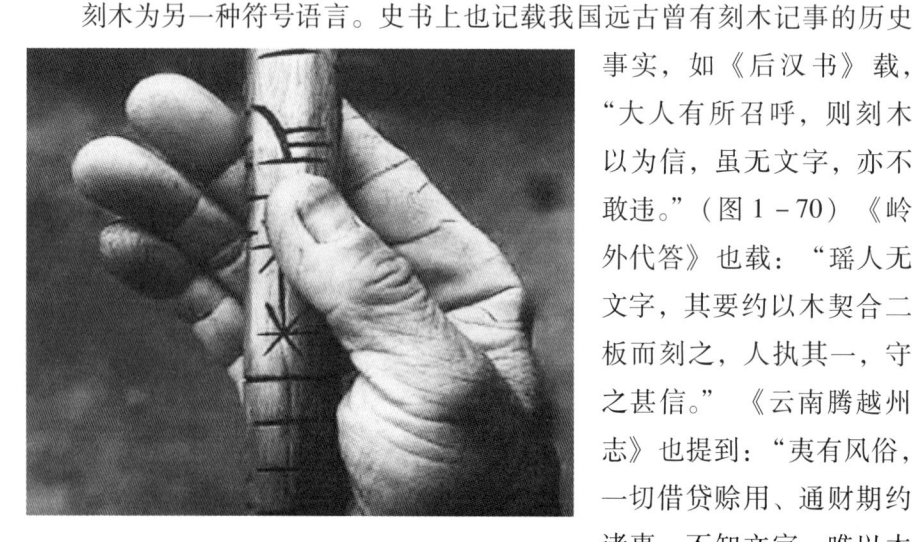

图1-70　刻木记事示意图

酬偿,毫发无爽。"刻木为记的习俗在商品生产和交换过程中发生,逐渐演变为官工的铭刻或名人商品的标记,所谓"物勒工名",即在所售商品上打上官工的名字或名人的名字。

(4) 阴山岩画

早在公元5世纪时,内蒙古境内的阴山岩画就被北魏地理学家郦道元所发现。他在著名的《水经注》中对其作了详细的记述,这些记载是世界上对阴山岩画最早的记录。然而在其后的若干世纪里,再无人问津。直到20世纪30年代末,中瑞西北科学考察团才发现了几幅岩画。对岩画的全面考察是从1976年开始的。此后,每年都有许多专家、学者到巴盟境内考察和参观,先后共发现岩画1万多幅,其中做过拍照和临摹的岩画有近千幅。这些岩画不仅反映了阴山地区古代居民的信仰、美学观和世界观,同时也揭示了他们的游牧生活状况(图1-71)。

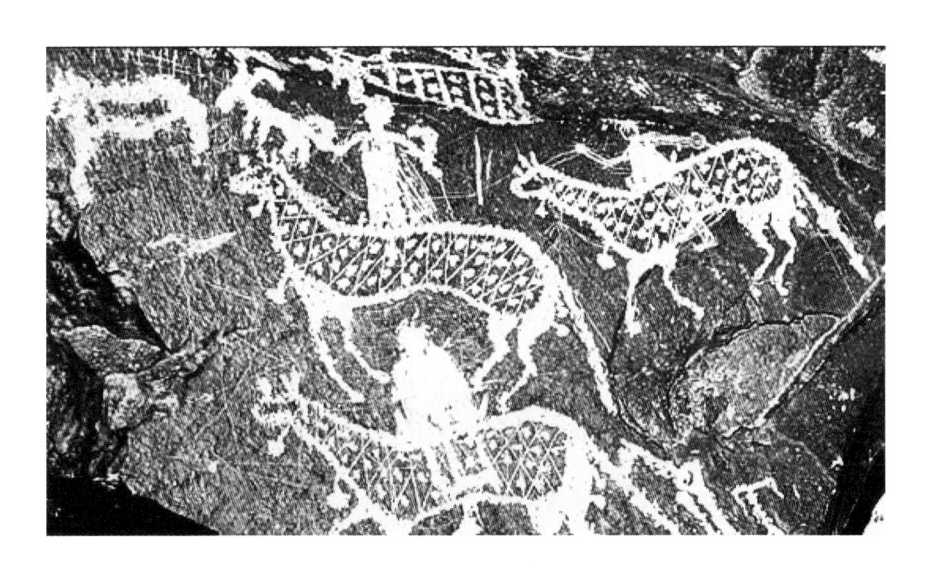

图1-71 阴山岩画

(5) 仰韶文化

以西安半坡遗址为代表的一系列仰韶文化陶器符号,每每成为讨论中国文字起源的出发点。诚然,从陶器符号被发现起,即早在20世纪30年代,就在城子崖下层的陶片和良渚文化的陶器上,都发现了刻划符号。在甘肃半山和青海马厂两种类型遗址所收集到的陶器上面,也发现过集中彩绘符号。①唐兰先生于1933年在为商承祚《殷契佚存》一书作序时，认为瑞典安特生《甘肃考古记》里所载录的辛店期陶器上的彩绘符号，是一种较古的文字，与商周文字属于一个系统。后来他又在1934年出版的《古文字学导论》中重申了这一看法，并根据安特生的假定，把辛店期的年代定在距今4500年左右，并由此推断"中国文字的起源总在六七千年前"。由于辛店陶器及其上的符号并非经过科学发掘出土，当时所推定的绝对年代明显有误，而且辛店类型文化地处"西陲"，故很难以此为基础来讨论中国文字的起源。②而西安半坡遗址的情况就与此全然不同。半坡遗址位于黄河中游地区渭水流域的西安东郊，它是20世纪五六十年代所认识的中国新石器文化中时代最早的一处遗址，而且经过较大规模的科学发掘。

半坡遗址的发掘者对该遗址陶器上的刻划符号的重要意义已有充分的认识，在《西安半坡》发掘报告中的《陶器上刻的符号》里，将其所发现的113个刻划符号标本，按笔画形状分为22种。该报告最后写道："总之，这些符号是人们有意识刻划的，代表一定的意义。……从我国历史文化具体的发展过程来说，与我们文字有密切关系，也很可能是我国古代文字原始形态之一，它映射出我国文字未发明以前，我们祖先那种'结绳记事'、'刻木为文'等传说，有着真实的历史背景。"③（图1-72至图1-74）

(6) 大汶口文化刻画符号

大汶口文化分布于黄河下游地区，它前承当地的北辛文化后接山东龙山文化。目前已发现的陶器符号主要属于大汶口文化晚期，其年代大体与仰韶文化晚期乃至庙底沟二期文化相当。这些符号最初发现于20世纪60年代，当时只有6例5种，其中5例属于陶尊上刻划的符号（图1-75：4），发现于莒县陵阳河和诸城前寨两遗址中；1例属于陶背壶

---

① 参见巴尔姆格伦《半山及马广随葬陶器》，《中国古生物志》丁种第3号1册1934年178—179页；又参见王蕴智《史前陶器符号的发现与汉字起源的探索》，《华夏考古》1994年第3期图二。
② 参见李学勤主编《中国古代文明与国家形成研究》，云南人民出版社1997年版，第128页，注②。
③ 中国科学院考古研究所、陕西省西安半坡博物馆：《西安半坡》，文物出版社1963年版，第186页。

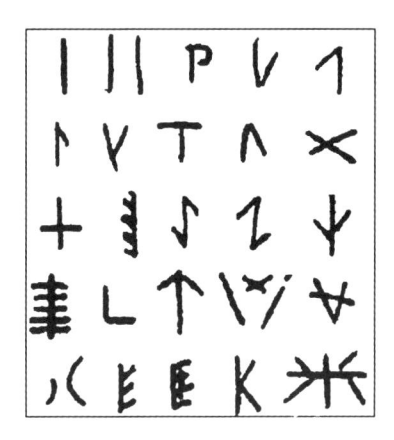

图 1-72 西安半坡遗址所出刻划符号

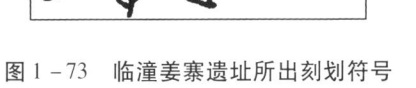

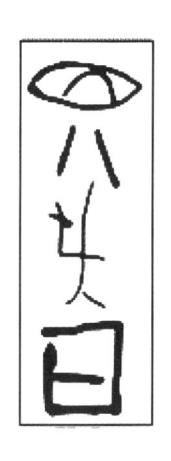

图 1-73 临潼姜寨遗址所出刻划符号　　图 1-74 贾湖遗址所出刻划符号

上用毛笔绘写的朱色符号（图 1-75：5），有的出土于泰安大汶口遗址。这些符号均载于 1974 年出版的《大汶口》报告中。① 后来这种刻写的符号在莒县陵阳河、大朱村等遗址又陆续发现②，王树明先生一篇论文中对此作了集中的发表③。目前在大汶口文化中已发表的刻写的象形符号共有 17 例 9 种、绘写的有 1 例 1 种，共达 18 例 10 种（图 1-75）。

---

① 参见山东省文管处、济南市博物馆《大汶口》，文物出版社 1974 年版，第 117—119 页。
② 黄景略：《山东莒县发现我国最早象形文字》，《中国历史学年鉴（1979 年）》，三联书店 1980 年版，第 426 页。
③ 王树明：《谈陵阳河与大朱村出土的陶尊"文字"》，《山东省前文化论文集》，齐鲁书社 1986 年版。

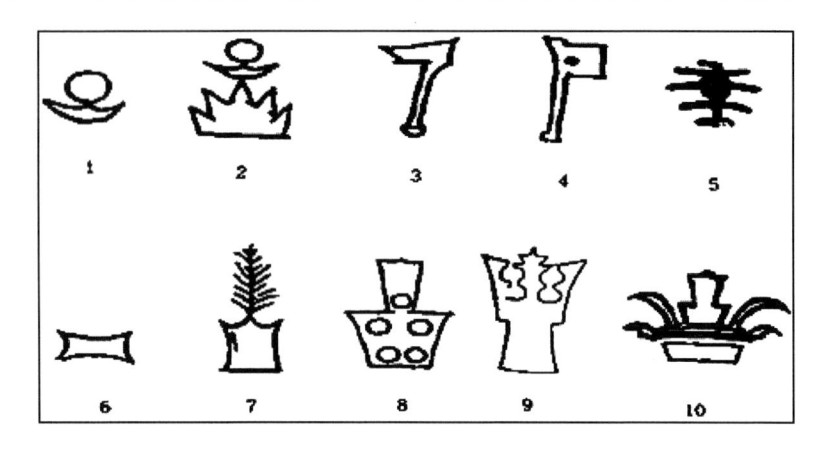

图 1-75　大汶口文化陶器符号

于省吾先生在 1973 年发表的《关于古文字研究的若干问题》一文中，在谈到文字的起源时曾将图 1-75：2 的象形符号释为"旦"字，认为是由日形、云气形和五峰的山形这"三个构成的会意字"，并由此设想，"当时已经有了由更早的简单独体字演化成的复体字"，"是原始文字由发生而日趋发展的时期"①。唐兰先生也先后撰写了一系列的文章，将他所见到的几种符号（图 1-75：5）释为"炅"（即昊的简体字）、"昊"、"斤"、"戍"、"莽"等字，并指出这种文字"笔画整齐规则，尤其是三个炅字，出于两地，笔画结构，如出一手，显然，这种文字已经规格化"。他还根据"炅"字有是否从"山"的不同，提出当是"已经有简体字，说明它们是已经很进步的文字"。他认为，"这种文字在大汶口文化区域里已经广泛使用"，由此可将我国的文明时期上推至 6000 千年前的炎帝、少昊时代。②

1986 年新出土的大汶口文化陶器符号公布后，李学勤先生随即写了一

---

① 于省吾：《关于古文字研究的若干问题》，《文物》1973 年第 2 期。
② 可以参见唐兰《关于江西吴城文化遗址与文字的初步探索》，《文物》1975 年第 7 期；《从大汶口文化的陶器文字看我国最早文化的年代》，《光明日报》1977 年 7 月 14 日；《再论大汶口文化的社会性质和大汶口陶器文字——兼答彭邦炯同志》，《光明日报》1978 年 2 月 23 日；《中国奴隶制社会的上限远在五六千年前——论新发现的大汶口文化及其陶器文字》，这 3 篇皆收入《大汶口文化讨论文集》，齐鲁书社 1981 年版；《中国有六千多年的文明史——论大汶口文化是少昊时代》，《〈大公报〉在港复刊 30 周年纪念文集》，1978 年。此论文抽印本为唐兰先生寄赠，但收到邮件十天以后，唐先生即驾鹤西去。抽印本上留下的唐先生"育信留念"，真成了永久的纪念。王宇信 2017 年 9 月改移至此以表纪念。

篇较为系统的论文。① 他在文中，除对唐兰先生已释的陶文作了肯定外，还对新发表的4种陶器符号进行了考释，指出图1-75：6作斜置菱形的符号，也见于商代甲骨文、金文，用作人名或族名。图表1-75：7在方形上有一植物形的符号，从丰从土，应释为"封"。图1-75：10符号，像一种饰有羽毛的冠，或许就是原始的皇。《礼记·王制》："有虞氏皇而祭。"郑注："皇，冕属，画羽饰焉。"甲骨文"皇"也是象形，下不从"王"。图1-75：8、9，被视为同种符号的变异，是不加羽饰的冠。此外，他还就这些符号的性质从四个方面进行了总结：第一，同后世的甲骨文、金文形状结构接近，一看就产生很像文字的感受；第二，只见于特定器种，而且在器外壁的一定位置上，与金文在器物上的位置类似；第三，象形而有相当程度的抽象化，不是直接如实的描绘；第四，与装饰性的花纹不同，不能分解为若干图案单元。他强调指出，古埃及文字也是由前王朝时代晚期（约公元前3500—前3000年）陶器上的刻划、绘写、浮雕之类的发展而来的，这些前王朝陶器符号很难证明是表音的，其与后来古埃及文字的联系，也只能从形状结构的相似来论证。

（7）龙山丁公陶文、高邮龙虬庄刻文、澄湖陶罐刻文

① 龙山丁公陶文：1992年年初，山东大学历史系考古实习队在山东邹平县丁公村龙山时代遗址的出土物中，意外地发现了一件刻有11个书写符号的陶片（图1-76）。据报告说，该陶片（H1235：2）属"泥质磨光灰陶，为近直壁大平底盆的底部残片，陶片宽3—3.4厘米，长7.7—4.6厘米，厚0.35厘米。于内面刻有5行（竖行）11字，

图1-76 丁公陶器刻划符号（上）及摹写（下）

---

① 李学勤：《论新出大汶口文化陶器符号》，《"中央研究院"历史语言研究所集刊》第50本，1979年。

右起第一行为3个字，其余4行每2个字。另外在左上角有一刻划极浅的符号，疑为一字，左下角有一刻划短线伸出陶片之外"。报告认为，陶文"是烧后刻写，并且最大可能是刻写在陶片之上"的，其书体的显著特征是"多为连笔字"①。

丁公陶片公布后，经过学者一系列的讨论，其看法大致分为两类：一类认为它与古汉字属于同一体系；另一类则鉴于丁公陶文在构形、写法诸方面同殷周古文字存在着很大的差异，认为它与古文字不是一个系统。这两种意见之外，还存在着第三种意见，即对丁公陶文究竟是否为龙山时代的人所刻写表示怀疑。由于丁公陶文是器物烧好以后才刻上去的，字形和写法上多用连笔，再考虑到发掘灰坑和清洗灰坑陶片有一段较长的时间差距，因而担心它是出自参加工作人员的戏作，这也不是没有道理的。这种对丁公陶文持怀疑态度的，既有中青年学者，也有老一辈的古文字学家。②

丁公陶文问世以后，在日本学术界也引起了很大的反响，在此简单介绍几位日本著名学者的观点如下，或对我们的研究有所启示。③

松丸道雄：主张将丁公陶文称为"龙山文字"，他虽然不认为甲骨文是由此发展、变化而来的，但认为甲骨文和"龙山文字"具有"远亲"关系，是由同一"祖先"出发在中途分歧了的东西。他说与"龙山文字"的"草书体"相比，甲骨文是楷书体一类的文字，不过"龙山文字"时期，只存在草书体是难以想象的，大概还有别的楷书体。

西田龙雄：将丁公11个陶文与中国纳西族象形文字进行了比较，认为丁公陶片上的符号虽然在形状上看起来像是文字，可是还属于停留在文字形成之前阶段的东西。

伊藤道治：基本的形状，可以看作刻写的是或人或猿、二足而立的东西（图1-77）。从照片上来看，首先浮想起的是殷商甲骨文中山岳神的"神名表"。甲骨文几乎全是商王占卜的记录，但也有所例外，存在着神名

---

① 山东大学历史系考古专业：《山东邹平丁公遗址第四、五次发掘简报》，《考古》1993年第4期。

② 参见李学勤主编《中国古代文明与国家形成研究》，云南人民出版社1997年版，第176—177页。

③ 同上书，第178—182页。

表那样的东西。这不是文章，而是像一览表似的并列描绘了山神们的姿态。他指出，在古代，人们都是装扮成这样的神的姿态从事祭祀的。采访的记者问，当时的人们制作神的名单表的动机是什么？他回答说：在殷代，商王通过把那些被置于殷商王朝支配之下的诸地域集团原有神灵的祭祀，网罗为商王自己的祭祀，而在精神上形成了宗教性的纽带，以此来稳定殷商王朝对各地域的支配和统治。在那个时代人们的观念中，人间之战被认为是神与神的战斗。由此若大胆设想，在由南北250米，东西300米的城墙所围起来的丁公遗址中，也许

图1-77　甲骨文"神名表"

居住着若干集团，为了使相互不要因诋毁彼此的神而引起不和，把11个神的姿态刻在陶片上，从而起着团结的象征作用。他接着说，由于丁公陶片倾向于"神名表"，因而很难认为它是"文字"。在文句中需要有主语、谓语、动词、目的语（宾语）等。特别是具有动词性意味的文字，不是形象性的。在甲骨文中也为抽象性的字体，而丁公陶片所刻的却欠少这些要素。

小南一郎：只发现了一片残的陶片，很难作为符号或文字的决定性证据。如果勉强来说的话，不能说没有文字的可能性，不过若视为文字，也与甲骨文接续不上，有可能是其他系统的文字。

如此等等。通过以上的概括介绍，我们可以看到，丁公陶片刻划符号的发现，一方面在海内外学术界引起了很大的反响；另一方面又存在种种问题和疑虑，正像小南一郎教授所指出的那样，仅仅靠一个残破的陶片，不能成为究竟是符号还是文字的决定性的根据。为此有关"丁公陶片之谜"的解决，还有待于新的发现、新的资料的出土。

②高邮龙虬庄刻文：龙虬庄遗址位于江苏省高邮市龙虬镇，距今7000—

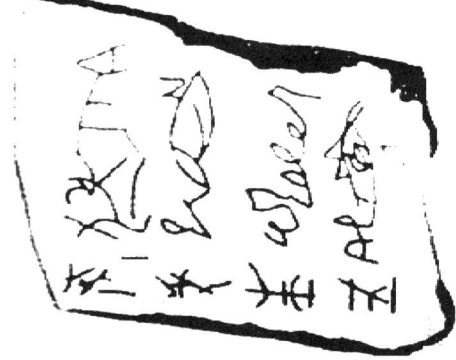

图1-78 高邮龙虬庄出土陶片（上）及摹写（下）

5000年前，是江淮地区东部最大的一处新石器时代早期遗址。

1993年4月至1996年4月，南京博物院考古研究所对江淮之间的高邮龙虬庄遗址先后进行了四次发掘。第一次发掘时，于河边采集到一片磨光泥质黑陶盆口沿残片，上有八个类似文字的刻划符号，刻文为两行，左行四个近似甲骨文，右行四个类似动物图形。（图1-78）

这是继山东省邹平县丁公遗址发现距今4200—4100年龙山文化晚期的刻文陶片之后，又一次极为重要的考古发现。该次发掘的情况于1993年9月5日在《中国文物报》做了报道之后，被评为"九三年中国十大考古新发现"。1994年2月6日的《中国文物报》公布评选结果时，对龙虬庄遗址的刻划陶文作了如下介绍："在遗址上采集的陶盆口沿残片上，有类似文字的刻划符号，对探究中国文字的起源亦十分重要。"1996年3月1日，日本著名甲骨学专家东京大学教授松丸道雄先生以《中国四千年前的文字》为题，在《朝日新闻》上作了介绍，称为中国尚未公开的至宝。2003年，中央电视台网站刊载了题为《江苏考古新发现：高邮陶文早过甲骨文1000年》的文章，称为"目前南京博物院珍藏的这一块从江苏省高邮龙虬庄遗址出土的陶文比甲骨文年代久远上千年，该陶文很有可能是甲骨文的起源"。如此图文并茂的刻文陶片，在中国还是首次发现。在全国展出时，高邮龙虬庄陶文被誉为"中华文明的曙光"。据南京博物院考古研究所专家考证，龙虬庄这层遗址被划为"王油坊类型龙山文化"，年代"不早于公元前2200年"。

1993年10月，香港中文大学教授饶宗颐先生最早研究了高邮陶文的释义。他在1996年《东南文化》第4期上,发表了《谈高邮龙虬庄陶片的刻划图文》一文,称这一陶片"可看作揭示图、文并茂的古代记录之一例,足见它的重要性"。"此片符号似可分为二组,一组四文,另一组作鱼形及动物的图纹,不易辨认。""第二字……上半颇近禾形,下半是人,象人载禾,则是年字。第一字未明。""龙虬庄遗物出现粳稻残粒,其时农产物已相当发达,年似是祈丰岁之事。""顺祝,顺丰年也。""第三字可释朱,第四字可释尤,朱读为袾。《广雅》:袾,祝也。""朱尤即祝尤。""陶片上刻符之外,另绘有四只动物,似怪兽虫鱼之类,不知所指,但必与'祝尤'有关。"是"古代祝尤巫术之写照"。"朱"与"尤"二字在其下方各加一画,作为指事的习惯,实仍读为本字。

其后,西北大学古文字学家周晓陆教授也在《东南文化》1998年第1期上发表了《生命的颂歌——关于释读龙虬庄陶文的一封信》一文。他认为这些陶片上的符号"肯定是文字,且为一段完整文句,丁公陶文也如此",认为该符号"文化性质为王油坊(造律台)类型龙山文化"。

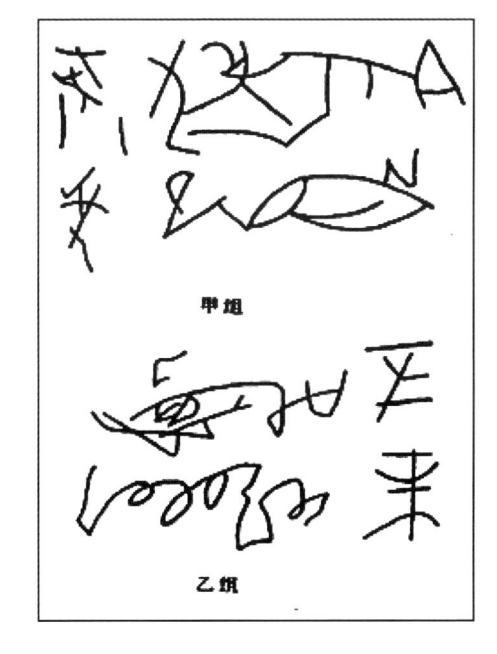

周教授在文章中将陶片上的符号与甲骨文比较分析。先他把它分作两组,每组四个字,共八个字(参见图1-79)。然后周教授又将甲组左侧的上下两个符号与甲骨文进行比较,认为该两个符号为干支,读为"戊辰"(参见图1-80),干支右侧,上下二字记事。上为会意主体 ，为卧女人形,头(口张)、臂、双腿皆现。甲骨文与之形近的字有:欠、吹、次、既等(参见图1-81)。紧贴妇下身侧为 ，当为男根形象,甲骨文中有相近之形;此物头前人妇腿间有一刻线,当是指射

图1-79 分组图[1]

---

[1] 周晓陆:《生命的颂歌——关于释读龙虬庄陶文的一封信》,《东南文化》1998年第1期。

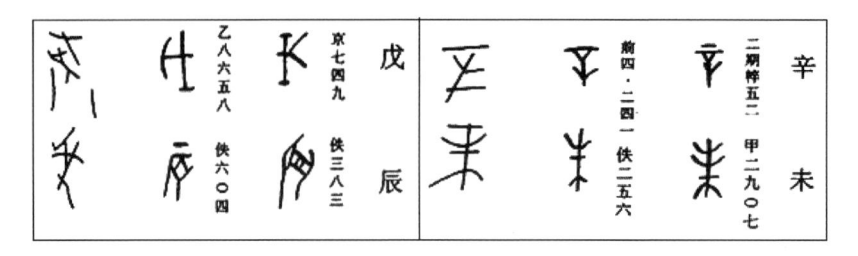

图1-80　龙虬庄陶文"戊辰"与甲骨文"戊辰"比较（左）；
陶文"辛未"与甲骨文"辛未"比较（右）

精。至于后面的㇏大约表示交媾之场所，在汉画象砖交媾图中，有以○形示意交媾之地，意近。下一字表现头向相反的又一人形，口大张，身着袍，似蹲姿，他缘何踞此、身份如何，只能推测。甲组意为："戊辰日，某男某女交媾，某女哼卿呻吟，巫师大声作法鼓励多生。"

乙组正好与甲组相颠倒，右侧上下为干支，比甲组清楚，读作"辛未"，可以甲骨文辛未二字作比较（参见图1-80）。辛未距交媾日297天，"十月怀胎，一朝分娩"。左侧上面一字嘴砂洲就很清楚了，孕妇张口呼号，双腿不时弯曲，母腹中胎儿躁动，此字结构与甲骨文"孕"字相近，又与甲骨文"娩"意近，那也是大开产道，子头欲现的样子（参见图1-82）。乙组意为："辛未□，某女终于分娩了。产妇在号叫中实现了巫师的祈祝，欢呼吧，歌舞吧"。这是人类生命的颂歌、先民繁衍的礼赞，其中没丝毫今日"扫黄"者所关注的内容，而只有初民文明之鲜明表征。如此等等，我们可真佩服周教授超凡脱俗的想象力！

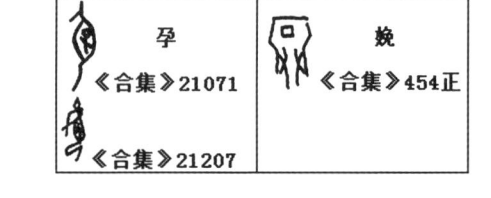

图1-81　甲骨文中的欠、吹、次、既字　　图1-82　甲骨文"孕"和"娩"字

饶宗颐教授和周晓陆教授的看法截然不同。现在我们不能判断谁的看法更接近历史事实。其实，对商代甲骨文以前时代文字的研究刚刚开

始，目前各类文化遗址中出土的各种符号是文字还是符号很难说，其主要原因当是出土的文物很少，不足作为研究的标本。一个残破的陶片，不能成为究竟是符号还是文字的决定性的根据。因此，商代甲骨文以前文字、符号研究，还期待更多新的发现、资料的出土。

③澄湖陶罐刻文：20世纪70年代之后，考古学界在江苏吴县澄湖出土的一件良渚文化黑陶罐上，发现了4个符号并列刻在罐的腹部（图1-83）。这些符号在结构和书写特征上都十分接近古汉字的风格，因而格外引人注目。

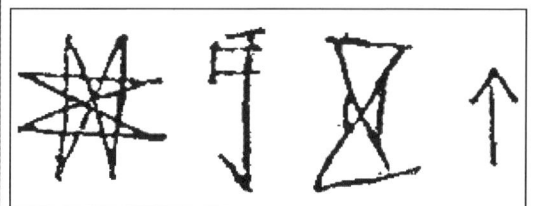

图1-83　江苏吴县澄湖出土黑陶罐（左）；及陶文摹写（右）

在吴县澄湖发现的四个字陶文，李学勤先生释为："巫戌五俞"，即"巫钺五偶"，也就是神巫所用的五对钺。① 陶文上的"'戌'为良渚文化玉钺之象形"②。"五"基本上是记数文字中的通用写法。"个"为"俞"字初文，唐兰先生在《关于江西吴城文化遗址与文字的初步探索》一文中，对此曾有详细、精辟的考释。③ 而李学勤先生则用古文字的通假对此进一步解释说，这个"个"即"俞"，"在此应读为'偶'，'五偶'义即五双、五对"。这四个字中的第一个字符，过去有人称为八角星纹或太阳纹，也有

---

① 李学勤：《良渚文化的多字陶文》，《苏州大学学报》，吴学研究专辑，1992年。
② 李学勤主编：《中国古代文明与国家形成研究》，云南人民出版社1997年版，第168页。
③ 唐兰：《关于江西吴城文化遗址与文字的初步探索》，《文物》1975年第7期。

人认为是四角相聚以鱼为图腾的氏族、部落、联盟的族徽。① 李学勤先生认为它和商周时写作十形的"巫"字有渊源关系，故而将此释为"巫"。

陶文"巫戍（钺）五俞（偶）"中将某种钺称为"巫钺"，不禁使人想到余杭反山12号墓出土的编号为100号的玉钺。这件玉钺，玉质优良具有透光性，抛光精致，光洁闪亮。出土时不但完整的组件（包括玉质的钺冠、钺身和钺柄端），而且在钺的两面刃部的上角均有一个人形和兽面相结合的被称为"神徽"的浅浮雕，在两

图1-84　浙江余杭反山12号墓出土玉钺

面刃部下角均有一浮雕"神鸟"（图1-84）。雕有"神徽"的玉钺，显然具有更大的巫术力即神力。陶文"巫戍五俞"所指的"巫钺"，大概是这一类玉钺。

（8）陶寺、二里头、王城冈等遗址发现的早期"文"字

①陶寺：陶寺遗址是中国黄河中游地区以龙山文化陶寺类型为主的遗址，面积约300万平方米。据放射性碳素断代并经校正，其年代当在公元前2500—前1900年。同类遗址在晋西南汾河下游和浍河流域已发现70余处。

1984年在陶寺居住遗址第Ⅲ发掘区灰坑H3403中，出土了有朱书符号的陶扁壶（图1-85）。这朱书扁壶为残器，存留口沿和部分腹部，正面和背面各有符号。正面的符号与甲骨文中"文"字的形体、结构十分相像，考察过的几位学者尚无提出异议者。而对背面符号的考证上，学者提出了不同意见。如罗琨认为是"易"字，何驽、葛英会认为是"尧"，冯时认为是"邑"等。②

---

① 张明华、王惠菊：《太湖地区新石器时代的陶文》，《考古》1990年第10期。
② 参见罗琨《陶寺陶文考释》，《中国社会科学院古代文明研究中心通讯》2001年总2期；何驽《陶寺遗址扁壶朱书"文"字新探》，《中国文物报》2003年11月28日；葛英会《破译帝尧名号，推进文明探源》，北京大学震旦古代文明研究中心编《古代文明研究通讯》第32期；冯时《"文邑"考》，《考古学报》2008年第3期。

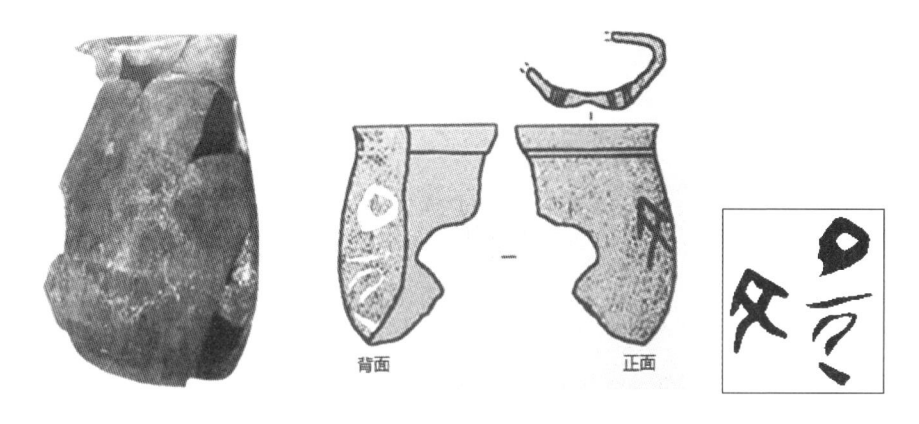

图 1 - 85　陶寺遗址出土陶片及其符号（左）；摹写（右）

②二里头

1899 年甲骨文的发现和自 1928 年至 1937 年先后 15 次对安阳殷墟的科学发掘，证实了殷商王朝的存在。对《史记·殷本纪》的肯定，又引发了《史记·夏本纪》也为信史的认识。由此，20 世纪 50 年代考古界提出了夏文化探索的课题。1959 年夏，著名考古学家徐旭生先生率队在豫西进行"夏墟"调查时，发现了二里头遗址，从此拉开了夏文化探索的序幕。经考古工作者对二里头遗址数十次的考古发掘，取得了一系列重大收获。1962 年夏鼐先生在《新中国的考古学》中说："1952 年在郑州二里岗发现了比安阳小屯为早的殷商遗存，后来在郑州洛达庙和偃师二里头等地，又发现了比二里岗更早的文化遗存。这个时期已有了小件的青铜器，陶器中有后来殷代晚期墓葬中所常见的觚、爵的祖型。二里头类型的文化遗存是属于夏文化，还是属于商代先公先王的商文化，目前学术界还没有取得一致的认识"①。后来他根据新的考古成果又把这类文化遗存命名为"二里头文化"并在《碳-14 测定年代和中国史前考古学》一文中认为，继河南龙山文化之后的铜石并用至青铜时代初期的"二里头文化"的具体年代为公元前 1900—前 1600 年，即属于夏王朝时代②（图 1 - 86）。二里头遗址出土的陶器上，发现了刻划符号若干例。

---

① 夏鼐：《新中国的考古学》，《考古》1962 年第 9 期。
② 参见夏鼐《碳-14 测定年代和中国史前考古学》，《考古》1977 年第 4 期。

图1-86 偃师二里头出土陶器及二里头陶器上刻划符号（左）；摹写（右）

③王城岗

1975年河南省文物考古部门进行的大规模考古工作，证实王城岗古堡为东西并列两座。东城因五渡河西移被冲毁，只剩下南墙西段，残长约30米。西墙南段残长约65米，西城的夯土城轮廓基本清楚，四面城墙基础多有保存。西城垣略呈正方形，周长约400米。西城的东墙也就是东城的西墙，南墙长约82.4米，西墙长约92米，北墙东段因水冲损，残长约29米。在城址内还残留着与城墙同期的夯土建筑和其他遗存，如"奠基坑"和窖穴等。王城岗遗址是一处以龙山文化中晚期遗存为主，兼有裴李岗文化、二里头文化以及商、周时期文化遗存的遗址，总面积约1万平方米。遗址内发现有龙山文化晚期的两座小城堡以及奠基坑、窖穴、灰坑等遗迹。遗址内还出土大量陶器、石器、骨器、铜器等生产工具和生活用具。陶器多为砂质或泥质，灰陶较多，此外还有棕陶和黑陶等，并发现了相当成熟的会意字"共"字[1]等（图1-87）。

甲骨文与大汶口文化、陶寺、登封告城镇王城岗等地发现的文字符号是一脉相承的，在我国文字发展史上占有重要地位。

---

[1] 李先登：《王城岗遗址出土的铜器残片及其他》，《文物》1984年第11期。

图1-87　登封王城岗遗址发掘图（左）；登封王城岗遗址出土陶器（右）

（来源于百度图片）

2. 甲骨文与现代汉语文法与语法

甲骨文的文法基本上具备了今日汉语语法的基本要素，是现代汉语语法之滥觞。

甲骨文是殷商时代遗留下来的书面语言，甲骨卜辞即为占卜以后，专以一定的文体格式在甲骨上刻下的相关文辞。甲骨文是中国古代汉语的祖型，汉语文法所包括的文理、文势及句法、语法乃至修辞诸规律之生成，甲骨文当为其开端。如果想研究汉语文法史的滥觞，探索其语法的早期特点和追溯汉语历史的发展演变状况，只有从最早的第一手语言材料甲骨文开始。

甲骨文文法的研究，最早当为1928年何定生撰《汉以前文法研究》[①]一文，开始对卜辞文法进行讨论。其后胡光炜著有《甲骨文例》[②]，该书主要进行卜辞文例的整理，但也涉及文法的研究。20世纪30年代董作宾《甲骨文断代研究例》[③]，指出"卜辞为专门记载贞卜之辞，故叙述只求明

---

① 何定生：《汉以前文法研究》，《中山大学语言历史学研究所周刊》，第3集第31—33期，1928年5月。

② 胡光炜：《甲骨文例》，余永梁手写石印本，中山大学语言历史研究所考古学丛书，1928年7月。又中央大学讲义增订本，1939年；又万业馨整理校订本，收入《胡小石论文集第三编》，上海古籍出版社1995年版，第1—88页。

③ 董作宾：《甲骨文断代研究例》，《庆祝蔡元培先生六十五岁论文集》，见《中央研究院历史语言研究所集刊外编》第一种上册，1935年；又收入《董作宾学术论著》，台湾世界书局1962年版；又单行本，"中央研究院"历史语言研究所专刊五十号之附册，又收入《董作宾先生全集》甲编第2册，台北艺文印书馆1977年版；又收入《中国现代学术经典·董作宾卷》，河北教育出版社1996年版。

晰，文法极为简单。然由文法的随时变易上，也可为划定时期的标准"。不仅如此，还从句法和用辞方面举例作了分析。20世纪40年代张宗骞发表的《卜辞弜、弗通用考》①和杨树达发表的《甲骨文之先置宾辞》②，则是两篇较早分别讨论甲骨文中否定词或卜辞语法现象的著名论文。但承前启后而全面系统研究甲骨文文法，为后来的研究奠定基础者，当为管燮初和陈梦家两位前辈学者。

  管燮初50年代发表的《殷墟甲骨刻辞的语法研究》③，从句法和词类两个方面较深入地考察了甲骨语法现象。他认为甲骨文是以殷墟当时的口语为基础的书面语言。从句法来看，句子的结构大部分与现代语法差别不大，句型有主谓结构或省主词的简单句。较复杂的句型则主要为六种：有双宾语句，如"王宾父丁岁二牛"（《萃》306）；有两个或两个以上动词表达同一主语的连续行动之连动式句，如"禽往田不来归"（《甲》3479）；有前句形式的宾语兼为后句形式的主语之兼语式句，如"王登五千人征土方"（《通》34）；有用句子形式作主语或宾语的句子，如"贞帝于东方曰析，风曰劦"（《乙》4548）；有复合句，如"舌方其来，逆伐"（《通》492），两个分句之间一般不加连词；有综合句，如"令䧹易𠬝食，乃令西史"（《通别》1·大龟2），是兼语式加兼语式句型。语序通常是主语在前，谓语在后，宾语前置于动词前是其变例。疑问句有四种格式：第一，用语调表达疑问；第二，用疑问副词的修饰作用表示疑问，如"丙子卜，今日雨不？"（《乙》435），"贞今日壬申其雨？"（《乙》3414），"贞不隹有古？"（《通别》1·大龟3），在句末加一个询问副词或乎，或者在动词前加疑问副词其或隹，表达疑问；第三，列举几个动词相同，主语、宾语或修饰语不同的句子来设问，如"叀新丰用？叀旧丰用？"（《萃》232），"贞我史弗其戋方？贞方弗戋我史？"（《乙》2347）。如此用列举的方式，"虽不设问，疑问的意向明白无遗"（今按，这类句式即所谓正正句对贞、反反句对贞）；第四，列举同一句子的正反两方面来设问，如"贞子渔隹有它

---

  ① 张宗骞：《卜辞弜、弗通用考》，《燕京学报》1940年第28期。
  ② 杨树达：《甲骨文中之先置宾辞》，《古文字学研究》，湖南大学油印讲义本，1945年；该文经1951年改写后，收入《积微居甲文说·卜辞琐记》，中国科学院出版社1954年版；又编入《杨树达全集》之五，上海古籍出版社1986年版。
  ③ 管燮初：《殷墟甲骨刻辞的语法研究》，中国科学院出版社1953年版。

(㞢)？贞子渔亡它（㞢）？"（《甲》3660）（著者按，此即所谓正反对贞）

20世纪50年代，陈梦家在《殷虚卜辞综述》①中亦辟出"文法"进行专章讨论。他不同意管燮初的词义分类法，而是通过卜辞词位和句子结构分析，把甲骨文中的词类分为名词、单位词（即量词）、代词（人称代词和指示代词）、动词、状词、数词、指词、关系词（连词和介词）、助动词九类。陈梦家指出构成卜辞最重要的两种词是名词与动词，名词有通名和专名两大类，通名词又分为五组：

（1）物名：如，人、马、日、雨、牝、鸡、河、室等。
（2）期名：如，祀、岁、旬、月、日、夕、暮、朝、明、旦、昏等。
（3）区位：如，鄙、麓、邑、土、方、东、南、西、北等。
（4）身份：如，王、后、君、侯、田、白、尹、工、卜、史、祖、妣、父、母、兄、公等。
（5）集体：如，族、𠂤、众等。

专名词也可分为五组：

（1）人名：如，成、唐、王亥、子渔、卜冉、侯虎、祖甲、高祖亥等。
（2）女字：如，妇某、妣某、母某等。
（3）方族：如，羌方之类。
（4）地名：如，水名、山丘名等。
（5）日子：如六十干支之类。

陈梦家对于卜辞句型的分析，也与管燮初不尽相同，他从不同形式的卜辞所包含的动词为切入点，从而详析了各种卜辞句型，有简单的构句，如"王征夷方"之类，也有复杂的构句，复杂句主要有四式：

---

① 陈梦家：《殷虚卜辞综述》，科学出版社1956年版，第三章；1988年由中华书局再版。

（1）条件式：如，"王于庚寅步自衣。"（《萃》1041）

（2）并列式：如，"涉滴至夔，射又豕，擒。"（《萃》950）

（3）母子式：如，"登人，乎'往伐舌方'。"（《续》3·4·4）"叀多子族，令'从宙罗戈王事'。"（《后下》38·1）

（4）主从式：如，"舌方出，佳我凵乍祸"。（《续》3·10·2）"舌方来，告于父丁。"（《甲》810）

以上，第一式乃是简单"主—动—宾"形式，中有一个动词，仅把条件加入句中，限制动作的地方、对象或主动的人物。其余三式不止一个动词，并列式乃是相关动作之联系或连续；母子式必有一个母句的动词，通常是"令""乎"等，引句中的子句是母句动词的宾语，而子句可以是简单的，也可以是复杂的，子句中的主词（多子族）可以移置于母句的主词或动词之前；主从式是因果关系或有条件的并列句，从句是在子句之前，有时可以将这种从句变为主句动词直接宾语，如，"告'水入'于上甲"（《萃》148）。

管燮初和陈梦家各具特色的甲骨文文法研究，对卜辞中的词类、词性、构词法、句型、句法、语序、语法、最早的修饰现象乃至卜辞语言学的功能和语意环境等一系列基础性专题作了较深入的论断，较坚实地架起了甲骨文文法研究方面的总体构架，也为后来的探讨奠定了具有甲骨学分支学科意义的再考察基础。[①]

出于某种原因，以后多年来随两位学者对这方面研究的中止，语法学研究一度比较沉寂。但青山遮不住。进入80年代以后，随着甲骨资料的全面整理和公布，特别是《甲骨文合集》的出版，甲骨文文法的研究又日益活跃，显现出方兴未艾之势，并且越来越成为甲骨学领域中的热门研究课题之一。

比较年轻学者当中，张玉金教授在前辈学者研究的基础上，全面整理和考察了商代甲骨文中的语法结构，归纳出甲骨文中的词法、甲骨文中的短语、甲骨文中的句子成分、甲骨文中的单句、甲骨文中的复句、甲骨文

---

① 参见王宇信、杨升南主编《甲骨学一百年》，中国社会科学出版社1999年版，第七章第四节"甲骨文文法与语法"。

中的句类等，2001年写出了《甲骨文语法学》专著，由学林出版社出版。此外，还出版有《甲骨文虚词词典》《甲骨卜辞语法研究》等；而陈年福教授则对甲骨文词汇中数量较多的动词，从历史词汇学的角度，进行了全方位而深层次的研究，2001年完成了《甲骨文动词词汇研究》一书，并由巴蜀书社出版。

（六）甲骨文与古代科学技术成就的弘扬

我国古代科学技术领域的不少创造发明，是先民在辛勤劳作中不断总结经验，并不断实践和总结的智慧结晶，成为中华民族值得继承和弘扬的珍贵遗产，也是人类文明宝库中燿燿发光的文化瑰宝。甲骨文中记载的商代科学技术成就，是我国古代科学技术史研究的重要依据和源头。

1. 农业

在三千多年前的商代，农业就已取得了很大发展。甲骨文记载表明，商代已种植了黍、麦、稻、粟等农作物，并掌握了这些作物的栽培管理和收获贮藏的全过程。有关植物水分生理学知识的记载，要比希腊相关记载要早一千多年。[①]

在商代社会中，农业是一个决定性的生产部门，是商代社会中经济的主体。这一认识，从古文献记载、甲骨卜辞的有关内容和地下考古出土的遗物所提供的资料中都得到了证实。古文献中有关商代农作物品种的资料，有如下记载：

> 惰农自安，不昏劳作，不服田亩，越其罔有黍稷。（《尚书·盘庚上》）
> （商人）纯其艺黍稷，奔走事厥考厥长。（《尚书·酒诰》）
> （纣王）厚赋税，以实鹿台之钱，而盈钜桥之粟。（《史记·殷本纪》）
> （周武王）令南宫括散鹿台之财，发钜桥之粟，以振贫弱萌隶。（《史记·周本纪》）

[①] 参见王宇信《建国以来甲骨文研究》，中国社会科学出版社1981年版，第六章第一节；裘锡圭《甲骨文所见的商代农业》，《全国商史学术讨论会论文集》，《殷都学刊》编辑部1985年。

《诗经·商颂·玄鸟》篇中有"龙旂十乘,大禧是承"句,毛传谓"禧,黍稷也"。从古文献记载中可以看到商代的谷类作物有粟、黍、稷三个品种名称。而稷是什么作物,农学家们还有不少分歧,或认为黍,或说是粟。"实则可确指的只有粟、黍两种,稷是粟或黍中之一。商代农作物的种类在甲骨文中,古人所称的'五谷'——粟、黍、稻、麦、菽(豆)等都有了。"①

(1) 禾(粟)和秋

禾字的本义是指"谷子",即"粟",去其皮则称为"小米"。甲骨文中的禾字有两种字形,如下:

𣎵、𣎵(《合集》28231、28232)(图1-88、图1-89)
𣎵、𣎵(《合集》9615、19804、40889)(图1-90、图1-91、图1-92)

图1-88 《合集》28231　　图1-89 《合集》28232　　图1-90 《合集》9615

---

① 杨升南、马季凡:《商代经济与科技》,中国社会科学出版社2010年版,第96页。

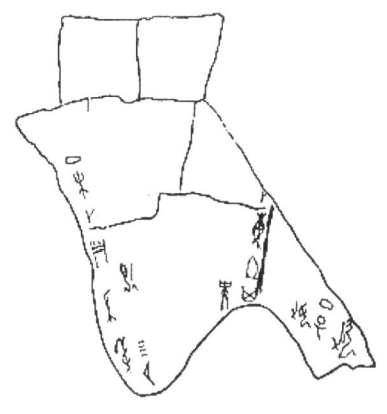

图 1-91　《合集》19804　　图 1-92　《合集》40889

裘锡圭先生说"谷子的穗是聚而下垂的，黍子的穗是散的，麦子的穗是直上的。要依靠穗形的不同来区别"，甲骨文中禾字的字形"酷肖成熟的谷子"[①]。禾字在古书中有广狭两义，广义指一切谷类作物，狭义即指粟。在甲骨文中的禾字，于省吾先生认为都是用的广义，"甲骨文中所见的禾都是广义的……甲骨文凡言受某年者，年上一字必为谷类专名，如受黍年，受䅽年，受秜年是其例，但从未有受禾年者，足见禾不是专名"[②]。

（2）黍和稷

黍字是甲骨文中诸家认识较一致的一个字，且都认为是农作物的一种，即今北方的黍子，又叫作糜子，去皮者俗名大黄米。商代有黍，在河北省邢台曹演庄和藁城台西遗址，已有实物出土。[③] 黍字的主要构形是散穗。甲骨文中黍字的字形主要有两种，即有从水（Ⅰ型）与不从水（Ⅱ型）之分：

Ⅰ型：𥞌《合集》11、𥞌《合集》9937、𥞌《合集》9941（图 1-93、图 1-94、图 1-95）

Ⅱ型：𥝌《合集》547、𥝌《合集》376、𥝌《合集》9949（图 1-96、图 1-97、图 1-98）

[①] 裘锡圭：《甲骨文中所见的商代农业》，《农史研究》第 8 辑，1989 年版。
[②] 于省吾：《甲骨文字释林·释禾、年》，中华书局 1979 年版。
[③] 唐云明：《河北商代农业考古概述》，《农业考古》1982 年第 1 期。

图1-93 《合集》11　　图1-94 《合集》9937　　图1-95 《合集》9941

图1-96 《合集》547　　图1-97 《合集》376　　图1-98 《合集》9949

上例Ⅰ、Ⅱ两种字体的字，在甲骨文中出现的次数，仅就《甲骨文合集》所收的第一期农业生产类（第一期农业生产类从9472—10196号，共725版）统计，其中Ⅰ形字出现94次，Ⅱ形字出现77次。在"受年"辞中，言"受Ⅱ形字"体作物之年为55次，Ⅰ形字体作物之年为52次。Ⅰ

形字体总体上略多于Ⅱ形字体。它们在卜辞中词位、用法都相同,都有作为名词和动词的性能,只是从水的黍字有作地名用的例子,如《合集》9934"于漆侯",《合集》795"在漆"。而不从水的黍字,从未见有用作地名的例子。现在甲骨学、古文字学界的学者们,都把这两种字体作为一个字,即"黍"字使用,而不再分别。

(3)麦(来)

麦是商代农作物的一种,在考古发掘中已得到证实。在商代早期的都城河南偃师商城和晚期都城安阳殷墟,都发现了小麦的遗存。[①] 甲骨文中有麦字,作"來"形,诸家释此字为麦,皆无异辞。麦字在甲骨卜辞中有作为农作物和地名两种用义,用为地名的,如:

其田麦,擒(《合集》29396)
王田于麦(《合集》24228)

作地名讲的麦字,其卜辞时代偏晚。或说者以此地为产麦著称,因而遂以此作物为地名。

当农作物讲的"麦"字,最为著名的是文字均缺刻横划的一片《合集》24440。这片甲骨是一块非卜用骨版,上记有两个多月的66个干支,其开头一句作"月一正,曰食麦"。郭沫若考释引《礼记·月令》"孟春之月食麦与羊"为证,认为"食麦"即是食麦子。[②] 这一论证已得到普遍赞同,因而可知商代不仅有麦这一作物品种,而且商人还以麦为可食之粮(图1-99)。

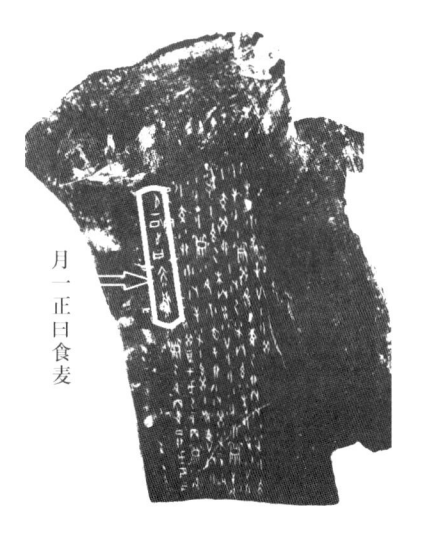

图1-99 《合集》24440

---

① 中国社会科学院考古研究所:《河南偃师商城商代早期王室祭祀遗址》,《考古》2002年第7期;徐广德:《近两年来安阳殷墟的考古发掘与研究》,《殷墟发掘70周年学术纪念会论文》,中国社会科学院考古研究所编,1998年8月。

② 郭沫若:《卜辞通纂考释》,科学出版社1983年版,第2页上。

（4）𣂿—豆

甲骨卜辞中常见"受𣂿年"一词，常与"受黍年"对贞卜问，如（图1-100）：

癸未卜，争，贞受𣂿年。
贞弗其受𣂿年，二月。
癸未卜，争，贞受黍年。
贞弗其受黍年。（《合集》10047）

图1-100 《合集》10047

"𣂿"字是一农作物的名称，在甲骨学界已无异议，但这个字指何种农作物，则存有很大分歧。早年罗振玉释此字为"酋"①，金祖同释"粟"②。陈梦家释为"秬"，认为是制鬯用的黑黍③。唐兰释为"稻"④，于省吾释为"豆"。豆即古文中的"尗"⑤。比较诸家之说，应以于省吾先生所说较为可信。但"于先生在后来编定《甲骨文字释林》时，大约自认为论证还不够坚实而未收入此字，但他在文中考证所提出来的那些论据，还是有力的"⑥。

豆是我国古代重要的粮食作物之一，在商代之前的夏代，也已经有豆之农作物。在属于夏文化的偃师二里头遗址内，就发现有人工种植的大豆和野生的大豆。在洛阳皂角村的二里头文化层内发现了大豆的样品21个，占该遗址内所出土农作物样品的20.2%，排在第3位，仅次于粟和黍⑦，知豆在当时人们生活中占有重要的地位。

（5）稻（秜）

稻是我国重要传统农作物的一种，距今一万多年前就发现有栽培稻的

---

① 罗振玉：增订《殷虚书契考试》（中），东方学会石印1972年版，第72页。
② 金祖同：《殷契遗珠·发凡》，上海中法文化出版委员会1939年版，第35页。
③ 陈梦家：《殷虚卜辞综述》，中华书局1988年版，第527页。
④ 唐兰：《殷虚文字记》，北京大学讲义1934年，第32—34页。
⑤ 于省吾：《商代的谷类作物》，《东北人民大学人文科学学报》1957年第1期。
⑥ 杨升南、马季凡：《商代经济与科技》，中国社会科学出版社2010年版，第110页。
⑦ 周叔昆等：《中国最早大豆的发现》，《中国文物报》2002年3月22日；洛阳文物工作队：《洛阳皂角树·表9》，科学出版社2002年版，第113页。

遗存。在湖南省道县玉蟾岩遗址出土的古稻，据农学家游修龄鉴定，属栽培稻，此遗址为距今 13000 年。①

甲骨文中与稻有关的一个字为"秜"，目前只见到一条卜辞："丁酉卜，争，贞呼甫秜于㚔，受有年"（《合集》13505）（图 1-101）。

这是第一期武丁时期的卜辞，甫是人名，㚔是商代时期一重要农业区。"秜"字在此条卜辞中是一动词，以为"命令甫在㚔地种秜？"于省吾认为"秜是野生稻的专名"，也通作稆秆。《淮南子·泰族训》有"离先稻熟而农夫耨之，不以小利伤大获也"，高诱注云："稻米随而生者为离。"何炳棣认为，稆、秜、穞、离是汉以后野生稻的四个同音不同形的字，都是称野生稻。②

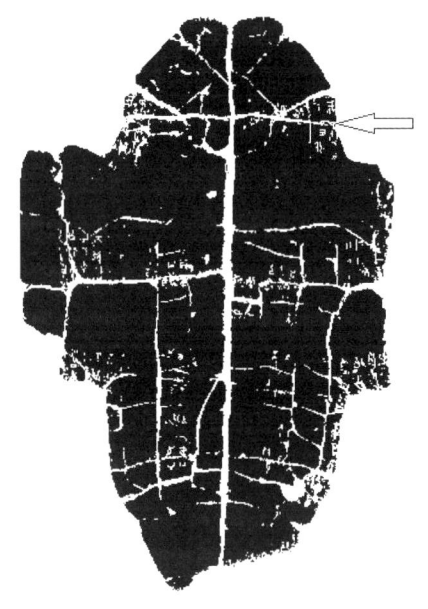

图 1-101 《合集》13505

在《合集》13505 片的记载中，既然"甫秜"是指甫去种秜，就是人工种植"秜"，所以在商代"秜"应就不是野生稻的专名，而应是栽培稻在商代时期的专名了。

甲骨文中有一字作"𥞥"形，其左旁从余，右旁从秋，宋镇豪先生隶定作从余从禾的字，认为"可能指黏性稻"③。这条有关卜辞基本完整，辞为：

丁酉卜，在……𥞥芳，甫每。（《合集》37517）

虽然甲骨文中所见秜稻的卜辞只有一条，称作"秜"。但商代有稻，商人食稻当是事实。然而北方不太宜于种稻，因而是以耐旱的粟为主要的种

---

① 游修龄：《中韩出土引发的稻作起源及籼粳分化问题》，《中国文物报》2001 年 10 月 12 日。
② 何炳棣：《中国农业的本土起源》，《农业考古》1985 年第 1 期。
③ 宋镇豪：《五谷、六谷与九谷——谈谈甲骨文中的谷类作物》，《中国历史文物》2002 年第 2 期。

植作物，故商人是以粟为主食的。有学者通过人骨^{13}C、^{15}N 同位素的含量，测得偃师商城和安阳殷墟时期人们的食谱情况是，偃师商城的人以食粟为主，安阳殷墟时期的人以食黍、稷为主。[①] 这一科学分析，值得我们研究商代农作物品种时加以注意。

（6）高粱

武丁时期卜辞中有"受⿱今年"的卜辞，且与"受黍年""受稷年"同版：

己巳卜，殼，贞我弗其受稷年。

……弗受⿱今年。（《合集》9946／正甲）（图 1 - 102）

己巳卜，殼，贞我受黍年。

……受⿱今年。

贞我受⿱今年。

……弗其受⿱今年。（《合集》9946／正乙）（图 1 - 103）

图 1 - 102 《合集》9946 正甲

[①] 张雪莲等：《古人类食物结构研究》，《考古》2003 年第 2 期。

图 1-103 《合集》9946 正乙

从这些卜辞可知，畲也是一种农作物。甲骨文齐字作◇◇形，与此字上部所从◇相似，陈梦家乃疑此字为《说文》的䄏，即稷①。袁庭栋等认为◇字是余字之异体，此字应从田从余，当隶定为畬，应读为稌，即今日北方种的粳稻②。但此字像植于田上穗大而?直的作物，与粟和稻的字形皆不合。裘锡圭疑为高粱，从字形上看此说颇合理。穗大而直的农作物，非高粱莫属。在郑州铭功路西商代制陶遗址二里岗下层二期，编号为102号陶窑的窑箅上，有"类似高粱秆的印迹"③。

我国可能是高粱的原产地之一。我国华北地区有一种野生高粱，籽粒成熟后易于脱落，故名为野生"落高粱"。把它与现今栽培的高粱进行穗头比较，发现籽粒从易脱落到不易脱落，穗头由小到大，由松散到紧密等，有规律地变化着。④ 这表明高粱在我国境内黄河流域，由野生变为人工栽培，与新石器时代的发现是相吻合的。所以，商代有高粱当是没有什么可怀疑之事。

根据目前的研究，从甲骨文里辨认出的农作物，主要就是前面所举的几种，即禾、黍、麦、菽（豆）、稻（秜）、高粱。从卜辞所见，有的同类

---

① 陈梦家：《殷虚卜辞综述》，中华书局1988年版，第528页。
② 温少峰、袁庭栋：《殷墟卜辞研究——科学技术篇》，四川社会科学院出版社1983年版，第176—177页。
③ 河南省文物考古研究所编著：《郑州商城》，文物出版社2001年版，第391页。
④ 吴汝祚：《甘肃青海地区的史前农业》，《农业考古》1990年第1期。

作物，已产生了新种，像粟类、黍类都有黏与不黏的区别，这正是农业技术不断改进的反映。当然，"商代实际种植的农作物，一定比甲骨学家们已经认出的要多，因为甲骨文字被认出来的还不到一半，而有些农作物不一定在商代贵族占卜时提到而被契刻在甲骨上。这是由于甲骨文字是商王和贵族们自己行动而求神问卜后契刻的文字，它并不是社会档案性的记录，故甲骨文的内容是有一定的局限性"[1]。

(7) 其他

①垦荒（衺田）

甲骨文有"衺田"的记载。据学者考证，"衺田"即垦新田，垦荒。[2] 商王朝行"衺田"的地区，不仅在王国领土内，还到诸侯国境去"衺田"，如《合集》9486，到先侯境地去"衺田"。

癸□［卜］，□，贞令**受**衺田于先侯。十二月。（《合集》9486）

癸卯［卜］，宾，贞［令］禽衺田于京。（《合集》9473）（图1-104）

乙丑，贞王令衺田于京。（《合集》33209）

□卯，贞王今禽〔衺〕田于京。（《合集》33220）

图1-104 《合集》9473

②翻耕

甲骨卜辞中翻耕土地称为"**名**田"和"耤田"，以及犁耕。

□□卜，**殻**，贞不其受年。

王令众人曰，**叒**田其受年。十一月。（《合集》1 + 《合补》657）

（图1-105）

---

[1] 杨升南、马季凡：《商代经济与科技》，中国社会科学出版社2010年版，第116页。
[2] 参见于省吾《从甲骨文看商代的农田垦殖》，《考古》1972年第4期；张政烺《卜辞裒田及其相关诸问题》，《考古学报》1973年第1期。

庚子卜，贞王其萑糦，惟往。十二月。（《合集》9500）

弜巳灾，惟懋田叒，受有年。

……噩旧田，不受有［年］。（《合集》29004）

③播种

商代如何播种，是散播、点播还是条播？今天没有材料可供研究。他们播种使用什么工具，现今也不能指实。但有一点应是可推断的，即播下的种籽应该要用土覆盖，因为商代草木茂畅，鸟兽繁多，若不复盖，所播下的种籽将成鸟的食物。"在挖有垄沟的田中，有可能是采用点种，因为农业之初，人们播种时是用尖状器将土戳一个洞，随即置种籽于洞中，再用脚将土复上。由这种方式，发展成为点播。所以点种应是比较早的一种播种方法。考古中发现，商代遗址内有大量的骨锥，其用途有可能是点种用的。若骨锥是作播种工具，则商代有可能是实行点播的。"①

图1-105　《合集》1（左）+《合补》657（右）

贞王立黍，受年。一月。（《合集》9525正）

庚辰卜，王，甫往秋，受年。一月。（《合集》20649）（图1-106）

④农田管理

从甲骨卜辞里可以看到，商代农业生产中的农田管理，大致有以下几个方面。

甲．除草

商代遗址里出土了不少铜、石、骨、蚌质的铲。铲的作用就是除草。《齐民要术》卷一中说："养苗之道，鉏不如耨，耨不如铲……以铲地除

---

① 参见杨升南、马季凡《商代经济与科技》，中国社会科学出版社2010年版，第156页。

草。"甲骨文中有一字作🗌形,像双手执铲类工具除草,裘锡圭释为"芟",甲骨文中迄今只发现一条残辞:

……白……🗌(芟)……田弗……(《合集》10571)(图1-107)

"芟"是祛除田中杂草,《左传》隐公六年"为国家者,见恶如农夫之务去草焉,芟夷蕰崇之,绝其根本,勿使能殖"。甲骨文中有🗌、🗌字,从旬从殳,隶写作𣪘,卜辞中在𣪘之后连以"受禾"或"受年"的词,如卜辞:

惟湿[田]𣪘延受年。(《合集》28228)
癸卯卜,王,其延上盂田𣪘受禾。(《合集》28230)
惟湿[田]𣪘延受年。大吉
惟上田𣪘延受年。(《屯南》715)(图1-108)

裘锡圭先生认为,其字从旬声,当读为耘,"有可能是指作物生长过程中耘除杂草的工作而言的"[①]。裘先生的这个说法是有道理的。因为在上引这四条卜辞中,每条辞都是关于农业生产并希望获得好年成的内容。

图1-107 《合集》10571

图1-108 《屯南》715

乙.灌溉

凿井技术在我国新石器时代已发明。用水井灌溉,在龙山文化时期就已出现,如河北省邯郸涧沟的龙山文化遗址中,就发现两口水井,并发现有沟

---

① 裘锡圭:《甲骨文中所见的商代农业》,《古文字论集》,中华书局1992年版。

渠与井口相通，井内遗留有汲水用的陶罐①。

甲骨文中有一字作⊞的形，井旁有水流状，隶写作洰字，辞云：

……百洰。(《合集》18770)

(图1-109)

应就是灌溉之井或井旁之水流。

丙．治虫

甲骨文有一𥝌字，有的字下还从火。像一昆虫形，隶写作𥝌，其字像蟋蟀。以往说，此字为表示秋天的"秋"字，谓蟋蟀秋天鸣叫，其声啾啾然，故以其声像指季节之秋。近来有研究者认为此昆虫不是蟋蟀而是蝗虫。② 这个字在甲骨文中有一种义为"秋天""秋"，当是没有问题的，如卜辞中常见的"今𥝌""来𥝌"的"𥝌"字，只能读成"秋天"的"秋"字，别无他读。但在有些卜辞中，说为"秋天"的"秋"，或"秋收"的"秋"字就扞格难通，如甲骨卜辞中的"宁𥝌"一辞：

贞甲申𥝌夕至，宁，用三大牢。
贞其宁𥝌于帝五玉臣，于日告。
于商宁水。(《屯南》930)

(图1-110)

图1-109 《合集》18770

图1-110 《屯南》930

---

① 北京大学、河北省邯郸考古发掘队：《1957年邯郸涧沟发掘简报》，《考古》1959年第10期。
② 彭邦炯：《商人卜螽说》，《农业考古》1983年第2期（总第6期）；范毓周：《商代的蝗灾》，《农业考古》1983年第2期。

"宁"是向神灵乞求，希冀他们以其神力止息自然灾害或祛除疾病，如上引《屯南》930"宁龟"与"宁水"同在一版占卜，宁水是止息水害之意，那么"宁龟"呢？

"龟"字有的下面还从火（如《合集》29715、32968等）。从火，应表示用火烧灭蝗。

贞王令禽今龟……（《合集》32854）（图1－111）

曾听一河南老人讲，从前蝗灾甚剧，他年轻时常见蝗虫铺天盖地而来，民众毕出围打。打下的蝗虫用大麻袋装，一壮汉一日可捕打数麻袋。对这些蝗虫或挖深坑掩埋，或置于火中烧死。甲骨文"龟"字下有的从火，正是商人用火烧灭蝗虫的方法之一。①

⑤收割

商人收割农作物的方式有两种：一是仅摘取禾穗头；一是连禾秆一起收割。摘取禾穗头之字作形，像以手摘穗状，陈梦家和陈邦怀均释为采，谓其字"像手采禾穗之形"②。裘锡圭隶定作叔，读为揫。《广雅·释诂三》"揫，缩也"。《说文》作揂，"蹴引也"。段玉裁注云："就引者，蹴迫而引取之"。裘氏谓"摘取禾穗正是'蹴迫而引取之'的一种动作"③。在甲骨文中，这个字作为动词往往与农作物相连，如卜辞云：

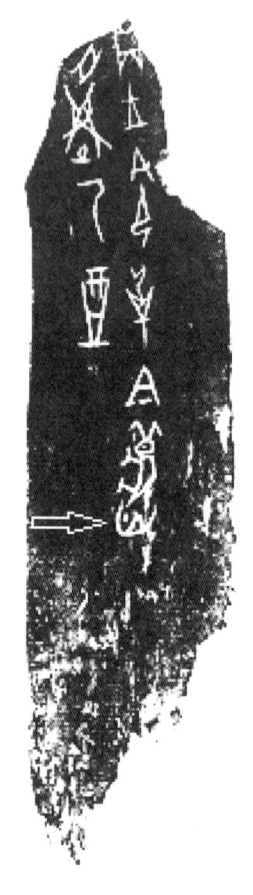

图1－111　《合集》32854

---

① 参见杨升南、马季凡《商代经济与科技》，中国社会科学出版社2010年版，第161页。
② 陈梦家：《殷虚卜辞综述》，科学出版社1956年版，第536页；陈邦怀：《小屯南地甲骨所见的若干重要史料》，《历史研究》1982年第2期。
③ 裘锡圭：《甲骨文中所见的商代农业》，见《古文字论集》，中华书局1992年版，第188页。

庚辰卜，宾，贞惟王叔南冏黍。十月。(《合集》9547)

丁亥卜，其叔秋，惟今日丁亥。(《屯南》794)（图1-112）

上引卜辞是占卜摘取黍、秋的穗头。卜辞还见"出叔"而"受年"的占卜，如：

惟丁卯出叔，受年。
暮出叔，受年。吉
及兹夕出叔，受年。大吉
于生夕出叔，受年。(《屯南》345)

⑥脱粒

连秆收割下来的禾稼则不可连秆收藏，因而必先脱粒。商人脱粒的最原始方法当是用手揉搓，或用脚踏踩，或用工具，即用棍棒捶打。甲骨文有"驭釐"一词，釐字作 （《合集》29488）、 （《合集》27616；图1-113）、 （《合集》26899）等形，董作宾谓其字左旁像麦形，并说其字的造字本意云：

釐字右旁之文，乃是持木枝，或有歧，或无歧，皆为用以打麦之物。釐之字，完全表现一种先民打麦时的形状，以"手执木条打麦"为像。麦下加又者，乃"以一手提麦根，一手持条击之，使麦粒下落"，为像更肖。

但是，甲骨文的釐字只有进福、受佑义而无打麦之意。

对此董作宾谓：

许多文字，到了商代已习用他假借的意义而失去原初造字之旨。

图1-112 《屯南》794

图1-113 《合集》27616

由打麦之行动，变为受福佑的釐，其间当也有一定的关联，董先生云：

> 由打之使麦离秆而下，所以后世引申有分离、坼划之义，由收获即人民受天之佑而年占大有，所以有福佑之义。①

这种由棍棒击打禾穗，后世由小棍连排组成"连枷"，今日南方农村还有使用的。商时是否已发明了"连枷"这样的脱粒工具，还不敢肯定。

⑦存贮

我国古代储藏粮食分地上、地下两种。地下储粮情况已有学者进行过专门研究，新石器时代最著名的地下储粮遗迹是河北省磁山文化遗址，已发现有88个窖穴，据推算储粮达13万多斤。在洛阳曾发现唐代规模宏大的含嘉仓，是地下大窖，一窖可储粮10多万斤。② 在商代遗址中，往往发现大批窖穴，有的窖穴中发现有炭化的粮食，是商时也有用地下窖穴储粮的。《史记·殷本纪》载，商纣王"厚赋税以实鹿台之钱而盈鉅桥之粟"，《集解》引服虔云："鉅桥，仓名。"这个"仓"是指地下窖穴还是地上的仓廪，不得而知。地上储粮的建筑称为"廪"，甲骨文字"仓廪"的"廪"字作：

⋂（《合集》583反）、⋂⋂（《合集》9639）、⋂（《合集》5708正）、⋂⋂（《合集》33236、33237）。

图1-114 《合集》9636

其字像今北方农村场院上装谷物的粮仓。仓廪所建之地，主要在王都之南，甲骨文中常有称为"南廪"的卜辞，如：

贞勿省在南廪。（《合集》5708正）

庚寅卜，贞惟束人令省在南廪。十二月。（《合集》9636）（图1-114）

己酉卜，贞令吴省在南廪。十月。（《合集》9638）

---

① 董作宾：《释"馭氂"》，《安阳发掘报告》第4期。
② 余扶危、叶万松：《中国古代地下储粮之研究》，《农业考古》1982年第2期（总第4期）、1983年第2期（总第6期）。

己亥卜，贞惟竝省在南廪。(《合集》9639)

除王都附近的南廪外，在其他地区也设有仓廪，从卜辞可见到有以下一些地区设有仓廪：

王占曰：有祟，㱿、光其有来艰。迄至六日戊午，允有[来艰]，有仆在叟，宰在……耨，(夜)焚廪三。十一月。(《合集》583反)(图1-115)

己亥卜，贞令多马亚、㕚、遘、祋省陕廪，至于仓侯。从楄川、从垂侯。(《合集》5708正)

戊寅卜，方不至。之日又曰：方在崔廪。(《合集》20485)

"方"指敌对的方国，看来这次"方"占领了在崔地的仓廪。《合集》583反记载㱿和光向王室报告说，仆和宰这两种人在叟地和另一地方耨草，趁黑夜焚烧了王家的三个仓廪，引起王室很大震动。

为确保仓应安全，王室在仓廪所在地设有兵员守护，并常派人去巡察，上举《合集》9636、9637中的束人，就是指束地或束邑中的人。仓廪都是设有重兵把守的，如《汉书·王莽传》载西汉末农民起义军过华阴，争夺京师仓，发生激烈战斗，农民军"数攻不下"，就是一例。

常被王室派出"省廪"的官员，甲骨卜辞所见多马亚、㕚、遘、祋、吴、竝、先等，见于卜辞的还有禽、宁、鼓、马等人：

图1-115 《合集》583反

癸巳卜，令禽省廩。(《合集》33236)

惟宁、鼓令省廩。

惟马令省廩。(《屯南》539)

"惟"字使句中的宾词前置，起强调宾词的作用。从上举《合集》5708正的卜辞可见，这次被派去省陕廩官员有多马亚、⚏、遘、祴等四位人物，视察时涉过橘川，经过垂侯地面方才到达仓廩所在的陕地，"见人众之多和仓库所设之地离王都路途之遥远，是商朝储粮于境内各地，而非只储于王都附近。当然，王都附近的'南廩'可能是王室最大、最为重要的一处仓廩"①。

2. 畜牧业

畜牧业同农业一样，是商代的重要经济部门。畜牧业也是商人的传统产业，古书记载商人的祖先最先发明用牛、马为畜力。《世本·作篇》载："相土作乘马""胲作服牛"。胲即王亥，是成汤的七世祖。用圈牢饲养牲畜，也与商人有关。《管子·轻重戊》载："殷人之王，立皂牢，服牛马，以为民利而天下化之。"皂牢即槽牢，槽牢是牲畜的食具，牢是圈栏。商始祖契的五世孙名"曹圉"，即"槽圉"。《说文》"圉"字下云："一曰圉人，掌马者。"曹圉即养马官之意。文献记载"作服牛"的王亥，曾赶着牛马到有易部落地面上去放牧，结果被杀（见《易·大壮》《楚辞·天问》《山海经·大荒东经》等）。成汤在伐夏桀的战争前，曾用牛羊去拉拢荆伯（《越绝书·吴内传》）、葛伯（《孟子·滕文公下》）。

在甲骨文中，商王祭神用牲畜的数字皆甚巨大，如甲骨卜辞记一次祭祀准备用牛达千头：

丁巳卜，争，贞降罚千牛。

不其降罚千牛千人。(《合集》1027正)（图1-116）

---

① 参见杨升南、马季凡《商代经济与科技》，中国社会科学出版社2010年版，第166页。

郭沫若据甲骨文大量用牲畜祭祀的现象说："已可断定商代是畜牧最蕃盛的时代"①，又说"殷代的畜牧业应该是相当蕃盛的。因为祭祀时所用的牲数很多……但农业却已成为主要的生产了"②。

（1）商代的"六畜"

商代畜牧业很发达，后世的马、牛、羊、鸡、犬、豕等所谓"六畜"，甲骨文中都有记载。甲骨文表明，商代不仅驯养并有大量的贮备的"六畜"，而且商王还不时游田、驱车纵马、猎获珍禽异兽以供其享乐，既是对畜牧业生产的补充，也达到了进行军事训练的目的。

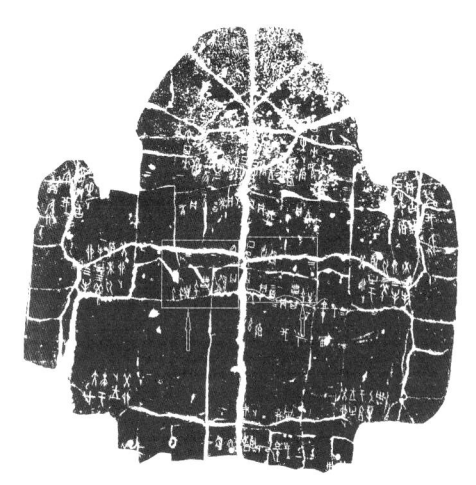

图1－116 《合集》1027正

马：在商代作为家畜的证据是它已作为畜力拉车。在考古发掘中，马拉车的车马坑已发现不少。③而在甲骨文中有记载用马驾车打猎的卜辞，如：

癸巳卜，𣪘，贞旬亡祸。王占曰：乃兹亦有祟。若偁。甲午王往逐兕，小臣叶车，马硪𩣡王车，子央亦坠。（《合集》10405正）（图1－117）

商王还注意对匹马的训练，卜辞云：

图1－117 《合集》10405正

---

① 郭沫若：《中国古代社会研究》，《郭沫若全集·历史篇》第一卷，人民出版社1982年版，第207页。
② 郭沫若：《十批判书》，人民出版社1954年版，第12页。
③ 杨宝成：《殷代车子的发现与复原》，《考古》1984年第6期。

王弜学马无疾。(《合集》13705)(图1-118)

"马要驾车,必须要经过训练、调教才能使用,'学马'就是调教马匹使用之能听从使唤。"① "学马"即"教马""驯马"。

牛:商代养牛业当是畜牧业中最重要的一个部门,甲骨文中祭祀时用牛的数量很大,超过所有的其他牲畜数。《合集》1027是用一千头牛举行祭祀的,其次有五百头牛的,还有三百头牛的:

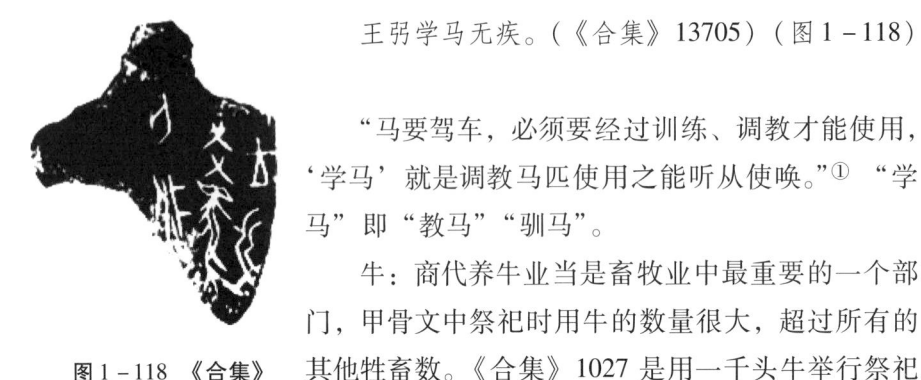

图1-118 《合集》13705

乙亥,内,㞢大[乙]五百牛,伐百……(《合集》39531)(图1-119)
登大甲牛三百 (《怀特》904)

牛有水牛和黄牛两种,卜辞云:

叀幽牛又黄牛 (《合集》14951正)(图1-120)

图1-119 《合集》39531

幽是黑色,指毛色"幽牛"即黑色的牛。甲骨文中还有"勿牛":

贞燎十勿牛又五彡 (《合集》15617)(图1-121)

胡厚宣说:"勿牛者,即黧黑之牛,即今长江流域或以南最普通之水牛也。"② 黄牛即今日北方所常见的黄牛。在安阳殷墟水牛(圣水牛)的骨骼有大量发现③,黄牛的骨骼也多有发现④。说"勿牛"是今南方的水牛当是

---

① 王宇信、杨升南主编:《甲骨学一百年》,社会科学文献出版社1999年版,第542页。
② 胡厚宣:《卜辞中所见之殷代农业》,《甲骨学商史论丛》第二集上册,1945年成都齐鲁大学国学研究所石印本,载于《甲骨文研究资料汇编》北京图书馆出版社2000年版。
③ 杨钟健、刘东生:《安阳殷墟之哺乳动物群补遗》,《中国考古学报》1949年第4册。
④ 中国社会科学院考古研究所安阳工作站陈列室内,就曾展出一头完整的黄牛骨头。

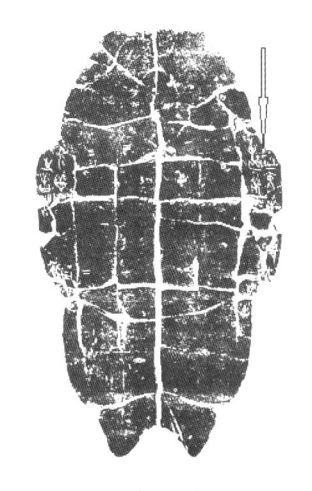

图 1 - 120 《合集》14951 正　　　　　　图 1 - 121 《合集》15617

对的。甲骨文中还有"白牛":

白牛叀二,有正。
白牛叀三,有正。
白牛叀九,有正。(《合集》29504)(图 1 - 122)

以品种论,牛有水牛、黄牛。以毛色论,牛有黑牛、白牛、黄牛。

羊:羊也是常被用为祭神的牲品,其用量仅次于牛,如:

五百宰(《合集》20699)
御……大甲、祖乙百㹀百羌卯三百宰(《合集》301)

用羊祭祀的牢字从羊,即圈养的一对羊,又称为"小牢"。

图 1 - 122 《合集》29504

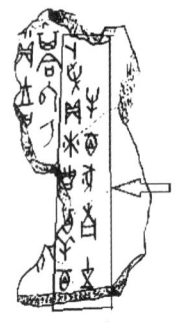

猪：商代的猪与牛、羊一样，是重要家畜。甲骨文中猪用于祭祀常见，一次用猪可达百头以上，如：

□□卜，争，贞燎册百羊百牛百豕南五十。（《合集》40507）（图1-123）

"豕"是指经阉割过的猪，"南"与方向的"南"为同一个字，吴其昌认为作为祭祀用品的"南"应是一种牲畜①，唐兰释为"𠕋"读为"彀"②，郭沫若在《殷契粹编考释》中云"彀者，《说文》云'小豚也'"③。"南"即指"小猪"。在甲骨文中小猪又称为"豚"，《说文》云"豚，小豕也"。用于祭祀的量也很大：

图1-123
《合集》40507

贞戎丁百羊百犬百豚。（《合集》15521）（图1-124）

祭祀用猪也讲究毛色，如：

叀莫豕，王受有佑。（《合集》29544）（图1-125）
叀豕。
叀白豕。
[叀]莫（《合集》29546）

《合集》29546中的"莫"后省略"豕"字。"莫"是指猪的颜色，即黄色。④ 祭牲也讲究猪的公母，如：

丙午卜，御方九羊百白豭。（《天理》300）

---

① 吴其昌：《殷虚书契解诂》，《武汉大学文哲季刊》第3—6卷，1934—1937年。
② 唐兰：《天壤阁甲骨文存释文》，北京辅仁大学出版社1939年版，第51页。
③ 郭沫若：《殷契粹编考释》，1937年东京文求堂影印本，载于《甲骨文研究资料汇编》，北京图书馆出版社2000年版，第165页。
④ 杨树达：《卜辞求义》，《杨树达论文集之五》，上海古籍出版社1986年版，第81页。

庚寅卜，弜取豝祖庚。(《合集》22045)（图1-126）

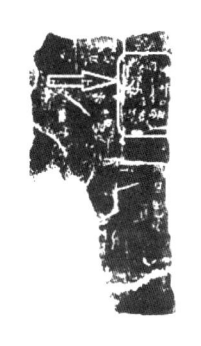

图1-124 《合集》15521

图1-125 《合集》29544

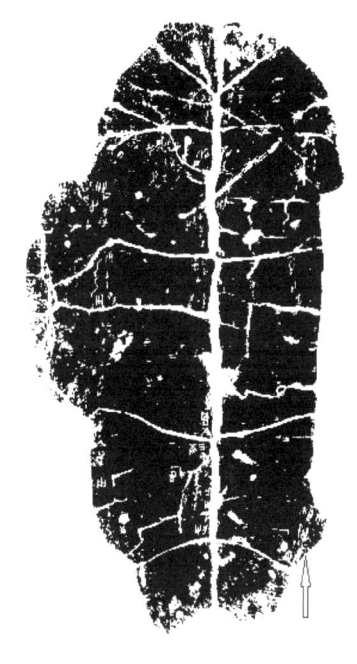

图1-126 《合集》22045

豭是公猪，豝是母猪。这两条卜辞，卜问的是以公猪和母猪作为祭品否。

从甲骨文看，商人祭祀用牲对猪的要求特别讲究，除卜问所用数量外，也还要卜问毛色、大小、牝牡、去势与否，由此可知养猪业当很发达。

犬：犬被人类驯养成家畜的历史很悠久，早在新石器时代，犬就被驯养成为"人类的朋友"。在商代的墓葬中，无论大小墓，腰坑内多有殉犬的现象。用犬祭祀之数也经常一次上百只，如：

贞戎丁百羊百犬百豚。(《合集》15521)（参见图1-124）
丁巳卜，侑燎于父丁犬百羊百卯百牛。(《合集》32674)（图1-127）

商王向诸侯征收贡纳犬只，如：

……兹氏……二百犬……(《合集》8979)(图1-128)

甲骨文所见用犬最多的一次是三百只：

贞令兹三百犬……(《合集》16241)(图1-129)

图1-127　《合集》32674　　图1-128　《合集》8979　　图1-129　《合集》16241

祭祀用犬一次可达三百只，贡犬一次多达百只，甚至二百只，因而商代当有专门的犬饲养业，才能供给如此巨大的用犬量。大规模的养犬业，当是商代畜牧业中的一个特殊现象。

象：郭沫若认为商代人已经将象作为饲养对象。《吕氏春秋·古乐篇》称"商人服象，为虐于东夷"。战象当为专门饲养的军畜。与饲养象有关的内容甲骨卜辞称"省象"。有商王亲自"省象"的卜辞：

壬戌卜，今日王省。
于癸亥省象，易日。(《合集》32954)(图1-130)

商王还派人去"省象"：

贞令亢省象。(《合集》4611正)

"省"是视察、巡视,只有驯养在一定地点的动物,才可言"省",如卜辞中的"省牛"(《合集》11171:图1-131)。而野生的动物,如虎、兕、狐等,未见有言"省"的。

图1-130 《合集》32954　　图1-131 《合集》11171

鸡:鸡作为家禽在商代早已大量饲养。周武王伐纣,历数商纣的罪状之一就是"牝鸡之晨"(《史记·周本纪》),即听信宠妃妲己干政。从此亦可知商代用公鸡报晓当已是普遍习俗。甲骨中虽无关于用家禽鸡占卜的内容,亦无用其祭祀的记载,可能是家禽登不了商人认为神圣的祭堂。但在甲骨文中有"鸡"字出现,用作地名,是为商王的一个田猎之地,如:

戊申卜,贞王田鸡,往来无灾。(《合集》37494)(图1-132)

(2)商代的养马业取得了突出的成就

马是商代奴隶主贵族在战争和狩猎时用于骑、驾的主要畜力。商代奴隶主统治阶级对养马业特别重视,设有专司养马的"小臣"。在甲骨文中,武丁时期战争卜辞及与之交战的方国,远较其后各期为多;而且就在第一期(武丁期)的全部卜辞中,战争卜辞也占有相当大的比例。毋庸置疑,

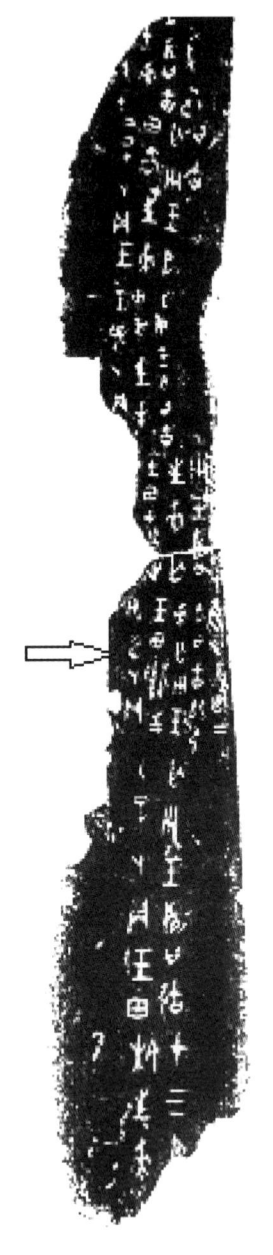

武丁及其后各朝所进行的历次战争中，是需要不少马匹为之役用的。不仅如此，奴隶主统治阶级还要用不少马（或马与车一起）去祭祀祖先或死后随葬；而商王经常的田游，也是驱车纵马，厮役相从，这在甲骨文中不乏记载。因此，我们可以想见商代的养马业一定很发达。商代的养马业因受国家的重视取得了突出的发展，当时已经掌握了执驹、攻特、相马等改良和培育优良马种的技术。

铜色的马：甲骨文中一个用"金"——铜的颜色表示马色的"鎷"字。"鎷"即铜色的马，形容马色的"金"字即是商代的铜。商代虽是青铜时代的高峰，但青铜主要用于铸造华美、庄严的礼器、乐器、兵器等，极少用于铸造生产工具。铜的颜色、性能虽在日常生活中已为人们所熟悉，但这是一种宝贵的、为广大奴隶可望而不可即的金属。因此，用铜的颜色——"金"来表示马色，说明此马在商代是种比较珍贵的役畜。

辛卯卜，在□，贞……王其步，叀鎷……（《合集》36984，山东博物馆藏）（图1-133）

该条卜辞为第五期帝乙、帝辛时代的卜辞。卜辞中，"步"为祭名，假为"酺"。[①] 意思是，辛卯日卜问，王用铜色的马为步祭的牺牲吗？

白色的马：郭沫若说："金文用白为白色义者罕见，《作册大鼎》云：'公赏作册大白马'，仅此而已。"[②] 而甲骨文中的白马却颇有几例，现仅举

图1-132 《合集》37494

---

① 郭沫若：《殷契粹编考释》，1937年东京文求堂影印本，第16页，载于《甲骨文研究资料汇编》，北京图书馆出版社2000年版。
② 郭沫若：《金文余释》，《金文丛考》人民出版社1954年影印本。

一例以明之：

甲辰卜，殻，贞奚不其来白马五。(《丙》157)（图1-134）

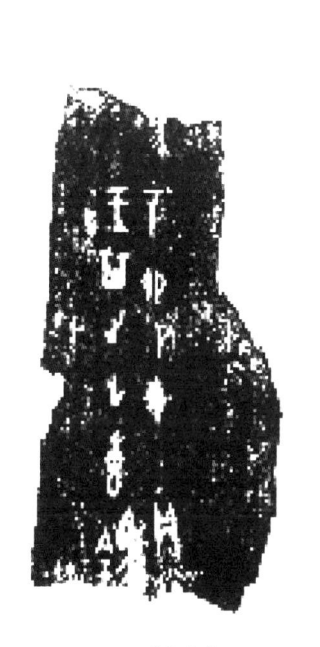

图1-133 《合集》36984　　　图1-134 《丙》157

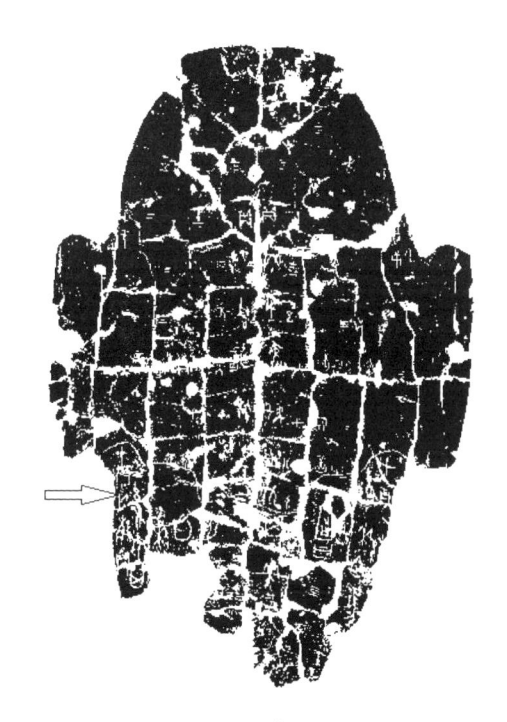

此为第一期武丁时期卜辞。"奚"为奴隶的一种身份①，在此也可能用为管理奚奴的人名。此卜辞意为，甲辰那天，贞人殻从正反两方面问卜，首先问："是派奚贡入白马五匹么？"又从反面问："不是派奚贡入白马五匹吧？"商王看了正面卜问一辞的卜兆后说："吉利，将会有白马贡来。"

赤色的马：

乙未卜，景，贞在宁田……赤马……（《菁》9.15+10.5，《通》732）

---

① 于省吾：《殷代的奚奴》，《东北人民大学人文科学学报》1956年第4期。

癸丑卜，㱿，贞左赤马其䅸（惠），不帚（棘）。（《铁》10.2）（图1-135）

乙未卜，㱿，贞自贮入赤马，其䅸，不帚，吉。（《后下》18.8，《合集》28195）（图1-136）

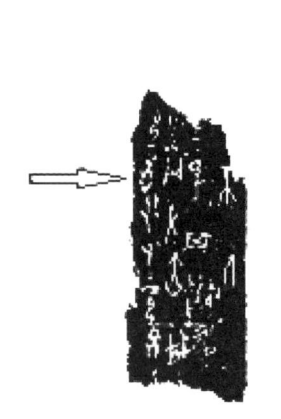

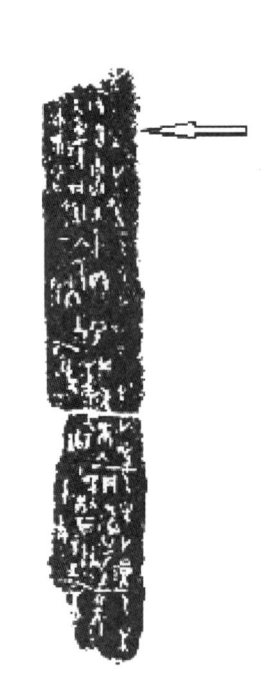

图1-135　《铁》10.2　　　图1-136　《合集》28195

"䅸"字，"左旁从采，采字一作穗，从禾惠声。疑均假为繀"[1]；于省吾谓此"䅸通惠"，并谓帚即朿，"朿有棱廉棘刺之意"。"其惠不吉，言其顺不棘也。不棘谓马之驯顺，无棱廉棘刺，不騞突，利于服驾也。"[2] 此说可从，此三辞均为第三期廪辛、康丁时所卜。第二条卜辞为，"癸丑日占卜，贞人㱿问，左边的赤马很温顺不暴烈吧？"第三条卜辞为，"乙未日占卜，贞人㱿问，自贮这个人贡来的赤马，很温顺，不暴烈，吉利么？"

---

[1] 郭沫若：《卜辞通纂考释》，1933年东京文求堂影印本，第156页，载于《甲骨文研究资料汇编》，北京图书馆出版社2000年版。
[2] 于省吾：《释朿》，《双剑誃殷契骈枝》，中华书局2009年版。

深黑色的马：

叀稠罙𪏲子亡灾。(《合集》37514)(图1-137)

此为第五期帝乙、帝辛时代之卜辞。稠"从马利声，殆是许书之䮝字，《广韵》骊同䮝，《汉书·西域传》'西与犁靬条支接'注'犁读与骊同'古利丽同音，故稠字后亦从丽作"①。"骊"字《说文》载："马深黑色，从马丽声"，稠殆即深黑色的马。这种深黑色的马黄脊者为𪏲及小𪏲。

叀䮷罙𪏲亡灾。(《合集》37514)
叀䮦罙小𪏲亡灾。(《合集》37514)
戊午卜，在潢贞，王其𤔔大兕，叀犷罙𪏲亡灾，毕。(《合集》37514)(图1-137)

这些卜辞为第五期卜辞。"𪏲"字，唐兰谓："似以训骊马黄脊为优。"②"𤔔"字，于省吾说："应读为窟……窟作动词用，即用窟穴以陷兽。"③《前》2.5.7下的卜辞为戊午日占卜，在潢地问，王要用窟穴陷大兕，用犷马及深黑色黄脊的马（𪏲马）去逐赶，没有灾祸么？这一卜应验了，"擒得了大兕"。

杂色的马：

叀并驳。(《合集》36987)
庚戌卜，贞，王□于庆驳䭴。(《合集》36836)

图1-137
《合集》37514

"并"为二者相俱为并。"驳"，《说文》云："马色不纯。""驳马"即杂色的马。"庆"为地名。第二条卜辞，卜问，用两匹杂色的马于庆地为祭牲吗？

---

① 罗振玉：《增订殷墟书契考释》（中），东方学会石印本1927年版，第29页。
② 唐兰：《殷墟文字记》，中华书局1981年版，第10页。
③ 于省吾：《从甲骨文看商代的农田垦殖》，《考古》1972年第4期。

在甲骨文中，除了铜、白、赤、深黑、黄、杂色来形容马或为马名外，有时还用某种动物来表示马的某些特点，并用此种动物为马命名。①

有用鹿来表示马的特点，"䮼"即是。鹿类俊逸温顺，伶俐机敏，奔跑迅速。此种马可能在性格或外形上具有鹿类的某些特点，故名之䮼。

叀䮼眔鹊亡灾。(《合集》37514)（参见图 1 – 137）

有用豕来表示马的特点，"猏"即是。豕驯化以后，躯体肥腯，行动迟滞，而野豕凶悍，善于奔突。此辞之马为田猎用，当具有野豕的某些特点，故名猏。

戊午卜，在潢贞，王其量大兕，叀猏眔鹊亡灾，毕。(《合集》37514)（参见图 1 – 137）

有时也用表示马匹外形的专字，"䮲"即是。"䮲"字旧不识。䮲即《说文》："䮲也，䮲从马䮲也。"字书所无，其义为马名，以声类推之，疑即骄之或体，《说文》："马高六尺为骄"②，或因此马躯体健壮雄伟，故名之曰骄。

叀䮲眔小鹊亡灾。(《合集》37514)（参见图 1 – 137）

不仅如此，也有不少表示马的特征或殷王所喜爱好马的专名③。如䮘、䭾等。还有：

□于马□䭾迴。(《前》4.47.4)（图 1 – 138）

图 1 – 138
《前》4.47.4

---

① 参见王宇信《中国甲骨学》，上海人民出版社2009年版，第615页。
② 唐兰：《殷虚文字记》，中华书局1981年版，第17页。
③ 王宇信：《建国以来甲骨文研究》，中国社会科学出版社1981年版，第151页。

在此条卜辞中，马做地名。"䮷逈"者，谓并驾二䮷。① 此外，还有䮵、䮿、䮸、䮹、䮺、䮻、乌等。如：

叀小䮹用。(《福》29)（图1-139）
戍其归乎䮿，王弗每。(《京人》2142)
叀妈眔䮹用。(《箩典》62，《续》2.25.11)（图1-140）
叀䮺用。(《福》29)
乙未卜，景，贞旧乙，左䮹其惠，不束。

图1-139 《福》29　　　　　图1-140 《续》2.25.11

乙未卜，景，贞□史入䮹，王其惠，不束。

乙未卜，景，贞□子入䮹，王乙惠。(《后下》18.8，《龟》2.26.7，《珠》318，《合集》37514)（参见图1-137）

---

① 郭沫若：《卜辞通纂考释》，东京文求堂1933年影印本，第155页，载于《甲骨文研究资料汇编》，北京图书馆出版社2000年版。

旧乙、□史等为人名。最后的三条卜辞是，乙未卜问，贞人㱿词："旧乙这个人，左㸤马驯顺，不暴烈吧？"又问："□史贡入的㸤马，王觉得驯顺，不暴烈难驭吧？"最后问："□子进贡来的㸤马，王和乙都觉得驯顺否？"

商代的马有上述各种命名，可能是这些不同名目的马在祭祀、戎事或狩猎时有不同的用途与性能。有时商王反复卜问究竟哪匹马适合，原因也就在于此。有关这些卜辞，应是我国最早记载"相马"的文字。我国古代的"相马"，即今天所谓的"马匹外形学"，对马匹优劣的鉴定和优良品种的选择具有重要意义。我国人民所熟知的相马名家伯乐、九方皋，在战国时期就广为流传关于他们"相马"的故事了。其记载见于《战国策·楚策四》及《列子·说符》等。此外，诸如《庄子》《吕氏春秋·观表篇》等也都提到了一些古代相马的名家。但甲骨文的记载表明，"相马"的开始，要比这些人早得多。① 因此，作为我国"相马"的滥觞期，应从商代开始，至今最少已有三千年之久。

(3) 执驹②

每年春天，当母马受孕以后，便将前一年所生的小驹"离之去母"（《大戴礼记·夏小正·四月》），以避免马具伤害孕马。这在《周礼》校人、廋人职中，称作"执驹"。有学者认为"执驹便是驯练小马驾车"③，这不仅是为了对小马进行调教，使之利于服乘，而且对保证马匹的顺利繁殖也有一定意义。

甲骨文中有"翜子"（叀䅋罗翜子亡灾《合集》37514；参见图1-137）。这当与郿县李村出土《驹尊》盖铭之"雅子""骆子"相同。据考证，"雅、骆是小马母亲的名字，小马尚未命名，所以称雅子、骆子。"④ 雅子、骆子就是所赐之驹。因此，甲骨文中的"翜子"当是翜马所生之驹。驹因才生下不久，尚不能用于服乘，甲骨文中有称子马：

---

① 商代"相马"的发明，谢成侠先生曾举《通》730片为证。见所著《中国养马史》，科学出版社1959年版，第48页。
② 将马驹抓获，使之离开母马并避免伤害孕马。
③ 李学勤：《郿县李村铜器考》，《文物参考资料》1957年第7期。
④ 同上。

甲辰卜，**集**子马自大乙。(《粹》135)（图1-141）

这里的"子马"当指马的小驹而言。此辞是用小马祭祀。

甲骨文中有隻驹：

□酉卜，角隻〔🐎〕。角不其隻〔🐎〕。(《龟》2.12.5＋2.12.6)（图1-142）

此为第一期卜辞。角为人名。隻字原为以手抓鸟，假为获，有抓而获得之意。"🐎"为象意字，马旁之𐊲表示为马之子，此字当即驹之初文。此辞是先从正面词："某酉日卜，（商王命令）角去隻驹么？"又从反面词："（商王命令）角不去隻驹么？"

这个名为"角"的人当为商王朝的马官。隻驹就是将马驹抓获，很可能就是"执驹"。商王关心"执驹"，可见"执驹"已成为"马政"中一重要事项；到了周代，"执驹"成为马政中的重典。如《驹尊》铭载："王初执驹于岊。"[1]

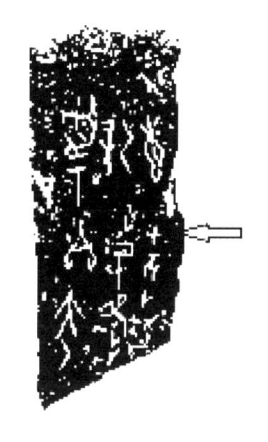

图1-141 《粹》135

图1-142 《龟》2.12.5＋2.12.6

（4）攻特

随着养马业的发展，为了提高马的利用价值，增强马的任载力以及选择优良品种，最早的马匹去势术也发明出来了。《周礼》校人："夏祭先牧，颁马攻特。"贾疏云："攻其特，为其蹄啮不可乘用者，亦谓骟其蹄啮者也。"郑司农云："攻特谓骟之者。"《说文解字》第十（上）骗，"犗马也"，《广雅·

---

[1] 郭沫若：《盠尊铭考释》，《考古学报》1957年第2期。

释兽》骉,"牺攻犗也"。即孙诒让在《周礼正义》中释"攻特"为"割去马势,犹今之骟马"。根据甲骨文中的材料,"攻特"在商代可能就出现了。

在甲骨文中,母马和其他的动物母畜一样,较为常见。一般在畜体旁加一"匕"字(如牝)以表示之。如:

……馲……(《合集》11050)(图1-143)
□卜□〔馲〕于□(《合集》11049)(图1-144)

图1-143 《合集》11050 图1-144 《合集》11049

此两条卜辞为第一期。"馲"字虽稍残,但仍可辨出马形及腹下之匕符,可隶定作"馲"还有小牝马:

□少馲□子白□不白。(《合集》3411)(图1-145)

此亦为第一期卜辞。少即小,小馲即小的牝马。值得注意的是,马和其他畜类不同,甲骨文中未见用"丄"表示的牡马,即特马。这并不是说商代没有特马,而只能用商代为了提高马的经济价值,大部分都经过去势的处理,只留下了较少的优良特马——种马来解释。

图1-145 《合集》3411

动物的去势处理,在甲骨文中也有所反映。如豖去势后写作豖形。据闻一多的考证,"腹下一画与腹连着者为牡豕,则不连者殆即去势之豕。因此,此字当释为豕"字，其字本义"当求之于经传之楎及剭斀等字"①。既然别的家畜已进行去势的处理，那么马的去势也不是不可能的。

□酉□〔❋〕。(《合集》11051)(图 1-146)

该条卜辞也为第一期武丁时期的卜辞。此辞之❋字，于马腹下加一❋形。此❋形在甲骨文中并不罕见，还有作❋形者，如，《拾》11.11、《后下》42.5、《京》2458、《金》556、《乙》8909、《京人》3245等。❋即表示双手所持。❋形与汉代遗址发现之铁剪形近，但商代遗址迄今尚

图 1-146　《合集》11051

未发现此形铜质实物，因而很可能为皮条（或绳索）类。我们认为此字可能是表示用绳（或皮条）为索套，将马势绞掉。

因而甲骨文中之❋字，可能是表示马匹去势之专字。据研究生物学史的学者谈，将风干后的动物筋做成皮条（如农村弹棉花用的弓弦）给动物去势，效果比用刀、剪还好，一直到近代我国农村还沿用此法。

马匹经过去势处理，既可免去牡马对怀孕牝马的伤害，保证马匹的顺利繁殖；还可使马体强壮，增强任载力；同时，可把不纯之劣种淘汰掉，保证优质马种的繁殖。且不谈传说的黄帝时代就已经有了马匹去势的技术，就甲骨文中记载的商代马匹去势术而言，我国采用马匹去势术在世界养马史上也是处于领先地位的。

（七）商代的医学成就

1. 商人已认识疾病

商代医学也有了很大的发展，达到了较细的分科水平。甲骨文有关商人疾病的记载表明，基本上已具有了今天的内、外、耳鼻喉、牙、泌尿、

---

① 闻一多：《释豕》，《古典新义》载于《闻一多全集》选刊二（下），第 54 页。

妇产、小儿、传染各科。胡厚宣先生将武丁时期商人认识的疾病种类分为十六种之多。①

（1）头病

　　　旬有祸。王疾首，中日羽（雪）。(《前》6.17.7)（图1-147）

此条卜辞问，"一旬中有无祸祟？"结果一旬内果然有祸祟，即王患头疾。且日中降雪。"殷代黄河流域气候，较今日为暖，雪为不常见之事，即偶然降雪，亦多于夜间或昧爽之时。今日中降雪，故殷人以与殷王武丁患头病同视为灾祸之事也。"②

图1-147 《前》6.17.7

　　　甲辰卜，出，贞王疾首，亡征。(《后下》7.12)

"亡"读为"毋"，"征"即延，该条卜辞问："商王武丁患头病勿延续吗？"

（2）眼病

　　　贞王其疾目。
　　　贞王弗疾目。(《合集》456 正)（图1-148）
　　　贞疾目不⿰。(《拾》20.3)

第一条卜辞，卜问，"商王武丁患眼病吗？"还问"商王武丁弗患眼病吗？"

---

① 参见胡厚宣《殷人疾病考》，《甲骨学商史论丛初集》，成都齐鲁大学国学研究所1944年石印本，又载于《甲骨文研究资料汇编》北京图书馆出版社2000年版。
② 胡厚宣：《殷人疾病考》，《甲骨学商史论丛初集》，成都齐鲁大学国学研究所1944年石印本，第3页。

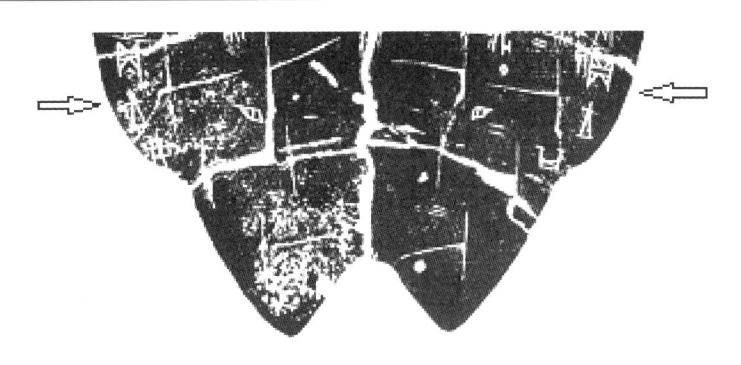

图 1-148 《合集》456 正（部分复印）

第二条卜辞的"㕦"同"㤅"，读为"祟"。卜问："患眼病不至于祸祟么？"此辞或言"'贞王其疾目'，'贞王弗疾目'亦均贞殷王武丁之眼疾。或言'有疾目其延'，'有疾目不延'，则贞眼疾之是否延续不已"。甲骨文表示商人认为疾病是由祖先造成的灾祸，"或言'隹（即唯）[且（祖）]辛㕦王目'则贞殷王武丁之眼病为其祖先祖辛作它"。因而认为祖先给他治愈"或言'御王目于妣己'则因殷王武丁之眼病而祷祭于先妣妣己也。"其他卜辞中还有"大目不丧明，其丧明"的记录，则表示眼之患病至于丧明，其严重程度可知。①

（3）耳病

贞，疾耳，惟有㕦。（《合集》13630）（图 1-149）

此条卜辞，卜问："耳之病是否有作害么？"

（4）口病

贞疾口。（《合集》13642）（图 1-150）

此卜问，"口之患病"。

图 1-149
《合集》13630

---

① 胡厚宣：《殷人疾病考》，成都齐鲁大学国学研究所 1944 年石印本，第 4 页。

(5) 牙病

甲子卜，㱿，贞王疾齿，唯有易（赐）□。(《前》4.4.2)
甲子卜，㱿，贞王疾齿，亡易□。(《前》6.32.1)（图1-151）

图1-150 《合集》13642

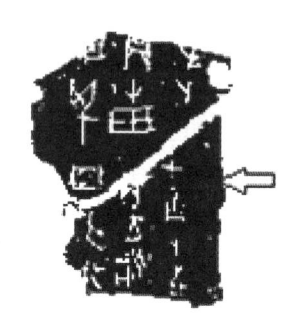

图1-151 《前》6.32.1

第一条是正面卜辞，卜问："商王武丁患牙病，上帝能赐愈吗？"第二条是反面卜辞，卜问："商王武丁患牙病不幸而上帝无有能赐愈吗？"所以知当为上帝赐愈者。因从甲骨文观之，殷人之病或原于上帝之降罚，则赐愈疾病者亦必为上帝也。

(6) 舌病

甲辰卜，㱿，贞疾舌隹[有]壱。(《合集》13634正)（图1-152）

"㱿"是武丁时期的贞人名。"舌"甲骨文作"舌"，胡厚宣谓："余以为即舌字。

图1-152 《合集》13634正

'羊舌垣'之舌作舌。盂鼎'酪'字偏旁舌作舌可证。此贞舌患病作它者也。"①

贞，疾舌，祟于妣庚（《合集》13635）

（7）喉病

贞有疾言，惟壱。（《合集》440 正）（图1-153）

图 1-153 《合集》440 正

疾言者，发音嘶嗄，咽喉之病。

丁巳卜，□有疾言，御□。（《后下》10.3）

此贞咽喉患病，御祭于先祖以祈其赐愈。

（8）鼻病

贞有疾自，不唯有壱。
贞有疾自，唯有壱。（《乙》6385）（图1-154）

《说文》云："自，鼻也。象鼻形。"此条卜问：（商王）鼻病，是否有作灾害？

（9）腹病

图 1-154 《乙》6385

贞王疾身，唯妣己壱。（《乙》7797）

---

① 胡厚宣：《殷人疾病考》，成都齐鲁大学国学研究所1944年石印本，第5页。

"身"甲骨文作"㠯",象腹形。甲骨文将"孕"字作"㠯",实际上从身。王疾身,谓殷王武丁患腹病,词条卜问:商王(武丁)的腹病,是否妣己作害?

乙巳卜,殻,贞有疾身不其壱。(《乙》4071)(图1-155)

图1-155 《乙》4071

此条卜问:商王患腹病,是否有作害?

(10) 足病

贞有疾疋,惟父乙壱。(《乙》2910)(图1-156)

"疋"作"㠯",象足形。此条卜问:"某人(指商王)之患足病是否父乙作的害?"

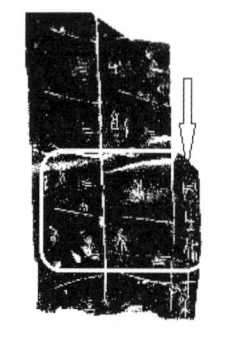

图1-156 《乙》2910

(11) 趾病

贞疾止,唯有壱。(《合集》13683)(图1-157)

"止"作"㠯",象趾形,即趾之本字。此条卜问:"趾之患病是否有作害?"胡厚宣先生认为趾病,即脚气病。[①]

贞疾止㠯。(《遗》340)

图1-157 《合集》13683

唐兰先生释旬,读为"惇"或"憁",《诗·正

---

① 胡厚宣:《殷人疾病考》,成都齐鲁大学国学研究所1944年石印本,第6页。

月》载："忧心惸惸"，《说文》云："愡，忧也。"① 该条卜辞卜问："趾之患病是否可忧？"

贞疾止御于妣己。(《库》92)

此条卜问：患趾病而御祭于妣己么？

(12) 尿病

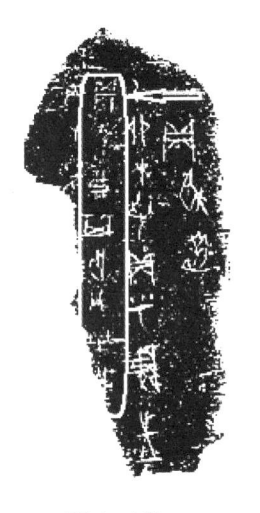

贞尿弗其骨凡有疾。(《前》7.21.2)（图1-158）

"尿"字，甲骨文作"💧"。唐兰先生释为"尿"。字盖像人遗尿之形。此条卜问："是否有尿疾？"

图1-158 《前》7.21.2

(13) 产病

乙丑卜，贞妇嫀育子亡疾。(《甲》3523)

妇嫀是商王武丁王之妃。此条卜辞卜问："妇嫀育子不会有生产之病么？"

贞子母（毋）其毓（育）不凶（死）。(《合集》14125)（图1-159）

图1-159 《合集》14125

"母"应读为"毋"，表示王妃（或后妃）所孕之幼子没生育好，但弗至于死。"此或系孕期过久，或系孕妇临盆得病。"②

---

① 唐兰：《天壤阁甲骨文存考释》，辅仁大学北平1939年影印本，第41页，载于《甲骨文研究资料汇编》北京图书馆出版社2000年版。
② 胡厚宣：《殷人疾病考》，成都齐鲁大学国学研究所1944年石印本，第6页。

（14）妇人病

贞妇好不征疾。(《后下》11.8)

贞妇好有疾，惟有耆。(《合集》13714)（图1-160）

图1-160 《合集》13714

这类的卜辞皆表明王妃有病。其中固或有普通之病症，然亦颇能为妇人所特具者，是即所谓妇人病。

（15）小儿病

□妇妹子疾，不𢦏（死）。(《合集》13717)（图1-161）

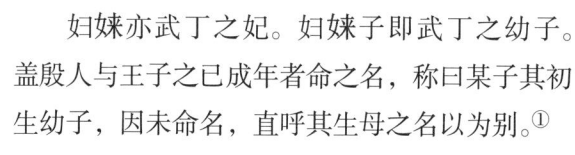

图1-161 《合集》13717

妇妹亦武丁之妃。妇妹子即武丁之幼子。盖殷人与王子之已成年者命之名，称曰某子其初生幼子，因未命名，直呼其生母之名以为别。①

（16）传染病

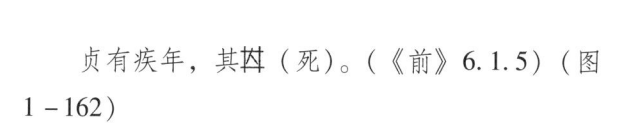

贞有疾年，其𢦏（死）。(《前》6.1.5)（图1-162）

此条卜辞卜问：疾疫流行之年或至于死么？此流行之疾疫者，约即传染病之类。

2. 世界最早的龋齿的记载

甲骨文卜问疾病的记录，在某种意义上说，应是我国最早的医案。它不仅使我们在研究古代医学时，可以了解殷人所具有的各种有关疾病的

图1-162 《前》6.1.5

---

① 参见胡厚宣《殷人疾病考》，成都齐鲁大学国学研究所1944年石印本，第7页。

知识，而且还可以使我们了解殷人对某些疾病已有的细致、深入的划分。且以口腔科为例，据研究，殷人有关口腔科的各种口腔科疾患分门别类，划分得相当细微。这主要有"疾口"，表明殷人认识了口腔疾病，而不少有关"疾齿"的卜辞，说明殷人常为属于口腔科的齿疾所苦。不仅有一般关于齿疾的记载，还有关于"龋齿"（《合集》13663、17386）的材料。这是我国最古老的有关"龋齿"的记录。殷人的"龋齿"记录，是我国医学史上很有意义的发现。据医学史专家研究，这比我国最早在《史记·扁鹊仓公列传》记载的龋齿发现于汉初提前了一千多年。而在国外医学史上，古埃及发现龋齿是公元前400—前300年，古印度最早关于龋齿的记载是公元前600年，而古希腊最早关于龋齿的记载是在与印度大体同时的希波克拉迪斯的著作中。而我国早在公元前13世纪的武丁时期卜辞里就发现了龋齿的记载，比古埃及、古印度和古希腊的同类记载要早700—1000年，这是殷人对世界医学宝库所做出的重大贡献。[①]

贞□于妣甲御妇好龋。（《合集》13663正/甲）（图1-163）

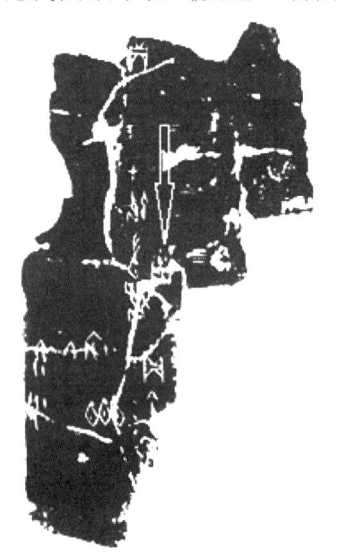

图1-163 《合集》13663正/甲

此辞是于先妣神妣甲为妇好行御祛龋病之祭。

贞毋御龋。（《合集》17386）（图1-164）

图1-164 《合集》17386

此辞是贞问勿为商王行御除龋病之祭。

[①] 参见周宗岐《殷墟甲骨文中所见的口腔疾病考》，《中华口腔科杂志》1956年第3号。

3. 考古发掘出土的商代药物

1973年河北藁城台西村商代遗址发现了作为药用使用的桃仁、杏仁和郁李仁等①（图1-165），补充了还没有被我们释读出来的商代甲骨文药物名。据医学史专家研究，"桃仁和郁李仁为两味不同的药物，但在疗效上却有一定相似之处，均能润燥通便和破血。从化学分析得知，它们的种仁均含有苦杏仁甙等药效成分"。遗址中出土的这类蔷薇科植物种子表明，商代已经认识到它们的果实可食用，而种仁可做药物的不同用途，"而且已有将大量坚硬外壳剥去，取其种子储存备用的药物加工措施"②。因此，这些药物的发现，补充了甲骨文里还没有被我们认出来的有关商代用药物与各种疾病做斗争的文字记录。

图1-165 河北藁城台西商代遗址发现的桃仁（上）；
桃核（下左）、郁李仁（下右）

---

① 河北省博物馆、河北省文管处台西发掘小组：《河北藁城县台西村商代遗址1973年的重要发现》，《文物》1974年第8期。
② 耿鉴庭、刘亮：《藁城商代遗址中出土的桃仁和郁李仁》，《文物》1974年第8期。

4. 甲骨文中的针灸

古代刺病之针，最早大约以石为之，所以古籍中或称石。《战国策·秦策》"扁鹊怒而投其石"，高注"石，砭石，所以砭弹人臃肿也"。因石可以疗疾，所以古籍中又称药石。① 药石以刺病，刺病曰砭，所以古籍中又称砭石。《说文》"砭，以石刺病也"。砭石治病，必作为针，故又称鍼石。《史记·扁鹊列传》"疾在血脉，鍼石之所及也"。《盐铁论》"所谓良医者，贵其审消息而还邪气也。非贵其下鍼石而钻肌肤也"。鍼石亦作箴石，如《山海经·东山经》"高氏之山，其下多箴石"郭注"可以为砭针，治痈肿者。"鍼石、箴石亦作针石，如《淮南子·说山经》"医之用针石"。古代以石针治病，其起源当在原始社会时期。那时候，因为还没金属的发明，所以只能用石针治病。到了阶级社会发明了金属，刺病的石针，遂以金属针刺代之。商代已经是奴隶社会，青铜冶铸已非常发达，但是否有铁，尚在争论之中。即使有铜，亦尚未能普遍使用。商代刺病之针，一般当仍用砭石或是以青铜制成。

在世界上享有盛誉的我国传统的针灸学，甲骨文中就有施用于医疗的最早记载。然而我们一般认为商代人对于疾病，多祷告于祖先祈求神灵之赐愈，却不知他们有什么治病之方法。在丰富的甲骨卜辞中，用药物治疗的记载虽不甚明晰，但以灸刺按摩的方法治疗疾病，似已不成问题。

其 ⿰身攴。（《乙》276）
（图1-166）

图1-166 《乙》276

"⿰身攴"即殷。从身从攴。② "⿰身攴"字左旁从又持"↑"。"'↑'在古文字乃矢鏃戈箭之端，像尖锐器，疑即针，'↑'表示针之一端，尖锐有刺。'⿰身攴'字盖像一人身腹有病，一人用手持针刺病之形。"③ 针刺作痛，故殷有痛意。《广雅·释诂》"殷，痛也"。

---

① 参见《左传·襄公二十三年》。
② 于省吾：《甲骨文字释林·释殷》，中华书局1979年版。
③ 胡厚宣：《论殷人治疗病之方法》，《中原文物》1984年第4期。

殷亦作慇，《诗经·邶风·北门》"忧心殷殷"，《释文》"本作慇"，《小雅·正月》"忧心愍愍"。《说文》"慇，痛也"。殷又作隐，《易经·豫》"殷荐之上帝"，《释文》"殷京作隐"，《诗经·邶风·柏舟》"如有隐忧"毛传"隐，痛也"。

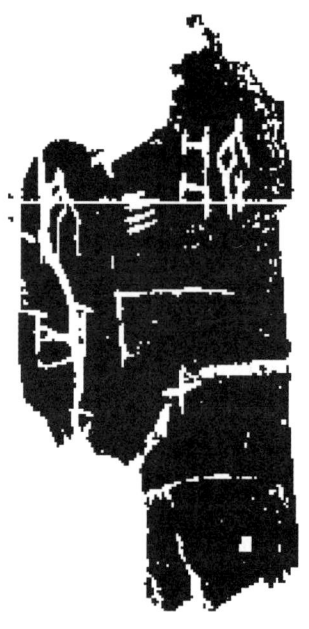

从古籍来看，针刺的方法，主要是钻刺肌肤。《盐铁论》载："下鍼石而钻肌肤。"甲骨文中的"殷"字作"㱿"，从身从支，身作𦎧，在这里可以解释为象人身腹患疾臃肿，呈人以铜针或箴石刺之形。

与针刺的"殷"字有关的，还有一个"㾰"字，如：

㾰不其□。（《乙》632）（图 1 - 167）
丁卯卜，争，贞有㾰□。（《乙》6412）

"㾰"字从疒从木，胡厚宣先生释为"疢，亦即瘵，㾰之作瘵，犹疛亦作府，并误作府一样……我意字当像一人卧病床上，从木像以火艾灸病之形"①。古代有治病之草谓艾，《诗经·采葛》"彼采艾兮"，毛传"艾所以疗疾"。在《尔雅》中称"艾为冰台"，疏云："盖医家灼艾灸病，故师旷谓为病草。"从木与从草同，由甲骨文𣎵亦作𦫳，𦫳亦作𦬸等可证。

图 1 - 167　《乙》632

以火艾灼病谓之灸。《素问·异法方宜论》"其治宜灸焫"，王冰注"火艾烧灼，谓之灸焫"②。"灸焫"即"用艾灼烧皮肤"③。甲骨文"㾰"字，疑即像一人卧病床上，从木，即像以艾木灸疗之形。

《左传·成公十年》记秦国医缓治病的方法有功、达、药三种。功即灸，达即针，药即药物。这与《急就篇》"灸刺和药逐去邪"相合。由考古发掘和甲骨文字来看，殷人于疾病之治疗，功、达、药三者都具备，由

---

① 胡厚宣：《论殷人治疗病之方法》，《中原文物》1984 年第 4 期。
② 郭霭春主编：《黄帝内经素问校注》，人民卫生出版社 1992 年版，第 167 页。
③ 同上书，第 79 页。

此我们可以窥见商人医学发达的一面。

5. 商代医学成就的新总结

甲骨文中的医学材料虽曾引起不少学者注意，但因材料难于收集，文字难于辨识，故近百年来只有少数学者做过零星研究，至今无人将这宗宝贵资料进行全面系统的收集、整理和研究。2008年彭邦炯先生出版了《甲骨文医学资料释文考辨与研究》一书（图1-168），是甲骨文所反映的商代医学成就全面系统总结的新著。

该书是作者在广泛收集甲骨文中的医学材料的基础上，进行了缜密而精审的考释与研究之作。该书分为：上编、下编、附编。上编为释文与考辨。释文依图版顺序，逐条逐字作出释文；考辨则对相关字词，尤其是

图1-168 《甲骨文医学资料释文考辨与研究》

与生育、疾病相关而众说不一者，除简介前人论点，汲取各家研究成果外，还结合个人心得体会加以辨析考释。凡引用前人说法，均注明出处，涉及甲骨学的一些基本知识，也顺便予以简介，以便读者检索参考，同时获取更多的甲骨学及相关知识；下编为殷商生育与疾病研究。作者研究在利用大量第一手甲骨文材料的基础上，结合文献、考古、民族、民俗资料及相关医学，对商代生育与疾病中的问题，进行综合性研究和探讨，它是释文考辨的延伸和深入，旨在尽可能地复原商代医学发展的历史，弥补释文考辨难以避免的零碎性。上下两编，互为表里，相得益彰。释文考辨和研究在反复深入研究甲骨材料的同时，除纠正了前人许多漏误、错读外，还多有突破和创新。附编为选片图版，共选原片与拓印本865片，囊括了迄今发现的甲骨资料中有关生育与疾病的所有医学资料。全部选片，均注明出处、分期（断代）。所选甲骨文除分类编排外，同时还附以该片摹本，以便对照，为读者审读提供方便。全书资料翔实，释文精审，辨析简明，对从事中医文献与医史研究有重要参考价值。

(八) 甲骨文与中国青铜时代

1. 商代是我国青铜时代的鼎盛时期

"中国青铜时代包括殷周两代，历时1500余年，传世遗物属于生产工具者很少，但彝器大量出现，且多有铭文是研究中国上古史的珍贵资料。"[①] 中国古代的青铜，主要用来制造祭祀用具、生活用具、工具、装饰品，另外也被大量用于制造武器，因为中国的青铜武器的出现与中国历史上的第一个国家形态的社会组织几乎同时。青铜器一出现，便不仅仅是一种物质资料，而且具有政治、精神等形而上的因素融铸其中。中国青铜器自其产生起，便被赋予了孕育它的那个时代的多样的思想内涵。这突出的表现就是在古代中国，"大量的铜器被铸造成青铜礼器。礼器主要用于祭祀等礼仪性的活动场合中，礼器中的大部分实际上又是祭器"[②]。即在青铜器形而上的典雅雄浑和庄严诡密的深处，即一个个青铜器的形而下，还有着深邃的哲理和凝聚着治国理政的礼制。

对祖先与其他神祇的祭祀，是维护商王朝统治阶级政治利益的保障。器以藏礼，在那个时代，青铜器不仅可以标志贵族个人及其家族的等级地位，而且作为礼治的象征物，是当时政治制度的物化形式，一些特殊重要的青铜重器甚至被当作政权的象征。商代是我国青铜时代的鼎盛时期，其中最著名的司母戊（又称后母戊）大鼎，重达832.84公斤，是我国古代最重的青铜器。司母戊鼎庄严、雄浑，纹饰富丽、诡秘，是商代青铜时代高度发展水平的反映（图1-169）。

中华人民共和国成立以后，殷墟出土的青铜礼器已有一千多件，兵器有三千件左右。商代晚期青铜器种类与样式繁多，按器物的用途与功能可分为礼器、乐器、武器、工具、生活用具、装饰艺术品以及杂器等六大类。其中与祭祀、战争有关的礼器、兵器的数量是最多的。历年发现的商代青铜器种类多样，造型多变，纹饰瑰丽，是人类文化宝库中的珍品（见图1-170）。

---

① 容庚：《殷周青铜器通论》，中华书局2012年版，第17页。
② 王宇信主编：《殷墟青铜器》，上海大学出版社2008年版，第3页。

图 1 - 169　司（后）母戊方鼎及其铭文（现藏中国国家博物馆）

图 1 - 170　商代时期的各种青铜器：（1）妇好墓出土青铜三联甗；（2）司（后）母辛青铜觥；（3）青铜偶方彝；（4）商乳丁青铜方鼎（现藏中国国家博物馆）

2. 古人称铜为"金"

据学者统计，周代金文中关于"金"（包括从"金"的字）字，有五十例以上。但在甲骨文中，自1899年以来，只发现有一例从"金"的字：

辛卯卜，在□，贞……王其步，叀鎷……（《合集》36984）（参见前第103页图1－133）

"鎷"即铜色的马。用"金"色（即铜色）形容马匹的毛色，说明商代人对铜色已有深刻认识，并造出"金（金）"形加以概括表意。此金字虽作为偏旁出现，但在十五万片甲骨中仅此一见。原骨现藏山东省博物馆，弥足珍贵。①

3. 甲骨文有关冶铸的记载

甲骨文中还为我们保存了不少有关商代冶铸材料，如：

丁亥卜，大，[贞]……其铸黄[吕]……作盘……利惟。（《合集》29687）（图1－171）

王其铸黄吕，奠血，惟今日乙未利。（《金璋》511）（图1－172）

以上两条卜辞，前一条是第三期卜辞，后一条是第五期卜辞。据燕耘研究，"黄吕"当"有很大可能像唐兰所推测的那样，是由矿石冶炼而成的铜料块"。"奠血"，即"用牲血祭新造铜器的习俗"。② 前一条卜是问："丁亥日占卜，贞人大问，冶铸铜料，铸造个铜盘……吉利么？"后一条是问："王冶铸铜料铸器，用牲血祭奠，今日乙未这一天吉利么？"商代铸器，直接用炼好了的铜料铸器而不是用铜矿石，这说明了商代炼铜和铸器的场地有的已经分开，反映了商代青铜冶铸业内部有了较细的分工。

4. 考古发现的铸铜遗址

考古发掘也完全证明了商代青铜冶炼业内部已有较细的分工。河南安阳殷墟苗圃北地的铸铜遗址，在一万平方米的范围内，只出坩埚、陶范和

---

① 参见王宇信《建国以来甲骨文研究》，中国社会科学出版社1981年版，第154—156页。
② 燕耘：《商代卜辞中的冶铸史料》，《考古》1973年第5期。

图 1 – 171　《合集》29687　　　图 1 – 172　《金璋》511

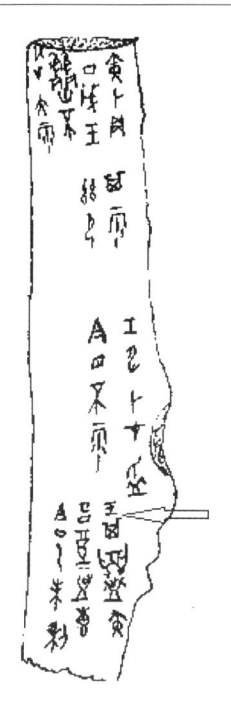

陶模等，却不见铜矿石①，表明这处遗址所用的原料当是甲骨文称之为"黄吕"的铜料块，即将在别处用铜矿石炼好的铜料块运来，在这里专门熔铸后造器。此外，还在小屯村北、大司空村和孝民屯等地都发现了铸铜遗址。孝民屯铸铜作坊，发现了取土坑，范尼澄滤池、土范晾晒坑和铸造平台等，总面积达一万平方米。

5. 商代金属制品的利用

由于商代青铜冶铸业的高度发展和广大奴隶们的智慧和创造才能，除了铜以外，其他一些金属也被认识和使用了。商代黄金已被人们用做装饰品，在河南郑州②、安阳殷墟大墓③、大司空村④、山西保德⑤、河北藁城台

---

① 中国科学院考古研究所安阳发掘队：《1958—1959 年殷墟发掘简报》，《考古》1961 年第 2 期。
② 河南省文化局文物工作队第一队：《郑州商代遗址的发掘》，《考古学报》1957 年第 1 期。
③ 参见胡厚宣《殷墟发掘》，生活·读书·新知三联书店 1955 年版，第 84 页。
④ 马得志等：《一九五三年安阳大司空村发掘报告》，《考古学报》1955 年第 1 期。
⑤ 吴振录：《保德县新发现的殷代青铜器》，《文物》1972 年第 4 期。

西村①、北京平谷刘家河②等地都有发现（图1-173）；铅制品发现在安阳大司空村的平民墓中③；铁在商代发现极少，仅在藁城台西④、北京平谷刘家河⑤等地各出土一件形制相近的铁刃铜钺。据光谱分析，尚处在陨铁阶段。

在商代，除了银制品尚未发现外，后世所谓的"五金"中的金、铜、铁、锡都已经被应用到人们的生活中。但是由于自然界金较为稀有，而且熔点很高；铅硬度低，不实用；铁在自然界藏量虽然较大，但熔点很高，当时达到那样的温度还很困难。因此，作为铜、锡合金的青铜，远较其他各种金属优越性大，成为生活中使用较为广泛的金属。直到春秋时，人们还以"美金"称呼青铜，这就是《国语·齐语》所说："美金以铸剑戟，试诸狗马。"这说明，经过商、周，直到春秋时期，青铜还是人们主要使用的金属。

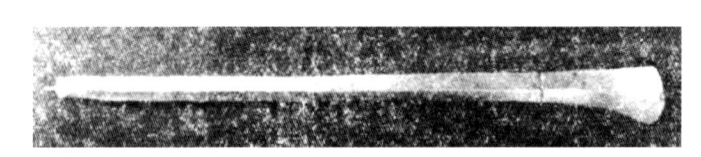

图1-173　商代金属制品：金耳环（左）；金笄（右）（出土于北京平谷区刘家河村）

（九）甲骨文与商代气象、天文历法的复原

1. 商代对气象的观察

商代对气象的观察很是注意，甲骨文中保存不少关于风、云、雾、雨、雷、雪、雹、阴的气象资料。

历代学者当中，最早对殷商时代气候方面作出系统研究的是胡厚宣先生。他在1944年发表的论文《气候变迁与殷代气候之检讨》中，从八个方

---

① 河北省博物馆、河北省文管处台西发掘小组：《河北藁城县台西村商代遗址1973年的重要发现》，《文物》1974年第8期。
② 北京市文物管理处：《北京市平谷县发现商代墓葬》，《文物》1977年第11期。
③ 马得志等：《一九五三年安阳大司空村发掘报告》，《考古学报》1955年第1期。
④ 河北省博物馆、文物管理处：《河北藁城台西村的商代遗址》，《考古》1973年第5期。
⑤ 北京市文物管理处：《北京市平谷县发现商代墓葬》，《文物》1977年第11期。

面进行了论证①：雨雪之记载；联雨之刻辞；农产之栽培与收获；稻之生产；水牛之普遍；兕象之生长；殷墟发掘所得之哺乳类动物群；殷代之森林与草原。胡厚宣先生通过这八个方面的论证，"证明了殷代气候远较今日为热，与今日长江流域或更以南者相当"②。即三千余年前的殷墟一带地区的气候比现在又热又潮湿。

在甲骨卜辞中，有关气象的卜辞有：

（1）雨：自然现象的卜辞中，关于"雨"的卜辞最多。殷商时代人对雨的认识有进一步不同的区分：

1）大雨：王其鼎有大雨。（《合集》30013）（图1-174）

䔧雨，惟黑羊用，有大雨。（《合集》30022）

2）小雨：其遘雨，兹御，小雨。（《合集》38169）（图1-175）

3）多雨：己卯卜，贞今日多雨。（《英藏》2588）

4）雨疾：贞今夕其雨疾。（《合集》12670）（图1-176）

5）烈雨：贞其亦烈雨。（《合集》6589/正）（图1-177）

图1-174	图1-175	图1-176	图1-177
《合集》30013	《合集》38169	《合集》12670	《合集》6589/正

---

① 参见胡厚宣《气候变迁与殷代气候之检讨》，《甲骨学商史论丛二集》，《甲骨文研究资料汇编》，北京图书馆出版社2000年版（成都齐鲁大学国学研究所1945年石印本）；又参见王宇信、杨升南主编《甲骨学一百年》，社会科学文献出版社1999年版，第633—635页。

② 王宇信、杨升南主编：《甲骨学一百年》，社会科学文献出版社1999年版，第635页。

于省吾先生在《释卤》中说："'卤'为'列'字的初文；'卤'读为'烈'；烈雨犹言暴雨。"①

图1-178 《合集》1330

6）足雨：□□卜，黍年有足雨。（《英藏》818）

7）卤雨：贞不其卤雨。（《合集》1330）（图1-178）

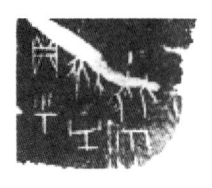

唐兰先生说："卤雨疑与固雨同。固当释为卤。囟卤并叚为修，修，长也，久也。盖谓雨之悬长者。"②

图1-179 《合集》12831正

8）从雨：辛巳卜，宁，贞呼舞有从雨。（《合集》12831正）（图1-179）

郭沫若先生说："'从'当读为'纵'，'有从雨'谓有急雨，有聚雨也。"③

图1-180 《合集》12788正

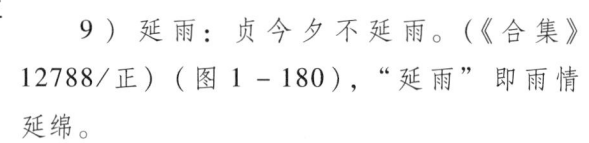

9）延雨：贞今夕不延雨。（《合集》12788/正）（图1-180），"延雨"即雨情延绵。

10）各雨：辛巳［卜］，即，贞今日有各雨。（《合集》24756）（图1-181）

常玉芝先生认为，"各雨"即"格雨"，典

图1-181 《合集》24756

---

① 于省吾：《甲骨文字释林·释卤》，中华书局1979年版，第371页。
② 唐兰：《天壤阁甲骨文存·考释》第19片考释，《甲骨文研究资料汇编》，北京图书馆出版社2000年版（1939年辅仁大学北平影印本）。
③ 郭沫若撰：《殷契粹编考释》第57片考释，《甲骨文研究资料汇编》，北京图书馆出版社2000年版（1937年东京文求堂影印本）。

籍多训"至","有各雨"即有雨至。①

11）来雨：其自西来雨
其自东来雨
其自北来雨
其自南来雨。（《合集》12870）
（图1-182）

（2）雹：丙午卜，韋，贞生十月雨，其惟雹。

丙午卜，韋，贞生十月不其雹雨。（《合集》12628）（图1-183）

（3）雷：庚子卜，贞兹雷其雨。（《合集》13408正）（图1-184）

（4）虹：庚寅卜，㱿，贞虹惟年。

图1-182 《合集》12870甲/乙

庚寅卜，㱿，贞虹不惟年。（《合集》13443正）（图1-185）

（5）旱：贞我不旱，一月。（《合集》10178）（图1-186）

（6）云：殷商时代人对"云"的认识如下几种：

1）云雨：贞兹云其雨。（《合集》13385）
2）各云：癸亥卜，贞旬，一月，昃雨自

图1-183 《合集》12628

---

① 王宇信、杨升南主编：《甲骨学一百年》，社会科学文献出版社1999年版，第629页。

图1-185 《合集》13443 正

图1-184 《合集》13408 正

图1-186 《合集》10178

东。九日辛未大采各云自北，雷延，大风自西，刿云率雨。(《合集》21021)

3) 二云：燎于二云。(《林》1.14.18)

4) 三🌫云：己亥卜，永，贞翌庚子酒……王占曰兹惟庚雨。卜之……雨，庚子酒三🌫云，其既祝，启。(《合集》13399/正)

5) 四云：贞燎于四云。(《合集》13401)

6) 五云：惟岳先酒，迺酒五云，有雨，大吉。(《屯南》651)

7) 六云：癸酉卜，侑燎于六云六豕卯羊六。(《合集》33273)

(图1-187)

于省吾先生将"🌫"认为"啬"，读为"色"，"三🌫云"就"三色云"①。陈梦家先生将"🌫"读为"牆"，假为"祥"即"祥云"②。宋镇豪

---

① 于省吾：《甲骨文字释林·释云》，中华书局1979年版。
② 陈梦家：《殷虚卜辞综述》，中华书局2004年版，第575页。

在《夏商社会生活史》中说:"一云至六云,似反映了商人的望云,其所观云的色彩或形态变幻,或有特定的灵性征兆。祭仪主要用烟火升腾的燎祭,兼用酒祭。用牲有犬、豕、羊,凡云数多者,用牲数一般也相应增多。"①

(7) 雾:□日其雨,至于丙辰雾,不雨。(《粹》819)(图1-188)

(8) 雪:□巳卜,贞□日雪。(《前》6.1.3)(图1-189)

(9) 风:风有几种区别:

1) 大聚风:壬寅卜,癸雨,大聚风。(《合集》13359)(图1-190)

2) 大风:辛未卜,王,贞今辛未大风不惟祸。(《合集》21019)

3) 小风:不遘小风。(《合集》28972)

4) 风:癸未卜,殻,贞今日不风,十二月(《合集》13344)

5) 四方风:东方曰析,风曰劦
南方曰因,风曰㶸
西方曰夷,风曰彝
北方曰[夗],风曰殳。(《合集》14294)

图1-187　《合集》33273

---

① 宋镇豪:《夏商社会生活史》,中国社会科学出版社2005年版,第812页。

图1-188 《粹》819　　图1-189 《前》6.1.3　　图1-190 《合集》13359

(10) 晹日：□□，宁，翌癸卯晹日，允晹日。(《合集》13074甲)(图1-191)

《说文》云："晹，日覆云，暂见也。"陈梦家先生把"晹"释为"易"，并认为"易日"就是有云的阴天。卜辞所卜"易日、不易日"，皆指某一日的阴与不阴。[①] 有关"晹日"的卜辞如下：

丙申卜，王步丁酉，晹日，二月。(《合集》34011)

乙亥卜，宁，贞翌乙亥酒⾈晹日，乙亥酒允晹日。(《合集》13307)

甲辰卜，翌乙巳晹日，乙巳允晹日。(《合集》13310)

争，贞翌乙卯其俎晹日，乙卯俎允晹日，昃雾于西。(《合集》13312)

丙申卜，王步丁酉，晹日，二月。(《合集》34011)

图1-191 《合集》13074甲

---

① 陈梦家：《殷虚卜辞综述》，中华书局2004年版，第244页。

贞于来丁酉酒大事,晹日。(《合集》24929)

(11) 启:辛未卜,内,翌壬申启,壬终日雾,二告。(《合集》13140)(图1-192)

陈梦家先生认为,昼晴为启与雨止为霁是有分别的。卜辞中的启指的白昼雨止。[①] 有关"启"的卜辞如下:

丁未卜,暊,贞今夕启。(《合集》30199)

戊申启,己允启。(《合集》30207)

□午卜,乙未侑岁,启。(《合集》33967)

2. 甲骨文中的日食、月食、星象记录

甲骨文中有关日食、月食和星象的记录,对古代天文学研究和历法定朔很有价值。特别是宾组卜辞中五次月食的天文计算,为"夏商周断代工程"确定商王武丁在位年代,提供了重要参据。

图1-192 《合集》13140

(1) 日食记录

乙丑,贞日有食。允惟食。(《合集》33700)(图1-193)

乙巳卜,酒彡其舌小乙,兹用。日有食,夕告于上甲九牛。(《合集》33696)(图1-194)

庚辰,贞日有食,非祸惟若。

庚辰,贞日食,其告于河。(《合集》33698)(图1-195)

---

① 陈梦家:《殷虚卜辞综述》,中华书局2004年版,第244—245页。

图 1-193 《合集》33700　　　　　　图 1-194 《合集》33696

图 1-195 《合集》33698

  第二条卜辞的，乙巳卜是叙辞，酒彡其舌小乙是命辞，兹用为用辞，意思是按这次所占卜的事情施行了。日有食以后是验辞一类的记事文字，意思是说，这天日有食了，晚上乃祷告于先公上甲，祭祀时用了九头牛。
  第四条卜辞的"若"，学者共识为"顺利""吉利"的意思。全辞意思是，"庚辰日如果有了日食，不会有祸害会有吉利么？"
  （2）月食记录
  到目前为止，学术界公认的有关月食记录的甲骨卜辞共有七版，总共记录了殷商时代的五次月食。在此，将商代著名的五次月食记录列举如下：

癸亥，贞旬亡囚。

癸亥，贞旬亡囚。

癸亥，贞旬亡囚。

癸亥，贞旬亡囚。（《合集》11482/正）（图1-196）

旬壬申夕月有食。（《合集》11482/反）（图1-197）

癸未卜，争，贞旬亡囚。三日乙酉夕月有食。闻，八月。三（《合集》11485）（图1-198）

癸丑卜，贞旬亡囚。

癸亥卜，贞旬亡囚。

癸酉卜，贞旬亡囚。

癸未卜，争，贞旬亡囚。王占曰，有祟。三日乙酉夕皿丙戌允有来齿。十三月。（《合集》40610/正）（图1-199）

图1-196　图1-197　图1-198　　　图1-199
《合集》　《合集》　《合集》　　　《合集》40610 正
11482 正　11482 反　11485

［七日］己未夕皿庚申月有食。二（《合集》40610/反）（图1-200）

□□，争，贞翌□申昜日。

之夕月有食。甲雾，不雨。

之夕月有食。（《合集》11483）

［己］丑卜，宾，贞翌乙［未酒］黍昇于祖乙。［王］占曰，有祟，不其雨。六日［甲］午夕月有食。乙未酒，多工率条遣。（《合集》11484）（图1-201）

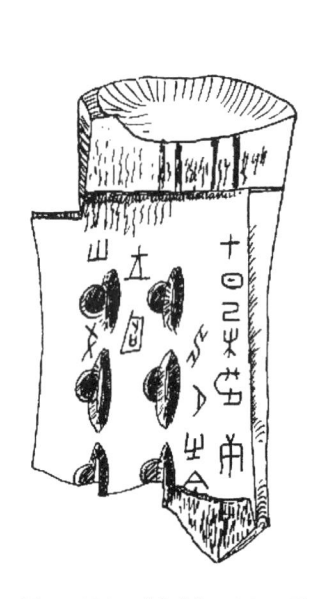

图1-200 《合集》40610反　　　图1-201 《合集》11484正

（3）星象记录

殷墟卜辞中的"星"字作"󰀀""󰀀""󰀀""󰀀""󰀀""󰀀""󰀀"等形。前五个星象为"星"之本字，是象形字。后两个字加声符"󰀀"（生）为形声字。① "星"字主要出现在宾组卜辞。分析带有"星"字的卜

---

① 参见李孝定编著《甲骨文字集释》，"中央研究院"历史研究所，1965年，第2245—2251页。

辞，大约有五种①："其星""不（或毋）其星""大星""鸟星""新星（或新大星）"。

① "其星"和"不其星"

贞今夕其星，在盲。（《英藏》729/正）
贞翌壬辰不其星。（《合集》11495/正）（图1-202）
贞翌戊申毋其星。（《合集》11496/正）（图1-203）

图1-202 《合集》11495 正　　　　图1-203 《合集》11496 正

上述三条卜辞的用法为动词②，即分别卜问"夜间会出现星星么？"杨树达先生指出"古人名动同辞，风雨之雨曰雨，降雨也曰雨，星辰曰星，天上见星亦曰星"③。杨先生以《韩非子·说林下》："雨十日，夜星"之"星"字，《说苑·指武》引作"晴"，说明卜辞的"星"字应读为后世的"晴"。

据此，上述三条卜辞分别卜问的是："今天夜间天会晴么？""未来壬辰日夜间天不会晴么？""未来戊申日夜间天不会晴么？"

---

① 常玉芝：《殷商历法研究》，吉林文史出版社1998年版，第8页。
② 同上书，第10页。
③ 杨树达：《积微居甲文说·释星》，上海古籍出版社1986年版。

② "大星"

甲寅卜，殼，贞翌乙卯昜日。
贞翌乙卯不其昜日。王占曰，翌乙毋雨。乙卯允明雾，气□，食日大星。（《合集》11506/正、反）（图1-204）

卜辞中的命辞、占辞、验辞，前后相应，内容紧密相接。此条卜辞的命辞为未来的乙卯日是否会阴天？占辞是商王看了卜兆后说，乙日不下雨。验辞为乙卯日果然有雾，大星。按杨树达先生的论证，读"星"为动词"晴"此条卜辞才意思通顺。"大星"就是"大晴"，"大"是形容词，形容天晴的程度，似是夜间天气大晴。

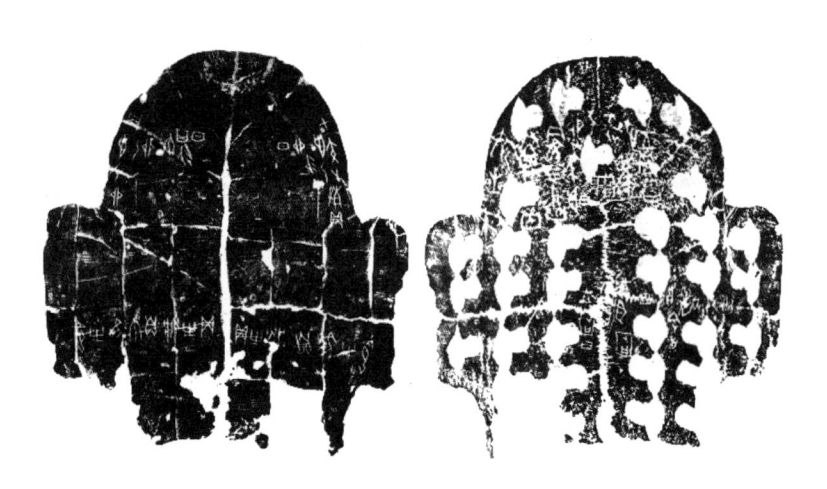

图1-204 《合集》11506/正（左）；反（右）

③ "鸟星"

丙申卜，殼，贞来乙巳酒下乙。王占曰，酒惟有祟，其有设。乙巳酒，明雨，伐既雨，咸伐亦雨，施卯鸟星。一。（《合集》11497/正）
乙巳夕有设于西。（《合集》11497/反）（图1-205）
此外，还有同文第二卜之辞：
丙申卜，殼，贞来乙巳酒下乙。王占曰，酒惟有祟，其有设。乙

巳明雨，伐既雨，咸伐亦雨，施鸟星。二。（《合集》11498/正）

乙巳夕有𠬝于西。（《合集》11498/反）

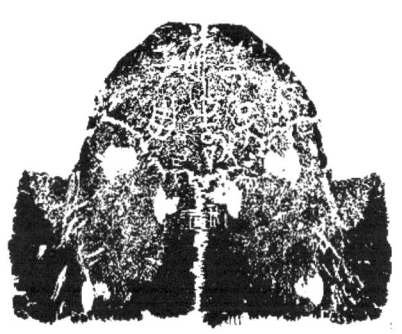

图 1-205　《合集》11497 正（左）、反（右）

上述两版卜辞同文卜问，未来乙巳日给下乙举行酒祭是否顺利。占辞是商王看了卜兆后说，（乙巳日）举行酒祭会有祸害，将"有𠬝"。接下来的验辞说，乙巳日举行酒祭，天明时下雨，举行伐祭时"既雨"，"咸伐亦雨"，即伐祭结束时又下雨，最后"施卯鸟星"。

"伐""施""卯"是祭名或用牲之法。"有𠬝"之"𠬝"，于省吾先生所释，其本意训"施""陈"，在甲骨文中有两种含义："一种指自然界的设施兆像言之。当时人们认为，自然界的兆像，甚至鸟鸣，都有吉凶的证验，而此类兆像是上帝有意为之，故以设施而言。另一种指祭祀时的陈设祭物言之。"① 在此卜辞中的"有𠬝"应是指自然界设施兆像。"既雨"之"既"，意为"尽""已"，引申为"雨止、雨停"②。

那么"鸟星"为何意？《尧典》"日中星鸟"的鸟星（南方七宿），释为星辰之名。若卜辞中的鸟星为星辰之名，与上述两条卜辞意思不通。卜辞命辞中的祭祀对象为"下乙"，验辞中突然换了祭祀对象为"鸟星"？或者说乙巳日天明时下了雨，举行伐祭时雨停了，伐祭结束时又下雨，举行施、卯之祭时出现鸟星了？这与验辞记录的乙巳日白天下雨的气象情况对不上。因此，这里的"鸟星"之"星"也是动词，即"晴"的意思。那么

---

① 于省吾：《甲骨文字释林·释𠬝》，中华书局 1979 年版。
② 常玉芝：《殷商历法研究》，吉林文史出版社 1998 年版，第 15 页。

"鸟"呢？常玉芝先生认为，"鸟星"之"鸟"与"大星"之"大"一样，亦有可能作形容词用的，《说文》："鸟，长毛禽总名也。"段注："短尾名隹，长尾名鸟"，上述两条卜辞验辞与之结合，说乙巳日天明时下雨，举行伐祭时雨停，伐祭结束时又下雨，到举行施、卯祭时，天才长时间晴了，即"鸟"字"有可能较长时间的意思"①。

④ "新星""新大星"

上述所几种"星"字为与气象有关的卜辞，而在甲骨卜辞中也有名词性的"星"，即指"星辰"。

  戊申……有设，新星。（《合集》11507）
  ……未有设，新星。（《前》7.14.1）
  [癸亥卜]……七日己巳夕皿[庚午]有新大星并火……（《合集》11503/反）（图1-206）
  ……大星出南（《合集》11504）（图1-207）

图1-206 《合集》11503反 图1-207 《合集》11504

---

① 常玉芝：《殷商历法研究》，吉林文史出版社1998年版，第16页。

上述所四条卜辞，是指自然界的星象而言，即是指天空中出现了新的星辰。第三条卜辞记录，七天后的己巳日夜间临近庚午日天明时有新大星并火。"新大星"即新发现的大星，"火"即大火星，即心宿二。该卜辞记录商代人观察到在大火星的旁边出现一颗新的大星。第四条卜辞记录在南部天空上出现一颗大星。如将"该卜辞的'星'读为'晴'，释成'大晴出南'辞义就不同"①。

3. 商代的历法

商代的历法是"阴阳合历"。每年一般分为春秋两季（目前尚未发现有关夏冬两季的记录）。正因为是阴阳合历，所以武丁时期年终置闰，把闰年的最末一个月称为"十三月"（图1-208）；一个月三十天，称为"大月"，有时二十九天，称为"小月"。也有时两个大月相连接，称为"频大月"。

祖庚，祖甲以后，有时出现两个"七月"或"八月"，说明与年终置闰一起，开始有了"年中置闰"法。也有时一年十四个月，学者们认为这是"再闰"，直到西周还在沿用，春秋以后则不见了。②

商代以干支纪日，将一个月分为三旬，并将一天分为不同时段，以人文或自然为依据，创造了记时的专名——时称。据学者研究，商代人的一日包括完整的白昼加一个完整的黑夜，即白昼用"日"表示，黑夜用"夕"表示。甲骨卜辞还表明，商人为了更好地安排生产和生活，还对一天内的时间进行

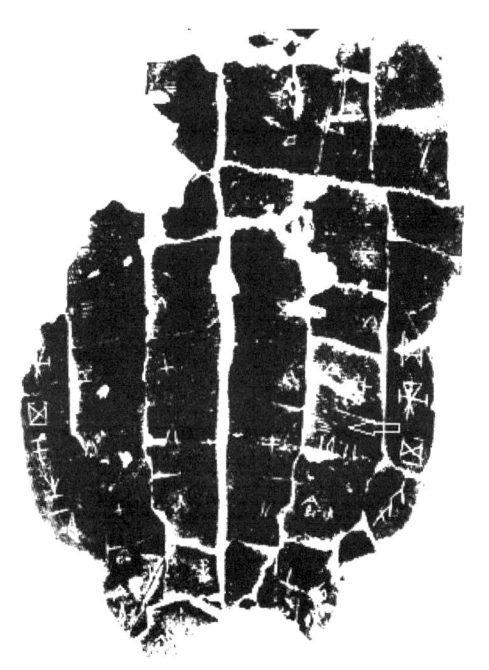

图1-208 记"十三月"的甲骨
《合集》14127 正

---

① 常玉芝：《殷商历法研究》，吉林文史出版社1998年版，第19页。
② 据徐宗元《甲骨文所见的殷历》，此文未发表，内容提要见吴绵吉《徐宗元作有关甲骨、金文研究的报告》，《厦门大学学报》（社会科学版）1963年第2期。

时段划分，每段都赋予专门的名称。"时称出现最多的是无名组卜辞，其次是𠂤组、宾组和出组。"①

（1）旦：指天明之时。

　　旦不雨。（《合集》29776）（图1-209）

（2）朝：与"旦"时相当。

　　癸丑卜，行，贞翌甲寅毓祖乙岁，朝酻，兹用。（《合集》23148）（图1-210）

（3）食日、大食：指朝食，在日出之后至日中之间。

　　食日不雨。（《合集》29785）（图1-211）

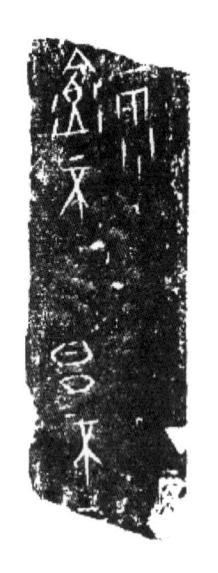

图1-209　《合集》29776　　图1-210　《合集》23148　　图1-211　《合集》29785

---

①　参见常玉芝《殷商历法研究》，吉林文史出版社1998年版，第三章第三节"殷代的纪时法"，此著作是近年商代历法研究的最新成果。

(4) 中日、日中：当为一日（即白天）的中午之时。

叀日中有大雨。（《合集》29789）（图1-212）

(5) 昃：指未时，即午后二时。

叀昃酻。（《合集》30835）（图1-213）

图1-212　《合集》29789　　　　图1-213　《合集》30835

(6) 郭兮、郭：在"昃"与"昏"之间，实在下午之时。

今日乙郭启，不雨。（《合集》30203）（图1-214）

(7) 昏：指日落下，即日入之时。

郭兮至昏不雨。（《合集》29794）（图1-215）

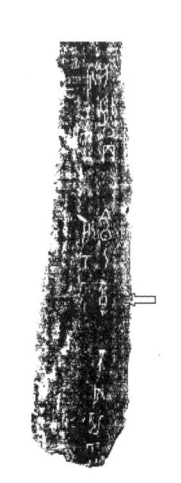

图1-214　《合集》30203

旦至于昏，不雨。(《合集》29781)

"旦"是天明之时，"昏"是日入之时，两者中间包括食日（大食）、中日（日中）、昃、郭兮（郭）四个时段，即该卜辞卜问的是"整个白天六个时段会不会下雨？"

（8）莫（蘽）："莫"与"昏"一样指日入之时，二者是同一个时辰的两个称呼。

　　自日酚，[王受]佑。
　　其侑父己，叀莫酚，王受囗。(《合集》27397)（图1-216）

图1-215　《合集》29794　　　　　　图1-216　《合集》27397

（9）祀：该字在卜辞中的用法有多种，即作祭名、地名、动词、时称等。① 指日入之后夜间开始时的时称，即入日之后上灯之时。

---

① 常玉芝：《殷商历法研究》，吉林文史出版社1998年版，第143页。

叀祇酻。(《合集》27052)(图1-217)

(10)住：在卜辞中很少出现，可能是个很少用的时称，大概因其在夜间，故常常用"夕"来代替了。

其侑妣庚，叀入自己夕，福酻。
叀住酻。
叀如自祇，福酻。(《合集》27522)(图1-218)

图1-217　《合集》27052　　　图1-218　《合集》27522

(11)督：宋镇豪"通过考察这个字的辞例及有关文例，同时结合这个字的形音义进行分析，确定它就是今日通行的昼字。本义指立杆度日以定方位，又因立杆度日多行于日中，所以后来成为日中时分的专字"[①]。

叀督酻。(《合集》30894)(图1-219)

[①] 宋镇豪：《释督昼》，《甲骨学殷商史》第3辑，上海古籍出版社1991年版。

（12）昼："甲骨文的昼本指立木为表测度日影，大概常常在日中时分进行，所以就成了日中时分的专字。"①

甲午卜，㱿……
二卣。
叀牛。
牢。
今日。
□昼。（《屯南》2392）（图1-220）

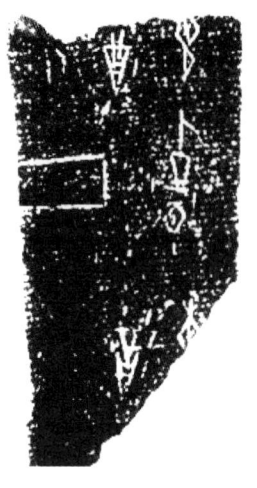

图1-219　《合集》30894

（13）夙：下半夜至天明前之间的时段。

叀羊。
叀犁。
叀今夙酻。
［叀］旦［酻］。（《安明》1685）

该版卜辞先卜问用"羊"举行祭祀，还是用"犁"举行祭祀，再卜问"叀今夙酻"，还是"［叀］旦［酻］"。"旦"为日出之时，"夙"在"旦"之前，即仍属于夜间。"今夙"说明夜间的"夙"与日出的"旦"不属于同一天，"夙"时是黑夜的终止时，也是殷人一日的终止时。

综上所述，无名组卜辞中可以肯定是时称的有：旦、朝、食日、大食、中日、日中、督、昼、昃、

图1-220　《屯南》2392

---

① 宋镇豪：《释督昼》，《甲骨学殷商史》第3辑，上海古籍出版社1991年版。

郭兮、郭、昏、莫（暮）、祇、住、夙等共16个时称。① 其中，旦与朝、食日与大食、中日与日中、督与昼、郭兮与郭、昏与莫分别是一个时辰的不同称呼，也即16个时称表示的是一日一夜的九个时段。殷人一日两食，"食日""大食"是指上午的早食，没有见到下午晚食的称谓，在他组卜辞中却有见，但学者认为无名组的"郭兮""郭"就是指晚食（即小食）的称呼。② 无名组时称将一个白天和一个夜晚分成九个阶段，这九个阶段的顺序是：旦、朝—食日、大食—日中、中日、督、昼—昃—郭兮、郭—昏、莫（暮）—祇—住—夙。其中白天由旦、朝至昏、莫（暮），共六个时段，上午两个，下午三个，中午一个；夜间由祇至夙，共三个时段，并且三个时称是夜间开始时两个，夜间终止时一个。③

4. 小结

总之，甲骨文是我国最早有系统文字，与古埃及的纸草、古巴比伦的楔形文字和古印度的印章文等齐名的世界最早四大文字。甲骨文中保存的大量古代文化信息和传承的中华文化基因，补充了古籍记载的不足，为我国商代历史的重建和古代文化传统的发掘与弘扬做出了巨大贡献。谁要想认识和了解中国古代文化，就必须从甲骨文开始。

---

① 宋镇豪：《试论殷代的记时制度》，《全国商史学术讨论会论文集》，《殷都学刊》（增刊），1985年。

② 笔者注：关于"晚食"的内容，参见常玉芝《殷商历法研究》第三章第三节"殷代的纪时法"中"自组、宾组的时称及其顺序""出组的时称及其顺序"。

③ 常玉芝：《殷商历法研究》，吉林文史出版社1998年版，第151—152页。

第二章　120年来甲骨文的发现和发掘

一　1899年以来甲骨文发现和发掘的几个时期概述

虽然商朝人（公元前13—前11世纪）大量使用甲骨文用于占卜记事，但我国古籍中有关商朝甲骨文却完全失载。商朝被周武王灭掉以后，随着昔日繁华的商都被战火焚为一片废墟，甲骨文也就被深埋在历史的泥土之下，再也不复为人所知。

在1899年甲骨文被伟大的爱国主义学者王懿荣发现和收购以前，甲骨文经历了三千多年的"埋藏时期"（公元前11世纪至1881年）和"药材时期"（1881—1899年①）。

1899年以后，由于学者们的大力搜购，过去被当作"龙骨"药材的甲骨文，由每斤才值"数钱"的价格，飞涨至"每字酬以价银二两五钱"。小屯村民为图厚利，纷纷在秋后农闲时，私挖甲骨并成批卖给古董商，再由他们转卖给京、津、青岛、潍坊等地的收藏家或外国人。直到1928年秋天，由公家科学发掘甲骨文以前，小屯村民乱挖乱掘出大批甲骨文，甲骨学史上称这一时期为"私人挖掘时期"或"盗掘时期"（1899—1928年）。

1928年10月，中央研究院为了搜集更多的甲骨文及与甲骨文伴出的科学

---

① 注：据罗振常《洹洛访古游记》宣统三年（1911）二月二十日条所记，"此地埋藏龟骨前三十余年已发现，不自今日始也"，"土人因目之为龙骨，携以视药铺"等记载看，小屯村民当于1881年前后才将甲骨作为龙骨出售。因为从罗振常去殷墟收购甲骨之年，即1911年上溯三十多年，恰为此时。

讯息，并减少甲骨文这一祖国宝贵文化遗产"外流"所造成的损失，国家颁布法令，禁止私人随意挖掘甲骨文，并由学术机关进行科学发掘甲骨文。中央研究院历史语言研究所自1928年开始在安阳殷墟进行科学发掘甲骨文，直至1937年因抗日战争爆发，考古工作被迫暂停。中央研究院历史语言研究所的殷墟考古，历时十年，先后进行十五次大规模发掘，共出土甲骨近三万片和大量重要遗迹、遗物，甲骨学史上称这一时期为甲骨文的"科学发掘时期"（1928—1937年）。为了与1928年以前的甲骨文"私人挖掘时期"或"盗掘时期"相区别，或称这一时期为甲骨文的"公家发掘时期"。

1949年中华人民共和国成立以后，在百业待兴，经济尚较困难的情况下，国家就在1950年恢复了殷墟考古工作，又不断有甲骨文的新发现。虽然经历了1966年至1976年这段特殊时期，但殷墟的科学发掘工作一直持续未停并至今，其间又有不少甲骨文出土，特别是1973年中国社会科学院考古研究所在殷墟小屯南地、1991年在殷墟花园庄东地等处，都有成批甲骨文的重大发现，甲骨学史上称这一时期为甲骨文的"继续科学发掘时期"（1949年至今）。

二　甲骨文的埋藏时期（公元前1046—1881年）

商朝灭亡以后（公元前1046年），昔日繁华的商都殷虚（古人称高丘之地为"虚"）成了一片废墟（即今日所说的"殷墟"——商朝都城的废墟）。虽然殷墟之地三千年来免不了屡有动土，因而埋藏在历史泥土深处的甲骨文，当也偶有一些会"重见天日"。但由于甲骨文在古代文献中失载，故无人对其可识可知。因而甲骨文历尽沧桑，一直于地下被"埋没"了三千多年。

（一）历周朝：西周时就有人埋葬于殷墟故地，在挖墓坑或填土时，当有甲骨文出土的可能，但无人识知。殷墟的西周墓主要分布于"发掘区的西部，形成相对集中的若干个小群，形制均为长方形竖穴土坑"，墓葬一般有"木棺而无木椁"，主要出土随葬品为"陶器、铜器、玉器及其他"（图2-1）。[①]

[①] 中国社会科学院考古研究所安阳工作队：《河南安阳殷墟刘家庄北地殷墓与西周墓》，《考古》2005年第1期。

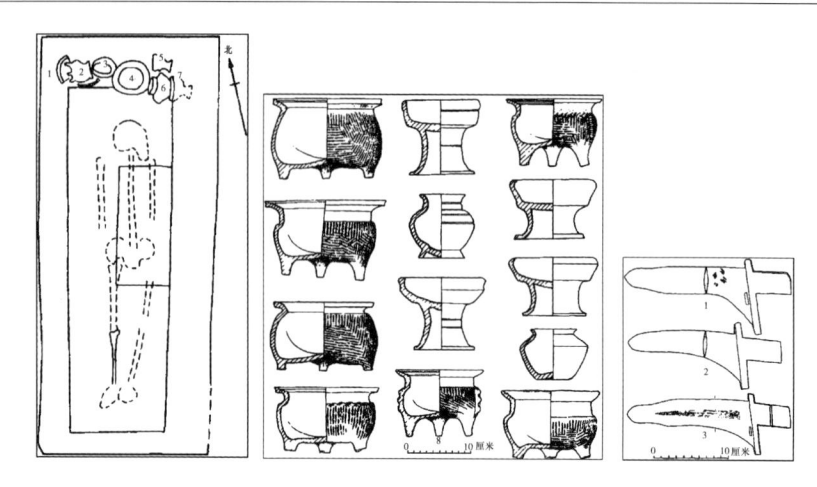

图 2-1　刘家庄西周墓葬；出土陶器；出土铜戈（从左至右，参见《河南安阳殷墟刘家庄北地殷墓与西周墓》）

（二）历隋唐：隋唐时期，殷墟一带已成为广大的公共墓地。挖墓掘土时，自也当有甲骨文发现的机会，但仍因无人可识，可能被随意丢弃了。中央研究院历史语言研究所，在安阳殷墟也发掘了多座隋唐时期的墓葬（图 2-2）。

图 2-2　董作宾《殷墟沿革》记述的"隋唐时期的墓葬"（《董作宾全集甲编》）

（三）历宋朝：传宋朝时有不少铜器出土于"亶甲城"。所谓亶甲城，是沿唐宋人之误，把殷墟误当为商王河亶甲所都的相，实为安阳殷墟出土。（图2-3）

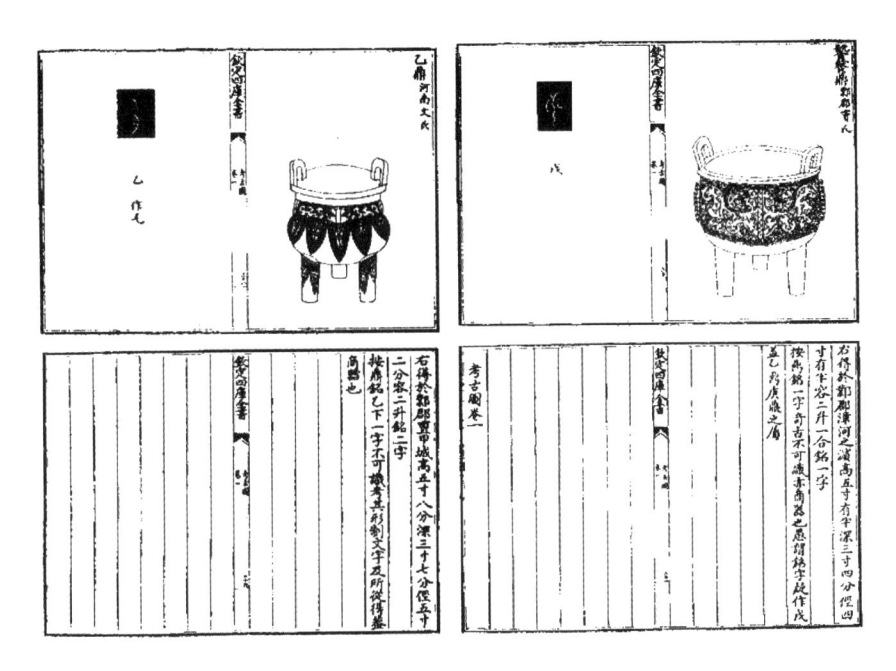

图2-3 记亶甲城得鼎（左）和邺郡漳河之滨出土青铜鼎（右）[1]

（四）历元朝：元代迺贤《河朔访古记》记宋代出土于殷墟铜器情况颇为详细。文曰："父老云，'宋元丰二年夏霖雨，安阳河涨，水啮冢破，野人探其中，得古铜器，质文完好，略不少蚀，众恐触官法，不敢全货于市，因击破以鬻之，复塞其冢以灭迹。自是，铜器不复出矣'。"宋人在殷墟盗掘铜器时，一定也会有甲骨文出土的可能。但因无人识知，故仍被忽视。

（五）历明朝：明朝以后，殷墟小屯一带始有人立村居住。小屯人立村建房修路，地下有可能会出土甲骨文，但仍因无人识认，而被忽略丢弃了。（图2-4）

---

[1] 参见《考古图》，《文渊阁四库全书》第八四〇册，台湾商务印书馆。

图 2-4　小屯之秋(上)；洹水南、殷墟上（下）（参见《平庐影谱》）

此后，安阳小屯村民在洹河以南的村北土地上耕作时，田间时有兽骨出现，妨碍庄稼生长。如翻耕土地时，被犁出的兽骨散落在翻好的土地上，不利播种和幼苗生长。再如禾苗长成后，垄背间散落的兽骨妨碍农民锄草保苗。因此，小屯村民将田地里星散的这些兽骨捡起，或集中堆于田间地头，或倾倒于枯井之中。年复一年，不知有多少甲骨文被遗弃毁坏（图 2-5）。

图2-5　村民耕作出骨片，莫妨稼穑堆田头（文/王宇信；图/薛永亮）

三　甲骨文的"药材时期"（清咸丰年间—1899年）

（一）小屯村民售"药材"，批量"龙骨"发"北路"

到了清朝道光、咸丰年间以后，小屯村民开始把田间散落的废兽骨作为中药材"龙骨"出售给当地药铺，或由药材商成批收购，再发往北路"龙骨"的最大集散地——河北安国和北京的药材市场。[①]（图2-6）

图2-6　现河北安国药材市场

[①] 参见胡厚宣《殷墟发掘》，学习生活出版社1955年版，第9页。

(二) 动物遗骨成化石，"龙骨"疗效见《本草》

中医处方，有"龙骨"一味。按《本草纲目》所称的"龙骨"，实为古代脊椎动物（包括象、犀牛、马、骆驼、羚羊等）的骨骼化石。明代大医学家李时珍《本草纲目》（图 2-7）对其在中医里的药理记述较详，主治小儿、妇女和男子虚弱等症。

图 2-7 《本草纲目》

表 2-1 使用龙骨抓药的症状及治方①

症 状	治 方
健忘	用白龙骨、远志，等分为末，每服一匙，饭后服，酒送下。一天服三次
梦遗	用龙骨、远志，等分为末，加炼蜜做成丸子，如梧子大，朱砂为衣。每服三十丸，莲子汤送下
暖精益阳	治方同上，但不用朱砂。每服三十丸，空心服，冷水送下
早即泄精	用白龙骨四分、韭子五合，共研为末。每服一匙，空心服，酒送下
遗尿淋漓	用白龙骨、桑螵蛸，等分为末。每服二钱，盐汤送下
泄泻不止	用龙骨、白石脂，等分为末，滴水做成丸子，如莘子大。每服看病人情况用适量，紫苏、木瓜汤送下
老疟不止	用龙骨末是匙，加酒一升半、煮开三次，于发病前一时，乘热服下，盖上铺盖发汗，有效
热病下痢	用龙骨半斤，研细，加水一斗，煮取五程式，冷后饮服，得汗即愈
休息痢	用龙骨四两打碎，加水五程式，煮取二升半，分五次冷服
久痢脱肛	用白龙骨粉扑患处
吐血、鼻血	用龙骨吹入鼻中
尿血	用龙骨研末，水送服一匙。一天服三次
小儿脐疮	有龙骨煅过，研末敷涂
阴囊汗痒	用龙骨、牡蛎，共研为细粉，扑患处

小屯村民发现农田里"废骨"的药用价值和市场价值后，每到农闲期间，几乎家家都去田里捡拾"龙骨"出售。因药材商不收有字划者及小块"龙骨"，故小屯村民往往刮去骨上之刻划，小块则丢弃或填入枯井（图 2-8）。

---

① 参阅（明）李时珍《本草纲目·鳞部·龙》。

图 2-8 成筐碎骨填枯井，理净土地利农作（文/王宇信；图/薛永亮）

(三)"龙骨"药房煎汤剂，"刀尖"野药摆小摊

"龙骨"不仅可以入药煎服，还可制成粉剂，将其涂于创口，能止血化脓。有的小屯村民或用钢锉把"龙骨"锉成细粉，称为"刀尖药"，在集市或庙会上出售。（图 2-9）

图 2-9 河南安阳市内黄县二帝陵当代庙会

小屯村民李成原为剃头匠，其后改行，后半生专以出售"龙骨"为业。他把收集到的"龙骨"，或以每斤制钱六文的价格成批出售给药店，或将"龙骨"磨成"刀尖药"，在庙会上摆摊出售。

（四）人吃（或涂）"龙骨"知多少，痛心盲毁识君（文）晚

"刀尖药"使不少珍贵的甲骨文被当成"龙骨"磨为齑粉，而比起把"甲骨文"作为"龙骨"入药煎服吃掉造成的损失，要小巫见大巫了。因此，多少年来，盲目无知的郎中们把甲骨文误作为"龙骨"入药，一剂剂，一锅锅，又谁知道被患病的人们煎服时"吃"掉了多少珍贵的甲骨文呢?!（图 2-10）

图 2-10　抓中药图

四　甲骨文的私人挖掘时期（1899—1928 年）

甲骨文的私人挖掘时期，又叫"非科学发掘时期"，指从 1899 年甲骨文被时任国子监祭酒的伟大爱国主义学者人王懿荣发现购藏以后，一些学者也开始收购，到 1928 年中央研究院历史语言研究所开始大规模发掘安阳殷墟以前，这一段前后大约有 30 年的时间。因甲骨文被学者鉴定以后，售价日昂，较之昔日的"龙骨"可谓"身价百倍"。这一时期，小屯村民为了赚钱，青壮劳力以及老幼妇孺竞相在农闲时挖掘甲骨出售。也有人称这一时期为"盗掘时期"，因为挖掘甲骨与掘墓盗宝无异。[①]

(一) 历年"私挖"甲骨情形[②]

1899年至1903年，小屯村民在村北刘姓二十亩谷地中几次挖掘甲骨，所获颇多。小屯村民将所得甲骨文通过古董商转手，卖至大收藏家王懿荣、刘铁云等人处。

1904年冬，小屯村地主朱坤，率领农佃，大举挖掘甲骨文于村北洹河南岸朱氏田中。村民们搭席棚，起炉灶，工作甚久，所得甲骨盈数车。因有村人与朱姓争挖掘之地界，械斗成讼。从此县官命令禁止，不许再挖掘甲骨。(图2-11)

图2-11 搭棚起灶宿坑旁，抢分夺秒挖宝忙 (文/王宇信；图/薛永亮)

[①] 参见王宇信《中国甲骨学》，上海人民出版社2009年版，第56—58页。
[②] 关于"私人挖掘"甲骨文的情形与收购情况，可参见胡厚宣《五十年甲骨文发现的总结》(商务印书馆1951年版)；董作宾、胡厚宣辑《甲骨年表》(商务印书馆1937年版)；陈梦家《殷虚卜辞综述》(中华书局1988年版)。

1909年"春，小屯村前，张学献地，因挖山药沟，发现甲骨文字。村人相约发掘，得'马蹄儿'及'骨条'（村人呼牛胛骨骨端曰'马蹄儿'，胛骨之边破裂成条者曰'骨条'，指胛骨刻辞较多之处）甚多。又此次发掘，未得地主允许，学献母大骂村人，因被殴打，头破血出，经人调解，未致成讼"①。这批甲骨多为罗振玉所得。（图2-12）

图2-12　泼妇骂街惹众怒，口舌逞凶招暴打（文/王宇信；图/薛永亮）

1917年，小屯村有大批甲骨出土，为天津人王襄、霍保禄购得。

1920年，华北"五省大旱成灾，乡人迫于饥寒，相约挖掘甲骨文字于小屯村北河畔。凡前曾出土甲骨之处，搜寻再三，附近村人亦多参与"②（图2-13）。

1923年，"春，小屯村中。张学献家菜园内，有字骨出现。学献自掘之，何国栋帮工，得大骨版二，皆有文字。何默记其地，终造成十五年（即1926年）春间，大规模之挖掘"③（图2-14）。

---

① 董作宾、胡厚宣辑：《甲骨年表》，商务印书馆1937年版，1909年至1910年栏记。
② 同上书，1920年栏记。
③ 同上书，1923年栏记。

图 2-13 华北大旱断生计，洹滨找宝解燃眉

（文/王宇信；图/薛永亮）

图 2-14 张村长菜园露宝，何帮工心底埋痕

（文/王宇信；图/薛永亮）

1924年，"小屯村人因筑墙，发现一坑甲骨文字，为明义士所得"[①]。

1925年，"小屯村人大举私掘于村前大路旁，得甲骨盈数筐，胛骨有长至尺余者，多售于上海估人"[②]。

1926年，小屯村又有大批甲骨出土。当年"春三月，小屯村在张学献菜园中大举私掘。时张方为匪掳去，出款多。村人乘机与商，得甲骨文字以半数归之，遂约定。掘得胛骨甚多，多归明义士"。这次挖掘甲骨的规模较大，"共数十人，分三组，鼎足而立，各由深处向中间探求。忽虚土下陷，埋四工人，急救出，皆死而复苏，因罢工。有霍姓子者，至今犹为驼背"[③]。（图2-15）

图2-15 三足鼎立掏中土，顶盖塌落埋四人（文/王宇信；图/薛永亮）

1928年春，中央研究院于当年10月正式科学发掘殷墟之前，因"北伐军作战安阳，驻军洹水南岸，小屯村人因废农作。四月，军事结束。村人因受军事影响，无以为生，因与地主相商，得甲骨，以半数与之，乃大事挖掘于村前路旁，及麦场前之树林中。所得甲骨文字，多售于上海、开封商人"[④]。（图2-16）

[①] 董作宾、胡厚宣辑：《甲骨年表》，商务印书馆1937年版，1924年栏记。
[②] 同上书，1925年栏记。
[③] 同上书，1926年栏记。
[④] 同上书，1928年栏记。

图 2-16　洹滨驻军误农作，村南挖宝补北歉（文/王宇信；图/薛永亮）

（二）国内收藏家的甲骨购藏

殷墟"私人挖掘"期间（1899—1928 年）所出甲骨，主要为早期收藏家购得。

1899—1903 年：1899 年王懿荣收得甲骨文 12 版。王襄、孟定生同年亦收得 1—2 版最早面世的甲骨，当为洹畔刘姓地所出。1900 年，王懿荣又购自范估 800 版，购自赵估几百版，当亦为此地所出。1902 年，刘鹗（刘铁云）购自方若 300 版和购自赵估 3000 版，亦为刘姓地所出。

1908 年：罗振玉从古量商范某处收得甲骨 700 版，并探知甲骨出土为安阳北之小屯村。

1909 年：罗振玉派妇弟范恒轩[①]"取龟甲之字多者"[②]，仅购 100 多版。

1910 年：罗振玉派古玩商祝某（继先）、邱某（良臣）直接去安阳小屯村，"大索于洹水之阳，先后所见乃得二万枚，汰其赝作得尤异者三千余"[③]。又派山左估人即潍县古董商范兆庆[④]，去小屯村收购甲骨。

[①] 注：《洹洛访古记》中记"范恒轩"，影印本《殷虚书契前编》中记"范恒斋"，也叫"范兆昌"。
[②] 罗振常：《洹洛访古记》。
[③] 罗振玉：石印本《殷虚书契前编》自序。
[④] 罗振玉：影印本《殷虚书契前编》自序。

1911年：罗振玉再派其弟罗振常、妻弟范恒轩直接去安阳小屯村坐地收购甲骨。① 罗振常《洹洛访古游记》记述了罗振常与范恒轩于"宣统三年（1911）二月十七日至四月初二日"期间，在安阳小屯村收购甲骨的情形甚详。

1. 罗振常、范恒轩行前受命："兼收并蓄"，龟屑不遗

罗、范受命去安阳小屯村收购甲骨出发之前，罗振玉指示他们：

> 古卜用龟，辅之以兽骨，骨大龟小。贾人（按：即古董商）但取其大者，每遗龟甲不取。实则龟骨均有异字，必须兼收并蓄。去年恒轩至彰德，曾得若干，亦仅取龟甲之字多者，小而字少者亦弃之。苟非羁于职守，吾（按：即罗振玉本人）将至其地尽量收之，虽龟屑不令遗。②（图2-17）

图2-17 赴安行前授机宜，字少片小忽不得（文/王宇信；图/薛永亮）

在罗振玉大、小甲骨"兼收并蓄"的要求下，罗、范在小屯村收购不少被古董商"不取"或"弃之"的"小而字少"龟甲，从而使许多"有新

---

① 参见罗振玉影印本《殷虚书契前编》自序。
② 罗振常：《洹洛访古游记》宣统三年二月十五日条。

异之字者"被保护抢救下来。

2. 收购扩大到甲骨文之外;"确为古物而非近代之器"(图 2 – 18)

与此同时,罗振玉还要求罗振常、范恒轩在安阳小屯村收购甲骨文以外的其他地下出土古物。罗振玉深知:安阳小屯村一带与甲骨文出土的同时,"必尚有三代古物,其尊彝戈剑之类必为估客买去。其余估客不取者,必尚有之",如不加以搜索,会给考古学研究造成损失,因此罗振玉指示罗、范二人在收购甲骨的时候,要注意:

> 即不知其名,苟确为古物而非近代之器,弟(按:即指罗振常等)幸为我致之。

罗振常也要求小屯村民"无论何物,但是土中者,必携来无遗"[①]。这样,罗、范在收得大批甲骨的同时,也收得不少殷墟文物精品,使其免遭毁损,并为考古学积累了一批资料。

图 2 – 18 殷墟沧桑埋古器,春刨秋挖富乡民(文/王宇信;图/薛永亮)

---

① 罗振常:《洹洛访古游记》宣统三年二月十六日条。

3.《殷虚书契菁华》1号大版①收购趣话（图2-19）

图2-19 甲骨之王《合集》6057/正（左）；《合集》6057/反（右）

（1）"待价而沽"甲骨王，只吊眼球价无商

某家"有此片久已，小屯人及估客多知之，待价而沽，不肯轻售。余等（即罗振常等人）初至小屯时，即向索观，时并无价，遂无可商"②。

（2）华丽现身"甲骨王"，加价不成伴他往

三月十四日，范恒轩"欣然归来，随一土人提柳筐，卧大骨片于其中。恒轩出骨于筐，如捧圭璧，盖即昨日议价未成者也……"（图2-20）

原来，罗、范二人"初曾增价，彼愈坚持。后告以予等将他往，可售则售，不可则已。匆匆欲行"③。再也不屑于讨价还价，故意装作要走的样子（图2-21）。

（3）全家密议定"身价"，欲买某地等骨价值

后来，"有一老者，留其姑坐，而与其子及诸人密议，似欲买某姓之地，将以此为地价者，良久乃议决售之"（图2-22）。

---

① 注：此版甲骨，俗称"甲骨之王"，长22.5厘米，宽19厘米，收入《甲骨文合集》为6057正、反，原骨现藏国家博物馆。
② 罗振常：《洹洛访古游记》宣统三年二月二十八日条。
③ 同上。

第二章 120年来甲骨文的发现和发掘 167

图 2-20 甲骨之王逾圭璧，得闻得见得缘分
（文/王宇信；图/薛永亮）

图 2-21 欲擒故纵伴"放弃"，索价松动缓商量
（文/王宇信；图/薛永亮）

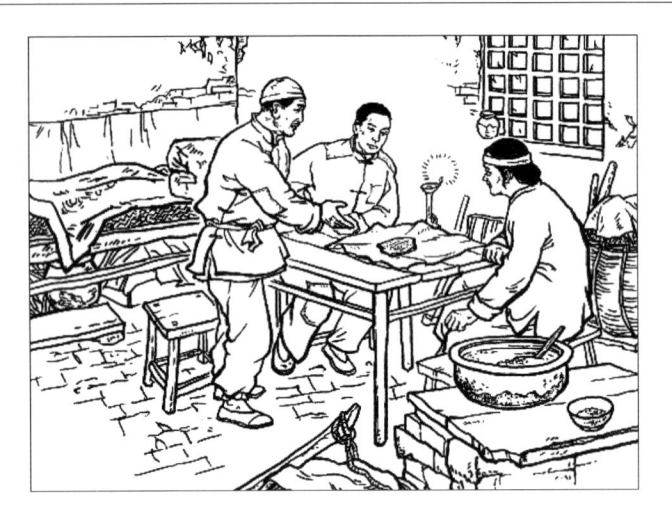

图 2-22　老翁举家议让骨，某地鬻价定其值

（文/王宇信；图/薛永亮）

4. "挖宝人"盗亦有道

（1）各售所掘不通气，绝少大宗人自持

在罗振玉派古董商去安阳收购甲骨和直接派罗振常、范恒轩去小屯村大批收购甲骨以前，当地人"售此绝少大宗，缘村人数十家，各售所掘。甚至一家之兄弟妇稚亦不相通假，人持自有之骨"出售。（图 2-23）

图 2-23　各售掘骨不通气，行事私密防人知（文/王宇信；图/薛永亮）

（2）共挖共鉴共封藏，共启共售共分洋

　　间有大宗，则数十人合掘一坎，以其所得，藏于一家封志之，不得独发。既售，乃分其资。（图2-24）

图2-24　盗亦有道共挖藏，待售封志同见证
（文/王宇信；图/薛永亮）

（3）良窳搭配易出手，匀份零售防贱出

　　有一家藏甲甚多者，必以良窳相错，匀配若干份，陆续售之，恐一次售出不得善价也。①（图2-25）

图2-25　大中小骨匀搭配，父子孙辈混一堂
（文/王宇信；图/薛永亮）

---

① 罗振常：《洹洛访古游记》宣统三年二月二十九日条。

（4）大小同售不得选，字奇骨大索价昂

自1911年罗振玉派人去安阳小屯村大批收购甲骨以后，村民再出售甲骨时，就"论价甚不易"了。"彼以经验，亦粗别美恶。凡骨中有奇形之字，必索高价，大块尤昂。惟碎小者较廉。然彼必大小同售，不令选择。恐大者售出，小者无人问也。"（图2-26）

图2-26　粗劣搭配一堆售，奇字大骨特价昂

（文/王宇信；图/薛永亮）

5. 罗振常在安阳小屯收购甲骨（先后两个阶段）所获甚丰

（1）第一阶段

清宣统三年（1911）二月十五日至二十九日，为罗振常、范恒轩在安阳小屯收购甲骨的第一阶段。罗振常《洹洛访古游记》记，在此期间，"每日所得甲骨，皆记其数，至昨日止，共得六千七百余块，全数运北，不为少矣"。

（2）第二阶段

清宣统三年（1911）二月二十九日至三月十七日，为罗振常继续在安阳小屯村收购甲骨的第二阶段。罗振常《洹洛访古游记》记："昨钩稽账目，龟甲兽骨两次运京者，大小共得一万二千五百余块，可云大观。"并认为"小屯存骨信乎已磬"。罗氏小屯收得的大骨，用照片在《菁华》中公布。之所以如此，是因为罗氏非常珍爱这批新收之大骨。为飨学界，并防墨拓时损坏甲骨，故将其照相公布。（图2-27）

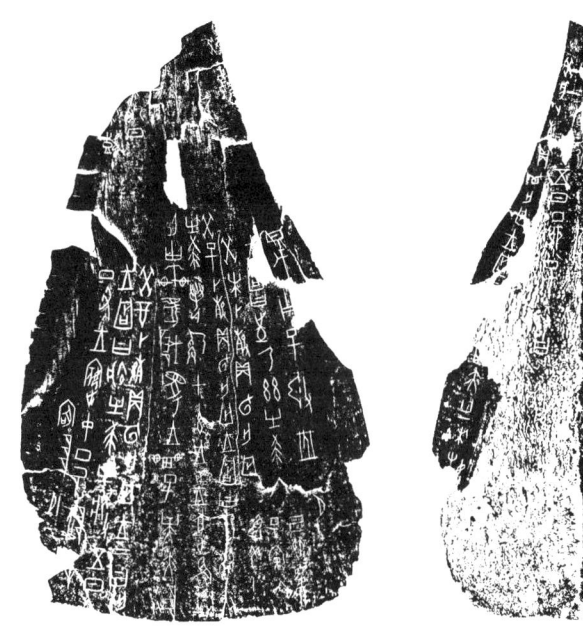

图 2-27　左为《菁》3.1 正；右为《菁》4.1 反

"私人挖掘"期间，国内购藏家所得甲骨情形是：

王懿荣所得，约 1500 版。王襄、孟定生所得，约 4500 版。刘鹗所得，约 5000 版。罗振玉所得，约 30000 版。其他各家所得，约 4000 版。①

(三) 国外购藏家的甲骨购藏

基本与国内学者收购甲骨文的同时，不少外国人也开始搜购安阳小屯村所出土的珍贵甲骨文。

1. 最早收藏甲骨的西方人

1903 年起，美国长老会驻山东潍县宣教士方法敛与驻青州宣教士库寿龄合作，从山东潍县（今山东潍坊市）在古董商之手，收得不少甲骨文，并先后转卖给美国卡内基博物馆、菲尔德博物馆和英国苏格兰博物馆、大英博物馆等多处。

德国人卫礼贤也在山东青岛从古董商手中，收得不少甲骨文，并先后

---

① 胡厚宣：《殷墟发掘》，学习生活出版社 1955 年版，第 36 页；王宇信：《中国甲骨学》，上海人民出版社 2009 年版，第 59 页。

转卖给瑞士巴塞尔民俗博物馆和德国法兰克佛中国学院。德国人威尔茨也在山东青岛，从古董商手中，收得不少甲骨文，后转藏德国柏林民俗博物馆。

2. 日本人的甲骨收藏

早在罗振玉收购甲骨文之前，日本人就购得了甲骨文近3000版。日本学者林泰辅开始见到甲骨文时，曾怀疑过甲骨文的真实性。但他从文求堂购得甲骨文并认真研究后，始认为甲骨文不伪，特别是1918年他亲自造访安阳殷墟以后，就完全相信甲骨文为真。从此，日本购藏甲骨文的人日益增多，收藏日富。

表2-2　　　　　　　　　国外收藏甲骨概况[①]

国家及单位	数量
日本公家31个单位，私人31家	共12443片
加拿大多伦多博物馆	约8702片
英国公家11个单位	共3089片
美国公家21个单位，私人9家	共1882片
德国公家2个单位和私人	共715片
苏联公家2个单位（按：其中莫斯科国立东方文化博物馆藏17版完整龟甲，据胡厚宣先生1958年访问苏联时鉴定，全为伪刻）	共216片
瑞典远东古物博物馆	共100片
瑞典巴塞尔民俗博物馆和私人	共99片
法国公家4个单位和私人1家	共99片
新加坡南洋大学李光前文物馆	共28片
比利时皇家艺术博物馆	共7片
韩国2座大学	共7片
荷兰来登人种学博物院	共10片

3. 甲骨文收藏大家——加拿大人明义士

加拿大人明义士，1914年任河南安阳长老会牧师，并开始收购小屯村出土的殷墟甲骨文。

[①] 详细情况可参见王宇信《中国甲骨学》，上海人民出版社2009年版，第243—256页。

(1) 骑马访殷墟，搜购甲骨文

明义士经常骑一匹老白马，盘游于小屯村北的洹水南岸，考察殷墟出土甲骨文字情形。因他身居安阳，对所出甲骨讯息有"近水楼台"之便，因此他所获得甲骨颇多。（图 2 - 28）

图 2 - 28　骑马洹滨求殷墟，爱骨教士寻"上帝"
（文/王宇信；图/薛永亮）

(2) 始收假骨得教训，终成名家鉴伪真

"惟明氏初得大胛骨，乃新牛胛骨仿制者。售者欺外人不识真伪，举以鬻之。未久，乃腐臭不可向尔。"明义士交"学费"买了教训。（图 2 - 29）

"然明氏从此悉心考究，终成鉴别真伪能手。"明义士自己也曾说过，他"第一次所得之大者，乃全为伪物"。"此后乃知小者之不可忽，故所得甲骨以碎片为众。"①

(3) 近水楼台得骨易，中外藏家第一人

明义士身居甲骨文出土地安阳，他近水楼台，收购甲骨有种种方便之处。因而在收购甲骨文的中外收藏家中，当为所获最多者。"据村人言，十余年间，明氏得甲骨甚伙，民国六年（1917），明氏出版《殷虚卜辞》时，

---

① 董作宾、胡厚宣辑：《甲骨年表》，商务印书馆 1937 年版，1924 年栏记。

图 2-29　新骨腐臭"熏"教训，鉴定"付费""炼"名家

（文/王宇信；图/薛永亮）

已藏五万片"，堪为中外收藏家之冠。①（图 2-30）

（4）"私人挖掘"时期，国外收藏家所得甲骨概况

①库寿龄、方法敛所得约 5000 片。

②日本人所得约 15000 片。

③明义士所得约 35000 片。②

图 2-30　明义士的著作《殷虚卜辞》

（四）"私人挖掘"时期甲骨出土小结

据甲骨学家胡厚宣《殷墟发掘》统计，"私人挖掘时期"历年出土甲骨文"共约十万片"。这和中国考古学奠基人李济大师在《小屯地面下情形分析初步》中统计的"三十年末，甲骨出土的不下十万片"是相一致的。③

---

① 董作宾、胡厚宣辑：《甲骨年表》，商务印书馆 1937 年版，1927 年栏记。
② 胡厚宣：《殷墟发掘》，学习生活出版社 1955 年版，第 36 页。
③ 李济：《小屯地面下情形分析初步》，《安阳发掘报告》第一期，1929 年。

五 甲骨文"科学发掘"时期
(1928—1937年)

(一) 董作宾赴安阳调查殷墟地下还有没有可能继续出土甲骨

1928年10月13日,中央研究院历史语言研究所开始在河南安阳小屯村"科学发掘"甲骨文之前,曾于8月派董作宾前往殷墟,实地调查,以解决学术界的大疑问,即甲骨经过"罗雪堂(即罗振玉)派人大肆搜求之后,数年之间,出土者愈万。自罗氏观之,盖已'宝藏一空'矣"[①] 是否属实?殷墟地下还有没有可能继续出土甲骨?1928年8月,董作宾开始在安阳城内及踏访小屯村,调查近年甲骨出土情形及安阳小屯村地下是否还有甲骨遗留。

1. 董作宾先向当地文化人调查(图2-31)

彰德十一中校长张尚德告诉董作宾,1925年春,曾去小屯村寻访甲骨。村北洹滨农田里,刨地一尺深后,发现甲骨残片,并在村里以1元大洋购得小片甲骨"盈掬"……

图2-31 调查伊始访文人,张君刨骨掘洹滨
(文/王宇信;图/薛永亮)

---

① 董作宾:《民国十七年十月试掘安阳小屯报告书》,《安阳发掘报告》第一期,1929年。

2. 董作宾又走访安阳城内古董店

尊古斋主人谈，可代为收集甲骨，并告之价格：长寸余者，价银五六毫。二三寸者，需银数元至十余元。大如掌者，五六十元。并言："近年时向村民收买，皆零星出土之物。"（图2-32）

图2-32 尊古斋里见余骨，近出批量售外人

（文/王宇信；图/薛永亮）

3. 董作宾实地走访小屯村

图2-33 甲骨文字之出土地小屯村北

（参见《平庐影谱》）

董作宾在小屯村塾，从学生处购得小片甲骨六七片。在村北又从一老妇手中购得碎片数十，付洋仅五毫。老妇又有大甲骨六版，索价二十元，因价昂未购。本次共买得碎片百余，总费两三元。董作宾再去村北甲骨出土地考察，见到有十余个村民发掘过的新坑，并在此捡得无字甲骨一片。（图2-33）

(二) 中央研究院决定发掘殷墟

1. 董作宾的安阳小屯调查报告——甲骨挖掘之确犹未尽

经董作宾亲赴安阳实地考察,确知殷墟埋藏的甲骨文字并没有挖尽,还有继续进行挖掘的价值。董作宾在提交的《民国十七年十月试掘安阳小屯报告书》中说:"吾人可由此次调查而知者,为甲骨挖掘之确犹未尽。殷墟甲骨,自清光绪二十五年出土,至宣统二年罗雪堂派人大举搜求之后,数年之间,出土者数万。自罗氏观之,盖已'宝藏一空'矣。然民国以来,如肆估所说,则挖掘而大获者已不止一次。张君(按:即指彰德十一中学校长张尚德)十四年调查,亦云农田之内,到处多有。而吾人(按:即董作宾)于村中亲见之品,又皆新近出土者。凡此,皆可为殷墟甲骨挖掘未尽之证。"董作宾的殷墟调查,拉开了其后大规模科学发掘的序幕。(表2-3)

表2-3　　　　　　　　　　安阳之筹备

姓　名	别　号	任　务
董作宾	彦　堂	中央研究院特派主办发掘殷墟事宜
张锡晋	统　三	河南省政府委员
郭宝钧	子　衡	河南教育厅委员
李春昱		临时测绘员
赵芝庭		临时书记
王　湘		临时事务员

说明:《民国十七年十月试掘安阳小屯报告书》《安阳之筹备》(《安阳发掘报告》第一期,1929年)。

2. 中央研究院作出发掘殷墟重大决策的依据[1]

(1)"甲骨既尚有遗留,而近年出土者又源源不绝,长此以往,关系吾国古代文化至钜之瑰宝,将为无知土人私掘盗卖以尽,迟之一日,即有一日之损失,是则由国家学术机关以科学方法发掘之,实为刻不容缓之图。"

(2)"今春有多人在小屯左近大肆打探,翻获甚多,为其地英国教士明义士(按:应为加拿大)买得。如不由政府收其余地,则探文字以外之知识,恐以后损失更大矣。"保护民族文化遗产,不使其外流,也是中央研

---

[1] 参见董作宾《民国十七年十月试掘安阳小屯报告书》,《安阳发掘报告》第一期,1929年。

究院发掘殷墟目的之一。

（3）私掘盗卖的甲骨文，虽然文字可供学者研究，但"就殷商文化全体说，有好些问题都是文字中所不能解决而就土中情形可以察得出的"。为学术研究提供更全面的科学信息和资料，也是大规模科学发掘殷墟的目的之一。

（4）"如将此年代确知之墟中所出器物，为之审定，则其他陶片杂器，可以比较而得其先后，是殷墟知识不啻为其他古墟知识作度量也。"① 以确知殷墟为商代晚期都城遗址的有关知识，作为中国田野考古学的标尺，这是中央研究院发掘殷墟的目的之一。

鉴于上述种种理由，中央研究院决定发掘殷墟，开启了甲骨学和中国考古学的新纪元。

（三）殷墟科学发掘甲骨文（1928年10月至1937年6月）和中国考古新纪元

1. 第一次发掘殷墟（1928年10月13日至10月30日）

1928年10月，中央研究院派董作宾、赵芝庭、李青昱去安阳小屯村试掘甲骨文。外单位参加的人员有张锡晋、郭宝钧（图2-34）。发掘地点为小屯村东北洹河边上、村北地、村中等3处，发现有字卜龟555片，字骨299片，共计854片（图2-35）。

图2-34 第一次发掘工作者合影：董作宾等在小屯村工作站门前首摄（左）；参加工作者全体合影及概况（右）（参见《平庐影谱》）

---

① 傅斯年：《本所发掘安阳殷墟之经过》，《安阳发掘报告》第二期，1930年。

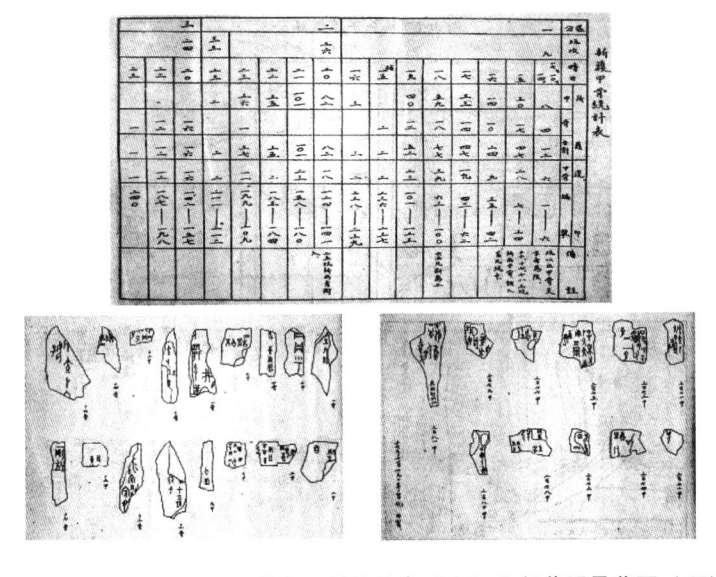

图 2-35　第一次发掘所获得甲骨统计表（上）和新获甲骨摹写（下）

（参见《平庐影谱》）

2. 第二次发掘殷墟（1929 年 3 月 7 日至 5 月 10 日）

1929 年 3 月，历史语言研究所考古组主任李济主持殷墟正式发掘工作，工作人员有董作宾、董光忠、王庆昌、王湘等，所外人员有裴文中（图 2-36）。发掘地点为小屯村中庙前和村北、村南共 3 处，发现字甲 55 片，字骨 685 片，共计 740 片。

图 2-36　1929 年 3 月第二次发掘工作开工合影

（参见《平庐影谱》）

3. 第三次发掘殷墟（1929年10月7日至21日，11月15日至12月12日）

参加发掘工作的有李济、董作宾、张蔚然、王湘，发掘地点在小屯村北高地、村西北的霸台等两处，发现字甲2050片，字骨962片，共计3012片。大龟四版（图2-37）出自本次发掘的"大连坑"，另外发现兽头刻辞2版。董作宾在《大龟四版考释》（载《安阳发掘报告》第三期）及《"获白麟"解》（载《安阳发掘报告》第二期）中，首次将大龟四版及牛头刻辞1件（参见图1-6）、鹿头刻辞1件（参见图1-7）公布。第三次发掘停工后，"因与当时的河南省政府发生争执，长久不能解决，无形中停顿了一年多"[①] 的发掘工作。

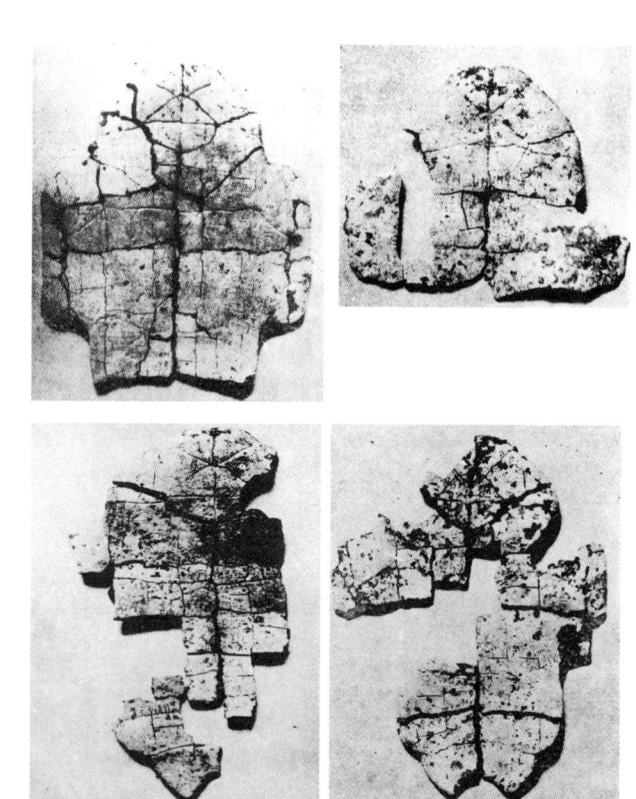

图2-37　大龟四版

[①] 胡厚宣：《殷墟发掘》，学习生活出版社1955年版，第57页。

4. 第四次发掘殷墟（1931年2月21日至5月12日）

参加第四次发掘工作的有李济、董作宾、梁思永、郭宝钧、吴金鼎、刘屿霞、李光宇、王湘、周英等。此外，还有关百益、许敬参、冯进贤、马元材、谷重轮、石璋如、刘耀等。

（1）小屯村北地的发掘（1931年3月21日至5月12日），发现字甲751片，字骨31片，共计782片。又发现鹿头刻辞1件。此次发现的鹿头刻辞公布在董作宾《甲骨断代研究例》（1934年）和郭沫若《卜辞通纂》（第579片，1934年）中（图2-38）。

（2）四盘磨的发掘（1931年4月1日至4月30日），发现殷代墓葬。

图2-38 鹿头刻辞拓本（《同纂》579）

（3）后冈的发掘（1931年4月16日至5月12日），发现一块字骨。这是"小屯村以外地区第一次发现的甲骨文"[①]。

5. 第五次发掘殷墟（1931年11月7日至12月9日）

参加第五次发掘工作人员有董作宾、郭宝钧、刘屿霞、王湘等。此外还有李英柏、张善、石璋如、刘耀等，发掘地点仍在小屯北地（1931年11月7日至12月19日），发现字甲275片，字骨106片，共计381片。梁思永、吴金鼎在此期间发掘后岗（同年11月10日至12月4日），发现字骨一片。

6. 第六次发掘殷墟（1932年4月1日至5月30日）

参加第六次发掘工作人员有李济、董作宾、吴金鼎、刘屿霞、李光宇、王湘、石璋如、刘英学等。发掘地点在小屯北地（1932年4月1日至5月31日），发现字骨1片及30米×10米的版筑基址一处。高井台子的发掘

---

① 胡厚宣：《殷墟发掘》，学习生活出版社1955年版，第60页。

(1932年4月8日至16日），发现近现代墓葬及窖穴和王裕口的发掘（1932年4月14日至5月10日），发现殷代、龙山、仰韶文化层相叠压的现象。

7. 第七次发掘殷墟（1932年10月19日至12月15日）

参加第七次发掘殷墟工作人员有李济、董作宾、李光宇、石璋如等，发掘地点仍在小屯北地，发现字甲23片，字骨6片，共计29片。发现珍贵墨书"祀"字陶片一块（图2-39）。

8. 第八次发掘殷墟（1933年10月20日至12月25日）

参加第八次发掘殷墟工作人员有郭宝钧、李景聃、李光宇、石璋如、刘耀、尹焕章等，另有马元材。发掘地点仍在小屯北地，发现字甲256片，字骨1片，共计257片。

图2-39 第七次殷墟发掘所得的墨书陶片

同时，又发掘四盘磨（1933年11月15日至21日），发现了殷代墓葬一座，在后冈进行第三次发掘（1933年11月15日至1934年1月3日，1934年1月15—24日），在东区发现殷代的夯土墓葬两座和在西区发现殷代大墓一座，此墓四隅中发现殉人的遗迹。

9. 第九次发掘殷墟

（1）小屯村北的发掘（1934年3月9日至4月1日）

参加第九次发掘殷墟工作人员有董作宾、石璋如、刘耀、李景聃、祁延霈、李光宇、尹焕章，另有马进贤等。发掘地点仍在小屯村北，发掘字甲438片，字骨3片，共计441片。（见图2-40）

（2）洹北侯家庄的发掘（1934年4月2日至5月31日）

在小屯村北的发掘期间，洹河北岸侯家庄村南有甲骨文发现。董作宾知悉后，马上率全体殷墟发掘工作人员至侯家庄南地发掘。在发掘工作期间，共发现字甲8版，字骨8版，共计16版。此外，从侯家庄村民手中购得同地出土甲骨26片。侯家庄出土甲骨，董作宾《安阳侯家庄出土之甲骨

(1)

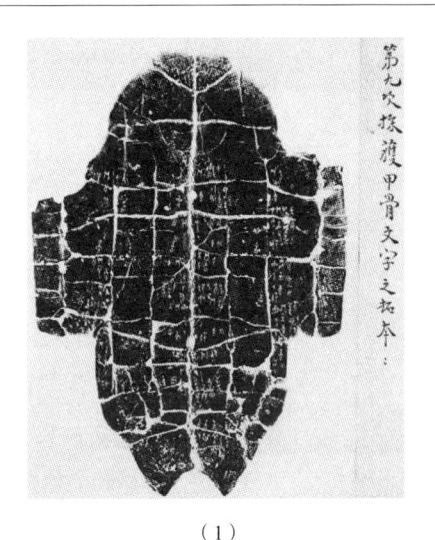

(2)　　　　　　　　　　　(3)

图 2-40　(1) 第九次收获大龟七版之一（图上笔为董作宾手迹）；(2) 安阳"古物保存所"；(3) 洹上村考古组工作站（参见《平庐影谱》）

文字》（载《田野考古报告》第一册）中第一次发表。

(3) 后冈的发掘（1934 年 3 月 15 日—4 月 1 日）及武官村南霸台的发掘（1934 年 4 月 30 日—5 月 22 日）。

10. 殷墟先后九次发掘甲骨文的收获及发掘过程中的插曲

(1) 九次发掘甲骨文的收获

以上九次殷墟发掘，共发现字甲 4412 片，字骨 2102 片，总计有字甲骨 6513 片，经整理选出字甲 2467 片，字骨 1399 片，共 3866 片，编为《殷虚文字甲编》由商务印书馆于 1948 年出版。(见图 2-41)

(2) 殷墟发掘过程中的插曲——中央研究院与河南省博物馆关于殷墟

发掘权之争

①河南"护宝"挤"中研",一台两擂争发掘

第三次发掘殷墟期间,1929年10月21日,河南省政府派河南省博物馆馆长何日章至安阳,"声言拒绝中央研究院工作"并招工自行发掘(图2-42)。双方为发掘发生对峙,中央研究院只得暂停工作,直至11月15日又复开工,至12月12日结束。第三次发掘工作中间停工约25天。

图2-41 《殷墟文字甲编》

②傅氏协商赴河南,议定"五条"息纠纷

1929年12月,中央研究院历史语言研究所所长傅斯年赴河南省会开封,与河南省政府协商,议定解决纠纷五条:第一,为谋中央学术机关与地方政府之合作起见,河南省政府教育厅遴选学者一人至两人参加国立中央研究院安阳殷墟发掘团;第二,发掘工作暨所获古物均由安阳殷墟发掘团缮具清册,每月函送河南教育厅存查;第三,安阳殷墟发掘团为研究便利起见,得将所掘古物移运适当地点,但须函知河南教育厅备查;第四,殷墟古物除重复者外,均于每批研究结后暂在开封陈列,以便地方人士参观;第五,后全部发掘完竣研究结束后,由中央研究院与河南省政府会商分配陈列办法。①

图2-42 河南护宝阻"外流",另起炉灶争地权
(文/王宇信;图/薛永亮)

---

① 傅斯年:《本所发掘安阳殷墟之经过》,《安阳发掘报告》第二期,1930年。

附： 《河南省政府公函》（第三八九七号）

　　敬启者关于发掘安阳殷墟古物一案前经傅所长斯年来汴接洽当即推定本府委员张鸿烈、张钫、李敬齐会同傅所长妥拟发掘办法在案嗣据委员张钫、张鸿烈兼代教育厅长黄际遇呈拟解决发掘安阳殷墟办法五条并拟派关伯益等三人参加安阳殷墟发掘团等情到府除指令应准如拟办理并令饬何日章遵照外相应钞送原拟办法及参加人名单函达

　　查照为荷此致

国立中央研究院

　　计抄原拟解决发掘安阳殷墟办法及名单一纸

中华民国十八年十二月二十八日

《解决安阳殷墟发掘办法》

　　一　为谋中央学术机关与地方政府之合作起见河南省政府教育厅遴选学者一人至三人参加国立中央研究院安阳殷墟发掘团。

　　二　发掘工作既所获古物均由安阳殷墟发掘团缮具清册每月函送河南教育厅存查。

　　三　安阳殷墟发掘团为研究便利起见得将所掘古物移运适当地点但须函知河南教育厅备查。

　　四　殷墟古物除重复者外均于每批研究完结后在开封碑林陈列以地方人士参观。

　　五　俟全部发掘完竣研究结束后再由中央研究院与河南省政府会商陈列办法。

张钫　黄际遇　张鸿烈

　　拟派参加国立中央研究院安阳殷墟发掘团三人。

关百益　王紘先　许敬参

《吾等之欲愿与致谢》

　　吾等得以恢复工作，并得与地方政府解决悬案，咸赖政府主持，学术团体之赞助，惟其最重要点，仍在吾人立点渐喻于人，知吾人只有成事之念，并无争斗之心，然后识与不识，皆表同情。此后吾等必

集合全所力量，促此举之精进，务使中国史学及世界文化史借殷墟发掘开一生面。以下四愿当与河南人士共勉之也。

一 愿误会之事以后不再发生。

二 愿与河南地方人士之感情，日益亲固。

三 愿借发掘殷墟之事业，为河南造成数个精能之考古学家。

四 愿殷墟发掘为河南省内后来攷古（笔者注：考古）学光大之前驱。

在此波折中，政府及学界同人同情者甚多，不遑尽举。其尤应感谢者，在政府方面为谭组菴先生，张溥泉先生，陈果夫先生。在河南省政府方面者，为张伯英先生，张幼山先生，黄任初先生。在开封之河南人士中，尤应感谢者，为张忠夫先生，黄自芳先生，徐侍峯先生，魏烈丞先生，马辑五先生。其在北平者，为李敏修先生，徐旭生先生，傅佩青先生，冯芝生先生等。

傅斯年敬白
十九年一月二十日

（此文来源于傅斯年：《本所发掘安阳殷墟之经过》，《安阳发掘报告》第二期，第402—404页）

③地方毁约争国宝，两月掘骨逾三千

1930年3月，河南省政府不顾成约，准许何日章派人再赴安阳小屯发掘，中央研究院发掘殷墟工作又复完全停顿。何日章派人自2月20日至3月9日和4月10日至月底，又开工发掘殷墟二次。何日章率民工共发掘殷墟二月余。

河南省博物馆两次发掘，计获字甲2673片，字骨983片，共3656片。关百益《殷虚文字存真》（1931年）公布其中800片。孙海波《甲骨文录》（1938年）公布其中930片。（见图2-43）其甲骨现藏台北"中央博物馆"。

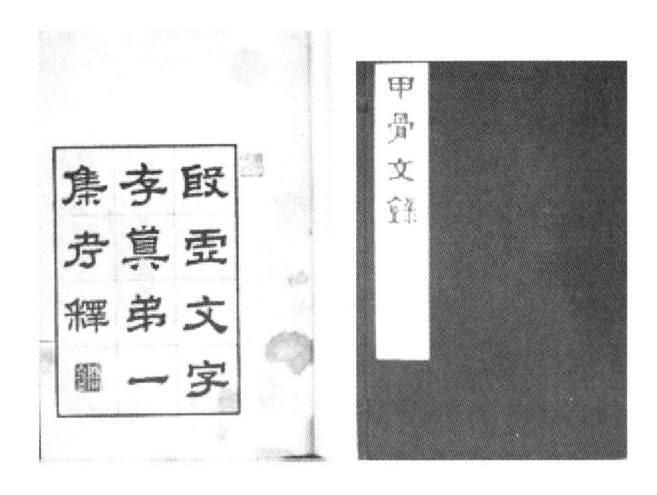

图 2-43　关百益《殷虚文字存真》（左）；孙海波《甲骨文录》（右）

④远客可拒贼难防，"五洲"骨转施氏囊

在中央研究院与河南省博物馆为发掘殷墟发生争端期间，河南省博物馆发掘人员驻地"五洲旅馆"存放之甲骨一盒被盗。县政府派人侦查，五洲旅馆主人潜逃（见图 2-44），旅馆被查封，甲骨追查无果。此后不久，这批失窃甲骨在北平（京）坊间现身，被美国人施密士购得。商承祚 1933 年出版《殷契佚存》所收之施密士藏甲骨，即为"五洲旅馆"所失窃者。（见图 2-45）

图 2-44　存骨遭盗馆主逃，施氏得骨佚存收

(文/王宇信；图/薛永亮)

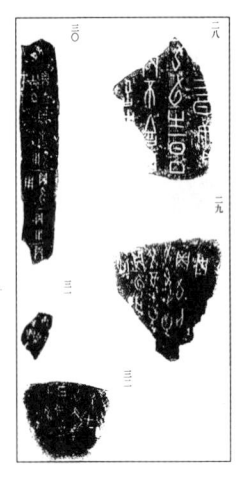

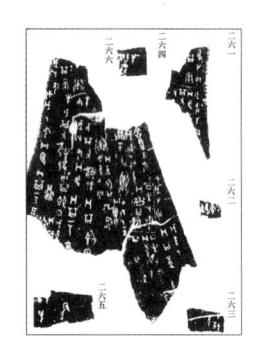

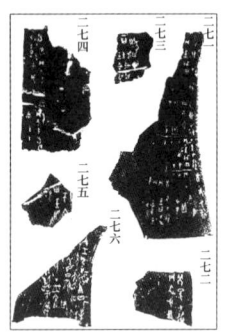

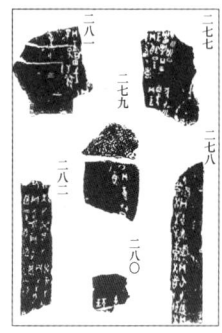

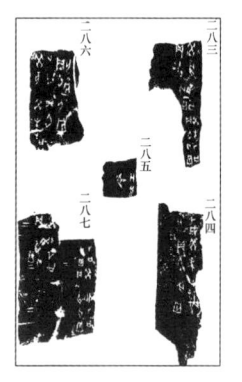

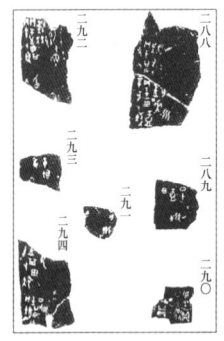

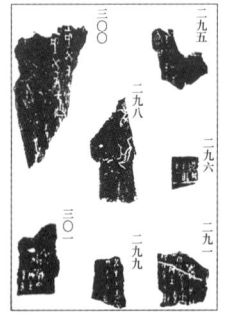

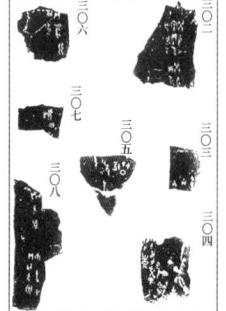

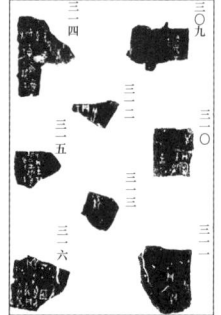

图 2-45　著录于《殷契佚存》的施密士藏甲骨，即为"五洲旅馆"
所失窃者：《佚》28—32 和《佚》255—316

11. 移师洹北——殷墟王陵区的发掘

考古学家刘耀、石璋如，为寻找殷墟宫殿遗址以外的王陵，经过在洹水两岸的周密考古调查（见图 2-46），认定洹水北岸侯家庄西北岗一带必有大墓，应该发掘。① 因此，自1934年秋至1935年冬，中央研究院安阳发掘团全体工作人员由洹水南岸的小屯村遗址移师洹水北岸侯家庄西北岗，开始了世界考古史上的盛举——第十次、第十一次、第十二次发掘殷墟王陵大墓的工作。（见图2-47）

图2-46　洹河北岸考察（参见《平庐影谱》）

（1）　　　　　　　　　　　　（2）

图2-47　殷墟侯家庄西北冈殷墓的发掘：（1）探坑找边；（2）墓内起土

（参见《殷墟发掘》）

12. 第十次发掘殷墟（1934年10月3日—1935年1月1日）

发掘主持人为梁思永，参加发掘的人员有石璋如、刘耀、祁延霈、尹焕章、胡厚宣及河南省政府马元材共7人，发掘地点在侯家庄西北岗，发现大墓4座（1001墓、1002墓、1003墓、1004墓）及小墓63座。（图2-48、图2-49）

---

① 参见石璋如《殷墟最近之重要发现附论小屯地层》，《中国考古学报》1947年第2期。

图 2-48　(1) 1002 大墓；(2) 西北岗 1001 大墓；(3) 1003 大墓夯土；
(4) 1004 大墓（"中研院"史语所考古资料图库）

图 2-49　殷墟 1004 大墓出土方鼎：牛鼎（左）；鹿鼎（右）

13. 第十一次发掘殷墟（1935年3月15日至6月15日）

发掘主持人为梁思永，参加发掘工作的人员有石璋如、刘耀、祁延霈、李光宇、王湘、尹焕章、胡厚宣等，还有马元材及实习人员清华大学夏鼐，发掘地点仍为西北岗，继续发掘大墓直至墓底。（图2-50、图2-51）

14. 第十二次发掘殷墟（1935年9月5日至12月16日）

发掘主持人梁思永，参加发掘工作的人员有石璋如、刘耀、李景聃、祁延霈、李光宇、高去寻、尹焕章、潘愨等，临时工作人员有王建勋、董培宪及河南李春岩等共12人，工作地点仍在侯家庄西北岗。本次发掘为前两次发掘工作的继续，仍分东西两区进行。西区本次又发现3座大墓，即1217、1500、1550和假大墓1座1567号。东区也发现大墓2座，即编号为1400、1443等（图2-52）。本次还发现小墓785座。

图2-50　西北岗1003号墓出土的墓出土之小臣𰵀簋耳铭文（释文：辛丑，小臣𰵀入禽，𰝾在曹，曰殷）

影本　　摹本

15. 殷墟王陵区发掘小结

以上三次王陵区发掘共发现大墓10座（其中假大墓1座），小墓1228座。殷墟王陵区大墓的发现，引起了海内外学术界的震动（图2-51），不少著名学者纷纷来此参观考察……此后，就又从洹北移师洹南宫殿宗庙区继续进行发掘工作。

16. 第十三次发掘殷墟（1936年3月18日至6月24日）

发掘工作由郭宝钧主持，参加发掘工作的人员有石璋如、李景聃、祁延霈、王湘、高去寻、尹焕章、潘愨及河南地方孙文清共9人。发掘地点在小屯村北，实行大面积"平翻"。本次发掘一坑未经扰动过的甲骨窖藏，即编

图 2-51 西北冈第二次发掘，顾立雅夫妇及梁思永合影
("中研院"史语所考古资料图库)

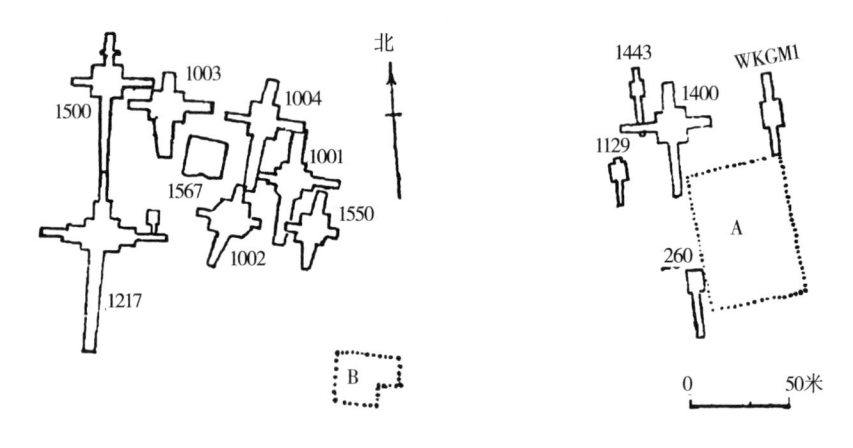

图 2-52 王陵区墓葬分布

号为 YH127 甲骨窖藏坑，共出土甲骨 17096 片，其中完整龟甲达 300 多版。此坑再加上本次发掘他坑所得零碎甲骨，共计得甲骨 17804 片。（图 2-53）

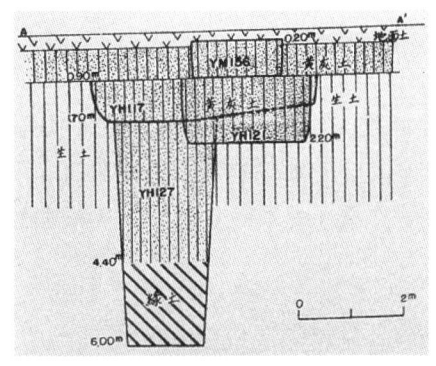

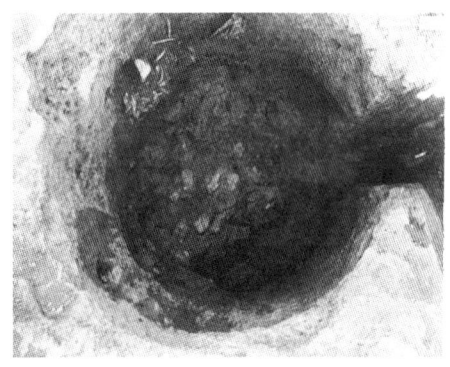

第二章　120年来甲骨文的发现和发掘　193

图2-53　YH127层位关系（左）；YH127坑开挖时的相片（右）（参见《平庐影谱》）

（1）YH127坑介绍：坑口圆形，径约1.8公尺，上口距表面1.2公尺，深约6公尺，中间一层1.6公尺满填甲骨。甲骨排列不整齐，正反不一，大小杂置。北部堆积较高，向南成斜坡状倾斜。一拳曲人架侧置甲骨坑北壁，身体被甲骨掩埋，仅头及上躯露出甲骨之外。

（2）YH127坑发掘趣事：从这里开始

①结而不束同期待，奇迹再现遂人愿

以往殷墟每次发掘工作结束前，总会有一个新发现，从而使发掘工作结而不束。考古队员们期待着像以往发掘一样，也能有新的现象和奇迹再现。（图2-54）

图2-54　结束前夕期"惯例"，每现奇迹延工期

（文/王宇信；图/薛永亮）

②127 坑大发现，甲骨窖藏挖不完

原定于 6 月 13 日结束的殷墟第十三次发掘工作，但 12 日下午王湘负责的 C 区 YH127 坑壁上发现一片小甲骨。考古学者们起初不以为然，还认为很快就可结束工作。然而甲骨越出越多，到天黑仍然不断出现甲骨，所以决定收拾好发掘出来的东西，暂时收工，第二天继续再发掘。人们期盼中的"奇迹"终于出现了！（图 2 - 55）

图 2 - 55　甲骨整坑惊发现，窖藏丰富挖不完

（文/王宇信；图/薛永亮）

③蒙文记号封骨堆，专人夜守防盗牵

为防止像西北岗发掘时，有窃贼晚上偷窃未发掘完现场的文物现象发生，因此决定写好平常人不识的蒙文封条，并将其封于甲骨堆之上，并派可靠之人在夜间看守。13 日晨，发掘队员见封条完整无损，发掘工作继续进行。（见图 2 - 56）

④坑狭掘骨忙一人，"观战""二传"闲众人

6 月 13 日开始由王湘、石璋如两人下坑剔剥甲骨。但因甲骨坑空间狭小，只能容王湘一人工作，众人只乐得坐在坑边，一面"观战"，一面接住递上的甲骨，再一版一号包好放置筐内，成了"二传手"。所带三四个大筐，至晚就都已装满甲骨了。（图 2 - 57）

图 2-56　蒙文封志防牵骨，难动手脚保堆完

（文/王宇信；图/薛永亮）

图 2-57　掘骨递骨困狭坑，观战二传闲众人

（文/王宇信；图/薛永亮）

⑤夜护骨坑思新法，搬运"整体"做套箱

装满全部筐子之后，已接近午夜。发掘人员决定不封坑，并由全体人员留宿工地看守。发掘人员彻夜难眠，都在冥思苦想如何保存好甲骨。有人想到了扩大甲骨坑周边范围，以形成一个甲骨灰土柱，将其装入特制大箱，整体运回南京，再继续进行发掘的办法。（图 2-58、图 2-59）

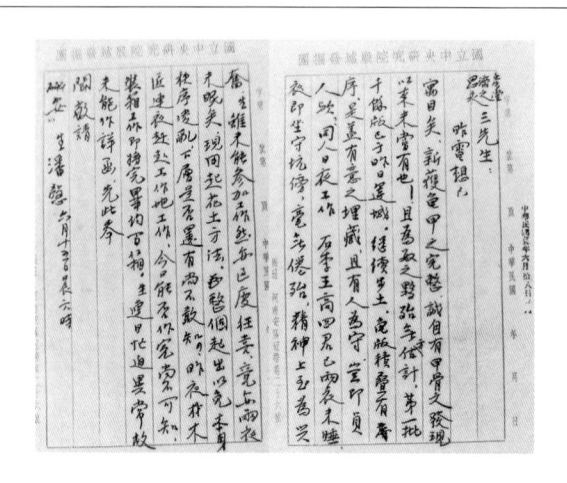

图 2-58 潘悫于 1936 年 6 月 15 日从安阳发掘现场致董作宾的信，谈整体发掘 127 坑（参见《平庐影谱》）

图 2-59 留值坑旁护"骨柱"，不寐冥思搬运方（文/王宇信；图/薛永亮）

⑥三十工人扩坑围，甲骨"土柱"套木箱

6月14日，由30名工人向甲骨灰土周边扩坑，挖至1.7米深后暂停。发掘团请来了城内木匠，要求他制成2米宽、1.2米高的大木箱。发掘人员用木箱套住甲骨灰土柱，再往柱底串进5块底板后，甲骨就全部入箱了。在套箱的过程中，不少小屯当地居民前来观看，工地上十分热闹。（图2-60）

⑦群策群力解万难，"重头"骨箱上地面

甲骨灰土箱既大又重，在当年没有大型起重设备的条件下，从坑底移向地面十分费力和困难。人们先把木头垫在大坑北部挖好的马道上，再在

图 2-60　甲骨灰土柱套箱（参见《平庐影谱》）

其上铺好铁轨，费时近一天。次日（6月18日），坑下用推车上推，坑上用绑着的绞轮，慢慢向上拉绳子，费了九牛二虎之力，终于把灰土箱拉上了地面。（图 2-61）

图 2-61　YH127 坑甲骨箱拉上地面（参见《平庐影谱》）

⑧ "六十四抬"比"洪宪"，巨箱发威拒启程

工地六吨重的大木箱当时无机械可运，只得参考袁世凯下葬安阳时，用"六十四抬"运灵柩的办法，即大箱两边各绑一大木杠，是为主杠。再在其上绑副杠4根与支杠8根。一根主杠用工8组，每组4人。两根主杠16组，共用工人64名。再加上替手6人，总计70余人来抬箱。"六十四抬"的甲骨大木箱，抬运以敲锣为号。即锣响第一声"就位"，第二声

"上肩",第三声"起立",第四声"起步"。但甲骨灰土箱太重,当锣响第三声时,主杠"啪嗒"一声断裂,可谓甲骨留恋殷墟故地,拒绝启程!只得另换主杠……(图2-62)

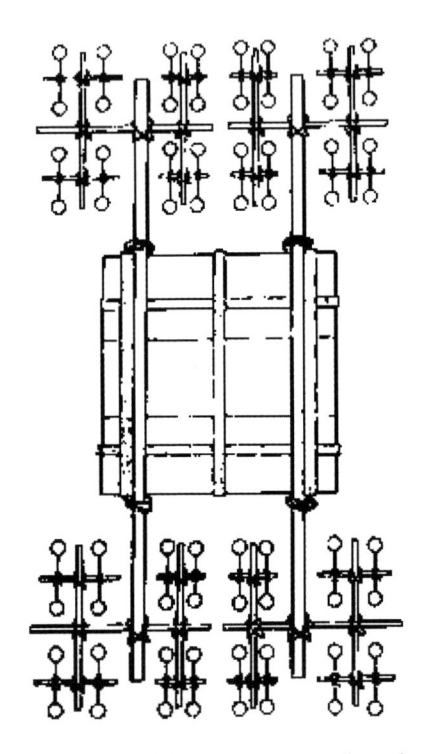

图2-62 甲骨箱搬运"六十四抬"示意图

⑨土匪来袭欲劫宝,军队保护夷险情

断杠之后,暂停甲骨大木箱启运工作。安阳当地土匪图谋劫盗甲骨,发掘人员得讯后,与参与保护的军警加强保卫。当晚土匪在附近开枪,欲吓跑发掘人员。但值守发掘人员临危不惧,军警也开枪还击,土匪抢劫甲骨阴谋未能得逞。(图2-63)

⑩途中夜宿薛家庄,枕戈监守甲骨箱

发掘人员把断杠改换为不易断折的榆木杠,并改用十字穿法,前后支杠各两组,两旁支杠一组,总计6组,每组8人,用工共48人。从早晨出发,走走停停,用一天时间才走到距火车站还有一半路程的薛家庄南地。天色已晚,只得就地夜宿,并派发掘团人员严加监守。(图2-64)

图2-63 土匪劫谋获知早，军队保护夷险情

（文/王宇信；图/薛永亮）

图2-64 六四"皇舆"跌半途，薛庄村外餐风露

（文/王宇信；图/薛永亮）

⑪站畔搭棚遮巨箱，豪雨天降洗尘埃

另有70余人轮班修路，将农田凹凸不平处，修成平道。遇到水沟，则搭建便桥。从一清早，工人抬箱继续艰难前行，直到太阳西斜时，才走到铁路附近。当年，铁路上过往火车稀少。深受重压之苦的工人，便将木箱放在铁轨上，顺势一推，不料十分轻松，很快就推至安阳火车站（图2-65）。发掘人员将木箱放置在临时搭好的小棚内，再严严实实地盖上油布，并派人看守，以防甲骨丢失及受潮……才安排就绪，一场倾盆大雨就自天而降，淋透了工作人员。6月24日傍晚这一场豪雨，仿佛在为即将踏上征程的甲骨箱"洗尘"。

图 2-65 车稀路轨承巨箱，释压平推省力量

（文/王宇信；图/薛永亮）

⑫辗转千里历磨难，甲骨安全抵南京

经与铁路部门协商，决定调用货车专厢，并可过江直抵下关。木箱放进专厢，由发掘团李景聃、魏善臣押车并将车门贴上封条，不准他人上车。专厢经安阳至郑州（平汉路），再由郑州转至徐州（陇海路），由徐州至南京（津浦路）。因箱子太重，至徐州压断车轴，众人担心转换新货车引起不测（图 2-66）。幸好车厢修理顺利，可以"原封不动"地将甲骨箱运至南京火车站。

图 2-66 千钧发力困徐州，有惊无险讯断轴

（文/王宇信；图/薛永亮）

⑬再次发威"嫌"侧门，重箱倒滑伤两人

因木箱太大，不能通过史语所正门，只好从较宽的侧门运入。人们先将台阶上铺好木板，再将木箱斜放在坡板上，由几个工人向上推入。但重木箱突然向下滑动，两名工人躲闪不及被撞伤。史语所只好负责赔偿伤者损失。这可谓大木箱离开安阳工地后，到南京史语所，不想从侧门进入的最后发威！虽运转途中多灾多难，但终于完整存运入仓库。（图2-67）

图2-67　"耍赖"骨箱拒入门，"发威"后滑撞工人

（文/王宇信；图/薛永亮）

⑭"室内发掘"创新径，历时三月告竣工

将整坑甲骨从工地取出，再千里迢迢运至南京，进行室内清理、发掘，这在世界考古学史上当是首创。1936年7月12日至10月15日，由胡厚宣率魏善臣等技工进行甲骨灰土柱的"室内发掘"清理工作。为防止剔伤文字，将灰土柱倒置，以使甲骨向上。清理时先用透明纸贴在龟板上用笔拓画，然后照相并画图，再在图上、龟板上编号。一层一层画，一层一层起，共费时三个多月才将甲骨灰土柱在"室内发掘"完毕。① （图2-68）

---

① 以上关于YH127坑发掘详细情况，请参阅《石璋如先生访问记录》，"中研院近代史所《口述历史丛书》（80）"，2002年，第131—137页；郭胜强《董作宾传》，江苏文艺出版社2010年版，第105—111页。

图 2-68　南京史语所工作室内的 YH127 甲骨坑（上）；
室内清理甲骨（下）（参见《平庐影谱》）

（3）127 坑非"天衣"，缝流甲骨千古谜

①127 坑守严密，完乎缺乎议纷纭

1936 年，第十三次发掘的 YH127 坑甲骨，从发现起直到辗转运输至南京历史语言研究所，整个过程防范严密，诸如发现当晚就贴蒙文封条，第二天夜晚全体人员留守工地，薛家庄夜宿及安阳车站候运时，都有考古队员留值。直至甲骨箱装入火车专用货厢后，还有专人跟车并封门……防范措施可谓天衣无缝，甲骨应万无一失平安运抵南京。因此，学术界（包括发掘者）普遍认为：此坑甲骨完整无损，应没有流散在外的。但事实并非如此！

②127 坑非完璧，社会现身片鳞羽

于省吾 1940 年出版的《双剑誃古器物图录》，其中著录的 3 版龟腹甲，

胡厚宣1945年《甲骨六录》用摹本将其再刊出。胡厚宣研究指出："此三甲必与中央研究院十三次发掘者有关。"于省吾在坊间购得此3版龟甲，必在1940年以前。此外，1945年胡厚宣从李泰棻处收得甲骨448片，其中有3版大龟，卜兆刻过，背面有朱书"甲桥刻辞"，也应为第十三次发掘所得。于省吾还另有一龟版，也当为YH127坑中之物。胡厚宣曾撰有《战后殷墟出土的新大龟七版》（上海《中央日报·文物周刊》），对此事第一次披露。（图2-69）

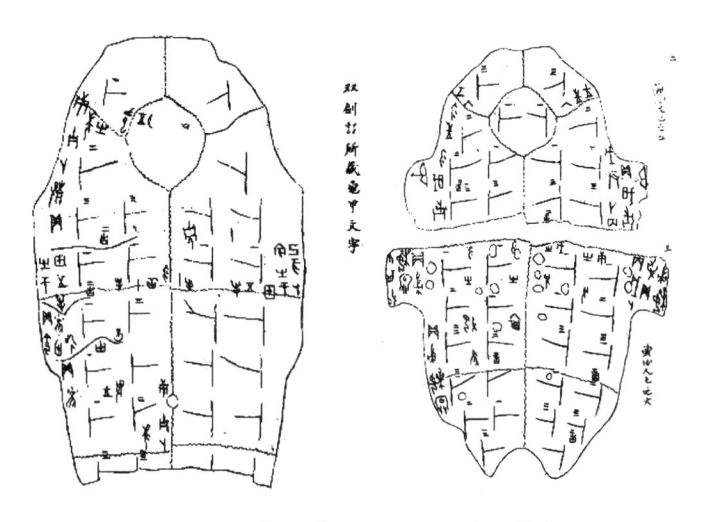

图2-69 《双图》中的三板龟腹甲摹本

③127坑流出物，继续刮起"四方风"

唐兰旧藏完整小龟2版，乃为收得流散YH127坑之物。胡厚宣购自北京庆云堂半版记"四方风"名大龟、《甲骨续存》（1955年）388、442等3版甲骨也应出自YH127坑。此外，1958年文物局拨北京图书馆一批甲骨中，亦有YH127坑中之物。北京师范大学所购原藏通古斋主人黄濬《邺中片羽》的甲骨，也有的为YH127坑中之物。如此等等，可见YH127坑中之甲骨，颇有一些流向社会四方者。

④同坑流散"六兄弟"，《国博藏甲》聚一堂

YH127坑流散出的一些甲骨，辗转流传，最后归中国国家博物馆收藏。此6版失散多年同坑所出的"兄弟"，在《国博藏甲》中重聚一堂，即此书25、28、45、60、62、68等6版大龟粉墨登场，豪华亮相。对这6版甲骨的

来龙去脉，宋镇豪在《记国博所藏甲骨及其与 YH127 坑有关的大龟六版》[①]文中记述尤详。（图 2 - 70）

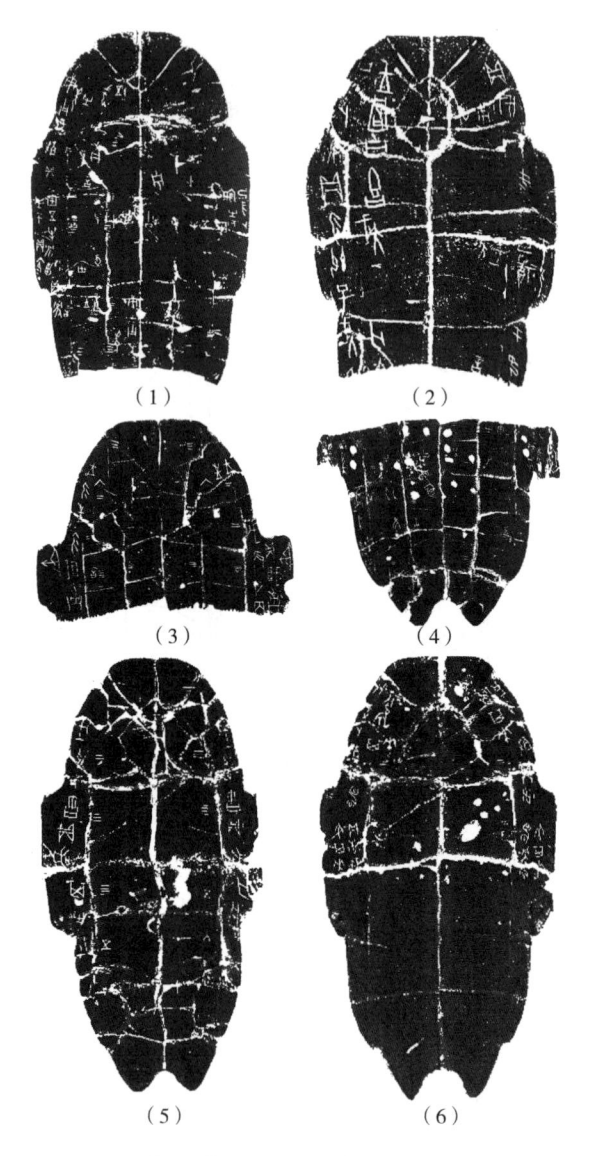

图 2 - 70　（1）《国博》25；（2）《国博》28；（3）《国博》45；（4）《国博》60；（5）《国博》62；（6）《国博》68

---

①　原载《中国国家博物馆馆藏文物研究丛书·甲骨卷》，上海古籍出版社 2007 年版。

⑤学者追踪连根脉，流失谜团无解人

1945年，胡厚宣最早关注YH127坑甲骨流向社会之事，并继续追踪YH127坑甲骨线索。胡厚宣揭示社会上流传的10版大龟与127坑有关的事实，得到了台湾甲骨学家严一萍的赞同，并说："至于如何'遗失'，那就不得而知了！"科学发掘的YH127坑甲骨，其中一些如何会流向社会，成了令人难解的谜团。

17. 第十四次发掘殷墟（1936年9月20日至12月31日）

1936年9月20日开工，发掘主持人为梁思永，参加发掘工作的人员有石璋如、王湘、高去寻、尹焕章、潘悫等，另有临时工作人员王建勋、魏鸿纯、李永淦、石伟、王思睿等共11人。工作地点在小屯村北三处地点进行，发现字甲两片。

18. 第十五次发掘殷墟（1937年3月16日至6月19日）

1937年3月16日开工，发掘主持人为石璋如，参加发掘工作的人员有王湘、高去寻、尹焕章、潘悫等，另有临时工作人员王建勋、李永淦、石伟、张光毅等共10人。发掘地点为小屯村北，按第十四次发掘的坑位，依次向南发掘。获字甲549片，字骨50片，共计599片。[①]

19. 殷墟第十三、十四、十五次发掘小结

由于抗日战争爆发，中央研究院殷墟发掘工作暂停。第十三、十四、十五次发掘殷墟，共发现字甲18307片，字骨98片，总计18405片。这三次发掘所得甲骨，由董作宾选编成《殷虚文字乙编》上、中、下三辑共六册，于1948年出版。[②] 此外，《乙编》所收甲骨选余，由钟柏生编成《殷虚文字乙编补遗》，于1995年在台湾出版。（图2-71）

20. 殷墟十五次发掘工作与"四大导师"和"考古十兄弟"

1928年至1937年的发掘殷墟，取得了辉煌的成绩。中央研究院原拟以科学发掘甲骨文为主要目的考古工作，历时十年，先后展开十五次大规模发掘工作，共发现甲骨文24918片。更为重要的是，中央研究院的殷墟发

[①] 以上历次发掘殷墟出土甲骨文情形，详见胡厚宣《殷墟发掘》，学习生活出版社1955年版，第43—110页。

[②] 注：1948年董作宾编纂的《殷虚文字乙编》上集出版，于1949年中集出版，而下集1953年在台湾出版；1956年科学出版社将《乙编》下集重印。

图 2-71 《殷虚文字乙编》

掘，发现了洹水以南宫殿宗庙区的甲、乙、丙三组建筑基址共 53 座[1]（参见图 2-72、图 2-73、图 2-74），洹水北岸王陵区的大墓 8 座和一批小墓

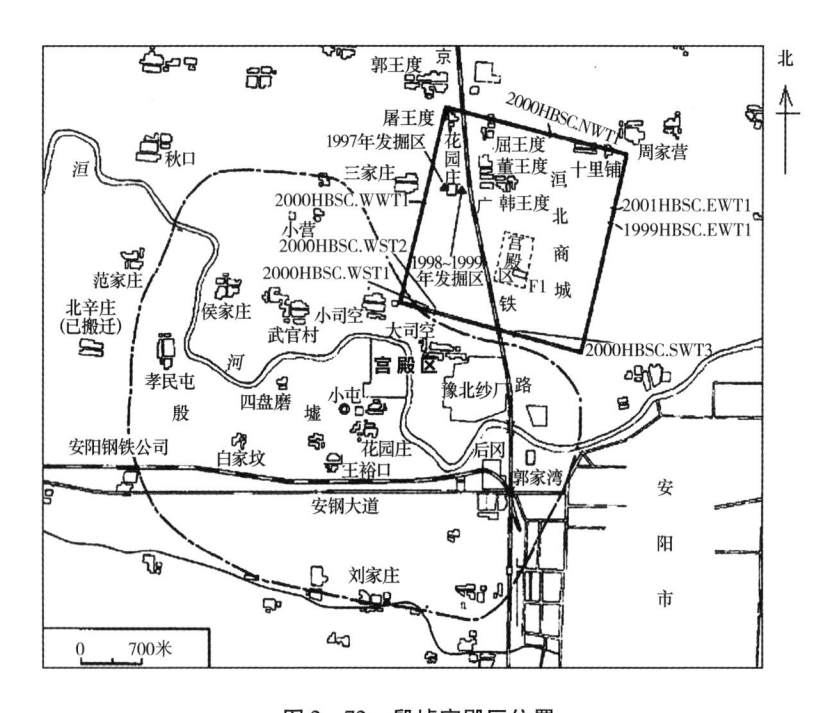

图 2-72 殷墟宫殿区位置

---

[1] 参见杜金鹏《殷墟宫殿区建筑基址研究》，科学出版社 2010 年版。

图 2-73 殷墟宫殿遗址鸟瞰图

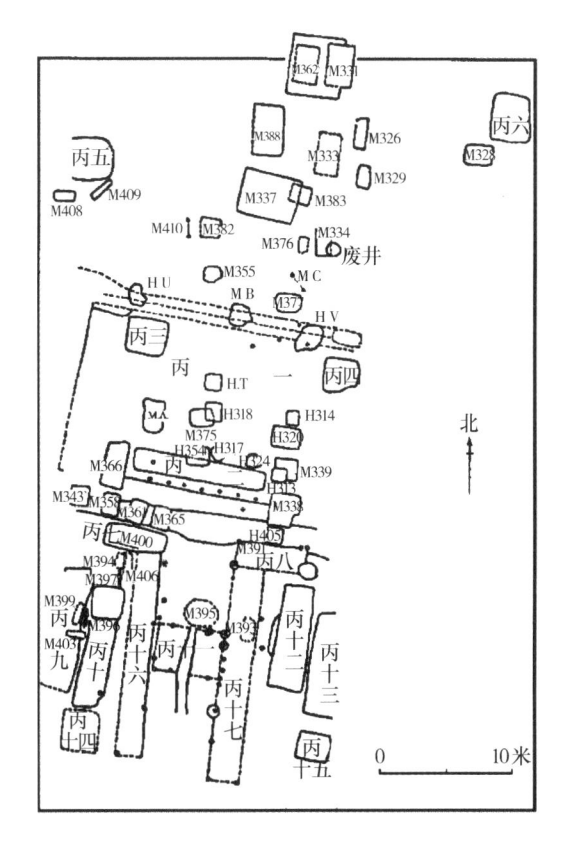

图 2-74 殷墟宫殿区丙组基址平面分布图

（参见《殷墟宫殿区建筑基址研究》）

及大批珍贵铜器、玉器、陶器（特别是白陶）、骨器等遗物，中国现代田野考古学从安阳诞生、形成、成熟、发展，为今天考古学的黄金时代奠定了坚实的基础。与此同时，结束了金石学范畴的甲骨学研究，被纳入考古学研究领域，并成为历史考古学的分支学科。因此殷墟发掘的推动者、主持者——"四大导师"和当年参加发掘工作的"年青人"——殷墟考古"十兄弟"的贡献，是值得我们永远纪念并学习的。

（1）殷墟发掘"四导师"，推动、主持、指导者

1928年开始的殷墟发掘工作，是第一次由中国学者独立进行的田野考古工作，不仅奠定了现代中国考古学的基础，而且为我国现代考古学培养出一批享誉世界的考古学家。殷墟考古发掘的推动者、主持者和指导者——傅斯年、董作宾、李济、梁思永，被学术界尊称为殷墟考古工作的"四大导师"。（图2-75）

图2-75　1931年在殷墟合影

左起董作宾、李济、傅斯年、梁思永（参见《平庐影谱》）

傅斯年（1896—1950年），山东聊城人，出身诗书世家。1919年北京大学中国文学系毕业，是新文化运动旗手和五四运动的学生领袖。1926年德国柏林大学毕业，受聘中山大学教务长。1928年5月被任命为中央研究院历史语言研究所代理所长，提出"振兴国家学术，与西方诸国争胜"的学术宗旨和方针。史语所初创时，他就提出"上穷碧落下黄泉，动手动脚找材料"的方向，并派董作宾赴安阳调查甲骨埋藏情形，促成中央研究院发掘殷墟的重

大决策及实施。为解决发掘时与河南地方当局发生的纠纷，亲自找最高当局并与地方当局协商才得到解决。李济、梁思永等考古工作主持指导者，皆傅氏诚邀或挑选。傅斯年1949年1月任台湾大学校长，为台大兴建和改革鞠躬尽瘁。傅斯年一直思念家乡，曾题字"归骨于田横之岛"以寄情。1950年，傅斯年逝世于台北，葬于台大校园。（图2-76）

图2-76 晚年的傅斯年

董作宾（1895—1963年），河南南阳人，字彦堂，别署平庐。1923—1924年入北京大学研究所国学门为研究生，1928—1946年在中央研究院历史语言研究所工作，历任通信员、编辑员、研究员及代理所长，1948年当选中研院第一届院士，1949年以后兼任台湾大学教授。1928年史语所南迁，董作宾受命赴安阳调查甲骨埋藏情形，促成殷墟发掘。1928—1934年，曾8次主持或参加殷墟发掘，成为中国现代考古学的拓荒者和甲骨学一代宗师。董作宾学术论文200余篇，收入《董作宾学术论著》（1962年）、《平庐文存》（1963年）、《董作宾先生全集》（1973年）、《甲编》、《乙编》等，凡12册。其在甲骨学上的贡献，详见后"甲骨四堂"。（图2-77）

图2-77 董作宾在研究室工作；与家人一起；1938年画家司徒乔为董作宾作像（从左至右，参见《平庐影谱》）

李济（1896—1979年），湖北钟祥人，1920年入美国哈佛大学人类学专业；1923年获哲学博士学位；1925年任清华大学国学研究院讲师；1926年发掘山西夏县西阴村遗址，1929年应聘中研院史语所考古组主任。曾主持第二次殷墟发掘工作，注意发现和培养田野考古人才，使殷墟等遗址考古发掘走上科学轨道，成为我国现代考古学的奠基人。1948年当选中研院第一届院士，1949—1950年兼任台湾大学教授，1956—1972年任史语所所长。

李济学术上主要成就，是以殷墟发掘资料为中心，所进行的专题和综合研究。其主要著作有《殷墟器物甲编·陶器》（1956年）、《古器物研究专刊》第1—5本（1964—1972年）、《李济考古学论文集》（1977年）及英文版《安阳》等。（图2-78）

图2-78　李济像（左）；《李济考古论文集》（右）

梁思永（1904—1954年），著名学者梁启超次子，原籍广东新会，1904年11月出生于日本横滨。1923年毕业于清华学校留美预备班后，入哈佛大学攻读考古学和人类学，1930年获硕士学位，应聘入中研院史语所考古组工作，先后主持发掘城子崖遗址、两城镇遗址、殷墟侯家庄遗址、后冈遗址等，为中国田野考古学走上科学轨道和考古人才的培养作出了杰出贡献。他主持编写的《城子崖》（1934年）是中国第一部田野考古报告。他的单篇论文收入《梁思永考古论文集》（1959年）。他未完成的殷墟王陵区发掘报告，由高去寻辑补为《侯家庄》一书多册在台湾陆续出版。（图2-79）

图2-79　梁思永像（左）；西北冈第二次发掘工地与傅斯年所长、法国汉学家伯希和、梁思永（右）（"中研院"史语所考古资料图库）

(2)"而立"之年"十兄弟",创造辉煌泽后学

1928—1937年的殷墟考古发掘,奠定了我国现代考古学的基础。在十五次大规模考古工作中,一批年届而立之年的才俊陆续参加了发掘工作,并在傅斯年、李济、董作宾、梁思永等"四大导师"的精心指导和培养下成长起来。当年这群年龄相近的青年人亲执锄铲,踯躅洹滨,朝夕与共,志趣相投,情同手足,相互以老大、老二……老十相称。殷墟考古"十兄弟",成为我国田野考古学的拓荒者和一代宗师。(图2-80)

当年殷墟考古时风华正茂的考古"十兄弟"(即李景聃、石璋如、李光宇、刘耀〔即尹达〕、尹焕章、祁延霈、胡厚宣、王湘、高去寻、潘悫〔即潘悫〕)傅斯年、董作宾、梁思永、李济)及师友。

图2-80 殷墟考古"十兄弟"与傅斯年、董作宾、李济、梁思永及师友
(参见《中国甲骨学》)①

---

① "座次"先后论生年;"资历"晚者居后边。
老大:李景聃(1900年)、老二:石璋如(1902年)、老三:李光宇(1904年)、老四:刘耀(即尹达,1906年)、老五:尹焕章(1909年)、老六:祁延霈(1910年)、老七:胡厚宣(1911年)、老八:王湘(1912年),殷墟十二次发掘(1935年9月)以后,又有高去寻、潘悫参加。虽然此二位"后来者"论年龄并不应排在最后,但论参加殷墟发掘的"资历"来说,却是较晚的。"后来人"只得论资排位,屈居于老九、老十了。老九:高去寻(1910年)、老十:潘悫(1906年)。

老大李景聃（1900—1946年），字纯一，安徽舒城桃溪镇人。曾就读于清华学校高等科，后考入南开大学，1923年毕业后，接任其父创办的桃溪高等学堂校长之职。1929年赴上海，曾修读过李济先生之课程并得其器重。1933年经李济推荐，入历史语言研究所，先后参加了殷墟第八次（1933年10月）、第九次（1934年9月）、第十二次（1935年9月）、第十三次（1936年3月）发掘工作。1934年，曾主持安徽寿县古遗址调查和发掘工作。1936年冬，主持发掘河南商丘造律台、黑孤堆等龙山文化遗址等。抗战爆发后，随史语所西迁昆明，1943年离史语所去福建长汀。抗战胜利后，应李济之召任职中央博物院筹备处，为该院的筹建工作做出了贡献。1946年因积劳成疾逝世，享年47岁。（图2-81）

图2-81　李景聃像（"中研院"史语所考古资料图库）

老二石璋如（1902—2006年），河南偃师人。1931年为河南大学三年级学生，参加第四次发掘殷墟时为实习生，1934年研究生毕业留史语所，1949年任研究员，1952年任台湾大学兼职教授，1978年当选中研院院士，1979年（时年77岁）出任考古组主任，2006年1月逝世，享年105岁，被尊称为"考古人瑞"。（图2-82）

图2-82　石璋如像（左）；在考古发掘现场工作（右）

石璋如参加了第四次以后的历次殷墟发掘,主持过第十五次殷墟发掘,是继董作宾、李济、郭宝钧、梁思永之后的第五位主持人。此外,1942 年以后参加"西北史地考察团",并于 1949 年去台湾以后,开展了台湾地区的考古发掘研究。61 岁以后,专事殷墟考古资料的整理研究,出版与殷墟有关专著 10 多部,论文 50—60 篇,为殷墟学的发展和研究做出了卓越贡献。

老三李光宇(1904—1991 年),字启生,湖北钟祥人,考古学家李济远房之侄。1930 年 11 月,参加了董作宾、郭宝钧、吴金鼎、王湘等的山东城子崖考古发掘,其后又参加了第四次殷墟发掘工作(1931 年 2 月),负责四盘磨工作点的发掘。此后,又参加了殷墟第六次(1932 年 4 月)、第七次(1932 年 10 月)、第八次(1933 年 10 月)、第十一次(1935 年 3 月)、第十二次(1935 年 9 月)发掘工作,先后在小屯、侯家庄西北岗进行考古发掘。1937 年抗日战争爆发后,随史语所西迁昆明。1940 年受史语所之命去长沙,负责将所存文物迁至重庆、昆明。同年,又随史语所迁至川南宜宾李庄。抗战胜利后,随史语所回到南京,1949 年去台湾,任史语所保管部主任,直至退休。李光宇为殷墟考古和文物的保护做出了贡献。(图 2 - 83 左)

老四刘耀(即尹达)(1906—1983 年),河南滑县人,字照林。1931 年,刘耀以河南大学实习生身份,参加了中研院的殷墟第四次发掘工作。1932 年入史语所研究生,1934 年毕业后留史语所。刘耀先后参加了殷墟第四次(1931 年 2 月)、第五次(1931 年 11 月)、第八次(1933 年 10 月)、第九次(1934 年 3 月)、第十次(1934 年 10 月)、第十一次(1935 年 3 月)、第十二次(1935 年 9 月)发掘工作。其间(1932 年)参加了浚县辛村西周墓地发掘,并主持大赉店遗址的发掘工作。1936 年,其与梁思永等,在山东日照两城镇,滕县安上村等遗址进行考古发掘工作。(图 2 - 83 右)

图 2 - 83 李光宇像(左);尹达像(右)

1937年抗战爆发，随史语所西迁，11月抵长沙时，刘耀告别师友，改从母姓，化名尹达，奔赴延安，走上了革命道路。尹达在延安期间，也未完全脱离考古工作，1942年在延安附近曾发掘过龙山文化遗存，1946年曾在邯郸附近清理汉代墓葬。1950年，尹达任中国人民大学研究部副部长，1953年任北京大学副教务长，1954年任中国科学院历史所副所长兼考古所副所长，1955年任中国科学院哲学社会科学部学部委员。尹达主要从事马克思主义历史、考古学研究和从事繁重的学术组织和领导工作，主要著作有《新石器时代》、主编《中国史学发展史》等。

老五尹焕章（1909—1969年），字子文，河南南阳人。1924年入省立南阳第五中学，董作宾恰为他的任教老师。1928年入河南大学预科，1929年经董作宾推荐入史语所史学组，在徐中舒指导下，整理内阁大库档案。期间，受朱希祖、陈寅恪、陈垣等大师教益良多，并取得成绩。1930年经董作宾推荐，傅斯年允准，入北京大学旁听明清史等课程，薪水减半。

1931年"九一八"事变后，史语所为预防明清档案遭日寇劫毁，精选一批并于1932年11月派尹焕章押运南京。1933年调尹焕章至考古组，并派往安阳殷墟实习。当年10月，又在浚县辛村考古实习，指导者为郭宝钧。1934年3月至1937年6月参加了殷墟第九次至第十五次发掘工作，即连续参加了后冈、侯家庄、小屯北地的发掘。

图2-84　尹焕章像

1937年7月抗日战争爆发后，9月，尹焕章奉命协助郭宝钧从开封护送辉县、浚县、汲县出土青铜器至汉口。在郑州火车站，恰逢日机轰炸，尹焕章恐文物不保，急得号啕大哭。幸而车站人员将文物急调安全地带，国宝才免遭劫难。11月文物安全抵达武汉，尹焕章圆满完成了任务。此时考古组已迁至长沙。鉴于当时的形势，史语所决定：本所员工家乡已沦陷者，可随史语所西迁。未沦陷者，可暂回家乡。

尹焕章回家乡南阳后，1938年秋率前妻、幼子奔赴延安。途经西安抵三原县，与时任三原县八路军联络站站长王元一（即"老八"王湘之化名）联系，经介绍入延安抗大学习。由于前妻坚决要求回南阳，1939年1

月，尹焕章离开延安返回老家。

1939年8月，通过其师李济、董作宾安排，尹焕章赴重庆，任职于中央博物馆筹备处，负责保管近千箱文物。1946年尹焕章随中央博物馆回到南京，继续保管文物。1948年文物迁台，原拟派尹焕章押运，因故改换为高仁俊。1949年中华人民共和国成立后，尹焕章留任南京博物院。1951年2月12日，著名翻译家杨宪益交来明义士（加拿大人）甲骨2390片，即经尹焕章之手入藏南京博物院。尹焕章曾任治淮文物工作队副队长、安徽组组长、华东文物工作队副队长等职，考古足迹遍华东各省，并曾率队赴河南参加考古抢救工作。

尹焕章发表论文多篇，出版专著有《华东新石器时代遗址》等。尹焕章和曾昭燏曾提出"湖熟文化"概念，并为我国考古学界所接受。（图2-84）1969年3月29日不幸逝世，终年60岁。

老六祁延霈（1910—1939年），又名天民，字霈苍，满族，山东济南人。1928年夏考入北平师范大学地理系，1930年慕翁文灏之名，重考清华大学入地理系，是清华中国边疆问题研究会负责人之一，大学三年级在《清华周刊》文史专号上发表了两万多字的名文《帕米尔史地考》。

1933年大学毕业后，受聘中研院史语所，参加了殷墟第九次（1934年3月）、第十次（1934年10月）、第十一次（1935年3月）、第十二次（1935年9月）、第十三次（1936年3月）发掘工作，并主持了第十二次（1935年9月5日至12月16日）发掘的范家港工作点的考古。1936年，祁延霈还参与调查了山东沿海古遗址、益都铜器时代墓葬及藤县安上村、日照两城镇遗址的发掘，著有《山东益都苏埠屯出土铜器调查记》[①]等。抗日战争爆发后，祁延霈随史语所西迁，在迁居长

图2-85　祁延霈像

沙期间，因听了徐特立关于中共《抗日救国十大纲领》演讲，思想上受到震动和启发，当年冬离开史语所，奔赴延安，被分配到陕北公学第二期第九队学习，于年底加入中国共产党。1938年夏，祁延霈被选派新疆工作，化名祁

[①] 载于《田野考古报告》第二册，1947年。

天民，任新疆学院秘书兼教育系主任，试图利用与盛世才的统一战线，把学院办成"抗大第二"分校，从而激怒假革命的盛世才。1939 年，祁延霈调往哈密任教育局长，先后办起 27 所农牧区公立小学，后又主办哈密地区两三万人参加的教师训练班，使区内学龄儿童入学率达 60%。1939 年 11 月，因染伤寒医治无效逝世，时年 29 岁。1946 年 8 月，中共中央在延安召开隆重追悼大会，追认英年早逝的祁延霈为新疆死难九烈士之一。（图 2-85）

老七胡厚宣（1911—1995 年），名福林，字厚宣，河北望都人。1928 年考入北京大学预科，后升入史学系。学生期间就发表了《楚民族源于东方考》等名文。1934 年被傅斯年选入中研院史语所，参加了殷墟第十（1934 年 10 月）、第十一（1935 年 3 月）次发掘工作。胡厚宣在第十次殷墟发掘时，负责清理 1004 号大墓的工作，因经费问题一度暂停。第十一次发掘又继续进行 1004 号大墓清理，5 月 19 日胡厚宣清理出牛方鼎、鹿方鼎两件著名大器，后又出土铜矛 36 捆之多。

图 2-86　胡厚宣像

第十一次发掘殷墟以后，胡厚宣专事整理历次发掘所得甲骨，与董作宾编《甲骨年表》并作《甲编释文》。在南京"室内发掘"了殷墟 YH127 甲骨窖藏。抗战爆发后，随史语所西迁，经长沙、桂林至昆明。1940 年史语所迁川南宜宾李庄时，胡厚宣应顾颉刚之邀，离开史语所任教于时迁成都的齐鲁大学，受恩师傅斯年责怪，并声明不准使用史语所未发表之材料。胡厚宣从已有的和自己新搜集的资料中走出新路，1940—1949 年这十年当中，完成甲骨论文 18 篇和专著 8 部。其中《甲骨学商史论丛》获教育部科学发明二等奖 8000 大洋。与此同时，胡厚宣大量搜购甲骨，以防外流。抗战胜利后，以个人之力在平津的 40 多天，收得甲骨 2000 片、拓本 6000 张，并摹写甲骨 2000 片。此外，南下宁沪又购得甲骨 600—700 片。胡氏所集甲骨，收入《宁沪》《南北》《京津》《续存》等书中。1947 年，胡厚宣受周谷城之邀，任教上海复旦大学。

1949 年中华人民共和国成立后，胡厚宣继续从事甲骨学商史教学、研究工作。1956 年，在周恩来的过问下，调胡厚宣至北京，任职于中国科学院历史所，从事《甲骨文合集》（以下简称《合集》）的编纂工作。自1959年《合集》开始正式运作，因"文化大革命"时期停止，直至1973年在郭沫若的过问下方重新启动。1978年至1983年《合集》十三巨册陆续出齐，共收入甲骨41956片。这部集大成的著录，为1978年以后新时期甲骨学的全面深入发展奠定了基础。

与此同时，胡厚宣在工作中坚持"出成果，出人才"，一批甲骨新人也成长起来，诸如孟世凯、王贵民、杨升南、彭邦炯、常玉芝、张永山、罗琨、王宇信等出版了专著。胡厚宣的研究生，裘锡圭为复旦大学杰出教授，王宇信为中国社会科学院荣誉学部委员，宋镇豪为中国社会科学院学部委员，宋新潮为国家文物局副局长。

胡厚宣出版专著17部，论文194篇，是继"甲骨四堂"之后的"新中国甲骨学第一人"和当代有名的教育家。胡厚宣于1995年4月18日逝世，享年85岁。（图2-86）

老八王湘（1912年至今），字元一，河南南阳人。虽然年龄在"十兄弟"中较小，但参加殷墟发掘的"资历"却最"老"。（图2-87）

1928年他参加了第一次发掘殷墟，其后的殷墟发掘，他又参加了第二次（1929年3月）、第三次（1929年10月）、第四次（1931年2月）、第六次（1932年4月）、第十次（1935年10月）、第十一次（1935年3月）、第十二次（1935年9月）、第十三次（1936年3月）、第十四次（1936

图2-87　王湘像

年9月）、第十五次（1937年3月），是十兄弟参加殷墟发掘次数最多者。著名的YH127甲骨窖藏坑，即为王湘主持工作。此外，1930年11月，王湘还参加了李济主持的城子崖第一次发掘。1931年10月，又参加了梁思永主持的城子崖第二次发掘。1932年，王湘与李景聃一起参加了安徽寿县一带的史前遗址调查。

1937年抗战爆发，王湘随史语所迁长沙。当时北京大学、清华大学、南开大学三校组建的临时大学也驻长沙，学校布告学生：凡愿服务国防有关机关者，得请保留学籍，并由学校介绍。临时大学校长张伯苓任军训队长及学生战时后方服务队长。临时大学有三分之一学生投笔从戎,王湘也毅然参加了这一行列。1938年,王湘赴延安,化名元一,任三原县八路军联络站站长,接待赴延安的革命青年。1949年初任职于中南重工业部,后调至北京国家科学技术委员会任职,现已离休。2008年,王湘为安阳召开的"纪念殷墟发掘八十周年大会"题词——安阳科学考古精神的发展永存!

老九高去寻(1910—1991年),字晓梅,河北安新人。1929年入北京大学预科,1931年入史学系本科,大学期间曾发表《殷周铜器之探讨》等,毕业论文《李峪出土铜器及相关之问题》显示其才华。1935年北大毕业,被傅斯年选入史语所。(图2-88)

1935年9月参加了殷墟第十二次发掘,因是新人,被梁思永派去挖小墓。后高去寻参加了殷墟第十三次(1936年3月)、第十四次(1936年9月)、第十五次(1937年3月)发掘工作,也是YH127甲骨窖藏坑的发掘人之一。

1937年7月高去寻升任为助理员,同月抗日战争全面爆发,高去寻随史语所西迁,经长沙、桂林、昆明,1940年至四川宜宾李庄。1943年,高去寻升任副研究员。抗战胜利后,回到南京。1949年去台湾,同年升任研究员。1954年受命撰写西北岗发掘报告,克服了种种困难,费时二十多年,终于在1976年出版了皇皇巨著西北岗发掘报告——《侯家庄》(图2-88)七本,为殷墟考古学的发展做出了巨大贡献。

1966年,高去寻当选中研院院士,1972年任考古组主任,1978年任史语所所长,1981年去职,1991年10月29日逝世,享年82岁。

图2-88 高去寻像;《侯家庄》;潘悫像(从左至右)

老十潘悫（1906—1969年），字君实。1930年入史语所先在北京整理明清内阁大库档案，发现有明内阁进呈的《熹宗实录》散页，引发了傅斯年校勘北平图书馆藏红格抄本《明实录》的愿望，从而开始了大规模整理《明实录》的工作，潘悫参加了这一工作。1935年9月被史语所派安阳参加了第十二次殷墟发掘，后又参加殷墟第十三次（1936年3月）、第十四次（1936年9月）、第十五次（1937年3月）发掘工作，先后在侯家庄西北冈、小屯村北工作点担任绘图员，参与了YH127甲骨窖藏坑的发掘，也参加过1936山东藤县的考古调查和发掘。1937年抗日战争爆发，潘悫随史语所西迁，一路负责押运史语所文物，先到长沙，再到昆明，后迁至宜宾李庄。潘悫在李庄与劳干、岑仲勉、黄彰健、何兹全、芮逸夫等著名学者同住一院，生活艰苦至极。潘悫的主要工作是为梁思永整理的侯家庄西北冈大墓发掘报告，担任绘图工作。工作量大，且物资十分缺乏，潘悫工作十分繁重和艰苦。

抗战胜利后，潘悫随史语所回到南京。1949年又随史语所去台湾。当年11月至12月发掘的台湾大马璘遗址，潘悫负责测量、绘图等工作。1958年曾出版《钟表浅说》一书，从1958年12月20日胡适因收到潘悫所赠此书，致信潘悫，信中所说"听说你的病已大有进步"云云，当是最新讯息。此后，有关潘悫情况就不得而知了。1969年潘悫逝世，享年64岁。（图2-88右）

（3）八千里路云和月，辗转迁徙保文脉

1937年7月7日抗日战争全面爆发，蒋介石政府节节败退。"淞沪会战"失利，当时的"国民政府"所在地南京危在旦夕。1937年11月18日，"国民政府"决定迁都四川重庆。各机关、学校为了不落在日寇之手，也纷纷投入西迁行动、部分迁往武汉、长沙。中央研究院史语所先是迁至长沙，后又迁至云南昆明南溪龙头村，再迁至四川宜宾李庄，可谓"八千里路云和月！"在颠沛流离中，在日机轰炸中，在艰难困苦中，学者们仍坚持科学研究和保护殷墟珍贵文物。"不食周粟"的广大知识分子，或走上了抗日前线，或"拿起笔做刀枪"，在后方与前方浴血奋战将士一道，捍卫了中华民族的独立和传统文化的弘扬，从而使华夏文脉得以延续。①

①精心安排迁移事，人员、国宝驻长沙

经过千辛万苦，史语所入住长沙城东韭菜园圣经学校（图2-89），同住者还有北京大学、清华大学、南开大学三校师生和营造学社人员等。傅斯年临危受命，被蔡元培任为中研院代理总干事，安排中研院各所撤离转移之事务。李济为中央博物院筹备处总干事，负责接受北平、热河、奉天等地南迁国宝之繁重事务。董作宾应傅斯年之请，被任命为史语所代所长，在史语所长期辗转迁徙中，无不事必躬亲，费尽心力。

图2-89　长沙圣经学校（参见《平庐影谱》）

在长沙稍事安排就绪，1937年10月起，学者们就开箱取出标本和材料进行研究工作。董作宾继续整理YH127坑甲骨，为《乙编》专辑做准备。同时，他也开始了《殷历谱》的撰著。梁思永继续整理殷墟西北冈大墓材料，刘耀抓紧整理山东章丘龙山文化材料。刘耀已做好投笔从戎的打算，

---

① 本节详细内容，请参阅《石璋如先生访问记录》，"中研院近代史所《口述历史丛书》80"，2002年版，第208—213、223—246页；又，郭胜强《董作宾传》，江苏文艺出版社2010年版，第131—197页。

必须将手头工作完成以便交代。石璋如先打开堆放在最上边的木箱,发现是陶范,就开始对青铜器铸造过程所用的陶范进行研究……

甲. 第二天驻地被炸,学者们有惊无险

史语所迁长沙第二天,日机就来轰炸。有一次轰炸中,炸弹落在圣经学校对面巷子里的梁思成住处(图2-90)。梁思成一家老小才逃出屋外,房子即被炸塌。又有一次日机轰炸,胡厚宣与高去寻跑向地下室躲避空袭。慌乱中人多拥挤,高去寻被撞倒,碰断了牙齿,满嘴鲜血,警报解除后才被送往医院。石璋如、刘耀年轻胆大,董作宾安排他们空袭时外出巡逻,检查有无敌特发信号引导敌机轰炸。

图2-90 梁思成、林徽因夫妇(参见《董作宾传》)

乙. 劳燕分飞"十兄弟",各奔南北永分离

敌机的轰炸和传来的日军10月12日南京大屠杀的暴行,使史语所的学者人人满腔悲愤。不少年轻学者决心投笔从戎,奔赴抗日前线。董作宾考虑的则是"国宝"和同人的安全,史语所研究通过原则性意见:今后迁往何处由中研院总办事处确定。而同人中家乡尚未沦陷者,可先回家乡。

家乡沦陷者,可随史语所走,也可自找门路。一旦搬迁稳定后,仍可再返史语所。但在离所前,每人务必完结手头工作,统一上交研究所,以便将来由本人或他人续作。

"四大导师"中,董作宾、李济、梁思永因工作需要仍留所,傅斯年代理中研院总干事,随同院部迁往重庆。在殷墟十年考古发掘中结下深厚友谊的"十兄弟",有六位决意离去(老大李景聃、老二石璋如、老四刘耀、老五尹焕章、老六祁延霈、老八王湘)、四位留下(老三李光宇、老七胡厚宣、老九高去寻、老十潘悫)。从此"十兄弟"劳燕分飞,不少人终生再也未能见面……

丙. 清溪五味醉饯行,握笔持刀同仇忾

"十兄弟"去留决定以后,议定去长沙最有名的清溪阁饭庄举行离别聚餐,为离去的兄弟们饯行,参加者有师长李济、董作宾、梁思永和"十兄弟"在长沙者。此外,还有多年追随史语所的技工,诸如会说蒙文的魏善臣、会照相的李连春等(图2-91)。两桌坐定,心情复杂的"十兄弟",

图2-91 清溪阁兄弟饯别宴(参见《平庐影谱》)

还没上菜就开始喝酒。王湘、刘耀、石璋如、祁延霈等几位河南、山东汉子，就一杯杯喝起酒来，喝一杯喊"中研院万岁"，再喝一杯喊"史语所万岁"，又举杯喊"考古组万岁"，再斟一杯喊"殷墟发掘万岁"。又喝一杯喊"李济先生健康"，再斟一杯喊"董作宾先生健康"，另斟一杯喊"梁思永先生健康"。再斟一杯喊"十兄弟健康"……酒不醉人人自醉，王湘、祁延霈、刘耀、石璋如等已倒在地上不省人事，李景聃也醉得只是没有躺倒……

第二天一早，拟去者就离开了史语所，走上了抗日革命的第一线。而留所者，继续在迁徙中守护、研究"国宝"，以笔作刀枪，在后方以科研成果作为射向日寇的子弹！

②河内中转过老街，颠簸北上迁昆明

甲．日机轰炸只等闲，甲骨、天文齐开研

1937年年底，按中研院总办事处指示，在长沙的各研究所即刻向重庆、桂林、昆明撤退转移，史语所与天文所、社会学所等撤往昆明。史语所经越南河内中转向北，经老街至河口进入云南，颠簸北上，终于到达昆明。不久，西南联大师生在闻一多、曾昭伦等教授率领下，从湘西经贵州，艰难跋涉1680公里，经六十八天行程也顺利到达昆明。

史语所租住青云街靛花巷3号大院为研究室，刚拟开始工作，就遇到了1938年9月25日日军飞机的轰炸。日机的炸弹给当地造成巨大伤亡，设在山上的天文研究所目标太大，损失较为严重。史语所学者在困难的情况下又开始了工作。董作宾、胡厚宣等继续整理甲骨文，而返回所里的石璋如，到昆明郊外调查民间工艺。天文所召开了"中国天文学会第十五届年会"，董作宾应邀出席并发言。（图2-92）

乙．龙泉镇甲骨"平庐"，"数学所"计算《殷历》

为躲日机轰炸和天天跑警报的骚扰，史语所由昆明又搬到了郊区龙泉镇响应寺内的龙头书坞，董作宾、胡厚宣继续整理甲骨文。与此同时，董作宾继续进行《殷历谱》的研究。在辗转迁徙中，无论条件多么艰苦，董作宾也从未放弃研究。同仁们常见他一手抱孩子，一手翻阅资料或进行计算。研究工作的辛劳和所务的繁重，终于把董作宾累得病倒了……（图2-93）

图 2-92　天文学会十五届年会上的董作宾（前排右三）（参见《平庐影谱》）

图 2-93　复寒病之后与家人一起

傅斯年不得不回所主持所务。为安定人心和改善史语所住房条件，在响应寺外营建新房。1940年春，董作宾的住房落成，傅斯年用篆书题"平庐"并题长跋相赠。（图2-94）

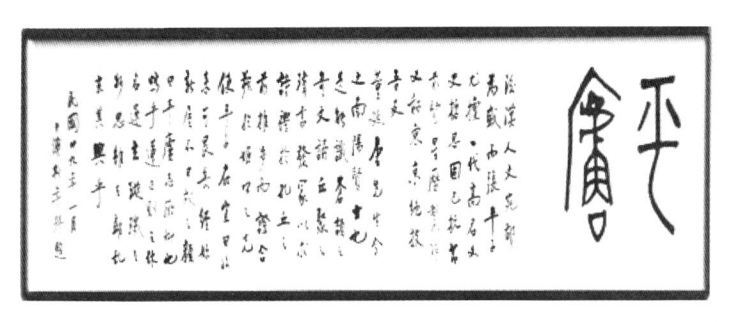

图2-94　傅斯年1940年赠送给董作宾的书法作品（参见《平庐影谱》）

病愈后的董作宾继续研究《殷历谱》，因计算太多，常请史语所同人们帮忙，高去寻、石璋如所做最多，他们或用笔算，或用算盘……同人笑言：史语所变成"数学研究所"了！

③史语所在四川宜宾李庄的日月——"世外"李庄宁是非，"第一著作"庆胜利

甲．战局有变再搬迁，千思万虑觅"桃源"——一个"地图上找不到的地方"

1940年夏开始，为威逼西南大后方，日军从南北两方加紧攻势。北线日军发动枣宜战役，南线日军占领越南，切断滇越铁路并封锁滇缅公路，并对重庆、成都、昆明加紧轰炸。受战局影响，当时昆明已无法立足。史语所和在昆明的其他机关、学校，决定再次搬迁。傅斯年、董作宾、梁思永等商定："这次能搬到一个地图上找不到的地方。"经调查研究，选定了万里长江第一镇李庄。（图2-95）

四川宜宾李庄是一座有1200年历史的古镇，位于金沙江和岷江交汇处的宜宾下游20余公里长江南岸，下游距南溪县城也有20余公里。此地气候宜人，地势相对平坦，水陆交通便捷，堪为一处可守、可进、可退的天然避难场所。（图2-96）

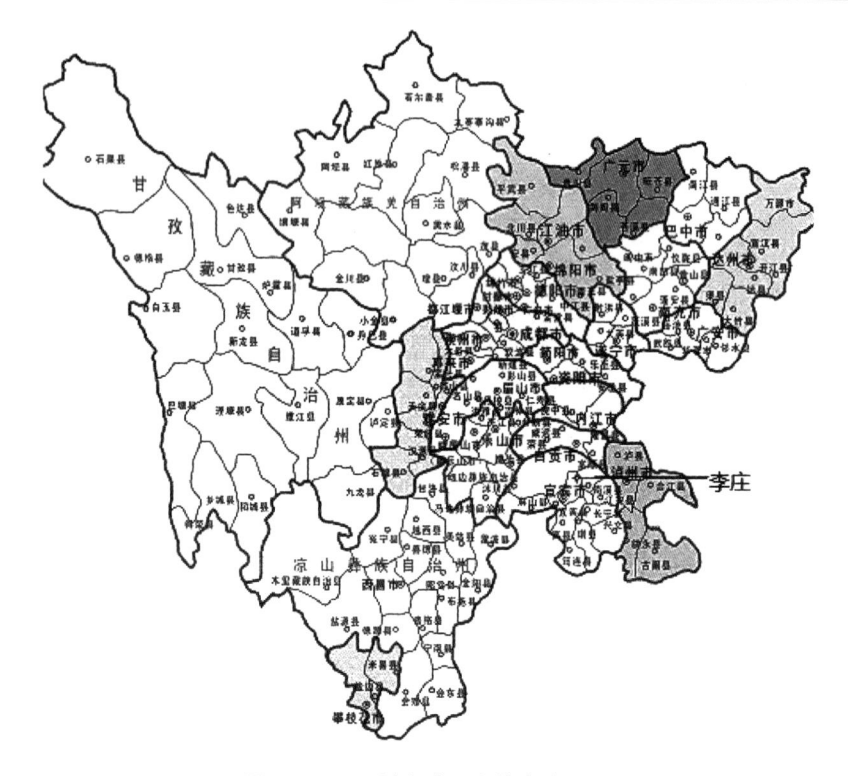

图 2-95　四川省地图上的李庄位置

图 2-96　南溪李庄镇栗峰山庄

(参见《平庐影谱》)

乙．堪为唐僧取经路，再迁途遥磨难多

史语所从云南昆明搬迁四川宜宾，要沿滇黔公路北上，经云南东部宣威进入贵州，再经西部的赫章入川，过叙水到泸州，从泸州乘轮船逆水西上宜宾，再由宜宾换乘小船回头，顺流而下至李庄码头。云贵交界乌蒙磅礴，山高路险，还要跨过牛栏江、赤水河等几十条湍急的河流，真是路途漫漫，困难重重。

史语所安排董作宾负责打前站，潘悫等负责泸州中转，石璋如在昆明殿后。在昆明雇用20多辆大汽车和一辆带篷客车，全所人员（连同家属）押着箱子，五辆汽车编为一组分批出发，家眷30多人乘客车随车队同行。路途上颠簸摇荡，毕竟可以苦熬向前行进。但如果车坏了或出事故，就狼狈不堪了。过赤水河时，一辆大货车不慎翻倒桥头，费了好几天工夫才把车推上来。在威宁，客车抛锚，大人、孩子30多人，只好蜷缩在车厢内坐了一夜。听着外面虎狼的吼叫和山风呼啸，真是令人毛骨悚然……幸好一路上人员平安无事，终于顺利到达李庄。（图2-97）

图2-97 迁徙途中车坏步行（参见《平庐影谱》）

货箱可就没有人幸运了。第三批140箱物资运到宜宾后，分装几艘小型驳船运往李庄。刚一离开码头，就有一艘驳船倾覆，货箱全部坠入江中。

宜宾专员深知此事重大，速调潜水员入水打捞，总算全部打捞上来。所可惜的是，落水箱子内装的不是不怕水浸的青铜器、陶片或甲骨，而恰是怕水怕潮的珍贵拓片和善本书籍。

落过水的箱子运到宜宾明德小学，借用操场开箱晾晒被水浸过的拓片和书籍，共用了三个多月时间，直到1941年1月中旬春节时这项工作才结束。史语所同仁戏称晾晒工作是"唐僧取经，猪八戒在这里晒经，我们不是都成了猪八戒么！"……

丙．民族精英聚僻壤，国难当头文脉扬——抗战时期的"中国学术中心"

史语所住在离李庄4公里的板栗坳，营造学社住在附近的上坝月亮田，社会学所住在门宫田。板栗坳俗称"栗峰"或"栗峰山庄"，占地面积8000平方米，建筑面积4000平方米。山庄依山傍水，从低向高分层建筑，形成多个彼此相通的四合院。对房子加以整修之后，史语所将带家眷者"论资排辈"安顿好，并安排好办公室，研究工作又开始启动了。

董作宾的研究室在"戏楼院"的戏台上，他继续在那里开始了甲骨文的整理和《殷历谱》的研究工作。史语所的其他学术大家，也在昏暗的煤油灯下，完成了不少传世名著。诸如陈寅恪完成了《唐代政治史论稿》，赵元任完成了《湖北方言调查报告》，劳干完成了《居延汉简考释》，梁思成完成了《中国建筑史》……

中研院社会学所、中央博物院、营造学社、同济大学等单位，也都在李庄找到了安身之地。一时间，穷乡僻壤的李庄英才济济，成了中国战时最重要的学术中心。英国学者李约瑟曾来李庄访问，不少中国著名学者也常来此磋商学术或作演讲，在这里聚集了中华民族的精英，在这里也看到中华民族的脊梁和民族的希望……（图2-98）

丁．误传"吃人"中研院，寻找失童"卷地毯"

史语所将殷墟出土的上千个人头骨标本，也装箱转移。当这批标本运至李庄码头，再往山上搬运时，当地人看到成箱狰狞的骷髅，大为惊诧。史语所展开工作时，又将案上摆满骷髅，几个人举着骷髅端详并说着什么，更使很少读书的当地人诧异。当地人心中都很纳闷：这帮远道而来的读书人，莫非是开黑店吃人肉的"梁山好汉"？！（图2-99）

第二章 120年来甲骨文的发现和发掘 229

图2-98 栗峰山庄戏楼台：董作宾以竹片为架，糊纸为窗。以门板为书案，戏台为书房，研究十余年后，日夜伏案，亲笔书写，历时二寒暑共七十余万字，完成不朽名著《殷历谱》（参见《平庐影谱》）

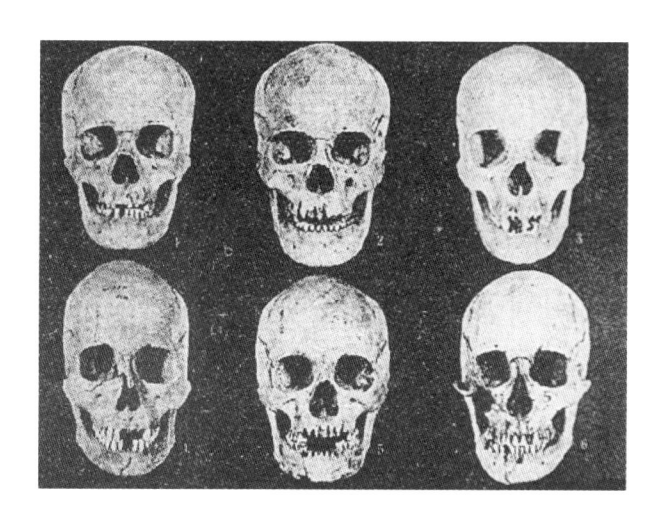

图2-99 殷墟人头骨标本（参见《董作宾传》）

板栗坳山上蛇多，广东人岑仲勉抓了一条2米长的大蛇，剥了皮加上些牛肉炖烂，虽史语所其他人不敢染指，他自己却吃得津津有味。这就更使当地人相信：中研院的人什么都敢吃，人肉自然更是美味！一时间"中研院吃人"的谣言，在李庄周围不胫而走……

同济大学医学院师生做人体解剖实验时，因室内光线转暗，就在院中花坛上搭起的几块木板上进行。当地人看了更觉奇怪，原来"下江人都吃人！"当地群众统称中研院、同济大学等外来李庄者为"下江人"。因而他们对这帮外来人心生恐惧，都躲得远远的，连生活用品也不卖给这些"下江人"了。

一个偶然事件促使了当地人和这些"下江人"矛盾的大爆发。当地一些儿童玩捉迷藏游戏时，一顽童藏入大空木箱中，并自作聪明地拉上了盖子。虽小朋友们找不到他了，但他自己也不能爬出来。家长一连找了三天，也不见此孩的踪影，怀疑让中研院的人给"吃"了……董作宾、石璋如好言安抚着家长，一面分析土匪不会"绑票"穷人家的孩子，一面用考古"方格探方法"卷地毯式全方位搜寻失童。此法还真奏效，居然在木箱内找到了奄奄一息的孩子。但这更使当地人相信：由于他们找得急，才使孩子没来得及被中研院"吃"掉！更是群情激愤，酝酿着一场风暴来临……

当夜，戏楼院对面山上的草屋着火，史语所人急忙跑出救火。只听有人在喊："研究院吃人了！""把研究院的人扔到火里！"……形势十分危急。幸好当地驻军及时赶来，这才控制住了局面，没发生更大的乱子。

戊．展览胜追究弹压，民智开理解支持——变误解为理解

宜宾专员一方面调两个营兵力开进李庄，另一方面与当地乡绅及史语所、同济大学人士商议进一步解决方法时，有人提出严厉处置，追究弹压！但董作宾认为大可不必，只要办个展览，邀群众来参观，讲明史语所是干什么的，群众自可消除疑虑，变误解为理解。此一提议受到赞同，并着手筹备展览等事。

1941年6月9日，中研院成立十三周年之时（图2-100），纪念会及展览在板栗坳开幕，当地官员和周边社会名流、新闻界人士及当地老百姓踊跃出席。史语所人类学组吴定良重点演讲，他生动地讲述吸引了听众，

还特别讲解了人类头骨的研究目的、方法和重要意义。考古组李济介绍了殷墟的发掘及意义，说明了甲骨文和人头骨的用途，并十分风趣地说这些可不是研究院"吃人"后剩下的骨头等，引得听众哄堂大笑……这些大学问家深入浅出讲述，引人入胜的介绍，使人们听得津津有味，直到中午12点，仍意犹未尽，希望继续讲下去……

图 2-100　中央研究院成立十三周年合影（参见《平庐影谱》）

下午开始参观展览。考古组展出了殷墟出土甲骨文、青铜器，人类学组展出出土人头骨及绘制的图表说明，同济大学医学院也举办了人体解剖学展览配合。董作宾、李济、石璋如、梁思永、吴定良、凌纯声等专家，分别在各展室当讲解员，为观众释疑解惑……如此丰富内容的展览，在这个闭塞山区是亘古未有的。附近不少群众扶老携幼，纷纷举家而来，真是令人大开眼界！水路而来者，远自宜宾，直至乐山、成都，下游甚至重庆。陆路而来者，北至自贡、内江，南至赤水……这次演讲和展览的举办，成为当年川南，甚至四川地区文化生活中一件大事，引起轰动。《中央日报》《新华日报》等都对此次活动大加报道。小小的李庄，一时成为新闻媒体焦点。此后，李庄的群众对中研院的误解消除了，开始理解和支持他们的工作了……（图 2-101）

图 2-101　于 1941 年 6 月 9 日李庄举行展览会（参见《平庐影谱》）

己．匪营"研""银"起劫念，先剿后抚再斩杀

一波刚平，另一波又起。当时的四川，全境遍布土匪。几百人为一"土棚"，上千人为一"广棚"，配有手枪、步枪、机枪，甚至小钢炮，十分嚣张。宜宾至重庆长江两岸，竟有土匪十万之众。史语所迁徙过程中，有人误传"中研院"为"中央银行"，一个个沉重的箱子里装的全是金条和钞票！

史语所到李庄后，土匪打算趁箱子搬运上山时，就下手抢劫。但因搬运及时有驻军保护，土匪没敢下手。史语所办展览时，也有土匪混在人群中侦察，看到的是些"废铜烂骨"。虽没有采取大的"行动"，但小的"行动"还是发生了。一天，合作社经理魏善臣去宜宾进货回来，有几个蒙面人把他打翻在地，将袋子里的烟、茶、万金油、仁丹等不值钱的东西散抛了一地，只抢走了他身上的 1000 元现金……（图 2-102）

南溪县组织警察、团练进行清剿，但被土匪打得丢盔弃甲。驻军 18 师再清剿，土匪的"游击战"拖得正规军精疲力竭。乘 18 师不备，集结了上千人的土匪，打了个"伏击战"，却使 18 师遭重大损失。此消息惊动了最高当局蒋介石，为防止史语所国宝损失造成世界影响，又因同济大学师生在兵工制造业方面的重要地位和人才宝贵，亲下手谕，下令派重兵清剿土匪。七十六军十八师在李庄设剿匪大本营，制订了"先清剿，再招抚，后斩杀"的三步秘密计划。

李庄至南溪一线，消灭了土匪一个"广棚"上千人。又乘胜追击，土匪纷纷隐藏消失……再实施"招抚"，土匪纷纷出山，一个个头目乐得个

图 2-102　财曹匪探混研银，"钱库"天降动劫念（文/王宇信；图/薛永亮）

"加官晋爵"……接着斩杀行动开始，先是"高级培训班"的 20 多名匪首受命至江边"观察敌情"。沐猴而冠的匪首才到江边，一声令下，一个个被捆起勒死，抛尸江中。而后又有百余匪首、三百余惯匪被枪毙……

从此，川南匪患基本平息，李庄一带安定了。中央研究院和同济大学等单位，开始了正常的研究工作和生活。

庚. 书生抗战谱殷历，第一著作庆光复——不朽名著《殷历谱》完成

1942 年以后，住李庄的"下江人"生活水平每况愈下，度日如年。1943 年以后，物价上扬，教授、研究员每月 350 元的薪水，只相当于原来的 16.3 元，维持最低生活都很困难。著名学者闻一多靠刻字卖钱，梁思成、林徽因夫妇为当地富户设计房屋赚些收入……

但这些离乡背井的"下江人"仍坚持着研究和工作。1944 年 3 月 20 日是董作宾 50 岁生日，为丰富史语所同人的生活，把祝寿会办成展览会，展出董作宾著作、印谱、《平庐影谱》和国内外来往信件等。住在山下的各机关、学校和当地乡绅也前来祝贺，沉寂许久的板栗坳一下子热闹起来……

《殷历谱》就是在板栗坳完成的。董作宾全身心地投入研究工作，通宵达旦伏案思考披览，抄写临摹，废寝忘食。为了使董作宾转换脑筋，稍事休息，傅斯年常故意让人找一些问题同董作宾"辩论"，1943 年秋，

《殷历谱》基本完成,但限于条件,在李庄无法铅印,于是就准备石印。董作宾用了一年零八个月时间,于1945年4月亲自用毛笔缮写完成,以中研院史语所专刊名义,石印二百部出版,作为抗战胜利的献礼。(图2-103)

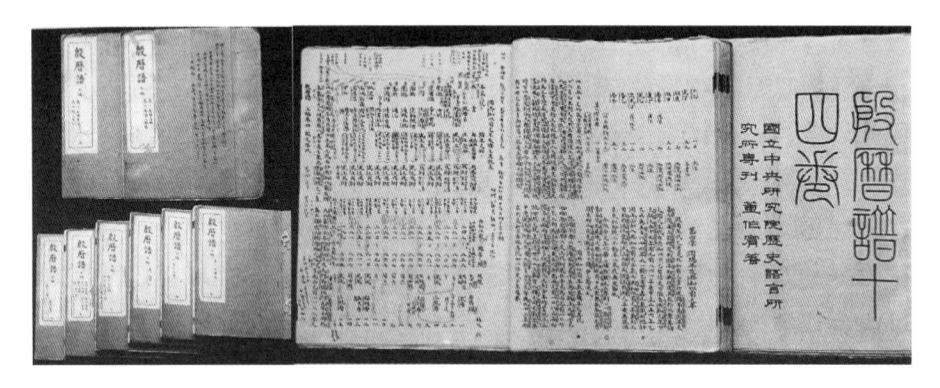

图2-103 《殷历谱》1945年"中研院"史语所专刊版（参见《平庐影谱》）

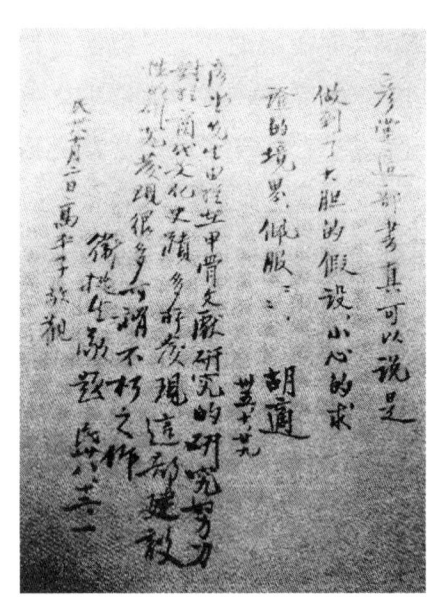

图2-104 胡适、高平子为《殷历谱》题词（参见《董作宾传》）

《殷历谱》的出版,在国内外学术界引起强烈反响,为中国学术界争得了荣誉,显示了我国学术界的实力。著名史学家陈寅恪评价此书说:"八年抗战,学术著作当以《殷历谱》为第一部",绝非过誉!(图2-104)

辛. 告别李庄还旧都,栗峰留碑铭深情

1945年8月10日下午8点,日本政府决定接受中、英、美《波茨坦公告》,宣布无条件投降。全中国一片沸腾,李庄也热闹起来,当地农户、同济大学师生、中央博物院筹备处人员、寺庙僧侣纷纷涌上街头……史语所人员也加入游行行列,到处敲锣打鼓,一片欢腾。

1946年4月30日，南京政府颁发了"还都令"，史语所全体人员于10月中旬乘"长远号"轮船告别了李庄。李庄万人空巷，纷纷涌向码头，挥泪为相伴六年的史语所这些"下江人"送别。

史语所临行前，董作宾亲自指挥雕刻《留别李庄栗峰碑》一通，此碑由董作宾用甲骨文撰刻碑额，陈磐撰碑文，书法家劳干书丹。这通竖立在板栗坳牌坊头的《留别碑》，成为中研院史语所在板栗坳度过艰难岁月的历史见证。（图2－105）

（四）整体迁台史语所，师友分离隔海天

史语所搬回到南京原址，稍事安顿后，就又开始了紧张而繁忙的工作，诸如图书上架，打开文物箱子……进行文物的整理、研究等等。董作宾第一要事就是加紧进行《甲编》《乙编》出版编辑的最后整理工作，以便早日交稿付印……

1948年底，辽沈、淮海、平津三大战役结束后，国民党失败大局已定，蒋介石决定着手经营台湾，妄图以海岛作为纵横挥阖，东山再起之地。国民党政府决定，要把科学教育界能搬迁的人、财、物尽量迁台。要求将故宫博物院、中央博物院、中央图书馆、中研院史语所等四家所藏的珍贵文物、图书、历史档案全部装箱运台。此外，还要求将中研院院士、各院校馆所负责人，学术上有贡献学者尽量挟持台湾。自1948年12月21日至1949年2月22日，共分两次运走上述四单位物资4286箱。[①]

图2－105　告别李庄碑文，董作宾用甲骨文题额"山高水长"（参见《董作宾传》）

---

① 以上参阅《石璋如先生访问记录》（中研院近代史研究所口述历史丛书80，2002年），安阳殷墟发掘（一）、安阳殷墟发掘（二）等章节。及参阅郭胜强《董作宾传》（江苏文艺出版社2010年版）有关章节。

物资好运，人员难行。史语所的梁思永、夏鼐、郭宝钧、吴定良、逯钦立等和早已离开史语所的胡厚宣、徐中舒、尹焕章等决定留在大陆，迎接新中国的诞生。

自此，史语所的师长和兄弟们一水相隔，天各一方，走上了不同的发展道路……1978年中国实行改革开放政策以后，胡厚宣、夏鼐等访问台湾，与二哥石璋如等见面，共叙阔别之情。随着海峡两岸学术交流加强，不少大陆学者造访"中研院"，也有不少"中研院"学者造访大陆，又故地重游，回到了阔别四十多年的殷墟——中国甲骨学和当代中国考古学"发迹"的圣地。（图2–106）

图2–106　王宇信（左下）和宋镇豪（右下）访问台湾时与石璋如（中）先生合影；后边二位是董作宾先生哲裔董玉京（左上）、董敏兄弟（右上）

六　新中国殷墟考古持续的进行与甲骨文的不断出土（1949年至今）

1949年10月1日，中华人民共和国成立以后，很快就恢复了中断十多年的殷墟考古发掘工作，并持续进行至今。七十多年来，不断有重大考古发现和甲骨文出土，推动了甲骨学研究由"深入发展时期"（1949—1978年）向"全面深入发展时期"（1978年至今）前进。

(一) 1950 年春殷墟发掘和甲骨文的出土

1. 武官大墓惨人寰，累累白骨殉者身

1950 年春，中国科学院考古研究所（现属中国社会科学院）郭宝钧、马得志、周永珍等，在洹水北岸武官村北发现了一座商代晚期大墓。墓室长方形，面积 158 平方米，墓室南北两端各有长约 15 米的斜坡墓道，即俗称"中字型"大墓。此墓二层台上，殉有 41 人，有的有棺木或随葬铜器。此墓墓室底部小坑内，殉有 4 人。此墓填土中，共发现 34 个头颅骨。总计共有 79 个殉人。另有重要遗物出土，如虎纹石磬等。（图 2-107）

图 2-107 河南安阳武官村大墓出土商代虎纹石磬

2. 洹河南岸四磬磨，骨刻数字组奇文

在洹河南岸，四磬磨西地考古发掘中发现了刻字甲骨。即在 SP11 内，出土卜骨一块，上面横刻三行由数字组成的文字。（图 2-108）

(二) 甲骨历年屡发现，屯南数量为"亚军"

1953 年，考古研究所在大司空村的发掘，于殷墓中发现卜甲 2 片，为习刻。（图 2-109）

1955 年 8 月，河南省文物工作队在小屯村东地发掘，一灰坑内出土卜甲一块，上刻文字 17 个。（图 2-110）

图 2-108　1950 年安阳四盘磨出土刻字骨

图 2-109　1953 年大司空村出土甲骨，1、2、3 为卜骨；4、5 为卜甲（参见《1953 年安阳大司空村发掘报告》）

图 2-110　1955 年小屯东地出土卜骨（参见《1955 年秋安阳小屯殷墟的发掘》）

1957年8月，河南省文物工作队在薛家庄南地发现小片卜甲，上有1字。

1958年2月，河南省文物工作队在大司空村发掘，灰坑H215中出土有字背甲1片，上刻11字。

1959年，安阳殷墟后岗发现一个圆形的殉葬坑，坑内殉葬54人的个体，或全躯，或只有躯体，或仅有头颅。殉葬坑内出土青铜器，诸如戈、卣、爵及陶器等。其中戍嗣子鼎，上有铭文30余字，当是殷墟考古出土铭文字数最多的一件铜器。（图2-111）

图2-111 戍嗣子鼎（左）；戍嗣子鼎铭文（右）

1959年，考古研究所安阳工作队在大司官发掘时，发现卜骨2片。

1961年，在苗圃北地探方T216内，发现龟背甲1片，其上6字，属习刻。

1962—1964年，在苗圃北地探方T263、T264内，各发现1片刻辞卜骨。

1971年，小屯西地探方T1内灰土层中，发现卜骨21片，其中有刻辞者10片。同年，在后岗殷墓M48内，发现残字骨1片，上刻2字。（图2-112）

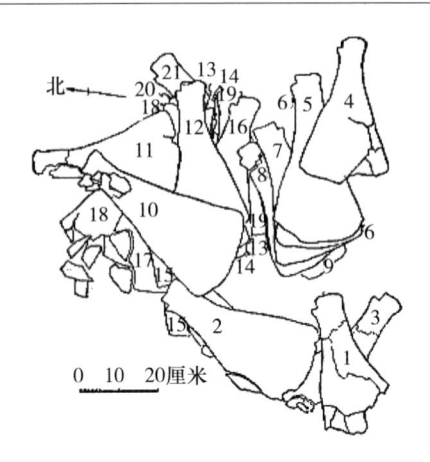

图 2-112　小屯西地卜骨出土时的叠压情形

(参见《出土文物二三事·安阳新出土的牛胛骨及其刻辞》)

1972 年,小屯西地发现刻辞卜骨 3 片,卜甲 1 片。

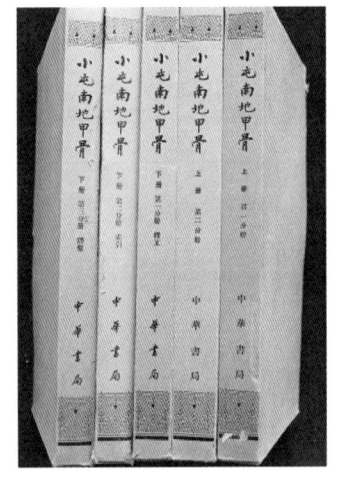

1973 年 3 月至 12 月,在小屯南地发现甲骨刻辞 5335 片,其中卜甲 75 片,字骨 5260 片(包括牛肋骨 4 片,未加工骨料 8 片),经缀合后,实得 4805 片。小屯南地出土甲骨,为继 1936 年 YH127 坑甲骨大发现之后第二次大批发现。这些甲骨有的出土于近代扰乱坑、扰乱层、水井和隋唐墓填土中,约占 36.6%,皆为小片。有的出土于殷商文化层和房基夯土中,约占 3%,也为小片。其余大部分出土于 64 个灰坑中,占 60.4%。从甲骨多集中出土与少数灰坑中看,似为有意识埋藏。[①] 小屯南

图 2-113　《小屯南地甲骨》

地所出甲骨,著录在《小屯南地甲骨》一书中,此书简称《屯南》。(图 2-113)

1974 年,苗圃北地发掘中,出土有字龟甲 1 片。

1985 年,苗圃北地西 200 米处,商代墓葬 M8 中,出土有字卜甲 1 块,上刻 4 字,为习刻。同年秋,在小屯西北地发掘时,商代晚期一灰坑中,

---

① 参见《1991 年安阳花园庄东地发掘简报》,《考古》1993 年第 6 期。

发现刻辞卜骨 2 片。

1986 年，小屯村中发现刻辞卜骨 8 片，皆为小片。

1989 年，在小屯村中发掘时，又得甲骨 294 片，其中字骨 293 片，字甲 1 片，多为小片且文字不多。

（三）花东甲骨整一坑，百年巨现第三次

1. 花东甲骨出整坑，"非王"辞主署"子"名

1991 年，花园庄东地发现一个堆积甲骨的长方形窖穴，编号为 91 花东 H3，共出土甲骨 1583 片，其中有字甲骨 689 片（卜甲 684 片，卜骨 5 片）（图 2 - 114）。这一批甲骨以大版龟甲居多，有刻辞且较全者达 300 多版，是继 1936 年 YH127 坑甲骨、1973 年小屯南地甲骨成批出土的第三次甲骨集中出土的第三次重大发现。这批甲骨时代相当于武丁中期，字体细小、工整，有的字口涂朱、墨和穿孔现象，其占卜主体应是称作"子"名的贵族，属"非王卜辞"。①

2. 整坑吊运再不难，"室内发掘"仿当年——"室内发掘"花东 H₃ 甲骨坑

图 2 - 114　花东 H3 甲骨出土情形
（参见《殷墟考古 78 年》）

H3 甲骨窖藏坑发现后，考古学家仿当年 YH127 坑发掘故事，做一大木箱将甲骨灰土柱套起。随着科学技术的发展，租来大吊车，再不像当年几十人搬运 YH127 坑甲骨那么艰难。吊车的吊臂轻轻一挥就起来，很快就把 H3 大木箱运至考古工作站院内，由考古学家进行细心的"室内考古发掘"和清理工作。

---

① 参见《1973 年安阳小屯南地发掘简报》，《考古》1975 年第 1 期。

3. 零星卜骨出时有,小屯南地现昏遗

1991年,花园庄南地发掘,又出土有字卜骨5片,多为习刻。

2002年6月至8月,发掘1973年小屯南地出土甲骨处以东,又出土甲骨600多片,其中有字者228片。

2004年3月至8月,大司空村遗址一窖穴内出土1片有字卜骨,为干支表。①

……

(四) 1949年以后殷墟出土甲骨小计:七十年来屡出土,地不爱宝迎辉煌

总之,1950年至今,考古学家在持续70多年的殷墟考古工作中,共得有字甲骨6495片,尤其是小屯南地和花园庄东地发掘的成批甲骨,为甲骨学和商史研究的发展,提供了一批重要新资料,推动了甲骨学研究再辉煌新时期的早日到来。

表2-4　　　　　　1950—2005年殷墟出土甲骨文简表②

1950—1991年					
发掘时间	发掘单位	发掘地点	甲	骨	共计(片)
1950年春	考古所(筹备组)	四盘磨		1	1
1955年8—10月	河南省文物工作队	小屯村东		1	1
1955年8月	河南省文物工作队	薛家庄南地	1		1
1958年	考古所	小屯村西	1		1
1959年	考古所	大司空村		2	2
1959年	考古所	苗圃北地		1	1
1961年冬	考古所	苗圃北地	1		1
1962—1964年	考古所	苗圃北地		2	2
1971年12月	考古所	小屯村西		10	10
1971年	考古所	后冈		1	1
1973年3月	考古所	小屯村南	74	5251	5325

---

① 关于殷墟在1992年以后,历次甲骨出土情况,请参见王宇信《新中国甲骨学六十年》,中国社会科学出版社2013年版,第八章第一节"殷墟甲骨文的不断出土"。

② 1950年至1991年部分参见王宇信、杨升南主编《甲骨学一百年》,社会科学文献出版社1999年版,第50页;1992年至今部分参见中国社会科学院考古研究所编著《殷墟小屯村中村南甲骨》,云南人民出版社2012年版,第80—88页。

续表

1950—1991 年

发掘时间	发掘单位	发掘地点	甲	骨	共计（片）
1967—1977 年	考古所	小屯村北、中、南	4	10	14
1985 年秋	考古所	小屯村西北	2		2
1986 年春	考古所	小屯村中		8	8
1989 年秋	考古所	小屯村中	1	293	294
1991 年 10 月	考古所	花园庄东	574	5	579
小计	1950 年至 1991 年	12 处地点	658	5585	6243

1992 年至今

发掘时间	发掘单位	发掘地点	甲	骨	共计（片）
2001 年	考古所	花园庄东			3
2002 年	考古所	苗圃北地			1
2002 年	考古所	小屯村南			232
2004 年	考古所	小屯村南			1
2004 年	考古所	大司空村			1
2005 年	考古所	小屯村北			10
小计	1992 年至 2005 年	5 处地点			248

七　安阳殷墟以外地区出土的商代有字甲骨

殷墟以外地区也有商代甲骨文出土，主要地点是在河南郑州二里岗和山东济南大辛庄等商代遗址处。

1953 年，河南省文物工作队在郑州二里岗遗址，发现 2 片字骨，其中一牛肋骨上刻有 11 字："又土羊。乙丑贞，从受。十一月。"另一为残骨器，上有一"䖝"字，惜字骨出土地层不明，且原骨现已不知所终，为当前关于"郑亳"讨论的进一步深入，造成了极大的困难。（图 2-115）①

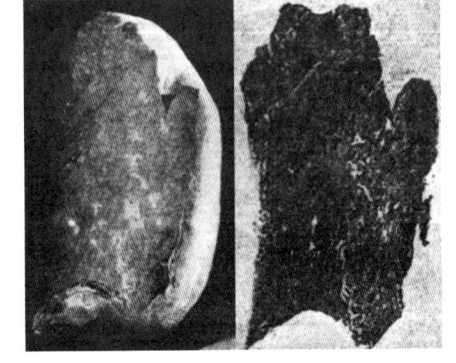

图 2-115　郑州二里岗出土字骨影本（左）；拓本（右）（参见《殷墟发掘》）

1989 年秋，河南省文物研究所在

---

① 参见李维明《郑州出土商代牛肋骨刻辞新识》，《中国文物报》2003 年 6 月 13 日；又参见李秀娜等《一个字与一代商都》，《中国文物报》2017 年 9 月 12 日。

郑州市水利第一工程局发掘商代灰坑时，发现有字动物肢骨，上刻二字，时代属二里岗上层时期。

1990年夏，河南省文物研究所在郑州电校基建工地发现1件用动物肋骨加工的骨料，上刻有划符号（或认为是文字）2个。[①]

2003年3月，山东大学东方考古研究中心等单位，在济南市大辛庄商代遗址进行考古发掘，发现有字甲骨7片，其中4片可缀合为1版较完整的龟腹甲，上刻有卜辞16条，共有文字34个。从占卜方式和卜辞字体看，此版甲骨与殷墟所出土甲骨风格基本一致，但有一些地方特色，其时代约在殷墟文化二、三期。[②]（图2-116）

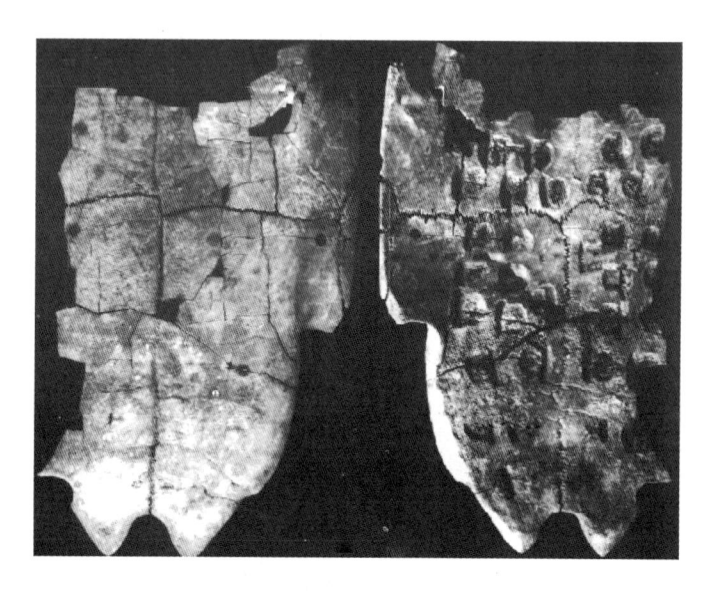

图2-116　山东济南大辛庄出土有字卜甲，正（左）、反（右）

（参见《中国甲骨学》）

八　国内外殷墟甲骨文收藏概况

1899年殷墟甲骨文发现以后，我国古代三千多年前的这一文化瑰宝，

[①] 参阅王宇信《新中国甲骨学六十年》，中国社会科学出版社2013年版，第八章第二节之三"河南郑州商代有字甲骨的再发现"。

[②] 参见方辉《济南大辛庄遗址出土商代甲骨文》，《中国历史文物》2003年第3期。

立即引起了海内外学术界的重视并竞相购藏。120年来，随时代的变迁和岁月的沧桑，公私藏家的甲骨反复易主，辗转流传。所幸"人非"，但仍"物故"，即历经百多年兵燹战乱的血火劫难和水灾震害的灭顶沉沦，甲骨基本没有遭受重大损失，仍然完整地保存在中国和世界各国的各大博物馆和公私藏家手中，与天地同在，与日月同辉！

（一）两岸三地崇甲骨，十三万片焕文明——甲骨文收藏在中国

在中国大陆，收藏甲骨的，共25个省市自治区，48个城市，98个机关单位和47个收藏家，共收藏甲骨约有10万片。

在中国台湾地区，收藏甲骨的单位有5个，私人收藏家3个，共收藏甲骨3万多片。

在中国香港地区，收藏甲骨的单位4个，收藏甲骨89片。

以上中国大陆地区、台湾和香港地区共收藏甲骨13万多片。

（二）甲骨文化传世界，日加骨多冠列国——甲骨文收藏在国外

1899年甲骨出土不久，就有不少流散国外，其基本情况是：

日本国外收藏甲骨，以日本为最多，计有31家单位，计收藏甲骨7667片，私人收藏家31个，计收藏甲骨4776片。总计日本共收藏甲骨12443片。（图2-117）

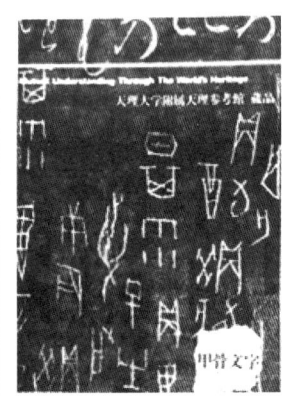

图2-117 《京都大学人文科学研究所藏甲骨文字》；《东洋文库所藏甲骨文字》；《天理大学附属参考馆藏品：甲骨文字》（从左至右）

加拿大：收藏甲骨数量仅次于日本，为1家收藏单位，共7802片。

英国，收藏单位有7家，私人藏家2个，共收藏甲骨3355片。

美国，收藏甲骨单位有21家，私人收藏家9个，公私收藏甲骨共1882片。（图2-118）

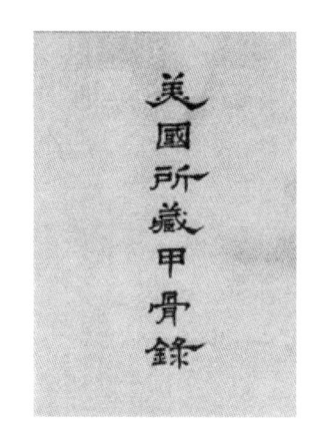

图2-118　《怀特氏等所藏甲骨文集》；《英国所藏甲骨集》；《美国所藏甲骨录》（从左至右）

德国，收藏甲骨单位2家，私人收藏家1个，公私共收藏甲骨715片。（图2-119左）

瑞典，收藏甲骨单位1家，共收藏100片。

瑞士，收藏甲骨单位1家，私人收藏家1个，共收藏90片。（图2-119左）

比利时，收藏甲骨的单位1家，共收藏7片。（图2-119左）

俄罗斯，收藏甲骨单位1家，共收藏199片。

法国，收藏甲骨单位有4家，私人收藏家1个，共收藏甲骨64片。（图2-119右）

新加坡，收藏甲骨单位1家，共收藏28片。

韩国，收藏甲骨单位2家，共收藏12片。

荷兰，收藏甲骨单位2家，共收藏13片。

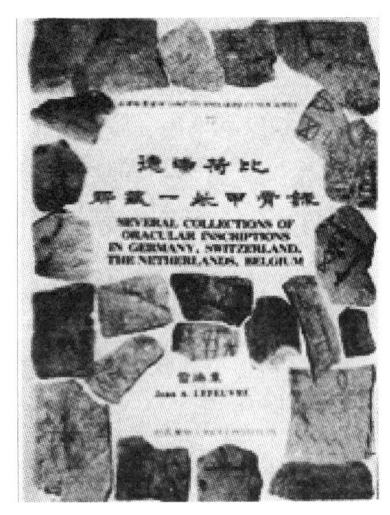

图 2-119 《德瑞荷比所藏一批甲骨录》（左）；《法国所藏甲骨录》（右）

（三）十五万骨五洲珍，优秀文明四海传——国内外收藏殷墟甲骨小结

自 1899 年，殷墟甲骨文出土以来，中国国内共收藏 13 万片左右，海外 13 个国家共收藏甲骨 26700 片左右。① 著名甲骨学家胡厚宣在《八十五年来甲骨文材料之再统计》（《史学月刊》1984 年第 5 期）文中说："举成数而言，我们可以说，八十五年来殷墟出土的甲骨文材料，总共约有十五万片。"

九 西周甲骨的发现

1949 年中华人民共和国成立以后，随着甲骨学研究的发展和考古发掘工作在全国各地的不断开展，西周甲骨也陆续在各地发现，从而打破了凡谈甲骨则必殷商的传统看法，在甲骨学研究领域形成西周甲骨学这一新分支学科。

1951 年，陕西郃县出土卜骨，上施圆钻 13 个，烧灼较小，钻凿形态与殷墟甲骨作风不同。（图 2-120）

1952 年，河南洛阳泰山庙 LTT53 出土卜甲 1 版，所施方凿与殷墟卜甲

---

① 其中 12 国收藏甲骨数据由胡厚宣先生统计，韩国数据由作者收集。

作风不同。

1954 年，山西洪赵坊堆村周代遗址发现卜甲 1 版，背面有钻窝 16 个，其制作与殷墟卜骨作风不同。正面文字八个，1956 年经甲骨学家李学勤考证，第一个确证此骨为西周初期之物。

1956 年，陕西西安丰镐地区张家坡西周遗址发现有字卜骨，有由数字即筮数组成的文字两行。

1955—1957 年，沣镐遗址的发掘中，又出土有字卜骨 2 版，一版上有一组数字，另一版上有两组数字（即筮数）。

1975 年，北京昌平白浮村发掘的西周墓，出土一批西周卜甲，其凿钻形态与殷墟甲骨不同。墓葬 M2 龟甲有两片刻有文字"贞""不止"字样。墓葬 M3 龟甲中亦有两片刻字，一片有"其祀""其尚。上下韦驭"。另一片为"史告"。（图 2－121）

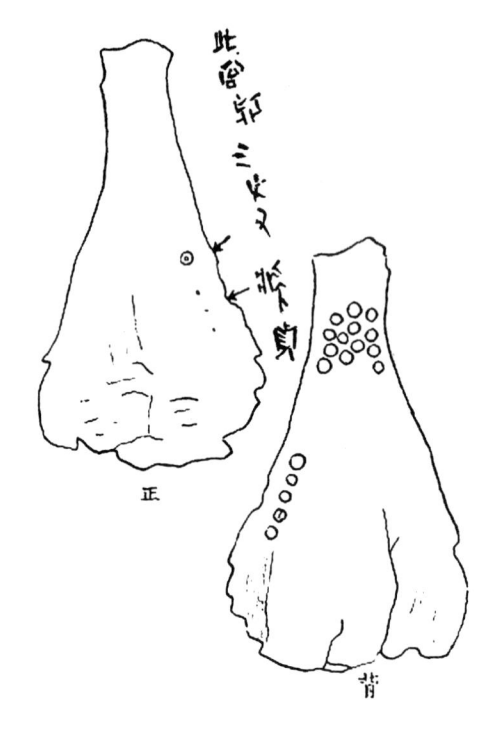

图 2－120　山西洪赵坊堆村周代遗址发现卜甲。释文："此宫□三止又疾，贞"（参见《西周甲骨探论》）

图 2－121　北京昌平白浮村西周墓出土卜甲。释文："其祀"（参见《西周甲骨探论》）

1977 年 10 月，陕西岐山凤雏村有西周甲骨的成批发现。17000 多片西周甲骨，出土于凤雏村甲组宫殿宗庙基址的西厢 2 号房内的灰坑 H31、H32 内。

甲组基址南北长 45.2 米，东西宽 32.5 米，总面积 1000 平方米。该建筑基址由门道、前堂和过廊居中，东西两边配有门房、厢房，整座基址左右对称，布局严整有序。东西厢房各有八间，南北两厢左右对称排列。前有走廊，台基与东西门房和后室大体在一个相同的水平面上（图 2-122）。西厢 2 号房 H11 出土甲骨 17000 余片，其中卜甲 16700 片左右，卜骨 300 余片，有字者共 280 多片（图 2-123）。窖穴 H31 共出土甲骨 400 余片，其中有字者 9 片。

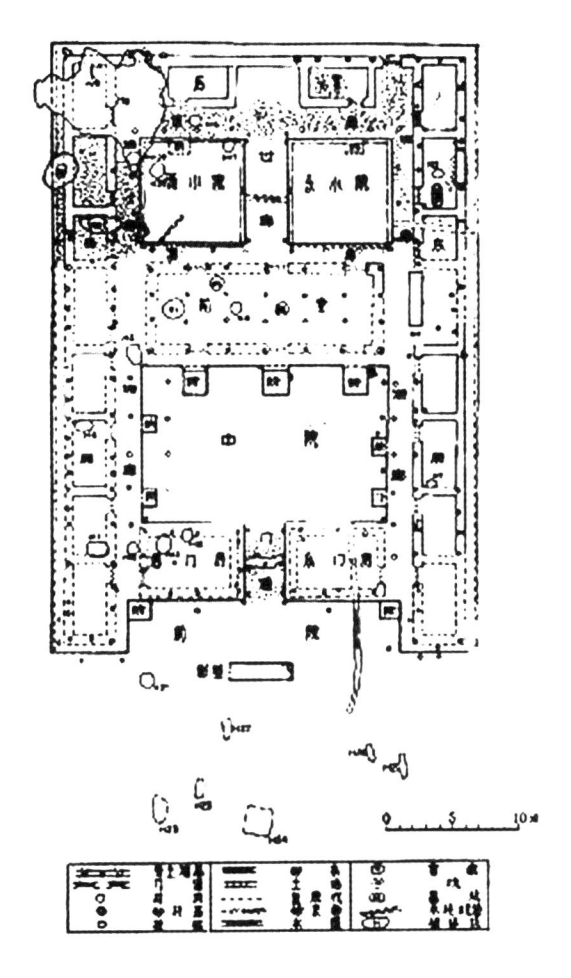

图 2-122 甲组基址平面图
（参见《陕西岐山凤雏村西周建筑基址简报》）

1979 年，陕西周原扶风县齐家村遗址发现西周甲骨共 22 件，其中 5 版上有文字。此前，此地出土过有字西周卜骨 1 片。（图 2-124）

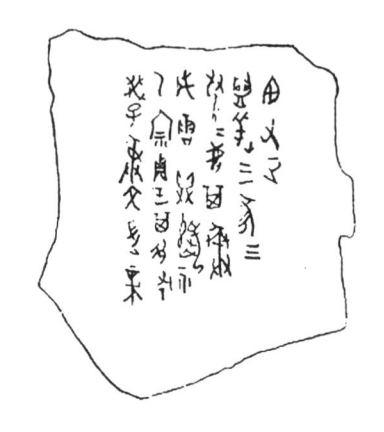

图2-123 陕西岐山凤雏村H11出土西周甲骨摹本（参见《西周甲骨探论》）

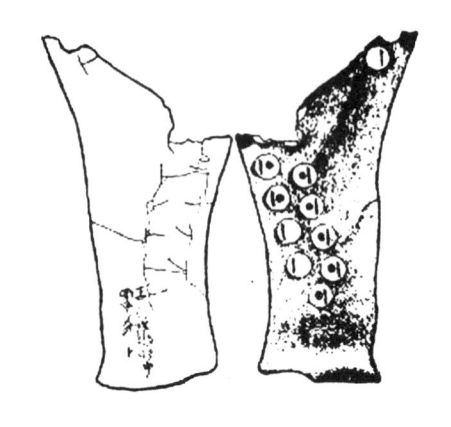

图2-124 陕西周原遗址扶风县齐家村NH1西周甲骨摹本，正（左）；反（右）（参见《西周甲骨探论》）

20世纪80年代，北京房山镇江营周代地层中出土刻辞卜骨残片，刻有6个数字（即筮数）。

1991年，河北邢台南小汪西周邢国遗址发现西周有字卜甲1件，上刻有文字10个。（图2-125）

图2-125 邢台南小汪西周遗址出土卜甲
（参见《河北邢台南小汪遗址西周刻辞卜骨浅识》）

1995年，北京房山琉璃河董家林村，西周燕国都城遗址北灰坑G11H108内，共出土甲骨数10片，其中3片刻有文字，一片刻有"其箙□□"4字。一片刻有"成周"2字；另一片刻有"用贞"2字。这3

片有字卜甲，至少分属两个以上龟的个体。（图2-126）

2002年至2003年初，陕西周原齐家遗址灰坑H90中，出土卜骨12件，其中022Q11A3H90：79上有文字37个。

2003年2月，陕西周原遗址的岐山周公庙发现有字卜甲C10④：1一版，卜甲上有两段刻辞共17字。

2005年夏，北京大学考古系等单位联合发掘周公庙遗址，在祝家巷地点、庙王村北地点、陵坡墓地南地点、白草坡墓地南地点等处，共清理出有字卜甲685片，共辨出文字1600多个。

2008年1月，河南洛阳东郊发现一片西周有字卜甲，卜甲长38.9厘米，柄部宽7.2厘米，肩部最宽处23.5厘米，卜骨正面三组刻辞共14字。[①]（图2-127）

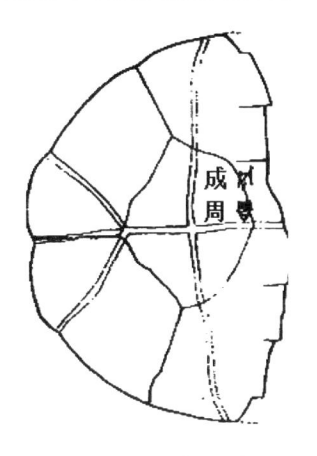

图2-126 北京琉璃河周代居址出土卜骨（参见《北京琉璃河出土的西周卜甲与召公卜"成周"——召公曾来燕都考》）

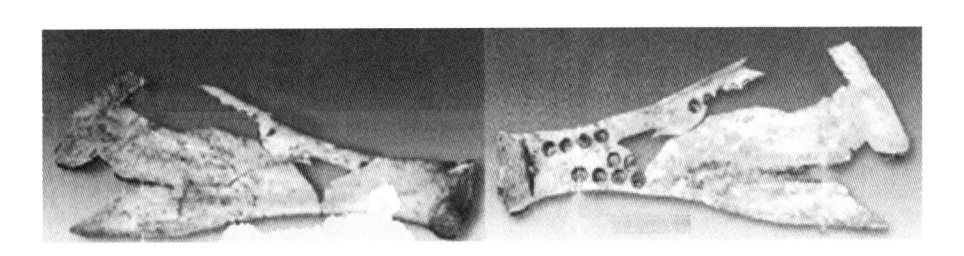

图2-127 洛阳东郊发现西周有字卜甲正（左）；反（右）

（参见《洛阳新获西周卜骨文字略论》）

《中国文物报》2010年2月5日报载，山东高青陈庄遗址发现西周刻辞卜甲，右尾甲刻"一八八一八八"筮数。

《光明日报》2018年1月15日讯，宁夏彭阳姚家塬于2017年6月发现

[①] 关于西周甲骨的新发现，请参见拙著《新中国甲骨学六十年》，中国社会科学出版社2013年，第412—415页。

中字形西周墓 M13 墓道内，发现西周有字胛骨一块含重文，共 35 字，钻凿整治作风与周原西周甲骨同（图 2-128）。

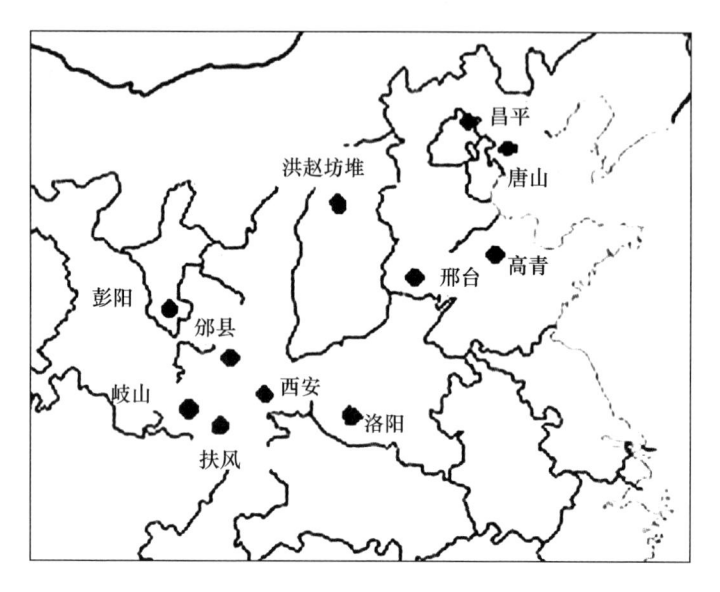

图 2-128 有字西周甲骨出土区域

第三章　120年来甲骨学研究取得了辉煌的成就

1899年甲骨文发现以后，由于它对人类文明进程的巨大影响，很快就引起了海内外有造诣的汉学家的重视。百多年来，经过几代学者的探索、开拓和创新，甲骨学研究走过了它发展道路上的草创阶段（1988—1928年）、发展阶段（1928—1937年）、深入发展阶段（1949—1978年）和全面深入发展阶段（1978年至今），取得了辉煌的成就，并向研究的新世纪再辉煌时期前进，已成为一门成熟的学科和国际性学问。（图3-1）

图3-1　王宇信《建国以来甲骨文研究》；胡厚宣《五十年甲骨学论著目》；王宇信、杨升南《甲骨学一百年》；宋镇豪《百年甲骨学论著目》（从左至右）

一　甲骨学研究的草创时期（1899—1928年）

这时期的甲骨学研究，是与甲骨文发现以后的"私人挖掘时期"（即"盗掘时期"）发展水平相适应的。海内外学者甲骨文的搜集、著录和对甲骨文的探索、研究，使甲骨学研究完成了其"草创时期"。学者们经过对甲骨文"识文字、断句读"的探索，把甲骨学推向了商史研究的高峰。在甲骨学研究的"草创时期"，甲骨文的著录、研究取得了一批重要成果。

（一）甲骨文的著录

甲骨文被王懿荣等学者鉴定购藏，虽然保护了我国古代文化珍品，但成了少数收藏家摩挲把玩的"秘不示人"古董，还不能成为供广大学者研究的史料和社会共享的文化财富。罗振玉、刘鹗等学者深谙此弊，千方百计把出土的甲骨进行著录出版并推向社会，使之成为广大学者的研究资料，推动了甲骨学研究"草创阶段"的发展。

1. 甲骨"奇宝"崇者稀，《铁》书第一传悠远

1901年，罗振玉在上海刘鹗家始见甲骨，"诧为奇宝"并"怂恿刘君（按：即刘鹗）亟墨拓，为选千纸付影印"。罗振玉深知把甲骨文录著公布的重要性，他"以谋流传之责自任"，"于是尽墨刘氏所藏千余，为编印之"，"则所以谋流传而悠远之者"。① 甲骨学史上第一部著录刘鹗《铁云藏龟》1903年的石印出版，罗振玉起到了很大的推动作用。（图3-2）

图3-2 罗氏见骨咤"奇宝"，《藏龟》第一谋流传（文/王宇信；图/薛永亮）

---

① 罗振玉：《殷虚书契前编·序》，《甲骨文研究资料汇编》，北京图书馆出版社2000年版（1912年上虞罗振玉玉永慕园日本影印本）。

附： **墨拓甲骨的基本知识**

（1）墨拓甲骨是出版著录书的准备工作

墨拓甲骨是用我国传统工艺——传拓技术将甲骨片上的文字真实、准确地再现于纸上的方法。甲骨拓片不仅便于保存，而且将其编辑成书，是印制甲骨著录并使之广为流传的重要手段，也是著录甲骨最重要的准备工作。（图3-3）

图3-3　甲骨拓本

（2）我国传拓技术的悠久历史

我国传拓技术有悠久的历史，至迟在南北朝梁元帝在位（公元552—554年）以前就发明了，隋唐时期更为发达。历城县魏明寺中有"词义最善"的《韩公碑》，时人以珍藏此碑拓本于枕中为荣，称为《麒麟函》。（图3-4）

（3）现存最早的拓本

唐代《石鼓文》拓本也广受读书人喜爱，大文学家韩愈曾为此专作《石鼓歌》。歌云：

张生手持石鼓文，

劝我试作石鼓歌，

……

公从何处得纸本，

毫发尽备无差讹！

图 3-4 《韩公碑》拓迷世人，枕中珍藏号"麒麟"
（文/王宇信；图/薛永亮）

可见当时传拓技术之精和拓本流传之广！现存世之甘肃敦煌莫高窟藏经洞中发现的《九成宫醴泉铭》，应是保存于世的最早拓本。（图 3-5）

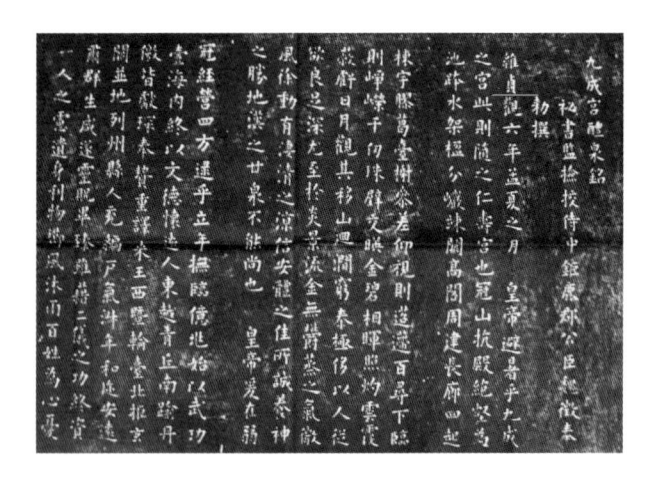

图 3-5 《九成宫醴泉铭》拓本

（4）传拓工具

扑子：上墨用，可根据所拓甲骨片形大小自己制作，用白绸布包棉花球（棉球外包不渗水蜡纸，以防棉花渗入墨汁），球直径为 2 厘米、1厘米、0.5厘米均可，视所拓甲骨片形大小而定。

纸：纸以软而韧性强者为佳，用安徽特产之"六吉棉连"为最好。

油泥：为将所拓甲骨置于托板之上固定用，或支于甲骨与托板间悬空处，以防椎拓时甲骨受压断裂。建筑业安装玻璃之桐油与石灰和成之"油泥"（或儿童玩具所用之橡皮泥亦可代之）可随处购得。

托板：固定甲骨用的底座，平木板或玻璃板均可。

白芨：白芨为中国传统医学的一味中草药，可从中药铺购买。将白芨用温水浸泡后，其水液具有黏性，涂在所拓的甲骨表面上可粘附拓纸，待干燥后椎拓时，拓纸不会与甲骨分离。而拓毕从甲骨上揭取拓片时，既易揭下，又不会像糨糊那样难于揭取而伤损拓本。

毛笔：干净毛笔一两支，蘸涂白芨水或清水用。

毛刷：清洗所拓甲骨表面及将拓纸敲入所拓甲骨之字口内所用。有鬃刷和女子发辫所制之刷，规格不同者二把至四把。

徽墨：传拓甲骨所用之墨，最好不用现在文具店常售的瓶装"一得阁"墨汁，宜用胶性较小的好墨在砚台上随用随研为佳。当年《甲骨文合集》墨拓甲骨所用之墨，乃故宫博物馆院学者所赠宫中之墨。研墨后墨香洋溢，使人心旷神怡，甲骨拓片上至今尚留余香。

（5）传拓技法

固定拓纸：将经过清洗后的甲骨固定于拓板上，用毛笔蘸白芨水遍涂甲骨表面，再将拓纸敷于所拓甲骨上。待拓纸略干燥后，用右手拇指、食指轻捏小毛刷柄端，刷面垂直，上下挥刷轻敲所拓甲骨拓纸，使接触文字之纸面陷入甲骨文字字口。

施拓要领：将蘸少许墨之扑子在砚面轻叩，使墨在扑面匀散。再用蘸墨之扑子在拓纸上轻叩，使墨痕均匀，切不可使字口浸墨或纸面出现墨斑。上墨时，一般上墨三遍，从而逐渐使甲骨文字字口清晰，无字处墨色匀净。拓毕揭下，并写好藏品编号。认真观察甲骨反面或骨臼等处，看是否有文字遗留，再拓出反面文字或有字骨臼，与原版正面共编一号，注明正、反或白号。（图3-6）

图 3-6　著名甲骨学家刘一曼在检核拓本

2.《藏龟》开山著甲骨，洋人密锣震世界

（1）中国学者忙搜骨，西洋东洋发文多

1899 年王懿荣发现甲骨文和 1903 年《铁云藏龟》的出版，使河南有古代文物新发现的重大消息不胫而走，一些大官僚和学者竞相购藏。与此同时，美国人方法敛、美国人库寿龄、德国人威尔茨、日本人林泰辅等也大批购藏甲骨。一些外国人，还迫不及待地把中国新发现甲骨文的重大新闻介绍到国外。诸如：

1906 年，美国人方法敛《中国原始文字考》在美国《卡内基博物馆报告》第 4 期（英文）发表。

1909 年，日本人林泰辅《清国河南汤阴发现之龟甲兽骨》在《文学杂志》第 20 卷第 8、9、10 期上（日文）发表。

1910 年，日本人福冈谦藏《古羑里城出土龟甲之说明》在《史学研究会讲演集》（第 3 册）发表。

1911 年，法国人沙畹《中国古代之甲骨卜辞》在《古物杂志》十月号（法文）发表；英国人金璋《最近发现之周朝文字》在《英国皇家亚洲文会》十月号（英文）发表。

1912 年，英国人金璋《骨上所刻之哀文与家谱》十月在英国出版和《中国古代之皇家遗物》在《人类杂志》四月号（英文）发表。

1913年，德国人穆勒《中国古代卜骨论》在《人类学杂志》第6期（德文）发表；德国人勃汉第《中国古代之卜骨》在某德文杂志第4卷第1期发表；英国人金璋《古代刻文中龙龟研究》7月在英国出版。

（2）学者汲汲搜甲骨，暂缓考释陌社会

就在外国人向英国、美国、法国、德国和日本等发达的资本主义国家学术界大力介绍中国甲骨文这一重大发现，并引起了广泛注意的时候，而中国学者只有孙诒让据1903年出版的《铁云藏龟》进行研究。1904年，他撰著了《契文举例》，但只是稿本在罗振玉等少数学者中传阅，直到1916年才出版面世。罗振玉虽于1907年对甲骨开始研究，"谛审既久，渐能寻绎其义"，但直到1910年才出版了《殷商贞卜文字考》等为数不多的研究著作。这是因为他认为"骨甲古脆，文字易灭"，"不汲汲搜求，则出土之日，即澌灭之期"，因此力主"搜求之视考释为尤急矣"。中国学者们都忙于搜藏甲骨，因而少有整理、研究和介绍甲骨的著作问世，造成了社会上一度对此重大发现全然无知。

（3）罗振玉"工不厌精"，珂罗版费不计昂

《殷虚书契》1913年出版。罗振玉鉴于1903年出版的《铁云藏龟》石印本印制不精，而他本人于1911年出版的《殷虚书契》（《国学丛刊》仅发表前3卷）不全，所以决定在日本将他"寒夜拥炉，手加毡墨"所拓的甲骨拓本，编成《殷虚书契》（对罗氏其后印制的甲骨著录而言，即简称为《前编》）。全书共8卷，共收录甲骨2221版，于1913年印成4册出版。此书以珂罗版精印，所收甲骨文字显现效果极佳，较《铁云藏龟》石印本的清晰程度要判若云泥了。

其后，《殷虚书契菁华》（简称《菁》）1914年出版，所收精华部分有1911年罗振常在小屯所收"骨片大王"（《菁》2）等精品，即罗振玉所说"箧中所存最大之骨，尚未拓墨，盖骨质至脆，惧或损文字也。然又不忍使淹没不传，爰影照精印"。

《铁云藏龟之余》（简称《铁余》）1915年出版。罗振玉不忘故旧，"欲揭君（按：即刘鹗）流传之功以告当世"，将刘鹗所遗甲骨拓本整理成《铁云藏龟之余》，用珂罗版精印出版，"以旌君（按：即刘鹗）之绩，以慰君于九泉"。

《殷虚文字后编》（简称《后》）1916年出版，共收甲骨拓片1104版。即1916年罗振玉从日本回国踏访殷墟后，"尽出所藏骨甲数万，遴选《前编》中文字所未备者，复得千余品"编成。当年，又印行出版了《殷虚古器物图录》（简称《殷图》）。

《殷虚书契续编》（简称《续》）1933年出版。《殷虚文字后编》出版十多年之后，1933年罗振玉又编成了《殷虚书契续编》。罗振玉曾千方百计搜求海内外甲骨藏家之拓本，搜得近三千余版，"乃以一月之力，就此三千余版，选三之二，成书六卷"珂罗版精印出版。

1911年至1919年，罗振玉举家在日本期间，靠"鬻长物"，维持全家生计，生活相当窘迫。但他为了印制《前》《后》《续》《菁》《铁余》等甲骨著录和其他古代典籍，"方谋所以流传者"，工不厌精，费不计昂，致使家中"所蓄已罄"，时常断炊，以至锅底少见柴烟之灰，锅中的清汤可供鱼游。家中之人对罗振玉十分理解地笑言：为印书，家中穷得断了炊烟，"故炉灶几不黔，今行见釜鱼矣！"

（4）《前》《后》促骨出书斋，私家珍藏泽社会——其他学者出版的甲骨著录

罗振玉自1911年出版了《前》以后，陆续出版了《后》《菁》《铁余》《殷图》等书，为把甲骨文从学者的书斋推向社会做出了贡献，并带动了其他甲骨收藏家，纷纷把自己私人收藏的甲骨贡献给社会广大学者进行研究。

1925年，叶玉森出版了《铁云藏龟拾遗》（简称《铁遗》）。同年，王襄出版了《簠室殷契征文》（简称《簠》）。

（5）外国学者著甲骨，摹本拓本供研究

一些外国学者，也陆续把收得的甲骨文著录出版，提供给社会上更多的学者研究。

①明义士出版了《殷虚卜辞》

1917年，加拿大人明义士把在安阳小屯收得的甲骨作成摹本，编辑成《殷虚卜辞》（简称《虚》），由上海别发洋行石印出版。

②林泰辅出版《龟甲兽骨文字》

1917年，日本人林泰辅把收藏的甲骨传拓，编辑出版了《龟甲兽骨文

字》(简称《龟》),并作有考释。他出版的《龟》一书,是他本人及日本商周遗文会、稽古斋、听冰阁、继述堂等诸家收藏大量拓本选编而成。日本甲骨学家林泰辅初见 1903 年出版的《铁云藏龟》时,颇疑书中所收甲骨为伪品。后来日本东京文求堂书店收得小屯所出甲骨百余片展卖时,林泰辅从中买走 10 块,进行研究后,认为不伪,就相信其确为真正的古代文字。在仍有一些日本学者认为甲骨文是伪品的情况下,林泰辅力排众疑,又买了 600 多版甲骨。

1918 年,林泰辅曾来中国旅行,并赴安阳小屯村考察殷墟和搜集甲骨。林泰辅为日本搜集、著录和研究甲骨文的第一人。林氏逝世后,所藏甲骨尽归东洋文库。(图 3-7)

图 3-7　林翁初疑《藏龟》伪,文求冰释得骨真

(文/王宇信;图/薛永亮)

③《戬寿堂所藏殷虚文字》出版

1917 年,犹太籍英国富商哈同夫人罗迦陵,在上海哈同花园所设"戬寿堂藏书楼",收得原刘鹗所藏散佚后的一批甲骨,由时受其所设仓圣明智大学聘任的王国维,选编成《戬寿堂所藏殷虚文字》(简称《戬》)及《考释》出版。(图 3-8)

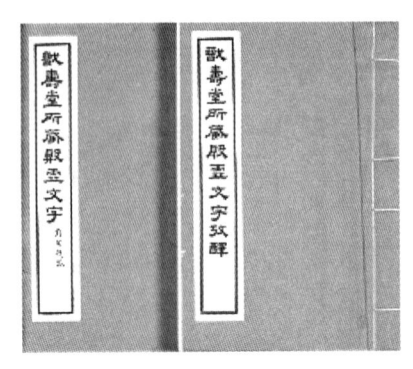

图 3-8 《戬寿堂所藏殷虚文字》及其《考释》(左);哈同花园(右)

附: 　　　　　　　　　　出版印刷知识

石印:平版印刷术之一。利用水油相拒原理,以天然多孔的石印石作版材,用脂肪性的转写墨直接把图文描绘在石面上(或通过转写纸转印于石面上),再经过处理,即成印版。印刷时,先用水湿润版面,只有图文部分能附着油墨。1903 年出版之《铁云藏龟》即为石印,因而拓本不清,并有油渍痕。(图 3-9、图 3-10)

图 3-9 《铁》5.3 　　　　　　　　图 3-10 《铁》5.4

珂罗版:英文译音,照相平版印刷术之一。因用磨砂玻璃作版材,故又名"玻璃版"。制版时,以无网阴图底片覆在涂过感光胶膜的玻璃版上曝光,印版面上各部分的胶膜感光后硬化程度不同,湿润后形成不规则的纤细皱纹,具有不同的吸附力,吸墨量的大小则与感光程度成正比,因而能达到原作的浓淡层次,从而使复制品的色调能毕肖原稿,适宜复制单色或彩色绘图、手迹和重要文献等。罗振玉《前》《菁》《铁余》等书,即用此工艺印刷,效果极佳。郭沫若主编《甲骨文合集》1982年版,亦用此种工艺印刷。(图3-11、图3-12)

图3-11 《合集》33083　　　　图3-12 《合集》15185

胶印:亦称橡皮印刷,平版印刷术之一。把金属平版图之上的油墨,经由包橡皮布的滚筒转印到纸上的间接方向。因橡皮有弹性,即使纸面稍粗,也能将精细的图文印得清楚。20世纪90年代,重印之《甲骨文合集》,即用此种工艺,效果较初版之珂罗版《合集》差得很多。

摹本:即用笔将甲骨片上的文字原形、片形摹写于纸上,是解决不会传拓甲骨或传拓工具不备,临时记录甲骨内容的一种便通办法。

(1) 摹写甲骨实物:将甲骨片形勾勒于纸上。再在甲骨原大的片形框内,相应部位摹写出甲骨片上的字形。

(2) 摹写甲骨拓本:将薄纸(硫酸纸较透明且韧,效果最佳)覆盖于拓片上,先勾出片形轮廓,再描摹显现出之拓片上的文字。切忌覆纸移位。

摹写甲骨摹本:甲骨摹本再摹,方法与描摹拓本同。(图3-13)

比较:传统椎拓技法制作甲骨拓片,字口处呈白色,而骨面无字处呈黑色。黑白分明,极便识读文字。但制作拓本费工耗时,有时拓印不精,文字字口被墨渍浸染,或甲骨低凹不平处,文字难以墨拓清楚;摹本制作方便,文字显明。但有时制作者会将文字笔划摹错或遗

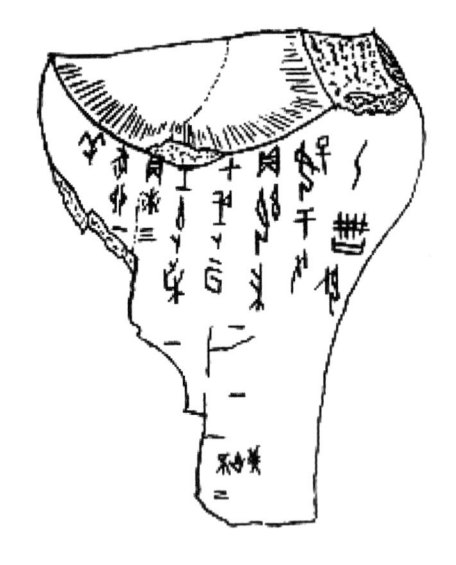

图 3-13 《合集》39521 正（摹写）

漏文字。二者以拓本效果为佳，但摹本制作快捷。

3. 小结

1899—1928 年以前的"甲骨学研究草创时期"，海内外先后出版的甲骨著录有《铁》《前》《后》《菁》《铁余》《殷图》《虚》《龟》《戬》等，共著录甲骨 9919 片，约占"非科学发掘时期"所出 10 万余片甲骨的十分之一。甲骨学大师胡厚宣指出："发表的材料，虽然只占全部出土甲骨文字的十分之一，但重要的材料，已经公布不少，这对开展甲骨文的研究，有很大作用。"①

（二）甲骨文研究

学者们对文献失载的甲骨文，进行了筚路蓝缕的探索、研究。经过孙诒让、罗振玉、王国维等学者的努力开拓和拓展，终于走完了甲骨学发展道路上的"草创时期"（1899—1928 年），为甲骨学的"发展时期"（1928—1937 年）奠定了基础。

1. 甲骨文时代的考定

王懿荣作为甲骨文的发现者，鉴定甲骨文字"确在篆籀之间"是有可能的，因为王氏是清末著名金石学家。但后人说他当时已知甲骨文为"商代卜骨"并不尽然。因为王懿荣 1899 年秋和 1900 年春、夏三次收购甲骨，尚没有来得及进行研究，就在 1900 年秋壮烈殉国了。王懿荣没有留下有关甲骨的研究文字可查。

刘鹗 1903 年在《铁云藏龟·自序》中最早指出，甲骨文是"殷人刀笔文字"，为商朝遗物。但刘鹗的看法在当时并未得到公认。

---

① 胡厚宣：《殷墟发掘》，学习生活出版社 1955 年版，第 37 页。

罗振玉在《铁云藏龟·序》(1903年)中,曾一度认为甲骨文为"夏殷之龟"。众所周知,夏代为公元前21—前16世纪,商朝为公元前16—前11世纪。甲骨时间跨夏、商两代,即公元前21—前11世纪,似嫌时间太长。

其后孙诒让1904年在《契文举例·自序》中认为,甲骨文时代为"周以前",与罗振玉以上看法基本相同,但更为笼统。

直到1910年,罗振玉在《殷商贞卜文字考·自序》中才正确指出:"于刻辞中得殷帝王名谥十余,乃恍然悟此卜辞者,实为殷室王朝之遗物。"

甲骨文为晚商遗物的共识,虽然1911年还有个别学者写了题名《最近发现之周朝文字》(方法敛《英国皇家亚洲文会杂志》1911年),仍认为甲骨文是周代的,但由于甲骨文出土益多和研究的深入,甲骨文为晚商遗物就为学术界所广泛接受了。

甲骨文时代的确定,为其出土地安阳小屯村为晚商都城的确定和甲骨文断代研究,以及作为商代第一手珍贵史料研究商朝历史很有意义。

2. 甲骨文出土地的追踪及其为晚商都城殷墟的考订

(1) 不知确切出土处的甲骨文

古董商为垄断甲骨的出售以求高价,故意声东击西,把甲骨文出土地说成是河南卫辉,或说成是汤阴等地。因此,自1899年甲骨文发现后,甲骨收藏家们就相信其说,一直也不知甲骨文的真正出土地为何处。(图3-14)

图3-14 货源垄断跑舌簧,藏家雾里寻庐山

(文/王宇信;图/薛永亮)

(2) 罗振玉始知甲骨出土于安阳小屯村

1908 年，罗振玉购买甲骨，"博观龟甲兽骨数千枚，选其尤殊者七百"。与此同时，也第一次从"估人之来自中州者"范某口中，"询知发现之地，乃在县西五里之小屯，而非汤阴"。

①罗振玉始派古董商直接去安阳小屯村收购甲骨文

罗振玉知道甲骨出土地为安阳小屯村以后，1909 年直接派古董商祝继先等去安阳小屯村收购甲骨，所获甚众。祝继先虽口吃，但能辨识甲骨真假，当地村民称他为"祝吃吧"。

②罗振玉继派亲属直接去安阳小屯村坐地收购甲骨文

1911 年春，罗振玉又派堂弟罗振常、妻弟范恒轩去安阳小屯村收购甲骨，先后两批送京甲骨甚多，从而使罗振玉在甲骨收藏家中，成为购藏甲骨数量最多者。罗振常时为四十余岁壮年，因个子不高，长相又似日本人，故村民称他为"日本罗"。（图 3-15）

图 3-15 雪堂访知出骨地，贾人被派小屯村

（文/王宇信；图/薛永亮）

(3) 小屯殷墟为晚商武乙、文丁、帝乙三王都城的初步考订

1908 年，罗振玉虽然确定了甲骨文出土之地为河南安阳小屯村，也明确了此地应为商"武乙之虚"。但经过深入研究甲骨后，1913 年罗振玉又进一步确定小屯村即"洹水故虚，旧称亶甲。今证之卜辞，则是徙于武乙，

去于帝乙"的晚商武乙、文丁、帝乙三王都城。

（4）殷墟由晚商"三王"都城扩大为晚商"八世十二王"都城

1915年，王国维继续深入研究，在《说殷》中指出："殷之为洹水南之殷墟，盖不待言。""今龟甲兽骨出土，皆在此地，盖即盘庚以来殷之旧都。""而殷墟卜辞中所祀帝王，讫于康祖丁，武祖乙、文祖丁。罗参事（按：即罗振玉）以康祖丁为康丁，武祖乙为武乙，文祖丁为文丁，其说至不可易。则帝乙之世，尚宅殷墟。"经过王国维、郭沫若、陈梦家等学者的进一步研究，安阳小屯村殷墟，不仅是晚商武乙、文丁、帝乙时的都城，而且是整个商代晚期，即盘庚迁殷至商纣灭国的八世十二王，历时273年的晚商都城（公元前14—前11世纪）。此后，殷墟晚商都城说为海内外学者所公认。

王国维在《说殷》中说道：

《书》疏引《汲冢古文》云："盘庚自奄于殷，在邺南三十里。"《史记索隐》引《汲郡古文》：盘庚自奄于北蒙，曰殷虚，去邺三十里。今本《纪年》作：自奄迁于北蒙，曰殷。无"在邺南三十里"六字。束皙以《汉书·项羽传》之"洹水南殷虚"释之，见《书》孔疏。今龟甲、兽骨出土皆在此地，盖即盘庚以来殷之旧都。《楚语》白公子张曰："昔殷武丁能耸其德，至于神明，以入于河。自河徂亳。"盖用《逸书·说命》之文。今伪古文《说命》袭其言。《书·无逸》称"高宗旧劳于外"，当指此事。然则小乙之时，必都河北之殷，故武丁徂亳，必先入河，此其证也。《史记》既以盘庚所迁为亳殷，在河南，而受辛之亡，又都河北，乃不得不以去亳徙河北归之武乙，今本《纪年》袭之。然《史记正义》引古本《竹书纪年》云："自盘庚徙殷，至纣之亡，七百七十三年（笔者注，应为二百七十三年），更不迁都。"虽不似竹书原文，必檃括本书为之，较得事实。乃今本《纪年》于武乙三年书"自殷迁于河北"，又于十五年书"自河北迁于沫"，则又勦《史记》及《帝王世纪》之说，必非汲冢本文也。要之，盘庚迁殷，经无"亳"字；武丁"徂"亳，先入于河；洹水之虚，存于秦世。此三事，已足证《书序》及《史记》之误。而殷虚卜辞中所祀帝王，讫于康祖丁、武祖乙、文祖丁，罗参事以康祖丁为康丁，武祖乙为武乙，文祖丁为文丁，其说至不可易。①

（5）确定小屯村为晚商都城的意义

罗振玉关于甲骨文确切出土地为小屯村的查明及其为晚商都城的研究，是他为甲骨学“草创时期”所做出的巨大贡献之一，也为甲骨文的大批搜购及中央研究院1928年起大规模科学发掘殷墟甲骨文提供了契机。

3. 甲骨文字的性质及文字研究

（1）甲骨文用途的认识

①罗振玉对甲骨文为“贞卜文字”的判断

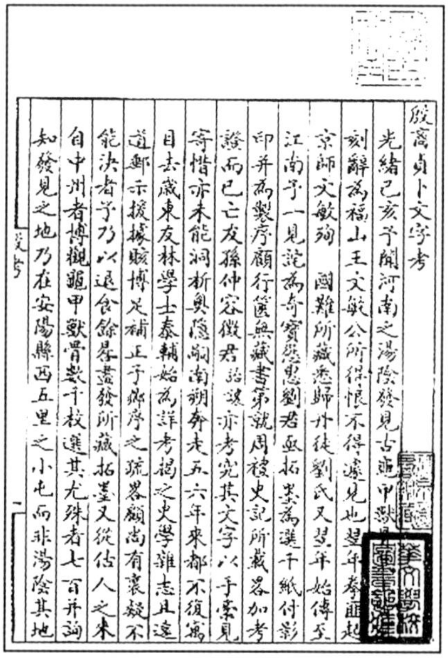
殷商貞卜文字考
光緒己亥予聞河南之湯陰發見古龜甲獸
刻辭為福山王文敏公所得恨不得遽見也翌年拳匪起
京師文敏殉　國難所藏悉歸丹徒劉氏又翌年始傳至
江南予一見詫為奇寶慫慂劉君亟拓墨為選千紙付影
印并為製序顧行篋無藏書第就周禮史記所載略加考
證而已亡友孫仲容徵君詒讓亦考究其文字以手稾見
寄惜亦未能洞析奧隱嗣南朔奔走五六年來都不復寓
目去歲東友林學士泰輔始為詳考揭之史學雜志且遠
道郵示援據賅博足補正予曩序之疏略顧尚有褱疑不
能決者予乃以退食餘晷盡發所藏拓墨又從估人之來
自中州者博觀龜甲獸骨數千枚選其尤殊者七百并詢
知發見之地乃在安陽縣西五里之小屯而非湯陰其地

图3－16　《殷商贞卜文字考·序》

1901年罗振玉在上海刘鹗家初见甲骨文——这些新发现的“汉以来小学家若张、杜、杨、许所不得见”②的文化瑰宝时，就以他的学识，敏锐地判定其为“贞卜文字”（《铁余·序》1915年）。1903年他在《铁云藏龟·序》中就指出，甲骨文为“骨卜之原始”。其后，1910年出版的研究著作《殷商贞卜文字考》就以“贞卜”为名，并在书中列“卜法第三”，专章“求古代之卜法”（《殷商贞卜文字考·自序》）了。（图3－16）

②罗振玉关于甲骨文用途的判断，得到了学者们的公认：

1917年，加拿大甲骨学家明义士出版的甲骨著录就以《殷虚卜辞》为书名了。

1928年，甲骨学大师董作宾也曾以“卜辞”名甲骨，写出了《新获卜辞写本》的论文。

① 正文来源于王国维《说殷》，《观堂集林》，河北教育出版社2003年版。

② 董作宾、胡厚宣：《甲骨年表·罗振玉光绪二十八年栏》，商务印书馆1937年版。

1933年，甲骨学大师郭沫若出版了《卜辞通纂》，也以甲骨文的用途命其书名。

（2）甲骨文字研究——"识文字、断句读"的探索和开拓

①甲骨文研究第一人：孙诒让

1904年，著名国学大师、金石学家孙诒让见《铁云藏龟》所著录之甲骨文，至为惊喜。他"不意衰年，睹此奇迹，爱玩不已。辄穷两月之力校读之，以前后复重者互相宷绎，乃略通其文字"（《契文举例·自序》），完成了《契文举例》。

孙诒让仅据《铁云藏龟》一书著录的甲骨，研究了（一）日月；（二）贞卜；（三）卜事；（四）鬼神；（五）卜人；（六）官氏；（七）方国；（八）典礼；（九）文字；（十）杂例。

孙诒让开拓性的研究著作《契文举例》，较罗振玉1910年出版的《殷商贞卜文字考》的研究要早了六年，使他成为甲骨学研究第一人。（图3-17）

②罗振玉的甲骨文字研究

甲．从"怀疑不能决者"开始，到《殷商贞卜文字考》完成

1910年，日本汉学家林泰辅将其甲骨学研究论作寄给罗振玉，罗氏深感其作品"足补其曩日《铁云藏龟·序》之疏略，唯尚有怀疑不能决者"。为此，罗振玉全面研究了当时所能见到的甲骨文。"乃以退食余晷，尽发所藏拓墨。又从估人之来自中州者，博观龟甲兽骨数千枚"后，进一步认识到甲骨文"其文字虽简略，然可证史家之违失，考小学之源流，求古代之卜法"的重要价值。"爰本是三者，以三阅月之力，为考一卷。凡林君（按：即林泰辅）之所未达，至是乃一一剖析明白"，这就是他1910年出版的《殷商贞卜文字考》。

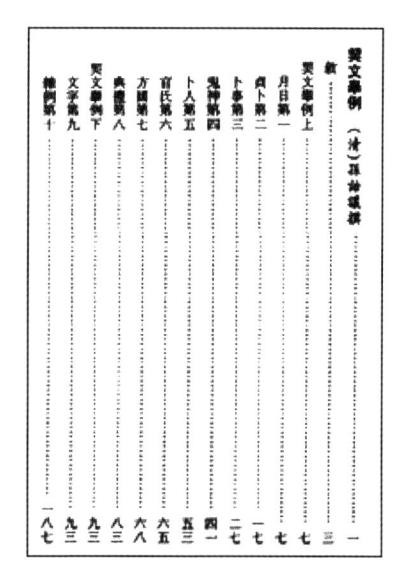

图3-17 《契文举例》目录

附：　　　　　　　　《殷商贞卜文字考》目次

考史第一：（一）殷之都城；（二）殷帝王之名谥。

正名第二：（一）籀文即古文；（二）古象形字因形示意，不拘笔划；（三）与金文相发明；（四）纠正许书之违失。

卜法第三：（一）贞；（二）契；（三）灼；（四）致墨；（五）兆坼；（六）埋藏；（七）骨卜。

余说第四。

乙．罗振玉全力收购甲骨文并期待着"博识者"

罗振玉虽然较早见到孙诒让《契文举例》1904年完成所赠之稿本（此书1916年才在上海正式出版），感到孙氏此书"然其札记则未能阐发宏旨，予至是始有自任意"，进行甲骨文字的考释研究。但因自己"彼时年力甚壮，谓岁月方久长，又所学未邃"，因而"意斯书（按：指《铁》）既出，必有博识如束广微者（按：即西晋时代文学家束晳，汲冢竹书的整理者），为之考释阐明之，固非曾曾小子所敢任也"（《殷虚文字前编·自序》，1912年）。

丙．搜求之视考释，不尤急欤——先搜求保护甲骨文

此外，罗振玉深感甲骨文这种"宝物之幸存者有尽。又骨甲古脆，文字易灭。今出世逾十年，世人尚未知其贵重。不汲汲搜求，则出土之日，即渐灭之期。"因而"则搜求之视考释，不尤急欤！"（《前·自序》）因此，直到1911年冬罗氏举家赴日本前，他把主要力量都用在了殷墟甲骨文的大力搜购上，而没有集中全力进一步对文字考释研究。

丁．见多识广——"于旧所知外，亦别有启发"

1911年罗振玉赴日本后，以一年之力，集中精力整理并用珂罗版精印《殷虚书契》（八卷本）。在此期间，他不仅对《契文举例》一书的不足有所认识，而且对自己1910年出版的《殷商贞卜文字考》也"已而渐觉其一二违失。于旧所知外，亦别有启发，则以所见较博于畴昔"（《前·自序》1912年）。

戊．必须改变学术界"书既出，群苦其不可读也"的尴尬状况

1914年，罗振玉就深感甲骨文"今出世逾十年，世人尚不知其贵重"

(《前》自序)。之所以如此，是由于甲骨文的著录"书既出（按：指1903年出版之《铁》及他本人1911年出版之《前》3卷《国学丛刻》本），群苦其不可读也"。因此，为了改变这种尴尬状况，他"发愤为之考释"，集中精力，杜门谢客，"发愤键户者四十余日，遂成《考释》六万余言"（《殷虚书契考释·自序》1914年)，这就是甲骨学史上考释文字的名作——《殷墟书契考释》的完成。(图3-18)

己．"文字既明，卜辞乃可得而读"

《殷虚书契考释》的目录是："一、都邑；二、帝王（共考释卜辞中先王、先妣名号36个）；三、人名（共考释卜辞中人名78个）；四、地名（共考释卜辞中地名193个）；五、文字（共列举卜辞中形、声、义可考文字485个）；六、卜辞（共通读卜辞655条，分祭祀、征伐、田猎、风雨、出入、卜告、卜年、卜敦等8类，皆用今楷书写。真乃是'文字既明，卜辞乃可得其读'）；七、礼制；八、卜法。"

图3-18 《殷虚书契考释》

总计《殷虚书契考释》共释出文字485个，较1910年出版的《殷商贞卜文字考》前进了一大步，为甲骨学的进一步深入研究奠定了基础。

庚．《增订殷虚书契考释》——罗振玉甲骨文字考释的集成（图3-19)

1927年，罗振玉又将《殷虚书契考释》进一步增订，出版了《增订殷虚书契考释》。该书中，收入了罗氏最新研究成果，从而使先妣、帝王名增至39个，人名增至96个，地名增至230个，文字增至560个。

学者高度评价《增订殷虚书契考释》一书的价值："有了这个基础，我们才有可能从杂乱无章的许多卜辞中通读它们。由于通

图3-19 《增订殷虚契考释》

读卜辞,我们才能从卜辞中抽出有用的历史材料。"①

辛. 此中甘苦寸心知

罗振玉为创通甲骨学的阃奥,全身心地投入了创造性的文字破解研究工作中。诚如他自己所说:"予爱始操觚,迄于观成,或一日而辨数文,或数夕而通一义。譬如冥行长夜,乍睹晨曦。既得微行,又蹈荆棘。积思若痗,雷霆不闻。操觚在手,寝馈或废。"《殷虚书契考释》一书的完成,可谓"此中甘苦寸心知!"

③其他学者的甲骨文字考释工作

在罗振玉"导夫先路",即在《殷虚书契考释》及《增订考释》开创的甲骨文"识文字,断句读"研究的基础上,其他学者们也为甲骨卜辞的通读做出了不少贡献。

甲. 王国维

王国维1915年开始发表《殷虚卜辞中所见地名考》(刊《雪堂丛刊》)等一些列考释甲骨文字的论作。其后,又不断有新作面世:

1917年发表了《殷卜辞中所见先公先王考》和《殷卜辞所见先公先王续考》(收入《观堂集林》第九卷)。

1917年5月又专作有《戬寿堂所藏殷虚文字考释》一卷(单行本附《戬》书后)。(图3-20)

1919年王国维作有一系列甲骨文字研究论文《释星》《释旬》《释西》《释物》等(收入《观堂集林》卷六)。

图3-20 《戬寿堂所藏殷虚文字考释》

1925年,王国维出版了《古史新证》,也收入了一批文字考释成果。

---

① 陈梦家:《殷虚卜辞综述》,中华书局1988年版,第59页。

乙．林泰辅

日本学者林泰辅1917年出版之《龟甲兽骨文字·附钞释二卷》，对该书所收甲骨进行了文字释读。（图3-21）

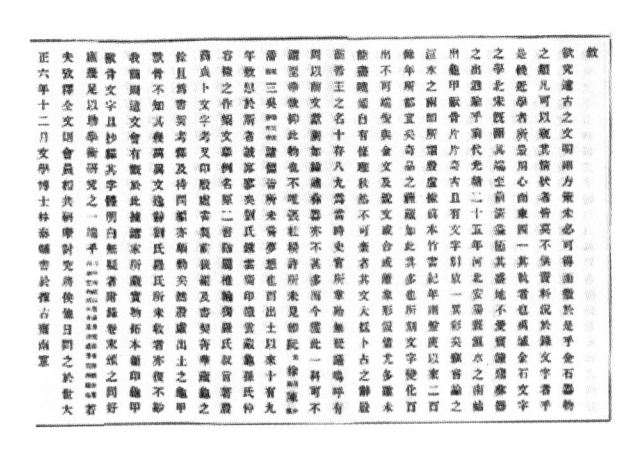

图3-21 《龟甲兽骨文字·序》

丙．王襄

1920年12月，甲骨收藏家王襄编纂的《簠室殷契类纂》出版，正编十四卷，依《说文》为序，载甲骨文中可识之字873个。附编、存疑、待考各一卷。此书"参稽旧说，间附已见于各字行间，至卜辞原文，并已录入"（王襄自序）。该书反映了当时文字考释水平和作者本人的文字研究成果。甲骨学大师董作宾推崇此著作"是纂辑文字之第一书"（《甲骨年表》语）。（图3-22）

图3-22 《簠室殷契类纂》封面（左）；《序》部分复印（右）

丁．叶玉森

甲骨学家叶玉森，1923年出版了文字考释专著《殷契钩沉》，1924年又出版了文字研究著作《说契》。同年，还出版了《研契枝谭》。此外，还出版有《殷虚书契前编集解》。以上叶氏诸书，对甲骨文字的考释作出了成绩。（图3-23）

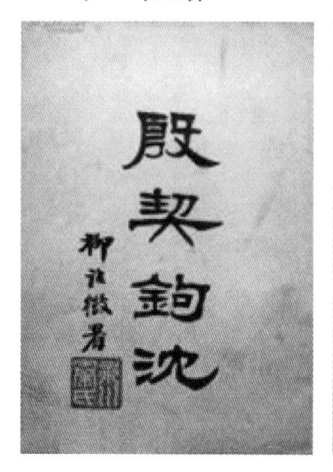

图3-23 《殷契钩沉》（左）；《叶玉森甲骨学论著整理与研究》（右）

④小结

在孙诒让、罗振玉、王国维、王襄、林泰辅、叶玉森等学者的大力开拓下，甲骨文字研究走出了"苦其不可读"的茫然状态，基本可以"识文字，断句读"，并利用甲骨文材料研究商代历史了。

⑤甲骨文字研究早期阶段发生的几桩"公案"

"公案"之一：关于《殷虚书契考释》是罗振玉"剽窃"王国维的成果

甲．罗振玉蒙"剽窃"冤，清废帝撰"八卦"篇

罗振玉《殷虚书契考释》及《增订殷虚书契考释》，在甲骨学史上的奠基作用是人所共知的。但在王国维（1927年逝世）、罗振玉（1940年逝世）相继故去以后，在20世纪40年代，却出现了罗氏《殷虚书契考释》一书，乃是"剽窃"了王国维的研究成果的说法。甚至有鼻子有眼地说，是罗振玉花了300元钱买了王氏著作署名权，并说"这本是学界周知的秘密"。

清废帝溥仪也在《我的前半生》一书中也添油加醋地说，罗振玉"抄袭"了王国维的成果。一时纷纷扬扬，黄泉下的罗氏已不能申辩，只能蒙受不白之冤。

附： 溥仪《我的前半生》有关罗氏"剽窃"说辞

罗振玉并不经常到宫里来，他的姻亲王国维能替他"当值"，经常告诉他当他不在的时候，宫里发生的许多事情。王国维对他如此服服帖帖，最大的原因是这位老实人总觉得欠罗振玉的情，而罗振玉也自恃这一点，对王国维颇能指挥如意。我后来才知道，罗振玉的学者名气，多少也和他们这种特殊瓜葛有关。王国维求学时代十分清苦，受过罗振玉的帮助，王国维后来在日本几年研究生活，是靠着和罗振玉在一起过的。王国维为了报答他这份恩情，最初的几部著作，就以罗振玉的名字付梓问世。罗振玉后来在日本出版、轰动一时的《殷墟书契》，其实也是窃据了王国维甲骨文的研究成果。罗、王二家后来做了亲家，按说王国维的债务更可以不提了，其实不然，罗振玉并不因此忘掉了他付出过的代价，而且王国维因他的推荐得以接近"天颜"，也要算做欠他的情分，所以王国维处处都要听他的吩咐。我到了天津，王国维就任清华大学国文教授之后，不知是由于一件什么事情引的头，罗振玉竟向他追起债来，后来不知又用了什么手段再三地去逼迫王国维，逼得这位又穷又要面子的王国维，在走投无路的情况下，于一九二七年六月二日跳进昆明湖自尽了。

王国维死后，社会上曾有一种关于国学大师殉清的传说，这其实是罗振玉做出的文章，而我不知不觉中，成了这篇文章的合作者。过程是这样：罗振玉给张园送来了一份密封的所谓王国维的"遗折"，我看了这篇充满了孤臣孽子情调的临终忠谏的文字，大受感动，和师傅们商议了一下，发了一道"上谕"说，王国维"孤忠耿耿，深堪恻悯……加恩谥予忠悫，派贝子溥忻即日前往奠缀，赏给陀罗经被并洋二千元……"罗振玉于是一面广邀中日名流、学者，在日租界日本花园里为"忠悫公"设灵公祭，宣传王国维的"完节"和"恩遇之隆，为振古所未有"，一面更在一篇祭文里宣称他相信自己将和死者"九泉相见，谅亦匪遥"。其实那个表现着"孤忠耿耿"的遗折，却是假的，它的翻造者正是要和死者"九泉相见"的罗振玉。

那是我身边的几个最善于钩心斗角的人，总在设法探听对手的行动，手法之一是收买对手的仆役，因而主人的隐私，就成了某些仆人的获利资本。在这上面最肯下功夫的，是郑孝胥和罗振玉这一对冤家。罗振玉假造遗折的秘密，被郑孝胥通过这一办法探知后，很快就在某些遗老中间传播开了。这件事情的真相当时并没有传到我耳朵里来，因为，一则谥法业已赐了，谁也不愿担这个"欺君之罪"，另则这件事情传出去实在难听，这也算是出于遗老们的"爱国心"吧，就这样把这件事情给压下去了。一直到罗振玉死后，我才知道这个底细。近来我又看到那个遗折的原件，字写得很工整，而且不是王国维的手笔。一个要自杀的人居然能找到别人代缮绝命书，这样的怪事，我当初却没有察觉出来。

罗振玉给王国维写的祭文，很能迷惑人，至少是迷惑了我。他在祭文里表白了自己没有看见王国维的"封奏"内容之后，以臆测其心事的手法渲染了自己的忠贞，说他自甲子以来曾三次"犯死而未死"。在我出宫和进日本使馆的时候，他都想自杀过，第三次是最近，他本想清理完未了之事就死的，不料"公竟先我而死矣，公死，恩遇之隆，为振古所未有，予若继公而死，悠悠之口或且谓予希冀恩泽"，所以他就不便去死了，好在"医者谓右肺大衰，知九泉相见，谅亦匪遥"。这篇祭文的另一内容要点，是说他当初如何发现和培养了那个穷书记，这个当时"暗然无力于世"的青年如何在他的资助指点之下，终于"得肆力于学，蔚然成硕儒"。总之王国维无论道德、文章，如果没有他罗振玉就成不了气候。那篇祭文当时给我的印象就是这样。[①]

乙．真学者仗义执言，雪污蔑公道自在——众学者为罗振玉洗冤

关于罗振玉《殷虚书契考释》"抄袭"说提出以后，当事人罗、王已故，自不能亲自说明真相，但不少学者仗义执言，力辩其诬。甲骨学家金祖同在1948年出版的《龟卜》序中就指出，"闻之吴兴徐圣（按：圣应为森字）翁（按：即徐森玉），谓王氏为罗氏捉刀，为一极不可能之事……"1955年，甲骨学一代宗师董作宾在《甲骨学五十年》中也说，过去说罗氏"抄袭"王国维云云，实在是"冤枉了他"（按，他即罗振玉）。1956年，

---

① 引文来源于爱新觉罗溥仪《我的前半生》，群众出版社2013年版，第138—139页。

陈梦家撰《殷虚卜辞综述》，研究了罗氏《殷虚书契考释》手稿和有关著作及出版物，指出原稿本都是罗氏手写的。校以出版本，王氏抄录过程中对行文字句有小小更易，但内容并没有增删。因此，《殷虚书契考释》一书，是出版时王国维据罗氏原稿本抄定，而不是王国维的原作。

丙．原稿出版证据铁，冤案昭雪天下明

其实，罗振玉《殷虚书契考释》的原稿还存世，一度曾保存在甲骨学家陈梦家手中，后归中国社会科学院考古研究所。不仅此原稿出自罗振玉手笔，而且原稿上还有20多处贴有罗氏致王国维的便条，上面写有请补入某条及罗氏签名……

2008年，侠肝义胆的商志䪐教授策事，由文物出版社影印出版了《殷虚书契考释（原稿信札）》。白纸黑字，铁证如山，从而使对罗氏"抄袭"王国维研究成果的污蔑和不实之词得到昭雪。这场学术界争论多年的一桩公案，终于尘埃落定了。（图3-24）

图3-24 《殷虚书契考释（原稿信札）》

丁．实事求是商志䪐，科学精神耀学林

张冠不能李戴，学者们要客观、公正、科学地对待前人。商志䪐教授不顾体弱多病，策事出版了罗振玉手稿《殷虚书契考释（原稿信札）》，让事实说话，让证据攻破不实的污蔑之辞！商志䪐教授这种对学术负责，对前人负责的科学精神值得我们学习！（图3-25）

"公案"之二：甲骨学发展的两大障碍

甲骨文1899年出土以后，正当海内外学者为这一重大新发现振奋欢呼，是"汉以来小学家张、杜、杨、许所不得见"[①]之物，并"以谋流传之责自任"，大力搜求、著录，努力"创通

图3-25 商志䪐教授

---

① 董作宾、胡厚宣：《甲骨年表·罗振玉光绪二十八年栏》，商务印书馆1937年版。

阐奥",在"识文字,断句读"的基础上,研究有了很大发展的甲骨学"草创时期",却遇到了阻碍甲骨学发展的两大障碍:一个是国学大师章太炎顽固坚持认为甲骨文是"伪造",坚决反对研究甲骨文;另一个是甲骨文出现了伪刻品与真品鱼目混珠,既妨碍了研究的发展,又给攻击甲骨文为"伪造"者提供了口实。

第一大障碍:国学大师章太炎坚决反对研究甲骨文

甲.太炎名著《理惑论》,斥甲骨看"伪作"文

1919年,国学大师章太炎(炳麟)在权威著作《国故论衡》中,写了一篇著名的文章《理惑论》(图3-26)。章氏在文中,断然斥甲骨文为"伪作"。他的根据是:

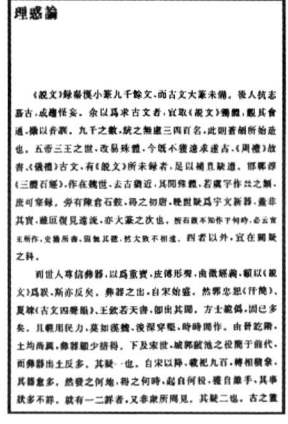

图3-26 《国故论衡》(左)、《理惑论》(右)

1. 流传之人"非贞信","须臾之便"作伪文。
2. 龟甲刻文不见经史记载。
3. 龟甲为"速朽之物",不能传之长久。
4. 甲骨"作伪有须臾之便",非常容易。

因此,章太炎对罗振玉的《殷虚书契》和《殷虚书契考释》进行了猛烈抨击。

乙.后学拜见章大师,祖同力辩甲骨真

甲骨学家金祖同以极大的热心和充分的证据,力图游说章太炎,使他相信甲骨文为商代遗物。1935年,21岁的金祖同携友去章家拜访,并"告以甲骨文"。但这位国学泰斗听了金祖同的阐述后,对这位初出茅庐的年轻学者教诲说:"研几文字之学,《说文》其总龟也!""今舍此而外求,而信

真伪莫辨之物，是不揣其本而齐其末！"坚决反对研究甲骨文，并教诫金祖同说："为学直趋正规，若标新立异，以文自饰，终于无成，将以自误也！"（图 3-27）章太炎说完便去招呼其他人，金祖同终没有再申述的机会，只是临别时大师与他"一揖而已"。

图 3-27　国学大师蔑甲金，謇古太炎训祖同

（文/王宇信；图/薛永亮）

丙．章氏"信辩"稍松动，即是"真物"占甄事

金祖同力图说服章太炎改变对甲骨文看法的用心不改，接连给章太炎写了几封信去"请教"。章太炎也回复过四次信，以后就再也不回信了。虽然金祖同致章氏的每一封信，都认真准备，即"予（即作者本人）必赓日籀绎，征引甲骨文中之可与经史互证者，自谓已极博辩之能事"。但章炳麟氏"复书往往不及此，只力言其伪，并责其罪于上虞罗氏（按：即对甲骨文有搜集、流传、考释之功的罗振玉），娓娓辄尽七、八纸"。

但金祖同的来信，毕竟也对章太炎起到了一定的作用。章太炎在第二封回信中说，中研院殷墟发掘所得甲骨为"洹上之人，因殷墟之说而伪造者也"。而刘鹗《铁云藏龟》所收甲骨，章氏虽不能指为罗振玉所伪造，但认为当是"北宋祥符天书之类"的伪造品。在第三封回信中，章氏虽不愿改口承认甲骨文是真的商代卜辞，但信中也不得不说，"龟甲且勿论真

图 3-28　无缘面辩复信辩，四番作答再不闻

（文/王宇信；图/薛永亮）

图 3-29　《前编》乔装"寿礼盒"，季刚谏师不言中

（文/王宇信；图/薛永亮）

伪，即是真物，所著占繇，不过晴雨弋获诸琐事，何以补商史？"从这几句话可以看出，章太炎晚年对甲骨文的态度略有改变了。（图 3-28）

丁. 祝寿弟子献"礼物"，笑纳《前编》置床头

章太炎对甲骨文真伪态度稍有改变，还与他获得弟子奉送的一包寿礼有一定关系，即一红纸包裹的长方形礼包内，其实包装着一部罗振玉《殷虚书契前编》（八卷）。章太炎的弟子著名语言学家黄季刚，相信甲骨文为商代真品，但碍于师道，不便与其师争论。他趁章太炎过寿诞时，奉上似一盒点心的红包（实为《前编》一部），让从不看甲骨的其师，目验《前编》中所收甲骨是否为真品。据说章氏后来打开红包，见到此书后并未生气而将其丢弃，而是将书放置床头，以备随时翻阅。虽然章太炎对甲骨文态度或发生了某些转变，但直到他1936年逝世，还是反对甲骨文。①（图 3-29）

---

① 参阅董作宾《甲骨学六十年》，台湾艺文印书馆1965年版，第56—60页。

第二大障碍：甲骨文的造假

甲骨文是我国古代文化珍品，为商代历史研究提供了弥足珍贵的史料。但假的甲骨鱼目混珠，给利用甲骨进行研究造成了混乱。与此同时，也为章太炎等反对甲骨文的学者攻击甲骨文是伪造品提供了口实。因此，假甲骨的出现，也是甲骨学发展的一大障碍。

甲．仿刻甲骨早出现，《铁云藏龟》混伪片

1899年甲骨文发现不久，由于售价日昂，就出现了伪品混于真品之中，使早年甲骨藏家上当受骗。1903年，刘鹗出版的《铁云藏龟》就收有假片。(图3-30)

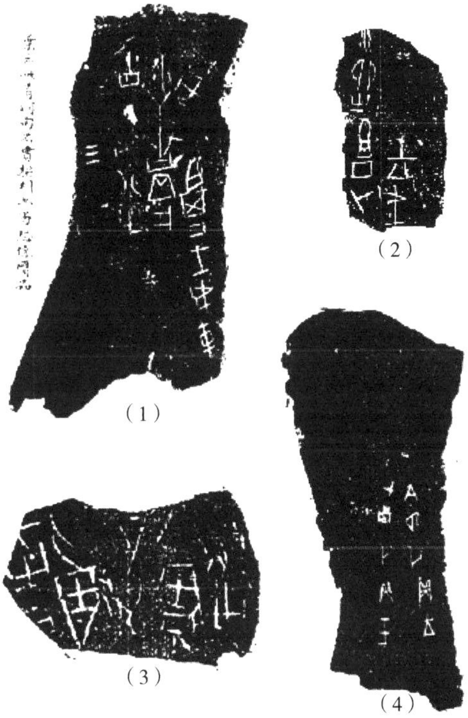

乙．无字旧骨刻新文，鱼目混珠求利润

1900年以后，古董商范维卿回老家潍坊时，将手中未售尽的甲骨带回，存放友人赵执斋处。赵执斋其人心灵手巧，在文人的指导之下，在无字古龟甲、骨片上刻"古"字，或在雕刻成"龙"形的璧、贝、镞等形的骨上刻"古"字，掺杂在真正甲骨中出售获利。①

丙．土中刨"宝"费力气，刀到"古"成仿刻快

图3-30　(1)《铁》57·1；(2)《铁》84·1；(3)《铁》130·1；(4)《铁》256·1

刘鹗《铁云藏龟》一书中已出现伪片，表明早在1903年以前，小屯村民不仅善于出力挖掘甲骨文，而且还有人更善精工，能仿刻甲骨文了。他们在收得的古骨上仿刻甲骨文字，混在甲骨真品中出售谋利。由于早年的甲骨收藏家和古董商尚不善甲骨辨伪，故不少人受骗上当，并使一些假甲

---

① 按：甲骨的辨伪可参见王宇信《中国甲骨学》，第213—220页。

骨流向社会。(图3-31)

丁．不识甲文善刻工，蓝氏造伪出"货"多

流落安阳的河北人蓝葆光，从小就会仿刻"字骨头"。古董商为谋厚利，把殷墟出土无字卜用龟甲、兽骨（或字少的大块龟骨）和鹿角、兽骨之类，廉价收购而来，再请蓝葆光在其上刻写文字，

图3-31　土里掘宝耗力气，骨上刻假巧赚钱
（文/王宇信；图/薛永亮）

并将这些"蓝刻"甲骨与真品混在一起出售。蓝氏刻字时，初期据临摹的甲骨文单字，后来就依据抄得来的刘、罗所编诸书摹本了。虽然他连一个甲骨字也不认识，但刻工极精，几乎可以乱真！直到1928年，蓝葆光还在大量出货——仿刻的假甲骨文。(图3-32)[①]

图3-32　心灵手巧仿甲骨，日售月鬻换毒资
（文/王宇信；图/薛永亮）

[①] 参阅董作宾《甲骨学六十年》，台湾艺文印书馆1965年版，第60页。

戊．新挖"商简"得整坑，安定伪骨"矿质竹"

1919年，坊间出现了一大批伪刻甲骨。据传这批伪刻为殷墟一个新坑所出，并声称可据此纠正以往把出土的甲骨文材料定为龟甲、兽骨是不确的，应与此批同为"商简"云云，即竹简已矿质化。后这

图 3－33　传说"商简"成筐现，臆造新名"矿质竹"

（文/王宇信；图/薛永亮）

批"商简"流向开封，为通许时经训先生悉数购得。《河南地志》第七章"古物"曾著录一片，并考证说，"其字奇古，为罗书所未载者。盖晚出处系被压于下层，自为一系，与初出者时代不同，文字自异耳。"但后经学者鉴定、研究，此坑"发现"的"商简"，均为伪刻。[①]（图3－33）

（三）王国维"两考""一论"，甲骨商史攀高峰

罗振玉《殷虚书契考释》和《增订殷虚书契考释》等著作，改变了甲骨著录"书既出，群苦其不可读也"的局面，从而使甲骨文由收藏家手中爱玩不已的古董，成为可"识文字、断句读"的商代文字史料。王国维等学者创造性的用甲骨文字研究商代历史，其"两考"和"一论"等著作，把"草创时期"的甲骨学研究推向了商史研究的高峰。

1. 甲骨存史"两考"成，《史记》商系得实证

王国维利用甲骨文资料与古代文献中有关商代的记载相互印证、发明，1917年写出了《殷卜辞中所见先公先王考》和《续考》两篇甲骨学史上的名文，把"草创时期"的甲骨学研究推向了商史高峰。

[①] 参阅董作宾《甲骨学六十年·甲骨年表》，台湾艺文印书馆1965年版，1919年"纪事"栏。

附：　　　　　　《殷卜辞中所见先公先王考》

　　甲寅岁岁莫，上虞罗叔言参事撰《殷虚书契考释》，始于卜辞中发现"王亥"之名……参事复博搜甲骨中之纪王亥事者，得七、八条，载之《殷虚书契后编》。博士亦采余说，旁加考证，作《王亥》一篇，载诸《艺文杂志》，并谓自楔以降诸先公之名，苟后此尚得于卜辞中发现之，则有裨于古史学者当尤巨。余感博士言，乃复就卜辞有所攻究。复于王亥之外得"王恒"一人。案：《楚辞·天问》云："该秉季德，厥父是臧"，又云："恒秉季德"。王亥即该，则王恒即恒，而卜辞之季之即冥，罗参事说。至是使得其证矣。又观卜辞中数十见之田字，从甲在口中。十古甲字。及通观诸卜辞，而知田即上甲微。于是参事前疑卜辞之 ⊡、⊠、⊡ 即乙、丙、丁三字之在 [或] 中者，与田字甲在口中同意。即报乙、报丙、报丁者，至是亦得其证矣。又卜辞自上甲以降皆称曰"示"，则参事谓卜辞之示壬、示癸即主壬、主癸，亦信而有征。又观卜辞王恒之祀与王亥同，太丁之祀与太乙、太甲同，孝己之祀与祖庚同，知商人兄弟，无论长幼与已立未立，其名号典礼盖无差别。于是卜辞中人物，其名与礼皆类先王而史无其人者，与夫"父甲"、"兄乙"等名称之浩繁求诸帝系而不可通者，至是亦理顺永释……

《殷卜辞中所见先公先王续考》

　　丁巳二月，余作《殷卜辞中所见先公先王考》。时所据者，《铁云藏龟》及《殷虚书契前后编》诸书耳。逾月，得见英伦哈同氏《戬寿堂所藏殷虚文字》拓本，凡八百纸。又逾月，上虞罗叔言参事以养疴来海上，行装中有新拓之书契文字约千纸，余尽得见之。二家拓本中足以补正余前说者颇多，乃复写为一编，以质世之治古文与古史者。闰二月下旬，海宁王国维。

《殷周制度论》

　　中国政治与文化之变革，莫剧于殷、周之际。都邑者，政治与文化之标征也。自上古以来，帝王之都皆在东方：太皞之虚在陈，大庭氏之库在鲁，黄帝邑于涿鹿之阿，少皞与颛顼之虚皆在鲁、卫，帝营居亳……故自五帝以来，政治文物所自出之都邑，皆在东方。惟周独崛起西土……自五帝以来，都邑之自东方而移于西方，盖自周始。故以族类言之，则虞、夏皆颛顼后。殷、周皆帝喾后，宜殷、周为亲。以地理言之，则虞、夏、商皆居东土，周独起于西方，故夏、商二代文化略同。"洪范九畴"，帝之所以锡禹者，而箕子传之矣。夏之季世，若胤甲、若孔甲、若履癸，始以日为名，而殷人承之矣。文化既尔，政治亦然……欲观周之所以定天下，必自其制度始矣。周人制度之大异于商者，一曰立子立嫡之制，由是而生宗法及丧服之制，并由是而有封建子弟之制、君天子臣诸侯之制；二曰庙数之制；三曰同姓不婚之制。此数者，皆周之所以纲纪天下。

（上述三篇正文来源于王国维《观堂集林》，河北教育出版社2003年版。）

(1) 观堂"两考"有突破，甲骨缀合启例功

王国维在《殷卜辞中所见先公先王考》中，发现甲骨文中的王亥就是《山海经》《竹书纪年》的商先公王亥。《世本·作篇》之胲、《帝系》之核、《楚辞·天问》之该、《吕氏春秋》之王冰、《史记·殷本纪》及《三代世表》之振、《汉书·古今人表》之亥，均指此人。此外，还论证了卜辞中的王恒即《楚辞》"恒秉季德"之"恒"。他还进一步论证了"季"即文献中的"冥"，发现了甲骨文中的商先公上甲微字。特别是他开创性的缀合了《后上》8·14+《戬》1·10（图3-34），据此论证了罗振玉发现的报乙、报丙、报丁商先公世次和卜辞中示壬、示癸即文献中的主

图3-34 《合集》32384
（《后上》8·14+《戬》1·10 缀合）

壬、主癸。指出"有商一代先公先王之名，不见于卜辞者殆鲜"。论断了甲骨文中"上甲以后诸先公之次，当为报乙、报丙、报丁、主壬、主癸"为序，并指出了"《史记》以报丁、报丙、报乙为次，乃违事实"，从而用甲骨文纠正了《史记·殷本纪》个别世次的错误。与此同时，他还强调"《世本》、《史记》之为实录，且得于今日证之"。并指出传世文献《山海经》《世本》等书人物 得到了甲骨文的证明，说明"古代传说存于周秦之间者，非绝无根据也"（图3-35）。不仅如此，王国维此文还发凡启例，开了甲骨文缀合研究之先河。

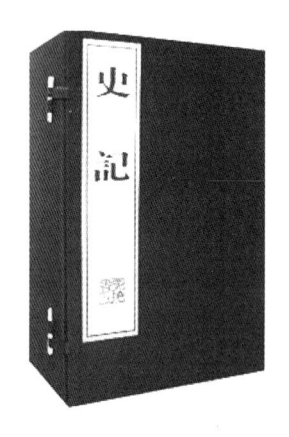

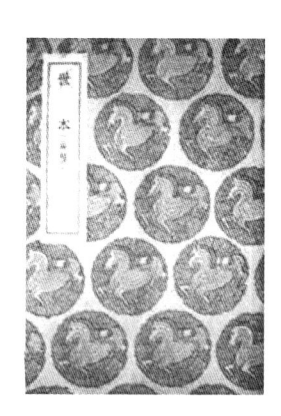

图3-35 《史记》；《山海经》；《世本》（从左到右）

（2）"两考"商史推高峰，文献甲骨证"二重"

王国维的《殷卜辞中所见先公先王考》和《续考》，把甲骨学商代史研究推向了"草创时期"的高峰。与此同时，提高了甲骨文的学术地位，也证明了《史记》等古代文献的可信性。地下新出土材料与文献材料交相辉映，推动了甲骨学商史研究的发展。

2. 殷周制度变化剧，扩大领域引方向

《殷周制度论》是王国维继"两考"全面研究论证了甲骨文的商代世系并指出《史记·殷本纪》世次之误以后，又以更广阔的视野，进一步对商周两代社会制度进行深入研究的论著。

《殷周制度论》开门见山就指出"中国政治与文化之变革，莫剧于殷周之际"。而"夏殷间政治与文化之变革，不似殷周间之剧烈矣"。王国维根据《尚书》《礼经》和甲骨文材料的综合研究，发现了"周人制度之大异于商者，一曰立子立嫡之制，由是而生宗法及丧服之制，并由是而有封建子弟之制，君天子臣诸侯之制，二曰庙数之制，三曰同姓不婚之制……"《殷周制度论》使甲骨文研究扩大到历史文化制度领域，为中国古代史的深入研究起到了方向性的引领作用。

3. 王氏探史汇《新证》，"二重"证据泽后生

《古史新证》是王国维商史研究的系统总结性著作，原是王氏任教于清华大学研究院时所开设"古史新证"课程的讲义。1994年清华大学出版社出版的《古史新证——王国维最后的讲义》，是据王氏在清华的讲稿影印出版的。

《古史新证》是用"新证"的新方法研究商史的著作。《新证》中的具体材料，是从过去他自己的论文中选取的，但都按照新的观点加以统率而成为一部有系统的完整著作。《古史新证》在第一章总纲中提出历史研究新方法——"二重证据法"。在第二章中举"禹"为例，说此新方法在研究中的作用。在第三章、第四章里，以他的"两考"为范例指导学生治史方法，一重"地下之新材料"甲骨文，二重"纸上之材料"，即"古籍"上的记载。所谓"二重证据法"，即王氏所论述的：

> 吾辈生于今日，常于纸上之材料外，更得地下之新材料。由此种材料，我辈因得据以补正纸上之材料，亦得证明古书之某部分全为实录，即百家不雅训之言亦不无表示一面之事实。此二重证据法，惟在今日始得为之。

王国维的"二重证据法"对中国历史科学的发展，具有深远的影响。（图3-36）

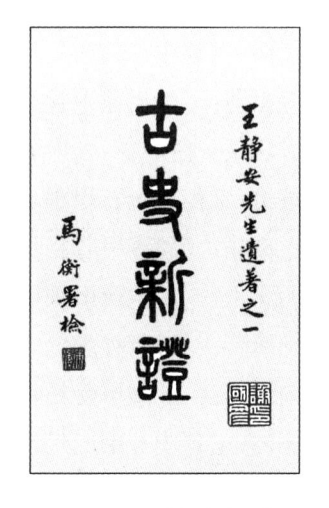

图3-36 《古史新证》

二　甲骨学研究的发展时期（1928—1937 年）

（一）甲骨文的著录取得新成就

一些传世甲骨继续著录公布，而 1928 年以后殷墟科学发掘所得甲骨，也在辗转迁移中整理，在劫难与磨难中编辑、印刷，历尽千辛万苦，才在抗日战争获取胜利以后，终于得以面世。甲骨新材料的不断公布，推动了发展阶段的甲骨学研究。

1. 传世甲骨不断著录出版

这一时期的不少传世甲骨继续著录出版，诸如：

罗福颐：《传古别录》第二集，1928 年影印本。

中村不折：《书道》第一卷，日本书道院 1931 年版。

原田淑人：《周汉遗宝》，日本帝室博物馆 1932 年版。

商承祚：《福氏所藏甲骨文字》，金陵大学中国文化研究所 1933 年版。

容庚：《殷契卜辞》，哈佛燕京学社 1933 年版。

郭沫若：《卜辞通纂》，日本文求堂 1933 年石印本。

罗振玉：《殷虚书契续编》，1933 年影印本。

商承祚：《殷契佚存》，金陵大学中国文化研究所 1933 年影印本

黄濬：《邺中片羽初集》，北京尊古斋 1933 年影印本。

金祖同：《郼斋藏甲骨拓本》，上海中国书店 1935 年石印本。

方法敛、白瑞华：《库方二氏藏甲骨卜辞》，商务印书馆 1935 年版。

黄濬：《衡斋金石识小录》，北京尊古斋 1935 年影印本。

白瑞华：《殷虚甲骨相片》，美国纽约 1935 年影印本。

明义士：《柏根氏旧藏甲骨文字》，齐鲁大学国学研究所 1935 年。

郭沫若：《殷契粹编》，日本文求堂 1937 年石印本。

白瑞华：《殷虚甲骨拓片》，美国纽约 1937 年影印本。

黄濬：《邺中片羽二集》，北京尊古斋 1937 年影印本。

孙海波：《甲骨文录》，河南通志馆 1938 年版。

方法敛、白瑞华：《甲骨卜辞七集》，美国纽约 1938 年影印本。

唐兰：《天壤阁甲骨文存》，北京辅仁大学 1939 年。

李旦丘：《铁云藏龟零拾》，上海中法出版委员会1939年版。

金祖同：《殷契遗珠》，上海中法出版委员会1939年版。

曾毅公：《殷契叕存》，齐鲁大学国学研究所1939年版。

方法敛、白瑞华：《金璋所藏甲骨卜辞》，美国纽约1939年影印本。

孙海波：《诚斋殷虚文字》，北京修文堂书店1940年影印本。

李孝定：《中央大学所藏甲骨文字》，1940年石印摹写本。

于省吾：《双剑誃古器物图录》，1940年影印本。

梅园末治：《河南安阳遗宝》，日本1940年影印本。

李旦丘：《殷契摭佚》，孔德图书馆1941年影印本。

何遂：《叙圃甲骨释要》，1941年影印本。

黄濬：《邺中片羽三集》，北京通古斋1942年影印本。

胡厚宣：《厦门大学所藏甲骨文字》（载于《甲骨学商史论丛初集四册》），1944年。

于省吾：《双剑誃殷契骈枝三编·附图》，1944年。

胡厚宣：《甲骨六录》，齐鲁大学国学研究所1945年版。

怀履光：《骨的文化》，1945年石印版。

胡厚宣：《战后平津新获甲骨集》，齐鲁大学国家研究所1946年版。

胡厚宣：《战后殷墟出土的新大龟七版》，上海《中央日报》文物周刊第22—31期，1947年2月。

金祖同：《龟卜》，上海温知书店1948年影印本。

附：　出版印刷知识

影印：用照片就原件制成石版、金箔版或珂罗版复制古籍、手稿和文献资料的总称，此工艺比旧时用雕版印刷经济方便，还可就原书版面放大、缩小而不失其真；另法，将原书字迹上的油墨经化学处理后，转移到石版上印刷，习称"翻版"。（图3-37）

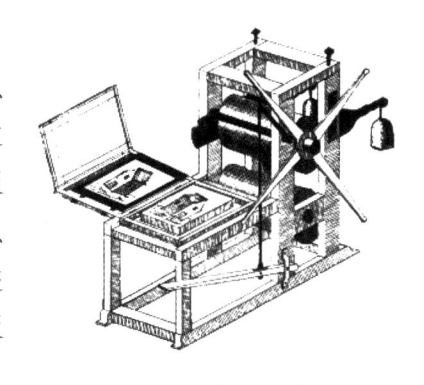

图3-37　石版画印刷机

2. 海内外甲骨学家搜求传世甲骨的著录

在1928—1937年殷墟科学发掘甲骨文期间，海内外不少学者在搜集著录传世甲骨文方面做出了成绩。

（1）郭沫若的甲骨文搜集与著录

①日本藏骨罕著录，欲集诸家为一书

1927年，大革命失败，郭沫若按周恩来的建议旅居日本（图3-38）。他深知1899年殷墟甲骨文发现以后，不少流入日本。但"自林泰辅博士著《龟甲兽骨文字》（按：此书1921年出版）以来，未见著录，学者亦罕有称道"。因此他产生了全面寻访整理著录日本所藏甲骨，以供学术研究的愿望，即"余（按：即指郭沫若本人）以寄寓此邦之便，颇欲征集诸家所藏以为一书"①。

②鼎堂日本寻甲骨，先访东京后京都

图3-38 郭沫若1936年前后在日本须和田

自1932年夏秋之交，郭沫若就开始在日本各地探访各藏家购藏甲骨的情形。

郭沫若访知东京大学考古研究室藏百片、上野博物馆藏二十余片、东洋文库藏五百余片、中村不折氏藏约千片、中岛蠔山氏藏二百片、田中子祥（田中庆太郎）氏藏四百余片。

1932年11月，郭沫若又在日本朋友田中子祥之子田中震二的陪同下去了京都，在京都大学考古学教室见到了所藏四五十片甲骨、内藤湖南博士藏二十余片、富冈君扐氏藏七八百片。（图3-39）

---

① 郭沫若：《卜辞通纂·序》，日本文求堂1933年石印本。

第三章 120年来甲骨学研究取得了辉煌的成就　291

(1)

(2)

(3)

(4)

图3-39　郭沫若在东京探访甲骨藏家：(1) 东京大学考古学教室；(2) 上野博物馆；(3) 东洋文库；(4) 私人收藏家中村不折

东京、京都两地合计藏有甲骨3000片以上。此外，郭沫若知"尚有大宗搜藏家，因种种关系，未得寓目"[①]。但日本这么多的甲骨藏品，只在《龟甲兽骨文字》(1921年) 中，发表过一千零二十三片。还有很多甲骨一直未著录发表，对甲骨学研究来说，是一大损失。(图3-40)

[①] 郭沫若：《卜辞通纂·序》，日本文求堂1933年石印本。

图 3-40 早期私人收藏家内藤湖南博士（左）；京都大学（右）

③无有资金无自由，改变弘愿《通纂》酬

甲．既无拓工又无资，宏愿改变亦成果

郭沫若在日本的生活非常艰苦。行动上有日本宪兵、刑士（按：日本刑警）的秘密监视，政治上没有自由，生活上非常窘迫，有时候穷得连买一支笔的钱都没有，因此他没有墨拓诸家所藏甲骨和出版所需的不菲资金。此外，"此间无拓工，余亦不长于此，所见未能拓存"。因此，郭沫若纂辑全部日本所藏甲骨的宏愿不得不改变，"其改变后之成果，则本书（按：即《卜辞通纂》）是也"。（图 3-41）

图 3-41 挑战意识研甲骨，唯物史观辟新天

（文／王宇信；图／薛永亮）

乙.《卜辞通纂》小"合编",传世甲骨"精粹"选

1933年郭沫若《卜辞通纂》出版以前,即1903年《铁云藏龟》出版以后,先后出版的《殷虚书契》《殷虚书契菁华》《殷虚书契后编》《戬寿堂所藏殷虚文字》《龟甲兽骨文字》等著录,已公布了一批甲骨文材料。郭沫若因没有条件著录全部日本收藏甲骨,只得从上述著录书中"选辑传世卜辞之精粹者",编纂一本甲骨选集。郭沫若在"序"中说,"所据资料多採自刘(指刘鹗)、罗(指罗振玉)、王(指王国维)、林(指林泰辅)诸氏之书,然亦有未经著录者"。此外,"余(按:即指郭沫若本人)于此间所得公私家藏品之拓墨或照片,均选优择异而著录之"。因此,郭沫若的《卜辞通纂》,编为"别录"一、二,收入书中,是一部当时所见甲骨精粹的合编。(图3-42)

图3-42 精品八百纂《通》书,善斋巨藏择《萃》编

(文/王宇信;图/薛永亮)

丙. 八百甲片分八类,序文考释亮创见

全书图版一卷,考释三卷,索引一卷,线装共四册。图版所收录的甲骨按干支、数字、世系、天象、食货、征伐、田游、杂纂八类类次,共收入800号。所收录各片,选自《铁》《前》《菁》《后》《戬》《龟》等书。"别录"所收为郭沫若在日本新收集的甲骨资料,其中"别录一"收入了史语所新获"大龟四版"拓片及董作宾《新获卜辞写本》中精品摹本22

片，及何遂（何叙甫）所藏精品 16 片；“别录二”收入了日本岩间氏、何井氏、中村氏、东洋文库、京都大学等 11 处公私藏家精品八十七片。

《卜辞通纂》考释三卷，按类别对所收甲骨各片一一进行说解，充满创见和新说。“索引”按文字笔画列次，即一至三十二画。《卜辞通纂》郭沫若的“序”和“后记”中许多震聋发聩，石破天惊的创见，推动了甲骨学研究的前进。（图 3 – 43）

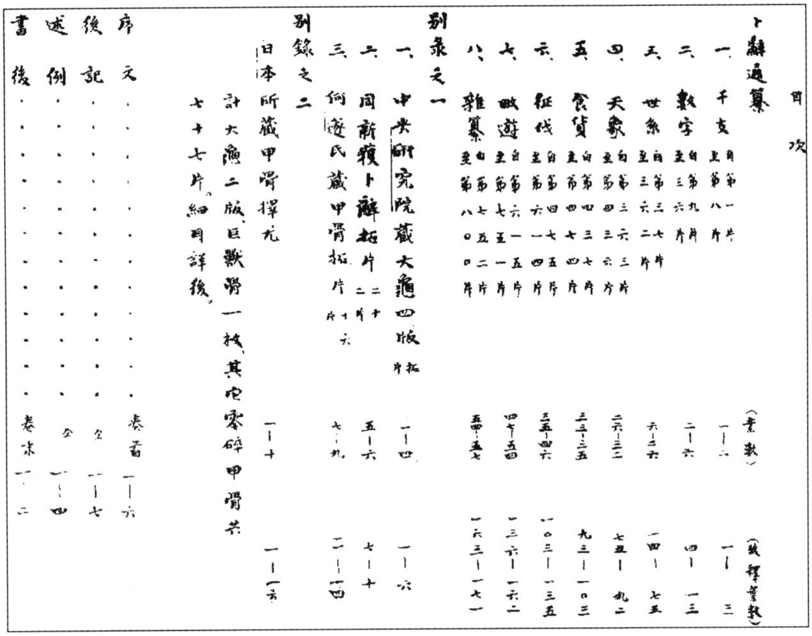

卜辭通纂　目次

		（葉數）	（考釋葉數）
一、干支	自第一片至第八片	一—二	一—三
二、數字	自第九片至三六片	二—六	四—一三
三、世系	自第三七片至三六二片	六—二六	一四—七五
四、天象	自第三六三片至第四三六片	二六—三二	七五—九二
五、食貨	自第四三七片至第四七四片	三三—三五	九三—一〇三
六、征伐	自第四七五片至第六一四片	三五—四六	一〇三—一三五
七、畋遊	自第六一五片至第七五一片	四七—五四	一三六—一六二
八、雜纂	自第七五二片至第八〇〇片	五四—五七	一六三—一七一
別錄之一			
一、中央研究院藏大龜四版拓片		一—四	一—六
二、周新獲卜辭拓片二十二片		五—六	七—十
三、何遂氏藏甲骨拓片十六片		七—九	一一—一四
別錄之二			
日本所藏甲骨擇尤	計大龜二版、巨獸骨一枚、其它零碎甲骨共七十七片。細目詳後。	一—十	一—一六
序文		卷首	一—六
後記		全	一—七
述例		全	一—四
書後		卷末	一—二

图 3 – 43　《卜辞通纂》目录

郭沫若《卜辞通纂》收片及精到的考释，总结了甲骨学“草创时期”的研究成果，并反映了殷墟科学发展时期的最新水平。不仅郭沫若精到的考释和创见使一代代学者受益，而且书中所收各片的重要内容，也成为甲骨学家研究时不离座右的必备参考。

④精品之华纂《粹编》，特出之论耀契林

甲．大收藏家慕鼎堂，世所罕遘铭高谊

大收藏家刘体智（1878—1962 年），名晦之，号善斋老人，安徽庐江人，我国著名的收藏家（图 3 – 44）。他中西文皆通，并精于金融业，曾担任中国实业银行总经理，财力雄厚。他自清末至民国初年大力收购甲骨，共得两万八千多片，成为与罗振玉齐名的私人甲骨收藏大家。他敬佩郭沫若一系列甲骨文著作，诸如《中国古代社会研究》《甲骨文字研究》《卜辞通纂》等著作开创性的精辟见解和郭沫若在甲骨学界确立的领军地位，把自己所藏二万八千多片甲骨墨拓，集为《书契丛编》（20 册），交甲骨学家金祖同带至日本，供郭沫若观摩，并允许他从中选片编书出版。

图 3-44　刘体智像

郭沫若深受感动，说："如此高谊，世所罕遘，余（即指郭沫若本人）即深受感发，不揣谫陋，取其一千五百九十五片而成兹编。"（《殷契粹编》序），即续成《殷契粹编》一书出版。（见图 3-45）

乙．善斋精华萃是编，编首识见矜契林

《殷契粹编》日本文求堂 1937 年石印本，线装一函五册，第一、二册影印拓本 1595 号，第三、四、五册为郭沫若墨书每片考释。科学出版社 1965 年版将原书五册合为一部，分精装、平装两种版本。《殷契粹编》书前（图 3-46）有郭沫若"自序""述例"，释文后附有"干支表""殷代世系图"。

《殷契粹编》所收甲骨，皆选自刘体智善斋所藏，其中的"菁华大率已萃于是矣"，不少具有重要的史料价值。郭沫若的理解和创见，即"识见所及，具详释文"。而《殷契粹编》一书所收的甲骨中，"其有特出者，今略举数事，著之编首"。郭沫若不少发其辞例的论述，"足以矜耀于契林"。不少精辟的见解，推动了甲骨学"发展阶段"的前进，至今还很有参考价值。《粹》与其前出版的《铁》《前》《后》《戬》《佚》《邺初》等著录书略有重片。（图 3-47）

图 3-45　《殷契粹编·序》

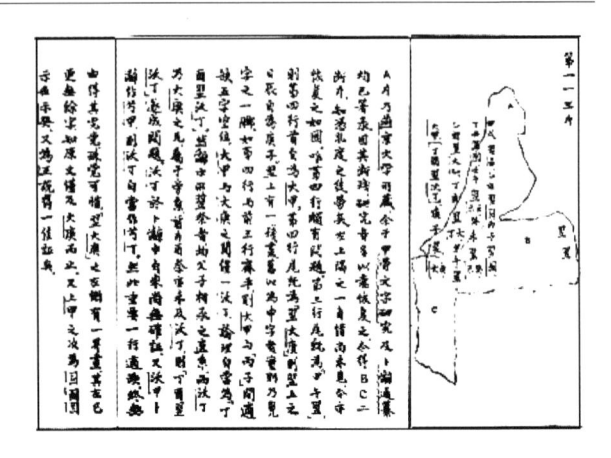

图 3-46　郭沫若手写古文字"殷契粹编"

图 3-47　手写的释文《粹》113 片

（2）其他甲骨学家的甲骨搜集与著录

①外国收藏家的甲骨著录

甲．洋人搜骨转海外，方氏心计留图文

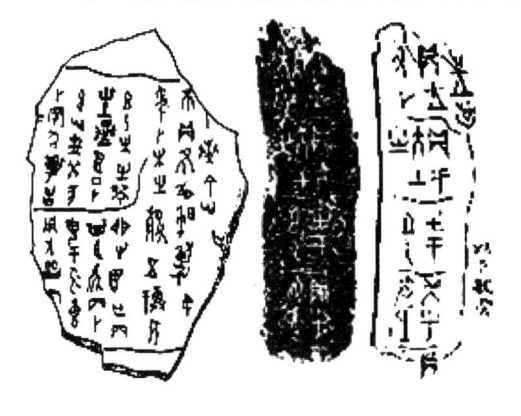

图 3-48　《库方》1；《柏根》1 之拓本及摹本（从左至右）

最早在山东潍县搜购并将甲骨转卖西方各国的是美国人方法敛和英国人库寿龄等。其中方法敛是一位颇有心计的人，虽然他不会椎拓甲骨拓片，但"方氏凡购得甲骨一批，必先图画其形，摹写文字。后来见到别人收藏的甲骨，也都设法摹写下来。十年之间，以所得甲骨，编为《甲骨卜辞》一书。书中包括摹本甲骨文字 423 页及其他附件数种。1914 年方氏死，遗稿归美国纽约大学教授白瑞华保存"①。《库方》《金璋》《七集》等书所收甲骨，就是从保存在白瑞华手中的方法敛收作摹本中选编而成的。（图 3-48）方法敛可谓有心人，并于功夫之外见功夫！

---

① 胡厚宣：《临淄孙氏旧藏甲骨文字考辨》，《文物》1973 年第 9 期。

乙．美人摹骨编《库方》，学者去伪费心力

《库方二氏所藏甲骨卜辞》（简称《库方》），美国方法敛摹，白瑞华校，商务印书馆1935年石印摹本一册，共收甲骨1687片。书中所录甲骨，为经方法敛等人之手收得，后转藏英国苏格兰皇家博物馆760余片、伦敦博物馆485片、美国卡内基博物馆480余片、芝加哥菲尔德博物馆4片等等。因白瑞华不识甲骨真伪，故此书收入伪片较多。郭沫若、董作宾、胡光炜、陈梦家、容庚等学者对此书进行过辨伪考察，对《库方》的伪刻部分，先后有所披露。总计该书收入伪片116片。①

《甲骨卜辞七集》（简称《七集》），美国方法敛摹，白瑞华校，美国纽约1938年影印出版，共收甲骨527片。书中所收甲骨，为方法敛等经手并转归下述单位者：

天津新学书院25片（原为王懿荣旧物），上海皇家亚细亚学会博物馆195片（现藏上海博物馆），柏根氏旧藏甲骨79片（现藏山东省博物馆），美国普林斯顿大学119片，德国魏礼贤旧藏72片（现藏瑞士民俗博物馆），临淄孙文澜旧藏31片（现藏山东省博物馆、中国社会科学院历史研究所），英国皇家亚细亚学会6片。

《金璋所藏甲骨卜辞》（简称《金璋》），美国方法敛摹，白瑞华校，美国纽约1939年影印摹本出版，共著录甲骨484片。该书所收甲骨，原为英国金璋氏所得，现甲骨归英国剑桥大学所藏。

《金璋》《七集》二书出版较晚，且经过甲骨学家明义士剔除伪片的鉴别整理工作，因而较《库方》收入伪片就少

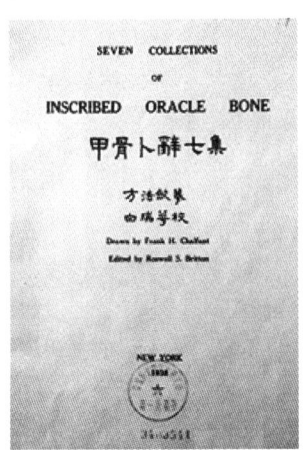

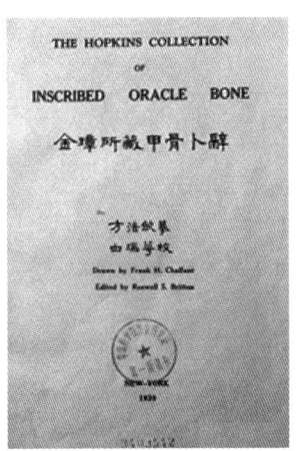

图3-49 《七集》（左）；《金璋》（右）

---

① 参见陈梦家《殷墟卜辞综述》，中华书局1988年版，第652—653页。

了许多。(图3-49)

②加拿大明义士收藏甲骨的著录

甲．上帝殷墟"结"善缘，好骨教士成专家

  盘庚殷墟无痕迹
  年前花根白地立
  余思盘庚宅兹邑
  商人作事问上帝（图3-50）

这是著名甲骨学家加拿大人明义士在齐鲁大学任教时所写的诗，时为1930年2月。诗中记述他16年前，即1914年被加拿大长老会派去河南安阳传教，与殷墟和上帝结缘的往事。

明义士十分热爱中国传统文化，他在殷墟出土的甲骨文上见到商朝人崇拜的"上帝"和"帝"（图3-51）非常振奋。这位传教士，自认从甲骨文中找到了基督教和中国传统文化在宗教信仰方面的连接点。因而他自认是在"上帝的指引"下，从事甲骨文收集、著录和研究，并成为著名甲骨学家的。

图3-50 明义士在殷墟考察
（明义士甲骨学研究纪念馆）

图3-51 有关上帝卜辞《前》6.20.2（释文：[壬]子卜，争，□自今至丙辰帝□[雨]）

乙．五万藏骨慎选《虚》，第一著录冠洋人

《殷虚卜辞》，加拿大明义士纂辑，1917年上海别发洋行石印摹本一册，共著录甲骨 2369 片，有英文"自序"。明义士在"自序"中说"本集所存刻辞正确摹本 2369 片，皆龟甲兽骨精品，均由 5 万旧藏中矜慎选出"。此书是西方人出版的第一本甲骨著录。《殷虚卜辞》所著录甲骨原物，现藏南京博物院。（图 3－52）

丙．只重收藏不倒卖，五万甲骨多捐赠

明义士自 1914 年在安阳"坐地"收购甲骨，直到 1937 年抗战爆发回国以前，对自己收藏的五万多片甲骨和其他古代文物，并不像其他外国购藏家那样转手倒卖，谋取厚利。诚如他儿子——曾两任加拿大驻华大使的明明德在《甲骨研究·序二》中所说，他"只重收藏，从不倒卖牟利"（图 3－53）。

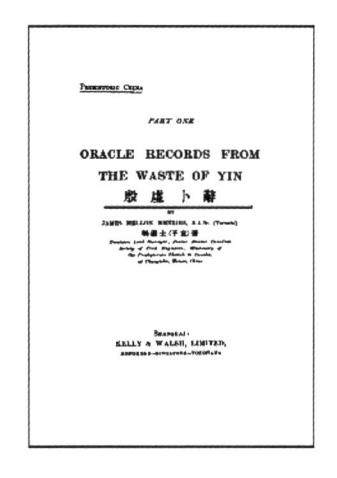

图 3－52 《殷虚卜辞》封面

1927 年军阀混战时，明义士在安阳的甲骨收藏品受到相当严重的损失，所幸资料未损。明义士曾将 1924 年小屯人筑墙挖出的一批甲骨拓墨，编成《殷虚卜辞后编》，后经许进雄整理，于 1972 年在台湾出版。明义士返国时，一部分甲骨留在了曾任教的齐鲁大学（见其后"戊"所述），一部分存加拿大驻华使馆（后移交南京博物馆见其后"丁"所述）；另一部分带回国，明氏后人将其捐赠加拿大多伦多博物馆。

丁．加使撤离托存骨，宪益完璧转南博

图 3－53 《甲骨研究》封面

在中华人民共和国成立初期，因中加两国尚未重新建交，故驻南京的加拿大使馆撤离。大使馆工作人员在临行前，将明义士存在加驻华使馆之甲骨一小箱，作为私人之物交由著名翻译家杨宪益处理。杨宪益将这批东西交到江苏省文物管理部门，由尹焕章接受，这就是现藏南京博物院的明义士旧藏甲骨，共 2369 版，明义士《殷虚卜辞》（1917 年）曾以摹本著录。（图 3－54）

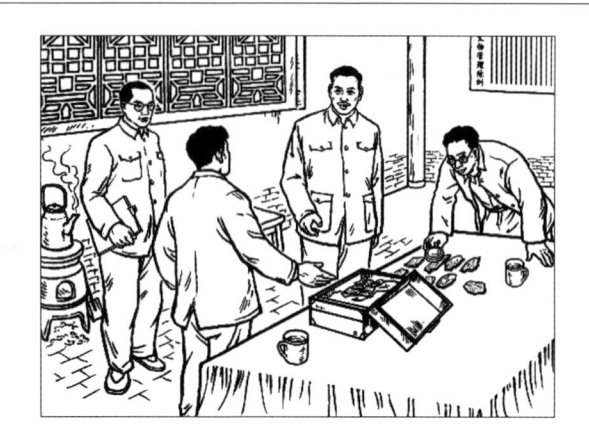

图 3-54 加使撒前托明藏，磊落宪益交国家（文/王宇信；图/薛永亮）

戊．"按图索骥"追甲骨，八千现身入山博

明义士存放在齐鲁大学的一批甲骨，虽然在日本占领济南期间没有被劫走，但抗战胜利后直到中华人民共和国成立初，这批甲骨就再也不见踪影了。直到1952年，当时的代理校长林仰山教授（英国籍 Professor F. S. Drake）交出一份英文草图，并说明当时怕被日本人抢走，秘密的将这八千多片甲骨装箱，埋在大学校园绿荫区内，并画了两张埋藏位置草图（一份交明义士，一份在林氏手中）……人们"按图索骥"，挖出了这批从人间蒸发多年的甲骨，现归山东省博物馆。山东省博物馆全部入藏甲骨，最近已墨拓，照相完毕，正在进一步整理中，不日即可面世出版，以供学界研究。（图3-55；图3-56）

图 3-55 "按图索骥"挖藏骨，面世八千裕山博

（文/王宇信；图/薛永亮）

图 3-56 齐鲁大学老校

3. 抗战胜利后，胡厚宣等学者的甲骨搜集与著录
（1）飞来"阔佬"降北平，一夜"骨贵"冲天价

1937年抗日战争爆发以后，安阳当地人趁乱大肆挖掘甲骨，又有不少出土。有的甲骨被日本人掠走，有的流向北平、天津和上海坊间和转售私人藏家手中。1945年8月15日，日本宣布无条件投降以后，时在成都齐鲁大学任教的胡厚宣，一人乘飞机到北平，又去天津，寻访出土甲骨情形，四十多天所获颇多；1946年又去上海、南京等地调查收集甲骨文资料，又有不少斩获收藏。

通古斋主人曾代胡厚宣先生向北平的古玩铺和收藏家征购甲骨，本来不贵的甲骨行市，忽然一夜暴涨。原来，这些古董商误以为从成都飞来不少"劫收"阔佬要收甲骨，因此竞相抬高价格，致使北平的坊间一夜之间"骨贵"冲天价。（图3-57）

图3-57 陪都"阔佬"降北平，坊间骨价冲天起

（文/王宇信；图/薛永亮）

（2）二度寻骨行南北，《战后》新获辑系列

胡厚宣第一次平津之行的四十多天和第二次宁、沪之行，收得不少甲骨和拓本，并从友人处见到不少所藏甲骨或拓本，其中有不少珍品。

胡厚宣从北平李泰棻处购得一批甲骨中，有较完整大龟三版，卜兆刻过，并有朱书"甲桥刻辞"，当与中研院第十三次发掘YH127坑出土甲骨

有关。从北平庆云堂花高价所购一批甲骨中，有半块骨版记"四方风"（图3-58）名，可与YH127坑所出土半版相接。还见到甲骨学家于省吾所收藏全部甲骨，并仔细摹录。其中一版一百七八十字，记帝乙、帝辛时打仗，俘获车、马、盾、矢和用敌酋祭祖的最长战争卜辞（图3-59）。此外，还在于省吾处见到并全部摹录明义士藏大片甲骨拓片23本。在上海买到抗战期间一大坑所出甲骨上千片。在南京又摹录了王伯沅、溥心畬所藏甲骨拓本上千片。如此等等，这就为胡厚宣先生编纂"战后新获"系列丛书，诸如《战后宁沪新获甲骨录》（简称《宁沪》）、《战后南北所见甲骨录》（简称《南北》）等书做好了资料准备工作。

图3-58 《合集》14294 "四方风名" 大骨　　图3-59 《合集》36481 正/反
（刘体智藏）

① "战后系列"之二：《战后宁沪新获甲骨集》三卷（简称《宁沪》）

胡厚宣编纂，北京来熏阁书店1951年4月出版，摹本石印，线装三卷二册，共著录甲骨1143号。每卷所收甲骨，均先按时代先后分期，每期内再按内容分类。该书第一卷，是作者1945年抗战胜利以后，从上海叶叔重处所购得的一批甲骨摹写本。第二卷是从上海中国古玩店购得甲骨文的摹写本。第三卷是作者数年间在上海、南京等地从估客、收藏家手中先后购得的甲骨摹本。《宁沪》所收甲骨，有部分甲骨曾为《天壤阁甲骨文存》（简称

《天》)、《殷契摭佚续编》(简称《摭续》)、《殷契拾掇一》(简称《掇一》)所著录。该书收有不少重要内容,诸如《宁沪》一·197 与《双剑誃殷契骈枝》三编附图 1 为同文,《宁沪》二·24、26 片与《菁》3 片为同文,《宁沪》二·25、27 片与《菁》4 片为同文,《宁沪》一·597 与《摭续》201 片为同文。以上均为胡厚宣先生序言中所说"俱为一事多卜之例"。此外,《宁沪》一·141 片(图 3-60)的"王亥"之"亥"字上加一"鸟"形,为商族鸟图腾佳证。而《宁沪》一·110、111 片为最大、最全牛卜骨正反面,并有不少刻划卜兆、朱书、刻字涂朱墨等例子(现藏国家图书馆)。而《宁沪》二·145(图 3-61)片为帝乙、帝辛时文字图画,颇为独特。

图 3-60　《宁沪》一·141　　　　图 3-61　《宁沪》二·145

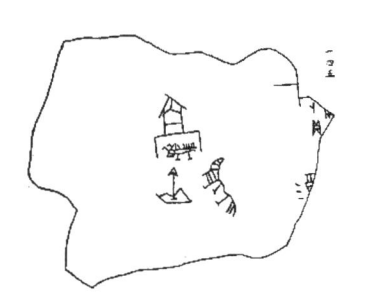

胡厚宣在《宁沪》"述例"中开创的该书"甲骨摹本,以时代为序(图 3-62)。一曰盘庚、小辛、小乙、武丁时期;二曰祖庚、祖甲时期;三曰廪辛、康丁、武乙、文丁时期;四曰帝乙、帝辛时期"。每期甲骨"再分以类别,按其性质,序为气象、农产、祭祀、田猎、征伐、行止、灾祸、杂项等科",开创了著录传世甲骨先分期再分类的新体例,并产生了深远的影响,为其后《甲骨文合集》等著录所沿用。

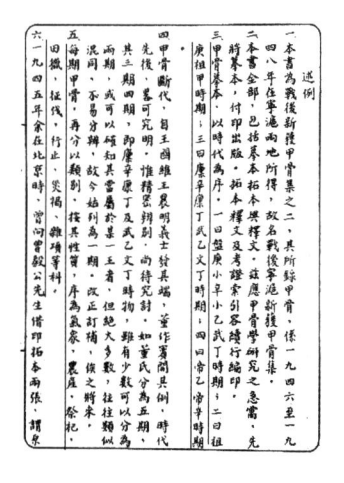

图 3-62　《宁沪》"述例"

②"战后系列"之三：《战后南北所见甲骨录》(简称《南北》)①

胡厚宣编纂，北京来熏阁书店 1951 年 11 月出版，摹本石印（图 3 - 63）。全书共三卷，收入甲骨摹本 3276 号。书首有陈子展题诗及序例（图 3 - 64）。所收甲骨，按藏家类次编号，有辅仁大学、诚明文学院、上海文管会、南京博物院、无想山房旧藏、明义士旧藏、南北师友（二卷）、南北坊间（四卷）、南北坊间追补（一卷）等。每卷所收甲骨，编辑体例仍采用《宁沪》所开创之体例，即先每藏家甲骨分期，后按其性质若干类列次。《南北》一书，除部分与《邺三》《摭佚》《掇一》《掇二》《佚》《铁》《后编》《诚》（按：指《诚斋殷虚文字》）、《七集》等书略有重复片外，收入了不少重要新材料。（图 3 - 63、图 3 - 64）

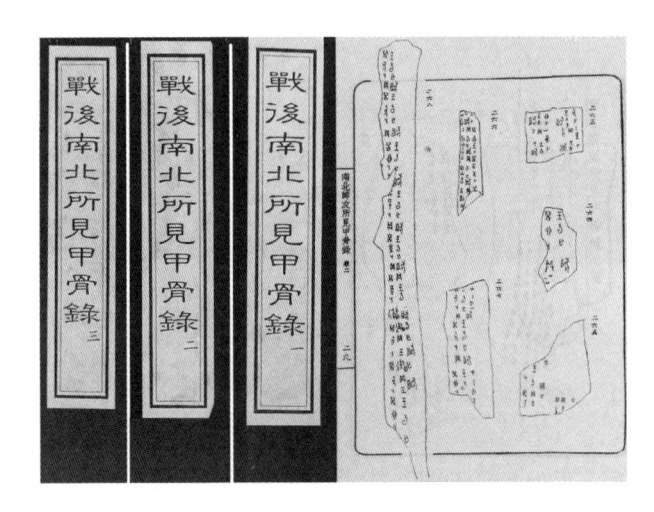

图 3 - 63 《战后南北所见甲骨录》

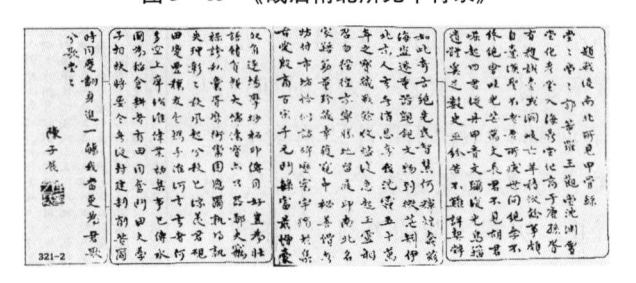

图 3 - 64 陈子展题诗（右起）

---

① 参阅胡厚宣《五十年甲骨文发现的总结》，商务印书馆 1951 年版，第 47—51 页。

4. 科学发掘收获丰，甲骨出版坎坷多

1928年10月至1937年6月的殷墟科学发掘工作，获得大批甲骨文，为甲骨学"发展时期"的研究提供了大批新资料。其中第一次（1928年10月）至第九次（1934年3—4月）发掘期间，共获得有字甲骨6513片，选编为《殷虚文字甲编》（简称《甲编》）著录出版（1948年）。第十三次（1936年3—6月）至第15次（1937年3—6月）发掘期间，共获得甲骨文18405片，选编为《乙编》著录出版（1948—1953年）。河南博物馆1929年10月和1930年3月的两次发掘，共得甲骨文3656片。所得甲骨先后在《殷虚文字存真》（1931年）和《甲骨文录》（1938年）书中有所著录。此外，《河南省运台古物·甲骨文专集》（2001年）曾再次整理著录，共临写2297片甲骨并公布拓片754件。临写非摹写，故文字摹误者不少。此外，部分摹本与拓片内容不符等等，不一而足。

（1）发掘获骨入《甲编》，著录体例创新颜

《甲编》由董作宾辑，商务印书馆1948年出版，全书共收入甲骨3942片（其中包括牛头刻辞一件、鹿头刻辞两件、鹿角器一件）墨拓影印，精装一册。书前有董作宾"自序"和考古学大师李济"跋彦堂自序"：

> 《殷虚文字甲编》将出版，彦堂在美国芝加哥大学东方学院作了一篇自序寄回来；序中有一段，说："如第四次发掘的E16坑，这是一个圆井，应该叫作窨的，井中只有一、二期的卜辞，深至十公尺，下及水面；因为两丈以下，全是沙土，第二期祖甲时，此窨塌陷，也就废而不用了。所以当时存储的东西，也就留到如今……"
>
> 这段话说的有点过于简略；既牵涉到了若干原始材料的时代问题，E16坑又是我亲自看守它发掘的，我觉得我应该加点补充的说明，以免引起误解。这坑的发掘开始于二十年（笔者注，即1931年）四月十日上午八时，终结于五月二号，经过了三个礼拜的时间；中间因为下雨及礼拜日的停工，实际只工作了九天。这九天发掘一般的经过情形，见《安阳发掘报告》第四期，第564—567页；读者可以参考。〈自序〉说："两丈以下，全是沙土"，这一句话，大概是指原纪录所说的：——四月十六日，上午；5.20—5.80M："下层渐有粗沙"，同日，

下午：5.6—6.00M：："……土色如上，渐夹沙土"。但四月二十日上午的记载（坑深：6.00—6.60M）却是："壁旁仍为黄沙；数日前所见的黄沙，并非地下之沙层，确为于入者"。以上均见《安阳发掘报告》第四期。我个人对于殷虚文化层的构成，也常因新的事实发现，而变更我的见解；但关于 E16 坑的堆积情形，我始终没有看出，有何种现象或事实，可以算作这坑在祖甲或其他时代塌陷的根据。到了将近最下层，诚然有石块渐多的纪录，但这只是最下一公尺上下的现象，也不能作塌陷说的根据。总结起来说，照当时的发掘纪录，我们所知道的是：五米二到六米六深处，坑内有一段淤沙，但并非"地下之沙层"……

（正文来源于国立中央研究院历史语言研究所《殷虚文字甲编·跋彦堂自序》，商务印书馆 1948 年版。）

书中所收甲骨，不分期，也不分类，皆按出土顺序编号，共编 3942 号。甲骨编号后注明登记号，即从左向右第一位表示发掘次数，用点隔开后之第二位数字表示出土甲骨之种类（"0"表示有字卜甲，"1"表示无字卜甲，"2"表示有字卜骨，"3"表示无字卜骨），用点隔开后之第三位数字，表示发掘次数。《甲编》所收甲骨为第一次至第九次殷墟科学发掘所得甲骨。

《甲编》所收甲骨与此前著录传世甲骨的编纂体例不同，即全书所收甲骨按出土顺序编号，是"为显示这一批材料是经过科学发掘工作"所得，因而比传世甲骨的价值更高。而编号后所注明的各种符号，可供研究者查考每片出土情形及与遗迹、遗物的关系，并可进一步在有关发掘报告的遗址部分查明，为甲骨文的考古学考察提供了重要依据，推动了甲骨学"发展时期"的前进。《甲编》所开创的科学发掘所得甲骨著录的新体例，是后世科学发掘所得甲骨著录的范例，产生了深远的影响。

①"秘藏椟中"多误责，《甲编》整理本及时

殷墟科学发掘甲骨文的工作，引起海内外甲骨学家的极大关切。为了使学术界及时了解发掘所取得的新成果，甲骨学家也不断发表最新出土甲骨材料的文章。诸如，1929 年董作宾《新获卜辞写本》及"后记"就发表

在《安阳发掘报告》第一期上。又如，1931年董作宾《大龟四版考释》发表在《安阳发掘报告》第三期上。再如，1933年董作宾《释后岗出土的一片卜辞》发表在《安阳发掘报告》第四期上。此外，1936年《田野考古报告》第一期发表了董作宾《安阳侯家庄出土之甲骨文字》及摹本等等。可谓是每有新的重大发现，都会及时向学术界公布。

虽然参加殷墟发掘工作的甲骨学家及时公布了一些新发掘信息及甲骨新收获，但毕竟距离没参加殷墟发掘的甲骨学家想要见到全部材料的迫切要求太远了。此外，1928年至1934年，共九次的发掘工作结束后，所得一大批材料直到1948年才得以正式出版面世，也确实是时间拖得久了些。因此，引起了社会上急于见到材料的甲骨学家的误解，责备史语所的发掘者们"包而不办"，将甲骨"秘藏椟中"，从而"垄断"资料云云……（图3-65）

图3-65　科学得骨吊期值，公布迟滞遭指责（文/王宇信；图/薛永亮）

②《甲编》印制历多舛，《自序》事实胜辩白

社会上有的学者对参加殷墟发掘的考古学者迟迟没有把材料全部公布，进行了种种责难，这是因为他们不了解第一次至第九次发掘所出甲骨整理者的种种苦衷和《甲编》出版的命途多舛所致。董作宾先生等对社会上的责难也有所耳闻，但他们忍辱负重，加紧进行发掘材料的整理工作。诚如

他在《甲编·自序》中所说:"事实是足以替我们辩白的。"事实是:每次所得的甲骨文字,都需要慎重的经过整理、登记、编号等多道手续;腐朽的甲骨,尚需浸入胶液中使之坚牢;然后才交给工匠,小心传拓,每片共拓四份,多了恐怕损伤原物。这传拓的工作,从1929年由北平迁上海,迁南京,中间都没有停顿过。

1934年春,第九次发掘工作结束以后,当年冬天就已经把第一次至第九次科学发掘所得甲骨全部拓完了。

1935年春夏之间,初步完成了《甲编》图版的编排工作。

1936年《甲编》书稿交商务印书馆承印;1937年春已印出80页图版的样稿。

1937年7月7日,抗日战争爆发。不久上海沦陷,时在沪东印刷厂中的《甲编》图版,因日军占领无法出版。(图3-66)

1939年,史语所又与商务印书馆达成协议,《甲编》改在香港印刷出版。虽然书已印出,但连编著者尚未见到样书时,就全部毁于1941年12月日寇入侵香港的战火中了……(图3-67)1945年7月7日抗日胜利以后,史语所从四川李庄迁回南京,虽搬迁安置头绪纷繁,但稍一安顿好科研环境后,1946年就得以运作《甲编》出版之事,终于在1948年《甲编》又由商务书馆出版问世了。

图3-66 1937年11月12日,日军占领上海

图3-67 1941年12月8日早上8时30分,12架日本轰炸机空袭香港

如此等等。《甲编》前后三次出版,历经日本侵略者铁蹄的践踏,炮火的洗礼,辗转迁徙的磨难,可谓"命

途多舛"！但《甲编》1948 年终于出版面世，见证了民族的胜利，熔铸了中国学者的爱国赤心和学者们对学术事业的忠诚和追求精神。因此，《甲编》不仅是重要的甲骨学研究资料，其本身也堪称一部"抗战文物"！

（2）一二七坑集《乙编》，文武丁谜猜多年

董作宾编纂，上辑，商务印书馆 1948 年出版；中辑，商务印书馆 1949 年出版；下辑，台湾"中研院"史语所 1953 年出版，共著录甲骨 9105 号。

《乙编》书前有董作宾序。书中所收甲骨，编纂体例与《甲编》所开创的著录科学发掘所得甲骨的编纂体例相同。《乙编》集中发表了 1936 年 YH127 甲骨窖藏坑所出一万七千多片甲骨，为甲骨学研究的发展，提供了大批重要新材料。参加此书编辑工作的还有甲骨学家屈万里、张秉权、李孝定等。（图 3-68）

董作宾在"序"中指出："《乙编》所收材料，超过《甲编》的四倍以上，出土的坑位简单明确，内容新颖而且丰富，研究价值，也远在《甲编》之上。"就是在《乙编》的"序"中，董作宾提出了所谓"揭穿了文武丁时代卜辞的谜"的问题，引起了

图 3-68 《乙编》

甲骨学界一场持续多年的争论，推动了甲骨学研究的深入发展。

《殷墟文字乙编》，继《甲编》而作，包括着殷墟发掘第十三次至第十五次所采获的甲骨文字。这可以说是一个很自然的区划；第一次至第九次，接连着在小屯村发掘，从民国十七年秋季到二十三年春季，这九次所得的甲骨文字，已全部收入《甲编》；第十次至第十二次，从二十三年秋季到二十四年秋季，这三次，工作重心转到洹河北岸的侯家庄西北冈殷代陵墓的发掘，没有得到甲骨文字，所得的全是金石陶

器铭刻，将来打算收入《丙编》；第十三次至第十五次，从二十五年春季到二十六年春季，这三次发掘工作，又重新回到小屯村，并且集中在村北的 BC 两区，所得的甲骨文字全部收入《乙编》；十五次发掘的陶、骨、石、铜器文字，将来也都要收入《丙编》的。《乙编》所收材料，超过《甲编》的四倍以上；出土的坑位简单明晰；内容新颖而且丰富；研究的价值，也远在《甲编》之上；因此我们对于这批材料的整理，更加慎重。主持后三次发掘的石璋如君曾记述在 C 区的 H127 坑发现大批龟版的详细情形，这是《乙编》一万七千多块龟版的出土地点（见《六同别录》上册，《小屯后五次发掘的重要发现》之八；又见《中国考古学报》第二册，《殷墟最近之重发现》第 41—45 页。）H127 这一坑甲骨文字，是带着泥土瓦砾，装入一个特制的大木箱中，由安阳运到南京的。到京之后，箱子经过了翻转，打开来时，是底朝天，于是一层层小心的把龟版取起，完整的一版装一纸盒，这情形等于先从原坑的最下层作起，原来是龟甲的正面向下，现在都向上了。整理的期间我们为的要保留一个甲骨文字在地下埋藏的真相，所以曾聘请了一个石工，作了一个白石的标本（这标本在南京沦陷期间遗失了。）经过三个多月的仔细工作，总清理完竣这一坑甲骨文字，每一层，每一块，都绘入图中，志其位置和方向。不幸的是还未及上胶，黏兑，编号，而抗战开始；于是在匆忙之中，带着纸盒，装入木箱，首先运到长沙又运到桂林，转到昆明，直待民国二十九年，研究所迁到龙头村的时候，才由高去寻、胡厚宣两君把这后三次出土的甲骨文字一一编号登记。那时候限于工作地点的逼窄，局促在一个屋簷（注：同檐）之下，实在无法作排列黏兑的功夫；但是纸盒经过了三年的潮湿，万里的震荡，多以霉烂破坏，因而相互混杂，不易分辨。说起来真是罪过，在南京整理时那样细心，每盒都是一个完整的龟版，至少有三百盒，现在经过屡次的搬运，已黏兑完好的，也都四分五裂，七零八落了；直到四川李庄时拓印编辑，仍然不能回复完整之旧；这使我极感不安！希望读此书者原谅它是国家多难时的产儿，自己在下番拼合的功夫，好在所缺的只是无字部分，有字的残片，已尽量收入《乙编》中了。

（正文来源于国立中央研究院历史语言研究所：《殷虚文字乙编·序》上辑，1948年版。）

①巨坑发掘移"室内"，《乙编》成书缘"搬迁"

《殷虚文字乙编》的编辑出版，与"搬迁"有着不解之缘。1936年第13次发掘所得的YH127坑甲骨，从安阳整体"搬迁"到千里之外的南京中研院史语所。在3个月（1937年7—10月）的"室内发掘"结束以后，其所出的甲骨的整理、传拓、编纂出版，也是在不断的"搬迁"征途中进行的。

1937年7月7日抗战爆发不久，在南京的中研院史语所，自8月起就受命进行了装箱作业，准备内迁。董作宾、胡厚宣等将"室内发掘"完并放在架子上的甲骨片和各种文物，用纸细心包好，再分类进行装箱，向史语所在湖南长沙的圣经学校驻地"搬迁"。

1938年年底，史语所又辗转入驻云南昆明龙头村，甲骨装箱又从长沙"搬迁"到史语所新驻地。在龙头村安排妥当之后，学者们就又开箱整理甲骨了。由于转运途中的颠簸，开箱后发现甲骨已是一片混乱。胡厚宣、高去寻负责写号码和记录，二人也时有甲骨缀合。董作宾临摹甲骨重要内容并进行分类整理，再将甲骨统一编号，登记后交由专人墨拓，董作宾再对拓片进行研究、分类……学者们每天工作十分紧张，经常加班至晚上十时。胡厚宣在负责甲骨编号完成后，于当年10月离开了史语所，去内迁四川成都的齐鲁大学任教。（图3-69）

图3-69 《龙头一年》（"中研院"史语所2007年出版：中研院史语所搬迁到云南昆明龙头村时生活论述）

1940年，史语所又从云南搬迁到四川李庄，甲骨又装箱长途"搬迁"（图3-70）。到李庄稍事安顿后，学者们再开箱整理YH127坑出土甲骨。魏善臣、王文林、刘渊临墨拓甲骨的工作又开始了……

图3-70　左图：1940年准备从昆明搬迁四川南溪（参见《平庐影谱》）；
　　　　右图：史语所运送文物的箱子（参见《董作宾传》）

1946年10月，史语所由四川李庄"复原"回南京，展开的甲骨等文物又装箱"搬迁"至南京史语所原址。稍事安定后，又开箱整理、编辑《乙编》，终于在1948年由商务印书馆出版了《乙编》上辑、中辑。

1948年，史语所随溃逃台湾的国民党政府"撤退"，甲骨文等珍贵文物又装箱随史语所仓惶"搬迁"至台湾。

《乙编》下辑，也是在史语所"搬迁"到台湾暂住地以后，再"搬迁"至台北南溪，1953年由"中研院"出版的。

②《乙编》见证现代史，甲骨回归统一年

因此，《乙编》和它著录的YH127甲骨窖藏一样，一面世就与"搬迁"有着不解之缘——在发掘过程中"搬迁"，在"搬迁"室内后再考古发掘，在不断"搬迁"中整理研究，在"搬迁"中著录出版……可以说，《乙编》是中国学者守护民族瑰宝甲骨，传承中华文脉的精神见证，是中国人民取得抗战胜利的历史见证，也是中华人民共和国成立的历史见证。我们相信，将来总会有一天，《乙编》所著录的YH127坑全部甲骨，将会再次"搬迁"——回大陆，成为两岸和平统一的历史见证！

（二）甲骨文研究

殷墟科学发掘获得的大批甲骨文和传世甲骨的不断著录，推动了这一时期的甲骨学研究的发展并取得了丰硕成果。《断代例》的发明，使传统金石学的甲骨学研究，被纳入历史考古学领域，从而使甲骨学研究进入了它

"发展时期"的新阶段。

1. 甲骨文断代研究

（1）甲骨文二百七十三年的"一团混沌"与学者凿破鸿蒙天才发现

甲骨文为商代晚期盘庚迁殷至殷纣灭国的二百七十三年之物，在甲骨学的"草创阶段"基本已取得共识。但晚商二百七十三年共历八世十二王，这批甲骨具体应为哪位商王之物，还是未确定的。二百七十三年的商代晚期历史文化，是在不断地发展之中，因而用笼而统之"一团混沌"的"商代"甲骨，是不能把晚商社会经济和政治文化的历史发展置于可靠资料基础之上的。

王国维和罗振玉等曾用称谓判定卜辞的具体时代，如王国维曾提出下述卜辞：（图3-71；图3-72）

图3-71 《后上》19·14　　　图3-72 《后上》7·7

癸亥〔卜〕，贞兄庚〔岁〕……眔兄己叀……（《后上》7·7）

癸酉卜，行，贞王［宾］父丁岁三牛，眔兄己一牛，兄庚……（《后上》19·14）

论述了"考商时诸帝中，凡丁子无己、庚二人相继在位者，惟武丁子有孝己，有祖庚、有祖甲，则此条乃祖甲时所卜"[①]，即我们今天所定的第二期

[①] 王国维：《殷卜辞中所见先公先王考》，载《观堂集林》卷第九。

甲骨。此外，王国维还考察了“父甲一牡，父庚一牡，父辛一牡”（《后上》25·9），论证“此当为武丁时所卜，父甲、父庚、父辛即阳甲、盘庚、小辛，皆小乙之兄，而武丁诸父也”①，即我们今天所定的第一期甲骨。但王氏上述发现，仅是个例。罗振玉、王国维的发现虽触及了二百七十三年商代晚期甲骨的不同王世，但仅是偶尔为之，尚没有形成系统，即自觉全面地揭示凿开甲骨文“一团混沌”，是如何“层垒”地记载下晚商历史的。

（2）甲骨文分期断代的突破性成果——《甲骨文断代研究例》

1928 年开始的殷墟科学发掘工作，不仅获得了大批有科学记录的甲骨文，而且“从安阳县小屯村殷墟的地面下发掘出来了甲骨文字的断代方法”（董作宾语），从而推动了甲骨学研究从“草创时期”到“发展时期”的前进，并使在金石文字之学影响下形成的甲骨学研究发生了一场深刻的变革，即董作宾先生创造性的《甲骨文断代研究例》，把甲骨学研究纳入了历史考古学领域，从而由金石学的附庸，成为中国考古学的一门分支学科。（图 3－73）

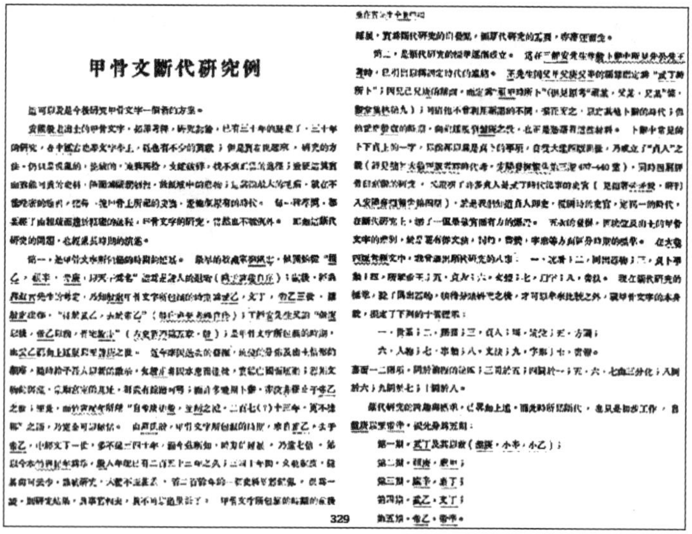
甲骨文斷代研究例

一、世系；二、稱謂；三、貞人；四、坑位；五、方國；
六、人物；七、事類；八、文法；九、字形；十、書體。

第一期，武丁及其以前（盤庚、小辛、小乙）；
第二期，祖庚、祖甲；
第三期，廩辛、康丁；
第四期，武乙、文丁；
第五期，帝乙、帝辛。

329

图 3－73　《甲骨文断代研究例》部分

① 王国维：《殷卜辞中所见先公先王考》，载《观堂集林》卷第九。

①三区得骨自成组，苦思冥索判时代

为了搜集科学发掘所得甲骨文，中研院史语所在董作宾的主持下，1928年开始了殷墟第一次科学发掘工作。在发掘的第一区第九坑，即村北靠近洹水南岸的朱姓地，发现了不少甲骨文。在第二区的第二十五坑，即朱姓地西南的刘姓地，也出土一批甲骨文。在第三区的第二十四坑，即小屯村中张姓菜院内，也出土一批甲骨文。（图3-74）

董作宾认真观察并分析三个不同区域出土的甲骨文，发现一区出土许多规整小字，也有雄伟大字。而二区出土没有一块小字甲骨文，但有一种较为细弱书体的文字。第三区出土甲骨文的书体，与一、二两区大不相同。董作宾天才地发现"三区各自成一组，各有特异之点"，从而使他得到"一个很大的启示"，即甲骨文有"字形之演变，契刻方法与材料之更易"等，"决非短时期内所有"。这就使董作宾"时时刻刻在苦思冥索，要找出一个可以判别卜辞时代的方法"（《甲编·自序》）有了切入点。

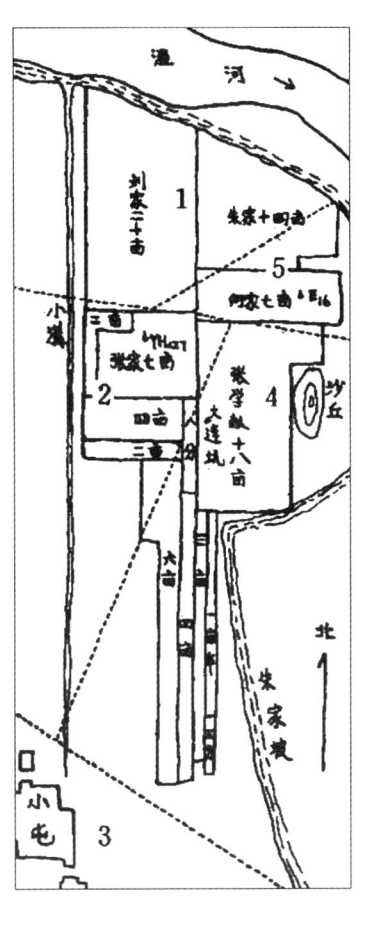

图3-74 甲骨文出土区域图

②"大龟四版"现"贞人"，分期断代露端倪

1929年第三次殷墟发掘期间，在发掘"大连坑"时出土四版较完整的卜甲，号称"大龟四版"。董作宾通过《大龟四版考释》（1931年）发现了"贞人"，从而使他的甲骨文分期断代体系始露端倪。

所谓"大连坑"，实际是四个（东段、西段、南段、北段）坑口长、宽和深度各不相同的遗址，彼此打破关系而成（由于考古学初期田野水平不高，尚未掌握地层学方法，仅依深度发掘遗迹，把四个单位做混淆，故四坑连为一体，称为"大连坑"）。在"大连坑"南段深坑内（距地面5.6米处）坑口一座隋墓底下，出土整龟版一，刻字龟版四，即为"大龟四版"。

董作宾据"大龟四版"之第四版（《甲编》2122）全为卜旬之辞，"干支"与"贞"字之间的字"不同者六，则非事与官可知。又可知其决为卜问命龟之人"①。此版上有六个人轮流卜旬，"他们的年龄无论如何，必须在九个月内是生存着的。最老的与最小的，相差也不能过五十年。因此，可以由贞人以定时代"②。董作宾曾将《铁》《菁》等书中同版出现的贞人，选出有关者与《大龟四版》贞人相印证，表明其时代是相同的。此外，董作宾还设想了坑层、同出器物、贞卜事类、所祀帝王、文体、用字、书法等类项，从"各方面观察而求其会通"。如此等等，董作宾在《大龟四版考释》中的初步探索，为《甲骨文断代研究例》的完成，奠定了坚实的基础。（图3-75）

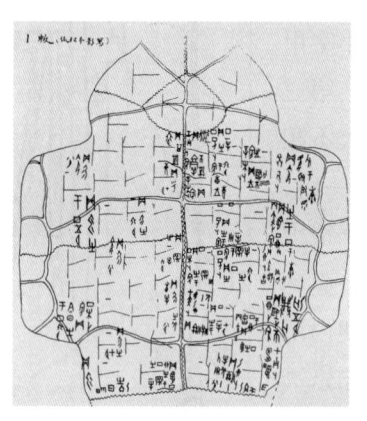

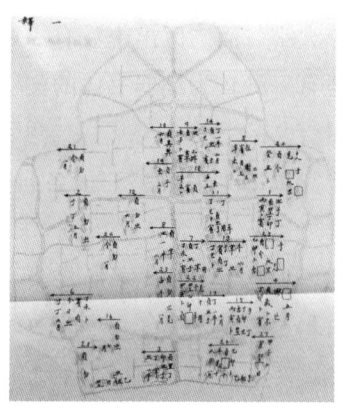

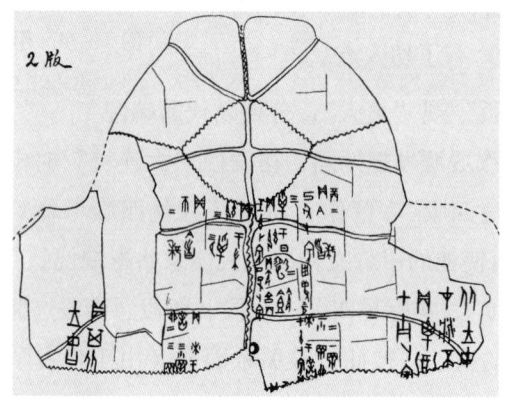

---

① 董作宾：《大龟四版考释》，《安阳发掘报告》第三期，第438页。
② 同上书，第439页。

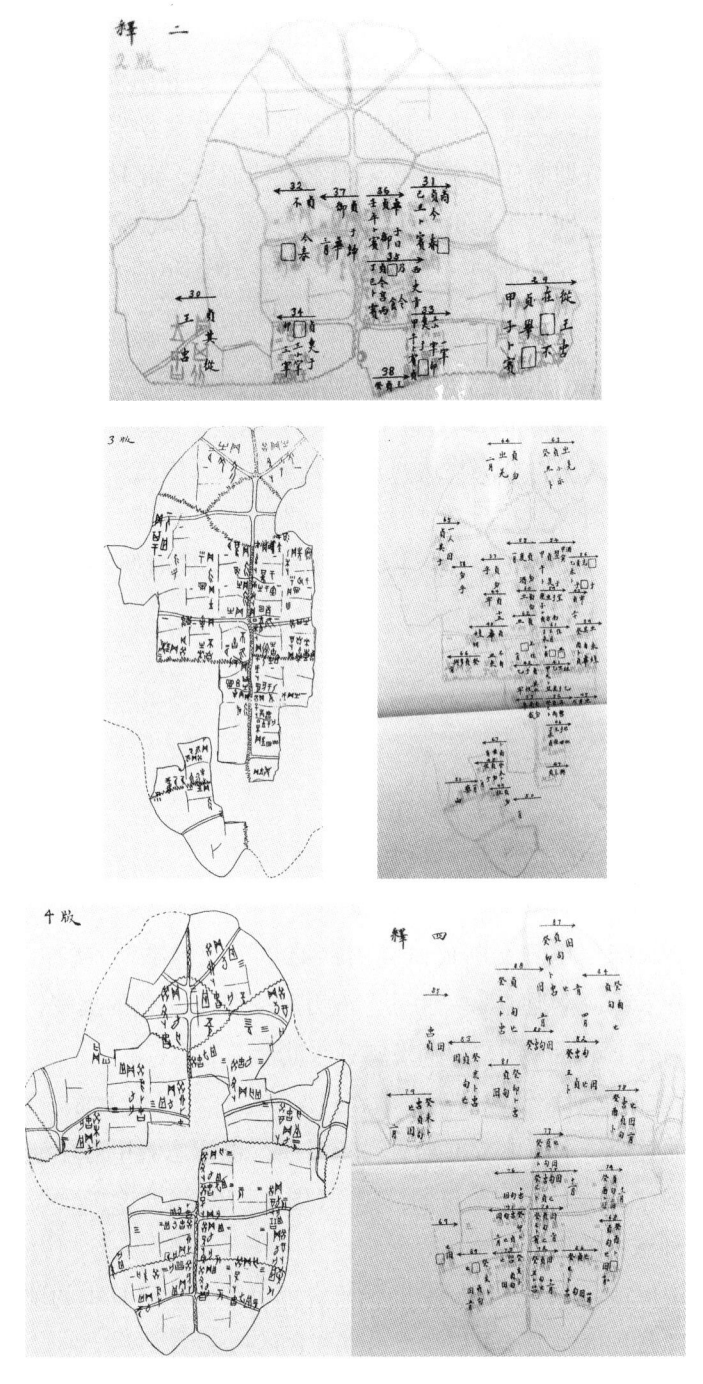

图 3-75 "大龟四版"摹写与考释

③甲骨《断代》破混沌，历史考古碑里程

董作宾在《大龟四版考释》中提出"贞人"说和用于甲骨文分期断代的其他七项设想后，又进一步全面研究了殷墟五次科学发掘以来出土甲骨文及考古资料，分期断代研究的必要因素更臻成熟，此时他"因坑位及出土的甲骨文字的差别，于是更有从文法、词句、书体、字形等方面区分时期的标准"得出来了。他把《大龟四版考释》中设想的八项标准，经过进一步的补充、修正，于1932年写出并于1933年发表了《甲骨文断代研究例》，从而完成了他创造性的分期断代体系。

《甲骨文断代研究例》是一篇十万余言的著作。董作宾在这篇甲骨学史上影响深远的名文中，将商代历盘庚迁殷至纣之灭国这二百七十三年、八世十二的殷墟甲骨文，按下述十项标准，即世系、称谓、贞人、坑位、方国、人物、事类、文法、字形、书体，分为五个不同时期，即，

第一期，武丁及其以前（盘庚、小辛、小乙，二世四王）
第二期，祖庚、祖甲（一世二王）
第三期，廪辛、康丁（一世二王）
第四期，武乙、文丁（二世二王）
第五期，帝乙、帝辛（二世二王）

董作宾大师《甲骨文断代研究例》的"十项标准"，犹如一把钥匙，为我们打开了看似"混沌"一团的十五万片甲骨文时代的奥秘，使其犁然有序地归为五个不同时期，分别隶属于八世十二王的名下。

《甲骨文断代研究例》震聋发聩，钩深致远，为甲骨学商史研究开辟了一个全新的时期——历史考古学研究新时期，也标志着甲骨学研究由"草创时期"向"发展时期"前进的跨越。（图3-76）

（3）郭沫若的甲骨文分期探索

就在董作宾进行甲骨文分期断代研究的时候，旅居日本的郭沫若与董作宾殊途同归，也在进行着甲骨文分期断代的探索。

①郭沫若的甲骨文分期研究

正当郭沫若在日本潜心研究中国古代社会并为其纂辑的《卜辞通纂》所

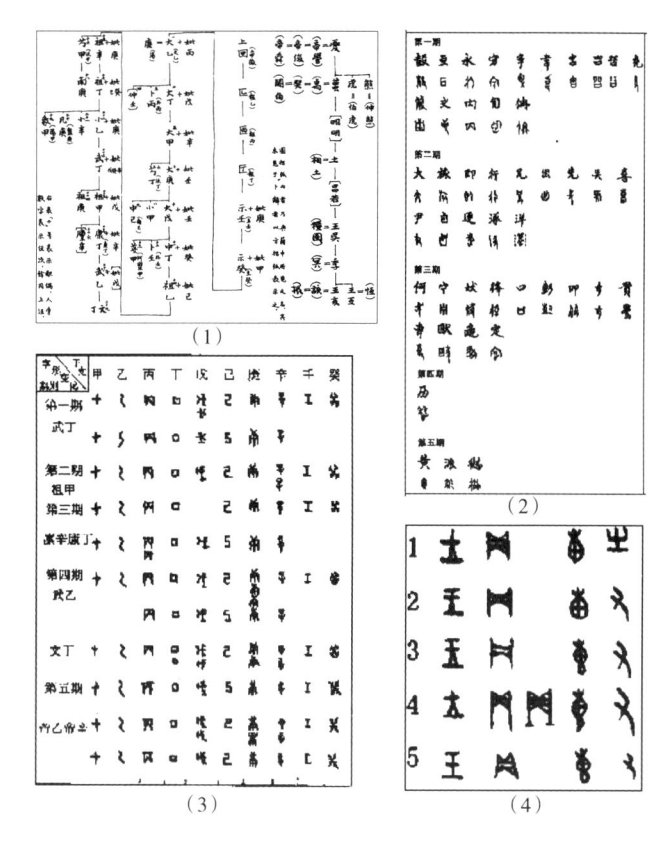

图 3-76 (1) 商王朝世系表据（《卜辞通纂》）；(2) 卜辞中常见贞人名；(3) 干支演化表；(4) 常见字变化表（《中国甲骨学》）

收甲骨进行考释的时候，读到了董作宾 1931 年发表的《大龟四版考释》。此文对他自己以前关于甲骨文卜贞之间未能究明其意的字大有启发，"近时董彦堂解贞人之名，遂颇若凿破鸿蒙。"他认为，"贞人说之创通，于卜辞断代遂多一线索"。郭沫若此时也正在进行甲骨文分期断代的研究，原拟在《卜辞通纂》"书后附以卜辞断代表，凡编中所列，就其时代可知者，一一表出之"。但在其后与董作宾通信中，得知董氏《甲骨文断代研究例》的"十项标准"，赞许其"体例綦密"。董氏之"文虽尚未见，知必大有可观，故兹亦不复论列"①。《卜辞通纂》付印后，郭沫若收到了董作宾所寄《甲骨文断代

---

① 郭沫若：《卜辞通纂·序》，日本文求堂 1933 年石印本。

研究例》三校稿本，郭沫若推崇此文"实自甲骨文出土以来所未有"。"多数卜辞之年代直如探囊取物，董氏之贡献诚非浅鲜。"郭沫若在整理甲骨文时，对其时代也多有心得。"尤私自庆幸者，在所多相暗合。"与董氏分期不谋而合并有所补充，"别有名尹者，董氏未能考定，今据其例知亦祖庚、祖甲时人"[①]，即我们今天所说的第二期卜人。（图3-77）

②郭沫若的甲骨文分期研究与考古学

郭沫若甲骨文分期断代研究成就的取得，也和董作宾一样，得益于科学考古学方法的影响和启示。虽然郭沫若身在日本，没有参加过殷墟考古发掘工作，但他十分注意殷墟考古发掘的最新进展和研究成果。诸如1930年2月，他在日本就读到了1929年12月出版《安阳发掘报告》第一期，并见到董作宾《新获卜辞写本》的单行本。郭沫若对此文"因于地层之研究未叙及，故余曾颇致不满"。郭沫若还在第三次发掘殷墟以后，使他一直关注的"惟有一事已明瞭者，则真实的殷墟中目前尚无铁发现"。

不仅如此，郭沫若曾在日本翻译过日译本《美术考古一世纪》（德国米海里司原著）。在读译中，对书中介绍的考古学研究方法体会很深。即原书作者在书中列举事例，说明如何通过类型学分析，判别各类文物的年代，从而使百年来的考古学面目为之一新。（图3-78）郭沫若《卜辞通

图3-77 《卜辞通纂》723（释文：丙寅卜，尹，贞其田于主亡灾，在□）

图3-78 《美术考古一世纪》

---

① 郭沫若：《卜辞通纂·后记》，日本文求堂1933年石印本。

纂》甲骨文的分期断代研究,从殷墟发掘的信息和国外考古学的类型学方法中,当获得很多启示。

(4) 明义士的甲骨文断代探索

加拿大人明义士,不仅收藏了大批甲骨,而且在收藏中研究甲骨、著录甲骨,成为甲骨辨伪能手和著名的甲骨学家。

明义士在甲骨文分期断代研究方面,也做出了发凡起例的贡献。1928年,明义士在整理其所藏大批甲骨文时,就开始把田野考古学方法引入甲骨学研究领域。《殷虚卜辞后编》序中,披露了明义士最早用甲骨文的"字形",即考古类型学方法,进行甲骨文分期断代的探索。

①明氏文字类学形,"两系"新说溯原"序"

虽然《殷虚卜辞后编》直到1972年才公开出版(台北艺文印书馆出版,上、下两册一套),致使明义士在"序"中的天才发现长期未被世人所知。但历久弥新,直到在1981年学术界讨论"历组卜辞"时代时,才有学者在《小屯南地甲骨与甲骨分期》附录中予以披露,并产生了相当的影响。此"序"写成的60多年后,学者们提出的甲骨分期断代研究"两系说",其重要手段和依据即"文字类型学",可谓把明义士的字形断代发挥到极致。(图3-79)

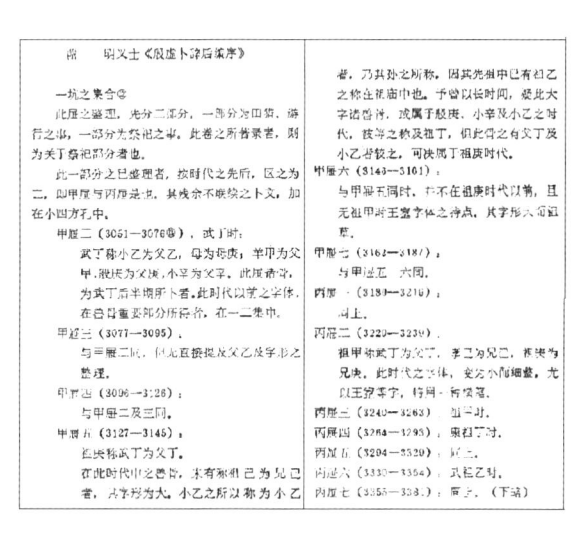

图3-79 明义士《殷虚卜辞后编·序》
(参见《小屯南地甲骨与甲骨分期·附录》)

② "字形"断代非偶然，考古熏陶成必然

明义士用甲骨文"字形"断代分期的探索，与考古学方法引入甲骨学研究领域有着密切关系。之所以如此，是因为明义士作为外国人，与中国考古学家的研究方法有着很大的不同，这就是：

首先，作为一个外国人，他接触欧美刊物上介绍考古新成果和新方法的机会要比中国考古学家方便和容易很多。

其次，1917—1920年世界大战期间，明义士被派往法国服役，修路时他曾注意收集陶片、石器等文物。在近代考古学策源地法国，明义士受到了近代考古类型学的熏陶。

最后，明义士对近代考古学的兴趣，还表现在他1928年年底与家人回国途中，参观了印度、伊拉克和巴勒斯坦等地区的考古现场。1929年夏，明氏还参加了斯坦福大学在耶路撒冷等地进行的两次考古发掘工作，得到了考古学训练。因此，明义士积累的近代田野考古学知识，使他的甲骨文断代探索能有新的突破。(图3-80)①

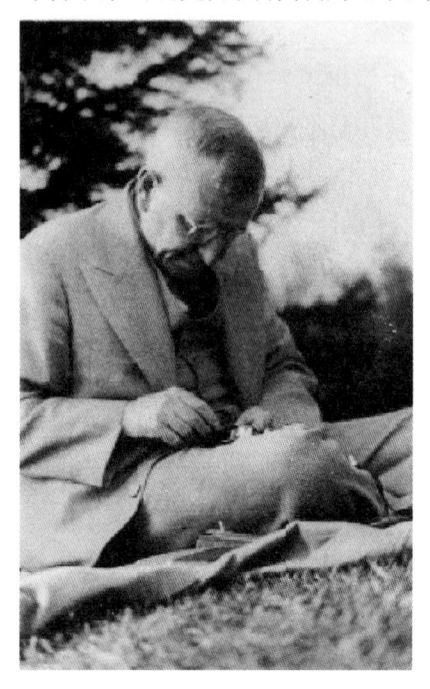

图3-80 明义士在观察某些遗物

2. 甲骨文卜法文例研究

（1）郭沫若对传世甲骨见微知著的卜法研究

20世纪30年代，郭沫若通过对传世甲骨的认真观察和细心追索，在《卜辞通纂》（简称《通》）、《殷契粹编》（简称《粹》）和《古代铭刻汇考》（简称《汇考》）等书考释文字的同时，对甲骨文的卜法文例等也进行了见微知著的"发其辞例"的创造性复原研究，对卜辞的通读和理解产生了深远的影响。

---

① 参阅《甲骨研究·序二（明明德）》，齐鲁书社1996年版。及参阅王宇信《明义士甲骨学研究的成功及对我们的启示》，《文物天地》2001年第5、6期连载。

①关于甲骨的整治

郭沫若通过对骨臼刻辞的研究,发现"甲骨经过整治以待卜用,必裹而藏之。由肩胛骨之性质而言,势必平放,平放则骨臼露于外,故恰好利用其地位以作标识"。骨臼上之"某示","盖其检封时经手殷王代理者所省视"①(图3-81)。

②关于烧灼与兆序

郭沫若在《粹》第7片考释中指出:"殷人一事必数卜,或卜其正,或卜其反。或卜如此,或卜如彼。每于兆旁记其卜次"(图3-82、图3-83),即我们今天所说的"兆序"。他还发现了"兆序"的规律,《通》第9片考释中说,"一、二、三、四等数字乃记卜之数,数止于十,周而复始"(图3-84)。

图 3-81　骨臼刻辞拓本《后下》27.10

图3-82　兆序《粹》7　　图 3-83　《通》12　　图 3-84　《通》9

---

① 郭沫若:《骨臼刻辞之一考察》,《殷契余论》第42页。此文载于《郭沫若全集·考古编》第一册,科学出版社1982年版。

③关于"兆记"

甲骨的卜兆旁,不仅有记占卜次数的"兆序",还有记兆象的"兆记"。郭沫若对《通》9(见图3-84)上出现的"二告"考释说:"二小字乃标示卜问次数之术语。"对《通》640(图3-85)上之"吉",考释说:"盖谓四卜之中,此卜协吉也。""此乃标示兆文性质之术语,有'大吉'、'吉'等之分。"在《通》9指出,"不"及"不玄"等小字"均'不玄冥'之略,乃兆文术语之一,习见"。在《镘甿解》中论证说:此三字"与卜辞不属",解此三字,"犹言不迷茫,不朦胧,不纷乱,言兆璺之鲜明也"。① 虽与今公认之"不玄冥"略有不同,其义与今释不模糊,记北象明晰等意却是基本相同的。

④关于"用辞"

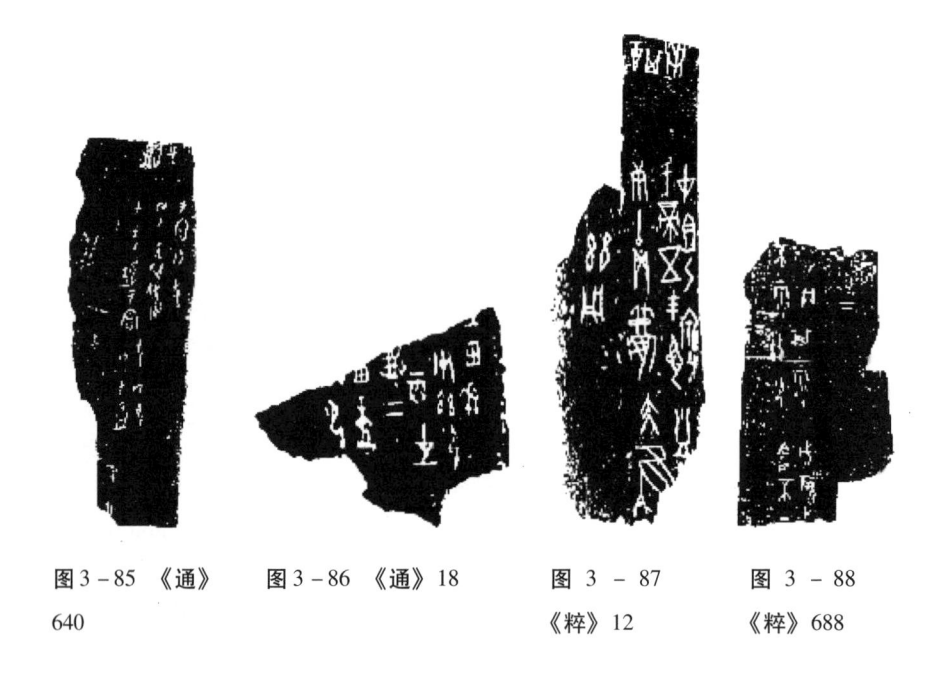

| 图3-85 《通》640 | 图3-86 《通》18 | 图3-87 《粹》12 | 图3-88 《粹》688 |

郭沫若在《通》第18片(图3-86)考释中说,"御者用也。'兹御'殆犹它辞言'兹用'矣"。《粹》第12片(图3-87)考释中说,"'兹用'盖言于多次卜贞之中决用此卜"。《粹》第688片(图3-88)考释中说:

---

① 郭沫若:《镘甿解》,《殷契余论》,第28页。

"'兹御'，卜辞恒语，盖犹它辞言'兹用'也。"

⑤关于甲骨文一事多卜的认识

郭沫若在《通》第 781 片（图 3 - 89）考释中说，"前辞言'贞三卜'，殆即前三片之三卜。"《粹》第 7 片考释中说，"有一事卜至八次者，此乃卜之第二次"。《粹》48 考释说，"此与前片乃同时所卜。前片卜之数为一，乃第一卜。此片纪卜之数为三，乃第三卜也。"（图 3 - 90）虽然郭沫若较早地发现了这一现象，但没有全面系统深究。后来有学者在此基础上，全面整理卜辞，进一步提出了"卜辞同文"或"成套卜辞"。① 郭沫若为后人界定此概念提供了启示。

图 3 - 89　《通》781　　　图 3 - 90　《粹》48

⑥残辞互补的发明

郭沫若在《通》第 42 考释中说："下辞残泐字颇多，然依卜辞通例及

---

① 参见胡厚宣《卜辞同文例》，《史语所集刊》1947 年；杨向奎《释不玄冥》，《历史研究》1955 年第 1 期。

上辞均可复原。"《粹》第 362 考释中说:"此据《通》38 片补。"此外,还在《残辞互足二例》中,论述了残辞互补的原则,并作出残辞互补的示例,指出"卜辞纪卜或纪卜之应,每一事数书,因之骨片各有坏损时,而残辞每互相补足"①(参见《残辞互足二例》复印,图 3-91)。

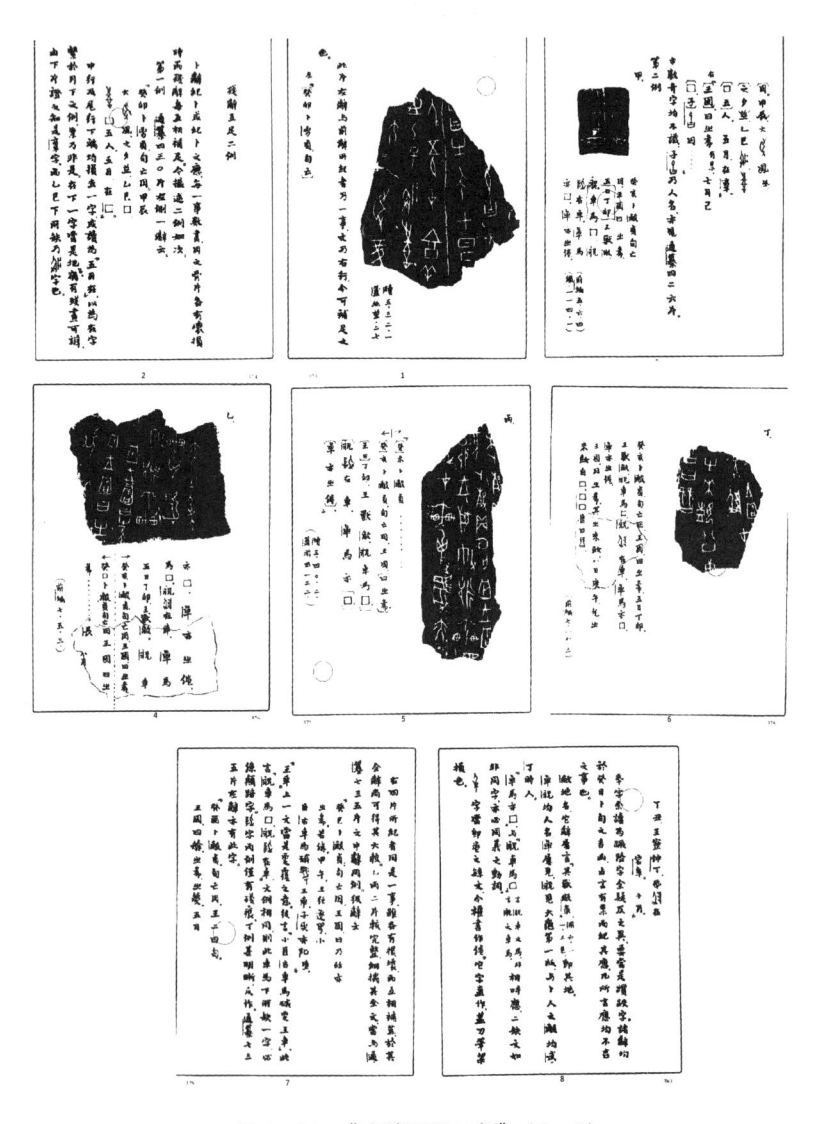

图 3-91 《残辞互足二例》(1-8)

---

① 郭沫若:《锲毘解》,《殷契余论》,第 15 页。

⑦关于"卜用三骨"的探索

《通》别一·何12（图3-92）有"习一卜""习二卜"，郭沫若考释说，"疑古人以三龟为一习，每卜用三龟（《洪范》言'三人占'亦一证据）。一卜不吉，则再用三龟。其用骨者，当亦同然。言'习一卜''习二卜'者，疑前后共卜六骨也"。

⑧关于"缺刻横划"的研究

殷人每事必卜，卜毕将所问之事刻在龟甲、兽骨之上。但文字如何契刻，也是学者探索的问题。1933年，郭沫若与董作宾不谋而合地提出甲骨文字缺刻横划问题。他1933年在《通》第6片及1934年在《缺

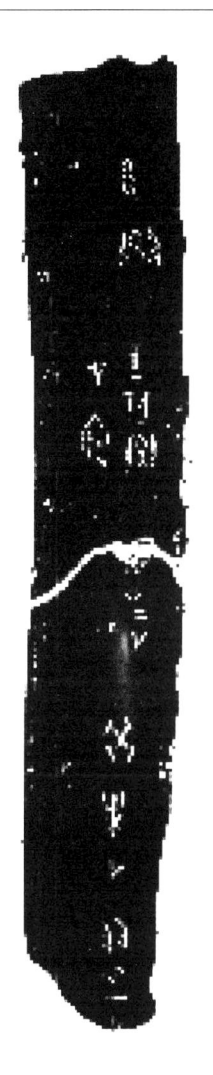

图3-92 《通》
别一·何12

(1) (2)

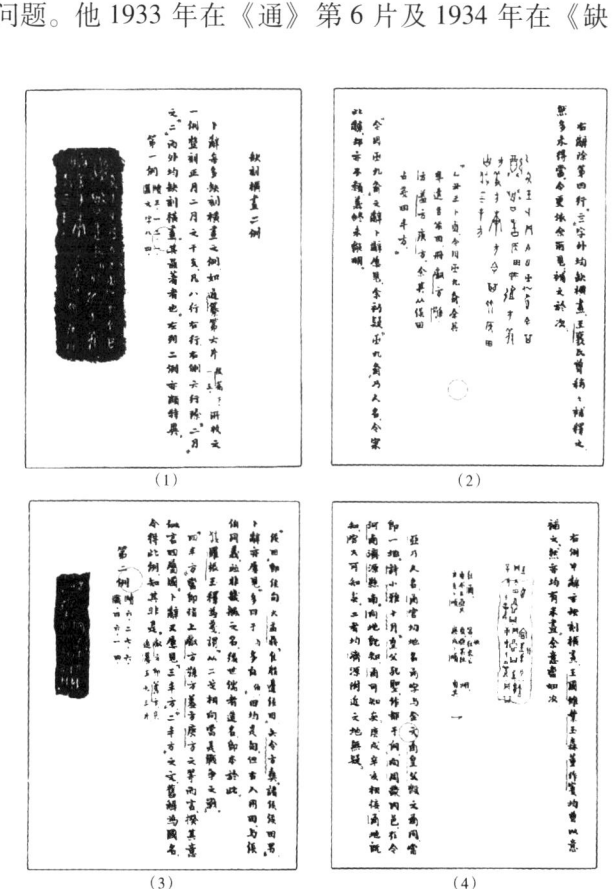

(3) (4)

图3-93 《缺刻横划二例》(1-4)

刻横划二例》(图 3-93)、1937 年在《粹》114 就开始了对甲骨文"缺刻横划"的研究。不仅如此,还进一步指出缺刻竖划之例,"卜辞亦往往有之"。(图 3-94: 1、2)

图 3-94　1.《通》6; 2.《粹》114

⑨关于甲骨文中的"习刻"问题

郭沫若观摩甲骨文字,发现甲骨文契刻者如此熟练的"刀法","是需要有长时间艰苦练习的"。郭沫若在《粹》第 1468 片考释中发现,"内容乃将甲子至癸酉之十日,刻而又刻者。中第四行,字细而精美整齐,盖先生刻之以为范本"。而骨上其他各行文字,"歪斜刺劣者,盖学刻者所为。此与今世儿童习字之法无殊"。但是,"又学刻者诸行中,亦间有精美之字,与范本无殊者,盖亦先生从旁执刀为之",即手把手教学生所刻之字。(图 3-95)

(2) 郭沫若对传世甲骨文例"创通阃奥"的研究

刻辞在龟甲兽骨上的分布(即刻写部位)及行款(即左行、右行,或向左、右转行)等是有一定规律的,即甲骨文例。甲骨文字在龟甲、兽骨上看来错综复杂,漫无章法,但经过郭沫若、董作宾等学者对甲骨文例

"创通阃奥"的研究,就还原为划然有序、关系清楚的可读卜辞了。

①郭沫若《卜辞通纂·考释》一书中的甲骨文例研究

郭沫若在《通考》中,画出每片甲骨的片形,并将释文标出段落和行款走向,使人一目了然。此外,每每随文寥寥数语,画龙点睛地道出龟甲兽骨上文例的规律。关于龟卜文例,郭沫若曾发表不少论断:

《通》第37片考释中说:"殷人命龟使用腹甲,凡卜多一事二贞。以腹甲之正中线为轴,取左右对称之形。此片乃腹甲右半之残,逸其左半,故此中辞例均缺其对称辞。"(图3-96)

《通》第54片考释中说:"卜次乃由下而上,由左而右。"(图3-97)

图3-95 《粹》1468　　图3-96 《通》37　　图3-97 《通》54

《通》第64片考释中说:"此片乃龟甲之较完整者,其卜以中线为轴,一事在二卜以上,左右对称,先右后左(其卜兆右书一,左书二,即示其先后之次)。由上而下(由 A_1、B_1 二辞之干支可知),此可确知者。"(图3-98)

《通》第786片考释中说:"此左右对贞例。"(图3-99)

图3-98 《通》64　　　　　图3-99 《通》786

如此等等。

关于兽骨上的刻辞,即骨卜文例,他也发表不少一语中的宏论:

《通》第7片考释中说:"此当是巨大之肩胛骨……其次序乃先下而上。卜辞刻次往往如是。"(图3-100:1)

《通》第16片考释中说:"此片刻文由下而上,由右而左。凡卜辞分段契刻者,文如左行,则单行在右。文如右行,单行在左。"(图3-100:2)

《通》第23片考释中说:"此片由下而上,右行。"(图3-100:3)

《通》第75片考释中说:"凡卜辞成段者均先下后上,由此片'癸酉'与'乙亥'二日即可证之。左行则全体左行,右行则全体右行。"(图3-100:4)

《通》第259片考释中说,"此言'求年于河'与'求年于夔'为对贞……'采于岳'亦左右对贞之例。"(图3-100:5)

《通》第381片考释中说:"由下而上,第一辞(按:即下段)与第二辞(按:即中段)'不遘雨'、'其遘雨'为对贞。"(图3-100:6)

《通》第 383 片考释中说,"此'不雨、其雨'上下三组,互为对贞。"(图 3-100:7)

如此等等。经郭沫若创造性地点拨和示例,甲骨卜辞在龟甲和兽骨上的分布及刻辞走向就洞若观火了。

图 3-100　1.《通》7;2.《通》16;3.《通》23;4.《通》75;
　　　　　5.《通》259;6.《通》381;7.《通》383

②关于甲骨卜辞结构的认识

一条完整的卜辞，应包括叙辞、命辞（贞辞）、占辞、验辞等项。郭沫若早就注意到甲骨文"卜以决疑"的用途，在《通》第604片考释中指出，"凡贞辞每辞均当加问号"（图3-101：1）。他也较早注意了"验辞"，《通》第426片考释中说，"乃于八日前之癸丑卜，其兆有祟。至八日后庚戌而言应者"，"左侧三行乃庚申后四日之癸亥所卜"，"于五日后之丁卯而纪其应"（图3-101：2）。又如《通》第436片考释中说，"癸丑所得之繇，于翌日甲辰既应，于第三日乙卯又应"（图3-101：3）。如此等等，均是发凡启例的工作。

1　　　　　　2　　　　　　3

图3-101　1.《通》604；2.《通》426；3.《通》436

③关于"特例"甲骨文的创解会通

郭沫若较早地发现了一些卜辞的特例，诸如：

"倒字之例。"《粹》第193片之"甲大"，创解为"即大甲倒文，犹大乙之作'乙大'，祖丁之作'丁祖'也"（图3-102：1）。

"夺字之例。"《通》第75片，"下起第二段'王'下夺一'宾'字。

由上二片可知，卜辞夺误，亦往往有之"（图3-102：2）。

"错字之例。"《通》第74片，"上第四辞之'庚己'，以下第一辞之'兄己'例之，'庚'乃'兄'之误"（图3-102：3）。

"改字之例。"《通》第609片，"此片第二辞'往来之灾'句，初脱一'来'字，继乃改'亡'为'来'字，改'灾'为'亡'，其痕迹班班可辨"（图3-102：4）。

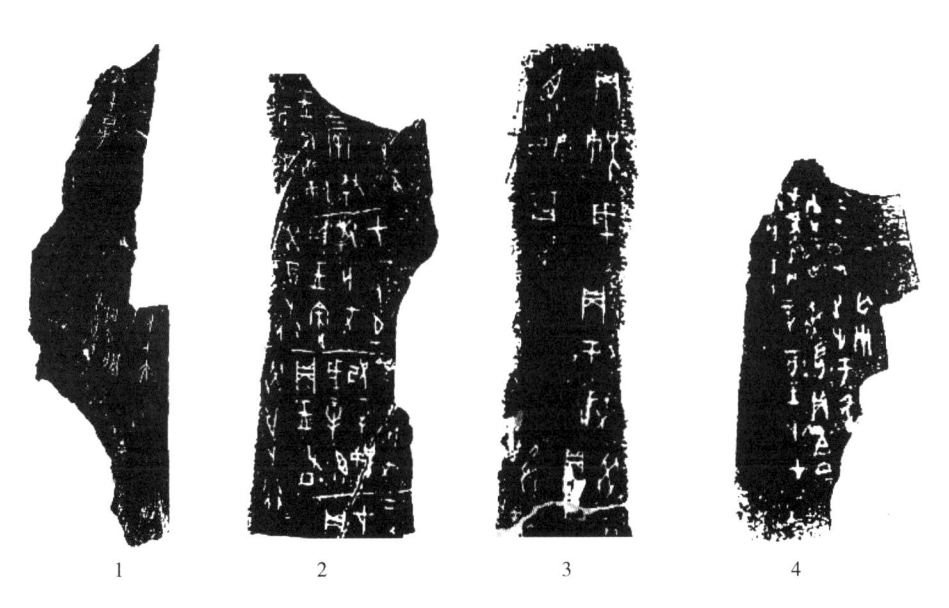

图3-102　1.《粹》193；2.《通》75；3.《通》74；4.《通》609

④甲骨文缀合课题的奠基者

虽然王国维最早缀合了《戬》1·10＋《后上》8·14，纠正了《史记·殷本纪》商王世系个别世次之误，但王国维仅是偶然为之，学者们还没有把甲骨缀合作为研究课题和需深入进行的工作。郭沫若就他当年所见到的甲骨范围内，着力进行了缀合的整理工作。1933年《卜辞通纂》"由二以上之断片经余所复合，亦在三十事以上"。而1937年《殷契粹编》缀合甲骨也达二十多版。此外，他1934年还专门著文《断片缀合八例》（图3-103），这是学者们开始把甲骨缀合列为专题研究开始的标志。

334　甲骨学发展120年

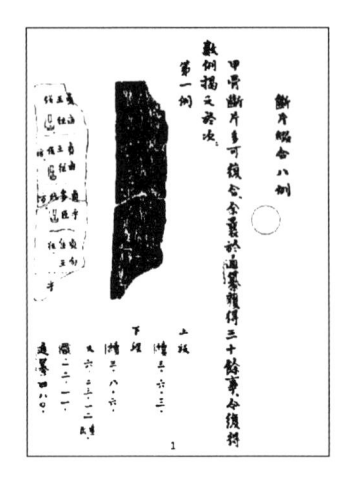

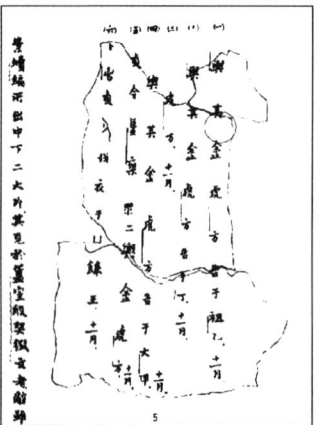

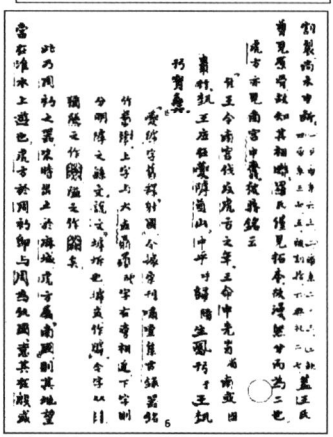

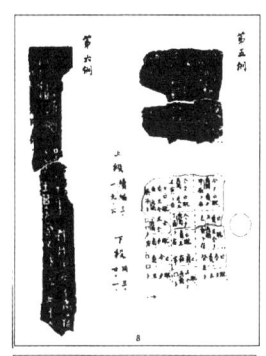

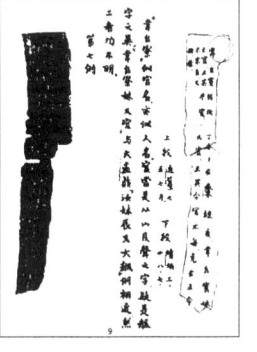

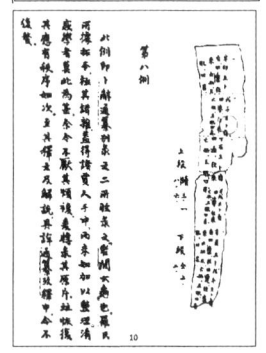

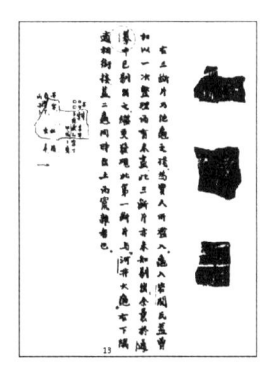

图 3-103
《断片缀合八例》
(1-13)

⑤开甲骨对重整理之先河

经过甲骨的去重整理，将会使甲骨材料精湛而避免庞芜。郭沫若在《通》《粹》两书编纂时，应就是较早进行甲骨去重的工作者了。《通》一书的编号之下，都注明该片原著录书的书名和号数。而《粹》书所收甲骨，虽在当时著录中重见者较少，但也有重见者在《粹》编号下一一注明。而与《通》同年出版的罗振玉《续编》一书，著录甲骨共 2016 片，自重及与他书重片者达 1641 片（均未注明），不重者仅 375 片。因此，郭沫若开了甲骨文对重研究之先河。（图 3 - 104）

（3）董作宾、胡厚宣与科学发掘甲骨的卜法文例复原

如果说，郭沫若《通》《粹》《汇考》等书中对甲骨学一些基本规律寥寥数语的阐述，"一语中的"的发现，是他对传世甲骨天才加勤奋的

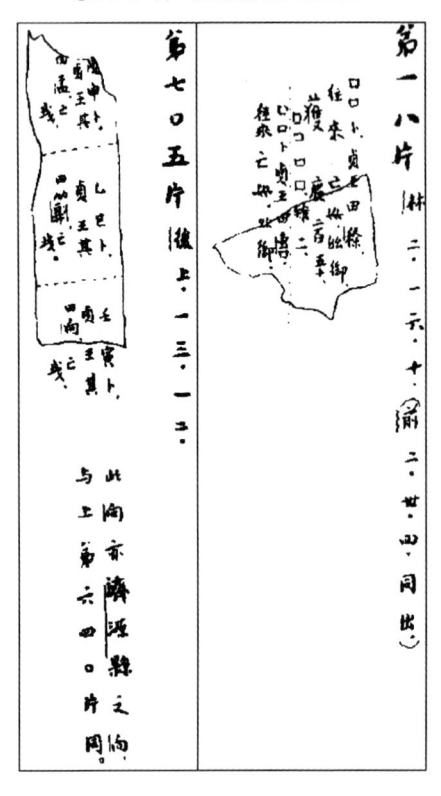

图 3 - 104 《卜辞通纂》考释中拓片号下注明重见处例子

观察，因而能洞其奥隐，入木三分。那么，殷墟科学发掘的学者，诸如董作宾、胡厚宣等甲骨学大师，则是对大量考古发掘出土甲骨文提供的信息进行系统的整理，举一反三，使他们对甲骨学自身规律的认识超过了前人。因此，与董作宾先生发明《甲骨文断代研究例》一样，殷墟科学考古为甲骨自身规律的研究注入了新活力，并推动了这一时期甲骨学研究的发展。

①研究考古发掘所得甲骨卜法文例的一批著作

在对殷墟科学发掘所得甲骨全面研究的基础上，董作宾、胡厚宣、张秉权等学者发表了一系列的系统研究卜法文例的著作，诸如董作宾《商代龟卜之推测》（1929 年）、《骨文例》（1936 年）等，胡厚宣《殷代卜龟之来源》（1944 年）、《武丁时五种记事刻辞考》（1944 年）、《卜辞同文例》

（1947年）、《卜辞杂例》（1939年）等，从而窥破了不少甲骨文例的奥秘，并对甲骨文例的研究基本形成了规律性的认识。（图3-105）

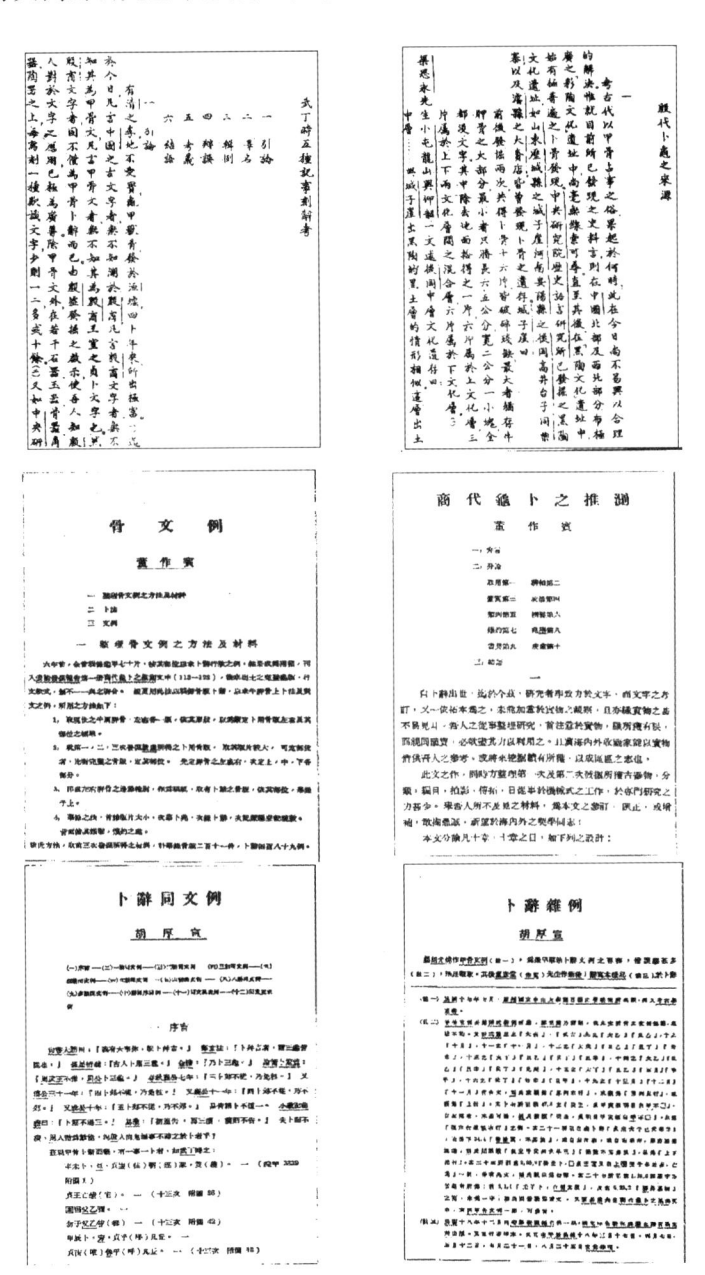

图3-105 研究考古发掘甲骨卜法文例著作部分复印

关于占卜用龟和骨的来源，以及甲骨的整治、占卜与文字契刻等，我们已在前面"甲骨的整治与占卜"部分，介绍和反映了学者们的研究成果。

② "定位法"的甲骨文例研究

以甲骨文字在龟甲、兽骨上的位置和布局推断其文例的方法，即"定位法"是董作宾大师的天才发现。（图3-106）

第一，龟卜文例。

董作宾总结出的龟甲契刻卜辞文例的规律是："沿中缝而刻辞者，向外，在右右行。沿首尾之两边而刻辞者，向内，在右左行，在左右行。如是而已。"①

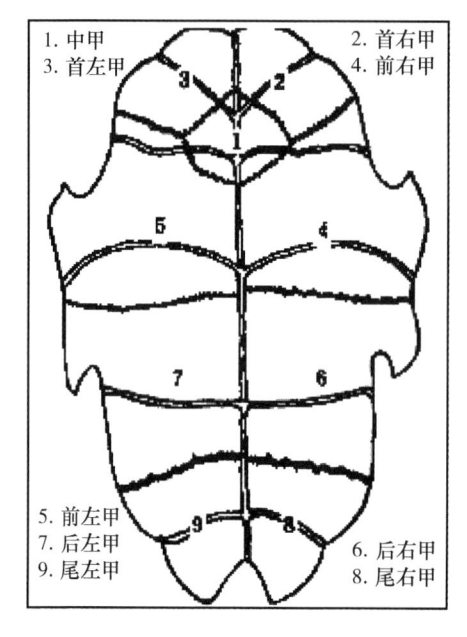

图3-106 龟甲部位图

附： 龟卜行款举例展示②

甲．中甲：片上两条卜辞，以中间千里路为界，左右对贞。（图3-107：1）

右辞，下行而右，从中间千里路向右转行，即"［辛］亥卜，王，贞［乎］弜［狩］擒"。

左辞，下行而左，从中间千里路向外转行，即"［辛］亥卜，王，贞乎弜弗［狩擒］"（《铁》5·1）。

乙．左右首甲：片上之1为中甲，2为右首甲，3为左首甲。（图3-107：2）

上刻二辞：

右首甲2上一辞下行而左向内，读为"贞侑于庚三十小宰"。

左首甲3上一辞下行而右向内，读为"己巳［卜］，□，贞好祸凡

---

① 参见董作宾《商代龟卜之推测》；胡厚宣《甲骨学绪论》；李达良《龟版文例研究》，香港中文大学联合书院1972年版。

② 参见王宇信《中国甲骨学》，上海人民出版社2009年版，第144—145页。

有［疾］"（《铁》72·1）。

丙．右前甲：片中之 1 为中甲，2 为右首甲，3 为左首甲，4 为右前甲。（图 3-107：3）

中甲处刻二辞，左右对贞：

右边一辞下行而右，辞为"弜其擒"。

左边一辞下行而左，辞为"丙□［卜］，□，［贞弜其］擒"。

右前甲上刻一辞：

下行而左向内，辞为"庚申卜，王，［贞］往来亡祸"（《铁》261·3）

丁．左右前甲：1 为中甲，2 为右首甲，3 为左首甲，4 为右前甲，5 为左前甲。（图 3-107：4）

左、右前甲均有两条卜辞。右前甲二辞：

第一辞近外缘，自上而下，自外而向内左行，辞为"戊辰［卜］，□，贞翌［辛］□亚乞氐众人畜丁录乎保我"。

第二辞近中间千里路，自上而下向外右行，辞为"丁亥卜……复……片祟……幸"。

左前甲亦有二辞：

第一辞近外缘处自上而下，自外向内右行，辞为"贞……于丁三牛"

第二辞近中间千里路，自上而下，自内向外左行，辞为"贞……其……"（《前》7·3·1）。

戊．前左甲上部：片上共三辞。（图 3-107：5）

第一辞近外缘处，自上而下，自外而内右行，辞为"贞惟小臣令众黍，一月"。

第二辞近中间千里路，辞自上而下，自内向外左行，辞为"贞王心……亡自□。一月"。

第三辞在外缘与千里路中间，辞自上而下，自内向外左行，辞为"己［丑卜］，□，贞……佣。一月"（《前》4·30·2）。

己．前右甲上部：辞为第五期卜辞，片最上部一辞，中部三辞，下部三辞。各辞均自上而下，自内向外右行。（图 3-107：6）

第一辞为"惟羊。兹用"。

第二辞为"□辰卜，贞武乙丁其牢。兹用"。

第三辞为"辛巳卜，贞王宾上甲不至于多毓衣亡尤"。

第四辞为"乙未卜，贞王宾武乙升伐亡尤"。

第五辞为"壬［寅］……妥……羊"。

第六辞为"惟……"。

第七辞为"甲……武乙……宰"（《前》2·25·5）。

庚．后左甲上部：第五期卜辞，上部三辞，下部三辞。辞皆自上而下，自内向外左行。（图3-107：7）

第一辞为"丁卯卜，贞王田虞往来亡灾"。

第二辞为"辛未卜，贞王田䓊往来亡灾"。

第三辞为"乙亥卜，贞王田宫往来亡灾"。

第四辞为"壬子［卜］，［贞］王［田］□［往］来［亡灾］"。

第五辞为"戊午［卜］，［贞］王田□往［来亡灾］"。

第六辞为"壬□［卜］，［贞］王［田］□［往］来［亡灾］"（《前》2·30·2）。

辛．后右甲上部：此为第一期卜辞，共有三辞。（图3-107：8）

第一辞近中间千里路，辞自上而下，自内向外右行，辞为"乙未卜，宾，贞今日其延雨"。

第二辞自上而下，自内向外右行，辞为"乙巳卜，争，贞燎于河五牛沉十牛"。

第三辞近外缘处，自外向内左行，辞为"□□［卜］，□，贞……臣在斗"（《前》2·9·3）。

壬．后左甲下部：此为第一期卜辞，共有三辞。（图3-107：9）

第一辞自上而下，自内向外左行，辞为"丙戌卜，贞弜弜自在先不水"。

第二辞自上而下，自外向内右行，辞为"丁亥……"

第三辞仅余一字，走向亦应自内向外而左（《前》2·4·3）。

癸．后右甲下部：此为第一期卜辞，共有三辞。（图3-107：10）

第一辞自上而下，自内向外右行，辞为"己巳卜，贞令吴省在南廪，十月"。

第二辞自上而下，自外向内左行，辞为"庚寅卜……［令］

墉……"

第三辞自上而下，自内向外右行，辞为"己酉卜……出"（《前》5·6·2）。

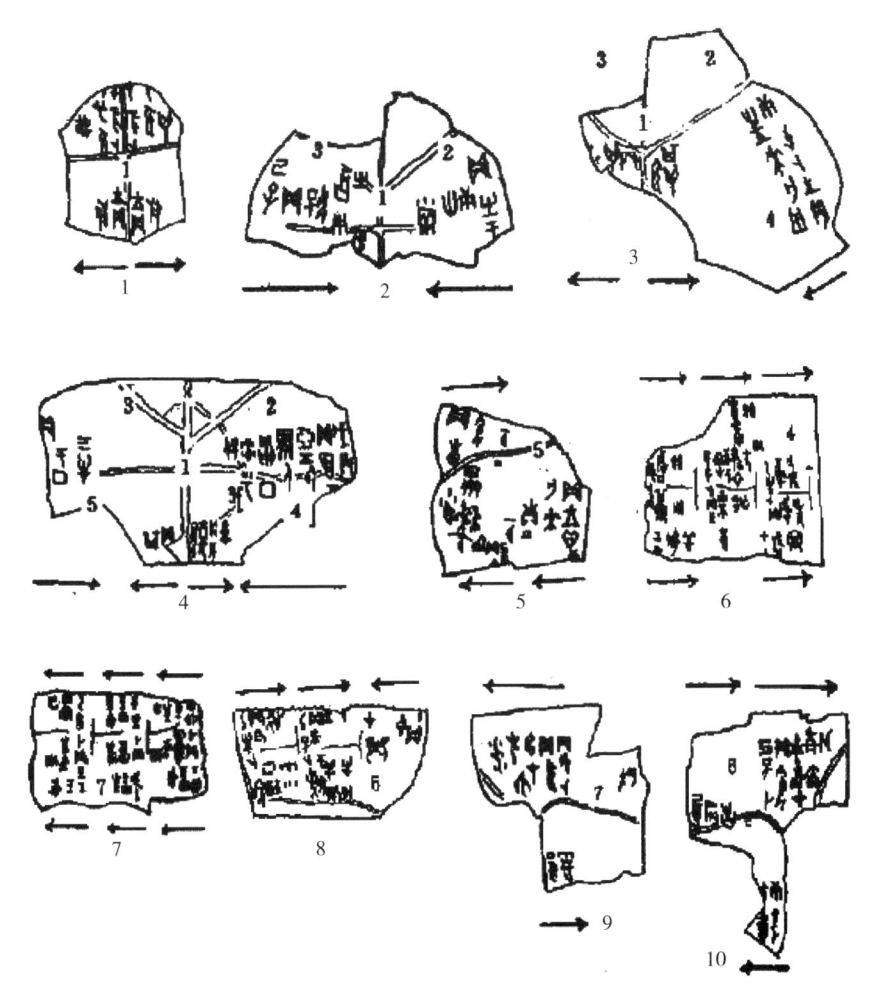

图3-107 龟卜行款举例：1.《铁》5·1；2.《铁》72·1；3.《铁》261·3；4.《前》7·3·1；5.《前》4·30·2；6.《前》2·25·5；7.《前》2·30·2；8.《前》2·9·3；9.《前》2·4·3；10.《前》5·6·2

第二，卜骨文例。

牛胛骨上契刻的卜辞，多在正面。而刻辞最多的部分，多在左甲骨之右(即外缘)和右甲骨之左(即外缘)。这是因为左、右肩胛骨的外缘部分较其余部分为厚,并且骨质坚韧,所以占卜次数较多,因此刻辞也较多,约占全版刻辞的十分之七八。而左胛骨之内缘(左侧)和右甲骨之内缘(右侧),下部骨质较松而薄,因而上部刻辞较多,而下部刻辞较少。而甲骨中部因更薄和骨质疏松,往往不用于占卜,故一般刻辞较少,占十分之一二。

肩胛骨上的刻辞,在上部近骨臼处,常有两条卜辞,其下有两个卜兆。这两条卜辞"每从中间起,在左者下行而左,在右者下行而右"①。如《合集》13926(《铁》127.1、《通》别二11.1)为一牛胛骨之上部,切臼角处在左边,卜兆亦向左边(图3-108)。其反面《合集》及《铁》《通》等书均未著录。胡厚宣先生在《记日本京都大学考古研究室所藏一片牛胛骨卜辞》(载《文物与考古》1948年第六期)一文中发表了此骨的正面拓本及反面摹本,并作有考释。

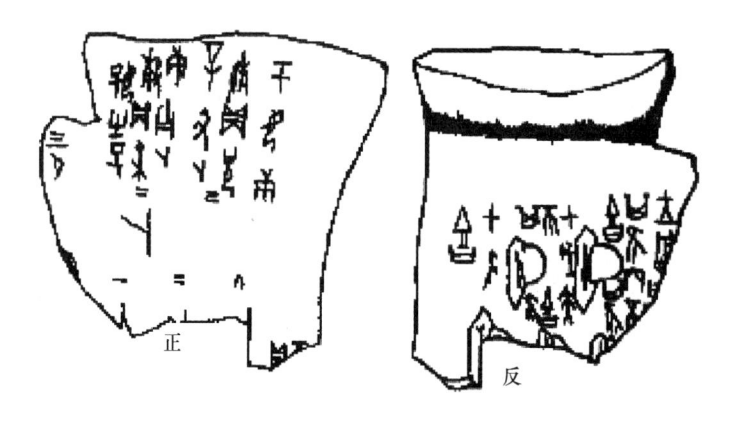

图3-108 《合集》13926 正/反

董作宾根据四百八十七例兽骨刻辞进行比较研究后,依照刻辞之部位,总结出卜骨刻辞文例的规律是:

> 凡完全之胛骨,无论左右,缘近边两行之刻辞,在左方,皆为下行而左,间有下行及左行者。在右方,皆为下行而右,亦间有下行及

---

① 董作宾:《骨文例》,《历史语言研究所集刊》第七本第一分。

右行者。左胛骨中部如有刻辞，则下行而右。右胛骨中部反是，但亦有下行而右者。①

附： **骨卜行款举例展示**②

甲．无论左右，都很规整，刻辞自下而上，排列有序。如《合集》5157，共有四辞。（图3-109：1）

第一辞为"贞［辛］亥王入"。

第二辞为"于癸丑入"。

第三辞为"于甲寅入"。

第四辞为"于乙卯入"。

乙．也有不同卜辞先自下而上，再自上而下排列。如《粹》1345，为第二期卜辞，共有八辞。（图3-109：2）

第一辞为"己亥卜，旅，贞今夕亡祸，在十二月。一"。

第二辞为"庚子卜，旅，贞今夕亡祸，在十二月。一"。

第三辞为"辛丑卜，旅，贞今夕亡祸，在十二月。一"。

第四辞为"壬寅卜，旅，贞今夕亡祸，在十二月。一"。

第五辞为"癸卯卜，旅，贞今夕亡祸，在十二月。一"。

第六辞为"甲辰卜，旅，贞今夕亡祸，在十二月。一"。

第七辞为"乙巳卜，旅，贞今夕亡祸，在十二月。一"。

第八辞为"丙午［卜］，［旅］，贞今夕亡祸，在□月。一"。

丙．也有内容完全不同的卜辞交错刻在一起，称为"相间刻辞"③。如《合集》9465，为第一期卜辞，共有六辞，卜问三种不同内容。（图3-109：3）

第一辞为"乙卯卜，亘，贞勿锡牛"。

第二辞为"贞锡牛"。

第三辞为"贞锡牛"。

---

① 董作宾：《骨文例》，《历史语言研究所集刊》第七本第一分。
② 参见王宇信《中国甲骨学》，上海人民出版社2009年版，第146—148页。
③ 胡厚宣先生将此类卜辞列为"兽骨相间刻辞例"，参见《卜辞杂例》，《历史语言研究所集刊》第八本三分。

第四辞为"贞翌丙辰不雨"。

第五辞为"贞翌丙辰其雨"。

第六辞为"……［我］史步［伐］工方［受有祐］"。

丁．也有左、右对贞者。① 如《佚》52，为第一期卜辞，共有七辞。（图3－109：4）

第一辞为"戊子卜，沐，翌己丑其雨。一"。

第二辞为"戊子卜，沐，翌己丑不雨。一"。

第三辞为"己丑卜，沐，翌庚寅其雨。一"。

第四辞为"己丑卜，翌庚寅不雨。一"。

第五辞为"庚寅卜，沐，翌辛卯不雨"。

第六辞为"翌辛卯其雨。一"。

第七辞为"丙戌……"

戊．命辞在正面，而叙辞在反面，"正反相接"者。如《合集》5298正/反，为第一期卜辞。（图3－109：5）

正面有二辞：第一辞为"贞王听惟祸。一"；第二辞为"贞王听不惟祸。一"。

反面亦有二辞：第一辞为"戊戌卜"（按：此辞的正面部位刻第一辞，因此当为"贞王听惟祸"的叙辞）；第二辞为"雀入二百五十"（甲桥刻辞）。

己．正面叙、命、占，反面验辞与之相接。（图3－109：6）

正面命辞，反面叙辞相接者：如《合集》5951正/反，为第一期卜辞。正面一辞为"贞勿乎逆执𢦔"为命辞，反面的"癸卯卜，𠦪"为叙辞，应与正面命辞相接。

反面连占辞：如《合集》13926（图3－108），即是卜骨占辞"正反相接"例。

反面的叙辞、占辞、验辞，与正面命辞相接者：如《合集》8912正/反（图3－109：7），为第一期卜辞。

也有正面的叙辞、占辞、验辞，与反面命辞相接者：如《丙》207

---

① 胡厚宣先生称此类卜辞为"兽骨卜辞对贞例"，参见《卜辞杂例》，《历史语言研究所集刊》第八本三分。

正、208 反，为第一期卜辞。此辞正面辞为"丙申卜，殸，贞来乙巳酒下乙。王占曰：酒惟有祟其有𢻰。乙巳酒，明，雨。伐既，雨。咸伐。亦雨。𢻰卯鸟星"，接着反面验辞"九日甲寅不酒，雨。乙巳夕有酘于西"。

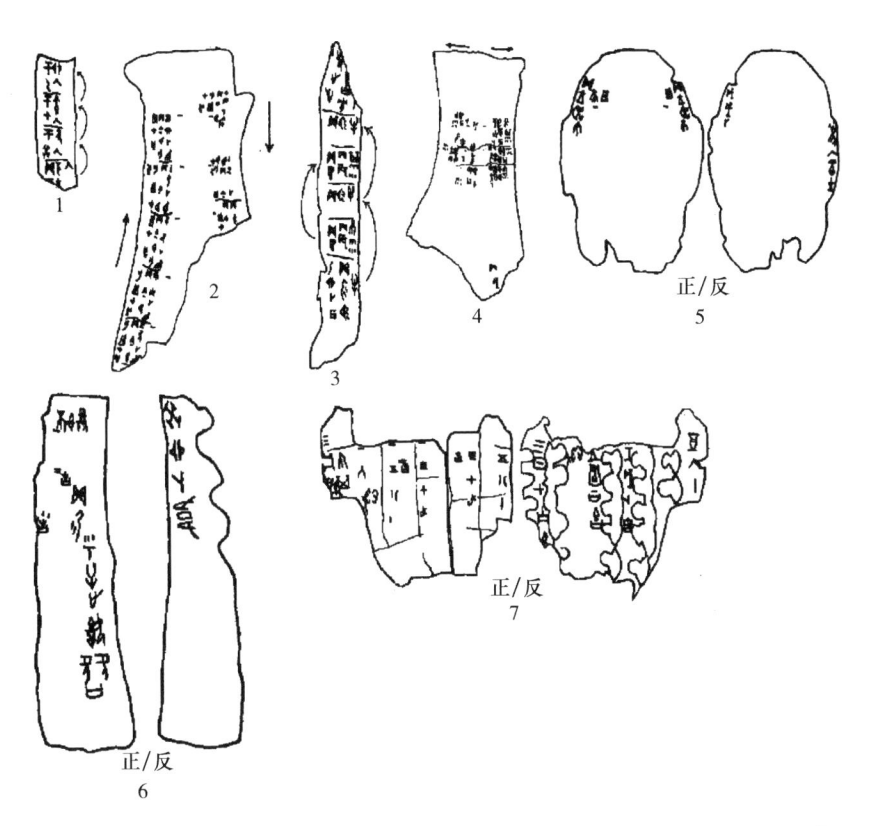

图 3-109　1.《合集》5157；2.《粹》1345；3.《合集》9465；4.《佚》52；5.《合集》5298 正/反；6.《合集》5951 正/反；7.《合集》8912 正/反

③骨臼刻辞的再考察和五种记事文字总整理

郭沫若 1934 年在《骨臼刻辞之一考察》中，虽然纠正了前人"馈矛说""祭祀说"之误，却认为"如今天的署书头标牙签"，距其后胡厚宣研究应为"记事文字"还差半步之遥。但胡厚宣以此为基础，全面整理了科学发掘所得甲骨和传世甲骨中有关的"五种记事"刻辞，并深刻指出："绝无一例有钻灼卜兆之痕迹，其绝非卜辞，必为一种卜辞之外之记事文字也。"①

五种记事刻辞，即，

骨臼刻辞，即骨臼上的记事文字，记屯数及检视者等（《合集》9408）（图3-110：1）；

甲桥刻辞，记甲骨的来源及数目、经某人检视等，皆刻于甲桥反面（《合集》5298反）（图3-110：2）；

甲尾刻辞，记某人贡龟、来龟，刻于右尾甲（《合集》9373）（图3-110：3）；

背甲刻辞，即龟甲反面近中间处，所刻的一行记事文字（《甲》2993）（图3-110：4）；

骨面刻辞，刻于骨正面下部较宽薄处（《合集》9386/反）（图3-110：5）。

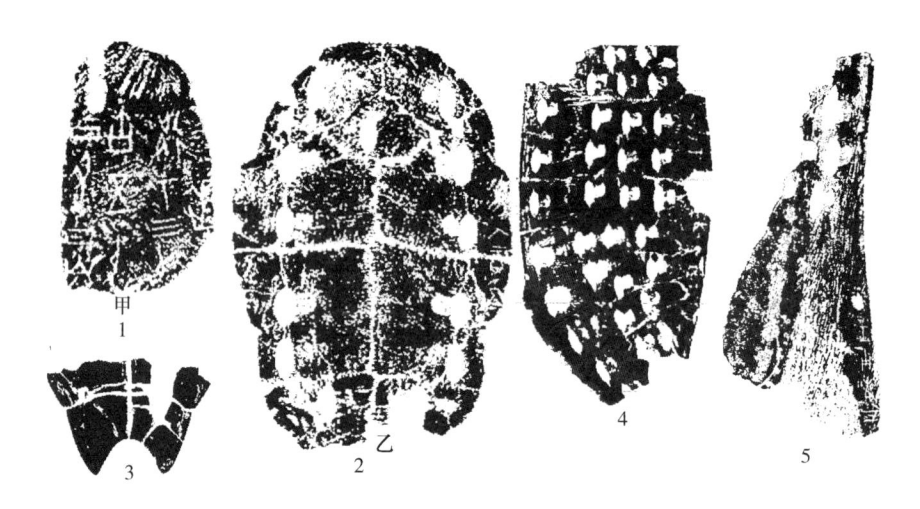

图3-110　五种记事刻辞举例：1.《合集》9408；2.《合集》5298/反；3.《合集》9373；4.《甲》2993；5.《合集》9386/反

④与记事刻辞有关"史官签名"的发现

五种记事刻辞，"乃武丁时所特有之风气"，"绝不见于祖庚、祖甲以后之甲骨中"。而这种"记事文字之末，或龟甲之偏僻地方，亦常有记史之

---

① 参见胡厚宣《武丁时五种记事刻辞考》，《甲骨学商史论丛初集》。

签名",即"史官签名"。签名有在背甲刻辞之后者,有在骨面刻辞之后者,有在甲尾反面签名者。"史官签名"以第一期武丁时为多,达23名之多,而第三期仅有一名"狄"者,其他各期就不复存在了。学者认为,"此史官签名,多于记事文字之末,知此史官,乃记事之史"(图3-111)。

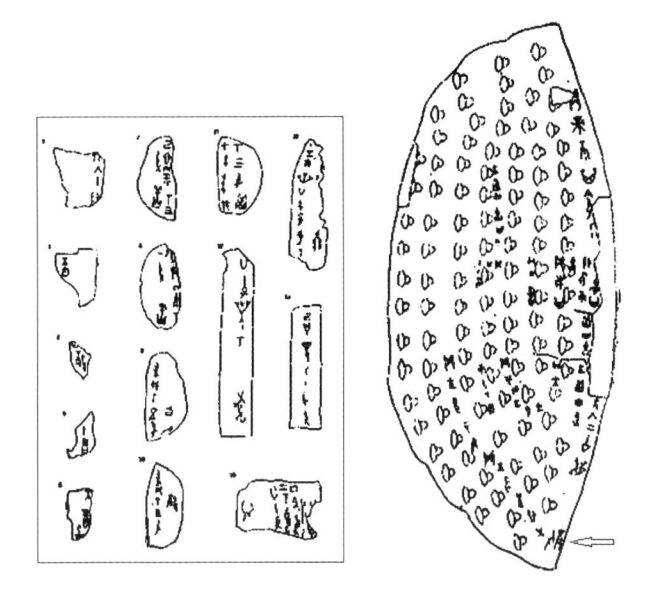

图3-111 有关史官签名摹写(参见《卜辞记事文字史官签名例》)

⑤由"一事多卜"到"卜辞同文"的系统整理①

学者经过对传世甲骨和科学发掘所得甲骨的进一步爬梳整理,发现有不少卜辞是一事多卜的。"有一事二卜、一事三卜……直至一事十八卜者。"(图3-112)

学者又进一步发现,殷人一事多卜,"又有在不同之甲骨上为之者。则同一卜辞,常刻于每一甲骨,即今所谓卜辞同文之例也"②。张秉权在《卜龟腹甲的序数》中,将这种卜辞称为"成套卜辞"或"成套甲骨"。甲骨文中有不少"卜辞同文"的例子,胡厚宣先生全面整理甲骨后发现"两版或两版以上之甲骨,有一辞相同者,有二辞相同者,有三辞相同者,有四

---

① 参见王宇信《中国甲骨学》,上海人民出版社2009年版,第153—156页。
② 胡厚宣:《卜辞同文例》,《历史语言研究所集刊》第九本,1947年。

图 3 - 112　"一事多卜"例：左图：《前》3·1·1（八卜）；
右图：《前》7·2·2（三卜）

辞相同者，有五辞相同者，有六辞相同者，有七辞相同者，有八辞相同者，有多辞相同者，有辞同卜序相同者，有同文异史者，有同文而一事之正反两面者"[1]。真是变化多端。

所谓"一辞同文"，就是同一件事情在不同甲骨上反复卜问，不同甲骨上所刻的卜辞文句完全相同，只不过是兆序有别而已。（图 3 - 113）

所谓"二辞同文"，即在不同甲骨上，所卜二事相同，但所卜次数不一。有二卜者，如《佚》862 所问两事都为第一卜，而《龟》2·24·5 为另一骨，所问两事分别与上一版相同。有三卜者，就是一版上所卜二事，需要用三块甲骨占卜三次。（图 3 - 113：1）

所谓"三辞同文"，就是在一版甲骨上卜问三事后，又在另外的甲骨上卜问上版之三事。据胡厚宣先生研究，"三辞同文之例，皆两卜"[2]，就是两块甲骨上所刻三辞皆相同。（图 3 - 113：2）

所谓"四辞同文"，就是在一版甲骨上卜问四事以后，用另一版甲骨继续卜问此相同四事。有用两块甲骨的，也有用三块甲骨的。（图 3 - 113：3）

所谓"六辞同文"，就是在一版甲骨上卜问六事以后，用另一版甲骨继

---

[1]　胡厚宣：《卜辞同文例》，《历史语言研究所集刊》第九本，1947 年。
[2]　同上。

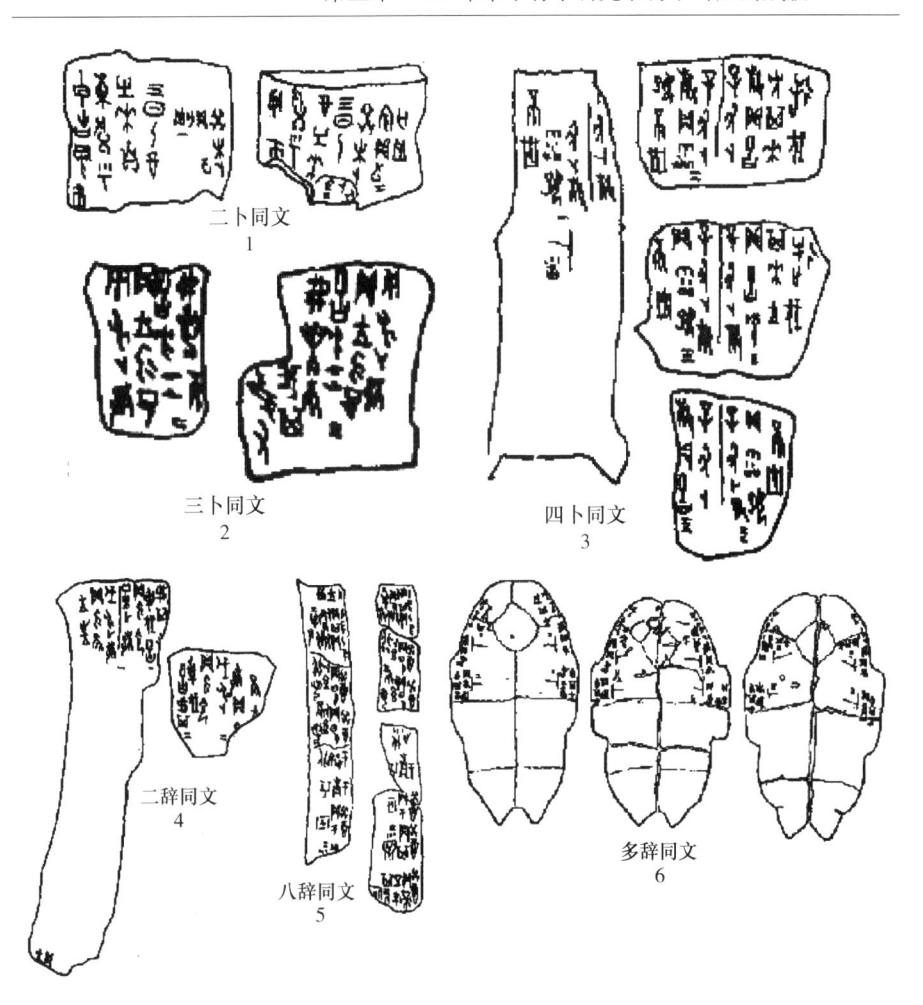

图 3-113　"一辞同文"多卜之例：1. "二卜同文"（《后下》37·2 和《库》1596）；2. "三卜同文"（《后上》16·8（二卜）及《前》5·22·2（三卜）虽没有第"一卜"但按理应有，可能尚未发现）；3. "四卜同文"（《福》11、《前》4·24·1；《后上》16·11；《前》4·24·3）；4. "二辞同文"之例《佚》862 和《龟》2·24·5；5. "八辞同文"之例《佚》374 及《簠征》1 和《簠天》1；6. "多辞同文"之例《续存》388；《乙》6877；《乙》727

续占问此相同六事。虽然有时各版辞句详略稍有不同，但仍可看出各版有关卜辞所卜之事。

所谓"八辞同文"，就是在一版上卜问八事以后，又在另一版甲骨上继续卜问此相同八事，有用两骨者，如《佚》374 及《簠征》1 和《簠天》

1。(图3-113：5)

此外，还有所谓"多辞同文"，就是在一版上卜问多条卜辞，但在另外的甲骨上也有相同的刻辞。有二卜，即二版者；有三卜，即三版者；有四卜，即四版者。如《续存》388、《乙》6877、《乙》727，即是第二、三、四版。(图3-113：6)

所谓"同文正反"，就是在不同甲骨上占卜某事，有的甲骨刻辞为正问，有的甲骨刻辞为反问。通常由不同贞人完成，因而又叫"同文异史"。如《续》3·2·2和《前》7·35·1，同为"癸酉"日卜，所问均为伐工方之事，只是贞人不同。(图3-114左)

上述所谓"卜辞同文"种种，实际上是一事多卜后，将内容相同的卜辞刻在不同的甲骨上。兆序的系连，使我们知道了它们之间的关系。因此，又有学者称之为"成套甲骨"[①]。一事多卜以后，也有将卜辞刻在一块龟甲（或兽骨）之上的，这就是同版甲骨上的"同文卜辞"。如《乙》6668右之一、二、三辞同文，而左之一、二、三亦为同文，一套卜辞卜问的是同一内容。(图3-114右)

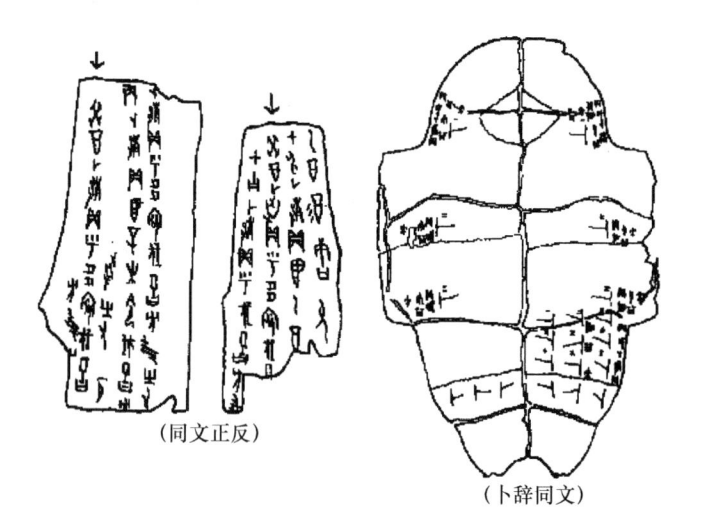

（同文正反）

（卜辞同文）

图3-114　左图："同文正反"之例《续》3·2·2和《前》7·35·1；右图："卜辞同文"之例《乙》6668

---

① 张秉权：《卜龟腹甲的序数》，《历史语言研究所集刊》第二十八本，1956年。

⑥YH127 坑甲骨窖藏的大发现，推动了甲骨学研究的深入发展

1936 年 6 月 12 日，殷墟 YH127 坑 17000 多片甲骨的空前大发现，不仅为商代史研究增加了大批新材料，而且对甲骨学研究也提供了很多新现象和值得深入研究的新课题。诸如：

第一，此坑甲骨时代单纯，多为第一期武丁时代之物，但也有一些可能早至盘庚，小辛、小乙之世物。

第二，发现了刻划卜兆的现象，但武丁以后不复存在。

第三，发现了用毛笔书写的字迹。

第四，涂朱涂墨现象。不仅书写时要用朱墨，刻字以后，有时还在字口上涂以朱墨。

第五，改制背甲的使用。将较小的龟背甲从中锯开，再将两端削磨成近圆形，中间有孔备贯穿用。（图 3－115）

第六，武丁大龟的发现。此是殷墟所出龟甲中最大者，长达一尺二寸，乃产自马来半岛。

第七，甲桥刻辞。YH127 坑大量整龟出土，得以明确传世残卜甲的甲桥之位置，从而使学者破解其上刻辞秘密。

第八，殷人甲骨分埋的启示。YH127 坑只出骨卜八版，其余全是龟甲，可推知殷人应龟甲、兽骨分埋。

第九，YH127 坑丰富的材料和现象，推动了甲骨学研究的发展。董作宾以此坑的发现为契机，提出了"拆穿了文武丁时代卜辞之谜"的问题，推动了甲骨断代研究的深入。不仅如此，YH127 坑甲骨为甲骨学研究的继续全面深入发展奠定了坚实的基础。①

图 3－115 "改制背甲"《乙》5271

---

① 董作宾：《殷虚文字乙编》序。又参见王宇信《中国甲骨学》，上海人民出版社 2009 年版，第 70—80 页。

(4) 从《甲骨文研究的扩大》到《殷虚文字甲编·自序》

第一，甲骨文研究从"草创时期"（1899—1928年）向"发展时期"（1928—1949年）前进的标志——《甲骨文研究之扩大》。

1931年，董作宾发表了《甲骨文研究的扩大》（载于《安阳发掘报告》第二期）一文，列有第一项"文字的研究"，其中包括拓印、考释、分类、文例、礼制、地理、世系、历法、文法、书法；第二项"实物的考察"，其中包括书契体式、卜兆、卜法、龟、骨；第三项"地层的关系"，其中包括区域、层次、时代、互证他器物；第四项"同出器物的比较"，其中包括象形字与古器物、器用与礼制、动物骨骼；第五项"他国古学的参考"，其中包括象形文字的比较、骨卜之俗、古生物学与龟骨。如此等等，董作宾大师"愿与契学的同志——讨论"的甲骨学发展诸问题，标志着甲骨学已经形成，从"草创时期"的金石文字学研究向历史考古学研究"发展时期"全面前进。

第二，甲骨学"深入发展时期"（1949年以后）方向的展望——《甲编·自序》。

1948年，董作宾大师在《殷虚文字甲编·自序》中，又在甲骨学研究"发展时期"，展望了"深入发展"的方向。即，

1. 首先应该把材料集中，把所得十万甲骨汇为一编。
2. 用分派、分期、分王的方法，整理全部材料。
3. 尽量拼合复原的工夫，把全部材料化零为整。
4. 作成字典、辞典、类典等索引，以便从事各方面的研究。
5. 要应用隅反的原则，从一鳞一爪中去推测殷代的文化。

（三）甲骨文字考释的深入

在这一时期，郭沫若、于省吾、唐兰、闻一多等古文字学家，在罗振玉、王国维等学者考释甲骨文字的基础上，继续突破甲骨文的难点，发表了一系列考释文字的创新之作，从而把甲骨文字的考释继续推向前进和发展。

1. 郭沫若的甲骨文字考释

1928年，郭沫若就开始了历史唯物主义的甲骨文字研究。郭沫若在《甲骨文字研究·自序》中说："余之研究卜辞，志在探讨中国社会之起源……然

识字乃一切探讨之第一步，故于此亦不能不有所注意。"因此，郭沫若的《甲骨文字研究》（1931年）、《卜辞通纂考释》（1933年）、《殷契粹编考释》（1937年）等书的甲骨文字研究，有许多振聋发聩的文字考释之作。

（1）屡创新说的《甲骨文字研究》

该书由郭沫若著，上海大东书局1931年手写石印出版，线装二册（二卷）。

书前有自序和序录（1929年）。书后有自跋（两篇）、后记（1930年）。全书共收入文字考释之作16篇。第一卷有释祖妣、释臣宰、释寇、释攻、释作、释封、释挈、释版、释耤、释朋、释五十、释龢（和）言、释南、释镳、释蚀、释岁。第二卷为释干支，又分9节，即支干表、十日、十二辰、何谓辰、十二辰古说、十二辰与十二宫、岁名之真伪、十二次、余论。

《甲骨文字研究》一书，在文字考释方面屡创新说。诸如在"释祖妣"中论定"示乃牡神，亦有以牝为神者，其事当在祀牡之前"。"知祖妣乃牡牝之初文。"又如"释臣宰"，论证臣字"均象一竖目之形。人首俯则目竖，所以象屈服之形者"。再如"释耤"，论定"耤"之初字，象人持耒耜而耕之形。特别是"释干支"，对"十日"和"十二辰"进行了考证，并提出十二支"起源自巴比伦的十二宫"的深刻论断。因此，《甲骨文字研究》一书的不少精辟论述，成为不易之论，而且其研究方法也使研究者耳目一新，对甲骨文字研究产生了深远的影响。（图3－116）

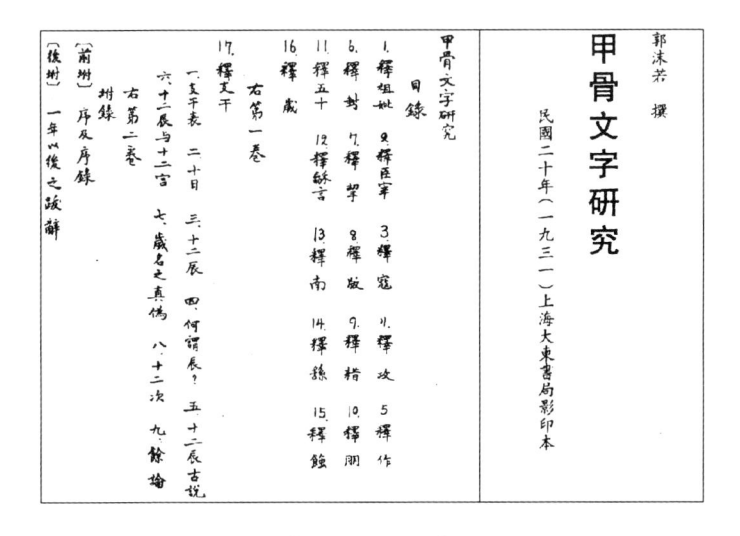

图3－116 《甲骨文字研究》封面及目录

(2)"足以矜耀于契林"的《通考》和《粹考》

郭沫若的《卜辞通纂考释》和《殷契粹编考释》，对所考释文字的说解虽然着墨简约，但他文字考释的创见和发明却不时见诸字里行间。

① 《卜辞通纂考释》的文字创见

《通考》一书中屡现郭氏的创见。如《通》161片，得破"王宾之旧说"（图3-117：1）。甲骨文中"象甲"屡见，在《通》118中说："罗振玉未识之……象甲在南庚之次，小辛之上，考之《史记》，南庚与小辛之间为阳甲、盘庚。此象甲正自阳甲，小辛之上所缺一帝名则盘庚也"，认为"象甲"就决为"阳甲"无疑（图3-117：2）。此外，"殷人于甲日卜祭某甲合祭某甲时，此二甲必相次。所祭者在后，所合祭者在前"，因而"戋甲必河亶甲"。郭氏自己"于殷之世系除仲壬、廪辛而外，其为罗王诸家所未识或遗漏者，遂得有所揭发"。还有不少"罗王诸家所未识，即余纂辑此书以前所未料"的，诸如卜雨四方之辞（《通》375）（图3-117：3）、卜辞记应有百七十九日以后者（《通》788）（图3-117：4）等。

图3-117　1.《通》161；2.《通》118；3.《通》375；4.《通》788

郭沫若《卜辞通纂考释》阐幽发微，推动了甲骨文字研究的前进，并历久弥新，成为几代学者步入甲骨学堂奥的基石。

②《粹考》的新意迭出

1937年，郭沫若所著《粹考》也新意迭出，诸如日之出入有祭（《粹考》597）（图3-118：1），凤为伊㪍（《粹考》828）（图3-118：2），步有方位，曦假兮字为之，昏实不从民作，厥本作写，方伯舞胥之官，南单三门之地，又宗又史，五山五岳等。此外，假火以代祸，八千八百，三万合文（《粹考》1171）（图3-118：3），大今三月之异语等，不少"或制启后来，或名属仅见"的发凡启例说解，对甲骨卜辞内容的深入研究很有意义。（图3-118：4）

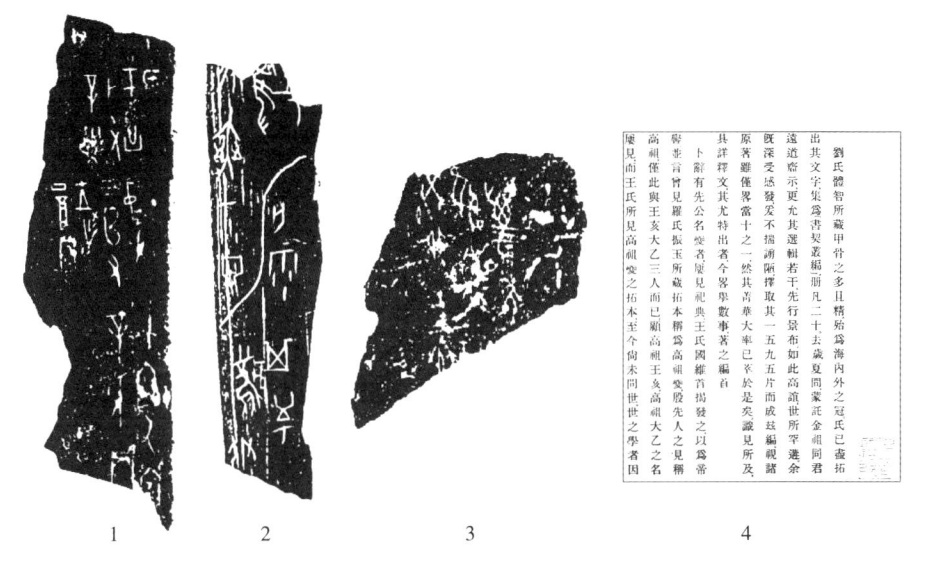

图3-118　1.《粹》597；2.《粹》828；3.《粹》1171；
4.《殷契粹编·序》部分复印

因此，郭沫若《通考》《粹考》两书的不少精辟论述影响深远，他自己也不无自豪地说"足以矜耀于契林"，是确如其分的！

2. 唐兰的甲骨文字研究

自20世纪30年代初，唐兰就发表了《获白兕考》《释四方之名》《禘郊祖宗报》《释示宗及主》等文字考释的精湛论文。唐兰还有不少精辟的甲骨文字考释，集中体现在《天壤阁甲骨文存考释》及专著《殷虚文字记》《古文字学导论》等书中，共考释甲骨文字百多个。

（1）《殷虚文字记》，唐兰著，1934年北京大学讲义本。中国社会科学院历史研究所1978年油印500部，又中华书局1981年版。（图3-119）

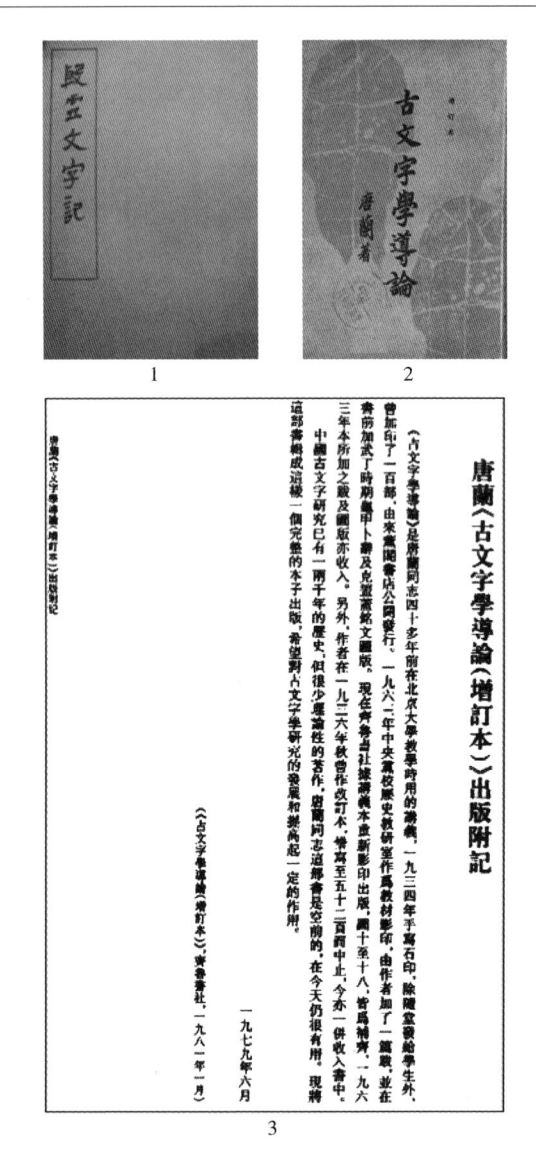

图 3-119 1.《殷虚文字记》；2.《古文字学导论》；3. 张政烺先生为《古文字学导论（增订本）》出版附记

中华书局 1981 年版，较 1934 年《殷虚文字记》讲义本增加了目录、补正，并将原讲义本上的眉批一并集中在书后的说明部分。全书自"释屯舌"始，至"释丁"书竟，共收甲骨文字考释专论 33 条。唐兰在该书"序"中说，"考据之术，不贵贪多矜异，以照耀于庸耳俗目。朝树一义，夕已传布。流传既广，异说滋出。各相是非訾誉，使承学眩瞀，莫知所从，余颇惩焉"，对考释文字不严谨或随意性有所批评。又说，"余所识殷虚文字，较之昔人，几已倍之。而迟迟未出，或又尤之。假日稍闲，因先写定若干字，以为此记"。

（2）《古文字学导论》，唐兰著，来薰阁1935年石印本四册。又齐鲁书社1981年增订本（图3-119：2）。

唐兰在该书自序中说"前人所称已认识的文字不过一千，中间有一部分是不足信的。根据我个人的方法，所认识的字几可增至一倍"。这就是《古文字学导论》所总结的方法：一为对照法，二为推勘法，三为偏旁分析法，四为历史考证法。"中国古文字学研究已有一两千年的历史，但很少理论性著作。"因而，著名古文字学者张政烺在"出版附记"中高度评价唐兰此书说，"是空前的，在今天很有用"（图3-119：3）。因此，唐兰的甲骨文字考释和古文字研究理论的探索，对古文字学（包括甲骨文）研究的发展，产生了深远的影响。

3. 于省吾甲骨文字研究的巨大成就

于省吾自20世纪30年代开始进行古文字研究，特别是在甲骨文字的考释方面，取得了超越前人的成就。其甲骨文字考释的精辟论断，集中在下述三部著作中。

《双剑誃殷契骈枝》，于省吾著，1940年石印出版。书中考释甲骨文字《释屯》《释条》等专题考证论文共30篇。

《双剑誃殷契骈枝》续编，于省吾著，1941年石印出版。书中考释甲骨文字《释岁》《释从雨》《释工典》等专题考证论文共24篇。

《双剑誃殷契骈枝》三编，于省吾著，1944年石印本出版。书中考释甲骨文字《释云》《释上乙下乙》《释小王》《释宁四方》等考证专题论文共44篇。（图3-120）

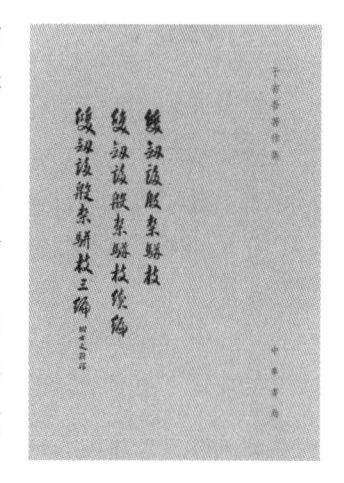

图3-120 《双剑誃殷契骈枝·续编·三编》（三合一本的中华书局2009年版）

4. 闻一多的古文字研究

闻一多，不仅是一位著名的诗人，还是一位有造诣的古文字学家。自 1937 年起，他发表了《释为》《释豕》《释省眚》等考释甲骨文字的论文，收入了《古典新义》（《闻一多全集》第 2 册，上海开明书店 1948 年版；三联书店 1982 年版）。（图 3 - 121）

《古典新义》收入的甲骨文字考释文章有《释省眚》《释为》《释豕》《释蝠》《释余》《释羔》《释余》《释桑》《释𧆓》《释𠅃》《释朱》《释禾彔秝》等。

图 3 - 121 《古典新意》

闻一多考释甲骨文字，证以金文和古代文献，并在相关卜辞中融会贯通。虽然正文文字不多，但其特点是注释广征博引，十分丰富。如《释𧆓》一文，注解就有 38 个之多。正因为如此，《古典新义》中不少文字考释的结论，为甲骨学界所接受。

附： 抗战期间的西南联合大学（图 3 - 122）

抗日战争爆发以后，北京大学、清华大学和私立南开大学"南迁"，1937 年 8 月在湖南长沙组成临时大学，并于 11 月 1 日正式开学，设文理、法商、工、医四个学院十七个系。由于日寇步步入侵，1938 年临时大学撤销，三所大学继续"内迁"云南昆明，并于 5 月 4 日组建西南联合大学（简称"西南联大"）。1945 年日本战败投降后，北京大学、清华大学、南开大学各校于 1946 年秋"复原"回北平、天津原校址，"西南联大"自不复存在。

西南联大学生的学习和生活条件相当艰苦和困难。学校教室是铁皮做的，下雨时叮当之声大作，而晴天时太阳炙烤得屋内如同蒸笼。日机时来轰炸，为避空袭经常停课。学生们生活非常窘迫，不少人靠"贷金"坚持学习。教授们的生活也很艰难，由于薪俸赶不上物价上涨速度，经常达不到温饱的程度。在授课与研究之余，只得"各显神通"，赚一些钱补贴家用。时在西南联大任教的闻一多，曾在昆明摆刻

图 3-122　国立西南联合大学校门

字摊，为人篆刻印章，收取些低廉的刻字费，以解燃眉之急……

抗战期间的西南联大，大师云集，群星灿烂。他们把中国知识分子命运与国家命运，学术成果与民族复兴的责任紧密地联系在一起，为中华文脉的传承和优秀人才的培养做出了贡献，在中国教育史上留下了光辉的篇章。（图 3-123）

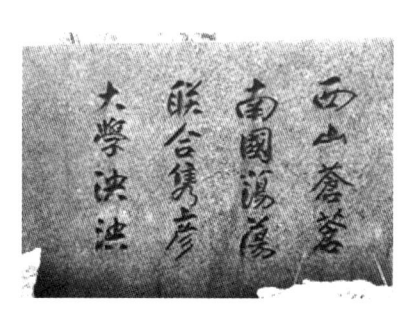

图 3-123　左图：金德年题辞的联大纪念碑；右图：闻一多像（清华校园内）

（四）商代史的复原研究

1. 郭沫若开辟了历史唯物主义商史研究新天地

1928 年大革命失败，郭沫若流亡日本。在日本期间，他为了"认清过往的来程，也正好决定我们未来的去向"，宣传唯物主义社会发展规律学说，自1928年开始了对中国古代社会的研究，力图阐明"中国人所组成的社会不应该有什么不同"。郭沫若在日本艰难的生活环境中，"颇有志于中国古代社会之探讨，乃潜心于殷代卜辞与周代彝铭之研读"（图3－124：1、2、3），开辟了历史唯物主义商史研究新天地。他写了如下的自励诗句：

大夫去楚，香草美人。
公子囚秦，说难孤愤。
我逢其厄，愧无其文。
爰将金玉，自砺坚贞。

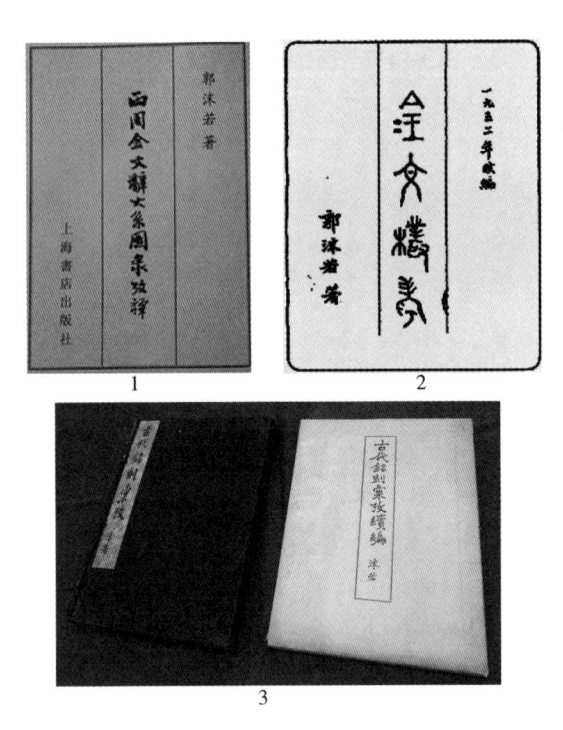

图3－124 1.《两周金文辞大系图录考释》；2."金文丛考"金文手写封里；3.《古代铭刻汇考》

（1）郭沫若"挑战意识"的中国古代社会研究

在两千年来的中国封建社会里，"所有中国的社会史料，特别是关于封建制度以前的古代，大抵为历来御用学者所湮没改造、曲解"。虽然20世纪初"古史辨"派学者曾对古代文献进行了考辨，但郭沫若在完成了《周易时代的社会生活》等论文后，更进一步对"传统的《周易》、《诗》、《书》出现时代的看法，产生了怀疑"。不仅如此，郭沫若认为当时整理"国故"的学者，"除饱读戴东原、王念孙、章学诚之外，也应该知道还有马克思、恩格斯的著作，没有辩证唯物论的观念，连国故都不好让你们轻谈！"因而抱着向旧学挑战意识的郭沫若宣称："现在却是需要我们'谈谈国故'的时候了！"①

不仅如此，郭沫若还"挑战"自我。他一开始接触甲骨文，都是"毫无考释的一些拓片"。但郭沫若不怕困难，怀着"读研它、利用它、打开它的秘密"的坚定信念，在短短一两个月内，读完了东洋文库所藏全部甲骨和金文著作。与此同时，有关中国的考古学著作，也"差不多都读了"，从而"对于中国古代的认识，算得到了一个可以自信的把握"，自此进入了甲骨学和古代社会研究领域，开辟了唯物主义的商史研究新天地。（图3-125）

图3-125　左图：现在的东洋文库（日本学术界称之为亚洲文献宝库）；右图：《古史辨》2005年版修订本

（2）《中国古代社会研究》——历史唯物主义史学的开山之作（图3-126左）

郭沫若撰，上海联合书局1930年出版。又，群益出版社重印1947年《郭沫若全集》本。又，人民出版社1954年版。又收入《郭沫若全集·历

---

① 郭沫若：《中国古代社会研究·自序》，人民出版社1954年版。

史编》第一卷，人民出版社1982年版。

该书的目录：自序（1929年9月）；解题（1929年9月）；导论，中国社会之历史的发展阶段；第一篇，周易时代的社会生活；第二篇，诗书时代的社会变革与其思想上之反映；第三篇，卜辞中的古代社会；第四篇，周代彝铭中的社会史观；附录，追论及补遗。

该书可以说就是恩格斯《家族、私有财产及国家的起源》的续篇，是中国第一个"研究的方法便已以他为响导"的马克思主义历史科学的开山之作。

郭沫若依据"人类社会的发展是以经济基础的发展为前提"，而"人类的经济发展却以他的工具的发展为前提"的唯物史观，对商代社会历史进行研究。他发现"（一）中国的古物属于有史时期的只出到商代，是石器、骨器、铜器、青铜器，在商代的末年可以说是金石并用时期；（二）商代已有文字（三十年前在河南安阳县有龟甲骨板上契刻着的贞卜文字出现），但那文字百分之八十以上是象形图画，而且写法不一定，于字的构成上或倒书或横书，或左或右，或正或反，或数字合书，或一字析书。而文的构成上抑或横行或直行，横行抑或左读或右读，简直是五花八门。可以知道那时的文字还在形成的途中；（三）商代的末年还是以牧畜为主要的生产，卜辞中用牲之数每每多至三百、四百以上，即其证据。农业虽已发明，但所有的耕器还显然在用蜃器或石器（参见《甲骨文字研究》释干支篇'辰'字下），所以农业在当时尚未十分发达"[①]。

郭沫若在《卜辞中的古代社会》中，进一步对甲骨文中反映的商代社会经济基础到上层建筑进行了全面深入的分析，得出了商代是"由牧畜进展到农业的时期"[②]的结论。虽然当时的青铜器已很发达，但石器、骨器仍然使用，作为"中国历史之开幕时期"的殷代，尚处私有财产已经产生，奴隶开始为私人所有，原始社会已经开始瓦解的"考古学所说的'金石并用'时代"。

郭沫若《中国古代社会研究》这部"划时代的作品"，与他的《甲骨文字研究》"辅车唇齿"，奠定了我国马克思主义历史科学的基础，开辟了唯物主义的甲骨学商史研究新天地。

---

① 郭沫若：《中国古代社会研究·导论》，人民出版社1954年版，第8页。
② 郭沫若：《中国古代社会研究》，人民出版社1954年版，第192页。

(3)《十批判书》——在追求中前进和完善的商史论著（图3-126右）

郭沫若著，1945年重庆群益出版社出版。又1956年科学出版社第一版。又收入《郭沫若全集·历史编》第二卷。该书目录如下：《古代研究的自我批判》《孔墨的批判》《儒家八派的批判》《稷下黄老学派的批判》《庄子的批判》《荀子的批判》《名辨思潮的批判》《前期法家的批判》《韩非子的批判》《吕不韦与秦王政的批判》，后记（我怎样写《青铜时代》和《十批判书》，1945年）。

正如郭沫若在该书《古代研究的自我批判》一文中所说，"卜辞研究是新兴的一种学问，它是时常在变迁着的。以前不认识的事物后来认识了，以前认错了的后来改正了。我们要把它作为社会史料，就应该探取'迎头赶上'的办法，把它最前进的一线作为基点而再出发"。随着殷墟科学发掘所得甲骨和传世甲骨著录的增

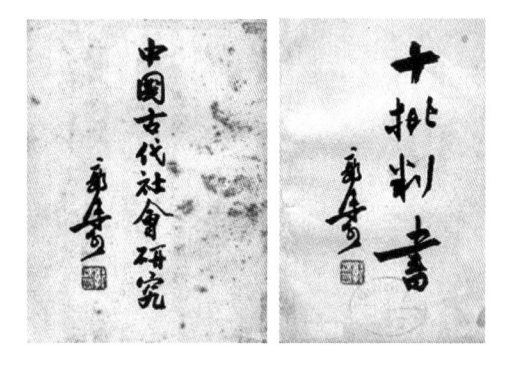

图3-126 左图：《中国古代社会研究》；右图：《十批判书》

多，特别是断代研究的缜密和研究的深入，对古代社会研究"兴趣是在追求"的郭沫若，认为自己"是达到了能够作自我批判的时候了"。认识到写作《中国古代社会研究》时，"在材料的鉴别上每每沿用旧说，没有把时代性划分清楚，因使夹杂了许多错误而且混沌"。"十几年前认为殷代是原始社会末期的那种看法，当然要修正才行"，因而在《古代研究的自我批判》中，对商代社会重新加以认识，得出了"殷代是奴隶社会"的看法。此后，郭沫若对这一论断，不断丰富和完善，在我国史学界产生了深远的影响。

2."抗战八年，学术著作当以《殷历谱》为第一部"[1]

（1）《殷历谱》

董作宾撰著，上下两编，石印线装四册，"中研院"史语所1945年4月影印出版，1963年日本影印出版，1977年收入《董作宾先生全集》（乙

---

[1] 国学大师陈寅恪语。

编一、二册），1981 年中国书店影印出版。《殷历谱》目录有傅斯年"序"、董作宾"自序"；上编卷一，殷历鸟瞰（共六章）；卷二，历谱之编制（共四章）；卷三，祀与年（共四章）；卷四，殷之年代（共五章）；下编十卷，卷一，历谱；卷二，祀谱；卷三，交食谱；卷四，日至谱；卷五，闰谱；卷六，朔谱；卷七，月谱；卷八，旬谱；卷九，日谱；卷十，夕谱。

（2）《殷历谱》与殷历之外的贡献

董作宾在"自序"中说，"此书虽名《殷历谱》，实则应用《断代研究》更进一步之方法，试作甲骨文之分期分类、分派研究之书也。余之目的，一为藉卜辞有关天文历法之纪录，以解决殷周年代之问题，一为揭示用新法研究甲骨文字之结果，以供治斯学者参考"。

《殷历谱》是在抗战期间，董作宾在史语所从长沙搬迁到昆明，又搬迁至四川李庄的颠沛流离中，在日机的空袭和生活极端艰难的环境中完成的。此书的出版，引起社会各界强烈的反响。

学界名流胡适、陈寅恪、马衡，外国学者李约瑟、德效骞等纷纷为之加祝贺并大加赞扬，陈寅恪推崇此书"抗战八年，学术著作当以《殷历谱》为第一部"，此书还受到了最高当局的嘉奖。（图 3 - 127）

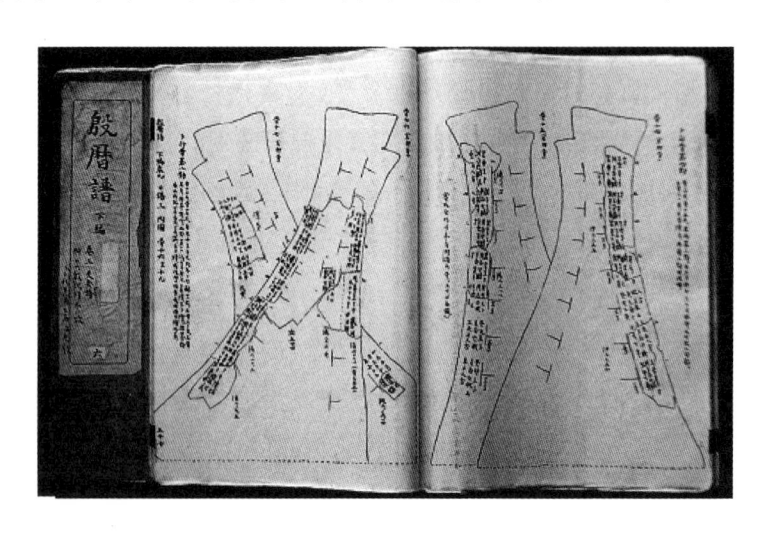

图 3 - 127　《殷历谱》书影

董作宾《殷历谱》不但推动了古代历法的研究，而且又提出甲骨文分期断代研究的分类、分派研究，进一步推动了甲骨学研究的发展。

(3) 插曲：无德者《内破〈殷历谱〉》不成，却"内破"了自己的神经系统

有个1949年从大陆逃亡到台湾的学生陈某，经人介绍与甲骨学大师董作宾相识。董先生出于对年轻人的爱护，把陈某人安排到台湾大学自己的研究室工作，并教他进行甲骨文研究。但梁上君子陈某把研究室的材料全都偷走，藏在了自己的床下，并写信给时任中研院院长的胡适，吹嘘说天下所有的甲骨资料都在他手中，唯有他才有资格作甲骨文研究，必须给他高额的研究经费他才"出山"云云……

自然，这个不知天高地厚的陈某，在台湾大学是混不下去了。他又心生一计，就以写出了《内破〈殷历谱〉》一文，对前辈董作宾加以威胁，无理要求安排他进中研院史语所，否则就公布此文……董作宾大师对陈某的要挟不予理睬，坚决不接受此人的威胁。后来，也一直未见陈某发表此文。

据说此人后来流落日本。有人曾在日本见到过陈某此文的内容，发现《内破〈殷历谱〉》引用的甲骨文，有的是将一条卜辞分作数段，有的是将数条甲骨文合而为一……原来此公不仅不懂历法，更根本不懂甲骨文！这个无德小人机关算尽，最后落魄地住进了日本的"疯人院"，此人没有"内破"了《殷历谱》，反而"内破"了自己的神经系统！①

3. 胡厚宣"通盘总括之彻底整理"甲骨文的夙愿
(1) 胡厚宣的商代史情结
1944年3月，甲骨学一代宗师胡厚宣在《甲骨学商史论丛初集》自序中道出了他的商代史情结：

余曩年读书北京大学（按：即1930—1934年），从诸大师治古史，每感书缺有间，文献难征。及入中央研究院，既参加殷墟发掘工作，整理殷墟出土之甲骨，并作《殷虚文字释文》（按：即《甲编》释文），

---

① 参阅《走近甲骨学大师董作宾》，上海大学出版社2007年版，第237—238页。

乃恍然知研治古史，必当始自殷商，而甲骨文实为其最基本之材料……于是乃发愤搜集所有国内外公私已否著录材料，先作一总括之研究。十年以来，凡已出版之书，必设法购置；其未出版之材料，知其下落者，必辗转设法，借拓钩摹。国内国外公私所藏虽一片不遗，虽千金莫惜，而中央研究院先后发掘所得大版、碎片近三万，以工作关系，玩之尤为熟悉……二十六年事变后（按：即1937年"七七"事变）随中央研究院西徙，居昆明三年，所成论文，逾百万字……二十九年夏（按：即1940年），应齐鲁大学之聘，来成都，教课之余，方期以最大努力，在最短期间，对甲骨文字作一通盘总括之彻底整理。"写印《甲骨学商史论丛》一书，并拟赓续前志，于三数年内完成四集，然后作《甲骨文字学》及《商史新证》两书，以完成彻底之宿愿"。胡厚宣特意指出："今《甲骨学商史论丛》，实其韧始之工作也。"①（图3-128）

图3-128　左图：1940年夏胡厚宣全家去成都齐鲁大学前摄于昆明北郊龙头村（胡振绥提供）；右图：成都齐鲁大学时期的胡厚宣（胡振宇提供）

（2）商代史研究的最高峰——《甲骨学商史论丛》

《甲骨学商史论丛》，胡厚宣著。初集共四册，1944年齐鲁大学国学研究所出版，初版200部，二集上、下册，1945年齐鲁大学国学研究所出版，初版200部。三集一册（《甲骨六录》），1945年齐鲁大学国学研究所出版。

---

① 胡厚宣：《甲骨学商史论丛初集·自序》，成都齐鲁大学国学研究所石印本，1944年版。

《甲骨学商史论丛》初集一册，有徐中舒序、高亨序、缪钺题辞、自序等。初集一册收有《殷代封建制度考》《殷代婚姻家族宗法生育制度考》《殷非奴隶制度论》初集二册收有《殷代舌方考》《殷代之天神崇拜》《殷代年岁称谓考》《"一甲十癸"辨》《甲骨文四方风名考证》《论殷代五方观念及中国称谓之起源》等。初集三册收有《卜辞下乙说》《殷人疾病考》《殷人占梦考》《武丁时五种记事刻辞考》等。初集四册收有《殷代卜龟之来源》《卜辞地名与古人居丘说》《释死》《厦门大学所藏甲骨文字》《读〈曾毅公君殷虚书契后编校记〉》《甲骨文发现之历史及其材料之统计》《引用甲骨文材料简明表》等。（图 3－129）

《甲骨学商史论丛》初集、二集、三集，是胡厚宣拟撰写《甲骨文字学》《商史新证》等专著的"韧始之工作"。该书涉及商史范围较广，从商代社会经济基础农业生产，到商代社会的上层建筑，如封建制度、婚姻家族、宗法生育、天神崇拜等方面都进行了系统研究。此外，还对商代的天文历法、气象和医学等方面也进行了全面的考察。可以说，该书是一部百科全书式著作，并把甲骨学"发展阶段"的商史研究推向最新水平。

《甲骨学商史论丛》出版以后，获得了教育部"著作发明贰等奖"，奖金 8000 大洋。日本著名学者白川静评价此书是"斯学（按：即甲骨学）空前的金字塔式论文集"。日本爱知大学、内滕戊申评价此书"它不是通史，但几乎包涵了殷代史的主要方面，确可称为殷代研究的最高峰"。

图 3－129 《甲骨学商史论丛》初集、二集、三集题字（从左至右）

三　甲骨学的深入发展时期（1949—1978 年）

由于董作宾大师等考古和甲骨学家在中华人民共和国成立前夕，随他们所发掘出来的 2.5 万多片甲骨流落孤岛台湾，自此离开了给他们研究不断注入活力的殷墟。因而董作宾在《甲骨学六十年》中展望甲骨学的发展前途时，不无感慨地说："甲骨学之极盛时代，不在今日，而在二十年前。""然而今日环顾宇内，则不幸此学颇形冷落。"

1949 年中华人民共和国成立以后，在百废待兴的情况下，1950 年就恢复了安阳殷墟的考古工作，并至今持续不断。留在中国大陆的甲骨学家和考古学家们，追求甲骨，追求科学，通过坚忍不拔的努力和坚持，终于使中华人民共和国的甲骨文发现和著录、甲骨学自身规律的完善和深化，以及甲骨学商史研究取得了新成果，把甲骨学研究由"极盛时代"的"发展时期"推向了新中国的甲骨学"深入发展"和"全面深入发展"的新阶段。

（一）甲骨文著录的不断出版

这一时期，传世甲骨的著录不断出版，特别是中华人民共和国成立初期，不少学者把自己搜藏的甲骨著录出版，为甲骨学商史研究增加了大批新材料。而集传世甲骨之大成的《甲骨文合集》（简称《合集》），也自 1956 年开始立项，并于 1959 年正式启动。但随着《合集》立项，公私藏家发扬"共产主义风格"，全力支持国家项目《合集》的编纂，因而此后鲜有公私藏家甲骨再自行著录出版者。但这一时期，海外学者加强了对世界各国收藏殷墟甲骨文的追访、整理，陆续有不少甲骨著录出版。举世瞩目的《合集》因"四清""文化大革命"等政治运动影响而时作时辍，但 1972 年以后又开始正常运作、进行。直到 1978 年编讫全书 13 巨册，并开始分册出版。与此同时，科学发掘所得甲骨，也得到继续全面整理。

这一时期海内外出版的甲骨著录有：

李旦丘：《殷契摭佚续编》，中国科学院 1950 年出版。

曾毅公：《甲骨缀合编》，修文堂 1950 年出版。

胡厚宣：《战后宁沪新获甲骨集》，来熏阁书店 1951 年出版。

郭若愚：《殷契拾掇》，上海出版公司 1951 年出版。

胡厚宣：《战后南北所见甲骨录》，来熏阁书店 1951 年出版。

郭若愚：《殷契拾掇二编》，上海出版公司 1953 年出版。

胡厚宣：《战后京津新获甲骨集》，群联出版社 1954 年出版。

郭若愚、曾毅公、李学勤：《殷虚文字缀合》，科学出版社 1954 年出版。

胡厚宣：《甲骨续存》，群联出版社 1955 年出版。

董作宾、严一萍：《殷虚文字外编》，艺文印书馆 1956 年出版。

饶宗颐：《巴黎所见甲骨录》，香港大宏雕刻印刷公司 1956 年出版。

张秉权：《殷虚文字丙编》上辑一，台湾"中研院"史语所 1957 年出版；上辑二，1959 年出版；中辑一，1962 年出版；中辑二，1965 年出版。

严一萍：《中国画谱殷商编》，艺文印书馆 1958 年出版。

贝塚茂树：《京都大学人文科学研究所藏甲骨文字》（图版篇），京都大学人文科学研究所 1959 年出版。

陈邦怀：《甲骨文零拾》，天津人民出版社 1959 年出版。

屈万里：《殷虚文字甲编考释附图》，台湾"中研院"史语所 1961 年出版。

白瑞华校：《方法敛摹甲骨卜辞三种（〈库〉、〈金〉、〈七〉）》，艺文印书馆 1966 年出版。

刘体智辑：《善斋藏契粹编》，艺文印书馆 1970 年出版。

许进雄：《殷虚卜辞后编》，艺文印书馆 1972 年出版。

严一萍：《美国纳尔森美术馆藏甲骨刻辞考释》，艺文印书馆 1973 年出版。

严一萍：《甲骨缀合新编》，艺文印书馆 1975 年出版。

严一萍：《铁云藏龟新编》，艺文印书馆 1975 年出版。

周鸿翔：《美国所藏甲骨录》，美国加利福尼亚大学 1976 年出版。

严一萍：《甲骨缀合新编补》，艺文印书馆 1976 年出版。

郭沫若主编、胡厚宣总编辑：《甲骨文合集》由中华书局出版。第二册，1978 年出版；第三册，1978 年出版；第四册，1979 年出版；第五册，

1979年出版；第六册，1979年出版；第七册，1980年出版；第九册，1981年出版；第十册，1981年出版；第十一册，1982年出版；第十二册，1982年出版；第十三册，1982年出版；第一册，1982年出版。如此等等。

从上列著录出版情况可以看出，在这一时期，海内外有不少传世甲骨陆续著录出版。而集传世甲骨之大成的工程——《甲骨文合集》也已在1959年启动并在时停时作中坚持进行着。与此同时，对甲骨文科学价值的"再发掘"——整理缀合方面也取得了成绩，出版了几部大型的集成式缀合专著。就在国内学者集中全力进行《合集》编纂过程中，海外学者十分活跃，把一批尘封在欧美和日本等公私藏家手中的甲骨著录公布，出版了一批新著。而国内，在《合集》1978年出版以前，却极少有甲骨著录出版。从上面所列著录目录，我们就可以看到1956年以后呈现的这一特点。

1. 《战后京津新获甲骨集》（四册），胡厚宣编纂，上海群联出版社1954年影印出版。全书共收甲骨5642片。书前有杨树达序，胡厚宣序要。（图3-130：1）

图3-130　1.《战后京津新获甲骨集》题字；2. 曰协〔田〕《京津》580；
3. 四方风名《京津》520

该书所收甲骨，仍先行分期，每期内再分类列次，与《南》《宁》二书体例同。该书所收甲骨，胡氏序要中说，"约计实物三之一，拓本三之二"，不少内容较为重要。诸如刻划卜兆、朱书甲桥刻辞、牛肋骨刻辞、人头刻辞，令众人劦（协）田卜辞（《京》580）（图3-130：2及后图3-174：3）及著名的"四方风"名大骨（《京》520）（图3-130：3）等。书中一些材料与《前》《后》《佚》《粹》《天》《外》《双图》《宁》《掇》《邺》《通》等书重见，但也有不少为新公布的精品。

2.《甲骨续存》（上、下），胡厚宣编纂，1955年上海群联出版社影印出版。上编两册为拓片，下编一册为摹写本。书前有自序，书中共收甲骨3753片（上编为2755片，下编为998片）。所收甲骨仍和《宁》《京》《南北》一样先分四期，每期内再分类列次。上编所录甲骨，为上海博物馆和谢午生等公私藏家和胡厚宣自藏等18家收藏品。下编所录甲骨，为旅顺博物馆、于省吾等公私藏家23处收藏品摹录。该书所收甲骨，较为重要内容

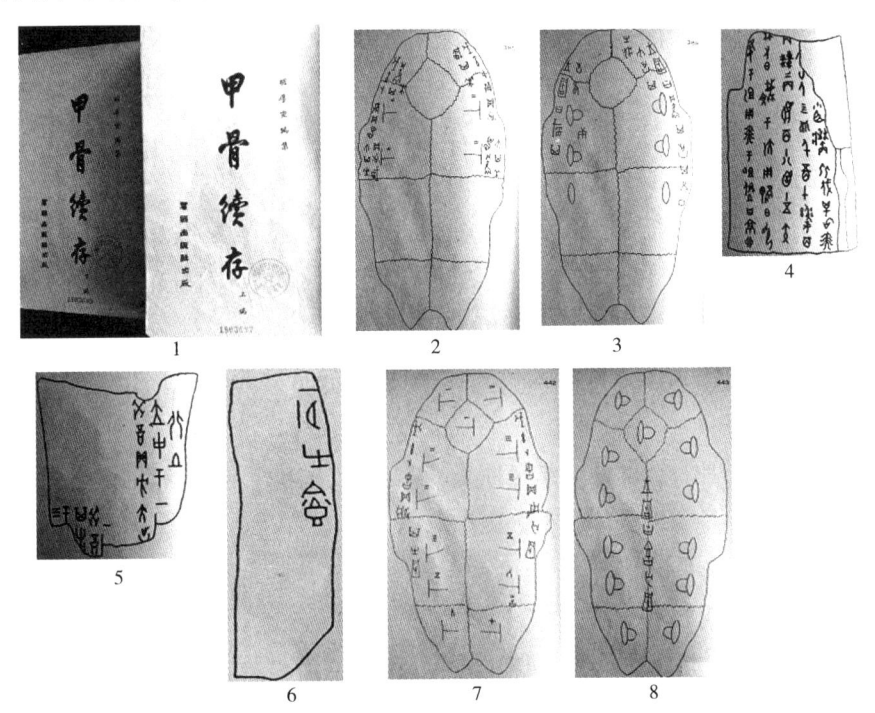

图3-131　1.《甲骨续存》《续存下》；2.388；3.389；4.915；5.803；6.149；7.442；8.443

有：《续存下》388、389 和 442、443 为两版整甲之正反，刻划卜兆并在字口中涂以赭色。有"屎西单田"（《续存下》166）、"立中于北土"（《续存下》803）、人头刻辞（《续存下》）、最长的一条战争卜辞（《续存下》915）、月食记录（《续存下》149）等。（图 3－131）《续存》一书，有部分甲骨与《通》《铁》《龟》《后》《佚》《天》《甲零》《宁》《京》《掇》有重见，但不少为新公布的重要材料。胡厚宣文章中还经常引用《续补》，即为尚未出版之《甲骨续存补编》。此书 1996 年出版，见后文详述。

3. 史无前例的甲骨文全面整理和史无前例的《甲骨文合集》从启动到出版历程

（1）1956—1959 年项目的运作

1956 年，中国科学院历史研究所（现属中国社会科学院）"甲骨文集"项目列入国家十二年科学发展远景规划。

1958 年，在全国"大跃进"的形势下，历史研究所先秦史研究室又将其具体化为集体科研项目"甲骨文资料汇编"和个人科研项目"甲骨续存补编"（胡厚宣承担），"甲骨文缀合汇编"（桂琼英承担）。

（2）1959 年项目启动后的时停时作

1959 年 3 月，根据所长郭沫若建议，《甲骨文资料汇编》定名为《甲骨文合集》，成立了以郭沫若任主编的编辑委员会和胡厚宣任编辑组长，由先秦史研究室研究人员组成编辑组，并开始启动。

1960 年，因大部分科研人员"下放"山东曲阜劳动锻炼，编辑工作暂停。

1961 年 4 月，劳动锻炼结束回京，《合集》编辑工作再启动。

1964 年 9 月，因全体人员去山东海阳"四清"，《合集》编辑工作又暂时停止。

1965 年 7 月，山东"四清"结束，工作再启动。编辑组收集甲骨资料，兵分两路，一路在京，一路赴山东、江苏等地墨拓甲骨。

1966 年 4 月，原拟剪贴上版开始。但 1966 年 3 月批判一部京剧开始，《合集》工作被暂停。自此，由于进行运动，长期间中断了一切科研工作。

1969 年，全体《合集》编辑组成员去河南息县（现属河南信阳市）"五·七"干校边"学习"边劳动，边在研究人员中大力进行运动和思想教育，编辑组不少青年人受到深刻的教训和得到了"提高"……

（3）1973 年《合集》工作再启动

1973 年 5 月，息县"五·七"干校撤销，人员回京，运动中的不实指责得到实事求是的处理。《合集》编辑工作在郭沫若的关心下，由"地下"转为"合法"启动。（图 3 - 132）

1974 年 4—5 月，编辑组又分南北两路重拓甲骨。

1975 年年初，郭沫若再次过问《合集》进度。

1975 年秋，开始编排《合集》图版。但因经常的"批孔学法""批邓"干扰了工作进行。

1976 年，《合集》分类提纲因受"极左"流毒影响，被迫改动分类中的一、二大类顺序。

1977 年 1 月，郭沫若在家中接见《合集》编辑领导小组，听取工作汇报。

1977 年 2 月 11 日，负责《合集》缀合工作的桂琼英先生逝世，她的全部缀合成果贡献在《合集》中。

1977 年 5 月 12 日，中国社会科学院成立，胡乔木任院长。科研秩序走上正轨，《合集》工作加快进行。

（4）1978 年《合集》终于编讫并开始分册出版。

1978 年 10 月，《合集》（第二册）正式出版发行。1982 年 12 月《合集》（第十三册）出版发行。自此，《甲骨文合集》1—13 册全部面世。

《甲骨文合集》"史无前例"地对八十年来出土甲骨进行了一次全面、彻底的整理。而从 1956 年立项、启动，至 1982 年全部出齐，经历了二十多年的"史无前例"的艰难编纂历程。[①]

4. 京都大学人文科学研究所藏《甲骨文字》（图版篇），日本贝塚茂树、伊藤道治编纂，精装一册，京都大学人文科学研究所 1960 年出版。（图 3 - 133：1）

[①] 参见王宇信《中国甲骨学》，上海人民出版社 2009 年版，第 272—277 页。

图 3-132 "史无前例"的《合集》编纂：1.《合集》对重表；2.《合集》选片登记卡片；3.《合集》来源表；4. 拓本剪贴上版；5.《合集》原选片与选片登记卡片（中国社会科学院历史研究所先秦史研究室藏）；6. 破"四旧"；7. 四清劳动；8. "工宣队"入驻宣传画；9. "五·七"干校宣传画

该书图版篇共著录甲骨 3246 片，皆注明龟甲（S）抑或卜骨（B），并按时代分期，在期内再行分类处理。其分类有祭祀、求年、风雨、旬夕、田猎、往来、方国征伐、使令、疾梦、卜占、贞人、杂卜十二项。该文篇一册于 1960 年出版。书前为自序、图版目录、插图目录、图表目录、引用书简称；图版后为新旧号码对照表，英文摘要；该文篇有论述和释文两部分，第一部分为序论和第一章关于《京人》甲骨收藏情况，第二章为甲骨整理和研究经过，第三章甲骨时代划分基础及贞人的意义，第四章关于卜辞的分类，第五章关于无贞人名卜辞，第六章关于甲骨文分期的标准，第二部分为图版释文。该书为公布日本所藏甲骨最多的一部书。

5.《明义士收藏甲骨》，许进雄编纂，加拿大多伦多皇家安大略博物馆铜版影印 1972 年出版（释文篇 1977 年出版），共收入甲骨 3176 片。（图 3-133：2）

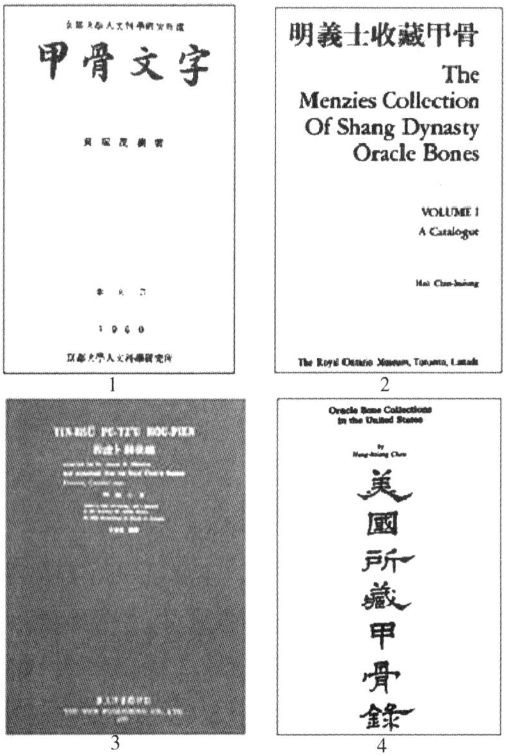

第一册为甲骨图版，第二册为甲骨释文。第二册释文，前有序说、凡例、引用甲骨书目简称表及附录等项。该书在释文中对甲骨钻凿形态尽可能加以详细描述，此以提供"可以被利用为研究的资料"。此外，编著者还在附录中对分期断代、五种祭祀、田猎卜辞等加以论述，指出了殷末"田"与"过"（即氒）的不同。

该书所收甲骨，凡卜龟皆注明"S"，卜骨则注明"B"。编纂时，先将甲骨分期，每期内再行分类列次。所收甲骨以第一期武丁时代为多。

图 3-133　1.《京都大学人文科学研究所藏甲骨文字》；2.《明义士收藏甲骨》；3.《殷虚卜辞后编》；4.《美国所藏甲骨录》

6.《殷虚卜辞后编》，许进雄编纂，台湾艺文印书馆1972年出版，拓本影印二册，共著录甲骨2805片。（图3-133：3）

该书所收甲骨，原为明义士旧藏。甲骨收录时，先行分期，每期内再按祭祀、求年、气象等8类分别列次。原明义士1928年已编就此书，但一直未能出版。经许进雄缀合、去伪、对重等进一步整理工作后，方得以出版面世。

该书的精华是三、四期甲骨。该书与《佚》《南明》有部分重见，书中《由〈明后〉对照〈南明〉》《由〈南明〉对照〈明后〉》等二表，可以互查二书的重见片。

7.《美国所藏甲骨录》，周鸿翔编纂，美国加州大学1976年拓本影印出版，共收录甲骨700片。（图3-133：4）

该书所收甲骨，为早年流入美国者，现分藏于卡内基博物馆、哈佛大学皮巴地博物馆等十一处藏家，从中选拓而编成。拓本按藏家为序编写，《美藏》1—413号为卡内基博物馆藏413片；《美藏》414—480号，为哥伦比亚大学藏67片；《美藏》481号，为费里埃艺术馆藏1片；《美藏》482—541号为哈佛大学藏60片；《美藏》542—545号，为国会图书馆藏4片；《美藏》546—556号，为都市艺术博物馆藏11片；《美藏》557—558号，为历史与技术博物馆藏2片；《美藏》559—564号，为自然历史博物馆藏6片；《美藏》565—684号，为普林斯顿大学藏119片；《美藏》685—696号，为纳尔森艺术馆藏12片；《美藏》697—700号，为M.H杨纪念馆藏4片。其中所收甲骨，卡内基博物馆及自然与历史博物馆甲骨已为《库方》以摹本著录。哥伦比亚大学甲骨已为《佚》以拓本著录。普林斯顿大学甲骨已为《七集》以摹本著录。至此书出版，美国所藏甲骨基本已全部用拓本公布。

8.《甲骨缀合编》，曾毅公编纂，北京修文堂书局1950年石印出版，线装二册。（图3-134）

该书是在1939年齐鲁大学国学研究所出版之《甲骨叕存》所缀75版的基础上，曾毅公又经过多年的追索和积累，将其缀合新成果结集而成。《甲骨缀合编》共收入甲骨缀合496版，按王号、祭祀、方国、地名、天象、田猎、卜年、卜旬、卜夕、卜日和甲子表等分类列次。在该书所收各版甲骨之下，注明该缀合版所缀各片出于原书的卷、页、编号数。书前有附图72版，均为用拓片所缀者。《缀合编》所缀材料，多来自《铁》《前》《菁》《余》《戬》《通》等书，直至《甲》等当时所见已出版的31种甲骨著录。其所著录甲骨，多为王懿荣、王襄及日本林泰辅等藏家所收早年出土品和部分殷墟科学发掘第一次至第九次出土物。郭沫若的缀合及董作宾的缀合成果，在该书也有所反映。

9.《甲骨缀合新编》，严一萍编纂，台湾艺文印书馆1975年出版，墨拓石印，线装上下两函十册（补编一册）。（图3-135：1）

图3-134 《甲骨缀合编》
（马衡题字）

书前有自序，凡例。第一册至第九册共收入缀合版684号，每版前为拓本，摹本随拓本之后，可互相参校。每版的编号之下，注明此前曾为某书所缀号。每个缀合版的所缀部位，皆标出A、B、C、D等部位代号，还注明其部位原为某书所缀。《甲骨缀合新编》第十册为《订讹》，共收入364版，即将此前缀合有误者收入，指出各版缀合有误或不合理之处。

10.《甲骨缀合新编补》，严一萍编纂，台湾艺文印书馆1976年出版。（图3-135：2）

严氏在编纂出版《缀合新编》以后，又新获得一批缀合成果，即新缀21版，修订《缀新》10版。《新编补》作为前书的补充，反映了严一萍在甲骨文缀合方面的用力之勤。

11.《殷虚文字缀合》，郭若愚、曾毅公、李学勤合著，科学出版社1955年出版，精装一册。

书前有郑振铎序及编者附记。其中郭若愚缀合《甲》《乙》的材料，共得324版（其中缀合《甲》得76版）。（图3-135：3）

曾毅公、李学勤又继续郭氏所漏缀者，从《甲》《乙》二编中缀得158版（其中缀合《甲》得46版）。科学出版社将郭、曾、李三氏缀合成果

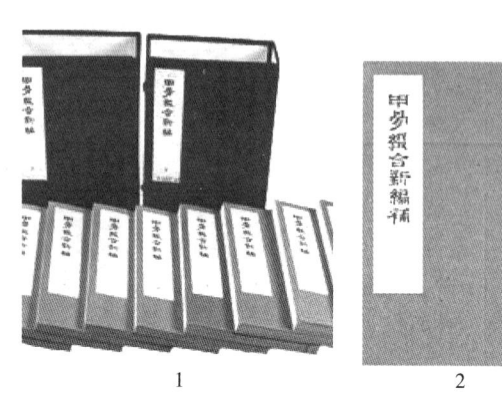

图 3 - 135　1.《甲骨缀合新编》；2.《甲骨缀合新编补》；3.《殷虚文字缀合》

482 版合为一编出版，这就使《甲》《乙》二书不少破碎的甲骨文得以重聚一堂，从而为研究提供了一大批完整的资料，不啻是甲骨文史料价值的"再发掘"。《缀合》是全面缀合科学发掘所得甲骨的第一部著作。

12.《殷虚文字甲编考释》附图版，屈万里编著，台湾"中研院"史语所 1961 年出版。

书前有屈万里自序、凡例、引用书简称表。该书主要部分为屈万里在胡厚宣所作《甲编》释文基础上，所作《甲编》的文字考释。书后所附图版，为屈万里对殷墟第一次至第九次发掘所得甲骨，经整理缀合所得成果 210 版。其中有的已为《殷虚文字缀合》所缀者，或对其所缀又有所增缀者，全为《甲编考释》附图版新缀者共 106 版。（图 3 - 136：1）

屈万里在自序中，谈到他据发掘所得甲骨实物缀合时，发现郭若愚等《殷虚文字缀合》据书中拓片缀合有误的 11 版和可能有误的 1 版，多是由"骨（包括甲）版厚薄不同，或骨质坚朽各异，或部位不合。而最重要的条件，则是骨缝不能密接"所致。并指出："这对于

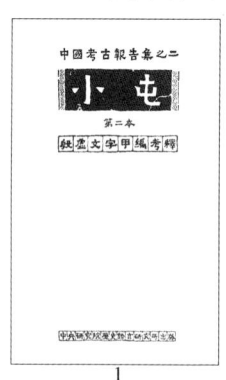

图 3 - 136　1.《殷虚文字甲编考释》；2.《殷虚文学丙编》

以拓本或影摹本互相拼合的甲骨学者，实在是一个严重的警告。"《甲编考释》缀合如此之多的甲骨，为甲骨学和殷商史的研究提供了一批重要而完整的资料。

13.《殷虚文字丙编》（上、中、下辑），张秉权纂辑，共三辑六册，台湾"中研院"史语所出版（上辑第一册，1957年，上辑第二册，1959年；中辑第一册，1962年。中辑第二册，1965年；下辑第一册，1967年。下辑第二册，1972年）。（图3-136：2）

在抗日战争期间，史语所学者在辗转迁徙和生活、工作条件极为困难的情况下，坚持整理、墨拓、编辑破碎甲骨。为满足学术界研究急需，尚未来得及予以缀合整理，就编为《殷虚文字乙编》出版，合盘提供给学术界。其后，学者继续对《乙编》所收甲骨拼兑的成果，结集为《丙编》出版。

张秉权在自序中说，"《丙编》是由《乙编》及编余拼兑复原，重新传拓，重新编辑，加以考释而成。所以这一编，也可以说是一部《乙编》甲骨复原选集。"《丙编》第一册缀合95版，第二册缀合101版。中辑第一册缀合105版，第二册缀合109版。下辑第一册缀合102版，第二册缀合1201版。三辑六册缀合卜甲，统编为632号。图版拓本附有摹本楷释对照，每册图版后附考释。

（二）甲骨学研究的深入发展

1. 甲骨文分期断代研究的深入

董作宾于1933年《甲骨文断代研究例》提出的"十项标准"和"五期分法"，凿破了甲骨文晚商273年的"一团混沌"，从而把金石文字学的甲骨文研究，推进到历史考古学考察的"发展时期"，并几十年来行用不衰。

诚如《断代例》的发明者董作宾先生所说，此《断代例》"不是断代研究成功后的一篇结论"。在此法广为学者使用的同时，也发现部分甲骨分期欠精确，尚有再深入研究和加以调整的必要，不少学者也对此进行了深入的探索，这就使董氏的断代学说更为精确和使用方便。

（1）胡厚宣的"四期"分法

胡厚宣大师自1945年《甲骨六录》出版起，其后在其《南北》（1951

年)、《宁沪》(1951年),《京津》(1954年)、《续存》(1955年)等书中一直使用"四期"分法。所谓甲骨"四期"分法,见表3-1。

表3-1　　　　　　　　　　胡厚宣四期断代

期　别	所　属　时　王
第一期	盘庚、小辛、小乙、武丁
第二期	祖庚、祖甲
第三期	廪辛、康丁、武乙、文丁
第四期	帝乙、帝辛

胡厚宣此分期法,实际上是把董作宾"五期"分法的第三、四期合并为廪辛、康丁、武乙、文丁四王为一个时期。之所以如此,是因为董氏所分五期甲骨的第三、四期,除有一部分有贞人和称谓的甲骨可直接分在第三期或第四期外,还有一批甲骨,即出土在村中和"大连坑"附近的甲骨,字体严整,笔划首尾尖而中间粗,既不同于第三期有贞人甲骨的"颓废",也不同于四期部分甲骨的"劲峭"。虽可根据贞人、称谓将这部分甲骨分在第三、四期,但一部分文字作风相同,却无称谓、贞人可供判断期属,具体分在三期乎?四期乎?就产生了困难。胡氏的"四期"分法将之合并,就解决了这一困难。(图3-137)

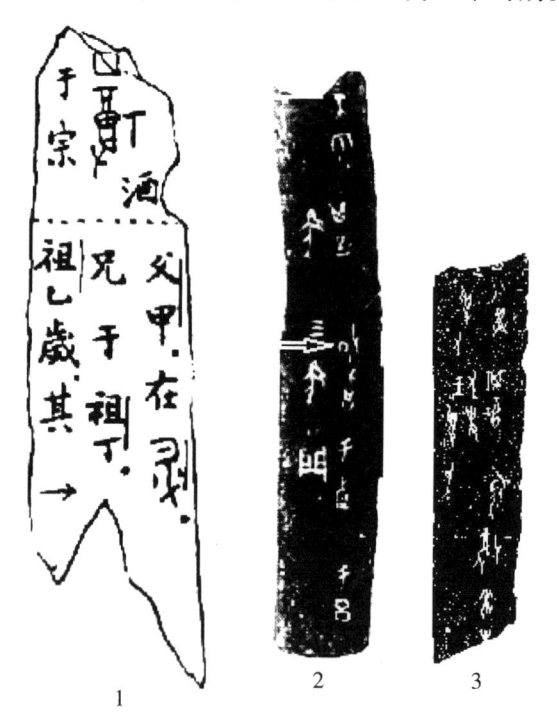

图3-137　1. 父甲、兄辛三期《通别二》东京大学6(摹本);2. 父丁四期《甲》840;3. 三四期难分《粹》544

（2）陈梦家的"九期"分法

1956年，甲骨学家陈梦家在《殷虚卜辞综述》中，对董作宾的"十项标准"和"五期"分法进行了一定的细化和修正，提出了分期断代的"三个标准"和"九期"分法。陈氏的第一标准即为世系、称谓、占卜者（按：即贞人），"乃是甲骨断代的首先条件"。第二标准是字体、词汇、文例，"用此我们可以判定不具卜人的卜辞年代"。第三标准是按甲骨内容划分的六种事类，即祭祀、天象、年成、征伐、王事、卜旬，"各种制度的不同，也可作为判别时代的一种用途"[①]。

陈氏依上述"三项标准"将殷墟甲骨文分为九期，见表3-2。

表3-2　　　　　陈梦家九期分法及三期分法对照

武丁卜辞	武丁卜辞　一期一世 （按：这里包括武丁以前的盘庚、小辛、小乙，即实际上武丁是第二世）	早期
庚甲卜辞	祖庚卜辞　二期二世 祖甲卜辞　三期	
廪康卜辞	廪辛卜辞　四期三世 康丁卜辞　五期	中期
武文卜辞	武乙卜辞　六期四世 文丁卜辞　七期五世	
乙辛卜辞	帝乙卜辞　八期六世 帝辛卜辞　九期七世	晚期

从理论上说，可以把全部卜辞分在上述王世之下。但此九期分法，"在实际分辨时，常有困难，所以我们一则提出早、中、晚三期大概的分期，同时也保留了董氏（按：即董作宾）五期分法。在可以细分时，我们尽量的用九期分法，在不容易细分时则用五期甚至于三期的分法"[②]。

从内容和方法论方面看，陈梦家的"三个标准"和九期分法，与董作宾先生开创的"十项标准"和"五期"分法并无本质的不同。陈梦家提出的"三个标准"如下：

根据第一标准，我们可以有两种标准片：一种是不具卜人名而可由称

---

① 参见陈梦家《殷虚卜辞综述》，中华书局1988年版，第137—138页。
② 同上书，第138页。

谓决定年代者，属于此者不多；一种是具有可定年代的卜人名字者，属于此者为数甚多。从上述两种标准片，我们便有足够数量的断代材料来研究不同时代的字体、词汇与文例。

　　甲、字体，包括字形的构造和书法、风格等；
　　乙、词汇，包括常用词、术语、合文等；
　　丙、文例，包括行款、卜辞形式、文法等。

如此排列为表，可知其一时代字体、词汇与文例的特征，用此特征可以判定不具卜人的卜辞的时代。我们姑名之为第二标准。

利用上述两种标准，可将所有的甲骨刻辞按其内容分别为不同的事类而加以研究。卜辞内容大别为六：

　　一、祭祀，对祖先与自然神神祇的祭祀与求告等；
　　二、天象，风、雨、启、水及天变等；
　　三、年成，年成与农业等；
　　四、征伐，对外战争与边鄙的侵犯等；
　　五、王事，王之田猎、遊止、疾、梦、生子等；
　　六、卜旬，来旬今夕的卜问。

此各类加以分期之法研究，即可综合成某一时期的祀典、历法、史实以及其他制度。各种制度的不同，也可作为判别时代的一种用处，姑名之为第三标准。

上述的法则不能应用在甲骨断代上，因为甲骨除了铭辞外很少有相伴的形制花文。甲骨出土的坑位，在断代上只能作有限的指示，将论述于下。因此，甲骨断代的主要标准只有求之于铭辞。甲骨刻辞除了少数"记事刻辞"以外，大多数是占卜辞；而所有占卜者之间于祭祀与求告于祖先者，为数甚多。从这些"卜辞"中可以有下述的资料：甲．祖先的世系，乙．占卜当时的人对其祖先的称谓，丙．占卜者的名字。由甲可知各王之间的距离，就是位次、世次以及直系、旁系。由乙可知占卜当时的王对于其祖先的距离，就是他们之间的亲属关系。丙的年代依乙而定，因为占卜者与时王是同时的。此三者（世系、称谓、占卜者）乃是甲骨断代的首先条件，我们姑名之为第一标准。[①] 与此同时，陈梦家把董作宾的“贞人集团”，在《综述》中发展为贞人“组”，诸如现今流行的宾组、□组、子组、午组、出组、何组等习语，当源于陈氏首例。

（3）“文武丁时代卜辞的谜”的真正揭穿

①董作宾大师并未“揭穿的谜”和学者们的继续揭穿

1933年，董作宾大师在构筑《甲骨文断代研究例》时，一度把当时少见的卜辞其一部分放在了第一期，一部分放在了第四期。1945年以后，随着这类卜辞的增多和研究的深入，他在进行《殷历谱》的研究时，提出了“新、旧派”祀典不同的说法，因而把原划入第一期的部分卜辞移后七八十年，重新确定为文武丁时代之物。经过这样的调整后，第一期武丁时代有各种不同的书体、字形、文法、事类、方国、人物的矛盾就可以得到“解决”了，因而他在《殷虚文字乙编》序中宣称“揭穿了文武丁时代卜辞的谜”，但“谜”底并未“揭穿”给学者留下了继续“揭穿”谜底的空间。（图3－138）

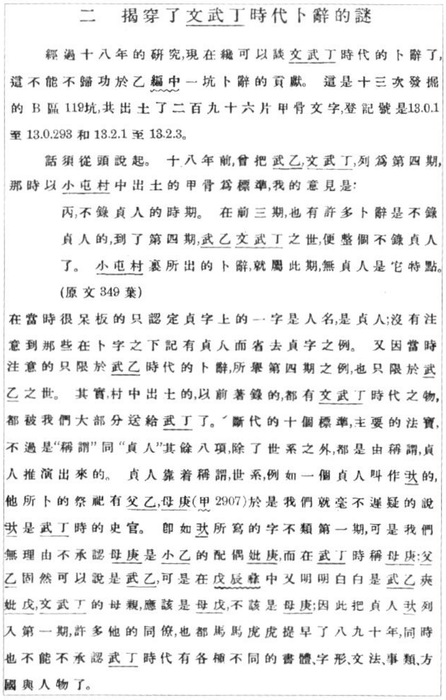
二　揭穿了文武丁時代卜辭的謎

經過十八年的研究,現在纔可以談文武丁時代的卜辭了,這不能不歸功於乙編中一坑卜辭的貢獻。這是十三次發掘的B區119坑,共出土了二百九十六片甲骨文字,登記號是13.0.1至13.0.293和13.2.1至13.2.3。

話須從頭說起。十八年前,曾把武乙,文武丁,列爲第四期,那時以小屯村中出土的甲骨爲標準,我的意見是:

丙,不錄貞人的時期。在前三期,也有許多卜辭是不錄貞人的,到了第四期,武乙文武丁之世,便整個不錄貞人了。小屯村裏所出的卜辭,就屬此期,無貞人是它特點。(原文349葉)

在當時很呆板的只認定貞字上的一字是人名,是貞人;沒有注意到那些在卜字之下記有貞人而省去貞字之例。又因當時注意的只限於武乙時代的卜辭,所舉第四期之例,也只限於武乙之世。其實,村中出土的,以前著錄的,都有文武丁時代之物,都被我們大部分送給武丁了。"斷代的十個標準,主要的法寶,不過是"稱謂"同"貞人"其餘八項,除了世系之外,都是由稱謂,貞人推演出來的。貞人靠着稱謂,世系,例如一個貞人叫作𠂤的,他所卜的祭祀有父乙,母庚(甲2907)於是我們就毫不遲疑的說𠂤是武丁時的史官。卽如𠂤所寫的字不類第一期,可是我們無理由不承認母庚是小乙的配偶妣庚,而在武丁時稱母庚;父乙固然可以說是武乙,可是在戊辰彝中又明明白白是武乙奭妣戊,文武丁的母親,應該是母戊,不該是母庚;因此把貞人𠂤列入第一期,許多他的同僚,也都馬馬虎虎提早了八九十年,同時也不能不承認武丁時代有各種不同的書體、字形、文法、事類、方國與人物了。

图3－138　《殷虚文字乙编·序》

（部分复印）

1953年，日本学者贝塚茂树和伊藤道治在《甲骨文研究的再检讨——以董氏的文武丁时代卜辞为中心》，提出了“多子族”和“王族”卜辞的概念，认为这两种卜辞虽内容、形式、书体方面具有一定的晚期特征，但又与第一期武丁卜辞有许多共同点，而称谓研究，更与第一期接近，因而认为是与第一期典型卜辞共存的另外两种卜辞。

① 参见陈梦家《殷虚卜辞综述》，中华书局1988年版，第137—138页。

胡厚宣则在《甲骨续存·序》（1955年）中，虽未详加论述这类卜辞，但"疑皆当属武丁以前，即盘庚、小辛、小乙时之物"。

陈梦家《殷虚卜辞综述》（1956年）将这类卜辞分作"自组""子组""午组"，并进行全面整理，对其特征及时代进行了全面论证。即"自组"当"武丁之晚叶"，"子组"应"是武丁时代的"，"午组"也"属武丁时代"。

甲骨学家李学勤一度认为这类"非王卜辞"是帝乙时代物。但经深入研究，自1960年以后他改正了这个观点，转而信其为武丁时代物，并又进一步指出了"自组""午组"等"都不是武丁最晚的卜辞"。

②新证据助力"文武丁时代卜辞的谜"的真正揭穿

新证据的不断发现，使学者们关于子组、午组、自组卜辞为第一期武丁时期之物的论断得到了补充和验证。吉林大学所藏甲骨，有一片曾为《前》3.14.2所著录（图3-139：1）。但在著录时拓本经剪裁，上端有贞人"争"的部分被去掉，仅著录所剩部分"干支表"，全为典型的"子组卜辞"字体。现复原全片，所剪部分为残辞"□□卜，争，〔贞旬亡〕祸"的部分，为典型宾组贞人"争"的标准字体。"子组"与"宾组"卜辞共版，说明二组卜辞时代相同。①（图3-139：2、3）

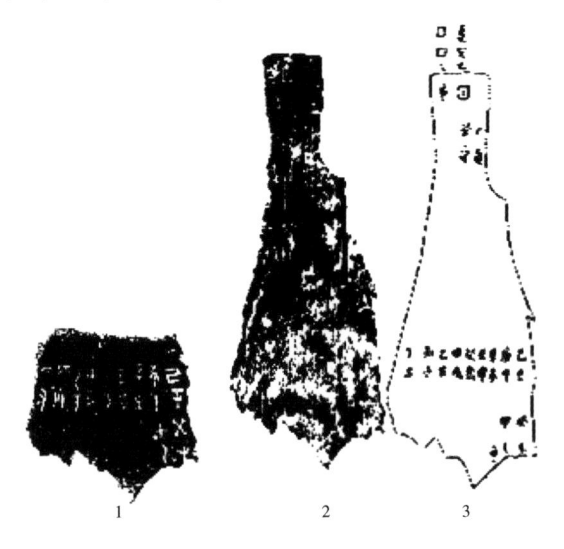

图3-139　1.《前》3.14.2甲骨片；2.《吉林大学所藏甲骨》拓本；3. 摹本

---

① 参考姚孝遂《吉林大学所藏甲骨选释》，《吉林大学社会科学学报》1963年第4期。

③小屯南地 T53（4A）考古地层时代较早的证据无可辩驳

此外，1973 年小屯南地考古发掘，T53（4A）层出土的 7 块卜甲全为𠂤组卜辞。通过对 T53（4A）层位关系的分析，为学术界论证的𠂤组卜辞为武丁时期，提供了无可辩驳的地层证据。随着研究的深入和新证据的助力，目前国内外学术界对这批甲骨时代的认识基本取得了共识，即这批𠂤组、子组、午组卜辞的时代不是第四期武乙文丁时代，而应提前至第一期武丁时代。至此，经过多年的继续深入探索以后，现在才可以说是"真正揭穿"了"文武丁时代卜辞的谜"。

表 3-3　　　　　　　小屯南地 T53（4T）层位关系表

王　名	文　化　分　期	典型单位地层图关系
武乙　文丁康丁	小屯南地中期	T53（3B） ↓ T53(4)　　H91
武丁	小屯南地早期	H102 ↓ H110　↓ → T53(4A) ← ↓ H111 ↓ H112

（4）甲骨文分期断代又一个"谜团"的提出和"历组卜辞"时代提前与否的长期争论

①一波才平，另一波又起——以妇好墓的发现为契机

以 1977 年殷墟妇好墓的发现为契机，著名学者李学勤在《论"妇好"墓的年代及有关问题》（《文物》1977 年第 11 期）一文中，又提出要拆穿甲骨文分期断代的另一个"谜团"，即所谓"历组卜辞"，不是传统认为第四期武乙、文丁之物，而应时代前提，为"武丁晚年到祖庚时代的卜辞"。李学勤的历组卜辞时代前提说提出以后，学术界赞成者有之，反对者有之，双方旁征博引，展开了一场长期的争论。持赞成意见

图 3-140 肖楠合影

(从左至右：郭振禄、曹定云、张长寿、刘一曼、温明荣)

的有裘锡圭、李先登、林沄、彭裕商等学者，持反对意见的有肖楠（按：即中国社会科学院考古研究所"小屯南地甲骨整理小组"的笔名，成员为刘一曼、曹定云、郭振禄、温明荣等四位考古学家，图3-140）、罗琨、张永山，谢济、陈炜湛、林小安等学者，（图3-141）讨论双方各执其辞，长期以来，争论一直在继续之中。

②历组卜辞的争论推动了分期断代的深入

这场讨论推动了甲骨文分期断代研究的深入和前进，即在讨论中，坚持传统的历组卜辞为第四期武乙、文丁说的学者，在20世纪80年代，完成了武乙、文丁卜辞的细区分。而持历组卜辞应提前至武丁、祖庚时代的学者，在20世纪90年代，完成了殷墟王卜辞演进的"两系说"。①（图3-142）

---

① 参见王宇信《中国甲骨学》，上海人民出版社2009年版，第192—198页；又参见王宇信《新中国甲骨学六十年》（中国社会科学出版社2013年版）第十三章，甲骨文断代研究的新成果及敲向"两系说"架构的一记重槌。

“妇好”墓与殷墟卜辞分期

在距离“妇好”墓不远的地方，又发掘了时代相近的墓葬，所出铜器铭文，也是武丁卜辞中常出现的人物。这些墓的发现，不仅为殷墟文化分期提供重要标尺，而且给殷墟卜辞分期久悬未决的问题投射了新的曙光。

原来，殷墟甲骨不止是武丁时期的宾组卜辞有妇好这个人物，多出自小屯村中的一种卜骨也有妇好。这种卜骨字较大而细劲，只有一个卜人蹔（历），我们称之为历组卜辞。按照旧的五期分法，历组卜辞被认为属于武乙、文丁时的第四期。新出土的各墓青铜器及玉石器上的文字，其字体更接近于历组卜辞。但是，如果把墓的时代后移到武乙、文丁，又是和所出陶器、青铜器的早期特征无法相容的。

这个矛盾应当怎样解决呢？我们认为，症结在于传统的五期分法把历组卜辞的时代断错了。

1933年董作宾提出的卜辞五期分法⑲，早已陈旧了。他所谓第四期卜辞，长期以来成为考古学界争论的中心。过去，我们由于看到其第四期中自组、子组、午组等卜辞有与历组联系的证据⑳，也把它们列为晚期的。从近年发表的各种材料看，自组等必须列于早期。“妇好”墓的发现，进一步告诉我们，历组卜辞的时代也非移前不可。1972年，郭沫若同志把小屯西地出土的一批字体属于历组的卜骨定为“武丁时代的遗物”㉑，是富于洞察力的灼见。

现在，让我们索性把历组卜辞的谜团拆穿了吧。

（一）从字体的演变考察，历组卜辞是早期的。如“王”字，武丁时期卜辞作太，到祖甲时期已加一横作王，历组是作太的。其他许多常见字，像干支、“贞”字等等，历组也都近于武丁时期。董作宾无法说明这一现象，就说什么“是文丁时文字复古的运动”。

（二）从卜辞的文例考察，历组卜辞也是早期的。

武丁时甲骨多有记录甲骨贡纳攻治的署辞，在祖庚时的出组卜辞上还有孑遗的例子㉒。历组的卜骨不少刻有署辞，如：

乙亥咬乞黄骨三。 《合》14

癸亥力乞骨三。 《拾掇》2,159

甲辰乞骨十骨，丙寅尸乞骨一自亏。 《摭续》63

…骨二屯（纯），在啚。 《宁沪》1,640

文例与武丁至祖庚甲骨相近。

武丁时甲骨在卜兆旁除记有一、二、三等兆序外，有的还有“二告”、“小告”、“不啚黽”之类兆辞。历组也有“二告”、“岃啚”（《宁沪》1,349）等兆辞。我们知道，廪辛、康丁卜辞的兆辞已经改为“吉”、“大吉”、“引吉”、“习一卜”等新的内容了㉓。

（三）历组卜辞出现的人名，许多与武丁、祖庚卜辞相同。

历组中不仅有妇好（《鄴中》3下43,8、《甲》668、《宁沪》1,491、492、《宁沪》1,624＋《拾掇》1,444），还有子渔（《萃编》1263），子画（《诚斋》350、《宁沪》1,494、495、《拾掇》1,432）、子馘（《佚存》194），妇井（《戬寿》35,5、《后编》下39,6、《宁沪》3,238、《南北》坊1,192）、妇女（《甲》516），都见于武丁卜辞。

历组中的重要人物望乘、沚戓，应该就是武丁宾组卜辞中的望乘、沚馘。下列人名是历组与祖庚时期的出组共同的：

	出组	历组
犟	《文录》637	《库方》1745
夫	《文录》622	《后编》下34,3、36,3
並	《库方》1542、《文录》362	《库方》1745
由	《后编》下13,2、《库方》1551	《萃编》1545
自般（般）	《续编》6,21,10,《库方》116	《后编》下24,1、《鄴中》3下46,3
犬征	《文录》152	《南北》明613、617

而这些人物大都也见于武丁甲骨。

（四）历组卜辞有些与武丁时的宾组或祖庚时的出组卜辞所卜事项相同，暂举以下三例：

例一：□□〔卜〕贞，翼□□令夫〔以〕子方〔奠于〕并，由王事？ 《前编》7,1,4,宾组

辛丑贞，王令夫以子方奠于并？ 《后编》下34,3

辛酉贞，王令夫以子方奠于并？ 《续存》上1916

□亥贞，王令夫以子方奠于并？ 《后编》下36,3,以上历组

例二：戊午卜殻贞，雀追亘，有获？ 《乙》5303，宾组

辛亥贞，雀执亘，受祐？ 《续存》上638,历组

例三：贞，桒王生，于妣庚于妣丙？ 《遗珠》30，出组

庚辰贞，其桒生于妣庚妣丙？在祖乙宗卜。 《萃编》306、《缀》56,历组

这些同事项卜辞证明历组卜辞与宾、出两组的同时。

（五）历组卜辞中的称谓，明确表示了它的时代。这组卜辞的称谓有两套，一套以父乙为中心，父乙与母庚同版（《南北》明613），与兄丁、子馘同版（《佚存》194、《甲》611），子馘见于武丁卜辞（《续编》4,12,5、《乙》4856），很明显是武丁时称谓。父乙指小乙，母庚为小乙之妃。另一套以父丁为中心，为数较多，父丁指谁，在下列卜辞中可以看得很清楚：

…大乙、大丁、大甲、祖乙、小乙、父丁？ 《合》15

甲午贞，乙未酌，高祖亥…，大乙羌五牛三，祖乙羌…，小乙羌三牛二，父丁羌五牛三，亡老？ 《南北》明477

这两片“父丁”排在小乙之后，显然是武丁。如把“父丁”理解为康丁，那么在祀典中竟略去了称为高宗的武丁及祖甲两位名王，那就很难想像了。

再看这两条历组卜辞：

癸亥贞，又（侑）于二母妭象甲母庚？兹用。 《京都》2297

…母娍小辛母三小宰？ 《萃编》8＋276

武丁时有称谓“母妭”（《乙》3363），《京都》2297所祭“二母：妭、象甲母庚”，就是母妭和阳甲（武丁的父辈）之妃庚，她们合称“二母”，也显然是武丁卜辞。

通过以上简略的讨论，我们认为，历组卜辞其实是武丁晚年到祖庚时期的卜辞，历组和宾组的妇好，实际是同一个人。确定了这一点，就把关于“妇好”墓年代的一些争论问题消除了。

殷墟考古工作已有较长历史，像“妇好”墓这样的发现却还是罕见的，为今后的研究提出了一系列新课题。本文的看法是初步的、探索性的，请同志们不吝指正。

图3－141 李学勤《论“妇好墓年代及有关问题”》部分复印

（《文物》1977年第11期）

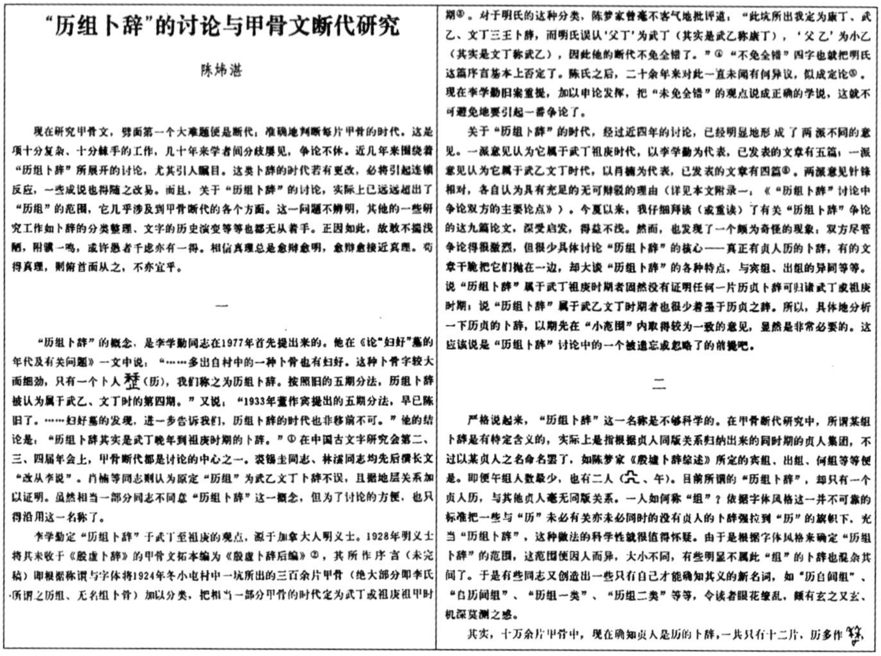

“历组卜辞”的讨论与甲骨文断代研究

陈炜湛

现在研究甲骨文，劈面第一个大难题便是断代，准确地判断每片甲骨的时代。这是项十分复杂、十分棘手的工作，几十年来学者间分歧屡见，争论不休。近几年来围绕着“历组卜辞”所展开的讨论，尤其引人瞩目。这类卜辞的时代若有更改，必将引起连锁反应，一些成说也得随之改易。而且，关于“历组卜辞”的讨论，实际上已远远超出了“历组”的范围，它几乎涉及到甲骨断代的各个方面。这一问题不辨明，其他的一些研究工作如卜辞的分类整理、文字的历史演变等等也都无从着手。正因如此，故敢不揣浅陋，附骥一鸣，或许愚者千虑亦有一得。相信真理总是愈辩愈明，愈辩愈接近真理。苟得真理，则俯首而从之，不亦宜乎。

一

“历组卜辞”的概念，是李学勤同志在1977年首先提出来的。他在《论“妇好”墓的年代及有关问题》一文中说：“……多出自村中的一种卜骨也有妇好。这种卜骨字较大而细劲，只有一个卜人(历)，我们称之为历组卜辞。按照旧的五期分法，历组卜辞被认为属于武乙、文丁时的第四期。”又说：“1933年董作宾提出的五期分法，早已陈旧了。……妇好墓的发现，进一步告诉我们，历组卜辞的时代也非移前不可。”他的结论是：“历组卜辞其实是武丁晚年到祖庚时期的卜辞。”① 在中国古文字研究会第二、三、四届年会上，甲骨断代都是讨论的中心之一。裘锡圭同志、林沄同志均先后撰长文“改从李说”。肖楠等同志则认为原定“历组”为武乙文丁卜辞不误，且据地层关系加以证明。虽然相当一部分同志不同意“历组卜辞”这一概念，但为了讨论的方便，也只得沿用这一名称了。

李学勤定“历组卜辞”于武丁至祖庚的观点，源于加拿大人明义士。1928年明义士将其未收于《殷虚卜辞》的甲骨文拓本编为《殷虚卜辞后编》②，其所作序言（未完稿）即根据称谓与字体将1924年冬小屯村中一坑所出的三百余片甲骨（绝大部分即李氏所谓之历组、无名组卜骨）加以分类，把相当一部分甲骨的时代定为武丁或祖庚祖甲时期③。对于明氏的这种分类，陈梦家曾毫不客气地批评道：“此坑所出我定为康丁、武乙、文丁三王卜辞，而明氏误认‘父丁’为武丁（其实是武乙称康丁），‘父乙’为小乙（其实是文丁称武乙），因此他的断代不免全错了。”④“不免全错”四字也就把明氏这篇序言基本上否定了。陈氏之后，二十余年来对此一直未闻有何异议，似成定论⑤。现在李学勤旧案重提，加以申论发挥，把“未免全错”的观点说成正确的学说，这就不可避免地要引起一番争论了。

关于“历组卜辞”的时代，经过近四年的讨论，已经明显地形成了两派不同的意见。一派意见认为它属于武丁祖庚时代，以李学勤为代表，已发表的文章有五篇；一派意见认为它属于武乙文丁时代，以肖楠为代表，已发表的文章有四篇⑥。两派意见针锋相对，各自认为具有充足的无可辩驳的理由（详见本文附录一：《“历组卜辞”讨论中争论双方的主要论点》）。今夏以来，我仔细拜读（或重读）了有关“历组卜辞”争论的这九篇论文，深受启发，得益不浅。然而，也发现了一个颇为奇怪的现象：双方尽管争论得很激烈，但很少具体讨论“历组卜辞”的核心——真正有贞人历的卜辞，有的文章干脆把它们抛在一边，却大谈“历组卜辞”的各种特点，与宾组、出组的异同等等。说“历组卜辞”属于武丁祖庚时期者固然没有证明任何一片历贞卜辞可归诸武丁或祖庚时期；说“历组卜辞”属于武乙文丁时期者也很少着墨于历贞之辞。所以，具体地分析一下历贞的卜辞，以期先在“小范围”内取得较为一致的意见，显然是非常必要的。这应该说是“历组卜辞”讨论中的一个被遗忘或忽略了的前提吧。

二

严格说起来，“历组卜辞”这一名称是不够科学的。在甲骨断代研究中，所谓某组卜辞是有特定含义的，实际上是指根据贞人同版关系归纳出来的同时期的贞人集团，不过以某贞人之名命名罢了，如陈梦家《殷墟卜辞综述》所定的宾组、出组、何组等等便是。即便午组人数最少，也有二人（、午）。目前所谓的“历组卜辞”，却只有一个贞人历，与其他贞人毫无同版关系。一人如何称“组”？依据字体风格这一并不可靠的标准把一些与“历”未必有关亦未必同时的没有贞人的卜辞强拉到“历”的旗帜下，充当“历组卜辞”，这种做法的科学性就很值得怀疑。由于是根据字体风格来确定“历组卜辞”的范围，这范围便因人而异，大小不同，有些明显不属此“组”的卜辞也混杂其间了。于是有些同志又创造出一些只有自己才能确知其义的新名词，如“历自间组”、“自历间组”、“历组一类”、“历组二类”等等，令读者眼花缭乱，颇有玄之又玄、机深莫测之感。

其实，十万余片甲骨中，现在确知贞人是历的卜辞，一共只有十二片，历多作

图 3－142　陈炜湛《“历组卜辞”的讨论与甲骨文断代研究》部分复印

（《出土文献研究》，文物出版社 1985 年版）

（三）甲骨文字考释的深入

不少著名古文字学家的著作结集出版（或再版），满足了学界学习和研究的急需。与此同时，甲骨学家考释文字的新作也不断问世，推动了甲骨文字研究的深入。特别是于省吾在传统文字学研究的基础上，把世界史和少数民族志所保存的材料引入甲骨文字研究领域，为我们开辟了文字考释的新途径。

1. 一些甲骨文考释著作的出版（或再版）

（1）《积微居甲文说·卜辞琐记》，杨树达撰，中国科学院 1954 年出版。（图 3－143）《积微居甲文说》上、下两卷，卷首有自序（1953 年 4 月）。上卷：第一类识字之属（11 篇）、第二类说义之属（13 篇）、第三类说通读之属（6 篇）、第四类说形之属（3 篇），共 33 篇。下卷：第一类人名之属（7 篇）、第二类国名之属（5 篇）、第三类水名之属（2 篇）、第四类祭祀之属（2 篇）、第五类杂考之属（4 篇）。

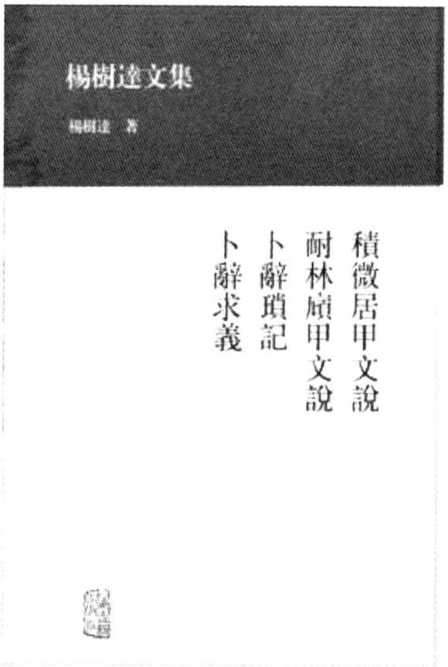

《卜辞琐记》前有前记（1953 年 10 月）；后为甲骨文字、单词考释 49 条。

杨树达在考释文字时，"识字必依篆籀，参察则据故书，不敢凭臆立说"。此书所考文字及史事较为允当，颇有参考价值。（见图 3－144：1）

（2）《耐林庼甲文说·卜辞求义》，杨树达著，群联出版社 1954 年出版。（图 3－144）《耐林庼甲文说》之部共收入《释多介父》《说甲奭妣庚之见祀》二篇、《甲骨文中开矿的记载》《说殷先公王与其妣日名之不同》《释载》等六篇论文。

《卜辞求义》之部共考证甲骨文字 218 个，按声韵 28 部排列。杨树达《卜辞求义》序中说，（见图 3－144：2）

图 3－143　《积微居甲文说·卜辞琐记》、《耐林庼甲文说·卜辞求义》合订本（上海古籍出版社 2006 年版）

治文字之学，以形课义，亦以义课形，务令形义二者吻合无间而后已。治金文，初据字以求义，继复因义以定字。余于古文字之研究重视义训如此。殷墟文字古矣，然既是文字，未有不表义者也。

此书序所谈文字考释心得及书中文字考释成果，对甲骨文字研究颇有参考价值。

2. 甲骨著录与考释同时出版，反映了文字研究的新水平

不少甲骨著录书作有释文，不仅弥补了拓本文字不显的缺憾，也展示了考释者的文字释读成果和反映了当时甲骨文字研究的新水平。这一时期出版的甲骨著录考释有：

张秉权：《殷虚文字丙编考释》上、中、下三辑，共六册，台湾"中研院"史语所出版：上辑第一册 1957 年，第二册 1959 年，中辑第一册 1962 年，第二册 1965 年，下辑第一册 1967 年，第二册 1972 年。

贝塚茂树、伊藤道治：《京都大学人文科学研究所藏甲骨文字》（本文

積微居甲文說自序

甲骨文者，殷商之文字也。欲識其字，必以說文篆籀彝器銘文爲途徑求之，否則無當也。甲文中已盛行同音通假之法，識其字矣，未必遽通其義也，則通讀爲切要，而古音韻之學尙焉，此治甲骨者必備之初步知識也。甲骨文所記者，殷商之史實也。欲明其事，必以古書傳記所記殷周史實稽合其同異，始能有所發明，否則亦無當也。大抵甲骨之學，除廣覽甲片，多誦甲文，得其條理而外，舍是二術，蓋不能有得也。就形以識其字，循音以通其讀，然後稽合經傳以明史實，庶幾乎近之矣。試觀王襄葉玉森之所爲，用力非不勤也，而所得殊尠者，未嘗以二術爲其基也。余以此說求之五十年來甲骨學諸家，得二人焉，一曰王君靜安，一曰郭君鼎堂。王君功力絕深，每下一義，泰山不移。讀其書，怡然理順，渙然冰釋，使人之意也消，恆言所謂爐火純青者，王君近之矣。郭君神識敏銳，博學多通，能於無字縫中讀書，據甲文未見武乙曳妣戊，因定紂遷朝歌，妣戊之卒當在紂遷以後，其最著之例也。兩家業績至豐，其所以致此者無他，廣讀甲文，由文字聲韻以通其文義，據故書以證合史實而已。余治甲骨之學後於兩君，幸獲讀兩君之書而有所啓發。王君著女字說，郭君證曳母同用，余因

卜辭瑣記

頻年研習甲文，時時讀諸家著作，心有所疑，輒復記之。其有原書偶缺，亦爲之拾遺補缺。積久得若干事。近日無事，輒加刪汰，得四十九條。余於甲文，識字必依篆籀，考事則據故書，不敢憑臆立說。自信於方法上或無大謬耳。一九五三年十月十日自記於嶽麓山齋。

耐林廎甲文說自序

此編收集余說甲骨之文字凡六篇，本積微居甲文說中之文字也。初余於一九五二年三月取積微居甲文說送中國科學院請審查出版，不知何故，審查人擱置一年不報，余無已，通書陶孟和先生詢之，遂由院別請一人審查，久之得復，從原稿七十篇中選定十篇，謂可刊行。余意卷中頗多會心之作，可存者決不止十篇，例如竹書紀年所見殷王名疏證一文，乃余前後費時數年，辛勤采獲，在甲文中證驗明確，毫無可疑者，亦竟在屏棄之列，以是余頗憤憤，心不能平。繼思審查人不知誰氏，度亦治學之人，宜不至故與余立異，特學力未到，不能認識耳。因此余不復與之辯論，而以寄達科學院院長郭鼎堂先生請其審定。旋得復，爲余選定文字五十餘篇，即近日科學院出版之積微居甲文說是也。此六篇爲郭先生汰去十餘篇之少半，余意以爲可存者，以荆山之和，一再刖足，經郭先生審定，屈已大伸，不欲復有言也。頃者上海羣聯出版社向余徵稿，余因取此六篇名曰耐林廎甲文說付之。耐林廎者，數年前夢中得句有曰「霜枝耐晚林」者，余喜其語吉，因取以自名其室者也。慮讀者疑篇牒甚少，何以別行，因記其始末云爾。

卜辭求義自序

余生平喜讀高郵王氏書，故於義詁之學最爲留意。治文字之學，以形課義，亦以義課形，務令形義二者脗合無閒而後已。治金文，初據字以求義，繼復因義以定字。余於古文字之研究重視義訓如此。殷虛文字古矣，然既是文字，未有不表義者也。余十餘年來治此頗勤，往讀甲文諸家之書，遇有說義善者，則手錄之，心有所觸，自覺其可存者，亦附記焉。久之不覺盈帙。適羣聯出版社以書稿爲請，遂以付之。時賢善說，固當不止於此，恨余無暇補錄耳。

一九五四年九月十三日楊樹達記於嶽麓山之耐林廎。

图 3-144　1. 杨树达《积微居甲文说·卜辞琐记》自序；
2. 杨树达《耐林庼甲文说·卜辞求义》自序

篇），京都大学人文科学研究所 1960 年版。

屈万里：《殷虚文字甲编考释》，台湾“中研院”史语所 1961 年出版。

许进雄：《明义士收藏甲骨释文篇》，加拿大皇家安大略博物馆 1972 年出版。

许进雄：《殷虚卜辞后编释文》，台湾艺文印书馆 1973 年出版。

3. 甲骨文字考释名篇的推出和于省吾开拓了考释文字的新途径

（1）涌现出一批考释文字的名作

不少老一辈甲骨学家，发表了振聋发聩的经典名篇，诸如：

于省吾《释奴婢》（《考古》1962年第9期）、《释尼》（《吉林大学社会科学学报》1963年第3期）等。

胡厚宣《释殷代求年于四方和四方风的祭祀》（《复旦学报》（人文科学）1956年第一期）、《释余一人》（《历史研究》1957年第1期）、《殷代的刖刑》（《考古》1973年第2期）等。

张政烺《释甲骨文的俄、隶、蕴三字》（《中国语文》1965年第4期）、《卜辞裒田及其相关诸问题》（《考古学报》1973年第1期）等。

杨向奎《释"不玄冥"》（《历史研究》1955年第1期）等。

赵佩馨（裘锡圭笔名）《甲骨文中所见的商代五刑——并释刂、剠二字》（《考古》1961年第2期）等。

老一代学者宝刀不老，新一代学者初露锋芒，反映了我国甲骨文字研究的深入发展。（图3-145）

（2）于省吾开拓了考释文字的新途径

由于甲骨文中易识的字多已被前人释出，所不识的字在商代以后的文字中多已不再使用，不容易找出它们字形演化的线索，在后世字书里也很难得到印证。但是，古文字学家"在清代汉学家用考据学所取得的某些优秀成果的基础上"，"运用辩证法，对文字的点画或偏旁以及它和音义的关系"[①]（见图3-146：1）进行分析，对一些不识的甲骨文字进行了创造性研究，取得了可喜的成果。

老一代学者于省吾，不仅文字考释屡有创获，"自以为又多认识出几十个"新字。在文字考释方法上，也为我们开辟了新途径，这就是"在我们已经看到和掌握到大量古文字的今天，不应局限地域或孤立地来看问题，需要从事研究世界古代史和少数民族志所保存的原始社会人类的生产和生活的实际情况，以追溯古文字的起源"[②]。他在《释羌、苟、敬、美》等著名论文中，为我们作出了考释文字新途径的示范。

[①] 于省吾：《关于古文字研究的若干问题》，《文物》1973年第2期。
[②] 于省吾：《释羌、苟、敬、美》，《吉林大学社会科学学报》1963年第1期。

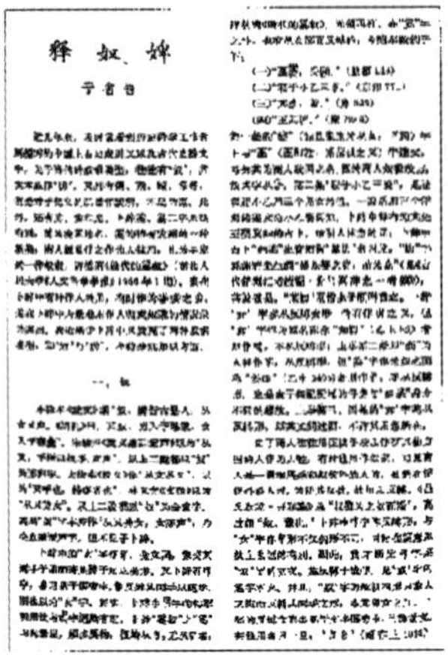
释奴婢

于省吾

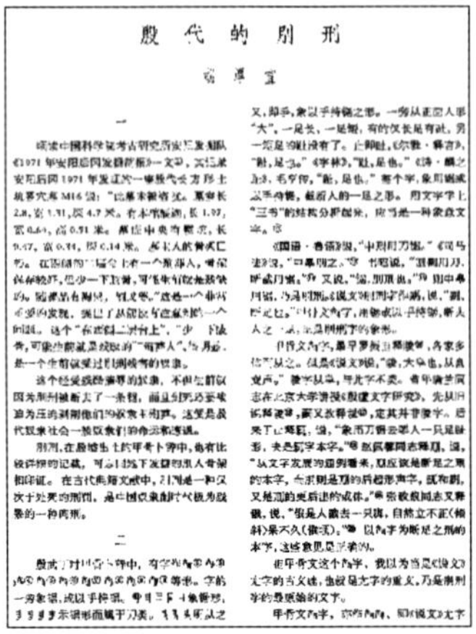
殷代的刖刑

胡厚宣

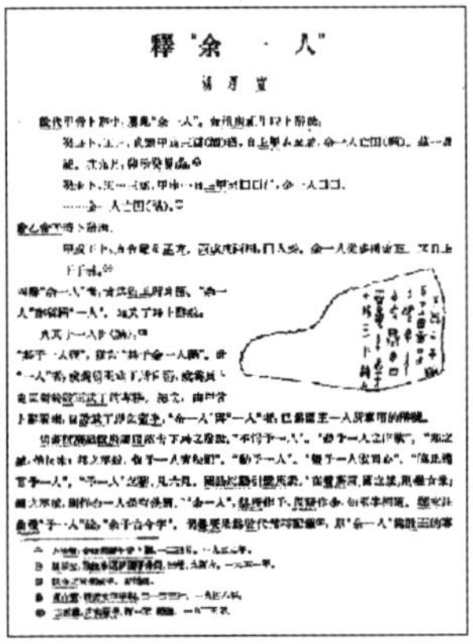
释"余一人"

胡厚宣

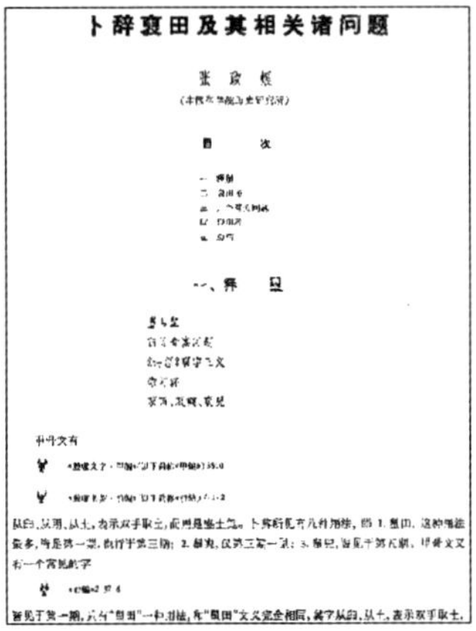
卜辞裒田及其相关诸问题

张政烺

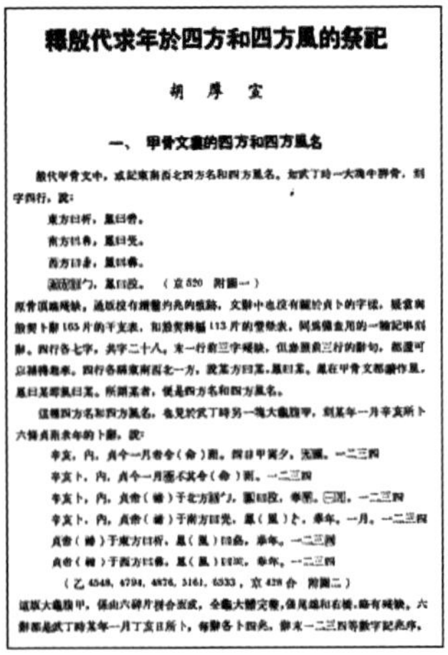
释殷代求年於四方和四方風的祭祀

胡厚宣

一、甲骨文裏的四方和四方風名

東方曰析，風曰劦。

南方曰因，風曰凱。

西方曰夷，風曰彝。

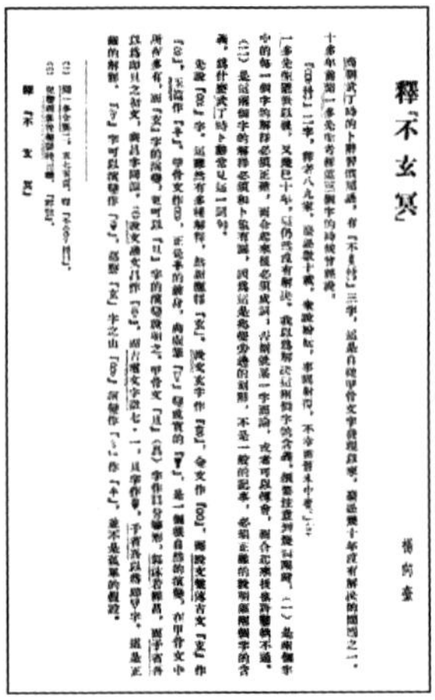
释"不玄冥"

杨向奎

图 3－145　各位学者论文部分复印

随着世界史知识的不断增加和中外大批民族学材料的公布，为甲骨文字考释的新途径提供了线索和证据。不少人深受于省吾新途径的启示，并有所发明。汪宁生《释臣》（《考古》1979年第3期）（见图3-146：2）一文，就是根据云南少数民族的材料，对甲骨文竖目之形的"臣"字应是一种奴隶的名称，又作了进一步的论证。

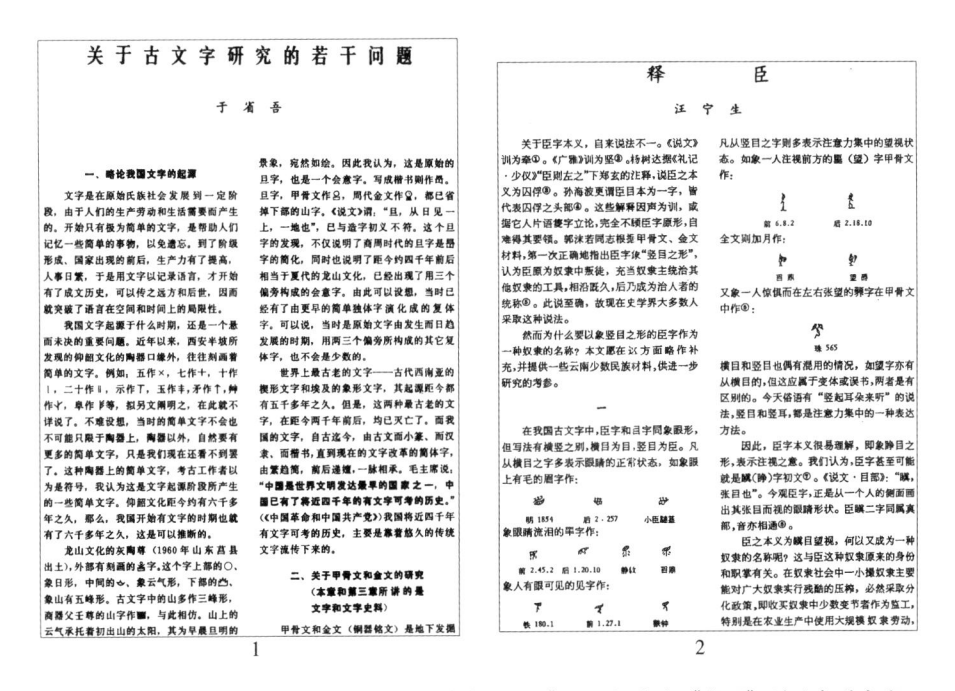

图3-146 1. 于省吾《关于古文字研究的若干问题》；2. 汪宁生《释臣》论文部分复印

4. 总结文字考释成果的巨著在困难中启动

"文化大革命"开始以后，作为老一代学术权威的于省吾，受到了巨大冲击。但他相信他追求一生的甲骨学会永存于世。他白天反思总结或参加些劳动，而晚上回到家里，就心静如水，夙兴夜寐，在学术的海洋中徜徉。

（1）于省吾《甲骨文字释林》与《甲骨文字诂林》在"地下"启动

于省吾先生总结自己几十年文字考释成果，使"骈枝"成林，完成了《甲骨文字释林》（简称《释林》）的全部书稿。与此同时，总结八十多年来甲骨文字考释成就的重任，也当仁不让地落在他的肩上。他主编的《甲

骨文字诂林》（原定名《甲骨文字考释类编》），为了学术的追求，带领几个年轻人悄悄启动了……（图 3-147：1、2）

图 3-147　1. 吉林大学时期的于省吾；2. 青年学者在于省吾家开会

（2）商老（承祚）向于老（省吾）"索贶"和甲骨学史上的两大工程

于老（省吾）和商老（承祚），自 20 世纪 30 年代订交，虽然晚年分居祖国南北，但历经的人世间沧桑，使他们的友谊老而弥坚。

1973 年 8 月 7 日，于老在致商老的信中允诺（当然这是老朋友之间的亲密玩笑了）说："我当致贶以报。一咲（即笑字）。但非虚言。"

可能商老在信中向于老也开玩笑地说起"索贶"之事。于老在 1973 年 11 月 28 日回信中向商老的"索贶"开玩笑说："至于您曾如何为力，我还不知，故没有想到'贶'。一笑。"于老向老朋友开玩笑，要"赖贶"了。虽然于老已过耄耋之年，却童心未泯，在诙谐率性中流露出学者间多年的莫逆情谊。然而"赖"过以后，于老又一本正经地许诺："'贶'是有的，我说话能不算数吗？！"

于老答应"致贶"商老，和商老向老朋友"索贶"的玩笑，向我们透露了于老正在极端困难的情况下，进行着甲骨学史上两项总结性的巨大工程，即一是他自己的总结性著作《甲骨文字释林》，二是八十年来甲骨文字考释的集成《甲骨文字诂林》。而商老受于老之托，为他这两项巨大工程的完成，从研究资料上给予大力支持。老一代甲骨学家的深厚友谊和互相支持，在甲骨学史上留下了一段隽永和发人深省的佳话。

①于老"渴望"之书与《甲骨文字释林》的出版

20世纪70年代，于老不顾年迈体弱，努力撰著他自己考释文字的总结性著作《甲骨文字释林》（图3-148），即他在1973年7月14日信中对商老所说：

> 我近来写了有关卜辞文字考释约六七十篇。又修订《骈枝三编》，集中精力以赴之，拟将新作和旧著合为一书，预计来春可以完成。

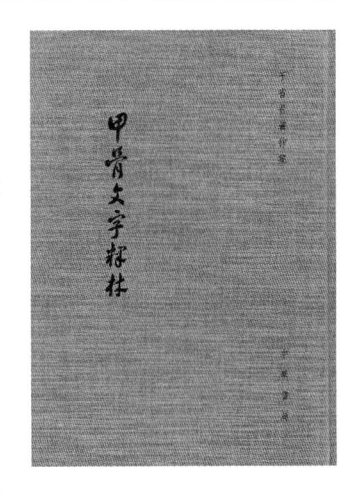

图3-148 《甲骨文字释林》

由于于老的甲骨文字考释方法科学、精当，所以他对甲骨文单字中一些释读难度较大的字，孜孜以求，屡有创获。其《双剑誃殷契骈枝》初、续、三编，共考释文字一百多个，其成就超过了罗振玉、王国维以后的同辈学者。于老每考证出一个新字，还要放到大量的卜辞辞例中去加以验证，这就是他在《骈枝续编》序中所说的"核诸文理与辞例，自能诉合无间矣"。为了使自己文字考释成果能经得住甲骨文辞例的检验，并使自己的论证更为可信，因此于老"渴望"早日见到日本新出版的岛邦男《殷虚卜辞综类》一书。于老在同一封信（按：即7月14日信）中说：

> 我近来精力就衰，以检例为苦，需要此书，急不能待。务祈早日付邮，以慰渴望。

当时正值"文化大革命"后期，国门还紧锁，海外出版的学术著作很难见到。日本1967年出版岛邦男《殷虚卜辞综类》一书，是对甲骨文进行通盘总括之彻底整理的甲骨文辞例的工具书，对于老核校、验证文字考释成果非常方便。商承祚以身居距香港不远的广州和在海外有亲朋之便，为老友找来了其"渴望"之书，既推进了于老大作的进程，也显示了老一代学者间的深厚友谊。

②于老"期在必得"之《甲骨文字集释》与《甲骨文字诂林》（图3-149）巨大工程的策划

于老"致贶"商老，还在于拜托他办另一件事，即几次在信中所提到的"我所必须"和"期在必得"的台湾李孝定出版的《甲骨文字集释》。于老在1973年8月7日致商老的信中说：

《甲骨文字集释》系李孝定所编，台湾出版，在香港能买到。以上二书（按：还有《殷虚卜辞综类》），我所必须，请您在公忙之中，设法办到。

在1973年11月28日于老大病痊愈后，又一次给商老写信说：

此书台湾出版，比《综类》易买。此书期在必得，惟您是赖，千万不要等闲视之。

于老之所以对《甲骨文字集释》一书"期在必得"，原来是他在全面总结自己的研究成果同时，又在酝酿甲骨学史上一项巨大工程，即《甲骨文字诂林》的纂辑。姚孝遂教授在此书"序"中说：

早在1973年，思泊师（按：即于老）与肖丁同志即筹划酝酿《甲骨文考释类编》（按：即今之《甲骨文字诂林》）……1975年即匆忙赶往北京，参加由思泊师主持召开的《甲骨文字考释类编》编写工作会议。当时参加会议的还有肖丁、王贵民、王宇信、谢济诸同志。会上确定了编写体例及分工……

《甲骨文字诂林》，可以说就是"在李孝定先生《甲骨文字集释》的基础上进行的"。于老"期在必得"的《甲骨文字集释》一书，是他编著一部能全面反映八十年来文字考释集大成工程的准备工作。正当1978年以前的文字考释成果资料收集基本结束后，于老在1984年4月驾鹤西归。姚孝遂又力挽狂澜，与何琳仪、吴振武、汤余惠、刘钊等继续收集、补充1978

年至1989年的资料。《甲骨文字诂林》终于在1996年由中华书局出版。

《甲骨文字诂林》，继往开来，为20世纪甲骨文字研究的发展奠定了基础。商承祚教授雪中送炭，急朋友之急，保障了这部学术史上名著的顺利运作和完成。商老的无私奉献和学者间的深厚友谊，在甲骨学史上留下美好的佳话。（图3-149：1）

③《甲骨文字集释》（台北版）（图3-149：2）

于省吾先生希望商承祚先生"尽快买到"，"以应急需"的《甲骨文字集释》一书，李孝定编，全书八册，台湾"中研院"史语所1965年出版。

该书第一册卷首，有屈万里序、张秉权序、自序、凡例、正文目录、补遗目录、存疑目录、索引、诸家异说索引、后记及第一卷。第二册至第七册为正文第二至第十三卷，第八册为正文第十四卷及补遗、存遗、待考各一卷。该书与《甲骨文编》及《续甲骨文编》虽然所收文字均依《说文》为序编次，但前两书"不著各家说解之辞"。而该书"则将每一甲骨文字的有关各家考释解说详列于后，并加编者按语，从而使读者知每一文字考释成功之历史发展"。该书是一部集70多年甲骨文字考释之大成的总结性巨著。特别是本书"定论歧说并列，省检索之第"，既可"为初学者升堂之阶，又是为继学商兑之资"，对甲骨文字研究的发展做出了重大贡献。此外，《甲骨文字集释》为于老主编的《甲骨文字诂林》奠定了基础，其开创之功，永不可没！

图3-149 1.《甲骨文字诂林》；2.《甲骨文字集释》（台北版）

④《殷虚卜辞综类》(日本版)

《殷虚卜辞综类》(简称《综类》),日本岛邦男纂辑,汲古书院1967年出版,1971年增订出版,1979年增订第二次印刷。(图3-150)

该书将甲骨文发现以后,1903年刘鹗《铁云藏龟》第一部甲骨著录出版以来,至1967年以前出版的共63种甲骨著录书中的卜辞,逐条按其内容分类编次,是一部百科全书式的甲骨文资料汇编。全书共确定164个部首,部首后所收的卜辞按时代顺序排列。部首凡经前人释定的,都注明汉字,并在其上标明该字在《甲骨文字集释》(李孝定著)中所出现页数,以便读者查找诸家对此字的说解。书后还有按笔画多少为序编制的汉字索引,每字下均列有本书页数和《甲骨文字集释》的页数,可在书中查找卜辞全文,又可在《甲骨文字集释》中查找各家对此字的说解。

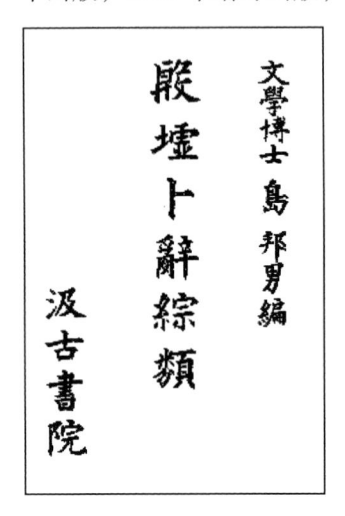

图3-150 《殷墟卜辞综类》(封里)

《综类》材料丰富,内容集中,索引方便,是一部甲骨文内容总集成的百科全书,对甲骨学商史研究极具价值的大型工具书和资料分类集成。此书不仅推动了甲骨学商史研究的发展,而且为1989年出版的《殷墟甲骨刻辞类纂》(姚孝遂主编,中华书局影印出版)编纂奠定了基础。日本著名甲骨学家松丸道雄教授对笔者言及,其师当年编纂此书时,书房里摆满了资料卡片盒。岛邦男氏以一人之力,全靠手工完成资料的搜集,真神也!

⑤插曲:好事多磨,商老为于老成功调换缺页的《综类》残书

于省吾教授从听说《综类》1967年在日本出版,到1973年5月通过中山大学老友容庚购到此书,已是在《综类》出版6年之后的事情了。于老本想用此书检例《甲骨文字释林》所释文字,但一翻览此书,不禁大失所望。正如他在1973年7月14日写给商老的信中所说,发现"此书缺36页之多",真是令人哭笑不得。于老"当即寄回退换,迄今尚无回音"。但退换残书总是要须待若干时日的,因而为书"急不可耐"的于老索性

向老朋友商老开口道:"我知道,您亦有此书,拟借阅,以两月为限,到期奉还。"

商承祚教授急人之急,毫不犹豫地把自己的《综类》寄给于老。于省吾在8月9日收到了商老寄来的书,很快就致函商老表示:"老友厚意,至为感谢。"长春到广州相隔几千里,在当时通信极为不便的情况下,不到一个月商老的《综类》就到了于老手中。

直到1973年11月28日于老致商老的信中,要商老把收到才调换好的《综类》正品留下,以与商老寄出自己的《综类》相抵,以免往返邮寄,劳民伤财。虽然有缺页不全之书和正品的调换周折,但于老"急不可耐"地要借鉴海外学者的最新研究成果的愿望,终于得以实现。可谓好事多磨!

(四)甲骨学研究的全面总结性著作

为了推动甲骨学"发展时期"(1949年以后)研究的前进,因此一批总结甲骨学研究前五十年(1899—1949年)取得成就的著作相继出版,使学者们在前人已取得成就的基础上,进击方向明确,从而有所发明、创造和前进。

1.《甲骨学六十年》

董作宾撰,台湾艺文印书馆1965年出版。该书是在董作宾大师1955年出版的《甲骨学五十年》基础上修订出版的。前有严一萍校后记、甲骨学五十年序,英译本琐言。正文第一,解题和概说。第二,殷代文化宝库的开发。第三,前期研究的经过。第四,后期研究的进程。第五,甲骨文材料的总估计。第六,最近十年的甲骨学。书后为附录,有董作宾遗照、传略及殷墟发掘工作存真图片45幅,并附董作宾、胡厚宣所编《甲骨年表》及董作宾、黄然伟编《续甲骨年表》。《甲骨学六十年》一书中的最近十年的甲骨学及殷墟发掘工作存真图片、甲骨年表正、续是原《甲骨学五十年》新增补的。(图3-151)

《甲骨学六十年》,对1899年甲骨文发现以来至1955年的研究进行了全面的科学总结,并以1928年殷墟科学发掘工作为界,将甲骨学研究分为前后两个时期。该书还为今后的甲骨学研究的发展指出了努力的方向,即

"结集资料第一,次为缀合复原,又次为索引工具之编纂,而研究方法,除依分期、分类,而更注意于分派观察"。

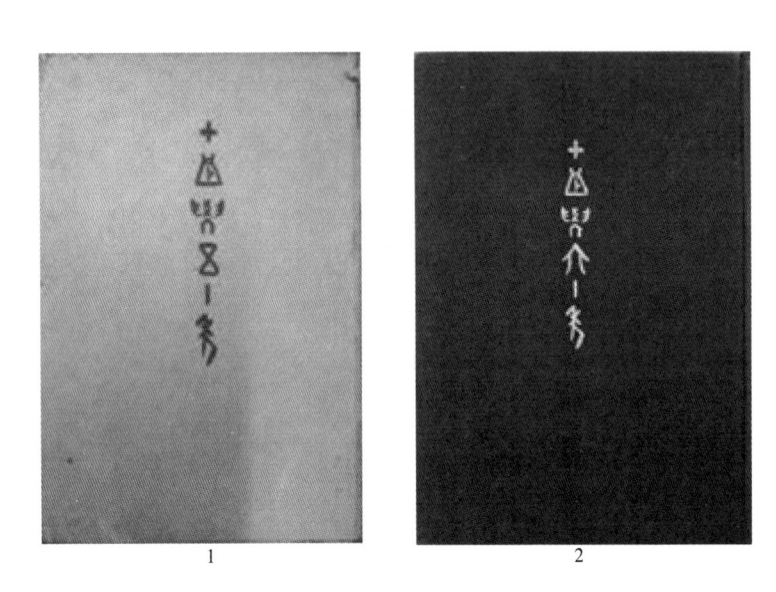

图 3-151　1.《甲骨学五十年》;2.《甲骨学六十年》

2. "广博"的《殷虚卜辞综述》与"详赡"的《殷墟卜辞研究》

(1)《殷虚卜辞综述》

陈梦家著,1956 年科学出版社出版。(图 3-152:1)

该书由总论、文字、文法、断代上、断代下、年代、历法天象、方国地理、政治区域、先公旧臣、先王先妣、庙号上、庙号下、亲属、百官、农业及其他、宗教、身份、总结、附录等 20 章组成。本书是一部全面、系统地总结自 1899 年甲骨文发现以来,至 1956 年以前近 60 多年来研究成果的著作。陈梦家在总结前人成就的基础上,结合自己的甲骨学研究,特别是在甲骨文分期断代方面有突破性前进。

(2)《殷墟卜辞研究》,日本岛邦男著,1958 年出版。温天河、李寿林中译本 1975 年在台湾出版。(图 3-152:2)

该书由序论及本论两部分组成。序论部分有贞人补正、卜辞父母兄子等称谓。本论第一篇为殷室的祭祀(分四章,论述了先王先妣的五祀、禘祀、外祭、祭仪);第二篇为殷代社会(分七章,论述了地域、方国、封

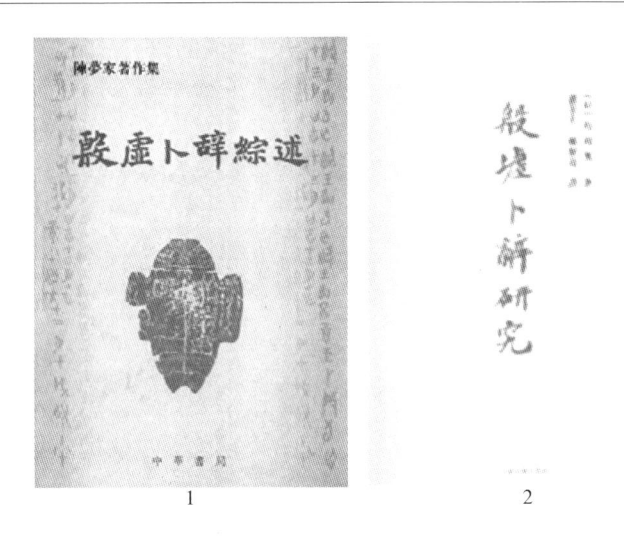

图 3-152 1.《殷虚卜辞综述》；2.《殷墟卜辞研究》

建、官僚、社会、产业、历法）。该书也是总结自甲骨文发现以来，60多年研究成果的著作，特别是充分地研究了甲骨文中的周祭制度。该书还全面考察了商代社会情况，尤其是方国地理的论述颇为详瞻。

学者高度评价《殷虚卜辞综述》和《殷墟卜辞研究》在甲骨学史上占有的重要地位。两部书各有侧重点，正如屈万里在《译本〈殷墟卜辞研究〉序》中所说："大抵以涉及之范围言，则陈书（按：指《殷虚卜辞综述》）为广博；以祭祀及舆地言，则岛氏之书（按：指《殷墟卜辞研究》）为详瞻。"此二书互相补充、发明，则1956年以前的"甲骨刻辞之研究成果，大要具是矣"。

3.《殷代贞卜人物通考》

饶宗颐著，香港大学1959年出版。全书20卷。（图3-153：1）

各卷的内容是：卷一，将殷代占卜与古文献有关占卜相勘校，并涉及卜用甲骨的分布、商代甲骨的属类、龟卜占书源流、作龟八梦等；卷二，全面介绍了卜辞的各种句型，还对"卜""贞"二字字义进行了考释；卷三至第十七，为"贞卜人物事类"，将有贞人占卜的卜辞内容进行了整理；卷十八，备考；卷十九，结语；卷二十，附录。书后还有补记、索引。

索引有人名、地名、成语、祭名等项，并可据所列页码在书中找到上述各项内容。该书对当时所能见到的60多种甲骨著录的贞人，进行了全面、系统的专题整理，是一部集甲骨文贞人之大成的研究著作。《殷代贞卜人物通考》提出了"分人研究法"，对分期断代研究和全面认识甲骨文中的贞人很有价值。

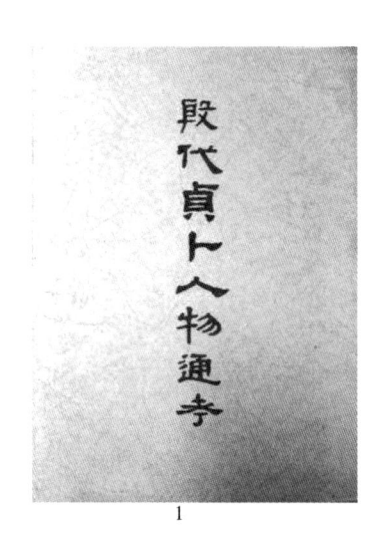

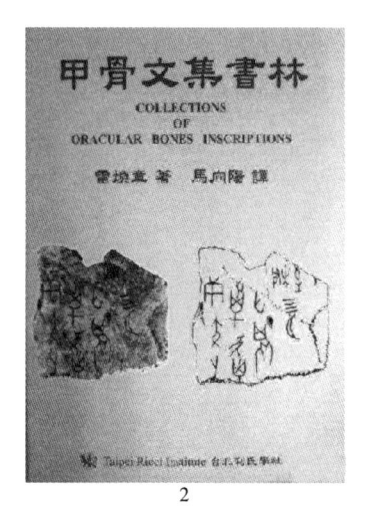

图 3-153　1.《殷代贞卜人物通考》；2.《甲骨文集书林》

4.《甲骨文集书林》

雷焕章（Jean A. Lefeuvre）著，马向阳译，台北利氏学社 2008 年出版。（图 3-153：2）

该书的目录为"序"（蔡哲茂）、自序（雷焕章）、本书介绍作品总表（编号、作品简称、作品全名、出版日期、页码）、正文（第 33—588 页）、雷焕章著作表（第 589—591 页，雷氏著作共编 54 号）、后记（吴伟特）。

蔡哲茂教授在"序"中说，该书"应属于专科性书目"，就学术史而言，这是一个新领域，但研究者已不计其数。自 20 世纪 30 年代，目录类的参考书籍就应运而生，其中以《百年甲骨学论著目》为"目前为止最详尽的一部甲骨文研究书目"。不宁唯是，日本和法国也有学者"致力于书目资料的整理"。这项工作是十分必要的，"后代学人容易重复讨论前人已得出正确结论的成果"。蔡先生详列了该书的五大特色，而"全书书目皆中英对照"，这"也能让用英语的研究者一目了然，可谓前所未有"，对向西方学者介绍中国传统文化很有意义。雷先生以中、法、英三种文字出版了《法藏》（1985年）、《德瑞荷比》（1997年）介绍了欧洲所藏大部分甲骨文后，又在其85岁高龄完成了这部厚达600页的《甲骨学总目提要》。一个外国人，再加上神职的专门身份，"如果不是对甲骨学几近痴迷的热爱与专注，如何能在这一领域上有如此傲人的成就！"

雷焕章在"自序"中说，我们在注意"探讨甲骨文的字义"论文的同时，"也必须对出土甲骨文的研究素材拥有详尽的认识"。"某些论文由于载有首次发表的甲骨文字，也会视为'研究来源'，收录在本书中。""书中提出的412本甲骨著录与论文"，对目前出土的甲骨文字，"作了极为完备的介绍，应该有助于甲骨文研究"。

（五）甲骨学研究与考古学成果

1928年至1937年的殷墟十五次大规模科学发掘工作，不仅出土了大批有科学记录的甲骨文，并从殷墟的地下"发掘"出甲骨文的分期断代法。更为重要的是，中国近代考古学从安阳殷墟诞生、成熟，并经过新中国持续不断的考古发掘和研究，迎来了当今中国考古学的"黄金时代"。

甲骨学研究成果，对殷墟文化分期绝对年代的确定和一系列考古发现遗迹、遗物性质的推断和研究，发挥了至关重要的作用。

1. 殷墟文化分期绝对年代的推定

1928年至1937年前中研究史语所在安阳洹河两岸发掘了十一处地方，殷墟考古发现的宫殿、王陵、房基、窖穴等重要遗址和大批铜器、玉器、骨牙器、陶器、甲骨等重要遗迹、遗物等为科学研究提供了丰富的资料并提出了许多新的研究课题。殷墟文化的分期，是殷墟考古学研究的基础工作。虽然也有学者进行过探索，但缺乏全面、系统的论述。

（1）邹衡的殷墟文化分期取得了突破性的成果

著名考古学家邹衡《试论殷墟文化分期》（《北京大学学报》（人文科学）1964年第4、5期），就是殷墟文化分期开创性的全面研究著作。而殷墟文化序列的绝对年代的推断，就是以甲骨文分期断代成果为依据的。（图3－154）

《试论殷墟文化分期》所依据的材料，主要是中华人民共和国成立前后

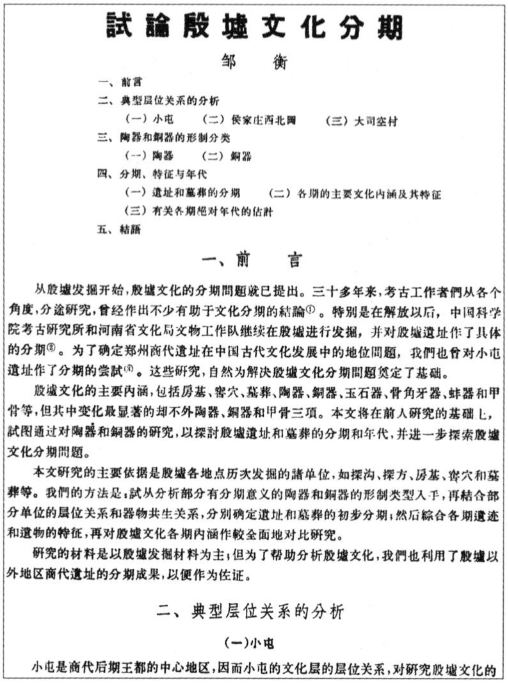

試論殷墟文化分期

邹 衡

一、前言

二、典型层位关系的分析

(一) 小屯 (二) 侯家庄西北岡 (三) 大司空村

三、陶器和銅器的形制分类

(一) 陶器 (二) 銅器

四、分期、特征与年代

(一) 遺址和墓葬的分期 (二) 各期的主要文化内涵及共特征

(三) 有关各期绝对年代的估計

五、結語

一、前 言

从殷墟发掘开始,殷墟文化的分期問題就已提出。三十多年来,考古工作者們从各个角度,分途研究,曾经作出不少有助于文化分期的結論①。特别是在解放以后,中国科学院考古研究所和河南省文化局文物工作队继续在殷墟进行发掘,并对殷墟遺址作了具体的分期②。为了确定郑州商代遺址在中国古代文化发展中的地位問題,我們也曾对小屯遺址作了分期的尝試③。这些研究,自然为解決殷墟文化分期問題奠定了基础。

殷墟文化的主要内涵,包括房基、窖穴、墓葬、陶器、銅器、玉石器、骨角牙器、蚌器和甲骨等,但其中变化最显著的却不外陶器、銅器和甲骨三項。本文将在前人研究的基础上,試图通过对陶器和銅器的研究,以探討殷墟遺址和墓葬的分期和年代,并进一步探索殷墟文化分期問題。

本文研究的主要依据是殷墟各地点历次发掘的諸单位,如探沟、探方、房基、窖穴和墓葬等。我們的方法是:試从分析部分有分期意义的陶器和銅器的形制类型入手,再結合部分单位的層位关系和器物共生关系,分别确定遺址和墓葬的初步分期;然后綜合各期遺迹和遺物的特征,再对殷墟文化各期内涵作較全面地对比研究。

研究的材料是以殷墟发掘材料为主;但为了帮助分析殷墟文化,我們也利用了殷墟以外地区商代遺址的分期成果,以便作为佐证。

二、典型层位关系的分析

(一)小屯

小屯是商代后期王都的中心地区,因而小屯的文化层的层位关系,对研究殷墟文化的

图 3-154 《试论殷墟文化分期》

殷墟发现的探沟、探方、房基、窖穴、墓葬等典型单位的材料的分析,得出了殷墟遗址的代表不同时期的典型层位顺序,并分析了有显著变化的铜器和陶器的形制,结合典型地层与器物的共存关系,确定了遗址和墓葬的分期,即把殷墟文化分为早晚不同的四期。而各期文化的绝对年代,就是根据甲骨文分期断代成果推定的,即殷墟文化第一期尚未有甲骨文发现。而第二期属于武丁、祖庚祖甲时期。第三期属于廪辛、康丁、武乙、文丁时期。第四期属于帝乙、帝辛时期。邹衡的殷墟文化分期,基本可与胡厚宣的甲骨文四期分法相适应。

(2)考古研究所的殷墟文化分期研究

中国社会科学院考古研究所安阳工作站的考古学家,根据中华人民共和国成立以来殷墟科学发掘的资料,特别是 1962 年安阳大司空村(见《1962 年安阳大司空村发掘简报》,《考古》1964 年第 8 期)和 1973 年安阳小屯南地(见《1973 年安阳小屯南地发掘简报》,《考古》1975 年第 1 期)发掘的地层关系和伴出陶器的综合研究,也提出了对殷墟文化分期的意见。他们据殷墟发掘的典型地层出土陶器与甲骨的共存关系进行分析研究,将殷墟文化分为四期,即第一期相当于武丁时期,第二期约相当于祖庚、祖甲、廪辛时期,第三期约相当于康丁、武乙、文丁时期,第四期约相当于帝乙、帝辛时期。虽然考古研究所安阳工作站的殷墟文化分期与邹衡略有不同,但陶器的演变序列基本上还是一致的。从此,考古研究所安阳工作站的考古学家,在殷墟考古发掘实践中,基本按此考古学文化序列对新发现的遗迹进行时代的推断。(参见表 3-4)

表 3-4　　　　　　　殷墟文化分期与甲骨文分期对照

分期 王名	项目 代表	殷墟文化分期 邹衡	殷墟文化分期 考古所	甲骨文分期 胡厚宣	甲骨文分期 董作宾
盘庚		第一期	第一期	第一期	第一期
小辛		第一期	第一期	第一期	第一期
小乙		第一期	第一期	第一期	第一期
武丁		第一期	第一期	第一期	第一期
祖庚		第二期	第二期	第二期	第二期
祖甲		第二期	第二期	第二期	第二期
廪辛		第三期	第三期	第三期	第三期
康丁		第三期	第三期	第三期	第三期
武乙		第三期	第三期	第三期	第四期
文丁		第三期	第三期	第三期	第四期
帝乙		第四期	第四期	第四期	第五期
帝辛		第四期	第四期	第四期	第五期

2. 殷墟王陵区祭祀场的推定

在 1934 年 9 月至 1935 年 9 月的殷墟第十至十二次发掘王陵区的过程中，在其东区曾发现 1228 座 "小墓"（按：即祭祀坑）中，有近 2000 多个 "牺牲" 个体。这些 "成丛的小墓，都埋在大墓的附近，又往往成排，或单埋人头，或仅葬肢体，人头肢体又常是多具。此外又有车马、鸟兽器物葬坑，知其为大墓的附属无疑"[1]。中华人民共和国成立以后，考古学家又在这一带展开了考古发掘工作，特别是 1976 年又发现了 250 座商代祭祀坑。这些祭祀坑，其东北距武官大墓不远，其西北距 HPKM1004 大墓（出牛鼎、鹿鼎者）不远，西南部距传出司母戊大鼎之大墓（M260）不远。这批祭祀坑，大部分是南北向，分布集中并排列规则，可分 22 组，其时间相当于殷墟文化第一期（武丁时期）和殷墟文化第二期（祖庚、祖甲时期）。这一批 250 座祭祀坑和中华人民共和国成立前发掘的上千座 "小墓"，分布在这一带数万平方米范围内。

考古学家杨锡璋、杨宝成在《从商代祭祀坑看商代奴隶社会的人牲》

---

[1] 参见胡厚宣《殷墟发掘》，学习生活出版社 1955 年版，第 93—96 页。

(《考古》1977年第1期）一文中，根据甲骨文中祭祀祖先辞例的研究，推定这里"可能就是当时商王室专门用于祭祀祖先的一个公共祭祀场所"。殷墟王陵区祭祀坑的推定，是殷商考古学研究的重大成果，对商代社会性质的判断提供了重要依据。（图3-155）

图3-155　1. 殷墟王陵区祭祀场；2. 殷墟王陵区
（参见《殷墟的价值》）

3. 商代社祀遗址的第一次发现

1959年、1960年和1965年在江苏徐州以北的铜山县丘湾遗址，在丘ⅢT1和丘ⅢT2的商代文化层中，发现了四块未经人工制作的不规则自然石块，下端呈楔形插入土中。以中间一块为最大，呈方柱形。此石西、北、南三面各有块大石紧紧围绕。四块大石周围是墓葬，共出人骨20具、人头2个和狗骨12具。考古学家根据人骨、狗架的分布以及人头骨的面向判断，当时的埋葬都是以四块大石为中心。

中国古代文献和商代甲骨文中都有"社"。《淮南子·齐俗训》"殷人之社，其祀用石"。《周礼·春官·小宗伯》郑注"社之主盖用石为之"。甲骨文中的社字写作"🜚"形，并有不少祭社的记载。考古学家俞伟超和王宇信根据古文献和甲骨文的记载，并结合江苏铜山丘湾遗址出土遗物推断，这里当是古大彭国的石社。丘湾祭祀遗址的四块大石，就是"石社"。而遗址的人牲、狗牲的头都朝向石社，当是供社神享用、驱使之意。（图3-156）

图3-156 1. 南京博物院《江苏铜山丘湾古遗址的发掘》（《考古》1973年第2期）；2. 俞伟超《铜山丘湾商代社祀遗址的推定》（《考古》1973年第5期）；3. 王宇信《关于江苏铜山丘湾商代祭祀遗址》（《文物》1973年第12期）（部分复印）

4. 殷墟妇好墓（M5）的发现及研究

1976年夏，考古学家在安阳小屯西北约100米处发现了一座商代贵族墓（M5），因随葬铜器上多铭有"妇好"二字，故又称为"妇好墓"。①

此墓建于房基之下，基面上有排列规整的柱洞6个，房基外侧东、西、

---

① 郑振香：《安阳殷墟五号墓的发掘》，《考古学报》1977年第2期。

北三面都有成行的柱基。墓（M5）为长方形墓穴，墓底距墓口深7.5米，发现有较厚的漆皮。墓壁东西两壁各挖一长条形壁龛，内埋有殉人，墓底腰坑殉人、狗各一。棺木范围内，墓主人骨腐朽，已无法辨认。此外，椁室上、壁龛内、腰坑中及水中捞出的人架，共计殉葬16人。

墓中出土随葬品1600余件，其中铜器440多件，玉器500多件（图3-157），骨器560多件，石器70多件。其中不少精美器物为首次发现，诸如三联甗、偶方彝、铜镜以及玉鸟、玉凤、象牙觚等十分珍贵。更

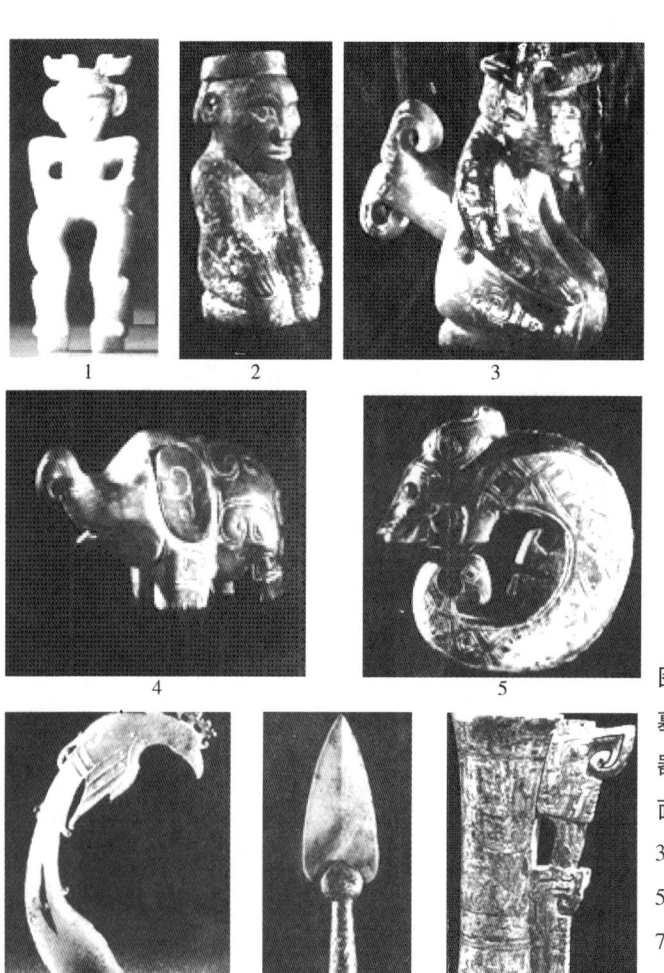

图3-157 殷墟妇好墓出土各种玉、石、牙器：1. 玉阴阳人（女面）；2. 坐石人像；3. 坐玉人像；4. 玉象；5. 玉龙；6. 玉凤；7. 玉矛；8. 象牙杯

为重要的是，此墓 400 多件铜器中，有 100 多件铭有"妇好"二字，故考古学家认为"妇好"就是此墓的墓主。此墓不仅是当时自殷墟发掘以来发现的从未被盗过的重要墓葬，而且墓主"妇好"还可与古文献和甲骨文的记载相结合，为商代历史上女统帅妇好的研究提供了重要资料。

（1）商代女统帅——妇好

据文献记载和甲骨文材料的研究，五号墓的墓主"妇好"在商朝武丁时地位非常重要。(图 3 - 158：1)

商代武丁时的"妇好"，是一位能征善战，统率军队的女将。她经常在外征集兵将，而且商朝著名的将领侯告、沚䖒等都曾在她的麾下。她曾率大军攻打东北方的土方、西方的羌方、西南的巴方和东方的夷方。她能统驭一万三千人的部队出征（图 3 - 158：2），可见其指挥艺术的高超。有一次与巴方作战，她预先埋伏在一个地方，配合商王武丁将敌兵歼灭，打了一场漂亮的伏击战。(图 3 - 158：3)

图 3 - 158 1. 妇好雕像；2. 妇好统驭一万三千人卜辞《英藏》150 正；3. 妇好配合武丁王打了一场伏击战卜辞《合集》6480

"国之大事，在祀与戎。"妇好还主持过不少祭祀活动，诸如侑祭、燎祭、御祭、宾祭等。妇好曾被封在外地，以加强对地方的控制。她定时回都城觐见商王，并按时向中央王朝贡纳，诸如龟壳五十只等宝货。（图 3 - 159：1）

妇好地位之所以如此重要，是因为她是商王武丁之妻。武丁关心她的生育，并为她生男生女进行占卜（《丙》247）（图 3 - 159：2）。正因为她为武丁生有能继承王位的儿子，所以被称为"后母辛"。妇好被后世列入周祭祀谱，称为"妣辛"，与"妣戊、妣癸"一起成为武丁法定配偶。①

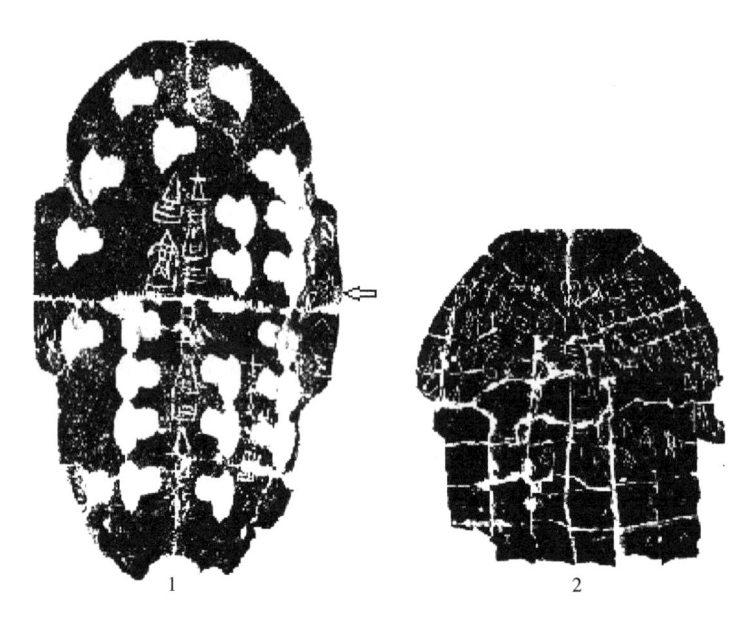

图 3-159 1. 妇好贡纳龟壳《乙》7782；2. 妇好生育《丙》247

（2）妇好墓发现的重大学术价值及考古学家的研讨

迄至 1976 年夏发现的殷墟妇好墓，是自殷墟 1928 年科学发掘以来，发现的唯一一座没有被盗扰过的墓葬。此墓遗物丰富，并有铭文可与文献、甲骨文相对应，而且是地层关系清楚的中型贵族墓。此墓发现的大批成组、成套的青铜器，成为订正殷墟出土青铜器的年代序列和以往发掘的殷墟大墓的年代坐标。因此，妇好墓的发现对考古学、历史学研究有着十分重大的学术价值。妇好墓发现以后，在海内外学术界产生了重大的反响。

1997 年 7 月，中国社会科学院考古研究所和中国历史博物馆联合在北京召开了"殷墟五号墓座谈会"。出席会议的在京古文字学家、考古学家有唐兰、胡厚宣、张政烺、邹衡、高明、裘锡圭、李学勤、王世民、杜乃松、李伯谦、王宇信、杨升南、罗琨、李先登等老一辈学者和当年的"中青年"

---

① 王宇信等：《试论殷墟五号墓的妇好》，《考古学报》1977 年第 2 期。

专家。如此之多的专家汇聚一堂，就殷墟妇好墓进行专题研究，这在中国考古学史上也是仅见的。出席会议的几代专家学者发表了精辟的意见，推动了妇好墓的深入研究。《安阳殷墟五号墓座谈纪要》(《考古》1977年第5期)记录了这次难得的学术盛会。(图3-160)而激烈的"司""后"之争，当自此次会议滥觞。

(3)郭沫若与青年学者探索妇好墓

①郭沫若关心着青年人对妇好墓的研究

1976年殷墟妇好墓的重大发现，学界泰斗郭沫若十分关心，并对出土青铜器和墓主妇好进行了研究。(图3-161)

当年冬，郭老在家中接见《甲骨文合集》编辑工作组负责同志并听取工作进展汇报时，谈起了殷墟新发现的妇好墓。郭老十分兴奋，说："甲骨文里有妇好。妇好很了不起，她曾带领13000人的队伍打仗！"郭沫若还关心地问起，《甲骨文合集》编辑工作组的同志们是否有人研究妇好及有关五号墓的问题。

图3-160 《安阳殷墟五号墓座谈纪要》

图3-161 1977年春鉴定殷墟妇好墓出土青铜器

②郭老与年轻人研讨妇好墓的通信

《甲骨文合集》编辑组的三个人知道郭老关心着青年同志们的研究，就怀着忐忑不安的心情，贸然把自己的第一篇习作《试论殷墟五号墓的妇好》寄给了郭老。不到一个星期，就收到郭老热情洋溢和充满鼓励的回信。信中说：

> 王宇信、张永山、杨升南同志：
> 　　大作《试论妇好》草草读了一遍。字太小，读起来很吃力，但吸引着我，一口气读完了。关于妇好的卜辞收集的不少，很好。在解说上，可能有人会有不同意见，但通过百家争鸣，大有益处。妇好墓中多母辛之器，妇好与母辛的关系似宜追究。我倾向于妇好即母辛的说法。武丁之配有妣辛，在祖庚、祖甲则为母。妇好殆死于武丁以后，姑且提出这一问题，望你们继续研究。
> 　　敬礼。
>
> 　　　　　　　　　　　　　　　　　郭沫若　1977年2月8日

看到郭老的复信，几个青年人十分激动，按郭老的提示继续追究妇好与母辛的关系，发现妇好应死于武丁晚叶前期，而不是武丁死后，并把材料寄给郭老。郭老又一次发表了对妇好墓的看法，1997年3月31日他在青年人的信上写道：

> 妇好与母辛，很可能是一个人，但如死在武丁时，武丁不得称之为母。我看是祖庚、祖甲时物。妇好在武丁死后似乎都在掌握大权。又及。

并在另一处写道：

> 或者如后世的习惯，有意降在儿女的立场，尊称其亡妻为母。三及。

郭老对这几个从未谋面的青年人的不同意见，充分尊重，平等协商，表现了前辈学者的虚怀若谷和对后辈学者的教诲和关心。王宇信、张永山、杨升南这三位当时的"青年人",在郭老的鼓励和期望中,坚定地走上甲骨学商史研究道路并与《甲骨文合集》同成长……①(图3-162)

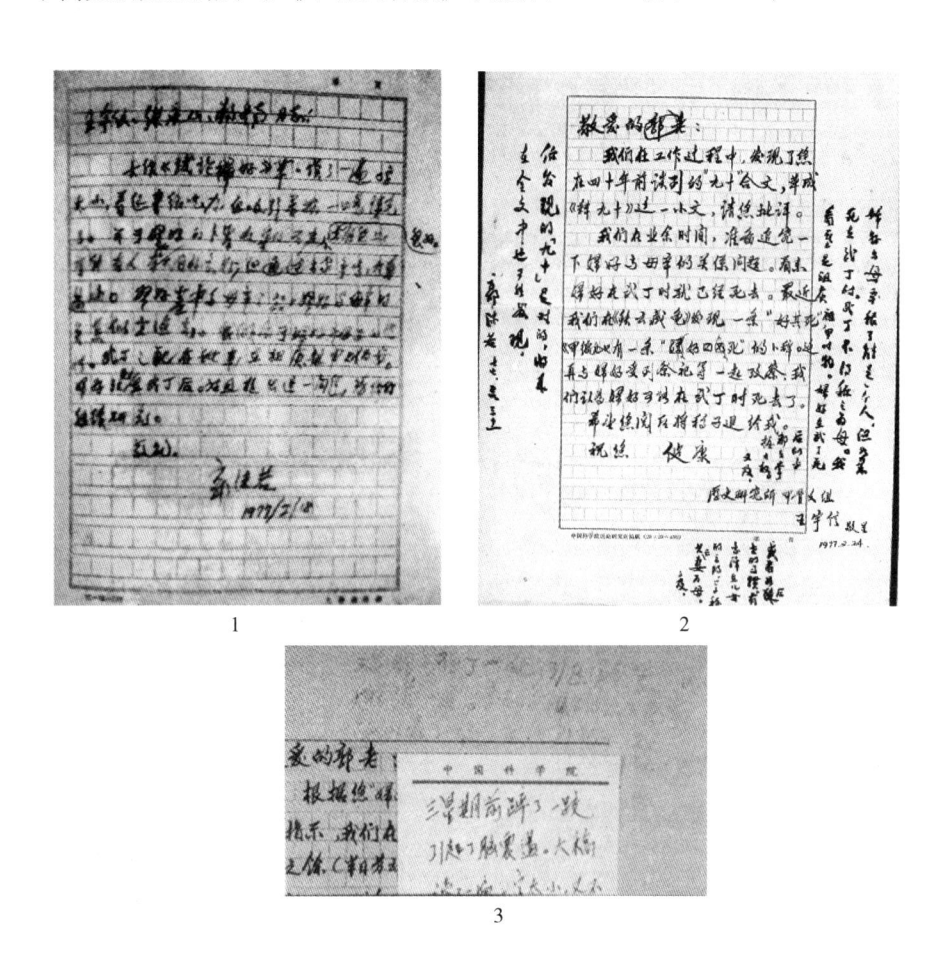

图3-162 郭老给王宇信等人的信及关于妇好墓的批示意见:1. 郭老给青年学者的回信;2. 郭老关于妇好墓意见的批示;3. 另一封信上铅笔字的批示(郭沫若纪念馆提供)

(六)商代史研究的深入发展

1. 郭沫若的商代"奴隶社会论"研究有了深入

1950年2月17日,郭沫若为1945年出版的《十批判书》再版写了后

---

① 王宇信:《建国以来甲骨文研究》,中国社会科学出版社1981年版,第184—185页。

記殷周殉人之史實

郭寶鈞

殷代殉人遺蹟，見於小屯與侯家莊，小屯爲殷人宗廟宮室所在地，侯家莊爲殷人陵寢所在地。宮室情形，現有堂基柱礎遺存。堂基皆夯土築成，規模宏大，方隅整齊，柱礎多以大石卵爲之，間有銅礎排列有序，距離有定。在正房堂基中央下層生黃土內，多埋犬骨一架（或至五架），此項犬骨埋葬既居下層，必在版築之先，推想當系破土時厭勝用者。堂基將成，於基上或門旁或門前，多開小方坑，埋人守衛，衛者均跪象，在堂上或在門旁者面向前，在門前者面向後，隨葬物一戈一盾，或一戈一狗，或僅一戈，此皆隨建築進行而殉者也。基址之外，在廂房後者爲南北長方坑，殉斷头【按：原书如此】人架，其數頗多間有牛羊獸骨，雜埋其間。正房之前，有車馬禮器人架葬坑，層層前列，漸展漸南，保存較完者，如四列葬坑，有童骸三及觚爵車輿等之殉；五列葬坑，有人骨二十，分埋五坑，兩人跪殉，頂承鼎甗斝斝疊盤觚爵等八器，五人承弓鈎刀戈觚爵斝卣壺罍方彝等多器，又有牛羊犬骨葬坑多列，及燒殘牛骨遺存，此當係基址建築進行中或宮室落成後陸續葬入者，甲骨文有【按：以上爲58頁】"埋祭"、"[illegible]祭"、"伐人"、"卯牛"諸卜辭，此項遺存，应为【按：原书如此】实例。 原載1950年3月19日《光明日報》

1

如此大规模的殉葬，毫无疑问是提供了殷代是奴隶社会的一份很可宝贵的地下材料。虽然宝钧先生很谨慎，他说"此一段史实，对于古代史研究，究能说明何事，所殉之人，是否皆奴隶，是否皆从事生产之奴隶，作者未敢进一步推断"，这未免谨慎得有点成为问题了。这些毫无人身自由，甚至连保全首领的自由都没有的殉葬者，除掉可能有少数近亲者之外，必然是一大群奴隶，有何可疑呢？奴隶社会里面，工农兵是没有十分分工的，耕田时是农，服役时是工，有事时被坚执锐便是兵。所以这些带武器的殉葬者也可能都是生产奴隶。即使是已经脱离了生产的，有如此多的脱离生产者拱卫死的国王，必然还有更多的脱离生产者拱卫活的国王。靠谁的力量来养活这些

2

我在二十多年前开始研究中国古代社会的时候，那时殷墟的科学的发掘还没有开始，所根据的殷墟资料，主要是很不完全的由刘铁云、罗振玉诸人所收购得来的一些东西。那时我很鲁莽地下出了殷代是金石并用时代的一个错误的判断。这在日本学者方面也犯了同样的错误。由这一错误又引出了别的错误，便是把殷墟文化看得很原始，说殷代是原始公社制的末期。这些错误，我自己早就纠正了，但留给朋友们的影响却是很深，实在是应该由我来负责的。

3

这种"众"或"众人"，在周初的金文里面又称为"庶人"，是被包含在"鬲"或"人鬲"，也就是所谓"黎民"或"民仪"里面的。《左传》上说"庶人力于农穑，商工皁隶不知迁业"（襄公九年），可见庶人就是农夫，有异于工商和其他的家内奴隶。

4

图3－163 1. 郭宝钧《记殷周殉人之史实》；2. 郭沫若《读了〈记殷周殉人之史实〉》部分复印；3、4. 郭沫若《申述一下关于殷代殉人问题》部分复印（参见《奴隶制时代》）

记（《蜥蜴的残梦》，载于《奴隶制时代》①），再一次重申对殷墟大规模用人遗迹的认识，认为这就是奴隶社会的铁证。与此同时，重申甲骨文中日下三人形的"众"（[illegible]）字是奴隶，并论断殷周是奴隶社会的说法，"的确是铁案难移"。

（1）"殷周殉人之史实"的讨论，更坚定了郭沫若"殷代是奴隶社会论"的认识

1950年3月19日，《光明日报》发表了当年参加殷墟发掘的著名考古学家郭宝钧《记殷周殉人之史实》，公布了殷墟侯家庄王陵区殉葬墓的情形（图3－163：1）。以此为契机，郭沫若在《读了〈记殷周殉人之史实〉》（《光明日版》1950年3月21日）一文中，论证了"如此大规模的殉葬，毫无疑问是提供了殷代是奴隶社会的一份很可贵的地下资料"。并进一步指出，"这些毫无人身自由，甚至连保全首领的自由都没有的殉葬者"，"必然是一大群奴隶"（图3－163：2）。

1950年6月24日，郭沫若又写了《申述一下关于殷代殉人的问题》（《光明日报》1950年7月5日，又

① 注：《奴隶制时代》初版于1952年，上海新文艺出版社印行；1954年，人民出版社改排出版；1956年，科学出版社印行新一版；1973年，人民出版社出版改编本；1984年，人民出版社《郭沫若全集·历史编》第三卷。

收入《奴隶制时代》)。郭沫若说,"我在20多年前开始研究中国古代社会的时候",殷墟科学发掘还未开始,所根据的材料主要是刘铁云、罗振玉所收购来的一些东西,因而得出了"殷代是金石并用时代的一个错误判断"。"这些错误,我自己早就纠正了。"(图3-163:3)而殷墟科学发掘表明,"殷代已断乎不是所谓金石并用时代了"。论证了甲骨文中的"众"和"众人",应"就是从事农耕的生产奴隶"(图3-163:4),并进一步指出,"周初的众人同样是耕田的人"。在周代,《曶鼎》铭文表明,五名奴隶抵得匹马束丝,一个人可抵两头半牛,却抵不上一匹马。

因此,殷王虽用人很多,但毁灭的财富如彝器、玉器、白陶等比人的价值要高出许多。而这些被"用"的财富,一是供死者地下继续使用;二是贿赂地下鬼神,以免为害死者的家属而不惜消耗更多的财产。

郭沫若诚恳地说,以前他本人对商代社会的判断"搞错了",希望研究者"根据史实把那种不正确的判断丢掉",承认"殷代是青铜时代和殷代是奴隶社会。"

(2)郭沫若《奴隶制时代》是《十批判书》的前进和补充

郭沫若著,上海新文艺出版社1952年版。又,人民出版社1954年版。人民出版社1973年版。该书收入郭沫若1973年以前关于商代奴隶社会和中国古代史分期问题的系统论述。(图3-164)

该书收录了《中国古代史的分期问题——代序》《奴隶制时代》《蜥蜴的残梦》《读了〈记殷周殉人之史实〉》《申述一下关于殷代殉人的问题》《关于周代社会的商讨》《关于奴隶与农奴的纠葛》《墨家节葬不非殉》《发掘中所见的周代殉葬情形》《〈侈靡篇〉的研究》《希望有更多的古代铁器出土——关于古代分期问题的一个关键》《汉代政权严重打击奴隶

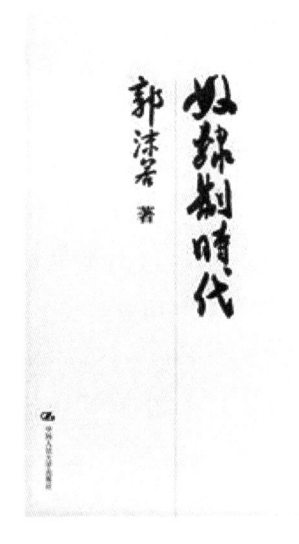

图3-164 《奴隶制时代》

主——古代史分期争论中的又一关键性问题》《略论汉代政权的本质——答复日知先生》《关于中国古史研究中的两个问题》《古代文字之辩证的发

展》《驳〈实庵字说〉》等 16 篇论文，另有"后记""改版书后"。

《奴隶制时代》一书，是郭沫若在中华人民共和国成立以后，所写的"有关中国古代的一些研究文字收辑成为这一个小集子，作为《十批判书》的补充"。郭沫若在该书代序"中国古代史的分期问题"中，重申了"殷代是典型的奴隶社会"，并进一步阐述了中国古代史的分期问题，即他主张把奴隶制的下限划在春秋战国之交（即公元前 475 年），并进行了全面论述，在文中，以殷墟考古发掘和甲骨文材料为依据，论述了"殷人的王家奴隶是很多的，特别是当做牲畜来屠杀例子多到不可胜数了"。"主要的生产是农业，而从事农耕的众人是'畜民'中的最下等。故殷代是奴隶社会是不成问题"的。不仅如此，"西周也是奴隶社会"。而从生产方面、工商业的发展方面、意识形态的反映方面来研究，"中国奴隶制的下限在春秋战国之交"。

《奴隶制时代》一书关于商代奴隶制社会和中国奴隶下限的全面论述，反映了郭沫若研究的深入，在中国史学界产生了重大影响。

2. 关于商代奴隶制社会发展阶段的争论

虽然郭沫若论断的"商代是奴隶社会"，为越来越多的学者所接受，但关于商代奴隶社会发展阶段却存在种种不同认识。此外，也仍有学者继续坚持着商代为氏族社会后期，即处于军事民主主义阶段。

（1）商代社会处于奴隶制的"低级阶段说"

甲骨学家孙海波考察了商代生产力发展水平、土地所有制关系和工商业等几个方面，认为商代社会"还是停滞于奴隶制的早期阶段"（孙海波《从卜辞试论商代社会性质》，《河南师院学报》1956 年 11 月创刊号）（图 3 - 165：1）。著名历史学家徐喜辰在《商殷奴隶制特征的探讨》（《东北师大科学集刊》（历史）1956 年第 1 期）（图 3 - 165：2）中认为，殷商奴隶制国家，是在公社制度的废墟上产生的，"这一社会的固有特色，是原始的、还不发达的奴隶制度"。历史学家王玉哲在《试述殷代的奴隶制度和国家的形成》（《历史教学》1958 年第 9 期）（图 3 - 165：3）中认为，"甲骨卜辞中的'邑'，实是公社的遗制"。"商代的奴隶制正像是古代东方其他国家一样，其发展是很缓慢的"，"始终停滞在低级阶段"。历史学家束世澂在《夏代和商代的奴隶制》（《历史研究》1956 年第 1 期）（图 3 - 165：4）文中，也认为商代是"早期奴隶制社会"，是古代"东方型""尽人皆知的奴隶制"。

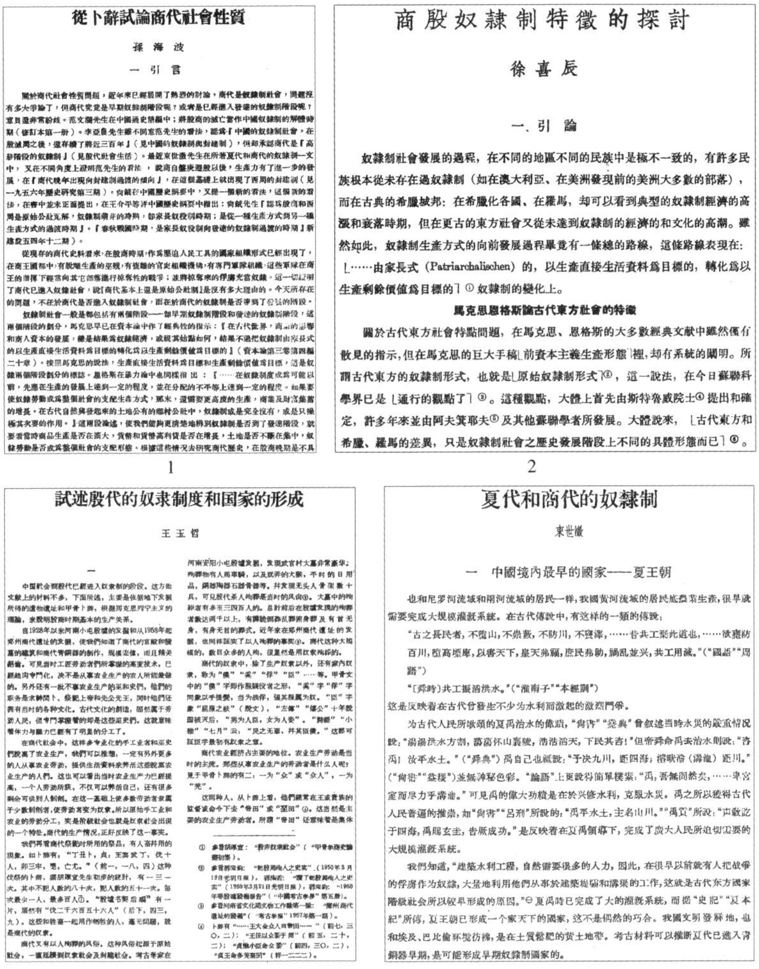
從卜辭試論商代社會性質

孫海波

一　引言

1

商殷奴隸制特徵的探討

徐喜辰

一、引論

馬克思恩格斯論古代東方社會的特徵

2

試述殷代的奴隶制度和国家的形成

王玉哲

3

夏代和商代的奴隸制

束世澂

一　中國境內最早的國家——夏王朝

4

图3－165　1. 孙海波《从卜辞试论商代社会性质》；2. 徐喜辰《商殷奴隶制特征的探讨》；3. 王玉哲《试述殷代的奴隶制度和国家的形成》；4. 束世澂《夏代和商代的奴隶制》部分复印

（2）商代社会奴隶制“高级阶段说”

李亚农在《殷代社会生活》第五章“高级阶段的奴隶制”有系统论述（图3－166：1、2）。著名古文学家唐兰《关于商代社会性质的讨论》（《历史研究》1958年第1期）不仅论述商代处于奴隶制“高级阶段”，而且已进入“奴隶制社会后期。”（图3－166：3）

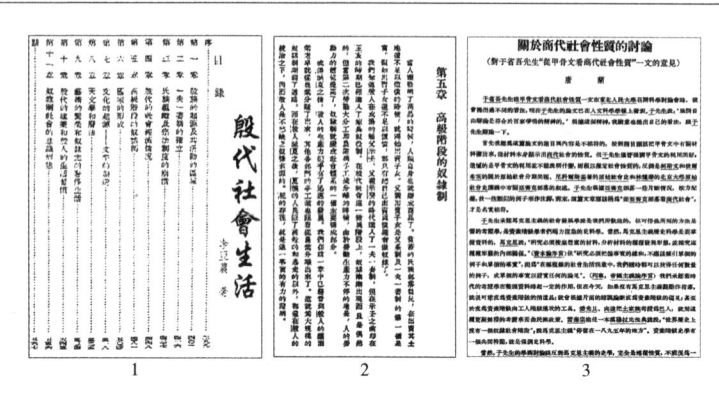

图 3 - 166　1. 李亚农《殷代社会生活》目录；2.《殷代社会生活·第五章高级阶段的奴隶制》部分复印；3. 唐兰《关于商代社会性质的讨论》部分复印

(3) 商代尚处"原始社会后期"说

历史学家朱本源在《论殷代生产资料的所有制形式》中（《历史研究》1956 年第 6 期）（图 3 - 167：1）认为商代"是由原始公社制到东方奴隶制社会专制国家的过渡时期"。著名古文学家于省吾在《从甲骨文看商代社会性质》（《东北人民大学人文社会科学学报》1957 年第 2、3 期合刊）（图 3 - 167：2）中，对商代社会进行了十四项考证以后，仍认为商代"系原始氏族社会的后期，即父权制的发展期"。历史学家赵锡元在《试论中国奴隶制形成和消亡的具体途径》（《吉林大学社会科学学报》

图 3 - 167　1. 朱本源《论殷代生产资料的所有制形式》部分复印；2. 于省吾《从甲骨文看商代社会性质》部分复印；3. 赵锡元在《试论中国奴隶制形成和消亡的具体途径》部分复印

1979年第1期)(图3-167:3)文中,论述了商王武丁到祖庚,是中国的"英雄时代",是中国商代社会急剧变化的时期。在商朝后期,存在最残暴的东方专制君主统治。如此等等。

3. 关于商代"众"和"众人"社会身份的面面观

由于学者们对商代社会性质的不同看法和商代奴隶社会发展阶段的认识不一,因而对商代社会的"众"和"众人"的社会身份的认识,也产生了很大的分歧。

(1)"奴隶说"

众和众人是商代的农业奴隶,没有任何的人身自由,必须在王或小臣的监督和强迫之下参加劳动。而且在周代史料中,也可找到众和众人的社会身份是奴隶的旁证。主要以郭沫若等学者为代表。

(2)"家长制家庭公社成员说"

甲骨文中"绝对没有用'众'做人牲者"。虽常见杀羌奴的血淋淋事实,但"商王对于'众'却是非常爱护与关心",因为他们与商王出自同一祖先。但他们也不是个体小生产者的"自由民"(他们在生产时不会有人组织的),因而"众"只能是家长制家庭公社的成员。持这种说法的,主要以赵锡元等学者为代表。

(3)"自由民说"

众就是众人的简称,他们应是自由民,而不是奴隶,他们是殷商国家的主要成员,是社会的主要直接生产者,实际社会地位比奴隶高不出许多。主要以斯维至、徐喜辰等学者为代表。

(4)"'众'为'奴隶主'说"

"众人"是自由的公社成员和社会的基本生产工作者;而"众"则是"多工"(士)以上的阶层,"是属于统治阶级的"。主要以束世澂等学者为代表。

(5)"'众'和'众人'同为奴隶主阶级说"

主要以陈福林《试论殷代的众、众人与羌的社会地位》(《社会科学战线》1979年第3期)为代表。"众"的地位高于"众人"的地位。"众人"是殷王朝奴隶主阶级的基层全体成员,而"众"则是奴隶主阶级中上层基本力量,因而对其要关心爱护,并重视有无伤亡等。

如此等等。上述五种大相径庭的意见，把众和众人从社会最底层的奴隶，一直放到了社会最上层的奴隶主阶级，从不同角度对其社会身份进行了面面观，反映了研究的深入发展。（图 3 - 168）

图 3 - 168　关于众和众人的卜辞：1.《前》7.30.2；2.《合集》1；3.《合集》7；4.《合集》21/正（从左至右）

4. 殷代阶级和阶级矛盾的研究更为全面和深入

（1）研究进一步全面、准确、深入

殷代的广大被统治阶级处在社会的最底层。1949 年中华人民共和国成立以后，学者们关于商代奴隶身份的研究有所深入。其一，纠正了一些前人关于奴隶身份的错误划定，排除了一部分本不是奴隶身份的人被错划为奴隶。其二，提出了"要把军事俘虏与奴隶区分开来"，"只有当俘虏被活着保存下来，驱使其从事家内劳动或生产劳动的时候，才能取得奴隶的身份"。其三，对一些奴隶的身份进行了深入探讨，诸如众，并继续发现和认知不少奴隶身份的人，诸如奴、婢、㚔、奚、执和馘，以及女、妾、小女和小母等女奴和一种特殊的种族奴隶屯等。众和众人以及羌是商代社会的主要生产者，有时"众"还参加狩猎活动。此外，战时众、仆、奚还要当兵出征等。[①]

（2）加强了奴隶反抗斗争的研究

商代奴隶以逃亡反抗奴隶主阶级的剥削和压迫。如：

[①] 参见王宇信《新中国甲骨学六十年》，中国社会科学出版社 2014 年版，第 94—95 页。

癸丑卜，争，贞旬亡祸。王占曰：有祟有梦。甲寅，允有来艰。左告曰：有㞢夗自益，十人有二。(《通》430)（图3-169：1）

"㞢"即"逃亡"。本辞是说有十二名畜牧奴隶自益地逃跑了。商王对逃跑奴隶千方百计追捕：

癸酉［卜］，［亘］，［贞臣］得。王占曰：［其］得唯甲乙。甲戌［臣涉舟］延陷，弗［告］。［旬有五日］丁亥幸。十二月。（《乙》819＋1222＋1307＋1394）（图3-169：2）

是说臣奴逃跑，身陷在河里却没人报告。直到十五天以后的十二月丁亥日，才把这名逃跑的臣奴抓到。

奴隶不仅逃亡消极反抗，还焚廪暴动：

王占曰：有祟，戛光其有来艰。迄至六日戊戌，允有［来艰］，有仆在戛，宰在□，其□媷，亦（即夜）焚廪三。（《合集》583反）（图3-169：3）

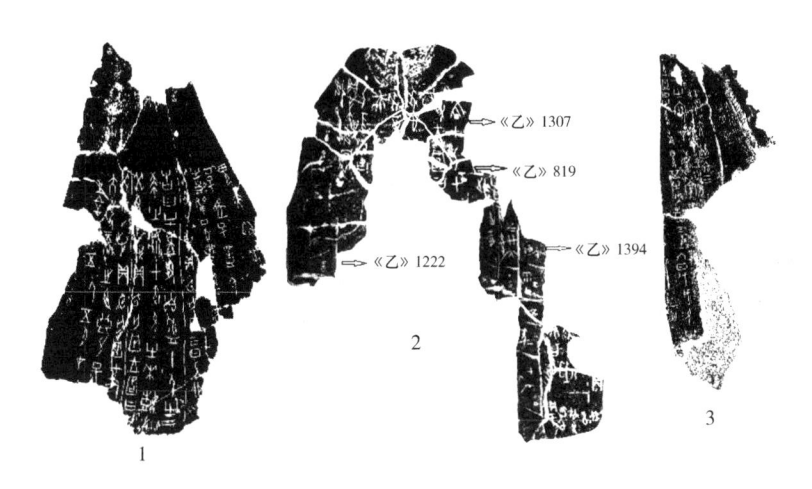

图3-169 1.《通》430；2.《乙》819＋1222＋1307＋1394；3.《合集》583反

是说仆奴和宰奴在某地耨草劳动时，趁夜色焚烧了三个仓廪。

在商王朝各地，设有不少关押奴隶的监狱，曾发生奴隶的监狱暴动：

……乙卯有酘……俄。庚申亦有酘，有鸣雉，疛囲羌戎。（《缀合》36反）

"有酘""俄""亦有酘""有鸣雉"等不吉之兆屡现，疛地监狱（囲）的羌奴暴动了。广大奴隶的反抗和斗争，动摇了商王朝统治基础。[①]

5. 商代的王权和王权神化的研究

为了加强对广大被压迫阶级的统治和维持商代社会的正常运作，殷商奴隶主统治阶级建立了较完备的国家机器，并建立了强大的军队和设置了监狱。与此同时，将王权神化，麻醉欺骗被统治阶级，以加强奴隶主阶级的统治。

商王朝已设置较完备的统治机构，可分为臣正（事务官）、武官、文官等三大类，甲骨文中常见其下属的各种官名，即内服属官。而且各部族属国也设有相当的官吏，即外服属官。一些方国首领和被封在外地的功臣、妇、子等，对商王朝有贡纳、服役、从征、戍边的义务。（图3-170：1）

商王朝已建立强大的军队，一次征集兵员达三五千，直至1.3万人之多。商王朝设置了右、中、左三军，车兵是作战的主力部队，考古发掘为我们提供了车兵的材料。一次对外族战争中，曾俘获战车两辆（参见图3-131：4）。商朝军队用最先进的青铜武器装备起来，王族、子族和特种部队"马"、"射"为军队核心，战斗力相当强大。（图3-170：2）

商王朝还在东对、敦、冰、夌、旁方等多处设置监狱。而文献记载的羑里，当为监狱最大者（图3-170：3）。文献中商朝有《汤刑》《典刑》，甲骨文中有"作辟"等刑罚。商代甲骨文中已有墨、劓、宫、刖、大辟等后世的"五刑"（图3-170：4、5、6、7），殷墟考古发掘也发现有受刖刑而缺一下肢骨的骨架。（图3-170：8）

---

① 参见胡厚宣《甲骨文所见殷代奴隶的反压迫斗争》，《考古学报》1976年第1期。又齐文心《殷代的奴隶监狱和奴隶暴动》，《中国史研究》1979年创刊号。

图3-170 官名：1."称册"《合集》7382正；2."多马"《合集》6761；3.监狱《合集》36419：刑罚；4.墨刑《合集》4090；5.刖刑《合集》582；6.宫刑《合集》525；7.劓刑《合集》6226；8.藁城台西商代遗址中第13号探方内刖刑奴隶尸骨（《藁城台西商代遗址》）

商王对至上神上帝非常崇拜，并给其所祭之父也加上"帝"的称号（《乙》956）（图3-171：1），正是人王权力集中并加以神化的反映。人王不能向上帝直接请求，而是通过能"宾"于帝的先祖转请（《丙》39）（图3-171：2），成为人王与上帝的沟通者，人王成了代天行令，"恭行天之罚"的执行者，从而王权更进一步神化。殷王成为神权、族权、政权的体现者。[1]

---

[1] 参见王宇信《新中国甲骨学六十年》，中国社会科学出版社2013年版，第四章第三节"殷代的王权和王权的神话"。

图 3-171　有关"帝"的卜辞：1."贞父乙帝"(《乙》956)；2."贞咸宾于帝"(《丙》39)

6. 商王朝疆域的研究

根据甲骨文记载，自商王武丁起直到文丁时期，商王朝的敌方主要在北方和西北。陈梦家《殷虚卜辞综述》（科学出版社1956年版）方国地理、政治区域部分和日本岛邦男《殷墟卜辞研究》（日本1958年出版）本论第二篇殷的地域、殷的方国等部分有较为详密的论述。此外，李学勤《殷代地理简论》（科学出版社1959年版），也对商王朝的田猎区和方国地理进行了系统研究。

考古发掘也把一些商王朝势力所及或方国遗址发掘出来了。北方辽宁的喀左，发现了属于商代孤竹国的铜器六件：瓿一，罍五（《辽宁喀左县北洞村发现殷代青铜器》，《考古》1973年第4期）（图3-172）。山东益都苏埠屯，发现了四墓道大墓和殉有48人及"亚"字样铜钺，当是薄姑氏的墓地（《山东益都苏埠屯第一号奴隶殉葬墓》，《文物》1972年第8期）（图3-173）。南方江西清江吴城遗址，发现了38件器物上刻有文字符号66个，此地当为越族人居住之地（《江西清江吴城商代遗址发掘简报》，《文物》1975年第7期）（表3-5）。而在湖北武汉盘龙城遗址，发现了城垣和大型宫殿基址群，当是二里冈期长江中的盛强方国的重要宫殿（《盘龙城 1974 年度田野考古纪要》,《文物》1976 年第 2 期)(图 3 – 174)。宋新潮《殷商文化区域研究》(陕西人民出版社 1991 年版),则全面论述了殷商时期各地的考古文化体系,把殷商时期的考古学文化分为三个不同层次,即商文化中心区、亚区、其他影响区。这与商代政治地理结构,即商王直接统治区和通过贵族官吏间接统治区的政治版图是相一致的。

一号瓿　　二号罍　　三号罍

四号罍　　五号罍　　六号罍

图 3 – 172　辽宁喀左县发现的孤竹国遗物(参见《辽宁喀左县北洞村发现殷代青铜器》)

图 3 – 173　山东益都苏埠屯一号墓、奠基殉人、门道第三层殉人(从左至右)

表 3-5　江西清江吴城商代遗址出土陶文表

（参见《江西清江吴城商代遗址发掘简报》）

图 3-174　湖北武汉盘龙城遗址中发现宫殿基址群：1. 发掘现场（由西向东）；2. 平面图（《盘龙城 1974 年度田野考古纪要》）

如此等等。通过这一时期对甲骨文、金文、古文献和考古新发现材料的研究，学者们对商王朝范围的认识突破了"大抵在大河南北数百里内"的传统看法，即奴隶制商王朝已包括了现今的河南、山东、河北、辽宁、山西、陕西、安徽、湖北等省的部分或一部分，直到江西的清江和四川广汉三星堆，商王朝势力及文化影响，已远远超出它直接统治区域之外，成为当时世界上为数不多的奴隶制大国。（参看图 3-175）

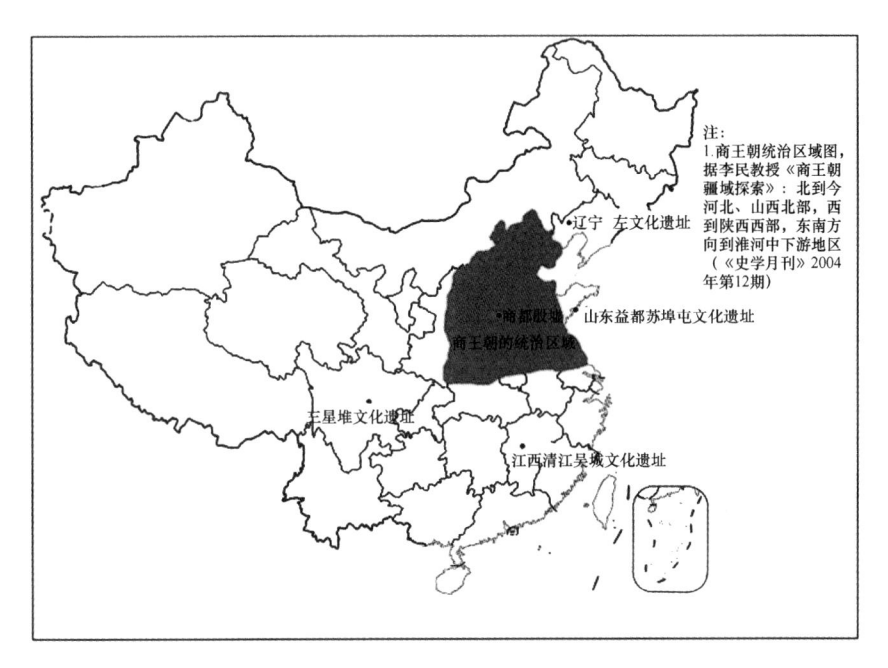

图 3-175　商王朝统治区域及商朝文明与其他地区关系示意图①

7. 商代农业的研究

大量殷墟卜辞的研究表明，商代的农业经济已相当发达。商代主要种植的农作物有黍、稻、麦、秣、稷等，还栽培了经济作物桑、麻等。学者们的研究，已复原了商代从整地开始，直到收获贮藏的整个农作栽培过程。诸如土地的整治、规划（田、畕、畾等田字形），并采用了轮作制、土地耕作的"作藉"（《合集》1）、"协田"（《粹》868）等，以及令人使用石锄、

---

① 商王朝统治区域图，据李民教授《商王朝疆域探索》：北到今河北、山西北部，西到陕西西部，东南方向到淮河中下游地区（《史学月刊》2004 年第 12 期）。

铲等"贵田",松土并固本等。此外,农田里有井和沟渠等灌溉系统。统治阶级关心着作物生长,有大量"卜年""㞢禾""省黍"之卜。禾稼成熟后,贵族监督收获,卜辞有"勿乎妇妌往採黍"(《南坊》3.17)。禾黍收割后,存贮在仓廪(㐭《拾遗》12.2)中。食用时,用杵、臼脱粒……

根据学者们的研究,从甲骨文中考释出来的农作物品种有禾、黍、麦、豆、稻、高粱六种之多。[1]

商代时期人们已认识到一些农作物需水怕旱,也认识到一些作物具有一定的耐涝性。"贞不其受稻年;贞受黍年"(《龟》2.11.2),表明殷人已认识到稻黍的不同属性,认识到作物耐涝、耐旱能力因植物品种不同,因而有所差异。农学家朱培仁对甲骨文反映的殷人对作物需水知识进行了研究,在《甲骨文所反映的上古植物水分生理学知识》中指出:"殷人已掌握植物水分生理学知识,这要比希腊有关这方面的记载要早1000多年。"[2]

甲骨文中有不少关于卜雨的卜辞:

贞帝令雨弗其足年。
贞䄜年于岳。
帝令䄜年。(《合集》10139)(图3-176:1)
其䄜年祖丁先酒 有雨,吉。(《合集》28275)(图3-176:2)

也有一些有关卜水卜辞:

□戌卜,□水弗㞢禾。(《库方》47)(图3-176:4)

说明商人对雨水与农作物生长的关系有充分认识。而收藏的粮食,就存放在国家设置的仓廪中,并有专人管理省视其安全。甲骨文有不少有关省廪卜辞:

---

[1] 参阅杨升南、马季凡《商代经济与科技》,中国社会科学出版社2010年版,第96—116页。对这六种农作物详细介绍可见本书第一章对农作物品种的简介。
[2] 朱培仁:《甲骨文所反映的上古植物水分生理学知识》,《南京农学院学报》1957年第2期。

令᪲省廩。

惟卓令省廩。

惟竝令省廩。(《粹》915)(图3－176：5)

᪲、卓、竝就是负责仓廩安全的官员。

8. 商代畜牧业的发展和养马技术的新成就

商人祭祀，常用牲畜作祭牲。每次祭祀，都要用掉几头、十几头，甚至几十、几百头牲畜。甲骨文中就有用"千牛"(《乙》5085＋5157……)、用羊一百五十八只(《乙》5085)、用马五匹(《甲》696＋697)等记载。一次祭祀需成百上千只牲畜，如没有发达的畜牧业和更多的牲畜贮备，一次能集中如此之多，当是不能做到的。

商代养蚕业也有了一定的发展，甲骨文中有商王命人省祭蚕事之卜，而且还有用牛、羊、羌奴等祭牲祭祀蚕种之卜，说明商代对养蚕业的重视程度。

商代的养马业有了较大的发展，特别是养马技术方面取得了新成就。(参见本书第101页，商代的养马业取得了突出的成就；第108页，执驹；第109页，攻特)

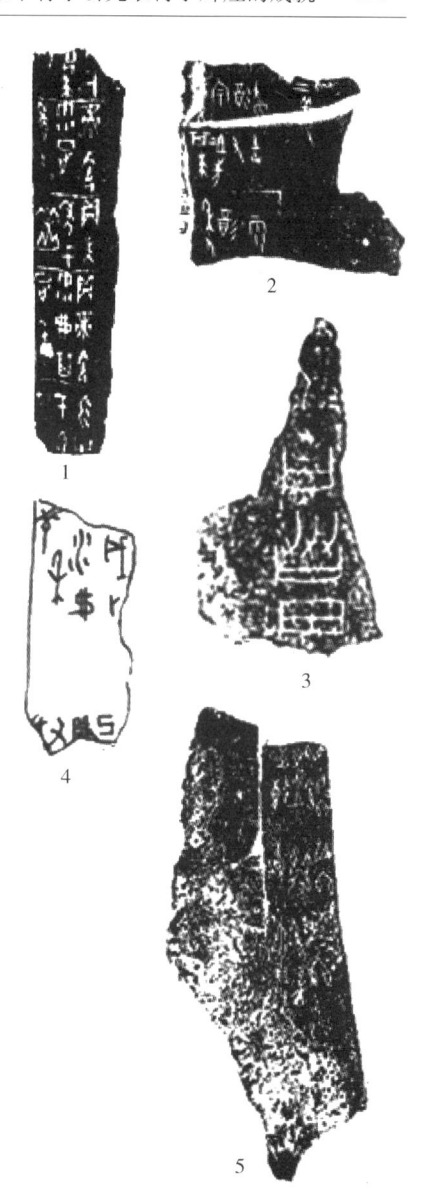

图3－176 1.《合集》10139；2.《合集》28275；3.《合集》3；4.《库方》47；5.《粹》915

9. 甲骨文"金"字的发现和商代青铜冶铸业的发达(参见本书第124页，甲骨文与中国青铜时代)

商代是我国的青铜时代，著名的司母戊大鼎832.84公斤，是我国商代青铜冶铸业高度发展的标志。古人称铜为"金",但自1899年甲骨文发现以来,却从未在甲骨文中发现"金"字。在编辑《甲骨文合集》时,终于在山东省博物馆藏甲骨中,发现了与"金"字有关的字,现为《合集》36984号(参见前图1-134),文为:"辛卯卜,在□,贞□王其步,叀𩢧(鎷)□"(历史研究所拓本七〇〇一号,山东博物馆藏)。此辞空缺地名,待填。贞字下之文字残去,"𩢧"之"金"旁呈"金"状,下一横虽残,但弧形两上端残笔尚存,当为"金"形,此字即"金"字。"鎷"即马名,当为金色(即铜色)之马。

用铜色表示马色,正是商代青铜冶铸业高度发展的反映;近年《花东》卜辞中出现了不少"金"字。甲骨文中的"金"字不仅被发现,还为我们保存了珍贵的冶铸史料:

(1)丁亥卜,大,〔贞〕……其铸黄〔吕〕……作盘……利惟。(《合集》29687)(图3-177)

(2)王其铸黄吕,奠血,惟今日已未利。(《金》511)

"黄吕"即由铜矿石炼成的铜料块。"奠血"即用牲血祭奠新造铜器。第一辞是说,"丁亥日贞人名大者贞问:冶铸铜料,铸造铜盘……吉利么?"第二辞是说,"王冶铸铜料块,用牲血祭奠,今日已未这一天吉利

图3-177 《合集》29687

么?"用青铜料铸器,说明商代炼铜与铸造铜器的场地已经分开。①

考古发掘也证明这一分工。殷墟苗圃北地铸铜遗址,在一万多平方米范围内,只出坩埚、陶范、陶模,却不见铜矿石,当是从别处把铜矿石冶炼成的"黄吕"(即铜块料)运来,在这里熔铸后造器。在孝民屯发现一处面积达1.5万平方米的铸铜遗址,主要遗存有取土坑、范土澄

---

① 燕耘:《商代卜辞中的冶铸史料》,《考古》1973年第5期。

淀坑、范土堆积坑、土范阴晾坑、大型青铜铸造间及浇注工作平台、废范坑、祭祀坑、水井和匠人墓等，还发现了数以万计的外范、内范、陶模等。该铸铜作坊的主要产品是青铜利器，器类有十余种，相当齐全。①在商代，除银制品未发现外，金、铜、锡、铁（陨铁）、铅等金属都应用到人们的生活中。

10. 商代的医学、天文、历法和数学研究的深入

（1）商代的医学（参见本书前第111页，商代的医学成就）

随着甲骨学研究的深入，对殷人所患疾病的认识又有了深入。甲骨文中有"心疾"（《乙》738）（图3-178：1），即相当《左传》昭公元年所记的"心病"，为医学上脑神经系统的疾患。有"疾肘"（《乙》5587）（图3-178：2），即臂部之患。此外，肘部有"疾？"（《乙》7488）（图3-178：3）、脚部有"疾？"（《乙》2910），躯体上有"疾？"（《乙》7797）等。殷人各种疾病已划分得相当细致，口腔科已分为"疾口""疾舌""疾言"和"疾齿"等。而甲骨文有关"龋齿"的记载，比文献中汉代出现要早一千年。比古代埃及、古印度、古代希腊关于龋齿的记载要早七百年至一千年。

图3-178 1.《乙》738；2.《合集》13677；3.《合集》13679

---

① 刘一曼：《殷墟考古七十八年》，《中国文化遗产》2006年第3期。

（2）商代的天文、历法（参见本书前第135页，甲骨文中的日食、月食、星象记录；第143页，商代的历法）

在商代天文历法方面，陈梦家认为董作宾《殷历谱》所推定的日月食绝对年代，"无年代学的基础"[①]，不可为据。也有学者对《殷历谱》据以推定殷代定朔的六次月食和一次日食又作了进一步研究，认为董作宾"根据这几个日、月食所推定的历法定朔，即他所谓的'点'是具有天文学上的可靠性的"[②]。此外，学者们还论定殷人"纪旬"是"照例在每旬的第一天癸日举行，从癸日起算的这十天的吉凶事变"。[③] 也有学者据新发现的材料并剔除董作宾误收各片，重新对《殷历谱》帝乙（帝辛）十祀至十一祀征人方的表谱进行排定。[④] 张政烺则通过《乙》17的研究，对决定殷代"岁首"的冬至、夏至作了深入研究。[⑤] 也有学者探索了甲骨文中的彗星[⑥]。常玉芝在《甲骨学一百年》（社会科学文献出版社1999年版）中，专门对商代气象记录和气候进行系统论述，并对商代的历法、天象，在此研究的基础上进行了辨析和复原，特别是对历月、历年的研究有了新的前进；而冯时《百年来甲骨文天文历法研究》（中国社会科学出版社2011年版），则对百多年来的"甲骨文天文历法的研究历史几乎就是甲骨文的发展史"进行了全面总结。这是因为"百年来相关研究的回顾与总结"，对"建立新的学说"具有重要意义。全书部分八章，就甲骨文所涉及的商代天文观、星象观测和立法编纂等问起，分门别类，加以阐释。特别是本书通过对基本文例的深入鉴别与综合分析，对各种不同的学术观点，进行考辨比较。借助对文例的辨析，寻绎卜辞本意，找出不同研究应有的学术价值。因此，《百年来甲骨文天文历法研究》一书，既是对甲骨文所见商代天文历法问题的全面探索吗，也是一部对百年来商代天文历法研究的总结之作。

[①] 陈梦家：《殷虚卜辞综述》，中华书局1988年版，第223页。
[②] 参见赵却民《甲骨文中的日、月食》，《南京大学学报》（天文学）1963年第1期。
[③] 马汉麟：《关于甲骨卜旬的问题》，《南开大学学报》（人文科学版）1956年第1期。
[④] 参见陈梦家《殷虚卜辞综述》，第301—312页；李学勤《征人方新谱》，《历史学系》1956年第5期。
[⑤] 参见张政烺《卜辞裒田及其相关诸问题》，《考古学报》1973年第1期。
[⑥] 参见平心《商代的彗星》，《文汇报》1962年8月7日。

（3）商代的数学

学者指出，商代已经进行一般的数学运算和使用倍数，而铜器、陶器的几何图样和测量土地的需要，表明殷人已掌握了几何学知识。此外，郭沫若期待的"九十之例迄今未见"，"其于殷文意必亦十上而九下"[①] 的天才预见，终于在《乙》764 "麇百又九十又九"中得到发现。[②]（图3-179）

图3-179 《合集》10407正（《乙》764）

四 甲骨学的全面深入发展时期（1978年至今）

1978年党的十一届三中全会，确立了以经济建设为中心和改革开放的正确路线。我国的科学事业迎来了百花齐放的春天，取得了较快的发展。老一辈学者焕发了青春，笔耕不辍。新中国培养的学者，在研究中追求，在追求中成长为资深甲家学家。而一批甲骨学研究新秀也脱颖而出，走向甲骨学研究的最前沿。甲骨学研究也和祖国科学文教事业蓬勃发展一道，进入了它发展历程的"全面深入发展时期"。

（一）甲骨文的著录取得新成就

集传世甲骨之大成的《甲骨文合集》和1973年殷墟小屯南地科学发掘所得甲骨的著录《小屯南地甲骨》的出版，为新时期甲骨学研究的全面深入发展奠定了基础。

1.《甲骨文合集》

郭沫若主编，胡厚宣总编辑，中华书局1978年至1982年出版（简称《合集》）。珂罗版影印，精装13册（图3-180）。第1—12册为甲骨拓本和照片影印，第13册为摹本影印，全书所收甲骨统编41956号。第一册书前有甲骨彩色图版、尹达"序"、胡厚宣"序"和"编辑凡例"。全书所收

[①] 郭沫若：《释七十》，《古代铭刻汇考续编》。
[②] 王宇信：《释九十》，《文物》1977年第12期。

甲骨，按五期分法（有争议的"𠂤""子""午"组甲骨附于武丁期之后），每期内再按内容分为阶级和国家、社会生产、思想文化、其他四大类，每类内再细分小类，共二十二小类。

图 3 - 180 《甲骨文合集》

《合集》的出版，是对1899年甲骨文出土以来的一次总结。自20世纪60年代初就开始进行，经过种种磨难，终于在20世纪七八十年代完成并出版，满足了甲骨学商史研究的急需，推动研究进入了全面深入发展新阶段，成为甲骨学发展史上里程碑式的著作。

2. 《小屯南地甲骨》（上、下册）

中国社会科学院考古研究所编辑，上册一、二分册，中华书局1980年出版。下册一、二、三分册，中华书局1983年出版（简称《屯南》）。（图3 - 181）

《屯南》上册为甲骨图版，共著录甲骨4612号（其中包括1975年至1977年小屯一带采集所得23片）。上册第一分册书前为凡例、前言、图版号及拓本顺序号目录表、龟甲统计表、背文统计表（骨、龟）等。书中著录的甲骨，均按1973年小屯南地发掘出土单位，即灰坑（以H为代表）、房基（以F为代表）、墓葬（以M为代表）、探方（以T为代表）等为序编纂；《屯南》下册第一分册为甲骨释文，释文前有凡例、引书引文目录等，释文后为第一分册勘误。下册第三分册为索引、摹本、摹本号登记表等。下册第二分册为钻凿图版，其前有《小屯南地甲骨钻凿形态》、钻凿统计表、骨面钻凿统计表、钻凿摹本拓本目录及钻凿图版（摹本图版、拓本图版）、后记等。

《屯南》继承了《甲编》《乙编》开创的著录科学发掘甲骨所开创的新体例，但有所发展和创新。这就是其一，《屯南》第一次为我们公布了可与地层及其他遗物相联系的甲骨资料，可方便地查出甲骨与地层及相关单位的关系，进而作分期断代的深入研究，这就比《甲》《乙》二编略胜一筹。其二，《屯南》一书作有较准确的释文，而且还作

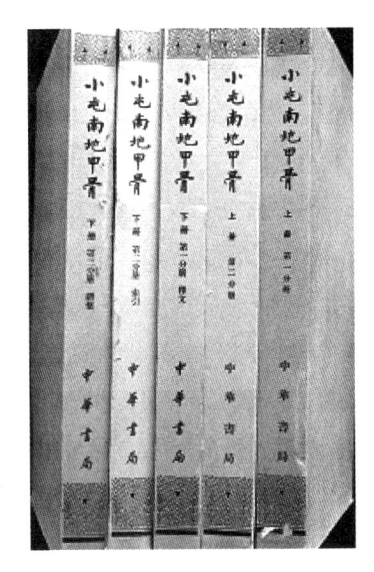

图 3-181 《小屯南地甲骨》

有各种索引，为使用、研究该书的材料提供了极大方便。其三，《屯南》在整理甲骨过程中，对钻凿形态制作工艺有了新突破性的认识，使传统的钻凿形态认识受到了挑战。其四，《屯南》一书著录了甲骨钻凿图版，为学术界深入研究甲骨背面的钻凿形态并进行分期探索提供了一批完整的资料。

因此，《屯南》一书所著录的甲骨，与出土层位、钻凿形态、释文、有关索引浑然一体，给不同需要和不同角度查找研究材料的学者提供了极大方便，是科学发掘所得甲骨的一部最科学的著录书。

3. 传世甲骨的继续整理和科学发掘甲骨的及时著录

《合集》出版过程中，一些海外出版的著录未能及时搜集到并收入。而《合集》1982 年出版后，至 1999 年的十余年间，又有不少新著录出版。此外，《合集》编纂过程中，由于选片标准过严，一些有价值片未被选入，或遗漏了一些重要甲骨材料，因而有必要加以增补，以充分发挥三千年前遗留下来珍贵史料的价值。因此，《甲骨文合集补编》1996 年 5 月被列入中国社会科学院重点课题"甲骨学一百年成果"之一，并于 1999 年出版。

（1）《甲骨文合集补编》

彭邦炯、谢济、马季凡纂辑，语文出版社 1999 年出版（简称《补编》）。《补编》共收入甲骨 13450 号，另附录"殷墟以外遗址出土甲骨"

306片（王宇信、杨升南辑）。甲骨图版之后，是甲骨释文、材料来源表、缀合表等。（图3-182）

《补编》是全面整理传世甲骨的集大成式著录《甲骨文合集》工作的继续，其编纂体制，一仍《合集》体例之绪。所收甲骨，都经过按一定标准选片、对重、缀合的整理工作。此外，该书的附录收入了殷墟以外遗址出土甲骨，既有周原凤雏H11、H31所出的西周甲骨，也有齐家和西安的丰镐遗址、山西洪赵遗址、北京白浮、琉璃河、镇江营和河北邢台等遗址的西周甲骨。此外，还有早于殷墟甲骨的河南郑州甲骨及山东桓台史家、河南贾湖出土的甲骨等。《补编》甲骨拓本之后，有释文、材料来源表、缀合表等。

图3-182 《甲骨文合集补编》

《补编》所收13450片甲骨与《合集》所收41956片甲骨互为补充，共著录传世甲骨55406版，已达著录甲骨8万片的2/3强，推动了甲骨学商史研究的前进。特别是公布了许多碎片，对继续缀合研究起到推动作用。

（2）《殷虚文字乙编补遗》

钟柏生纂辑，"中研院"史语所1995年版。全书共著录甲骨9390版，简称《乙补》。编辑体例一仍《甲》《乙》二编之旧，即按考古发掘出土编号类次，每一片甲骨文编号仍由四部分号码组成，即最前数字是书中著录号，其后附有数字为此甲骨文第几次发掘所得，再后数字表示甲骨质料（龟用0，骨用2代表），最后数字是甲骨出土登记号。（图3-183）

已如前述，《乙》上、中、下三集六册所收甲骨是殷墟第十三次（1936年3月）、第十四次（1936年9月）、第十五次（1937年3月）、发掘所得18405片甲骨选拓而成，共收9105片。就是内容最为丰富的YH127坑所出17096片甲骨，也有许多未被收录。正如《乙补》的编纂者前言中所说："原本考古出土的资料凡有价值者，无论其价值大小都应当整理发表，何况甲骨！"因此，他将殷墟发掘第十三次至第十五次所得有字甲骨，除去《乙》编曾录过的,其剩下未发表的全部材料,收录在《乙补》书中公布。

《乙补》一书著录甲骨文时,还作有《乙补》甲骨出土坑层表、《乙编》与《丙编》拓本号对照表、《乙补》与《丙编》拓本号对照表。

《乙补》的出版,可以说殷墟第十三次至第十五次发掘所得甲骨的原始材料全部公布完毕,为甲骨缀合和甲骨学研究提供了大量的新材料。与此同时,也为《乙编》《丙编》的利用,校勘和继续拼合提供了极大的便利。

(3)《殷墟花园庄东地甲骨》

中国社会科学院考古研究所编辑(编纂者为刘一曼、曹定云),云南人民出版社2003年出版(简称《花东》)。《花东》全书精装六册,共著录甲骨689片。第一分册为前言、有关统计表、甲骨拓本与摹本对照图版,第二、三分册为甲骨拓本与摹本对照图版,第四、五分册为甲骨照片图版,第六分册为甲骨释文、钻凿形态研究、索引及附录等。(图3-184)

《花东》所收甲骨,为1991年中国社会科学院考古研究所在安阳花园庄东地发掘所得。该书著录的甲骨,依据考古发掘的出土的序号编次。编纂者在前言中,详细介绍了集中出土甲骨的 H₃ 窖穴的考古地层关系、时代及甲骨出土的情况。《花东》将甲骨的拓本、摹本、照相结合,其中部分甲骨还作有局部放大照片。该书摹本不仅精描文字,还将卜甲上的纹路(包括盾纹、齿纹)、界划、卜兆等也一一加以准确绘出。此外,《花东》还集中发表了大量甲骨背面钻凿形态的图版。《花东》的

图3-183 《殷虚文字乙编补遗》

图3-184 《殷墟花园庄东地甲骨》

释文，将每号甲骨的状况、刻辞、钻凿形态等都加以说明，从而为读者提供较完备的科学讯息。

《花东》的编纂者在前言中，全面论述了花园庄东地 H3 出土甲骨为非王卜辞，并全面论证了 H3 卜辞的占卜主体及"子"的社会身份和在商王朝所处的重要地位等，推动了 1978 年以后的甲骨学商史研究全面深入与前进。

《花东》是第一部以拓本、摹本、照相三位一体著录科学发掘所得甲骨最完美的著作，推动了甲骨文分期断代、非王卜辞、商代社会结构及家族形态研究的深入发展。

(4)《殷墟小屯村中村南甲骨》

中国社会科学院考古研究所编辑（主要整理者为刘一曼、岳占伟），上、下二册，云南人民出版社 2012 年出版，全书共收入甲骨 531 片（简称《村中南》）。（图 3-185）

《村中南》上册有前言，附有甲骨出土地层、坑层及共存陶器线图 48 幅，另有考古发掘及甲骨埋藏状况彩色照片 24 幅。所收每片甲骨为原大拓本、摹本。其后附有小屯北地、花园庄东地、苗圃北地、大司空村近年出土有字甲骨 1 版的拓本、摹本与其前编号相接，统编至 531 号。

图 3-185 《殷墟小屯村中村南甲骨》

《村中南》下册集中发表上册所刊共 531 号的甲骨彩色照片，有重要内容者，还作有局部放大照片。后为全书 531 号甲骨的释文，每号甲骨都概要描述甲骨色泽、质地、保存情况、钻凿形态等，并对甲骨刻辞进行了解说、句读和重要字词的简要考释。释文后为该书字词索引笔画检字表，还将《小屯村中村南甲骨钻凿形态》重要论文置于书末，文后附有线图 25 页，彩色照片 16 页。

《村中南》近 3 万字的前言，是编纂者整理研究这批甲骨的心得，具有重要的参考价值。特别是作者根据小屯村中、村南出土甲骨地层的分析，自组、午组卜辞见于殷墟文化一期晚段的灰坑中，其时代应较早。而历组卜辞仅见于殷墟文化第三、四期灰坑和地层中，其时代与武乙、文丁时期相当。地层证据决定了这批卜辞必然时代较晚，而不会是时代较早的武丁卜辞。这对于前一时期分期断代研究处于胶着状态的历组卜辞时代前提与否的争论和王卜辞演进"两系"说提供了重要的启示。

《村中南》著录甲骨，是继《花东》以后，将甲骨拓本、摹本、彩色照片三位一体著录科学发掘所得甲骨的第二部著作。也是前辈甲骨学家期待多年的"一部完美的著作"，代表了当前印刷技术和数码照相的最新水平。

(5)《甲骨续存补编》(甲编)

胡厚宣辑，王宏、胡振宇整理，上、中、下册，天津古籍出版社1996年出版，全书共收甲骨4340片（简称《续补》）。(图3-186)

《续补》封面为饶宗颐题签，书前有胡厚宣照片一幅，胡厚宣与贝塚茂树1982年于日本合影一幅，胡厚宣与饶宗颐1993年于香港合影一幅，胡厚宣与裘锡圭、胡振宇1992年于台湾合影一幅。其后是任继愈题字和史树青题诗二首。《续补》一书序言为饶宗颐作，前言为崔志远撰。

该书所收甲骨，按收藏单位及性质接

图3-186 《甲骨续存补编》

近者分七卷著录。卷一为国内19家博物馆藏品，共333片；卷二为国内13家大学藏品，共209片；卷三为已被15种甲骨著录收入者，共计622片。以上三卷是《续补》上册。卷四为省、市文物管理委员会、研究机构9家收藏品，共84片；卷五为34位私人收藏家个人藏品，共1355片，以上四、五卷是为《续补》中册。卷六为21位私人收藏家藏品，共1668片；

卷七为 15 处其他单位藏品，共 69 片。以上六、七卷是为《续补》下册。《续补》各卷所收甲骨，既无编号（或藏家号），也没作分期分类处理。

该书所收甲骨，拓本精良，内容重要，但不少此前已被著录。由于整理者没作对重表，故难于检索。重要的是，书中收有胡厚宣和王襄、陈邦怀等不少甲骨学家的信札和记事，是研究甲骨源流和甲骨学史不可多得的珍贵资料。

《续补》是胡厚宣《甲骨续存》的继续。由于胡厚宣整个精力都奉献给了《甲骨文合集》的编纂，没有来得及整理他所收集的一批资料就于 1995 年逝世。胡振宇、王宏勇担其责，并在饶宗颐先生用香港北山堂主利荣森先生祝他八十大寿贺礼十五万元，交出版社为"资助"才得以出版的。饶先生促成老友的遗著《续补》出版，在学术史上留下一段佳话！美意延年，祝饶先生健康长寿！（图 3 - 187）

图 3 - 187　1983 年胡厚宣先生与饶宗颐先生在香港合影

（6）《甲骨文精粹释译》

王宇信、杨升南、聂玉海主编，云南人民出版社 2003 年出版，共著录甲骨 692 号（简称《精粹》）。《精粹》的目录有前言（王宇信），甲骨文基础知识（王宇信、杨升南），拓本、摹本、片形部位释文，释文及译读。附录：笔画索引，各片来源表。（图 3 - 188）

《精粹》的拓本、摹本、片形部位释文（第12—1439页）为该书主体部分，选自十五万片甲骨中之精品。每一号甲骨都录有拓本、摹本，再在据摹本所作的轮廓线内，写出甲骨上相应位置的甲骨文字的楷释。全书所收692号甲骨的拓本，皆置于各单号页码的书页上，而摹本、片形部位释文共为一号，置于本书的各双号页码上。全书的每片甲骨拓本、摹本片形部位释文可互相核校，并可将其上的文字互相补充、发明。

图3-188 《甲骨文精粹释译》

《精粹》692片甲骨的"释文及译读"，为王宇信所作，自第1442页至第1663页，在全书中占有相当比重。片形部位释文不能解决的每段刻辞缺字、应补字，以及各整段刻辞辞序的先后、刻辞文字的句读和说解等，但都在标点释文和白话译文中得到了解决。

《精粹》所收692号甲骨，多选自《合集》及《屯南》《怀特》等书。所选片数虽然不多，但选片典型并精益求精，力求把甲骨学者著作中经常引用的著名甲骨卜辞尽可能的予以收入。可以说，此书囊括了十多万片甲骨中的精华，是一部甲骨文字精品汇编的著作。

《精粹》继1957年《殷虚文字丙编》片形部位释文与拓本"二位一体"著录甲骨以来，进一步把片形部位释文与拓本、摹本"三位一体"结合起来著录甲骨，开了《北京大学珍藏甲骨文字》（2008年）、《上海博物馆藏甲骨文字》（2009年）用彩照、拓本、摹本、片形部位释文"四位一体"著录甲骨之先河。

（7）《甲骨文解读》

［韩］梁东淑著，首尔《书艺文人画》2005年出版，全书共1038页（简称《甲文解》）。书首有彩色甲骨照片7版，后为该书著者梁东淑教授于2005年7月写的序文。该书的主体为上卷"甲骨学概论"和下卷"甲骨文解读"。（图3-189）

图 3-189　《甲骨文解读》

《甲文解》下卷所收甲骨，按商王室世系、贵族·平民、官吏、祭祀、战争、军队·刑罚·监狱、方域、教育、贡纳、农业、渔猎·牧畜、手工业、商业·交通、天文、历法、气象、建筑、音乐·舞蹈、疾病、生育、鬼神、吉凶二十二项内容分类集录。书后有附录，包括该书材料来源表、文字笔画索引（一至二十五画）等四种。

《甲文解》所收甲骨，皆为海内外甲骨学家所熟知的名片、名刻辞，反映了一位韩国老甲骨学家对甲骨学研究进展的熟悉和学养的深厚。而对各片甲骨的释读，也代表了当时韩国学者的甲骨文字研究水平。《甲文解》用甲骨拓本、摹本、片形部位释文"三位一体"著录甲骨，是继王宇信等《精粹》后的第二部著作。这样把甲骨文名片及其解读、甲骨学概论结合在一起的综合性专著，在海外是所见不多的。在韩国，《甲文解》堪称本土甲骨学家研究甲骨文的第一部专著，对韩国朋友认识、了解甲骨文，研究中国古代文明有着重大的影响。

（8）《商周甲文》（中国书法全集）

中国书法全集第一卷：图 3-190，刘一曼、冯时主编，荣宝斋出版社 2009 年出版。该书共收入甲骨拓片 231 号，另附史前文字遗迹 8 版，简称《商周甲文》。

《商周甲文》的总目录如下：凡例、序言、原色作品选页、甲骨学概论（刘一曼、冯时）、甲骨文的考古发掘（刘一曼）、殷代占卜制度研究（冯时）、试论中国文字起源（冯时）、中国文字与书法的孪生（李学勤）；甲骨文作品选（刘一曼、冯时）、作品考释（刘一曼、冯时）。另有附录：史前时代文字踪迹（冯时）、甲骨学年表（刘一曼、冯时）、商西周甲骨文出土分布示意图（刘一曼）、参考书目简称、主要引用参考文献、图版目录。

《商周甲文》作为《中国书法全集》第一卷，顾名思义，是把甲骨文

图 3-190 《中国书法全集》

作为"上迄商周,下迄当代"的"书法作品"的一种编纂的,因而与以往出版的公布甲骨文作为研究材料的著录不同,该书是把甲骨文从"书法作品"的水准,即从书法艺术的角度,精选甲骨文拓本收入全集的。

《商周甲文》所收甲骨,除殷墟甲骨外,还收有山东济南大辛庄甲骨1版、周原甲骨文10版、贾湖文字1版、良渚玉璧文1版、大汶口陶文2版、澄湖陶文1版、丁公陶文1版、洪山仰韶陶文1版、陶寺朱书陶文1版等。书中所收各版甲骨,皆为甲骨篆刻艺术的精品,特别是局部放大或特将甲骨拓片放大,使读者观察和体会甲骨刻写刀法十分方便。作品考释部分,特别从书契艺术的角度,对每一版甲骨上刻辞文字笔画、风韵、行款、布局与章法进行分析和评介,对甲骨书法水平的提高颇有参考价值。

《商周甲文》一书所收刘一曼、冯时、李学勤等甲骨学家有关甲骨学和甲骨书法的一组论述,对甲骨书法家和初学甲骨书法者研究、理解和欣赏该书所收各版甲骨文书法很有意义。特别是刘一曼、冯时等学者专就甲骨文书法理论进行的探讨,对甲骨书法理论的提高,颇有指导意义。《商周甲文》不仅是一部甲骨入门著作,而且还是一部甲骨书法的法帖和甲骨文书法的入门著作。

(9)《旅顺博物馆所藏甲骨》

宋镇豪、郭富纯主编,上、中、下册,上海古籍出版社2014年出版

（简称《旅博》）。全书共收入甲骨2211号，另附甲骨伪片3号。（图3－191）

《旅博》上册目录为前言（宋镇豪），序（郭富纯），编辑凡例，彩色图版，附录（无字甲骨与伪片）；中册为甲骨拓本与摹本；下册为释文及检索表（1、2、3）。

上册主体部分"彩色图版"，每号甲骨照片有正、反面，以及完整钻凿痕迹甲骨反面及甲骨侧面照片。全书所收甲骨，列次"按字体别其组类，再按内容排其次序"，与《合集》分期分类略同，甲骨编号为1—2211号。

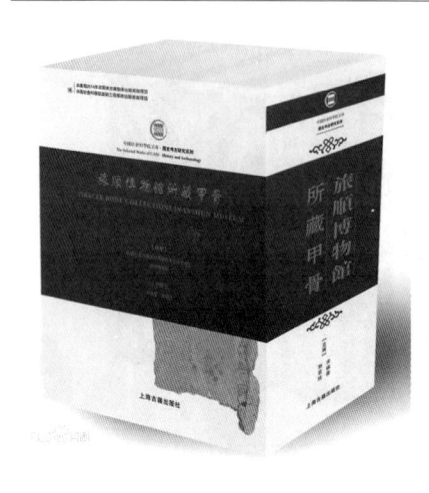

图3－191 《旅顺博物馆所藏甲骨》

中册主体为"甲骨拓本与摹本"，拓片为1—2211号甲骨全部有字者的正、反面新拓，摹本除上列甲骨拓片—摹录外，还摹录了相关甲骨缀合图形。

下册主体部分为以上著录甲骨1－2211号的"释文"，甲骨释文包括每号甲骨馆藏号对照，著录情况，甲骨材质鉴定、甲骨辨伪、正文释定、图文例互补、释文说明、新字形简释、残片缀合等。

旅顺博物馆这批甲骨共2200多片，是甲骨学家罗振玉旧藏于其旅顺故居"大云书库"之物，也有少量为日本人岩间德也之物。1945年8月15日，日本宣布无条件投降后，驻旅顺苏军征用罗氏旧居以为军用，"大云书库"所藏金石文物、珍贵书籍等流失民间，遭受巨大损失。20世纪60年代从民间征集回大批文物，包括这批甲骨。《合集》曾选录馆藏精品587版（拓本533，摹本54）。此后，未收入《合集》者，再也未被著录。由于年代久远，有的甲骨已经破碎，有的虫蚀腐化，有的文字磨泐消失。由于大部分甲骨从无照片、拓片或摹本，一旦损坏，将永远从世间消失。因此，对旅顺博物馆所藏甲骨进行抢救性保护，即及时墨拓、照相、描摹等全面整理与研究是非常必要的。《旅博》的出版，就是最及时对甲骨资料的抢救与保护，得以把这批珍贵资料留传给子孙后代，不

第三章　120年来甲骨学研究取得了辉煌的成就　445

仅推动了甲骨学商史研究的前进，也加强了研究团队的历练和青年研究人员的培养。

（10）《笏之甲骨拓本集》

宋镇豪、赵鹏编纂，上海古籍出版2016年10月出版。（图3-192）

此书目录为绪言（宋镇豪）、前言（赵鹏）、凡例等（简称《笏之》）。主体部分为《笏乙》上收录甲骨拓本。《笏一》1-89片，《笏二》1-1778片。该书所收甲骨，在拓本顺序号下标出他书著录号。《笏乙》下为《笏一》《笏二》释文。该书释文未完成，拓本凡有可缀者，皆作

图3-192　《笏之甲骨拓本集》

出缀合后完整版释文，卜辞命辞末尾一律加句号。释文后为《笏一》《笏二》检索表，包括其著录表、与《合集》对照表、与《合补》对照表、与旧著录书对照表等四种，另有《笏一》《笏二》自重表及缀合表。

《笏之》是中国社会科学院历史研究所藏甲骨墨拓珍本丛编之一种。据宋镇豪在"绪言"中披露，2011年中国社科院历史所创新工程项目启动，由宋教授主持的"历史所藏甲骨墨拓珍本的整理与研究"被批准为其公项目之一。"目标认为是编纂完成中国社会科学院历史研究所藏甲骨墨拓珍本丛编'，计划精选十种左右"，"最终以丛编单册形式出版，为甲骨学和殷商史研究提供一批珍贵的经过专业水准编纂的甲骨文著录书"，此书即丛书成果之一。宋镇豪指出，《笏之》这批甲骨，有的曾在《龟》《珠》《龟卜》《日见》《拾掇》《东洋》《东文》《上博》著录过。但也有不少未著录者，诸如《笏二》，绝大部分未被著录过。其中原河井荃庐的藏品（1871—1845），在1945年3月10日美军轰炸东京时，甲骨遭战火焚烧，劫余甲骨后入藏东京大学东洋文化研究所。这次《笏二》的拓本，可能为流入日本前所拓，保存了甲骨的原形态，字迹、字形、墨色等要较《东大》本为好，"可谓弥足珍贵"。该书编纂者赵鹏在"前言"中，误了她整理这份"除香港来书、李联系，一九八三、四、二十左右"这几个字外，"便

再无任何可循其来源的信息"的"一本甲骨手工拓本集","自2011年7月开始整理这部拓本便多方打探拓本来源"等。原来,古文学家高鸿缙字笏之,曾就职台湾师范大学,早年留学英国,湖北沔阳人。1919年武昌文学师范学校毕业,任职于湖北教育厅,1923年赴美国旧金山,不久入哥伦比亚大学专攻教育学。1926年回国后,任教于武昌大学,武昌中山大学等。1937年举家迁四川重庆,执教于四川省立教育学院等。1945年回杭州专事著述。1947年任台湾师范大学国文系主任,教授文字、训诂学,1961年受聘于新加坡南洋大学。1963年逝世于新加坡,著作有《中国字例》等。"鉴于《笏》拓本与高鸿缙先生讳之联系",故推测《笏》为高氏之物。《合集》补编对此拓本有所忽略,"只从中揭取了三片"。从《笏》略分一、二、五期顺序排列拓本,推测应成书于董作宾《断代例》(1933年)之后。诚如该书的整理者赵鹏教授所说,"从甲骨学史的角度来看,这部拓本集的整理编纂在分期水平上是很高的"。

图 3-193 《重庆三峡博物馆藏甲骨集》

(11)《重庆三峡博物馆藏甲骨集》

简称《三峡博》,宋镇豪、黎小龙主编,宫长为副主编,上海古籍出版社2016年11月出版。(图3-193)

《三峡博》共收入甲骨208片(有字178片、无字及碎甲骨18片、伪片12片)。篇首是前言(宋镇豪)、序(黎小龙)、凡例。该书主体第一部分为甲骨彩版、拓片、摹本(按1—5期类次)、附录(无字甲骨、碎甲骨、伪片);第二部分为全文释文(注明馆藏号、重见号、缀合情形);第三部分为检索表(一、甲骨著录一览表;二、馆藏号新编号对照表;三、《合》《合补》著录馆藏一览表;四、馆藏甲骨于《合》《合补》著录一览表)。

书中所收甲骨彩版包括正、反、有完整钻凿痕侧面,以及有骨臼的照片,而拓片与摹本均为新制。所收甲骨统一编号,每甲骨彩版与拓片、摹本编为一号，同片之正、反、侧面亦分别标出。书中甲骨经分期分类处理编次，即"分期断代，按字体别其组类，再按内容次序排序"。因此分期基本与《合集》"五期分法"一致，而每期内容，基本按世系、祭祀、呼令、贡纳等十五类排定。

主编宋镇豪在"前言"中强调了该书"采用甲骨彩版、拓本、摹本、释文著录检索表五位一体著录体例，公布全部甲骨藏品"的特色。特别是彩版包括甲骨正、反、侧面照片，可观察甲骨钻凿形态、侧面文字，以及甲骨边缘截锯错磨整治和左右碴口厚薄断裂等状况是很有意义的。不仅如此，"亦便于甲骨拼缀的验证"。此书的这种更加精细化，艺术化著录甲骨的方法，是继周忠兵《卡内基博物馆所藏甲骨研究》之后的又一部全新著录。

《三峡博》所收甲骨，据黎小龙"序"披露，乃西南博物院在中华人民共和国成立初期收买或捐赠入藏。收购的有罗福颐20片、孙作云90片及重庆白隆平67片。而捐赠入藏的有罗伯昭16片及魏聚贤10多片。其中罗福颐出让20片，乃得自端方，而端方原骨源自刘鹗。

《三峡博》著录甲骨，对研究商代礼制、宗教祭祀、社会生活、方圆地理、军事战争、天象气候等方面，"具有较高的文物价值和史料价值"。

4. 流散海外的殷墟甲骨文陆续著录

1899年殷墟甲骨文发现以后，由于甲骨文这一中国优秀文明在世界文明史上所占有的重要地位，不少外国人乘中国处在半殖民地半封建社会之机，自1903年起就大肆搜购中国殷墟出土的甲骨文并售卖海外。现大批流失海外的殷墟甲骨文，分藏在欧美、日本等国家和地区公私藏家手里。

随着甲骨学的发展，流散海外的殷墟甲骨文陆续被著录出版。特别是1978年以后，流散欧美、日本的大批甲骨文基本都得到了整理、著录出版，为甲骨学研究增加了一批重要资料。

（1）《怀特氏等收藏甲骨文集》

许进雄纂辑，加拿大多伦多安大略博物馆1979年出版，共收甲骨1915号，简称《怀特》。《怀特》一书的目录为：序言、甲骨拓本、甲骨缀合例、甲骨写本（按：即摹本）、甲骨长凿图、释文。（图3-194）

图3-194 《怀特氏等收藏甲骨文集》

该书所收1915号甲骨拓本以外，另有缀合例共7版。甲骨写本作有关甲骨摹本99片。该书"前言"说，这是因为"有些拓本不很清楚，希望释文有助于对刻辞的辨读"，所以特作写本图版118页至124页，共7个印刷页。有关甲骨长凿，共作卜龟、卜骨反面钻凿图117版，排列于27个印刷页上。有关各片释文，皆标明期别、甲骨部位，有的还注明作有摹本凿型。甲骨编号之下，作有甲骨释文和简要考释，有的还描写其凿型、特征。该书所收甲骨，先行分期（1—5期），每期内先甲（以S标明）后骨（以B标明）皆以事类为次。

《怀特》所收甲骨，绝大多数选自1931年安大略博物馆入藏怀履光3000片中的精品，还有一部分是该馆1920年入藏的65片、1967年入藏捐赠的107片。另有一些为明义士的藏品，当是《明义士收藏甲骨文集》（1972年版）未及收入，或与该馆藏品未著录甲骨可缀合者。该书所收甲骨近半数为一期碎甲，但有不少重要材料是首次面世，诸如B1915虎骨刻辞（图3-195：1），S0389之一期贞人"史"与三期贞人"何"共版（图3-195：2），用朋最大数字（七十朋），军事体制的东行、上行（B1464）（图3-195：3）、中行（S1504）（图3-195：4）、右旅（B1640）（图3-195：5）、大行（B1581）（图3-195：6）、大左旅（B1901）（图3-195：7）等都是首次出现的非常珍贵的史料。

而该书有关甲骨长凿形态的考察，为甲骨断代研究开辟了新途径，而且"为其后出版的《屯南》（按：指《小屯南地甲骨》）也著录甲骨的钻凿形态开了先河，是颇有启示意义的"①。

---

① 王宇信：《新中国甲骨学六十年（1949—2009）》，中国社会科学出版社2013年版，第297页。

图 3-195　1.《怀特》B1915；2.《怀特》S0389；3.《怀特》B1464；4.《怀特》S1504；5.《怀特》B1640；6.《怀特》B1581；7.《怀特》B1901

(2)《法国所藏甲骨录》

雷焕章（法籍）纂辑，（台北）利氏学社1985年版，共收入甲骨59版，简称《法藏》。（图3-196）

《法藏》总目录有：简称表（收藏单位名）、序（雷焕章）；上编，著录（中国学术院藏、季梅博物院藏、池努奇博物院藏、雅克博先生藏、戴迪野先生藏、法国国立图书馆藏）；下编释文（中文以上各家所藏甲骨来源及释文。另有英文及法文同上内容甲骨来源及释文）；附录（征引著录书简称表、征引学者考释书简称表、文字索引）。

《法藏》上编所收甲骨，依王世次序分时代，同时代甲骨再按内容，即分为诸神之领域、自然力之领域、人事之领域，各领域内再细分类。所著录甲骨，都有正、反面照片和正面有字摹本。

《法藏》下编为释文。在撰写释文之前，作者先就经常出现的一些字加以考释，诸如佳、宙或𠀀、其、凵或又、卜、鼎（贞）字等，是作者多年的研究心得，颇有启示意义。作者特别提出左、右肩胛骨的判断问题，很有参考价值。在对各家收藏甲骨进行释文前，先介绍其"藏品来源"及历经著录情况，再考释每片甲骨上的文字及列出刻辞在《殷虚卜辞综类》出现的页数，便于读者查找同类卜辞进行研究。

图3-196 《法国所藏甲骨录》

《法藏》一书有关法国各藏家甲骨源流及著录情况，公布了不少甲骨流失海外的重要线索。而该书下编用中文、英文、法文三种文字写成，在百多年甲骨著录史上是仅见的，为使更多的世界各国人民认识和了解中国殷墟甲骨文这一古老文明做出了贡献。

（3）《英国所藏甲骨集》

①上编（上、下），李学勤、齐文心、艾兰纂辑，中华书局1985年版，共著录甲骨2674号，简称《英藏》。因《英藏》下编图版补正又刊出61版甲骨（57片为拓片，4片为照片），因而实收2735版。（图3-197）

《英藏》卷首为本书甲骨彩色图版8版，序（胡厚宣）、前言、图版编辑凡例、《英藏》甲骨分期分类目录及甲骨拓本（第一期，1—1756，自、子、午组卜辞附其后1757—1922；第二期，1923—2258；第三期，2259—2397；第四期，2298—2501；第五期，2502—2673），附家谱刻辞2674。

图3-197 《英国所藏甲骨集》

②《英藏》下编（上、下），中华书局1992年版。该书主体部分为《英藏》各片甲骨释文，并附录作者研究论文多篇、收藏单位表以及各片甲骨在《库》《金璋》《七集》《合集》中的著录号及现藏情况表、图版补正、部分摹本、甲骨文真伪单字显微放大照片、字词索引等。

《英藏》用拓本著录了英国收藏的全部殷墟甲骨，主要有不列颠图书馆484片（原《库》1506—1988号）、剑桥大学图书馆622片（《金璋》曾著录423片）、不列颠博物馆114片、牛津大学亚士摩兰博物馆37片、剑桥大学考古与人类学博物馆2片、伦敦大学亚洲学院7片、维多利亚与阿尔伯特博物馆20片、孟克廉夫妇21片、柯文4片、库克1片。该书所收甲骨，先行分期，再分类著录。

《英藏》甲骨有不少重要内容，如《英藏》886号，"癸丑"辞的验辞反面所记月食、《英藏》1890号，正反刻满文字，有的字怪异不识，值得进一步研究。原著录（摹本）有误者，《英藏》拓本予以更正，如著名的《库》310号，多年来学者据误摹本识得"妇好三千，登旅万，伐羌方"辞广为引用。拓本表明，所伐非"羌"，而是"方"残字的左端。《英藏》2674号，还发表了著录的家谱刻辞彩照和拓本，并发表了此骨部分文字的显微照片，推动了学界几十年来对此骨真伪论辩的进一步深入。（图3-198）

图3-198 《英藏》2674家谱刻辞

（4）《苏德美日所见甲骨集》

胡厚宣编纂，四川辞书出版社 1988 年出版，全书共收甲骨 576 片，另附录 6 片，合计 582 片，均为摹本，简称《苏德美日》。（图 3 - 199）

《苏德美日》目录有总序（胡厚宣），卷一、俄罗斯圣彼得堡爱米塔什博物馆藏甲骨文字选（摹本 1—79）。卷二、德国西柏林民俗博物馆藏甲骨文字（摹本 1—112，摹本 113—422）。卷三、美国所见甲骨补录、照片（摹本 1—24）。卷四、日本天理大学参考馆所藏甲骨（1—51）。附录一、德国私人藏牛骨卜辞（拓本及照片）。附录二、香港大会堂美术馆所藏牛胛骨卜辞（拓本）。附录三、美国旧金山亚洲艺术博物馆藏牛胛骨卜辞（4 张照片）。

图 3 - 199　《苏德美日所见甲骨集》及 1958 年秋苏联讲学期间的胡厚宣，摄于莫斯科（胡振绥提供）

《苏德美日》卷一所收俄罗斯圣彼得堡爱米塔什博物馆甲骨，有俄罗斯学者认为全是伪品，但经甲骨学大师胡厚宣鉴定，所藏 199 片全为真品，乃为苏联甲骨学家布那柯夫所搜集。布氏英年早逝，在卫国战争中牺牲后，藏品归该博物馆。这批甲骨以二期为多，次为三、四期，再次为一期，而五期最少。该书从其中选摹79片公布，当为面世最多的一次。卷二虽然名为德国所藏，但有一部分现藏瑞士。其中1—112号为《合集》所著录，113—422号为《合集》未著录者，从而为《合集》作了补充。卷三为美国所藏，选摹《美藏》65片。卷四为日本天理大学所藏，选摹甲骨51片（当时《天理》一书尚未出版）。胡厚宣查明该校甲骨共藏819片，乃罗振玉、王国维旧物，有不少重要资料。

《苏德美日》公布了一批鲜为人知的俄罗斯圣彼得堡爱米塔什博物馆和日本天理大学的甲骨材料，因而受到海内外甲骨学界的重视并广为引用。特别是书中指出，《合集》著录德国所藏1-112号甲骨照片，皆有比例不准之嫌，而大小以本书摹本为准。因此，本书是1999年《合集补编》出版前的一部重要甲骨著录。

(5)《德瑞荷比所藏一些甲骨录》

雷焕章编纂，台北光启出版社1997年出版，共收甲骨228号，简称《德瑞荷比》。所收甲骨乃德国（库恩市）、瑞士（巴塞尔市）、荷兰（阿姆斯特丹市、来登市）、比利时（布鲁塞尔市）等欧洲四国五城市六处收藏品。（图3-200）

《德瑞荷比》为中、英文对照的甲骨著作，这在已出版的甲骨著作中是所见不多的。书前总目为：简称表、序、上编、下编，其后为上述两编英译本。书后为附录（贞人组分类与分期、征引著录简称表、征引考释书籍简称表、文字索引）。

图3-200 《德瑞荷比所藏一些甲骨录》

该书上编：著录，主要有A对照表（A1库恩藏、A2巴塞尔藏、A3来登藏、A4布鲁塞尔藏、A5玛丽蒙藏、A6阿姆斯特丹藏）；B为著录与编译（B1库恩藏、B2巴塞尔藏、B3来登藏、B4布鲁塞尔藏、B5玛丽蒙藏、B6阿姆斯特丹藏）。

该书下编：释文A为中文释文（藏片来源与介绍及释文）；释文B为

释文 A 各项内容的英文译本，便于西方学者的研究参考。

上编为著录各家藏骨和藏品的来源与说明，诸如 1—140 为德国库恩东亚艺术馆收藏，是多年来不为人知的刘鹗旧藏散失者。此外，这批甲骨部分曾在《铁》《书道》《铁新》《合集》等书中予以著录。其他各国所收甲骨的来源及著录情况也一一追踪，此不赘述。书中所收甲骨，虽按藏家分组，但全书编为统号。每片甲骨均作有正面、反面照片和摹本，并共为一号。刻辞排列，基本与《法藏》同，只是按断代新说，"唯有关贞人组类，则按最近学者研究的成果而将其分得更细密（参见附录'贞人组与分期'）"①。先说明每家藏品之来源，再对该藏家甲骨按统编号顺序逐一进行考释，反映了近年古文字学研究新成果和作者自己的看法和决断，颇有参考价值。

《德瑞荷比》著录了欧洲六处的甲骨收藏。长期以来，因存放甲骨的博物馆鲜为人知，搜集流传较为困难，现予以著录公布，是抢救一批甲骨学研究材料的大好事。此外，此书 1997 年出版后，可以说是欧洲所藏殷墟甲骨现已全部用照片、摹本"二位一体"著录公布了。虽然现仅德国威尔士博物馆旧藏未能以照片或拓本在书中公布，但胡厚宣《苏德美日》曾全部用摹本予以公布，从而使甲骨学界掌握了这批甲骨的内容。此外，本书有关各藏家甲骨源流的追踪，对甲骨学史研究具有重大价值。本书是第一部按分组、分类的和王卜辞演进"两系"说著录甲骨的著作。

（6）《瑞典斯德哥尔摩远东古物博物馆藏甲骨文字》

李学勤、齐文心、艾兰（美）编纂，中华书局 1999 年出版，共收录甲骨 108 号，附图 13 号，简称《瑞斯》。（图 3－201）

该书目录为前言，前言英译本，编辑凡例图版，释文，附录（图版号及藏品号对照表、馆藏拓本著录情况表、字词索引凡例及部首索引）。

《瑞斯》著录的 108 号甲骨及附图 13 号，乃该馆六宗藏品：有 20 世纪初购自北京 17 片。罗振玉 1926 年赠 26 片。法克曼 1913 年购于北京，并于 1928 年入藏该馆 19 片。卡尔伯克 1929 年购自安阳 3 片。购自中国胶东 48 片。私人旧藏并于 1949 年入藏该馆 4 片。此外，该馆另有甲骨拓本 14 片，

---

① 雷焕章：《德瑞荷比所藏一批甲骨录》序，台湾光启出版社 1997 年版。

原为美国纽约山中商会旧物。① 全书所收有字甲骨均用照片及附拓本13片在该书第1—35页刊出。全部甲骨及附拓本的摹本，在第36—70页刊出。甲骨按分组编次，即宾组（1—55号）、出组（56—73号）、何组（74—86号）、黄组（87—100号）、自组（101—103号）、子组（104—105号）、历组（106—107号；附1—7号）、无名组（108号，附8—13号）。所收甲骨都作有释文，如有特殊情况，即涂朱、缺刻划者均予以说明。

《瑞斯》前言由李学勤撰写，对本书重要内容均加以介绍，堪为该书的导读。全部书稿由齐文心完成，再校对和英文翻译由李学勤、艾兰（时任教英国伦敦亚非学院）完成。

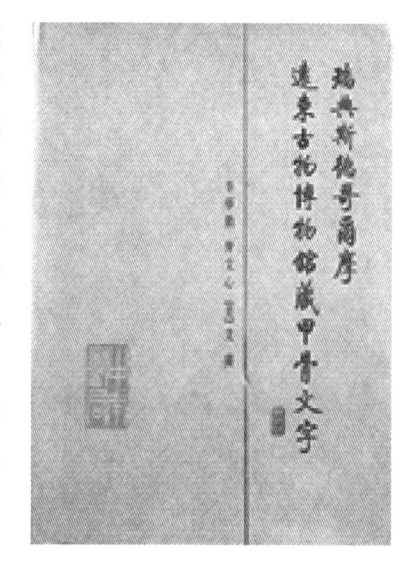

图3-201 《瑞典斯德哥尔摩远东古物博物馆藏甲骨文字》

（7）《美国所藏甲骨录》

周鸿翔纂辑，美国加州大学1976年出版，共收入甲骨681片，另著录甲骨反面文字19片，全书甲骨共编700号，简称《美藏》。（图3-202）

书前有自序，其后为甲骨拓本影印，甲骨按藏家顺序编号。收入的甲骨有卡内基博物馆413片（1—413）、哥伦比亚大学藏67片（414—480）、费里埃艺术馆藏一片（481）、哈佛大学藏60片（482—541）、国会图书馆藏4片（542—545）、都市艺术博物馆11片（546—556）、历史与技术博物馆藏2片（557—558）、自然

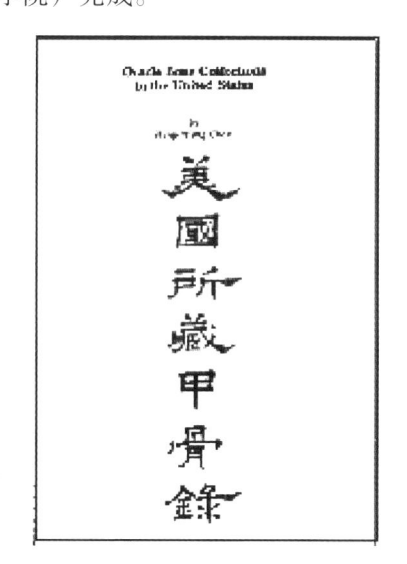

图3-202 《美国所藏甲骨录》

---

① 参见《瑞斯》前言，中华书局1999年版。

与历史博物馆藏 6 片（559—564）、普林斯顿大学藏 119 片（565—684）、纳尔逊艺术馆藏 12 片（685—696），M. H. 杨纪念馆藏 4 片（697—700）。

其中卡内基博物馆和自然历史博物馆所藏甲骨，已用摹本著录于 1935 年出版的《库方》一书中。哥伦比亚大学所藏甲骨，已用拓本著录于 1933 年出版的《佚存》之中。普林斯顿大学所藏甲骨，已用摹本著录于 1938 年出版的《七集》之中。这次《美藏》将美国 11 处公私藏家甲骨的拓本汇为一编，基本上将美国各地所藏甲骨用拓本网罗无遗，是很有意义的工作。此外，该书甲骨的拓本，可纠正《库方》《七集》等书摹本的不确之处，更进一步发挥了这批甲骨材料的价值和可信性。

（8）《东京大学东洋文化研究所藏甲骨文字》（图版篇）

松丸道雄编纂，东京大学东洋文化研究所 1983 年出版，共收入甲骨 1315 号，简称《东化》。（图 3-203）

《东化》（图版篇）目次有：序（松丸道雄）、凡例、故河井庐氏旧藏甲骨（1—972）、故田中救堂旧藏甲骨（973—1313）、三浦清吾氏旧藏甲骨（1314—1315）、英文目次。该书所收甲骨，按上列藏家为序编统号。《东化》著录的每一片甲骨，在图版号下注明期别、卜材（卜甲或卜骨）、内容类属。每页图版上的各类甲骨皆为拓片，另页再将甲骨照片按拓本之版式排定，便于互相对照、勘校。

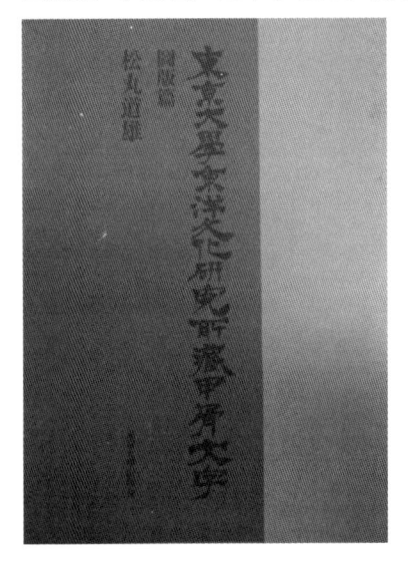

图 3-203 《东京大学东洋文化研究所藏甲骨文字》

《东化》（图版篇），实为上述三家旧藏。《东化》所收 1315 片甲骨，并不是东洋文化研究所所藏全部，尚有部分未予著录，是从何井氏 1708 片、田中氏 345 片、三浦氏 2 片中整理、缀合、精选而成的。应该说，诸家所藏有价值者，皆选收书中了。虽《龟》（1921 年）、《通》（1933 年）、《珠》（1939 年）、《龟卜》（1948 年）中，有所著录，但仍有不少未被著录的甲骨在《东化》一书中首次公布，为甲骨学研究提供了一批新资料。此外,《东化》把东洋文化研究所藏甲骨汇为一编,免去了学者在上列不同著录中查找资料的不便。

《东化》一书,是第一部将甲骨拓本、照片、摹本"三位一体"著录甲骨的著作,开了科学著录传世甲骨的先河。

(9)《天理大学附属天理参考馆藏品:甲骨文字》

伊藤道治编纂,天理教道友社1987年出版,共收甲骨692片,简称《天理》。另有别录《甲骨文字释文》一册。(图3-204)

《天理》(藏品)的目次为:序(天理大学、天理教道友社、原京都大学校长平泽兴)、总论(殷代的社会与文化:江村治树)、遗迹地图、彩色图版(第19—65页)、资料图版(甲骨照片与拓本第68—174页)、座谈会纪要(第175—188页,参加者:伊藤道治、金关恕、近江昌司)、《关于天理参考馆所藏甲骨》(伊藤道治)。

图3-204 《天理大学附属天理参考馆藏甲骨文字》

天理参考馆所藏甲骨共七批,第一批是堂野前种松藏一箱共40片(两片伪),其中35片已为《殷契遗珠》著录;第二批是罗振玉旧藏三十六箱547片(两片伪);第三批是王国维旧藏一箱250片;第四批是罗振玉旧藏25片;第五批是一盒15片(现存12片);第六批是18片;第七批是小片40片。[①]《天理》所收692片,即从以上七批收藏品中选出。

《天理》著录甲骨统编号为1—692号,该书第68—174页,凡双数页都是甲骨之各号照片排版,而单数页皆为各号甲骨拓本与之对应排定。甲骨照片与拓本两两相对,便于读者研究、勘校。《天理》别录一册为释文,每一号甲骨都精作摹本并在轮廓线外标明刻辞段落顺序号,可摹本与释文

[①] 参见伊藤道治《关于天理参考馆藏甲骨文字》,天理教道友社1987年版,第189页;雷焕章《库思藏·藏品来源》,《法藏》,利氏学社1997年版,第182页。

相对照。此外，还按释文段落顺序号，用日文译出每段卜辞释文，便于日本人学习、研究甲骨刻辞之需。

《天理》著录甲骨文，以照片、拓本和别录释文中所做摹本"三位一体"著录甲骨，比《东化》又前进了一步。因此，《天理》在同期海内外出版的同类著录中，处于领先地位。随着《天理》1987年的出版，日本主要藏家的甲骨基本上已经全部公布，为甲骨学商史研究利用日本收藏的甲骨资料提供了极大便利。

（10）《中岛玉振旧藏甲骨》

荒木日吕子编辑，创荣出版社1996年发行，共收甲骨56号，简称《中岛》。（图3-205）

《中岛》一书的目次为：一、经纬；二、内容（《珠》未收有字甲骨、缀合甲骨等）；三、甲骨片的性格；四、释文；五、图版（拓本、写真、摹写）；后记。

《中岛》第五部分的图版为全书的主体部分，包括所收甲骨的拓本、写真、摹本，统一编为1—56号，并在号前表明B（卜骨）或S（卜甲）。所收甲骨，其中有28片为金祖同《殷契遗珠》所未收录者。

图3-205 《中岛玉振旧藏甲骨》

此外，该书的编纂者还将中岛氏藏骨中未发表过的甲骨与无字甲骨相缀合，使之更为完整的甲骨有24片。另有4片部分伪刻、部分为真迹者。《中岛》所收甲骨，未进行分期处理。

中岛玉振甲骨，郭沫若《通·别二》中曾著录7片，金祖同《殷契遗珠》曾著录127片。这批甲骨，现为山崎忠氏收藏，实为229片，另有无字甲骨48片、伪刻7片。《珠》著录的716、732两原骨已不复存在。《中岛》所收甲骨虽然不多，但整理涉及著录过有字、无字甲骨，更及于无字甲骨的缀合成果在全书所占比例不少，达24片之多。《中岛》的出版，使一批著录之余的甲骨文，被从遗忘的角落里再次"发掘"出来，成为甲骨学研究的重要资料。

《中岛》的出版，给甲骨文材料的整理工作提供了重要启示。这就是我们对已经整理著录过的公私藏家甲骨，还有必要进行一次彻底的再整理工作，把遗漏的重要材料再次"发掘"出来，使甲骨文这一古老文明的学术价值充分得到发挥。

（11）《卡内基博物馆所藏甲骨研究》（上、下）

周忠兵著，上海人民出版社2015年8月出版，简称《卡内基》。（图3-206）

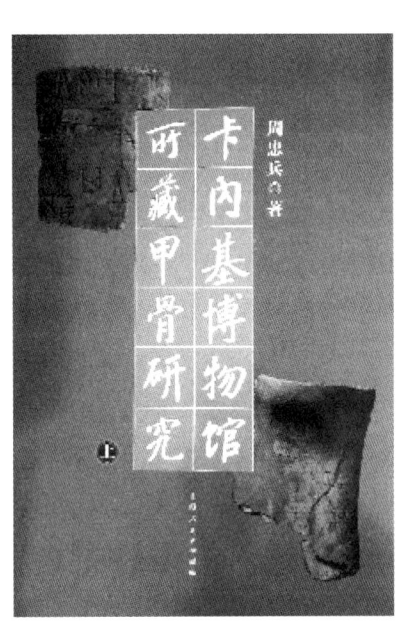

该书上册卷首目录为序（林沄），凡例各家使用的钻凿型式对照简表及第一部分图版，其一为照片，师组、丙种、子卜辞（子组）、师宾间组、师历间组、宾组、历组、出组、历无、何组、无名组、习刻、伪刻、护身符、钻凿照片等。二为摹本，按以上各组排列拓片一一作出摹本；下册为释文，全书所收甲骨一一作出释文，每号释文包括著录、分类、释文、甲骨说明、卜辞与钻凿对应关系、

图3-206 《卡内基博物馆所藏甲骨研究》

释文说明、拓片互校等内容，并随文脚注参考文献。第三部分为相关问题研究，专题有甲骨钻凿形态研究、试说甲骨中异代使用问题、从卡内基博物馆所藏甲骨实物看早期甲骨的作伪问题等。此外，还作有甲骨文简称全称对照表、参考文献及附录十种，即库方二氏小传及《卡内基》《库》《欧美亚》《北美》《美》《合集》《合集补》与其他著录对照表及缀合表等。

该书共著录甲骨406版，以彩色照片和摹本全部予以公布。照片包括甲骨正反及侧面照片、部分大版甲骨的局部放大照片及《甲骨钻凿形态研究》文中的凿钻照片，摹本除"护身符"外全部重摹。馆内收藏的这批甲骨，乃库寿龄、方法敛1904—1908年于山东潍县收购的一部分，非一时一地出土，其中就有1904年小屯北地朱坤地中出土品。这批甲骨1909年入藏卡内基博物馆后，直到1936年9月白瑞华才开始整理。方法敛早年所作摹本收入《库方》(971—1408),共438号。此后,以拓本发表者有饶宗颐《欧美亚》(1970年)、李棪《美见》(1970年)、周鸿翔《美藏》(1976年)及1972年《卡内基杂志》上刊出多少不等甲骨拓本(或照片)。以上五种著录互有短长,相互补充,为学者研究带来了方便。据周忠兵彻底整理后得知,馆藏甲骨原始编号为438,但《库》著录440号,少了《库》1103、1104。现按缀合后统计,馆藏404版,其中胛骨176版,龟甲228版。在美国所藏甲骨中,"从内容看是很重要的一批"。

周忠兵在"前言"中说,他整理这批甲骨,注意甲骨上钻凿形态,"希望能对钻凿形态的演变作出合理的解释"。整理卡内基博物馆甲骨钻凿实物发现,"轮开槽方法制成的长凿只在刻有早期卜辞的骨版出现"。而"花东甲骨长凿攻治方法亦可佐证我们的结论"。关于此,他在《甲骨钻凿形态研究》一文有全面论述。

著名学者林沄在该书"序"中,充分肯定了"本书在钻凿的分类上提出了和许进雄和肖楠不同的标注和名称。而且,对殷墟甲骨钻凿的发展序列提出了自己的见解"。

此外,肯定了"用照片公布每片甲骨的正、反两面和侧面形状,可使不能接触实物的研究者也能较充分地了解钻凿的形态。因此,今后在甲骨著录时应该进一步推广"。值得注意的是,林教授"序"中谈到《三论武乙、文丁卜辞》(简称《三论》)与自己的争论中,关于甲骨断代学方法论时,认为《三论》"是在方法论上还不相信类型学的方法实际是一种独立于地层学的推定遗存年代早晚的方法,所以才功亏一篑"。众所周知,地层学是现代考古类型学的基础,独立于地层学的类型学,不是真正意义的田野考古的类型学。对林先生"一种独立于地层学"的类型学的方法,甲骨学家常玉芝教授正撰长文,与他进行了全面系统的讨论与争辩。

(12)《俄罗斯国立爱米塔什博物馆藏殷墟甲骨》

主编宋镇豪、玛丽娅(俄),上海古籍出版社2013年12月出版。简称《爱米塔什》,共收入甲骨197片,另有碎骨7片。(图3-207)

这批甲骨,是俄驻中国代办肖金于1908—1909年,受汉学家黎哈契夫之托,从一古董商手中购买的。也有一种说法是从清朝陕西巡抚端方手中购得。伊万诺夫率先对其进行研究,但未发表。黎哈契夫与伊万诺夫于

1912年9月在俄国考古学会上曾宣读介绍过这批甲骨刻辞的文章，但未刊出，原手稿也已遗失。虽黎哈契夫被苏联政府流放，但后学者布那柯夫还是肯定他收集和研究这批甲骨的开创之功。19世纪末20世纪初的俄国汉学家大都怀疑这批甲骨为伪刻，但布那柯夫的研究基本上使他们的怀疑冰释。由于德国法西斯长期围困列宁格勒，民众处于极度饥饿之中。布那柯夫于1942年1月1日去研究所途中饿死，装满他研究成果的箱子，至今也不知所踪，但我们知道布那柯夫还留有《甲骨学之新研究》（1933年）、《安阳龟甲兽骨》（1935年）、《安阳古器物与美国甲骨学》（1937年）等论文存世。

图3-207 《俄罗斯国立爱米塔什博物馆藏殷墟甲骨》

该书目录为：前言（中/俄/英文）皮奥特洛夫基，序言（中/俄/英文）玛丽娅，编辑凡例，甲骨彩版，拓片与摹本（第一期—第五期，碎骨），甲骨释文与简说［甲骨释文（宋镇豪作）］、甲骨释文简说（中/俄/英文，宋镇豪作，玛丽娅、郅晓娜译），附录［忆两位先哲（刘克甫）、爱米塔什博物馆藏甲骨文字考释（胡厚宣、宋镇豪）、馆藏甲骨与□组卜辞若干问题（刘华夏、刘克甫）、检索表一、二、三］。

该书的甲骨彩版、拓片与摹本（第1—93页）为主体部分。甲骨彩版、拓片、摹本均按原大刊出。缀合版按缀合后的实物原大刊出，拓本、摹本均为新制。每片甲骨一号，包括图片之正、反、侧照片与摹本分标正、反、侧，拓片、摹本等图编一号。全书甲骨共编197号及碎骨7号。所收甲骨，分期基本与《合集》一致每册内再按内容顺序类次。

"甲骨释文与简说"部分，先作每号甲骨释文，再将释文用中、英、俄三种文字进行解说，不仅方便中、俄两国人民，而且也方便使用英语的世界人民了解和认识中国古代优秀文明。每片甲骨释文包括甲骨号、龟骨资料说明、甲骨馆藏号、著录情况、释文、解说、脚注等项。

博物馆馆长皮奥特洛夫基院士"前言"指出，苏联黎哈契夫在20世纪初期收集的这批甲骨文，对"探索商代人是如何思考和生活"是很有价值的。宋镇豪教授在"序言"中指出，该馆甲骨"从未传拓过，照片也绝大多数未公布，摹本、著录均不全，全部真容如何始终是个谜"。2012年9月9—21日，中俄合作整理这批甲骨，缀合后统计共200片编纂成书时，"甲骨侧面照片的拍摄，除了便于观察钻凿形态外，也留意侧面文字，以供拼缀的验证"是很有意义的。

5. 单位收藏甲骨再整理的更加细化与著录编纂的"更臻完善"

《甲骨文合集》和《甲骨文合集补编》的出版，流散欧美和日本殷墟甲骨文的陆续著录公布完毕，可以说是对传世甲骨的大规模整理工作基本完成，从而为甲骨学商史的研究提供了较为完备的资料，推动了研究的全面深入发展。

在120年来对传世甲骨的追索、整理和著录过程中，虽然不少的收藏单位的甲骨几经著录，但只是部分，而不是全体，仍有一些有字甲骨被束之高阁，没有能发挥作用。此外，整理时只注意正面有字部分，而忽略了背面的钻凿形态，或忽略了有字甲骨与无字残块甲骨的缀合，因而还有必要在"观其全体"上继续下功夫。与此同时，由于印刷技术的提高和照相技术，特别是数码照相的进步，学者们已不满足从著录单一的拓本或摹本、照相上查找甲骨资料了，而是需要将三者结合，即"二位一体""三位一体"著录甲骨，以便全方位、多角度对甲骨进行全面深入研究，特别是老一辈学者期待的用拓本、摹本、片形部位释文、照片（彩照）"四位一体"，出版"更臻完善"的甲骨著录[①]，在当前经济和技术条件下，已可能有更多的"日臻完善"的甲骨著录涌现了。

（1）《中国国家博物馆馆藏文物研究丛书·甲骨卷》

上海古籍出版社2007年，收入甲骨268号，简称《国博藏甲》。《国博藏甲》书前目录列有：总序（吕章申）、前言（王冠英）、凡例；甲骨图录，一、自组卜辞，二、宾组卜辞，三、子、午组、非王卜辞，四、历组卜辞，五、出组卜辞，六、无名组卜辞，七、何组卜辞，八、黄组卜辞，

---

① 张秉权：《甲骨文与甲骨学》，台北编译作1988年版，第113页。

九、非卜辞类，十、无字卜骨与卜甲；甲骨考释：一组至十组（名称同上，此不再列），论文五篇：《武丁期商王国北部与西北部之边患与政治地理——再读有关的边患武丁大版牛胛骨卜辞》（朱凤瀚）、《记国博所藏甲骨及其与YH127坑有关的大龟六版》（宋镇豪）、《从〈菁华〉大版卜辞看商人风俗与信仰》（沈建华）、《重读小臣墙刻辞——记殷代的西北地理及其有关问题》（沈建华）、《从国博所藏甲骨谈殷墟王卜辞中的子某》（刘源）；引用甲骨著录书简称、后记。（图3-208）

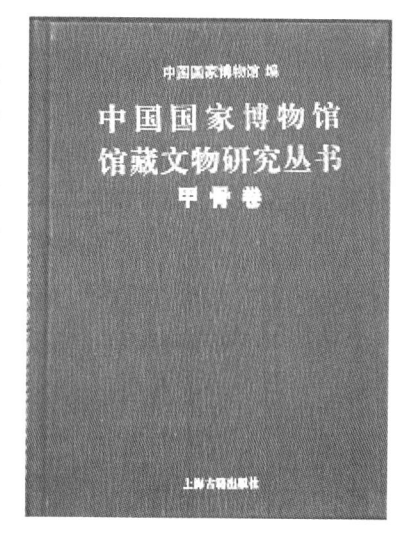

图3-208 《中国国家博物馆馆藏文物研究丛书·甲骨卷》

《国博藏甲》所收268号甲骨，每一版甲骨均用数码相机照相，并制成"彩色图版"。一般略加放大，以便利更清楚观察。凡反面有字或有钻凿者，亦作有彩版并与其正面共编一号。本书所收甲骨，按甲骨断代新说分组分类编次，每组类内再依其内容先后排列。《国博藏甲》所收甲骨，皆为1959年中国历史博物馆建馆时，从全国各文物单位征集调拨来的精品，不少甲骨为海内外学者所熟知。此外，亦刊出不少国家博物馆所藏未经著录过的甲骨共139版。《国博藏甲》书中虽其中128版已经著录，但如此精美彩照却是第一次面世。《国博藏甲》释文准确，反映了当前文字考释水平。该书是国内第一部以"两系说"体系著录甲骨的著作。

值得重视的是，《国博藏甲》所收的几篇研究论文。特别是书中25、28、45、60、62、68等六版大龟与1936年殷墟YH127坑甲骨有关（参见图2-70），宋镇豪《记国博藏甲骨及其与YH127坑有关的大龟六版》记述颇详。胡厚宣早在1945年《甲骨六录》中就指出，《双剑誃古器物图录》（1940年）中三版龟甲"必与中央研究院第十三次发掘有关"。1947年，胡厚宣又就社会上流传七版大龟之事写成《战后殷墟出土的新大龟七版》一文，在上海《中央日报文物周刊》上予以披露：当与1936年发现的YH127甲骨有关，从而引起世人的深思。

(2)《北京大学珍藏甲骨文字》(上、下)

葛英会、李钟淑(韩)编纂,上海古籍出版社2008年出版,共收甲骨2929号,简称《北珍》。(图3-209)

《北珍》(上)书首为甲骨彩色照片,其后列有总目:序一(李伯谦)、序二(王宇信)、前言、编辑凡例;甲骨影本及拓片图版:一、农事;二、田猎;三、祭祀;四、战争;五、巡狩;六、刑狱;七、征调贡纳;八、王事;九、天气气象;十、干支历数;十一、卜法;十二、其他。《北珍》(下)甲骨摹本及辞文图版,所列分类与上同,此处从略。书末为甲骨文字著录重见表、后记。

图3-209 《北京大学珍藏甲骨文字》

《北珍》(上)甲骨影本及拓片共2929号,每一号甲骨的原大彩色照片,色泽颇近原骨,可显骨理,文字字口清晰。每片甲骨拓本,椎拓工整,文字清楚可辨。甲骨按十二类分组,每类内甲骨再按五期分法类次。《北珍》(下)为甲骨摹本及释文,每号甲骨据实物作出原大摹本,并在片形轮廓内相应部分作出摹本上甲骨文字的释文。

该书著录重见索引表,列有《北珍》编号、北大登记号、《虚》收录号、《续》收录号、《合集》收录号等各项,可查考北京大学藏甲骨被著录的情况。《北珍》著录甲骨,将拓片、彩照、摹本、释文(实即片形部位释文)"四位一体"著录甲骨,达到了前辈学者期望的"更臻完善"水平。但书中"片形部位释文"(又称楷释)尚不是释文,因释文需将甲骨上刻辞分段落并序先后,每段刻辞还要补残辞、标点句读等进一步研究工作。《北珍》将伪片附录书后,供读者观察、辨析,对增强辨伪水平与技能是颇有意义的。

(3)《上海博物馆藏甲骨文字》(上、下)

濮茅佐辑,上海辞书出版社2009年版,共收录甲骨5002片,简称《上博》。(图3-210)

《上博》（上）目录为：书首刊彩色照片16版、代序（陈燮君）、序（濮茅左）、凡例、书目简称：上海博物馆藏甲骨文字图版及释文：一、上海博物馆接管甲骨，二、受赠甲骨，三、征集甲骨，四、退还甲骨；附录一、日本姬卫道资馆藏骨，附录二、上博藏几处甲骨著录情况表、参考书目。

《上博》书前十六版彩色照片清晰，色泽逼真。但只有藏家号而无全书统号，只便于欣赏，不便于研究引用。甲骨文字图版及释文为本书上、下编，为主体部分。《上博》每一片甲骨，均制作彩色照片和拓本，按目录所列原藏家编入，不分期不分类，全书亦无统号（仅在大宗收藏中统编小号），极不便学者研究时引用参考。

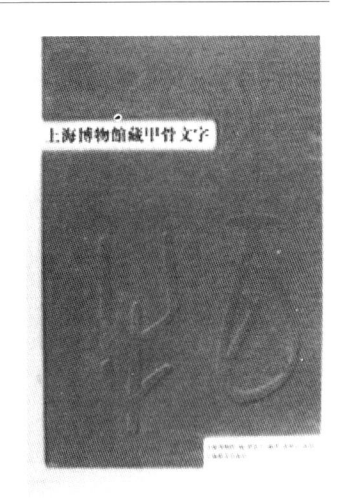

图3-210 《上海博物馆藏甲骨文字》

《上博》（下）的释文部分，每一片甲骨按实物作出摹本，另在精致的摹本轮廓内，用毛笔书写释文（《上博》的所谓"释文"，实即"片形部位"释文，而不是真正意义的补足残辞、并将刻辞分段落先后、标点断句的完全意义的释文）。

因此，虽《上博》彩色照片、拓本、摹本、片形部位释文"四位一体"著录甲骨，但缺乏统号不便研究者引用。虽然甲骨列有馆藏号，但使用此书的是甲骨文研究者，而不是管理员在清点库藏甲骨。此外，《上博》虽作有所谓"释文"，但不是真正意义上的释文。因此，《上博》可谓一部未作完的书，下一步还有很多研究、整理工作需继续完成。《上博》一书，为单位所藏甲骨的再著录提供了深刻教训。

（4）《史语所购藏甲骨集》

"中央研究院"历史语言研究所编，历史语言研究所2009年出版，共著录甲骨380号，简称《史购》。（图3-211）

《史购》的目录为：所长序，一、史语所购获甲骨照片、摹本、拓本；二、李启生拾得甲骨照片、摹本、拓片；三、缀合；四、为一之甲骨释文；五、为二之甲骨释文；附录一为《史语所购藏甲骨集》材料来源表；附录

二为李氏甲骨库房藏号；附录三为相关照片；编后记（李宗焜）。

《史购》所收380号甲骨按字体风格及事类依时代顺序编统号。每号甲骨均作有数码相机所摄彩色照片，甲骨摹本运用透明玻璃纸在甲骨轮廓线内描摹而成，文字可与其下甲骨拓本上的文字相重合。该书甲骨彩色照相、拓本、摹本"三位一体"，编纂科学，释文准确。

继史语所《乙补》出版，全部公布了科学发掘所得甲骨。《史购》的出版，又全部公布了史语所历次所购入的七批传世甲骨。

图3-211 《史语所购藏甲骨集》

（5）《中国社会科学院历史研究所藏甲骨集》

宋镇豪、赵鹏、马季凡编纂，上海古籍出版社2011年出版，共著录甲骨1920号，简称《所藏》。（图3-212）

《所藏》的目录是上册：前言（宋镇豪）、目录、编辑凡例、甲骨彩版、附录（碎骨、无字骨、伪片）；下册：甲骨拓本、甲骨释文、附表（四种）。

《所藏》所收甲骨，为1956年提出《甲骨文合集》大型项目以后，中国社会科学院历史研究所历年所收集的甲骨实物，其捐赠者有郭沫若、胡厚宣、容庚、康生等人，也有海外收藏家所捐赠，或陆续购藏者，《所藏》（下册）附录"来源表"有全面反映。不少甲骨曾陆续被著录，在附录"《合集》重见表""《补编》重见表"及"缀合表"中有所反映，但也有不少从未著录的新材料在书中公布。

《所藏》上册所收每片甲骨，数码照相的效果极佳。甲骨背面有文字或钻凿者，亦摄影收入。个别甲骨还摄照侧影，便于观察骨质和断茬、厚薄等。甲骨先行分期，每期内再按内容分类。《所藏》下册为甲骨拓本及释文，拓本排列顺序与照片一致，可互相校勘。释文准确，反映了当代文字考释水平。《所藏》还把碎小甲骨也一并刊出，为今后的继续缀合工作提供了素材。书中刊出的无字甲骨，其反面钻凿可供分期断代研究参考。而

《所藏》刊出的伪片,为甲骨辩伪教学和研究提供了标本,这是继《北珍》特意刊出北京大学所收藏的伪片以后,又一次把伪片公诸于世,以供学人辨析、研究的第二部著录。

6. 民间"存骨"的不断著录

百多年来,经过甲骨学家的努力追索和不断著录,自 1899 年以来屡有出土甲骨,已流散欧美、日本和中国境内多省市的传世甲骨,迄至目前,基本得到了整理著录,满足了学者研究的需要。与此同时,安阳民间一些收藏家,手中的一些零散甲骨藏品,近年也陆续整理出版,从而为研究增加了一批新资料。

(1)《洹宝斋所藏甲骨》

郭青萍纂辑,内蒙古人民出版社 2006 年出版,共收入甲骨 302 版,另附存疑 4 版,简称《洹宝》。(图 3-213)

图 3-212 《中国社会科学院历史研究所藏甲骨集》

《洹宝》所收甲骨,为安阳市洹宝斋主人傅林明多年搜藏。书中 302 版真品甲骨及存疑 4 版,乃 2004 年 5 月 4 日经王宇信、杨升南鉴定,从其几百版藏品中选出,主要为一、二、三、五期之物,且多为小片,当是早年出土于小屯村北洹水南刘姓或朱姓地中。傅氏为使更多学者使用这批甲骨进行研究,委托安阳师范学院教授郭青萍墨拓并编辑成《洹宝》出版。此书不分期、不分类,存疑 4 片也予以公布,

图 3-213 《洹宝斋所藏甲骨》

供学人继续研究。2007 年,北京艺术与科学出版社又出版了《洹宝斋所藏甲骨解读》,每片甲骨都作有拓本,摹本、片形部位释文"三位一体"互相对照,并作有文字说明和分期说明。

此书出版后,台湾甲骨学家蔡哲茂将《洹宝》101 与《合集》6820、5451 相缀合,其后又将此新缀与《合集》17466 继续缀合。黄天树《甲骨

拼合集》（学苑出版社 2010 年版）第 45 则也是与《洹宝》101 缀合成果。

（2）《殷墟甲骨辑佚——安阳民间藏甲骨》

段振美、焦智勤、党相魁、党宁纂辑，2008 年文物出版社出版，共收入甲骨 1008 号，另有附录 94 号，简称《辑佚》。（图 3-214）

书前有李学勤序、凡例。私家收藏甲骨的几个问题（段振美）、概述（焦智勤）、《辑佚》文字隶释稿（党相魁）、释文（党宁）、后记（党相魁）。其后是书的主体部分，即拓本（有部分摹本）、图版。书末有编后记。《辑佚》的主体部分，为安阳民间收藏的甲骨，多为残碎小片，有的无贞人亦无世系、称谓等，拓本号有意识按期集中，但不甚严格。个别拓本不清者，附有摹本可供对照。

图 3-214 《殷墟甲骨辑佚——安阳民间藏甲骨》

书后的图版将该书所收 1102 号甲骨原大彩色照片全部以拓本原号为序排定，便于读者观摩、研究。这是继《花东》（即 2004 年）之后，《北珍》（2008 年）之前的第二部全部以彩色照片公布甲骨的著录。《辑佚》每号甲骨作有释文，有的还加有按语，进行简要说明或考释。

焦智勤在"概述"中，介绍了自 1993 年起，就注意了调查和选拓安阳民间流散甲骨的情形，并掌握了一套鉴别真伪的方法。十多年来，经其手的甲骨，达上万片，但其中真伪相参。该书所收甲骨，是经他认真甄别和精选的较有价值者，其中也不乏新见材料。

李学勤在"序"中指出，民间收藏的甲骨虽数量有限而且散碎，"但有些内容重要性并不因此减少。小片只字，有时也有剩义可寻"，并在《序》中指出一些甲骨的内容"弥足珍贵"。此书出版后，不少学者以此书甲骨为素材进行缀合，取得新的成果。或据此书卜辞研究，发表新作。也有学者对《辑佚》中一些甲骨的真伪进行了质疑，参见《中国文字博物馆》2009 年第 2 期朱歧祥教授文。

（3）《张世放所藏殷墟甲骨集》

宋镇豪主编，线装书局 2009 年出版，共著录甲骨 384 片，简称《张藏》。（图 3 - 215）

《张藏》书前为前言（宋镇豪）。主体部分为图版。甲骨的著录顺序是𠂤组（1—8）、宾组（9—201）、子组（202）、出组（203—300）、何组（301—306）、无名组（307—316）、黄组（317—384）。各片甲骨均以拓本、正面照片、反面照片编为一号入录，所收甲骨片小，字少。

图版后为释文。此外，《张藏》收入无字甲骨 46 片，骨背面的钻、凿、灼清晰可见，可供研究卜骨（甲）上的钻、凿制作及形态观察和卜法探索时的参考。

图 3 - 215 《张世放所藏殷墟甲骨集》

（4）《云间朱孔阳藏〈戬寿堂殷虚文字〉旧拓》（上、下）

宋镇豪、朱德天编辑，线装书局 2009 年出版，简称《戬旧拓》。（图 3 - 216）

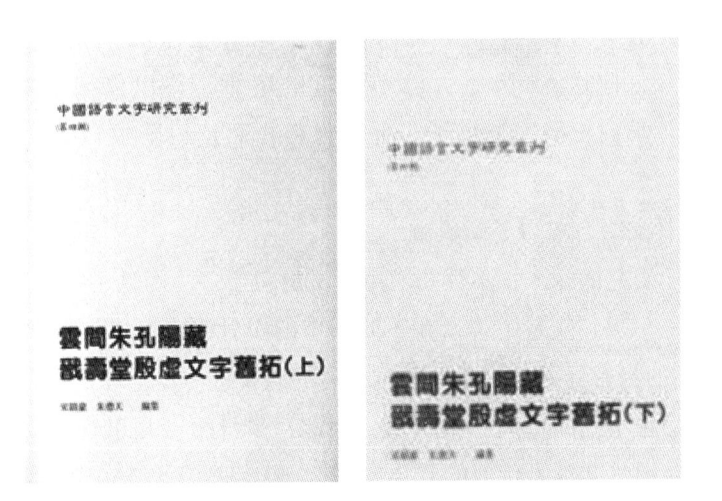

图 3 - 216 《云间朱孔阳藏〈戬寿堂殷虚文字〉旧拓》（上、下）

《戬旧拓》（上）卷首为原辑者朱孔阳遗照及小传。其后为目录为：序（宋镇豪）、前言（朱德天）。殷虚文字（简称《戬寿堂朱孔阳本》）：殷虚文字序（朱孔阳，1976 年）。殷虚文字弁言（朱孔阳）、殷虚文字说明、殷虚文字、殷虚文字考释校正。甲骨文集锦：殷虚文字拾补、殷虚文字之余。以上为《戬寿堂朱孔阳本》上册内容。

附录一：《戬寿堂所藏殷虚文字考释》（王国维原撰 1917 年本影印本）、关于殷虚卜辞医药史材料辑录（朱孔阳）；附录二：朱孔阳旧藏戬寿堂甲骨拓本校订及参考书目（宋镇豪）、甲骨文集锦校勘记（孙亚冰）。以上为《戬寿堂朱孔阳本》下册内容。

《戬寿堂朱孔阳本》共收入甲骨拓本 639 片，按《戬》（1917 年）原版式编列，并作有各片甲骨摹本收入书中。《甲骨文集锦》之部，上卷为殷虚文字拾遗，收入甲骨拓本 135 张。下卷为殷虚文字之余，收入拓本 158 张。

为使读者利用朱孔阳所收各片的再研究和释读，该书把王国维《戬考》收入书中，以便读者对比研究，得出自己的判断。《朱本》所收甲骨拓片，较《戬》原本精良、完整。《甲骨文集锦》部分，共收入甲骨 293 片。宋镇豪指出，这些甲骨虽不见于《戬》书，但应为戬寿堂入藏同批之物。重要的是，经孙亚冰的整理校勘，发现《甲骨文集锦》拓本中有 65 版甲骨拓本从未见著录，而且原骨也不知所踪。现《戬旧拓》的出版，使这 65 版原骨已不存世的甲骨，得以借拓本重现于世。不仅为甲骨学商史研究提供了一批新材料，而且也抢救和保护了这批新材料。

7. 甲骨文缀合取得了新成就

甲骨学研究的深入，不仅要求甲骨文材料要多，而且还要求"全"，即把原来本是一版，残断后著录在不同书中的甲骨缀合起来，使之"重聚一堂"。残断的身首异处的甲骨，经过学者的这番进一步整理并缀合后，便产生了使人意想不到的重大学术价值。因此，甲骨缀合是甲骨著录的进一步升华，是对甲骨文学术价值的"再发掘"。

在甲骨学全面深入发展时期，甲骨文缀合研究取得了新成就。残碎甲骨文由王国维的"偶尔"缀合，到郭沫若作为研究课题的缀合，再到董作宾"观其全体"考古学方法的缀合,直到当代黄天树把传统的缀合理论与"甲骨形态学"相结合,使甲骨缀合研究取得了新突破。与此同时,甲骨缀合研究工作,从学养深厚的少数专家们的缀合,发展成"团队式"的有更多学者关注的研究课题,从而使甲骨学缀合新成果不断涌现。而总其成的缀合专著不断推出,为甲骨学商史研究提供了一批更完整、更准确的珍贵资料,推动了研究的发展。

(1)《甲骨文合集》的缀合取得了巨大成功

集传世甲骨之大成的《甲骨文合集》(1978—1982年出版),在编纂过程中,在前人已经做过的基础上,尽量继续加以拼合,总计缀合2000余版,单《甲编》和《乙编》,就拼合了1000版以上。而1955年出版的《殷虚文字缀合》曾缀合《甲编》《乙编》482版。台湾学者据甲骨实物缀合,1961年出版的《甲编考释·附图版》缀合《甲编》共计210版,1957—1972年出齐的《殷虚文字丙编》(简称《丙编》)缀合《乙编》632版,可见《甲骨文合集》缀合工作的巨大成功。

附: 缀合大师桂琼英先生与《甲骨文合集》的缀合

桂琼英先生1917年生,于1977年逝世,享年60岁。1943年金陵女子文理学院毕业后,就从事甲骨文的研究事业。《合集》的甲骨文缀合取得了超越前人的成就,与桂琼英先生几十年对甲骨文断片悉心追索,精心拼对是分不开的。

早在《甲骨文合集》立项(1956年)以前,桂琼英先生就对传世甲骨中的断片进行了大量的缀合工作。多年的创造性劳动,桂琼英先生已经积累了数百版的缀合初稿。特别是《殷虚文字甲编》和《乙编》出版以后,她又在近2万版甲骨的断烂苑地上细心耕耘,并屡有缀合新获。原计划出版一部《甲骨缀合》专书的桂琼英先生,当《合集》立项并正式启动后,作为课题组成员之一,便把自己多年刻苦努力所取得的缀合成果2000多版融入《合集》。此外,她多年来寻回分散的甲骨反面与骨臼,大约2500版,也全部贡献给《合集》,从而使《合集》的科学性大大增强。以缀合成果的数量之巨而言,桂琼英先生堪称甲骨缀合第一人!(图3-217)

图 3－217　桂琼英先生像和她在天津历史博物馆鉴选甲骨工作照片（胡振宇提供）

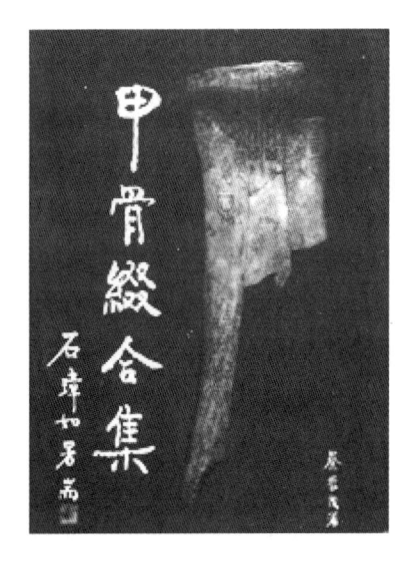

图 3－218　《甲骨缀合集》

(2)《甲骨缀合集》

蔡哲茂著，台北乐学书局 1999 年出版，该书共收入甲骨缀合版 361 组（版）。（图 3－218）

《甲骨缀合集》由下述内容组成：裘锡圭序、雷焕章序、松丸道雄序、自序；缀合图版、释文考释、引用甲骨文书目简称表、参考书目、作者所发表缀合文章目录、引用诸家缀合出处、后记。

蔡哲茂多年留意甲骨缀合，每有新获，先用摹本发表在各种刊物上，有的没作释文或考释。《甲骨缀合集》即把他多年所得集中，并把摹本重新用影拓本，再作摹本、释文、考释而成。而各家对蔡氏成果有所加缀或蔡氏对于各家缀合有所加缀者，皆于考释中加以注明。书中还作有各家缀合情况的《〈甲骨文合集〉缀合号码表》，以便学者掌握《合集》各片的缀合情况，避免重复劳动。

蔡哲茂《甲骨缀合集》对所收各缀合版均作出释文并加以考释，不仅介绍了各家有关研究意见，还有不少自己的创见。

《甲骨缀合集》，是蔡哲茂多年精心缀合，并取得丰硕成果的集大成之作。蔡哲茂的缀合整理工作在前人研究的基础上又有了总集成式的前进。《甲骨缀合集》的追索，为甲骨学商史研究提供了一批完整而科学的资料。

(3)《甲骨缀合续集》

蔡哲茂著，台北文津版社2004年出版，全书共收入甲骨缀合版185组。此书作为《甲骨缀合集》之续编，所收甲骨缀合版的号数与之相接，续编为362—546号。（图3-219）

《甲骨缀合续集》由以下内容组成：李学勤序、缀合图版、《甲骨缀合集》补正图版、释文及考释、诸家所作缀合出处、作者所发表缀合文章目录、参考书目、引用甲骨文书名简称表，后记。

1999年，彭邦炯等《甲骨文合集补编》出版以后，虽然也进行了缀合

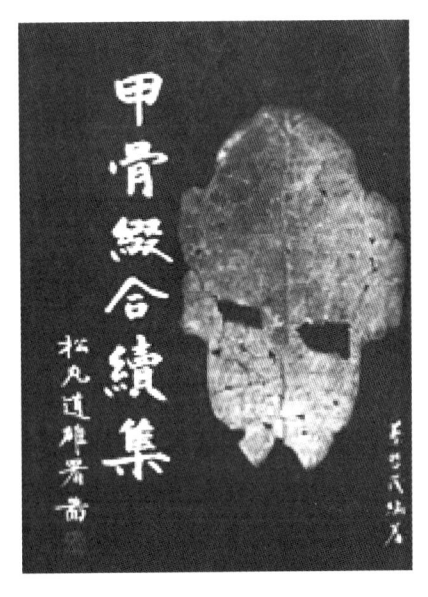

图3-219 《甲骨缀合续集》

整理工作（见《合集补编》缀合表①），但《合集补编》收有全书13950版的二分之一左右，为第一次发表的新材料，这就为没有穷尽之时的甲骨文缀合研究提供了广阔天地。蔡哲茂又把注意力集中到《合集补编》的缀合研究工作中，并颇有收获。蔡氏将其缀合成果先期在《大陆杂志》等刊物上发表，并成为系列性文章，现为《甲骨缀合续集》的重要组成部分。与此同时，蔡哲茂还对科学发掘所得甲骨《甲》《乙》二编进行了再整理，可谓在被多家反复缀合过的甲骨里沙里淘金，也不断有斩获并及时发表。《甲骨缀合续集》，就是蔡氏对《合集补编》和继续对《甲编》《乙编》缀合所取得新成果的总集成。《甲骨缀合续集》所作《缀合

---

① 参见彭邦炯、谢济、马季凡《甲骨文合集补编》，语文出版社1999年版，第七册。

续集》组别号码表、《合集》缀合号码表、《合集》重片号码表、《合集》误缀号码表、《合集组别号码及发表出处表》、《缀合续编》各组发表出处表、《屯南》缀合号码表、《甲骨缀合集》号码表等，是对百多年来几代学者缀合成就的总结。也可以说，蔡哲茂的《甲骨缀合集》和《甲骨缀合续集》为甲骨"观其全体"的缀合阶段作了总结。

(4)《甲骨拼合集》

黄天树主编，学苑出版社2010年出版，共收入甲骨缀合326例。《甲骨拼合集》的主要内容为：黄天树序，凡例，缀合图版（由黄天树、姚萱、方稚松、刘影、齐航福、莫伯峰、何会、李爱辉、李延彦、郭艳、田敏等缀合所得），说明与考释，附录一、殷墟龟腹甲形态研究（黄天树）；二、关于卜骨的左右问题（黄天树）；三、甲骨形态学（黄天树）；四、《甲骨文合集》同文表（李爱辉）；五、《甲骨拼合集》索引表（莫伯峰、王子扬）；六、2004—2010年甲骨新缀号码表（莫伯峰、王子扬）；本书引用甲骨著录简称表。（图3－220：1）

该书主体部分为"缀合图版"，共公布黄天树及其学生团队的缀合新成果326例，以其原缀合公布的先后为序，在编号后注明甲骨新缀若干"例"（即片）及缀合者姓名，编为A（著录书号）、+B（著录书片号）+C……每则缀合甲骨，均用拓本及摹本公布，并在所缀不同部位（即片）旁，标明A、B、C……序号。

本书"缀合图版"缀合范围较广，涉及《合集》《合集补》《乙》《乙补》《屯南》《花东》《北珍》《英藏》《天理》《东化》《东文》《京津》及《洹宝》《辑佚》等国内外近年出版的甲骨著录。而本书说明与考释，每一则都注明所缀部位A、B……"新例"之出处，其下再另作释文。有同文者，注明见于某著录的片号。在前人缀合基础上加缀新例者，亦说明原缀的出处。

《甲骨拼合集》书后的几个附录很有意义，特别是据"2004—2010年甲骨新缀号码表"统计，蔡哲茂《甲骨缀合续集》（2004年）出版以后的七年来，至《拼合集》（2010年）的出版期间，共缀合甲骨2337则之多，表明新一代学者缀合成果之多和新一代缀合专家正在茁壮成长。由黄天树关于甲骨形态学的理论，把"观其全体"的甲骨缀合，推向了"甲骨形态学"整理缀合甲骨的新阶段。

(5)《甲骨拼合续集》

黄天树主编，学苑出版社2011年出版，共收入甲骨缀合296则。该书的内容有：黄天树《甲骨拼合续集》序、凡例、甲骨缀合（第327—595则；为黄天树、赵鹏、刘影、莫伯峰、王红、王子扬、何会、李爱辉、李延彦、黄文等缀合所得）、说明与考释（第327—595则）、附录（一、《甲骨拼合续集》索引表（何会）；二、2004—2011年甲骨新缀号码表（莫伯峰、王子扬）；殷代卜辞分类分组表（黄天树）；本书引用甲骨著录简称表）。（图3-220：2）

《甲骨拼合续集》的主体部分，收入黄天树、赵鹏、刘影、莫伯峰、王红、王子扬、何会、李爱辉、李延彦、黄文等学者的缀合新成果269则，因此书名为《甲骨拼合续集》，故与《甲骨拼合集》编号相接，编统号为327—595。书中所收各则缀合版，皆有拓本、摹本相对照，并标明缀者及A+B……（即所缀各部出处）字样。在说明与考释部分则继续注明所缀部分A+B+……的出处。另有缀合说明，即所缀各部字体的组类（以黄氏"两系说"为准）、各部位在龟或骨上之位置、缀合后原残笔互足之字等。其后作出该版释文。

继黄天树在《甲骨拼合集》中论证了甲骨拼合的"甲骨形态学"观察以后，黄天树及其学生团队又取得了丰硕的缀合成果。在《甲骨拼合续集》序中，黄天树又进一步提出验证甲骨缀合的五种方法，即从兆枝断边、兆顶序辞、界划线、盾纹、齿缝等方面验证是很有启示意义的。

(6)《甲骨拼合三集》

黄天树主编，学苑出版社2013年出版，收入黄天树、马保青、赵鹏、方雅松、刘影、莫伯锋、王子扬、何会、李爱辉、王红、李延彦、连佳鹏、杜锋、黄文、秦建翏等人缀合新成果291版，接《拼合续集》595号，统编为814号。

《三集》目录有序（黄天树）、凡例、缀合图版（596—814则）、说明与考释、附录：一、《拼合三集》索引表（李延彦）；二、2004—2012年甲骨新缀号码表（莫伯锋、王子扬）；三、卜辞分类分组表（黄天树）；四、引用著录简称表。（图3-220：3）

(7)《甲骨缀合汇编》(图版篇)

蔡哲茂编纂,台北花木兰出版社2011年3月出版,简称《缀汇》,共收入缀合版1036号。(图3-220:4)

该书目录为自序(蔡哲茂),缀合图版。"缀合图版"为本书主体部分,缀合甲骨图版每号下包括拓本、摹本,并注明甲骨拓本、摹本缩影百分比例,注明先后缀合者编号等。

蔡哲茂在"自序"中指出,以往缀合学者,"或将成果列于研究之中,或附论文之后,均未将缀合视为一专门研究领域",一直到《合集》以后"缀合才引起甲骨学界广泛的注意",因而早期"时常可见重复缀合之现象"。为避免重复缀合浪费智力,有必要汇集成册,补《合集》之不足。

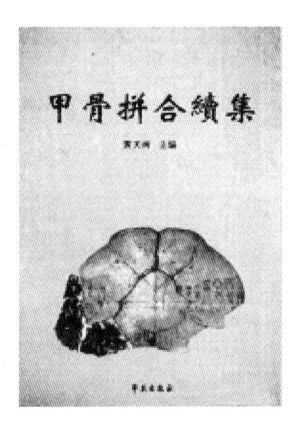

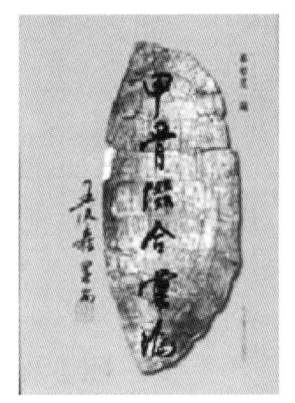

图3-220　1.《甲骨拼合集》;2.《甲骨拼合续集》;
3.《甲骨拼合三集》;4.《甲骨缀合汇编》(从左至右)

而蔡氏的这部《缀汇》,收入了200多家共600多组缀合,以及蔡氏本人的新缀合成果及近年来年轻学者缀合成果。因此,《缀合》是一部集90多年甲骨缀合大成之作。

(8)《甲骨缀合汇编——释文与考释》

蔡哲茂著,台北花木兰出版社2013年6月出版。

目录(右翻):自序(蔡哲茂),壹、释文与考释(第1—214页),贰、释文及考释参考文献(第215—223页),叁、引用诸家缀合出处(第223—229页)。

目录(左翻):《缀汇》所录《合集》缀合号码表,二、所录《合集》未收号码表,三、所录《屯南》缀合号码表,四、所录《合补》缀合号码表,五、六、审查意见。"释文与考释"(第1—214页)是该书的主体部分,缀合按组编号,甲骨缀合1036组统一编号,各组甲骨作有释文,并对其释文作有考释。"释文与考释"在《缀汇》(图版篇)于2011年出版的两年之后完成,可与《缀汇》所收图版互为表里,对正确释读《缀汇》各组图版很有意义。蔡先生充分认识到缀合"图版必须配以正确的释文以及考释,才能充分发挥其研究价值的考量"。不仅如此,蔡先生还在"自序"中指出,在《缀汇》出版后的这两年多时间里,"相关加缀甚多",因而"《缀汇》的一些不足之处,均已写入各组的'考释'部分,可供读者参考"。

(9)《醉古集——甲骨的缀合与研究》

林宏明著,台北万卷楼2011年3月出版。简称《醉古》,共收入缀合甲骨382例。本书书前目次为:《醉古集》组别号码表,缀合学者一览表,各组缀合382例,《醉古》与《合集》对照表,与《合补》对照表、与《乙编》对照表、与《乙补》对照表、与《丙编》对照表、与其他甲骨著录对照表、与《殷墟文字缀合》对照表、与《第13次发掘所得卜骨缀合对照表》,释文与考释,与《醉古》有关的释文刊定表,参考书目,引用著录简称表,审查意见,后记。

本书主体部分为"缀合图版1—382例",每例注明原缀者及补缀者所缀部分,并在缀合摹本上以A、B、C……标明各部分缀合原拓本号,此部为全书第1—485页;"释文考释"包括各则缀合甲骨释文、说明、前任缀合情况及作者本人所缀部分。此外，还作有简要考释，并加脚注。这部分为第 62—201 页。

著名缀合专家黄天树指出，"本书作者在分析论证缀合时，注重方法，如注重好且完整的拓影对贞关系、同文卜辞、成套卜辞等。由于方法得当，所作缀合基本都是正确可信的"。此外，"由于卜骨的左右与甲骨缀合是有密切关系的"，所以在"序"中又进一步加以论证。

"历史学家求真，真的历史内容就记载这些实实在在的断骨碎甲中"。林宏明在"前言"中强调"关键辞例的缀合又往往能够提供第一手的材料，那么，我们就能够更接近甲骨上曾经记载过的史实"。正因为林氏沉醉于"在拼缀的三千年前的史实中，这有我驻足的兆璺"的快乐中，因此命名自己缀合成果为《醉古集》。

(10)《契合集》

林宏明纂辑，台北万卷楼 2013 年 9 月出版。简称《契合》。目录（右翻）：序（蔡哲茂）、目次、缀合图版、插图。目录（左翻）：《契合集》组别号码表，缀合学者一览表，《契合》《醉古》与《合集》对照表，《契合》与《合集》《合集补》对照表，与其他甲骨著录对照表，与缀合专著对照表，《契合》"释文及考释"（第 95—244 页），与《契合》有关的释文刊定表，缀合出处表，参考书目，引用著录简称表。

著名缀合专家蔡哲茂"序"中赞扬其弟子在《契合》中有所突破，即一、丰富精确的缀合成果，使考释内容更充实。二、成果涵盖了未著录甲骨。三、借由缀合，作者对个别字的考释有新的认识。四、成果对商代史的研究大有助益。五、选材严谨，不收某些尚待确定、存疑的遥缀。

林氏在"前言"中，追述了他《醉古》共缀 382 组，原有 561 例新缀。而《契合》新缀 431 例，两书新缀共 990 例。而《缀合》的"缀合的材料范围和方法上均超过前者。林宏明盛赞中国社科院先秦史室"几年来网站已成为甲骨缀合最重要的交流园地"。"本书中有些缀合是学者在网上发表后，笔者在很短时间就再加上补缀的例子"，因而认为"即时发表的园地，对于缀合很有帮助"。他认为，"在无法以实物验证的情况下，数码彩色正反面照片，往往能够对于缀合对错判断提供关键证据"。

(11) 百年来甲骨缀合的发展

自1917年王国维第一个缀合甲骨以来,至2011年《甲骨拼合续集》的出版,百多年来甲骨缀合取得了很大发展。

①缀合成果由单片向专题论文和集成式著录的发展

甲．缀合由偶然为之开始,即王国维缀合《戬》1.10+《续》8.14两版为一版(1917年)。

乙．其后,郭沫若《通》(1933年)、《粹》(1937年)有意识地缀合甲骨和《断片缀合八例》(1934年)以专文列为甲骨学研究的课题。

丙．曾毅公以缀合为专门课题,其成果《甲骨缀存》(1939年)和《甲骨缀合编》(1950年)为传世甲骨的全面缀合整理专著。

丁．曾毅公,郭若愚、李学勤开始了科学发掘甲骨著录《甲编》、《乙编》缀合的《殷虚文字缀合》(1955年)和屈万里《甲编考释·附图版》(1961年)及张秉权《丙编》(1957—1972年)甲骨著录与实物的全面缀合。

戊．郭沫若《甲骨文合集》(1978—1982年)对传世甲骨、科学发掘所得甲骨的全面缀合和蔡哲茂《甲骨缀合集》(1999年)、《缀合续集》(2004年)为传统的甲骨缀合整理作了总集成。

己．黄天树《甲骨拼合集》(2010年)、《甲骨拼合续集》(2011年)、《甲骨拼合三集》(2013年)开启了"甲骨形态学"缀合整理甲骨的新时期。

②从事缀合研究的学者日益增多

甲．1937年以前,从事传世甲骨缀合的主要是个别的专家,诸如王国维、郭沫若等。

乙．自1928年殷墟科学发掘工作开始以后,科学发掘甲骨者董作宾等也加入了缀合工作研究中。《殷历谱》(1945年)的缀合与专缀传世甲骨的曾毅公推出的《甲骨缀存》《甲骨缀合集》,使缀合整理的参加者有所增多。

丙．桂琼英《合集》的缀合和曾毅公、郭若愚、李学勤《殷虚文字缀合》、屈万里的《甲编考释·附图版》和张秉权《丙编》、严一萍《甲骨缀合新编》（1975年）等成果的推出，标志着又有较多的甲骨学家加入了甲骨缀合整理工作。

丁．1978年以后，资深学者裘锡圭、许进雄、刘一曼、常玉芝等和新一代学者宋镇豪、黄天树等一批新老学者在研究时，也投入了甲骨缀合整理的研究工作并屡有新获。蔡哲茂《甲骨缀合集》及《甲骨缀合续集》，为传统的甲骨专家缀合研究作了总结。

戊．黄天树主编的《甲骨拼合集》和《拼合续集》及《拼合三集》的陆续出版，是团队式的、更多学者参加缀合研究工作新时期开始的标志。

③缀合研究的理论、方法不断完善和前进

甲．王国维1917年开创的缀合，尚带有一定的偶然性和盲目性。

乙．自1928年殷墟科学发掘以后，1929年董作宾《商代龟卜之推测》提出的甲骨文例"龟甲定位法"和1936年《骨文例》提出的骨文卜例"定位法"，使甲骨文缀合在董作宾甲骨文断代体系和考古学"求其全体"研究方法影响下，开始有目的追求著录甲骨的完整性，即对传世甲骨和科学发掘所得甲骨努力做好断片缀合的复原工作。

丙．学者在考古学理论指导下，取得缀合成果的同时，也在缀合实践的基础上，进一步总结出一整套规律性的认识，并升华为理论。1980年，白玉峥《谈甲骨缀合新编暨补编略论甲骨缀合》，总结的甲骨缀合五种方法，即一、类聚，二、比勘，三、范例，四、推理，五、密合与遥缀等，标志着缀合研究工作的理论化和在理论的指导下，缀合研究的自觉化。

丁．蔡哲茂等学者在全面运用传统缀合成功经验的基础上，把"卜辞同文"的整理引入缀合，从而提升了缀合概率，《甲骨缀合集》及《缀合续集》成为百多年来甲骨缀合之集大成。

戊．黄天树及其缀合团队，把传统的缀合方法推向前进。"甲骨形态学"的考察，开创了缀合的新时期。《甲骨拼合集》《拼合续集》《拼合三集》连续推出，是甲骨形态学缀合方法科学性强和强大生命力的证明。

④关于"甲骨形态学"观察与甲骨缀合新阶段

"甲骨形态学"的系统论述和用于甲骨断片缀合的实践,是黄天树教授在其主编的《甲骨拼合集》"附录三、甲骨形态学"中提出的。甲骨形态学研究完整的肩胛骨构造;研究完整龟腹甲、背甲和甲桥的外层和内层的构造;研究骨缝片外形轮廓及其盾纹、齿纹形态;研究钻凿、兆坼形态,总结规律,以利于甲骨残片材质的识别、残片部位的判断、残片的缀合和卜辞的释读。甲骨形态学对甲骨文的研究,从甲骨表面的文字,深入到文字所依附的材质(龟甲和兽骨)的生物学考察领域,使传统的只从文字和表面形态的历史考古学缀合研究与生物学对卜材结构的进一步研究相结合,从而推动了甲骨断片缀合研究的新发展。

甲．龟甲的生物形态学考察与缀合应用

龟腹甲是由外层半透明角质,并由其下以盾沟相连而成的盾片组成。而腹甲的内层为骨质,骨版由齿缝相连而成。

腹甲的外层由十二块盾片,以盾沟相连而成。内层由九块骨板以齿缝相连而成。龟腹甲从上到下有横向的五道盾纹(五横)和纵向的三道盾纹(三"纵"),分腹甲为十二块盾片。

龟腹甲内层由九块"龟缝片"组成,其每块周边有齿缝,其上分布有形态不同的盾纹。九块龟缝片系由完整腹甲上分解所得,因而又可方便地将形态各异(齿缝轮廓及其上盾纹走向)的齿缝片复位为完整的腹甲。

认真观察生物学意义上的龟腹甲九片齿缝片结构及其上盾纹的分布及走向,并能准确地将其归位于整版龟腹甲上,对判断拓本的断片(或残碎小甲)在整版甲骨上的位置很有意义,可大大提升甲骨缀合成功的概率。(图3-221:1、2)

乙．龟背甲的生物形态学考察与缀合应用

龟背甲亦由背甲外层,即为盾沟相连的盾片和其下为背甲的内层,由"齿缝片"齿纹咬合,接连为一体而成。在龟背甲各"龟缝片"的齿缝轮廓和其上的盾纹形态均各不相同。

"齿缝片"在龟背甲上的名称为:颈甲(又名"颈板")左、右各一;脊甲(又名"椎板"),从背甲中间剖开,左右两边连各有八块脊甲;

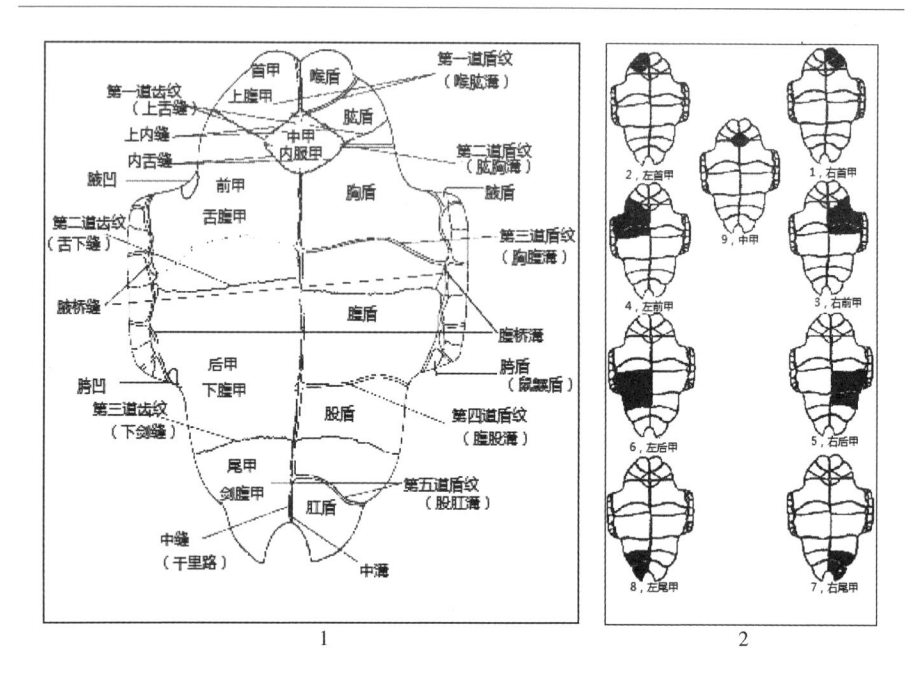

图 3-221　1. 腹甲结构和部位名称示意图；2. 腹甲九块"龟缝片"形态示意图（参看《甲骨拼合集》）

尻甲（又名"臀板"），脊甲之后中央的三块骨板，形态不一；肋甲（又名"肋板"），左、右背甲各有八块肋甲，其四周皆为齿边；边甲（又名"缘板"），位于肋甲最外侧，是背甲边缘的骨板，左右背甲的边甲各有十一片，各片靠近肋甲一侧有直行的盾纹。总计龟背甲剖开后，共有"齿缝片"六十二块，各"齿缝片"的外形轮廓、其上盾纹、迴纹沟及其边缘的形态是各不相同的。熟练地掌握六十二块龟背甲的"齿缝片"特征，并能准确地将各"齿缝片"复原在龟背上原位置上，是很有意义的。

以对龟背甲生物学形态"齿缝片"的认识，就可判断甲骨龟背甲残片或背甲残碎拓本为龟背甲的哪一部分及应在甲骨全板上的位置，从而可将其与相邻位置的"齿缝片"缀合，提升缀合的准确率。（图3-222）

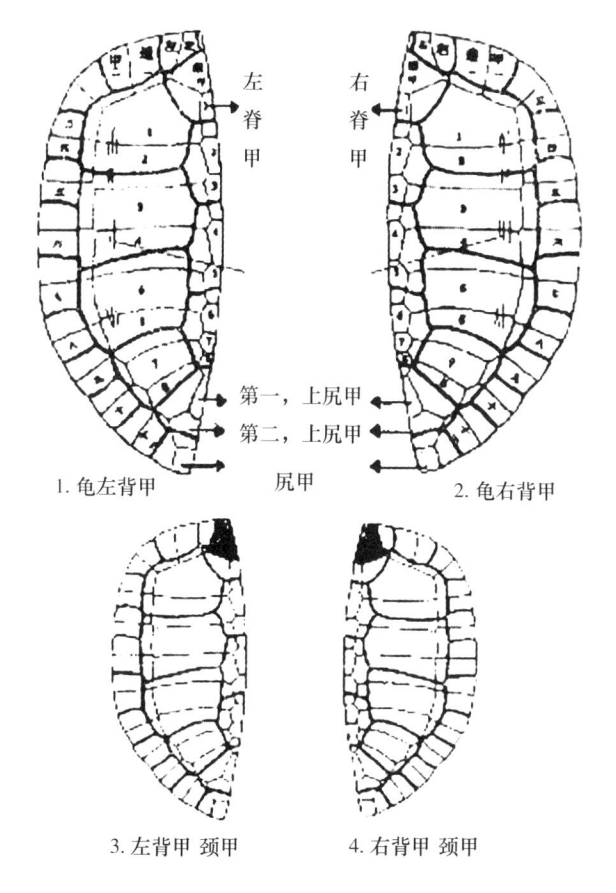

图 3 - 222 　龟背甲结构示意图（参见《甲骨拼合集》）

丙．牛肩胛骨的生物形态学考察与缀合应用

牛有左右肩胛骨共一对，左右肩胛骨形态、构造基本相同，现仅举牛右肩胛骨为例（左肩胛骨与其相反）即可。牛肩胛骨从上至下依次名称为骨臼和臼角、骨首、骨颈、骨扇、臼边（上端有臼角为臼边，又称"内缘"，臼边边缘较薄）和对角（对边和底边的夹角）和对边（又称"外缘"）（图 3 - 223）。

没有骨脊的一面称为正面，兆坼、卜辞多在正面。有骨脊的一面为反面，反面多制作钻、凿，并有施灼痕。

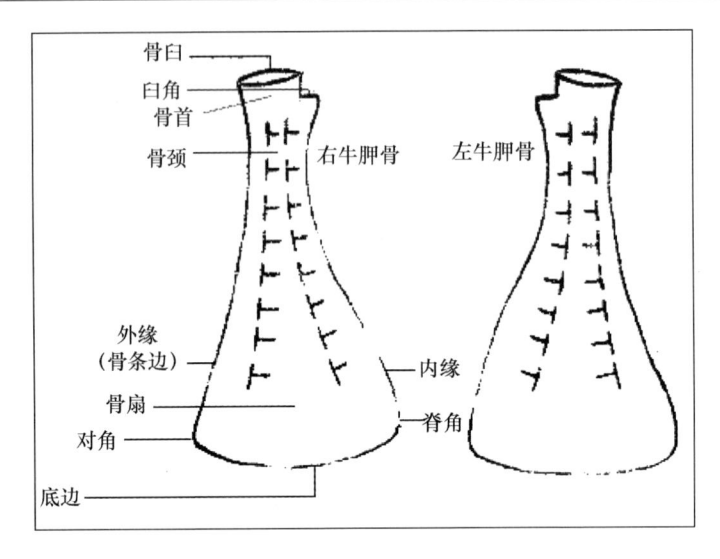

图 3-223　右、左牛肩胛骨正面示意图

熟练地掌握生物学形态牛胛骨各部位的特点，对判断卜骨拓本，或残卜骨在整板牛卜骨上的位置，并将其与相邻部位缀合是很有意义的。

（二）甲骨断代研究的细化与"两系说"的构筑

1. 传统"五期"断代研究的细化

（1）武乙、文丁卜辞的细区分

传统的甲骨文"五期"分法的第四期（即武乙、文丁时期）中，有父丁称谓的卜辞可以细分在武乙名下。但有一批字体接近却没有称谓的卜辞，何者为武乙，何者为文丁，却颇费酌斟，因而一直被笼统地称为武乙、文丁卜辞。就在"历组卜辞"时代是否应提前的讨论过程中，1980年肖楠在《论武乙、文丁卜辞》（《古文字研究》第3辑，中华书局1980年版）中，以1973年小屯南地出土甲骨的地层为依据，从而"第一次有可能将武乙卜辞和文丁卜辞初步区分开来"。（图 3-224）

据相当于大司空村三期的小屯南地中期地层、灰坑打破关系和出土陶器分析，小屯南地中期又可再细分为时间上略有早晚的三个组，根据对各组地层和灰坑所出甲骨的整理，可将所出甲骨分为三类。

第一类甲骨，笔画纤细，字体秀丽工整，主要称谓有父甲、父庚、父已等。典型标本为《屯南》2085、2497、2531、2254、2064、2567 等。（图 3-225 第一类型：1-1、1-2、1-3、1-4、1-5、1-6）

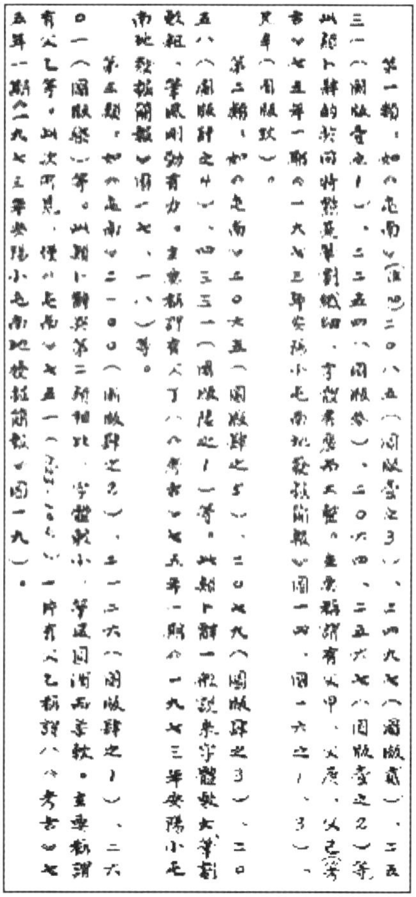

第二类甲骨，字体较大，笔画较粗，笔风刚劲有力，主要称谓有父丁等。典型标本如《屯南》2065、2079、2058、4331 等。（图 3-225 第二类型：2-1、2-2、2-3、2-4）

第三类甲骨，与第二类相比较字体较小，笔风圆润柔软，主要称谓有父乙等。典型标本为《屯南》2100、2126、2601 等。（图 3-225 第三类型：3-1、3-2、3-3）

其中第二类卜辞有父丁称谓，地层关系和称谓，证明应为武乙卜辞。而第三类卜辞有父乙称谓，并出土于小屯南地中期较晚地层中，应为时代明确的文丁之物。学者据此进一步把武乙、文丁卜辞分为三个类型。第一种类型（《屯南》647、2281）字体秀丽，若不依父丁、父辛称谓判断，很难与康丁卜辞区分，时间应较早。第二种类型（《屯南》1116、4331）字体粗大、有力，为武乙卜辞主流。第三种类型（《屯南》503、611）字体秀丽，柔和，有的字接近文丁字体。此外，典型文丁卜辞有《屯南》751、2100、2126、2601 等。如此等等。坚持"历组"卜辞为第四期说者，在这场讨论中对武乙、文丁卜辞进行了细区分，标志着董作宾的五期分法又有了细化和前进。

图 3-224 《论武乙、文丁卜辞》
（部分复印）

图 3-225　第一种类型至第三种类型甲骨

（第一种类型）1-1《屯南》2085，1-2《屯南》2497，1-3《屯南》2531，1-4《屯南》2254，1-5《屯南》2064，1-6《屯南》2567；

（第二种类型）2-1《屯南》2065，2-2《屯南》2079，2-3《屯南》2058，2-4《屯南》4331；

（第三种类型）3-1《屯南》2100，3-2《屯南》2126，3-3《屯南》2601

(2) 传统"五期"断代的系统深入再论述

《殷墟卜辞断代研究》，方述鑫著，台北文津出版社1992年出版。（图3-226）

该书第一章论非王卜辞，第二章各组卜辞断代研究，第三章论历组卜辞与武乙文丁卜辞。作者整理了每种卜辞出土坑位、地层，并结合甲骨文的字形、文例、人名、地名、方国、事类、称谓和同版关系、卜兆、钻凿形式等方面进行了全面考察和论证。

该书作者首先指出了"非王卜辞"不属于王是不正确的，也应是武丁时王室卜辞。其次对自组卜辞进行细致分类，并全面整理了三大群七小类在殷墟历次

图3-226 《殷虚卜辞断代研究》

发掘出土情况，结合称谓、贞人、用字、文例等考察了各类自组卜辞的时代。最后，对"历组卜辞"和武乙、文丁卜辞进行了全面整理和研究，将"历"贞27例卜辞和没贞人"历"但字体近历组和父辈明确的卜辞作为"历组"。而与"历组"卜辞不同的武乙、文丁卜辞，根据字体分武乙卜辞为三种类型，文丁卜辞分六种整理，并列有各类典型武乙、文丁卜辞字体表。

作者指出，"历组卜辞"都出于村中、村南，虽村北也偶有出土，但从未有一片出土于早期地层。从各方面考察研究，"历组卜辞"应为武乙、文丁时代，而不应前提至武丁、祖庚时期。因此，该书是传统"五期"断代说的系统深入再论述。

(3) 武丁以前（盘庚、小辛、小乙时期）甲骨文的追索

甲骨文第一期为武丁及盘庚迁殷以后之物，但何者为盘庚、小辛、小乙时期之物，学者尚没有明确认识，并一直在追索之中。胡厚宣虽然在《甲骨续存·序》中，谈过对一批笔画或纤细，或扁宽，或劲挺的卜辞上面的"父丁即祖丁，子庚即盘庚，疑皆当属武丁以前，即盘庚、小辛、小乙时之物"。疑则疑矣，但终未见其展开论述之作。

《1973年小屯南地发掘报告》(《考古学集列》第9集,科学出版社1995年版),根据小屯南地地层及打破关系情况研究,确定灰坑H115为小屯南地早期一段遗迹。此灰坑H115出土卜甲一片(《屯南》2777),应是"目前已知有确切地层关系的最早卜辞",并"和武丁和武丁以后卜辞有着区别"。但"该片卜甲的钻凿形态与武丁早期卜甲的钻凿形态基本相同",且出土此卜甲的"H115的地层关系甚早"。根据以上证据,学者"推断H115所出的那片卜甲(《屯南》2777)可能是武丁以前的卜辞"。此外,1949年前出土于M331的一片甲骨(《乙》9090),根据M331出土铜器与安阳三家庄M3所出铜器时代接近,应晚于二里冈期,早于大司空一期,绝对年代约相当盘庚、小辛、小乙时代,因此M331所出《乙》9090甲骨,应为武丁前之盘庚、小辛、小乙时代。至此,武丁以前殷墟甲骨的追索,可以说是始露端倪。(图3-227)

图3-227　1.《屯南》2777；2.《乙》9090

2. 殷墟王卜辞演进"两系说"的架构成功

(1) 王卜辞演进"两系说"理论的提出

在20世纪70年代后期开始的关于"历组卜辞"时代应提前至武丁、祖庚时代的争论,一直持续到80年代。但是,争论的双方各讲自理并拿出更多的证据论述自己论点（或主张"前提"，或坚持四期）的正确性，讨论处在胶着状态中。在这场长时期的讨论中，坚持不能"提前"者，完成了武乙、文丁卜辞的细区分。而主张"历组卜辞"时间前提的学者，发展、完善了自己的卜辞分组、分类体系，李学勤、彭裕商在《殷墟甲骨分期研究》（1994年）书中，全面架构了殷墟王卜辞演进的"两系说"，即

（村北）自组→自宾间组→宾组→出组→何组→黄组←

（村南）→自历间组→历组→无名组→无名黄间类→

自组卜辞村南、村北均有出土，是两系共同起源。自宾间组只出村北，自历间组只出村南，才开始两系发展，往后宾组、出组、何组、黄组为村北系列。历组、无名组、无名黄间类为村南系列。无名黄间类以后，村南系列又融合于村北系之中，黄组成为两系共同的归宿。在村北的占卜机构并未在一个时期内关闭或合并于村南，而是村北、村南两个系列自始至终共同发展。

如此等等，殷墟王卜辞演进"两系说"的架构成功，是这一时期断代研究的最新成果，并使传统的董作宾甲骨文分期断代"五期说"受到了挑战。

（2）架构"两系说"的理论著作

①《殷墟王卜辞的分类与断代》，黄天树著，台湾文津出版社1991年出版。（图3-228）

该书是1978年李学勤在长春会议上提出"两系说"这一断代研究新方案以后，不少赞成这一体系的学者投身到这一体系的构筑并发表了不少创造性意见的总结，并进一步深入和细化了殷墟王卜辞的主要部分，即自组卜辞、𠂤类卜辞、宾组卜辞、宾出类卜辞、自宾间类卜辞、论自组小字类卜

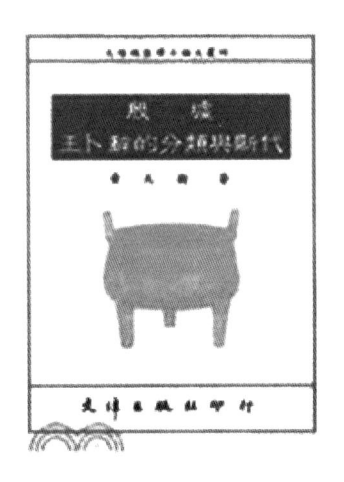

图3-228 《殷墟王卜辞的分类与断代》

辞的时代、历类卜辞、自历间类卜辞、何组卜辞、历无名间类、无名类、无名黄间类、黄类卜辞等的分类特征及时代演进。书中将殷墟卜辞分作A（即小屯村北和村中），B（即小屯村南）两系共20类。此书是分期新说的系统发展，是"两系说"体系架构中的重要阶段性成果。

②《殷墟甲骨断代》，彭裕商著，中国社会科学出版社1994年出版。（图3-229）

该书在整理卜辞时，充分使用了考古学方法，先分类、后断代。分类的主要标准有字体和卜人，确定时代的主要标准有称谓系统、考古学依据、卜辞间相互联系三方面。书中主要对王室早期卜辞进行了分类与时代的考察，论及自组卜辞、宾组卜辞，出组卜辞及历组卜辞等。此外，对非王卜辞的子组、午组、出组等并对历组卜辞进行了讨论。不仅如此，还专对早期王卜辞，诸如子组、午组、非王无名组、子组附属刀、亚等卜辞进行了分析和研究。

图3-229 《殷墟甲骨断代》

殷墟早期各种卜辞的年代是：

自组卜辞	武丁早期——武丁中期
宾组卜辞	武丁中期——武丁晚期（可延至祖庚）
出组卜辞	祖庚、祖甲（上限可到武丁末）
历组卜辞	武丁中期——祖甲前期
"自宾间组"	武丁期偏早
"自历间组"	武丁中期
非王卜辞	武丁中期

该书所"断"甲骨的时代主要是殷墟早期之物，即武丁至祖甲前期各类王室卜辞和非王卜辞，尚没有把殷墟王室晚期卜辞纳入断代分类体系。因此可以说，《殷墟甲骨断代》是"两系"断代新说架构过程的阶段性成果。

③《殷墟甲骨分期研究》，李学勤、彭裕商著，上海古籍出版社1994年出版。（图3-230）

该书是李学勤"两系"新说的全面总结和系统架构成功"两系"新体系的代表作。《殷墟甲骨分期研究》，在彭氏《殷墟甲骨断代》一书研究的基础上，又增加了"何组卜辞""黄组卜辞""无名组卜辞"三部分，这就使彭氏原书中仅涉及殷代王室早期卜辞的研究，扩展到整个晚商273年卜辞的全面研究，即从武丁经祖庚、祖甲、廪辛、康丁、武乙、文丁直至帝乙、帝辛时代的全部卜辞的研究。

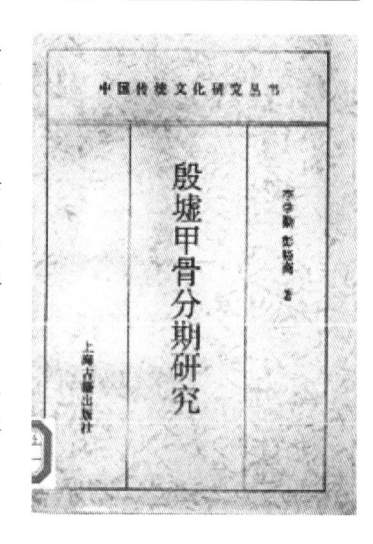

图3-230 《殷墟甲骨分期研究》

书中所架构成功的"两系"说演进体系，我们已在前面有关部分作了介绍，此处从略。

《殷墟甲骨分期研究》，还设专章"卜辞中所见商代重要史实"（第七章），把"从各类殷墟卜辞中排比出了若干较为重要的商代史迹"，依时间先后为序收录。

该书是"两系"新说首创者李学勤多年研究成果的总结，在理论上和方法上都有了新的深入和创新，堪称"两系"新说的经典性著作，产生了相当的影响。

"两系"新说和卜辞分类分组已付诸整理甲骨的实践，诸如雷焕章《德瑞荷比所藏一些甲骨录》（1997年）、李学勤等《瑞典斯德哥尔摩远东古物博物馆藏甲骨文字》（1999年），《中国国家博物馆馆藏文物研究·甲骨卷》（2007年）、《史语所购藏甲骨集》（2009年）、《张世放所藏殷墟甲骨集》（2009年）等。

（3）砸向"两系说"架构的重锤

①追捧与思考

虽然殷墟王卜辞演进"两系说"断代研究新方案架构成功，并从理论上说，颇为严密，因而受到不少青年甲骨学者追捧，但也有不少学者在认真思考着"两系说"架构的诸证据是否真正与考古发掘地层关系、卜辞内涵的纵向发展和横向联系的“全面整体”相符合？仍在搜集证据，对“两系说”架构进行验证。学者们的探索和研究，推动了甲骨断代学研究的全面深入发展与前进。

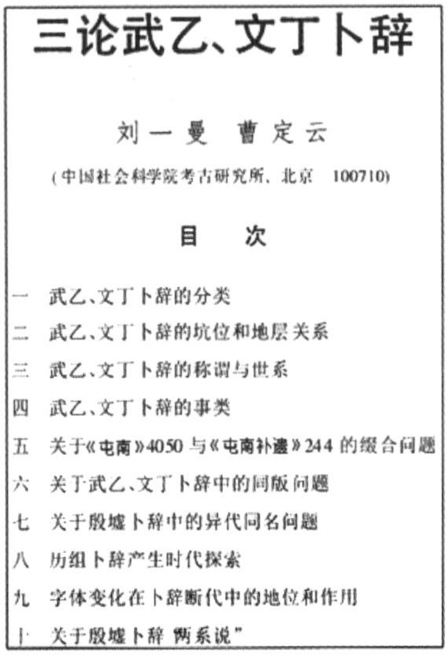
三论武乙、文丁卜辞

刘一曼　曹定云

（中国社会科学院考古研究所，北京　100710）

目　次

一　武乙、文丁卜辞的分类
二　武乙、文丁卜辞的坑位和地层关系
三　武乙、文丁卜辞的称谓与世系
四　武乙、文丁卜辞的事类
五　关于《屯南》4050与《屯南补遗》244的缀合问题
六　关于武乙、文丁卜辞中的同版问题
七　关于殷墟卜辞中的异代同名问题
八　历组卜辞产生时代探索
九　字体变化在卜辞断代中的地位和作用
十　关于殷墟卜辞“两系说”

图3－231　《三论武乙、文丁卜辞》（目次复印）

2011年《考古学报》第4期，发表了著名甲骨学家刘一曼、曹定云《三论武乙、文丁卜辞》一文，直指“两系说”的核心——“历组卜辞”前提说，并提出了一系列“两系”新说学者需要认真回答的问题，是砸向“两系说”的一记重锤。（图3－231）

②《三论武乙、文丁卜辞》，刘一曼、曹定云著，《考古学报》2011年第4期。

该文从下述方面对“两系”新说提出了挑战和质疑。

第一，“历组卜辞”时代前提至武丁、祖庚时代缺乏考古地层学证据。1973年小屯南地所出“历组卜辞”，均出土于相当康丁、武乙、文丁时代的小屯南地中期地层和帝乙、帝辛时代小屯南地晚期地层。不仅如此，1986年、1989年、2002年、2004年几次发掘，无名组和“历组卜辞”也出土于殷墟文化第三期（或三期晚）、第四期（或四期早段）的灰坑及文化层中。此外，自1928年殷墟科学发掘以来，廪辛、康丁以前的地层和灰坑中，也没有发现过“历组卜辞”。因此，主张“历组卜辞”时代前提，很显然是缺乏考古地层学证据的。

第二，武乙、文丁卜辞时代“前提”后，称谓、世系与早期的武丁时代不合，从而造成商王世系“乱伦”的混乱。

第三，武乙、文丁卜辞的事类，也多与武丁、祖庚（宾、出组）卜辞事类不同，诸如战争的对象和规模、祭祀的祭仪和用牲等方面均有明显的不同。

第四，所谓为“历组卜辞”时代提前“再次提供有力证据”的最新缀合（即《屯南》4050＋《屯南补遗》244），缀合后仍为一段残辞，“父”

字前和"父"字后仍不能确指，因而"证据"并无力。（图3-232）

第五，关于武乙、文丁卜辞中异代同版、同名、字体变化等，又经进一步加以充分论证，作出了更为合理的解释。

第六，指出"两系"说者难以解释"历组"卜辞与宾组、出组卜辞之间的差异和与他组之间的地层关系，因而将其从何组、黄组的链条组抽出，并放在"无名组"之前，为的是摆脱在地层关系方面的困境。

图3-232 《屯南》4050+《屯南补遗》244

第七，虽然"两系"演进新说构筑成功，但与小屯甲骨出土的实际情况不符。因此，《三论武乙文丁卜辞》提出的一系列问题，动摇了"两系"说的基石，并从卜辞的内容分析和考古地层的检验，直接指向"两系"说的架构，向学界提出了值得深思和进一步深入研究的课题。

（三）西周甲骨的著录与研究的发展

自1956年李学勤确认山西洪赵坊堆村所出甲骨为西周之物以后，历年各地屡有西周甲骨出土并陆续公布，但以周原岐山凤雏甲骨的公布和研究对西周甲骨学的形成影响最大。

西周甲骨的发现和研究，是新中国考古所取得的重大收获。特别是1978年以后西周甲骨（主要是周原甲骨）的陆续公布，推动了西周甲骨学研究的发展。而1982年凤雏甲骨材料全部公布以后，形成西周甲骨的研究热潮，打破了凡读甲骨则必殷商的传统观念，形成了西周甲骨学这一新的分支学科。

1. 西周甲骨的不断著录公布

周原甲骨自1979年开始陆续公布。

陕西周原考古队：《陕西岐山凤雏村发现周初甲骨文》（《文物》1979年第10期），按内容公布了部分有字甲骨，分类为卜祭、卜告、卜年、卜出入、卜田猎、卜征伐、人名官名地名、月相及计时法、杂卜、异形字等共32片。（图3-233）

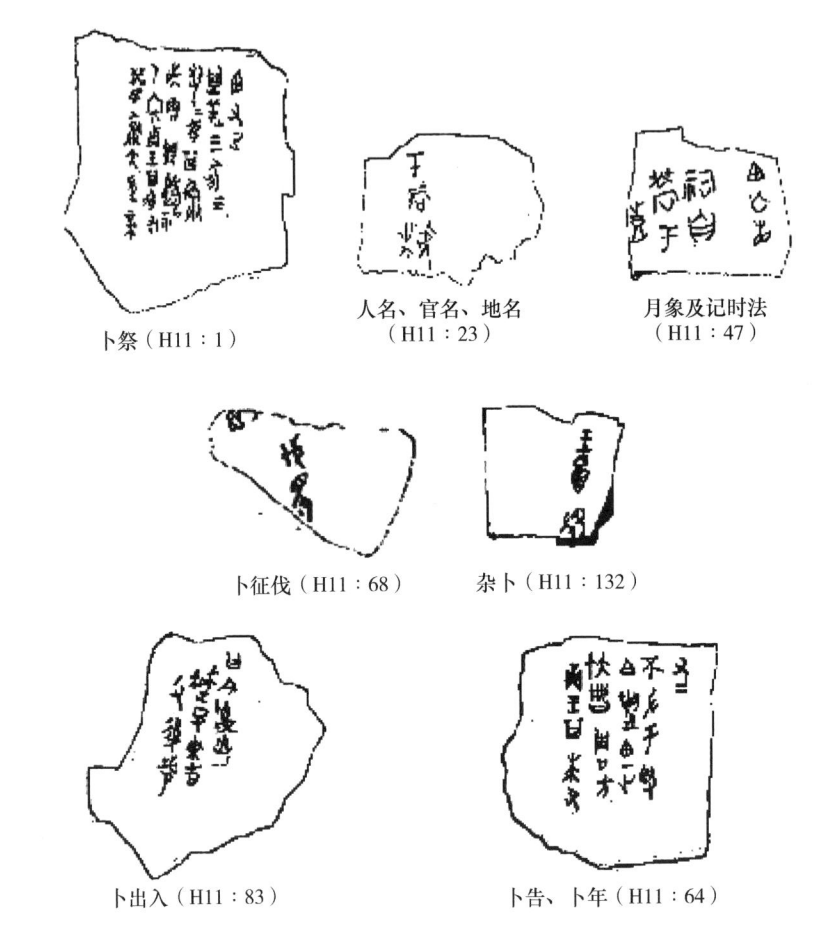

卜祭（H11∶1） 人名、官名、地名 月象及记时法
　　　　　　　　（H11∶23） （H11∶47）

卜征伐（H11∶68） 杂卜（H11∶132）

卜出入（H11∶83） 卜告、卜年（H11∶64）

图 3-233　陕西岐山凤雏村出土周初甲骨文几个类型

(参见《陕西岐山凤雏村发现周初甲骨文》)

徐锡台：《周原出土甲骨文所见了人名、官名、方国、地名浅释》（《古文字研究》第一辑，中华书局1979年版）。

徐锡台：《探讨周原甲骨文中有关周初的历法问题》（《古文字研究》第一辑，中华书局1979年版），共公布有字甲骨5片。

徐锡台：《卜辞十篇选释及断代》（《古文字研究》第六辑，中华书局1981年版），公布凤雏H11、H31所出西周有字卜甲共10版。

贾靖：《扶风县齐家村西周甲骨发掘简报》（《文物》1981年第9期），公布齐家村出土卜龟1版，卜骨5版。（图3-234）

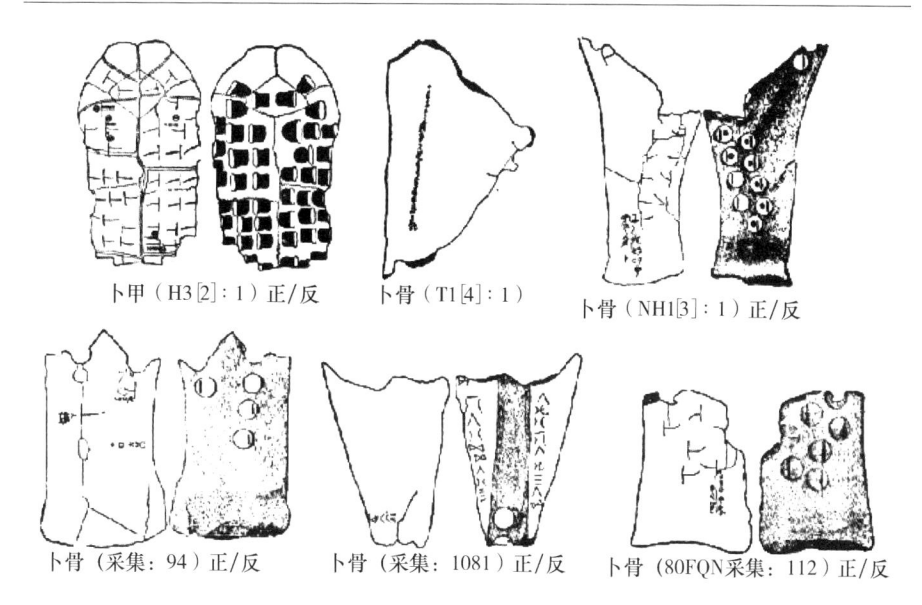

第三章 120年来甲骨学研究取得了辉煌的成就 495

卜甲（H3[2]:1）正/反　卜骨（T1[4]:1）　卜骨（NH1[3]:1）正/反

卜骨（采集:94）正/反　卜骨（采集:1081）正/反　卜骨（80FQN采集:112）正/反

图3-234　扶风县齐家村出土西周甲骨（《扶风县齐家村西周甲骨发掘简报》）

陈全方：《岐山凤雏村两次发现周初甲骨文》（《考古与文物》1982年第3期）共刊出新材料（除去与前已刊出重片后）76版。（图3-235）

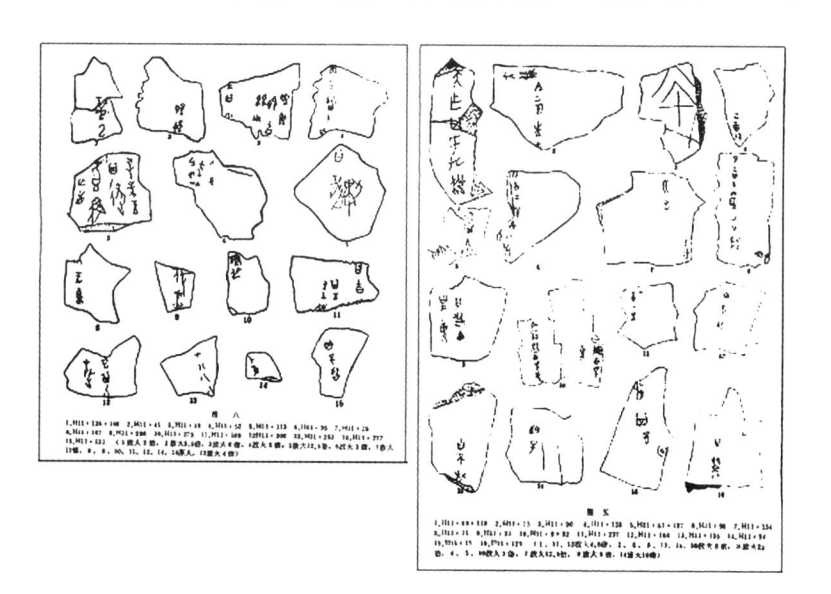

图3-235　岐山凤雏村出土周初甲骨摹本

（参见《岐山凤雏村两次发现周初甲骨文》）

以上陆续发表的西周甲骨材料，只是有字甲骨的一部分，因而研究时不免会得出片面的认识。直到 1982 年，周原凤雏宫殿宗庙基址西厢二号房 H11、H31 所出全部有字西周甲骨才得以公布。

陈全方：《陕西岐山凤雏村西周甲骨文概论》（《古文字研究论文集》，1982 年）按卜祭、卜告卜年、卜出入、卜田猎、卜征伐、人名官名动物名、月象及记时、杂卜、异形字、附录等分类，全部公布了凤雏 H11、H31 出土有字西周甲骨 292 版。（参见表 3-6）

表 3-6　　　　周原甲骨人名、地名、官名、兽名等统计表[①]

[①] 参见陈全方《陕西岐山凤雏村西周甲骨文概论》，《古文字研究论文集》，四川大学出版社 1982 年版。

陈氏全部公布凤雏有字甲骨，推动了西周甲骨学研究的全面发展。

2. 西周甲骨（主要是周原甲骨）1982年5月全部公布前的研究

（1）周原甲骨"绝大部分为商王室的，不是周人的"。主要以王玉哲《陕西周原所出甲骨文的来源试探》（《社会科学战线》1982年第1期）为代表。（图3-236：1）

（2）周原甲骨时代、性质等方面相当复杂，今后需综合全部材料分析判断，指出周原卜辞中的"王"不是周王，而是商王帝辛，而同辞的"周方伯"应指文王西伯昌。这些卜辞从辞主而言，应是确实帝辛卜辞。主要以李学勤、王宇信《周原卜辞选释》（《古文字研究》1980年第4辑）为代表。（图3-236：2）

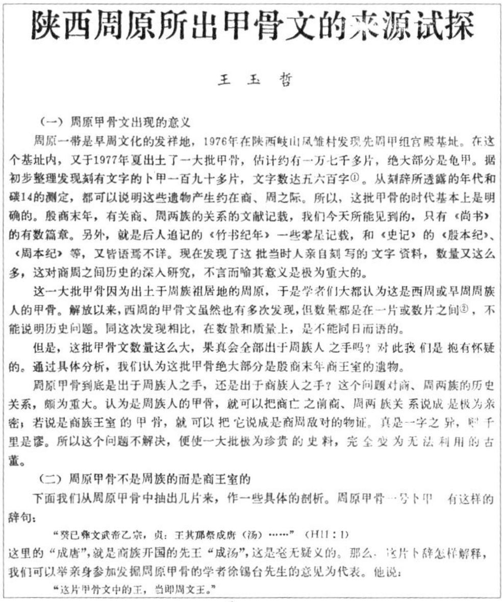

图3-236　1.《陕西周原所出甲骨文的来源试探》部分复印；2.《周原卜辞选释》部分复印

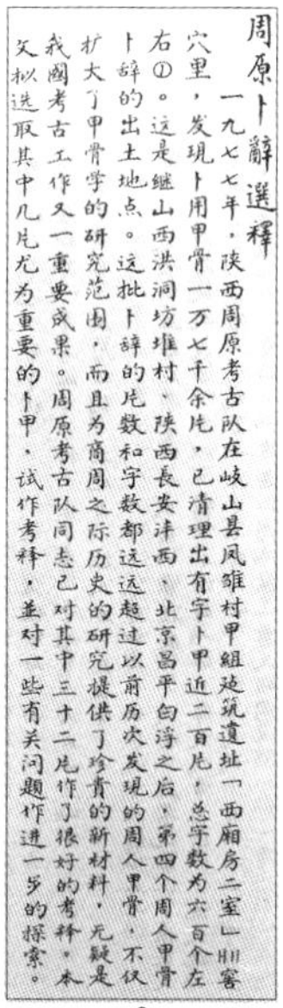

（3）周原甲骨文，有的在武王克商以前，有的在武王克商以后。主要以陕西周原考古队《陕西岐山县凤雏村发现周初甲骨文》（《文物》1979年第10期）为代表。

3. 西周甲骨（主要是周原甲骨）全部公布后（1982年5月）的研究

（1）周原甲骨凡称"王"的卜辞皆指周文王。周原甲骨绝大部分都是文王时代物。周原甲骨上之"文武帝乙宗"为文王所主崇祀殷先王之庙，反映了周部族为殷王朝之属国。周原卜辞文字结构上继殷墟，它的作者应出于殷人之手。主要以徐中舒《周原甲骨初论》（《古文字研究论文集》1982年5月）为代表。（图3-237）

（2）《西周甲骨探论》，王宇信著，中国社会学科出版社1984年出版。本书封面题字为著名史学大师侯外序。（图3-238）

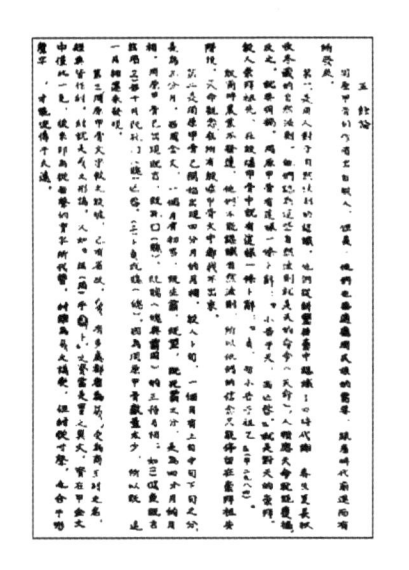

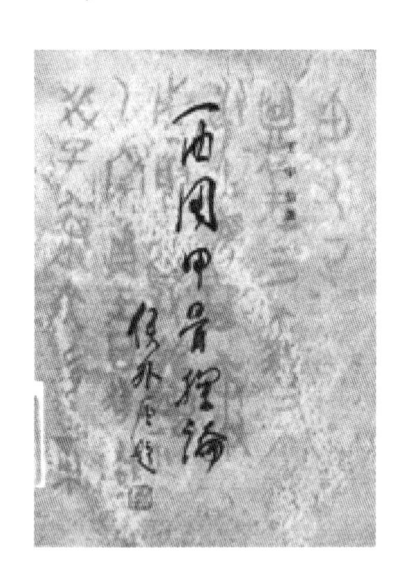

图3-237 《周原甲骨初论》的〈结论〉部分　　图3-238 《西周甲骨探论》复印

该书的内容有李学勤序（1983年3月）；前言；第一篇，概论西周甲骨的发现与研究；第二篇，西周甲骨汇释；第三篇，西周甲骨综论；第四篇，再论西周甲骨分期；第五篇，简论西周甲骨的科学价值并展望今后的研究；第六篇，西周甲骨摹聚；第七篇，附录；第八篇，后记。

值得注意的是，该书第六篇不仅收入了周原所出全部有字甲骨摹本，而且还收录了历年各地所出西周甲骨，诸如洪赵坊堆村、沣西张家坡、昌平白浮等，为学者全面系统整理研究提供了便利。

第二篇则将历年学者对甲骨上文字考释集中，以供学者放到全部西周甲骨中进行再研究。该书第三篇，则在总结前人研究成果和自己研究的基础上，对西周甲骨的特征进行了总结，并从"王"字入手，将西周甲骨分为文王时期、武王·成王时期、昭王·穆王时期。在第四篇，则进一步从"王"字的纵向差异和横向不同，对西周甲骨进行分期，并列有"文王时期甲骨与周甲骨比较表"和"周原甲骨王字字形演化表""岐山凤雏甲骨文所见诸'王'时代表""岐山凤雏甲骨文时代表"等。书中将凤雏所出241片有字甲骨分为文王时期23片（含帝乙、帝辛甲骨8片）、武、成、康时期217片，而齐家所出为昭、穆时期。《西周甲骨探论》是此前西周甲骨研究的总结，并为其后的深入研究奠定了基础和方向。

4. 几部深入研究西周甲骨（主要是周原甲骨）的论著

（1）《周原甲骨文综述》，徐锡台著，三秦出版社1987年出版。

该书内容主要有：石兴邦序（1986年6月）；跋；第一章，绪论；第二章，周原甲骨文考释；第三章，周原甲骨文分论；第四章，周原甲骨文综论；第五章，周原甲骨文的学术价值；尾语；附记；后记。（图3-239）

该书第三章，按周原甲骨出土编号类次，以摹本著录凤雏H11有字甲骨283版，H31所出有字甲骨9版，扶风齐家所出有字甲骨7版。在附记五之图版中，公布部分甲骨放大照片，以供与摹本相校勘。

该书第四章，对西周甲骨的特征进

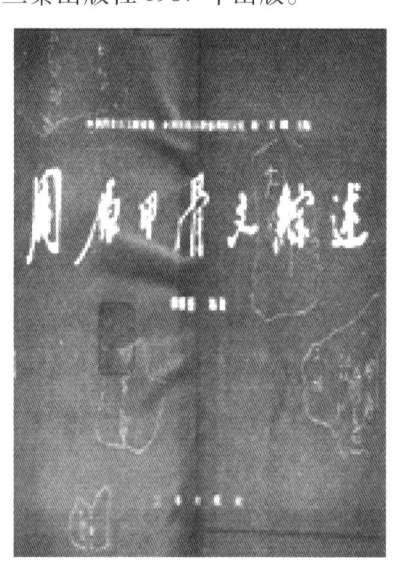

图3-239 《周原甲骨文综述》

行了全面论述并指出了周原甲骨有一部分相当于周王季晚期和文王早期，大部分属文王中、晚期，少数卜甲可能属于武王和周公摄政时期。《综论》也从周原甲骨上所见"王"字与殷墟卜辞"王"字的发展进行对比，得出了周原骨Ⅰ型1式、2式"王"字与廪辛、康丁时殷墟三期卜辞相近，应为周王季或文王早期。而Ⅱ型"王"字从Ⅰ型工式演变而来，近于殷文武丁、帝乙时卜辞，当属周文王中期。Ⅲ型"王"字从Ⅱ型演变而来，近于殷帝辛时五期卜辞"王"字，相当于周文王末或武王时期。此外，本书还从周原卜辞内容进行分析的基础上，对凤雏、齐家所出甲骨进行分期探索。

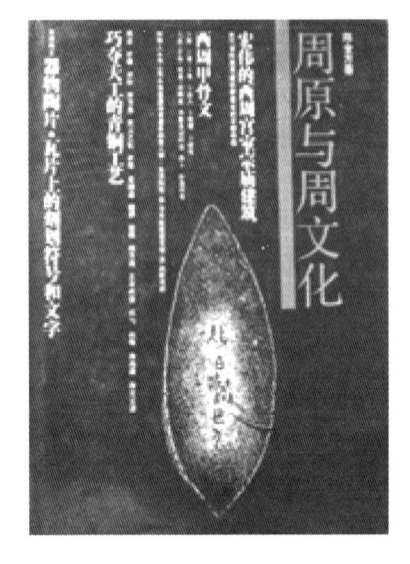

图 3-240 《周原与周文化》

(2)《周原与周文化》,陈全方著,上海人民出版社 1989 年出版。(图 3-240)

该书主要内容有:绪论;上编一、周原的自然环境及其历史变迁;二、周原遗址的发掘;三、宏伟的西周宫室(宗庙)建筑;四、劳动人民的伟大创造;下编一、周原出土的西周甲骨文;二、周原陶文概述;后记。

该书首先指出古今史地学家对岐邑论述中,所涉地望多有舛错,并结合作者在周原地区实地考察及周人自己所记周原地望的研究,确定了所谓"周原"地望,当北至岐山,南临渭河,东到武功,西到凤翔、宝鸡一带。与此同时,根据考古发掘材料判定周族早期都城岐邑所在之处。(图 3-241)

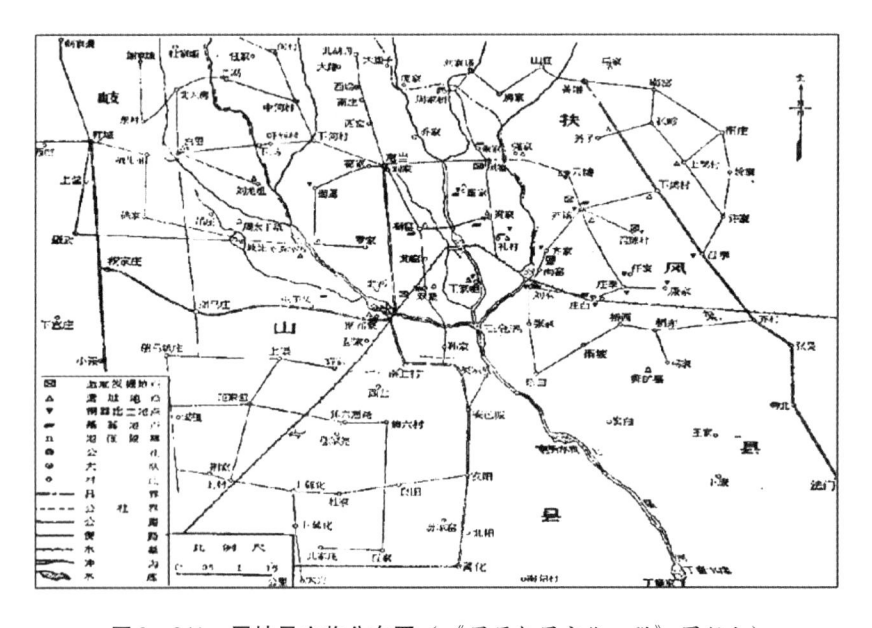

图 3-241 周岐邑文物分布图(《周原与周文化·附》图版七)

近年来发现出土遗物、遗迹较为面积广大、内涵丰富的遗址区，即北以岐山为界，东至扶风县黄堆乡樊村，西至岐山县祝家庄岐阳堡，南至扶风县法门乡的康家和庄李村，东西宽约3公里，南北长约5公里，总面积为15平方公里的范围内，即为周原。此外，这里自古以来就是西周铜器集中出土的地方，并列有"两千年来岐邑出土西周铜器略目表"为证。

该书按卜祭、卜告卜年、卜出入、卜田猎、卜征伐、人名官名地名动物名、月象及计时法、杂卜、卦画符号等内容分类，用放大照片著录凤雏H11所出甲骨共142片，并按同样分类用摹本著录H11所出甲骨290片，两者顺序相同，可资对照。

(3)《周原甲骨研究》，朱歧祥著，台湾学生书局1997年版。(图3-242)

该书作者朱歧祥深感周原"这批甲骨出土后分别为不同单位所管，一般学人要亲睹实物，并不容易。当时拍摄的照片却模糊不清，不易核对。而且目前能见到的描本又多主观的笔画，可信度更是降低。这都增添了许多解读上无法克服的困难"。因此该书在附录二、陈全方《周原与周文化》描本和徐锡台《周原甲骨文综述》描本对照表中，将二者所著录凤雏H11、H31所出有字甲骨描本按出土编号，

图3-242 《周原甲骨研究》

分别列于每页之左右，以供研究者对校，共292片。但是，周原齐家所出甲骨早已于1981年《文物》第9期公布，朱氏该书却未予收录，这就失去了研究较完整卜骨H1〔3〕：1和卜龟H3〔2〕：1的机会。

朱氏在书中，"仅就徐（即徐锡台）、陈（即陈全方）二家考释的异同，尝试提出个人的补充，分别就断代、考释、语释三部分加以说明"。他断H11：1、H11：84、H11：112、H11：30等30多片为"商人甲骨"，其余诸片均为周人之物。属于商人的甲骨有记载祭祀商王先祖的，例与殷墟相同。但属于周人所刻的，却没有祭祀商王先祖的例子。周原所出商人甲骨，当是作为一种范文用于参考和保存的。

(4)《甲骨文合集补编》（简称《合补》）附：殷墟以外遗址出土甲

骨，王宇信、杨升南辑，语文出版社1999年版。

《合补》附录中不仅收入了周原岐山凤雏H11、H31和扶风齐家所出全部有字甲骨，还收入了周原甲骨成批发现以前公布的西周甲骨，诸如陕西西安丰镐遗址、山西洪赵坊堆村、北京昌平白浮等地出土甲骨摹本；还收入了周原成批甲骨公布以后，各地新出土西周甲骨，诸如北京房山琉璃河、镇江营、河北邢台南小汪等遗址的甲骨摹本。

值得称道的是，《合补》附在著录岐山凤雏H11、H31所出甲骨时，每片甲骨都有三种版本的摹本以供研究者勘校，即A为陈全方《陕西岐山凤雏村西周甲骨文概论》所作摹本；B为徐锡台《周原甲骨文综述》所作摹本；C为陕西岐山周原文管所编《周原甲骨文》所作摹本，周原H11、H31所出有字甲骨，共编为1—209号。（图3-243）

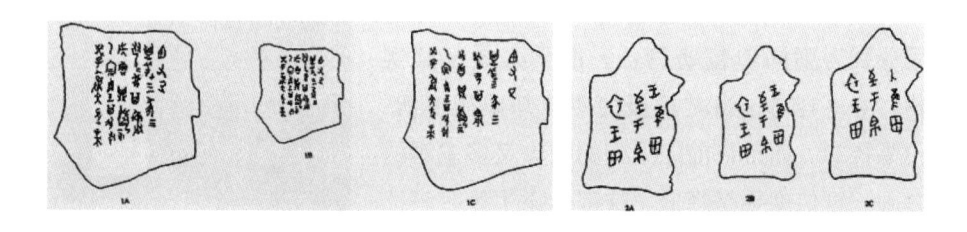

图3-243　《合补》著录周原甲骨例

5.《周原甲骨文》与西周甲骨学全面深入发展

《周原甲骨文》，曹玮著，世界图书出版公司2002年版。该书的内容有出版说明、前言、周原甲骨文及同坑出土器物、周原甲骨文摹本著录对照表、原甲骨文释文对照表、周原甲骨文论著目录、论记。（图3-244）

该书的特色是在"周原甲骨文及其同坑出土器物部分"，该编公布了凤雏H11出土全部有字甲骨1—283号、H31有字甲骨1—10号、齐家出土甲骨1—7号，总计300片西周甲骨皆为彩色放大照片（因粉化现已不存的甲骨，用陈全方、徐锡台摹本代替），重要甲骨旁或再制全版放大照片，或骨旁附局部放大照片。每印刷页上皆置毫米单位标尺，供研究者掌握甲骨大小参考。书中彩色照片印刷颇精，整体显示效果极佳。本书是第一次全部以彩色照片公布周原有字甲骨的著作，堪称周原甲骨的标准著录本。

《周原甲骨文》大事记式的序言，全面总结了西周甲骨学的研究历程，并全面展示了自1982年以来，学者们在文字的考释、方国的考订、商周关系及甲骨族属方面的深入研究成果，特别是把学者们争论、研究的焦点圈定在"王与周方伯""宗的位置""册周方伯之'册'的诠释"等几个问题上，既为前一阶段西周甲骨的研究作了总结，又为今后全面深入研究西周甲骨指明了方向。因此，《周原甲骨文》继往开来，是西周甲骨学发展史上一部里程碑式著作。

6. 西周甲骨的继续发现

就在西周甲骨总结性著作曹玮著《周原甲骨文》出版以后，西周甲骨又在周原

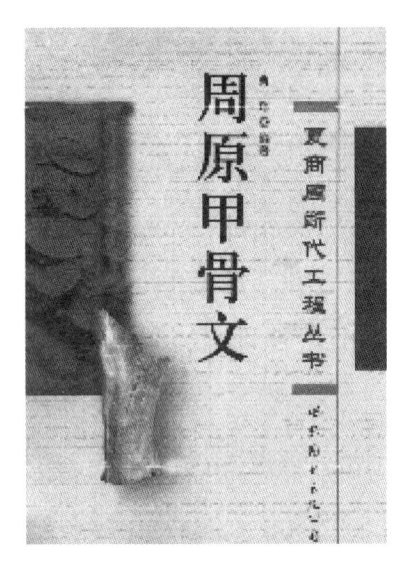

图 3-244 《周原甲骨文》

周公庙遗址岐山周公庙、河南洛阳、山东高青陈庄、宁夏彭阳等西周遗址又不断有所发现。

2002—2003年，周原扶风齐家遗址出土卜骨有字者1件共3个字。2003年，岐山周公庙出土有字卜龟2件，一件上刻两条卜辞共17字，一件上刻两辞共39字。2003年又对周公庙遗址核心区发掘五个地点，共出土5161片卜甲，共2200余字。其中"王季""叔郑"当为首见，而周公、毕公却屡见；此外，河南洛阳发现西周有字卜骨，上刻3辞共14字。山东高青陈庄遗址也发现一版西周甲骨，右尾甲刻"筮数"为"一八八一八八"。2017年6月，中国目前发现甲骨文最西北部的一处遗址，宁夏彭阳姚河塬商周遗址出土西周甲骨文，在甲字形墓葬M13的墓道填土中，发现卜骨3件，其中一件正面左侧兆痕旁有刻辞两行，连合文共35字，其钻凿形制与陕西周原甲骨相近。为此等等，西周甲骨的不断发现，将推动西周甲骨学研究的深入发展。[①]

[①] 参见拙著《新中国甲骨学60年》，中国社会科学出版社2013年版，第十二章第六节"西周甲骨的新发现将推动研究得继续发现"。及王建宏《宁夏彭阳姚河塬商周遗址出土甲骨文》，《光明日报》2018年1月15日。

(四) 殷墟考古发掘与研究不断取得新成果

1. 殷墟发掘不断有重大考古新发现

（1）重要墓葬的新发现

①殷墟郭家庄 160 号墓

1990 年发掘的郭家庄 M160 中型贵族墓，墓为长方形，土坑竖穴墓，深 5.7 米，墓口长 4.5 米，东边宽 2.88 米，西边宽 3.04 米，面积约 13 平方米。出土随葬品达 353 件之多，其中有铸造精良、纹饰华美的青铜器 41 件，并有 200 多件青铜兵器。考古学家据铜器上的"亚址"铭文和出土大量兵器推断，此墓墓主"亚址"当为商朝重要武将。（图 3 - 245）

图 3 - 245 1. 1990 年殷墟郭家庄 160 号墓发掘现场（参见《殷墟考古 78 年》）；2. 郭家庄 160 号墓的青铜器，其中 200 余件是兵器（《殷墟的价值》）

郭家庄 M160 是继 1976 年妇好墓（M5）发现以来的殷墟第二座从未被盗掘的中型贵族墓。随葬品丰富，时代应属于殷墟文化三期（相当于康丁、武乙、文丁时期），对研究殷墟青铜器断代有重要意义。

②花园庄东地 54 号墓地的发现

2000 年在安阳殷墟花园庄东地发现了 54 号墓（M54）。此墓形制为长方形土坑竖穴墓，墓口长 5.04 米，宽 3.3 米，墓口面积约 16.6 平方米。墓中随葬物丰富、精美，各类遗物达 570 件之多，其中青铜器达 310 多件。铜器中有礼器 39 件，各类兵器 170 余件。有的青铜器形制硕大、纹饰华丽。该墓出土的玉器达 210 件，玉质优良，造型精美，刀工精细。

据 M54 出土铜器上铭文"亚长"和出土大量兵器判断，此墓主"亚长"当为商朝高级武将。M54 时代属殷墟文化二期编晚（相当于祖庚、祖甲时期），是继殷墟妇好墓（M5）、郭家庄 M160 发现之后，殷墟第三座从没有被盗掘过的贵族墓葬，对研究商代青铜器及殷墟文化分期有重要价值。（图 3-246）

图 3-246　花园庄东地 54 号墓所出土青铜器（参见《殷墟的价值》）

2000 年新年前夕小屯村民发现有可疑者用探铲在花园庄一带钻探，及时报告考古所安阳工作站，考古专家决定发掘。在大雪严寒中和元旦时也不休息，终于在盗掘者动手前，将 M54 发掘完毕，完好无损地取得全部科学资料。

（2）重要遗址的新发现

①孝民屯铸铜作坊遗址及村落的发现

2003 年，考古专家在殷墟孝民屯发掘了 5 万多平方米，取得丰硕的考古成果。在这一遗址，发现了墓葬 1177 座，绝大多数为商代后期墓。房址 115 处，属商代的 111 处。

较重要的是揭露出一处商殷时期村落遗址，共发掘出半地穴式房基 27 组（套），每组（组）内有单间、两间、三间、四间等几种形式，以两间和单间的为主，房基内有土台和灶。这一村落的时代，大体属于殷墟文化二期（相当于祖庚、祖甲时期）。

孝民屯铸铜遗址的发现也很有研究价值。在面积 1.5 万平方米的范围内，发现的有关遗存有取土坑、范土澄泥坑、范土堆积坑、土范晾晒坑等，还有大型青铜器铸造间及浇注工作台、废范坑、祭祀坑、水井和匠人墓等。此外，还发现数以万计的外范、内范、陶模等。据出土陶范研究，此铸铜作坊主要产品是青铜礼器，器类达十余种，相当齐备。（图3-247）

图3-247 孝民屯新发现的铸铜遗址

（参见《殷墟的价值》）

这次发掘，在遗址发现了一块直径达1.5米的范的底部，当是王室所用大型青铜礼器的底部。因此，孝民屯铸铜作坊应是由商王朝工官直接管辖的铸造礼器的处所。

②北徐家桥"四合院"式夯土建筑群的发现

2001—2002年，在安阳小屯南约2公里的北徐家桥村，发掘了一处规模较大、建筑群体密集的商代"四合院"式夯土建筑基址群。遗址范围南北长约170米，东西宽约160米。中心建筑群体分为六排，南北纵向排列，每排4—5组，约20组。主持发掘的考古专家孟宪武、李贵昌研究，此处夯土建筑基址群，可能是商王室下层贵族的一处重要官邸。（图3-248）

图3-248 殷墟北徐家桥"四合院"基址（参见《殷墟近十年的考古新收获》）

③洹北大司空村"四合院"式夯土建筑群的发现

2004年,殷墟洹水北岸的大司空村发掘,清理出夯土墓址50余处,其中有15座基址,组成一组建筑群。该建筑群以"四合院"式建筑为中心,前后至少三进院落,东西至少有两个配院。大司空村22号房址是该组建筑群的中心建筑,在其北侧护坡土表面,有4组用螺壳和蜗牛摆成的图案,似鹰、夔龙和凤鸟等动物形的图案,应与祭祀活动有关。考古专家据发掘现象推断,这组中心建筑可能是族宗庙的遗迹。(图3-249)

图3-249　洹北大司空村"四合院"夯土基址(参见《殷墟近十年的考古新收获》)

④殷墟宫殿基址考古新发现与《安阳殷墟小屯建筑遗存》

甲．丁组基址的新发现

20世纪80年代末和90年代初,在殷墟乙组宫殿基址的乙20基址之东南,发掘了一组凹字形宫殿建筑基址。该基址由南、北、西三排房基组成,占地面积5000平方米。基址出土陶器属于殷墟文化一期(相当于武丁时代),基址出土一件铭有"武父乙"的铜盉,当为祭武丁之父小乙所用礼器。据此,考古学家推断此基址应建于武丁时期。

这组新发现的宫殿基址,应与1949年前发掘的甲、乙、丙三组共53

座建筑基址有密切关系，因而有学者遂称之为54号基址或丁组基址。[①]（图3－250）

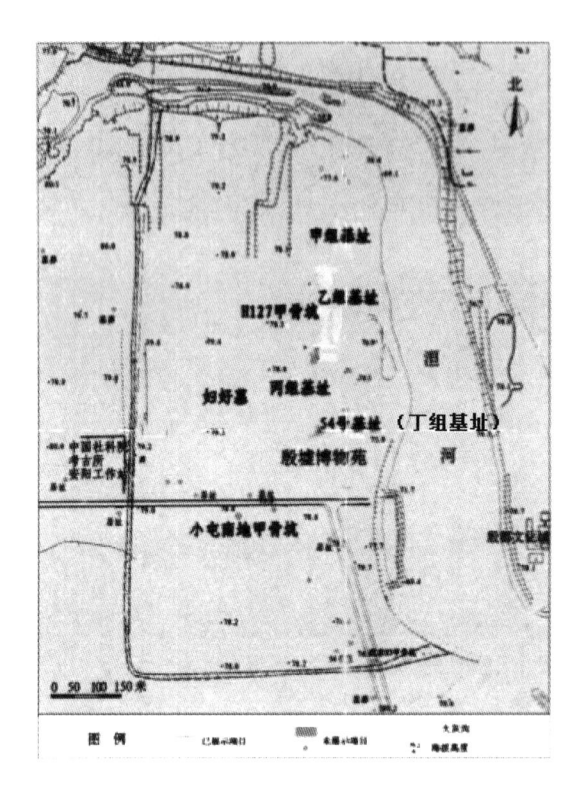

图3－250　殷墟宫殿区"丁组基址"位置图（图框来源于杜金鹏《殷墟宫殿区建筑基址研究》）

乙．《安阳殷墟小屯建筑遗存》，文物出版社2010年出版。

《安阳殷墟小屯建筑遗存》考古报告主要内容有：壹、前言；贰、丁组大型建筑基址的发现与研究；叁、与1号房基有关的祭祀坑；肆、结语（一、丁组基址的布局概况与年代；二、试论乙组基址的面貌与殷人的建筑理念；三、祭祀坑内出土器物的意义）；伍、甲组基址再发掘的新收获；陆、小屯村北半地下式房址的发掘。附录一，《夏商周断代工程1996—2000年阶段成果报告》（简本）有关商代后期的年代节录、殷墟文化分期与测

[①]　以上参见刘一曼《殷墟考古78年》，《中国文化遗产》（总第13期）2006年第3期。

年、商代后期年代的整合；附录二，记安阳殷墟早期的鸟类、英文摘要（Abstract）；编后记。

丁组建筑基址是新中国考古学家在殷墟发现和发掘的一组大型宫殿基址，为殷墟宫殿、宗庙区的整体布局提供了重要资料。因此可以说，丁组基址的发现和研究，是殷墟城址考古的重大收获。（图3-251）

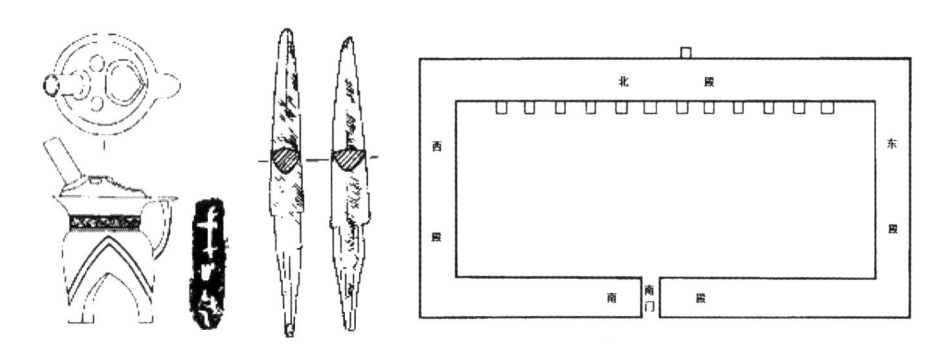

图3-251 "丁组基址"遗址中发现的武父乙铜盉（左）和石镞（中）及"丁一基址"复原建筑平面示意图（右：该基址呈现"囗"字形，为四合院式夯土高台建筑，坐北朝南，向南有大门）（参见《殷墟宫殿区建筑基址研究》）

⑤21世纪的重大考古发现——洹北商城

1996年以来，在洹水以北的东王度村、三家庄村和花园庄村一带进行了大规模的考古调查和钻探。1999年11月至12月下旬，钻探工作取得了重大收获，即发现一座新的城址，命名为"洹北商城"。

洹北商城平面近方形，方向北偏东13度，边长2100—2200米，总面积4.7平方公里。城址埋于地表以下2.5米深处，现仅存城墙基槽部分，基槽宽约9米。该城的年代早于殷墟文化一期（武丁时期以前），有学者认为此城是盘庚迁殷最初的地点，传统的殷墟是武丁以后发展起来的。也有学者认为，此城可能是河亶甲所居之相。（图3-252：1）

2001年夏，考古学者在洹北商城内进行系统考古钻探，发现夯土基址31处。2001年10月至2002年5月，对其中最大的1号基址进行了科学发掘。该基址平面呈"回"字形，东西长173米，南北宽85—91.5米，占地面积达1.6万平方米，是迄今发现的殷墟规模最大的建筑。学者推测是宫殿、宗庙类大型建筑，可能始建于"中商二期"，废弃于"中商三期"。（图3-252：2）

洹北商城及大型宫殿宗庙建筑的发现，扩大了学者对殷墟范围的认识，并推动了中商文化和商代城市史、宫殿建筑史研究的深入。[①]

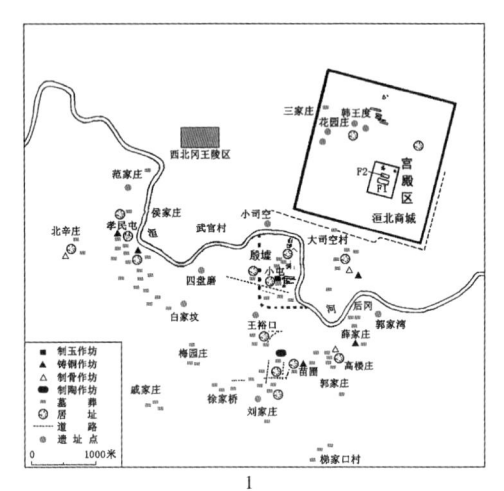

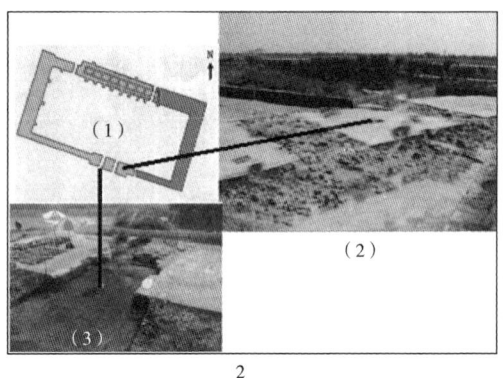

图 3-252　1. 殷墟与洹北商城位置图（参见许宏《先秦城邑考古》）；2.（1）为洹北商城一号建筑基址复原示意图；（2）为一号基址发掘现场（倒塌的门道清理之前）；（3）为清理出来一号基址门道（参见《殷墟的价值》）

2. 殷墟宫殿基址研究的突破性成果——《殷墟宫殿区建筑基址研究》

1949 年前所发掘殷墟的 53 座建筑基址，由于中国考古学尚处甫建时

[①]　参见刘一曼《殷墟考古 78 年》，《中国文化遗产》（总第 13 期）2006 年第 3 期；又李伯谦《殷墟的价值》，同期。

期，经验不足和考古资料收集的不够齐全，不少基址本身地层关系有误或没有全部发掘完毕，因而对其关系判断不清。长期以来，53座基址成了学者（包括考古学者）研究时理不顺、读不懂的一座座"迷宫"。多年来，研究者停留在甲组基址住人，乙组基址是商王宗庙、宫殿，丙组基址是祭坛的人云亦云的表面认识上。

新中国的考古学家，在殷墟发掘宫殿宗庙基址的成果上起步，在发掘郑州商城、偃师商城和偃师二里头以及湖北盘龙城等遗址大型建筑基址和周原西周大型建筑基址的工作中成长，并有了很大进步，即不仅能读懂了殷墟建筑基址，还能发现殷墟建筑基址以外，即对殷都布局的规律性认识。

《殷墟宫殿区建筑遗存研究》，就是一部对殷墟甲、乙、丙、丁（即1949年后所发掘的凹形基址）组共54座基址研究取得突破的重大成果。该书著者杜金鹏从考古实践和中国古代宫殿宗庙建筑一直贯彻以中轴对称的原则，创造性地整理并提出54座建筑基址是有着内在联系的一座座"四合院"式建筑，还科学而合理地对殷墟各建筑基址地面建筑进行模拟复原，这在殷墟宫殿宗庙研究中是有开创意义的。（图3-253）

在书中，著者根据古代文献和甲骨文记载，并根据我国现存的古都标本，论证甲组基址为"寝"（包括寝室、燕朝），乙组基址是"朝"

图3-253 《殷墟宫殿区建筑基址研究》

（内外朝，个别基址为宗庙），丁组基址是"祖"，丙组基址是"社"，从而为一组组宏伟建筑注入了活力，使研究者走出了这一座座迷宫。

该书主要内容：序一；序二；序三；绪论；第一章、殷墟宫殿区建筑基址的发掘与研究；第二章、甲组基址研究；第三章、乙一组基址研究；第四章、乙五组基址研究；第五章、乙七基址研究；第六章、乙八组基址研究；第七章、乙十一组基址研究；第八章、乙二十组基址研究；第九章、丙组基址研究；第十章、丁组基址研究；第十一章、殷墟宫殿区建筑布局与演进；第十二章、殷墟礼仪建筑制度研究；第十三章、相关历史问题讨论；后记。

3. 殷墟博物苑的修建，是殷墟申遗成功的序幕

今日的世界文化遗产殷墟，分布在洹水南岸的茅茨土阶的宫殿区和洹水北岸的古朴苍凉的王陵区为中心的约30平方公里的土地上。虽然这里自1899年甲骨文发现以后就闻名遐迩，成为海内外学者向往和要踏访的地方，但昔日的殷墟，只有千百年来旧貌不改的洹水，在不知疲倦地诉说着商朝王都当年的辉煌，而其他一切均已深深地埋入地下。早在西周初，箕子过殷墟时就慨叹"麦秀渐渐，禾黍离离"，成为一片荒凉的地方。

不少海内外学者满怀"朝圣"的希望来此瞻仰，但诚如美国著名甲骨学家戴·维·凯特利所感慨的："这里到处是庄稼和野草，看了后使人感到无比失望……"为了保护殷墟遗址，具有远见卓识的安阳市历届领导李祖卫、方晓宇、杨学法、张锦堂等人，取得了文物考古专家周谷城、胡厚宣、谢辰生、杨鸿勋、朱启新、王宇信、杨升南等人和老革命家王定国等人的大力支持，力排众议，冲破阻力，精心论证，精心设计，精心施工，在张光银、赵永和、张堂修等吃住在工地，昼夜兼程工作并监督施工，终于在3个月内修起了一座古朴典雅的遗址公园——殷墟博物苑。在这座一流的遗址公园落成典礼举行时，1987年举行的"中国殷商文化国际研讨会"开幕式，就在矗立在乙20基址之上的仿殷大殿内举行。（图3-254）

图3-254　1. 杨鸿勋教授正在作设计技术交流（殷墟博物苑档案）；2. 1987年中国殷商文化国际研讨会的开幕式（1987年9月10日：郭胜强提供）

（1）殷墟宫殿区乙二十仿殷大殿的修建

如果没有安阳市领导1987年修建殷墟博物苑的重大举措，可以想见，这里也一定会如同小屯南地一样的场景，即早已把当年流水潺潺，农女洗

衣的乡愁和一望无际的菜园交相辉映的田园美景，改换成今天的二层小楼林立的新民居了。果会如此，遗址将会遭受重大破坏，哪里还会有今天的世界文化遗产中国殷墟呢?!

图 3-255　1. 乙二十仿殷大殿施工；2. 乙二十仿殷大殿即将完工；3. 七十五天筑新苑（郭胜强提供）

因此，1987 年殷墟博物苑的修建，拉开了殷墟保护和 2000 年申报世界文化遗产的序幕。正由于安阳市历届领导重视殷墟的保护并打下了良好的基础，因此，中国殷商文化学会的学者才有可能在纪念甲骨文发现 100 周年的国际会议上发出申报世界文化遗产的呼吁。可以说，没有当年殷墟博物苑的修建和安阳市历届领导对殷墟的保护，就不可能在较短的时间和较顺利地把中国殷墟申报列入世界文化遗产名录的成功。（图3-255）

当年那些为修建殷墟博物苑而呼吁、奔走和修建中出过力、流过汗的学者、历任领导和战斗在第一线的同志们，是我们不应也不能忘记的！

（2）殷墟宫殿区内YH127坑发现地及YH127坑模拟复原

在3000多年前的世界上，殷商文明处于领先的地位。殷墟不仅有丰富的甲骨文可考，还有地下埋藏着尚待发现的无与伦比的世界文化珍品，堪称是一座藏品旷世的"地下博物馆"！经过几代考古学者艰苦卓绝的努力，为我们打开了这座"地下博物馆"展厅的一道道大门，从而使世界人民步入文化宝库的堂奥，实现了今人与古人的对话，受到博大精深殷商文明的威势和震撼。

殷墟的地下，埋藏着大批人类文明的瑰宝——甲骨文。自1899年至今天，百多年来共出土15万片以上。其中1936年发现的甲骨窖藏127坑，一次就出土17056片，被世人誉为世界上最早的"档案库"。而1973年、1991年在小屯南地和花园庄东地又有成批发现，为世界文明史增加了大量新资料。甲骨的发现，不啻发现了一个奴隶社会，并使中国

图3-256 1. 1987年胡老为殷墟甲骨窖穴展厅（YH127坑）剪彩（郭胜强提供）；2. 殷墟YH127坑发现地；3. 殷墟甲骨窖穴展厅内的YH127坑模型

有文字记载的历史提前了 1000 多年。与此同时,甲骨文研究成为一门国际性学问,把史料较少的商代史研究建立在牢固的科学资料基础之上。为了展示当年 YH127 甲骨窖藏发现的盛景,现在其原址上修建了甲骨窖穴展厅和 YH127 甲骨窖藏的模拟复原。(图 3 - 256)

(3)殷墟宫殿区内车马坑展厅

殷墟车马坑展厅,有一辆木制的仿殷马车模型,按发掘殷代马车的原尺寸复原。这辆车,在 1987 年召开的殷墟文化国际研讨会期间,曾经"二马抬杠",车厢里坐着著名学者周谷城、胡厚宣和老革命家王定国,体会殷代战事"车辚辚"的感觉。现今,这部车静静地摆在这里,成了殷墟召开的第一次国际研讨会的纪念品。宽敞的展厅,展出了六座殷代车马坑和一段殷代道路的遗址。这几座车马坑,每坑葬一车,其中五坑皆葬两马,四坑各葬一人。车马坑保存完整,显示了我国考古学家从历史的积尘里剔出车子的高超发掘水平。展厅

图 3 - 257 1. 2001 年殷虚车马坑展厅落成剪彩(郭胜强提供);2. 车马坑展厅内部

周壁,将殷墟车马坑的发掘情况,车子结构、铜车饰及各部件用途、御驾方法等用图片和文字进行了引人入胜的介绍,使参观者感受了形象的商代交通史话。[1](图 3 - 257)

---

[1] 参见杨善清等《中国殷墟:去安阳认识商代文化》,上海大学出版社 2006 年版,第 158 页。

(4) 殷墟宫殿区基址的模拟复原

80多年来的持续考古工作，学者们揭去了一层层尘封殷墟上的历史泥土，当年恢宏的晚商都城的轮廓逐渐显现出来。现在可知，殷墟的范围东西达6公里，南北近5公里，"总面积近30平方公里"。此外，在大司空村以北，1999年还发现一座早于殷墟的大型商代中期城址——洹北商城。

就在这片范围广大的遗址区内，几代考古学家挖土不止，考古不休，使一个个商代文明的载体——遗迹和遗物被揭露出来。洹水以南和今天的小屯村以北，是当年的殷王朝宫殿、宗庙所在地，是都城"大邑商"的中心区。这里共发现大型建筑基址54处，总面积达70万平方米。其中的"甲组基址"，当为商王的居住生活区。"乙组基址"，考古学家推断为"宗庙"和政务活动区。"丙组基

图3-258　图围栏内为殷墟宫殿区内发现的"丙组"基址

址"形制像"祭坛"，可能为社稷。在殷墟中心区周围，东、北两面以洹水为天然屏障，西、南又挖有大深壕沟与外面隔绝，从而为中心区的安全提供了保障。（图3-258）

(5) 殷墟宫殿区内甲骨碑林

为了彰显甲骨文化，甲骨学家王宇信、杨升南特从15万片甲骨中选出甲骨之"王""公"等精品30余版，由杨善清监督施工，依甲骨原形勒摩上石，正面为甲骨原篆，背面用汉字在其对应处刻释文，可相互参校。洹河岸边的甲骨碑林，于无声处演绎着商代的辉煌历史。（图3-259）

图3-259　殷墟宫殿区内甲骨碑林

(6) 殷墟博物馆及馆内展品（图 3 - 260）

殷墟是一座保存无数珍品的"地下博物馆"。如今，世界文化遗产殷墟，为展示发掘和研究的成果，并保护遗址的总体风貌，国家在洹水岸边修建了一座在地平面以下的"殷墟博物馆"。几百件精美"殷虚"出土文物在这里熠熠发光，无言中使人们感受到高度发达的殷商文明的强烈震撼。不仅如此，殷墟博物的设计也别出心裁，即人们沿着㳠（亘）字形时光隧道步入展厅，与左侧的洹河交相辉映，平面恰是一个甲骨文的㳠（洹）字形。而进门处的水院中央是一版大龟甲模型，其上刻有董作宾大师的甲骨书法："鸟入林中方入暮，风过水上自成文。"其字古朴、典雅，显示出甲骨文书法的魅力。

图 3 - 260　1. 殷墟博物馆奠基暨开工仪式（2005 年 3 月 16 日）；2. 殷墟博物馆开馆仪式（2005 年 9 月 25 日）；3. 殷墟博物馆建筑工地；4. 殷墟博物馆地下庭园；5. 馆内展览的青铜器；6. 陶器

(7) 殷墟王陵区

在洹河以北的王陵区，共发现商代大墓 14 座。其中"西区"发现 4 条墓道大墓 7 座、单墓道大墓 1 座及未完成大墓（俗称假大墓）1 座，共 9 座。而在"东区"发现 4 条墓道大墓 1 座、两条墓道大墓 3 座、单墓道大墓 1 座，共 5 座。学者研究，认为带 4 条墓道者应为商王墓，而两、单墓道者，似为商王近亲墓所。此外，在王陵区还发现了祭祀场，除了鸟祭、兽祭坑外，大部分以人为祭牲，每坑内人数不等，或砍头，或全躯，有一万人以上。殷人"先鬼而后礼"，虽然大墓被盗严重，但仍有不少精美华贵的随葬品遗留下来。（图 3 – 261）

图 3 – 261　殷墟王陵区鸟瞰图

(8) 殷墟王陵区传司母戊鼎出土大墓（M260）复原展示

殷墟王陵区传出"司母鼎"的地方，考古学家曾进行过发掘，这是一座编号为 M260 的大墓。这一代地方，曾是柏树森森的吴家坟园。中央研究院发掘殷墟时，曾调查到此处有殷代大墓，1937 年曾准备发掘。但吴氏后人以不能"挖人祖坟""破吴家风水"为由而阻挡下来。后 1939 年 3 月由吴家子弟盗挖出一大鼎并历经周折，终于在 1959 年入藏国家博物馆，这就是著名的"司母戊鼎"。此墓因出司母戊鼎而闻名于世，其实在王陵区大墓中，形制和规模并不十分突出。只因出有此鼎，故在殷墟王陵区，只对 M260 这座单墓道大墓进行了整体复原。展示的方法是，先将发掘过的墓葬进行再发掘，但墓底及墓壁留出 0.5 米厚的垫土，以保障原始墓圹得到保护，因而新挖出的墓圹比原墓圹要小。为恢复原展示时尺寸与原墓葬一致，将地面抬升了 1 米。复原后 M260 的墓口部是完全开放的，因而上面又置保护房。保护房四壁展版上的图片和文字，向人们介绍了殷王陵区 8 座四墓道大墓的情况并展示了珍贵出土品照片，使踏访者在感受王陵区古朴苍凉的宏大气势后，在这里得到了画龙点睛的文化享受。[1]（图 3-262）

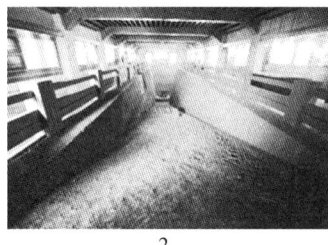

图 3-262 1. 殷墟王陵区传司母戊鼎出土的地方；2. M260 大墓墓道；3. 墓道中之人头骨

（9）殷墟王陵区祭祀场（排葬坑）复原

据学者统计，中华人民共和国成立前发掘的殷墟王陵区"十四做大墓的殉人数，总计 3000 人左右"。此外，"又发现小墓 1228 座"。这些小墓形制内容可分为 24 种。有的墓内为俯身葬，或埋全人一两具或多具，或埋无头人体肢骨，或埋无体人头骨 10 个，或 27—39 个（《殷墟发掘》第 93—94 页）。中华人民共和国成立以后，这一带又有不少重要遗址发现，1976 年发现了 250 座祭祀坑，其中 191 座埋有被杀骨架 1178 具。据学者研究，这 250 座祭祀坑，分布集中并排列有序，可分为 22 组。时间有早晚的不同，每一组祭祀坑就是举行一次祭祀活动的遗留。这一批 250 座祭祀坑连同这一带 1949 年后发现的 1228 座小墓，结合文献和甲骨文研究，杨锡璋等学者在《从商代祭祀坑看商代奴隶社会的人牲》（《考古》1977 年第 1 期）文中，推断这里当时是专用于祭祖先的"祭祀场"。现在王陵区建有保护房，室内复原展示排葬坑场景。（图 3-263）

---

[1] 参见李阳生等《殷墟古遗迹：保护与展示的智慧》，《中国文化遗产》2006 年第 3 期。

图 3-263　1978 年春武官村北地发掘的祭祀坑全景

（10）殷墟王陵区兽坑、象坑

《殷墟发掘》在历数王陵区小墓时，说发掘有"马葬，内埋马一匹到 37 匹，马头上多戴满装饰的络头。""又有象葬，内埋大象一匹，或埋象一匹及象奴一人。""又有鸟兽葬，内埋鸟兽多具。""又有兽葬，内埋兽一至三头。"现在王陵区东南部对马坑、鸟兽坑、牛坑等作"原地封存"，地面覆盖玻璃罩"展示。即将原祭祀坑挖去一部分，但要不损伤坑内的动物骨架，然后填入部分拌有石灰的新土，防止春夏两季长草，或在新铺的土上复制出动物骨架（原尺寸姿势不变），地表以玻璃罩覆盖。为便于参观，使地下水蒸汽能排出，两侧开出气孔。1978 年，殷墟王陵区西区祭祀场兽发现一象坑，为戴铜铃亚洲小象（图 3-264），当为驯象。《吕氏春秋·古乐篇》有"商人服象"，甲骨文也有驯养象的记载，即商王"省象"（《合集》32954）。

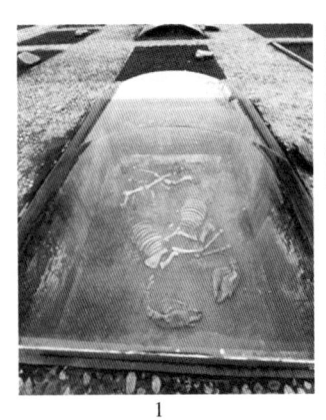

图 3-264　1. 殷墟王陵区兽祭坑；2. 1978 年发现于殷墟王陵区西区祭祀场西南部祭祀坑，为幼年亚洲象，小象佩带铜铃（M35）

（11）中国青铜时代鼎盛时期的代表作——司母戊鼎的回归故里展

殷墟"申遗"的成功，开启了殷墟保护、利用、弘扬的新时期。学者们任重道远，继续努力完成时代赋予的伟大使命。而更多的海内外游人，涌入世界文化遗产地安阳殷墟，认识殷墟，领略殷商文化氛围，从这里走进中华文明——甲骨文的世界。

殷墟又是一座青铜宝库。历年来，这里共出土青铜器万件以上。不少青铜造型独特多样，或大气磅礴，或小巧玲珑。而纹饰诡谲、神秘，或瑰丽、精细，是极有价值的艺术珍品。著名的司母戊大鼎，重达 832.84 公斤，是世界青铜时代之最。而其他铜器，诸如偶方彝、三联甗、鸮尊等，也是极为罕见的艺术珍品。如此之多的青铜器，反映了商代高度发达的青铜冶铸业水平。

为营造殷墟的申遗氛围，增强殷墟文化博大精深的形象展示和扩大其在海内外的影响，2005 年 5 月，安阳市人民政府从国家博物馆借回司母戊大鼎，在国家文物局的支持下，这件阔别故乡安阳殷墟近 60 年的国之重器，终于又回到安阳"省亲"，在新落成的殷墟博物馆特展大厅内，与国宝三联甗等一起，与家乡的父老们见面。安阳市民万人空巷，都去殷墟近距离一睹这家乡游子的真容。其当年的发现者和保护者吴培文老先生，被特许抚摸他当年亲自过手的这件国宝。吴培文老先生激动得热泪盈眶！司母戊鼎在申遗的关键时刻重回安阳，向世界彰显了三千多年前殷墟文化的壮丽辉煌！

图 3-265　司母戊鼎及发现者吴培文先生

梁园虽好，家乡不能久留。司母戊大鼎回归国家博物馆后，它惟妙惟肖地放大复制品矗立在殷墟乙20（指建筑基址"乙组20号"）大殿广场的东南方。司母戊大鼎成了殷墟的标志性符号，具有无比的文化穿透力，殷墟文化传遍世界四面八方，而司母戊大鼎又有无限的亲和力，吸引着天涯海角的游客来此游览瞻仰。（图3-265）

（12）海内外旅游者踏访世界文化遗产殷墟

殷墟博物苑的志愿者们，把专家学者的研究成果化成生动有趣的解说词，陪着一批又一批海内外游人，享受殷商文化盛宴。在穿越浓厚殷商文化氛围的时空隧道中，实现古人与今人的对话，从而使一件件文物活起来，使中华文化基因在实现中国梦，在构筑、践行社会主义核心价值观中传承、发展、弘扬光大！（图3-266）

图3-266 图为踏访殷墟的海内外旅游者

5. 世界的殷墟——"申遗"成功与保护、弘扬的全新时期

由于殷墟文化保护和弘扬，取得了世界瞩目的成就，以及殷商文明对推动世界文明进程所做出的巨大贡献，在2006年7月13日世界文化遗产大会第30届会议上，中国殷墟被高票通过列入"世界文化遗产名录"，这是它在世界文明史上所占重要地位的反映，也是世界人民对创造了灿烂的

殷商文明的中华民族推进世界文明进程,并做出了巨大贡献的承认与肯定。从此,殷墟保护与弘扬进入了一个全新的时期。(图3-267)

图3-267 2006年7月13日于立陶宛召开的第30届世界文化遗产名录会议 (《新华社》2006年7月13日)

图3-268 2006年7月13日在立陶宛首都维尔纽斯,中国代表团负责殷墟申遗项目的代表们庆祝安阳殷墟申报世界文化遗产成功 (《新华社》2006年7月13日)

(1)殷墟申遗成功后,安阳人民万众欢腾,举行了一系列热烈庆祝殷墟"申遗"成功的大型活动,并发行多种纪念物,诸如出版大型纪念画册、特种纪念邮票等。(图3-268)

图3-269　安阳人民在殷墟博物苑门前举行"申遗"成功
庆祝活动及申遗成功纪念邮票

殷墟申遗的成功，是党和国家全力支持和重视的结果，是海内外学者多年研究殷墟、弘扬殷墟的结果。也是安阳殷墟原住民舍小家，全力保障殷墟申遗成功牺牲个人利益的回报。从此，殷墟跻身世界文化遗产名录，将会更完整地留给子孙后代。（图3-269）

（2）殷墟遗址以其在人类文明史上的重要地位和遗址保护的完整性和科学性研究的持续性，具有成为世界文化遗产的一切硬件，并为海内外学者所公认。使其早日列入世界文化遗产名录，是海内外甲骨学商史专家和考古学权威学者的共同愿望。因此，在1999年纪念甲骨文发现100周年会议上（1999年8月20—23日）（图3-270），国内外学者就呼吁殷墟列入世界文化遗产名录，并在呼吁书上郑重签上自己的名字。在 2004 年举行的纪念甲骨文发现 105 周年学术会议上（2004 年 7 月 28—31 日），海内外学者 140 多人再一次呼吁把殷墟列为世界遗产加以保护，并在呼吁书上郑重签上自己的名字。海内外学者对殷墟申报世界文化遗产名录成功寄托这无限希望和深情。

图 3-270　图为纪念甲骨文发现 100 周年国际学术研讨会闭幕式
（1999 年 8 月 23 日）

美国纳尔逊艺术博物馆东方馆馆长杨晓能博士说："商文化是国际学术界公认的中国第一个文明社会，其文化具有独一无二的完整性。具备了一个文明社会的标准，因此殷商文化被国际学术界公认为东方文明体系的开端。"

法国国家科学研究中心的甲骨文专家戴明德教授说："我对殷墟申报世界文化遗产表示衷心地支持。作为一个外国人，在我看来，这个计划最重要的意义在于它将会激发外国人对中国文化的了解、支持和爱护，这才是殷墟申报世界文化遗产的目的。"

台湾著名甲骨学家朱歧祥先生说："殷墟的发掘源于甲骨文的发现。没有甲骨殷墟就是一个空壳；而没有甲骨文的研究，甲骨也是一个空壳。"

中国社会科学院考古研究所所长王巍说："到目前为止，中国先秦夏商周三代，夏和西周都未发现王陵，西周王宫宫室建筑尚有待确定，夏代成系统的文字也还没有发现。三代都城考古发现的比较，更凸显了殷墟之可贵。"

（3）在 2006 年第 30 届世界文化遗产大会联合国教科文组织古迹遗址理事会曾派世界遗产评估专家金秉模先生专程来安阳殷墟实地考察，并对遗址的科学保护和利用给予很高评价。（图 3-271）

图 3-271　金秉模来安阳殷墟实地考察

（4）2006 年 7 月 13 日，在立陶宛首都维尔纽斯举行的第 30 届世界文化遗产大会上，中国殷墟被列入"世界文化遗产名录"以后，安阳殷墟所在地隆重地矗立起"世界文化遗产殷墟"标志牌和"甲骨文发现地"巨碑。（图 3-272）

图 3-272　1. 世界文化遗产纪念标牌；2. 甲骨文发现地纪念碑石

由于甲骨文这一人类古老文明的发现，才得以确定商朝晚期都城（约公元前 1300 年）遗址就在安阳小屯村。为了寻找更多的甲骨文，考古学家揭开了尘封在殷墟地面上的历史泥土，为我们复原了屹立在东方的当时世界上为数不多的奴隶制王朝的都城。殷墟出土的大批珍贵的甲骨文、瑰丽诡秘的青铜器、秀美精巧的玉器、端庄华丽的白陶以及大批的陶器、骨器等遗物，再加上深邃的王陵大墓、规制不同的甲组、乙组、丙组建筑遗址和平民居住区、墓葬区、大规模的铸铜遗址和各种手工业作坊遗址等，是商王朝辉煌历史的物化。当年的商朝人，就在殷墟这块土地上，上演了威武雄壮的史剧，推动了人类文明进程的前进……

（五）甲骨学商史研究的全面深入发展

《甲骨文合集》等大型甲骨著录的出版，为甲骨学商史研究提供了坚实的基础。而科学发掘甲骨的不断出土和公布，又为甲骨学商史研究的全面深入注入了新的活力。与此同时，殷墟考古不断涌现出的新成果，为甲骨学商史研究提供了"二重证据"并不断提出新的研究课题。因此，这一时期的甲骨学商史研究，在前一时期成就的基础上取得了新的前进，并完成了突破性的填补大型商代史著作空白的多卷本《商代史》（共11卷）。

1. 学者们对商代史的多层面探索取得成绩

这一时期，学者们的研究深入商代历史的多个层面，诸如社会结构和国家职能、社会经济、宗教祭祀及其规律、气象历法与医学等方面，发表了一批卓有见地的论文和一批系统论述的专著，诸如宋镇豪《夏商社会生活史》（1994年）、白钢主编《中国政治制度通史》（1996年）、杨升南《商代经济史》（1992年）、朱凤瀚《商周家族形态研究》（1996年）、钟柏生《殷商卜辞地理论丛》（1989年）、彭邦炯《商史探微》（1988年）、胡庆均主编《早期奴隶制社会比较研究》（1996年）、陈恩林《先秦军事制度研究》（1991年）、刘展主编《中国古代军制》（1992年）、郑杰祥《商代地理概论》（1994年）、陈炜湛《甲骨文田猎刻辞研究》（1995年）、彭邦炯《甲骨文农业资料考辨与研究》（1998年）、常玉芝《商代周祭制度》（1987年）、许进雄《殷卜辞中五种祭祀的研究》（1968年）、常玉芝《殷商历法研究》（1998年）、温少峰等《殷墟卜辞研究——科学技术篇》（1983年）等。甲骨学商史研究出现了一片繁荣景象，为21世纪的商代史研究的发展和几代学者所追求的全面、系统、大型商代史著作提上研究日程，打下了坚实的基础和提供了可能。（图3-273）

图 3-273　学者们一批商代史研究成果

2. 记录学者甲骨学商史探索足迹的论文集

1978 年以后，一批当时尚"年轻"的学者，发表了不少探索甲骨学商史研究的论文，为商史研究多角度深层次的发展和研究领域的拓展做出了贡献。他们在追求中成长，在探索中前进，在学业有成中迎来了"耳顺"

第三章 120年来甲骨学研究取得了辉煌的成就 529

的退休之年。不少人将其文章结集出版，留下了他们辛勤开拓和探索追求的足迹。

（1）《甲骨文商史丛考》，杨升南著，线装书局2007年出版。该书共收入作者历年已发表在各种期刊上的论文31篇，其中15篇为商代社会史方面的有关研究论文，3篇为商代地理方面的有关论述，7篇为商代经济方面的有关论作，6篇为其他方面的研究，诸如关于甲骨学一百年的发展等。（图3-274）

（2）《甲骨学论文集》，肖楠著，中华书局2010年出版。该书共收入肖楠已发表在《古文字研究》等学术刊物和文集上的论文11篇，其中有1973年安阳小屯南地甲骨发掘简报，也有专论自组、午组卜辞的研究论文。特别是一论和再论《武乙、文丁卜辞》（即作者在后来论文中称《初论》《再论》者），在"历组卜辞"的讨论中有重大影响。此外，还有关于小屯南地甲骨缀合、钻凿形态的研究、文字的考释等论述。而关于卜辞中的工与百工、师和旅，殷墟易卦卜甲的研究等颇有新意。这些文章不仅在当年，而且直到现在还有着相当的影响和参考价值。（图3-275）

所谓"肖楠"，实为考古学家刘一曼、温明荣、曹定云、郭振录等人的集体笔名，即当年在考古研究所整理1973年小屯南地甲骨所蛰居"小南屋"的谐音。如今，"小南屋"早已拆除不存，肖楠也早已星散，但肖楠大名却永远留在了甲骨学术史上！

图3-274 《甲骨文商史丛考》

图3-275 《甲骨学论文集》

3. 几部甲骨学商史研究新著的推出

（1）《殷墟甲骨非王卜辞研究》，常耀华著，线装书局 2006 年出版。（图 3-276）

该书目次为：序一（李学勤）、序二（宋镇豪）、凡例、上篇、中篇、下篇、附录。

上篇为子组卜辞研究，涉及内容有子组人物研究、子组卜辞缀合两例、新缀四例、子组卜辞的材料问题、关于"子组卜辞来源、重见、缀合及出土坑位表"的几点说明等。

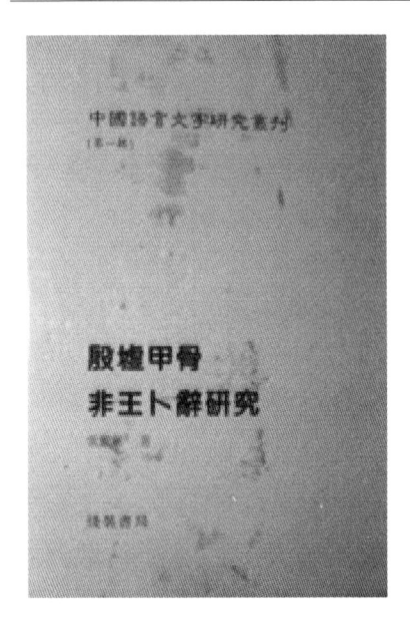

图 3-276 《殷墟甲骨非王卜辞研究》

中篇为花园庄东地卜辞研究，主要内容有读《花园庄东地甲骨》、试论花园庄东地甲骨所见地名、花东 H3 卜辞中的"子"——花园庄东地卜辞人物通考之一、附录 1、2、3 等。

下篇为 1949 年前发掘 H251、H330 卜辞研究，包括 H251、H330 卜辞研究的几篇专论，谈及相关坑位记录表及甲骨缀合问题、两坑同文卜辞及殷代占卜制度、两坑卜辞基本类别及两坑卜辞与子组卜辞关系等。此外，还专论"多帚"。

附录为著名考古前辈石璋如《殷墟地上建筑复原第八例兼论乙十一后期及其有关基址与 YH251、330 的卜辞》和《一生不断的探索》等。

该书的贡献在于论定"子组卜辞"为考古类型学之术语，与"子组""多子族"殷人自名之历史概念有本质不同。此外，在前人的研究基础上，归纳出几个判定人物的"标准"，从而确定子组卜辞人物百余名是有意义的。常氏认为，花东 H3 子卜辞不可能存在时间过于短暂，认为当前学者考证 H3 卜辞的"子"是羌甲之后，或武丁从父或兄弟、武丁太子等说，"都带有玄想的成分"。常耀华在书中推定非王卜辞的早晚顺序应为两坑（H251、330）→子组→花东。此外，书中附录为考古人瑞——百岁老人石璋如与常氏两代学者讨论切磋学问，在学术史上留下了一段佳话。

（2）《殷墟花园庄东地甲骨校释》，朱歧祥著，台中东海大学中文系语言文字学研究室 1996 年出版。简称《花东校释》，由前言，第一部分"殷墟花园庄东地甲骨释文"，第二部分"殷墟花园庄东地甲骨释文正补"组成。（图 3-277）

本书的第一部"殷墟花园庄东地甲骨释文"，是朱氏为《花东》（1991 年）著录甲骨新作之释文。释文以原著本为据，其有商榷之处，据原书照相片加以补充、改正，在新释文中加以反映，并附原释文以资参证。新作释文与原《花东·释文》有释改者，加"※"号以资区别，共释561 版。该书的第二部分"殷墟花园庄东地甲骨释文正补"，是就原释文一些较容易发现的字形、读法和理解上的问题，提出朱氏自己的意见，可以看作朱氏另作一部新释文立论的基础。正补对《花东》描本的疏漏、排印的失误、标点的商榷及影响词义的理解、行款读法的差异等方面都有所指正，并据文例、拓本核对进行补字和商榷原书的释文等方面，对《花东·释文》（1991 年）进行了自己的再整理和研究释定。

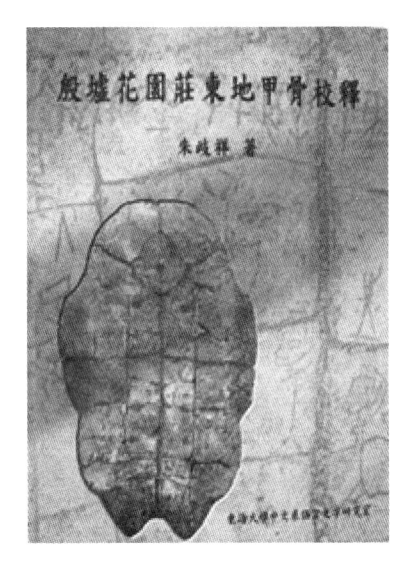

图 3-277 《殷墟花园庄东地甲骨校释》

值得注意的是，该书作者在校释《花东》原释文的时候，发现并提出了一系列值得研究和回答的问题，即《花东》甲骨有大量表面遭到削刮痕迹，我们又如何解释？花东卜辞主人"子"地位如此重要，在文献历史中能否找到相对应的人物？花东卜辞主人"子"与一般非王卜辞中之"子"的关系是什么？花东卜辞字体特别，我们如何解释这些对字形分期断代构成挑战的字例？花东卜辞刻写方式特殊，与常态王室卜辞行款不同，当为早期或地域性刻写模式。能否从中发现书写规律，以帮助我们方便通读上下文？花东卜辞大量特殊字例、词条等，是否反映了当时方言和官方语言的区别？如此等等，发人深省。

朱歧祥的《花东校释》，不仅是自《花东》1991 年出版后，学者对花园庄东地甲骨研究深入的反映，而且书中提出的一系列问题，对甲骨学商史的深入研究也颇有启示。

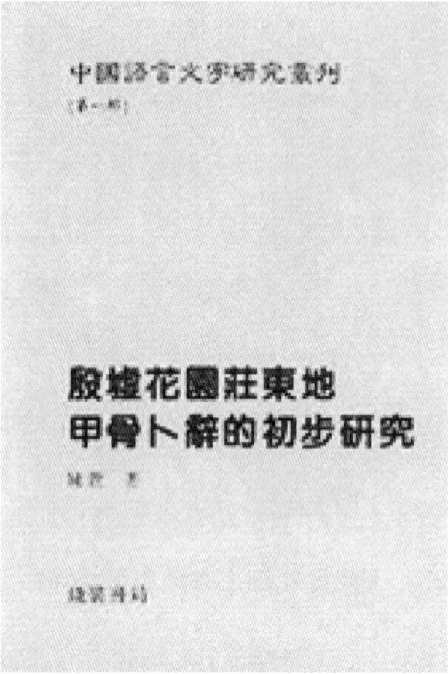

（3）《殷墟花园庄东地甲骨卜辞的初步研究》，姚萱著，线装书局 2006 年出版。（图 3-278）

该书的目录为：序（黄天树）；凡例；引书简称；绪论；第一章、《殷墟花园庄东地甲骨释文》（2003 年版）校补举例；第二章、关于殷墟花园庄东地甲骨卜辞中的人物"丁"；第三章、花园庄东地甲骨卜辞的主人"子"的身份；第四章、花园庄东地甲骨卜辞的辞例形式；第五章、花园庄东地甲骨卜辞字词丛考；结语；附录一、花园庄东地甲骨卜辞释文；附录二、花园庄东地甲骨有关联的卜辞（同文、同卜或同事）系联排谱；参考论著目录；后记。该书有以下几个特色：

图 3-278 《殷墟花园庄东地甲骨卜辞的初步研究》

第一，附录不"附"的重头戏"花园庄东地甲骨卜辞释文"。姚萱发现 1991 年《花东释文》存在漏释全条卜辞、合二辞为一辞、误分一辞为两辞等不确之处，因而重新对《花东》（2003 年）561 版甲骨作出释文，并把与原释文不同之处皆以注释形式加以说明，表明了作者对原释文的尊重和说明了加以校释的理由和新释的前进。姚氏的新释文，正是该书第一章至第五章研究成果的集中体现。

第二，在花东甲骨卜辞的字、词考释方面有了新的突破和前进。书中对花东卜辞 22 个字、词的考释，起到了搬掉花东卜辞研究一批"拦路虎"的作用。

第三，对花东卜辞复杂的辞例形式作了创造性的分析与探索，为正确理解和研究花东卜辞提供了有益的启示。

第四，该书首次对花东卜辞进行排谱，并得到最大一个共 70 片甲骨的系联组。排谱使不少贞卜事类之间的关系更加明确，并可订正和补充花东甲骨原整理者在释文与解释上的失误。

《殷墟花园庄东地甲骨卜辞的初步研究》，推动了殷墟花园庄出土甲骨卜辞的进一步深入研究。

（4）《殷墟花东 H_3 卜辞主人"子"研究》，韩江苏著，线装书局 2007 年出版。（图 3 – 279）

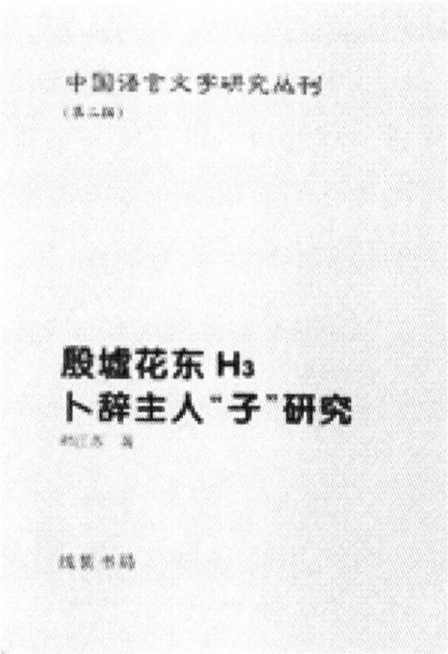

该书由以下内容组成：序一（王宇信）；序二（晁福林）；凡例；引书简称；绪论；第一章、H_3 卜辞时代；第二章、从受祭的对象看"子"为武丁之子；第三章、"子"为武丁亲子；第四章、从人物关系看"子"为武丁太子；第五章、从"子"的活动看商代太子职责和权利；第六章、太子所从事的礼仪学习及活动；第七章由太子引发出商史研究的问题；结论；附录一、对花东 480 卜辞的释读；附录二、"自西祭"与左中右问题的讨

图 3 – 279 《殷墟花东 H_3 卜辞主人"子"研究》

论；附录三、关于 H_3 卜辞"祭于南"的问题；附录四、殷墟花东 H_3 卜辞排谱分析；附录五、殷墟花东 H_3 卜辞排谱参考文献；干支次序表；后记。

自 2003 年《花东》全部公布了 H_3 所出卜辞以后，关于其卜辞主人"子"的身份有 9 种不同看法之多。韩江苏在书中论述了 H_3 卜辞主人"子"为武丁太子，并进一步论证了其为武丁太子孝己。H_3 卜辞与 YH127 卜辞的比较，可确定其为武丁时期卜辞。再将 H_3 卜辞与宾组卜辞人物对比后，发现 H_3 卜辞中有 80 多个人物为武丁王室人物，也说明了 H_3 卜辞时代应为武丁时期。而武丁和妇好作为两个活动的人物出现在 H_3 卜辞中，因而 H_3 卜辞主人"子"也应是武丁时期的人物。该书第三章，通过对 H_3 卜辞"子"与武丁、妇好之间关系的论证，推断"丁"即商王武丁。从武丁、妇好为"子"主持"作齿"礼的考察，可以确定武丁、妇好与"子"是父母和子女的关系。从"子"所涉及的人物及这些人物与武丁关系研究,"子"的权力近于武丁,当是生活在武丁身边、管理王室事务及王室官员的王子——太子,进而论证了此太子就是孝己。该书还从历史学角度,归纳总结出商代太子制度方面诸多内容是很有意义的。

该书在 H₃ 卜辞排谱方面也有所前进,即发现了姚萱《殷墟花园庄东地甲骨卜辞的初步研究》一书排谱的同文卜辞系联的不足之处,总结出排谱可操作性的四项标准,因而把排谱上升到理论的高度,从而通过排谱使分散的花东卜辞,成为记载"子"活动的"大事记"。

(5)《殷墟花园庄东地甲骨文例研究》,孙亚冰著,上海古籍出版社 2014 年版,全书 45.1 万字。(图 3 - 280)

该书目录为:序(宋镇豪)、凡例、绪论、第一章 花东卜辞的行款特点;第二章 花东卜辞的段落结构;第三章 花东卜辞的贞卜次序;第四章 花东的成批卜辞;第五章 花东记事刻辞文例;第六章 花东卜辞的契刻特例;附录 一、附表;二、附图;参考文献 一、专著部分;二、论文部分;引书简称对照;后记。

图 3 - 280 《殷墟花园庄东地甲骨文例研究》

甲骨文例研究是正确通读卜辞和理解释义的前提,对卜辞史料的发扬和正确深入理解其价值很有意义。殷墟甲骨至今已有 120 多年,虽在卜辞文例研究方向也取得了很大成绩,仍有不少问题还需进一步探索和有待进一步解决。1991 年殷墟花园庄东地新发现整坑武丁时高级贵族家族甲骨,为商代晚期专就贵族家族的政治、经济状况及形态研究提供了典型材料和研究深入的机遇。但与此同时,也向研究者提出了最严峻的挑战,即此坑的甲骨文例与通常王卜辞的文例存有很大的不同,给通读卜辞和理解文义造成了很大困难,因而弄清花园庄东地甲骨刻辞的文例,成了正确通读花东卜辞并正确使用卜辞进行商代家族史研究的关键。面对考古新发现给甲骨学界提出的新课题,孙亚冰知难而上,对花东甲骨的文例进行爬梳整理和系统、深

第三章　120年来甲骨学研究取得了辉煌的成就　535

入的分析研究，从而对花东甲骨纷纭复杂的文例，进行了可操作性的归纳和得出了较为程式化的认识，完成了《殷墟花园庄东地甲骨文例研究》一书，从而创通阃奥，推动了花园庄东地甲骨卜辞文句的通读和商代家族形态研究的深入。

《殷墟花园庄东地甲骨文例研究》还讨论了其他若干甲骨文例的问题，并得出自己研究的科学结论，这对于其他贵族卜辞乃至王卜辞疑难文例的深入研究，亦都有所启示和裨益，反映了当代甲骨文例研究的最新水平。

（6）《花东子卜辞与殷礼研究》，章秀霞、齐航福、曹建墩著，中华书局2017年版，42万字。（图3-281）

该书目录为：绪论，一、关于殷礼的探索，二、关于花东子卜辞的研究概况，三、关于本项研究的若干说明。

上编　花东子卜辞中礼制资料的分类与排谱整理

壹　花东子卜辞礼制资料的分类整理：祭祀类，田猎与征伐类，射类，贡纳类，籍田类，婚姻类，兆序类。

贰　花东子卜辞中礼制资料的排谱整理：排谱第一类，排谱第二类，排谱存疑者，所涉每版排谱情况。

图3-281　《花东子卜辞与殷礼研究》

作者有关礼制资料的分类整理，反映了学界对《花东》释文校读的成果，并在个人研读心得的基础上，对《花东》卜辞进行了再整理和认真分类。作者在进行排谱整理时，结合考虑了具体的占卜内容和占卜时间、地点，并注意到了一些细节。在排谱时，一般情况下排出的是"直接相关"的词条，并不罗列出所有可以"间接系联"的词条。

下编　花东子卜辞与殷礼专题研究

第一章　花东子卜辞与殷商祭礼研究（上）：花东子卜辞神灵系统的考察——男性祖先神，女性祖先神，父母、兄弟。

第二章　花东子卜辞与殷商祭礼研究（中）：花东子卜辞祭品系统的考察——祭品，祭牲法，花东子卜辞中的有关祭名问题。

第三章　花东子卜辞与殷商祭礼研究（下）：殷商祭礼与周代祭礼的比较——殷周祭品之比较，殷周庙主随行，殷周祭祀时辰，礼制精神之差异。

第四章　花东子卜辞与殷商军礼研究：某伐之礼，选将与册命之礼，振旅与田狩之礼，献捷与献俘之礼。

第五章　花东子卜辞与殷商田狩礼研究：关于田猎日，关于田猎地，关于田猎用词，关于猎获物，关于狩猎参加者。

第六章　花东子卜辞与殷商射礼研究，射礼仪式的举行地点，射礼仪式的参与者，射礼的主要程式。

第七章　花东子卜辞与殷商贡纳礼研究：花东子卜辞中与贡纳、征求、赏赐行为有关的词，从花东子卜辞看殷商后期的贡纳、征求与赏赐，所涉地点或场所，贡纳、征求与赏赐的目的和意义。

第八章　花东子卜辞与殷商籍田礼、婚礼研究：花东子卜辞与殷商籍田礼，花东子卜辞与殷商婚礼。

第九章　花东子卜辞与殷商甲骨占卜制度研究：卜兆是殷墟甲骨占卜中的核心与灵魂，卜辞的契刻与刮削，关于"犯兆"问题，兆序字的契刻问题，花东子卜辞中所见卜法，兆序字或兆序字系联起来的组卜兆的排列方式。

第十章　从花东子卜辞中的礼仪内容看商后期社会关系：花东子卜辞所见殷商祭礼反映的社会关系，花东子卜辞所见殷商军礼反映的社会关系，花东子卜辞所见殷商贡纳礼所反映的社会关系，关于殷礼研究的一些思考。

第十一章　殷礼对我国后世的影响：殷商祭礼对后世的影响，殷商军礼对后世的影响。

1991年安阳殷墟花园庄东地甲骨的发现，是继1936年殷墟YH127坑和1973年小屯南地甲骨大发现之后的第三次集中大发现。该坑出土的689片刻辞甲骨，与其他两批大发现不同，原非王卜辞，其占卜主体为"子"，但又与原子组卜辞之子并非一人。此坑甲骨内容丰富，出土地点明确。自1993年在《1991年安阳花园庄东地、南地发掘简报》和1999年在《殷墟花园庄东地甲骨卜辞选释与初步研究》陆续报道并于2003年以《殷墟花园庄东地甲骨》专著全新公布以后,在学术界引起了重大反响。学者们对这批甲骨全方位、多角度、深层次地进行了研究和探索,研究成果取得了井喷式的增长,专论此坑甲骨的探索,文章达200多篇,研究专著多部。诸如朱歧祥《殷墟花园庄东地甲骨校释》、姚萱《殷墟花园庄东地甲骨卜辞的初步研究》、韩江苏《殷墟花东 H3 卜辞主人"子"研究》、朱歧祥《殷墟花园庄东地甲骨论稿》、孙亚冰《殷墟花园庄东地甲骨文例研究》、齐航福《花园庄东地甲骨刻辞类纂》等。截至目前,研究花东卜辞的热潮仍方兴未艾。学者们对《花东》子卜辞关注重点和研究内容主要集中在花东卜辞主人"子"的身份问题,关于"丁"的身份问题,花东卜辞时代问题与花东卜辞人物子、丁、妇之间的关系问题,花东卜辞的文例,花东卜辞反映的礼制讯息,疑难字词考释等诸方面,并取得了研究的深入与开拓。而《花东子卜辞与殷礼研究》一书,就是在前一阶段研究成果的基础上,专门对花东卜辞中有关殷礼的材料进行全面整理,集中用殷商非王贵族的有关礼制卜辞考察殷礼,从而殷墟王卜辞所反映的殷礼相辅相成,使殷礼得以全面复原和丰富,因而该书的研究有重大意义。与此同时,该书的研究不仅使殷代礼制研究更为全面深入,而且研究本身也反映了花东卜辞的礼制研究进入了更为全面深入的新时期。不仅如此,就是花东卜辞研究各方面的探索,也同样需要全面、深入的加以梳理,并在有关问题进行系统总结的基础上,进行认识和再认识,从而取得突破性的前进。因而可以说,《花东子卜辞与殷礼研究》是一部总结性著作,它继往开来,标志着殷墟花东卜辞研究进入了深入的突破性的专题探索新阶段。

4. 老权威终生追求甲骨学商史的一部遗著——《殷商史》的出版

在甲骨学商史一代宗师胡厚宣逝世(1995年4月)八年之后,他的遗著《殷商史》经胡振宇整理,2003年由上海人民出版社出版。(图3－282)

《殷商史》全书共40余万字,目录有:序言,篇前,一、国事概要篇,二、政治制度篇,三、社会生活篇,四、学术文化篇,五、工艺美术篇等,共五篇十六章。此外,还有篇后,附录,大事年表等。

这部胡厚宣教授逝世八年后出版的商代史专著,应是老学者继新中国成立初期出版的吴泽《古代史:殷代奴隶社会史》(1952年)和李亚农

《殷代社会生活》（1955年）之后的第三部商代断代史专著，但就材料的准确性和丰富方面，较解放初出版的《殷代奴隶社会史》要大大前进了一步。而从内容和规模上说，也较《殷代社会生活》有所拓展和深化。此书的行文，应是先生的哲裔胡振宇先生完成。此书不仅反映了胡先生一生对甲骨学商史研究的追求和系统全面的认识，而且很多论点都是先生的原创，因而具有权威性。该书也充分反映和吸收了考古学和商史研究的最新成果，是百年来稀见的第三部殷商王朝专门断代史专著。遗憾的是，由于胡厚宣先生的逝去，书中不少问题尚没有来得及展开和深入进行论证，因而从这个意义上说，此书是胡厚宣先生多年来所酝酿撰写的《殷商史》的论纲。

图 3-282 《殷商史》

5. 甲骨学商史研究的突破性成果：《商代史》11 卷本（宋镇豪主编）出版

（1）几代甲骨学商史专家的追求和期望

①追求

1899 年殷墟甲骨文的发现和自 1928 年殷墟考古发掘的持续进行，为"中国历史之开幕时期"的殷代在历史上确实存在提供了充分证据，并为海内外学者所承认。与此同时，在重建中国科学上古史的热潮中，重建商代史的历史课题，也提到了甲骨学商史专家的研究日程上。

"导夫先路"的罗振玉和利用"二重论据"的王国维，把"草创时期"的甲骨学商史研究推向了高峰。

"兴趣是在追求"的郭沫若，以唯物史观为指导，开拓了中国马克思主义历史研究的新天地。郭沫若等一批学者，在商史研究领域，开拓榛莽，探索创新，推动了甲骨学商史研究新发展。甲骨学商史一代宗师胡厚宣，在参加殷墟发掘和整理科学发掘甲骨文过程中，"恍然知研治古史，必当始自殷商"，把甲骨学商史研究作为终生追求的目标。他一直为撰著商代史作着准备，20 世纪 40 年代完成的"金字塔式"名著《甲骨学商史论丛》，是撰著《甲骨文字学》和《商史新证》的"韧始之作"。

②期望

1979年，胡厚宣先生提出"由于甲骨文八十年来研究的不断深入和资料的积累，写出一部以马克思列宁主义为指导的科学性强的《商代史》专著，已是为期不远的事情了"①。

1983年，胡厚宣先生要求《甲骨文合集》编辑组年青学者"对于一些关键性的问题，像国家形态、社会性质、阶级关系、土地制度等问题，都在进行深入的钻研。这些专题的研究，目的是为编写一部大型的商代历史作准备"②。

1987年，胡厚宣再次提起"在专题研究的基础上，向编写《甲骨学》与《殷商史》方向迈进"③。

③呼吁

不仅老一代学者期望着《商代史》的撰著，新一代学者也意识到这一课题提上议事日程的迫切性。

1989年适逢甲骨文发现90周年，王宇信指出："通过全面集中材料进行分析、验证或得出新的认识，而一部大型的、科学性强的商朝断代史，至今还没有完成。"④

1999年，《甲骨学一百年》也大力呼吁："在新的甲骨学一百年，希望在全面继承前人成果的基础上，通过个人钻研和群体的智慧，把一部反映学科最新水平的大型《殷商史》专著奉献给学术界！"⑤

1999年，王宇信再一次指出："从多方位、多角度对商史进行研究，在新的一百年撰写一部大型的科学性强的殷商史专著，是我们甲骨文商史界的重要课题。老一辈学者声声唤的一部大型《商代史》，新的一百年里是应面世的时候了！"⑥（图3－283）

---

① 胡厚宣：王宇信《建国以来甲骨文研究》序，中国社会科学出版社1981年版。
② 胡厚宣主编：《甲骨文与殷商史》序，上海古籍出版社1983年版。
③ 胡厚宣：王宇信的《甲骨学通论》序，中国社会科学出版社1993年版。
④ 王宇信：《甲骨学研究九十年》，《史学月刊》1989年第4期。
⑤ 王宇信、杨升南主编：《甲骨学一百年》，社会科学文献出版社1999年版，第697页。
⑥ 王宇信：《甲骨学通论》增订本，中国社会科学出版社1999年版，第484—485页；又载《甲骨学研究一百年》，《纪念殷墟甲骨发现一百周年国际学术研讨会论文集》，社会科学文献出版社2003年版。

史研究相比，显然上述诸方面还需投入较多的力量。就是从前投人力量较多的一些方面，也还需要不囿于旧说，重新加以全面探讨。杨升南一九九二年出版的五十二万字《商代经济史》和彭邦炯一九九七年的《甲骨文农业资料考辨与研究》等就颇引人注意。宋镇豪一九九四年出版了《夏商社会生活史》，从而使商代历史的研究拓宽到社会生活的研究方面。因此，从多方位、多角度对商史进行研究，在新的一百年撰写出一部大型的科学性强的殷商史专著，是我们甲骨学商史界的重要课题。老一辈学者声声唤的一部大型《殷商史》，新的一百年里是应面世的时候了！

近代田野考古学方法引入甲骨学研究领域，使甲骨学研究产生了一次飞跃。而把现代科学技术手段引入甲骨学领域，必将使

《甲骨学通论》部分复印

甲骨文與殷商史

樣的問題，不少同志都有了自己的見解。其努力的目標是，作好準備，編寫一部新的《甲骨學》和一部新的《甲骨文字典》。

再就是對於商代歷史的研究，包括着經濟基礎和上層建築的各個方面，譬如關於商代的農業、畜牧、田獵、貨幣、交通、先公先王、諸婦諸子、家族宗法、平民、奴隸、方國、地理、刑獄、戰爭、天文、氣象、曆法、祭祀宗教、醫藥衛生等等，尤其是對於一些關鍵性的問題，像國家形態、社會性質、階級關係、土地制度等問題，都在進行深入的鑽研。這些專題的研究，目的是為編寫一部大型的商代歷史作準備。

通過《甲骨文合集》的編輯工作，同志們已經形成了一個專業研究的集體。幾乎每一篇論文，都在研究室內進行過反復的討論，大家相互學習，相互啟發，相互補充，相互促進，最後是得到了共同的提高。

二

《甲骨文与殷商史》序，部分复印

家族形态、传说时代、方国地理、社会生活等方面的研究还较为薄弱。虽然近年也推出了一些新成果，如李学勤《殷代地理简论》（1959）、常玉芝《商代周祭制度》（1987年）、彭邦炯《商史探微》（1987年）等，填补了有关地理、祭祀制度、商史专著等方面的空白，但与商代研究的热门课题，即商代社会的政治、经济研究相比，显然以上诸方面的研究是很不够的。就是多年来投入力量较为集中的商代政治、经济研究，也需要我们不囿于成说，通过全面集中材料进行分析、验证，或得出新的认识。而一部大型的、科学性强的商朝断代史，至今还没有完成。

《甲骨学研究九十年》部分复印

及《西周甲骨探论》①等书。现在又在前人研究的基础上，总结已有的成果并提出自己的所见，写成了《甲骨学通论》一书，从发现到研究，从卜法到文例，从断代到分期，从辨伪到缀合，从文字到历史等等，无不全面论述。并论及近年周原新发现之西周甲骨，亦颇详赡，全书达五十余万字，煌煌巨制，真可谓"后来居上"者矣！

这几年我在《甲骨文合集》编辑工作组内，主编《甲骨文与殷商史》不定期学刊，在发刊词里我鼓励大家先作专题研究，然后再在专题研究的基础上向编写《甲骨学》与《殷商史》的方向迈进②。果然前不久彭邦炯同志写了一部《商史探微》，今宇信同志又完成了一部《甲骨学通论》，硕果有成，这是值得庆祝的大好事。我曾曾为《商史探微》作了序，于今又为《甲骨学通论》撰作序文。这是因为我早年提出的工作，已经由他们完成，所以我感到非常高兴！

但是学无止境，应该精益求精，盼宇信与邦炯两位同志继续努力，写出更加精湛的著作来。余虽不敏，愿更为序之。

一九八七年四月十日

《甲骨学通论》部分复印

因此，中国社会科学院历史研究所先秦史研究室的甲骨学者，群策群力，把大型的《殷商史》研究提上了议事日程，在新的甲骨学一百年，希望在全面继承前人成果的基础上，通过个人的钻研和群体的智慧，把一部反映学科最新水平的大型《殷商史》专著奉献给学术界。

《甲骨学一百年》部分复印

图 3－283　学者们期望大型《商代史》专著的出现

（2）在继承中积累，在研究中成长

郭沫若、胡厚宣不仅给我们留下了传世之作《甲骨文合集》，而且在郭沫若"要大力培养接班人"和"边整理、边研究"的要求下，总编辑胡厚宣教授在历史研究所先秦史研究室，为大型《商代史》的撰著造就了一支基干队伍。《商代史》的撰写者杨升南、罗琨、常玉芝、王宇信等"资深"学者，在当年参加《合集》编撰过程中，就在材料的积累和前

人的研究成果继承方面做了很大努力，并在总结的过程中形成了自己的认识。宋镇豪与王宇信、杨升南、常玉芝、孟世凯完成了总结性著作《甲骨学一百年》后，又在《百年甲骨学论著目》（语文出版社 1999 年版）的基础上，安排他们的学生宫长为、马季凡、徐义华等完成卷帙浩繁的《甲骨文献集成》（四川大学出版社 2001 年版：简称《集成》）四十卷，从而使他们的学生在编纂《集成》的过程中，掌握了百年来甲骨学商史研究的进程。与此同时，先秦史研究室老一辈学者杨升南、王宇信、宋镇豪有意识地安排他们的硕士、博士研究生开拓和加强甲骨学商史研究的薄弱环节，诸如林欢的研究方向为商代地理，孙亚冰的研究方向为商代方国，徐义华的研究方向为商代政治制度，韩江苏的研究方向为商代人物等。研究课题的结束，使先秦史研究室这方面薄弱环节的研究得到了加强。

经过郭沫若、胡厚宣、杨升南、王宇信、宋镇豪等几代人的经营，中国社会科学院历史研究所先秦史研究室为商代史的撰著积累了丰富的研究资料，也培养和训练了一批能承担大型《商代史》项目的老、中、青年研究人才，并蓄势待发。

2000 年，宋镇豪教授因势利导，向历史研究所提出了大型《商代史》的研究课题并获中国社会科学院批准和支持。宋镇豪知人善任，组织老、中、青年三代学者向填补大型《商代史》空白的研究目标前进。经过八年多的努力拼搏，11 卷本《商代史》终于在 2011 年由中国社会科学出版社出版！［参见图 1 - 67《商代史》（11 卷）］

（3）填补大型商史研究空白的十一卷本《商代史》——商史宏观（断代史）与微观（专史）研究融为一体的巨著

卷一，《商代史论纲》（宋镇豪主笔，宋镇豪、江林昌、王震中、徐义华、韩江苏、孙亚冰、杨升南、常玉芝、罗琨著，2011 年 7 月出版）：总序（宋镇豪）；第一章，商朝的历史年代与政治地理架构；第二章，先商文化与商代都邑；第三章，人口；第四章，商代国家与社会；第五章，《殷本纪》订补与商史人物征；第六章，商代地理与方国；第七章，商代社会经济；第八章，商代宗教信仰；第九章，商代战争与军制。

卷二，《〈殷本纪〉订补与商史人物征》（韩江苏、江林昌著，2010 年

12月出版）：绪论、关于《殷本纪》殷商世系及商族史迹的一般认识；第一章，商族先公史略；第二章，商前期诸王及其配偶纪略；第三章，商中期诸王及其配偶纪略；第四章，商后期诸王及其配偶纪略；第五章，文献所见商王朝臣正纪略；第六章，甲骨文所见商王朝臣正纪略；第七章，贞人与卜官；第八章，商王朝史事征；第九章，商王的积年与诸王纪年；后记。

卷三，《商族起源与先商社会变迁》（王震中著，2010年11月出版）：绪论；第一章，商族的起源；第二章，商族的早期迁徙；第三章，商汤灭夏前的亳邑；第四章，先商的文化与年代；第五章，先商社会形态的演进；后记。

卷四，《商代国家与社会》（王宇信、徐义华著，2011年7月出版）：第一章，商代国家与社会在中国古代史上的地位；第二章，商王是贵族统治阶级的最高首领；第三章，商朝的贵族统治阶级；第四章，商王朝的被统治阶级——甲骨文中的"人"；第五章，商代社会的众和众人；第六章，商王朝的国家体制；第七章，商王朝的职官制度；第八章，商王朝的法律制度；结语；后记。

卷五，《商代都邑》（王震中著，2010年10月出版）：绪论，视点与方法；第一章，早商时期王都；第二章，早商时期的地方城邑；第三章，中商时期的王都迁徙；第四章，晚商时期王都与地方都邑；第五章，武丁以来的晚商都邑；第六章，晚商方国都邑；第七章，商的王畿四土与都鄙结构；后记。

卷六，《商代经济与科技》（杨升南、马季凡著，2010年10月出版）：绪论；第一章，商人从事经济活动的自然环境；第二章，土地制度；第三章，作为经济基础的农业；第四章，成为独立经济部门的畜牧业；第五章，补充肉食来源的渔猎活动；第六章，发达的手工业；第七章，活跃的商业；第八章，商代的财政制度；第九章，商代的方国经济（上）；第十章，商代的方国经济（下）；第十一章，商代的天文历法；后记。

卷七，《商代社会生活礼俗》（宋镇豪著，2010年10月出版）：绪论；第一章，居住礼俗；第二章，饮食礼俗；第三章，服饰制度；第四章，交通出行；第五章，农业礼俗；第六章，婚姻礼俗；第七章，人生俗尚；第八章，疾患和梦幻；第九章，丧葬礼俗；第十章，占卜礼俗。

卷八，《商代宗教祭祀》（常玉芝著，2010年10月出版）：绪论；第一章，宗教的起源与商人图腾的遗迹；第二章，上帝及帝廷诸神崇拜；第三章，自然神崇拜；第四章，祖先神的崇拜与祭祀；第五章，大示、小示、上示、下示、它示等的分指；第六章，对异族神的崇拜；第七章，商人宗教祭祀的种类；第八章，祭地与祀所；第九章，商代宗教的性质和社会作用；后记。

卷九，《商代战争与军制》（罗琨著，2011年11月出版）：第一章，成汤灭夏的战争；第二章，商代前期的战争；第三章，商代后期的战争（上）；第四章，商代后期的战争（下）；第五章，商代的军事制度；第六章，商代的军事装备与国防；第七章，余说。

卷十，《殷代地理与方国》（孙亚冰、林欢著，2010年10月出版）：绪论；第一章，商代自然地理；第二章，商代政治地理；第三章，王畿区和四土地名考订举例；第四章，商代的经济地理；第五章，商代的交通地理；第六章，商代方国；第七章，商代方国考订；主要参考文献；后记。

卷十一，《殷鉴与殷遗》（宫长为、徐义华著，2011年7月出版）：第一章，商王朝的覆亡与殷遗问题；第二章，商灭亡的原因；第三章，初失国家的殷遗；第四章，周代的殷遗；第五章，殷商亡国之鉴；第六章，商周制度的演绎；附录一，引用甲骨文著录目及有关简称对照；附录二，商代史主要参考文献。

《商代史》（11卷）出版以后，引起了海内外学术界的重视和好评，先后于2014年获国学优秀成果奖和国家政府出版奖。《商代史》的每一卷，都是一部商代政治、经济、文化、科技、地理、方国、军事等方面条分缕析的专门史；而《商代史》全书11卷，则是包罗万象的商代断代史。此书的出版，改变了商代断代史专著研究的滞后状态，丰富了中华五千年文明史的进程。不仅如此，参与《商代史》各卷撰著的年轻学者，也成了该研究领域最有发言权的专家。一批商史研究的年轻专家，被推向了学术前台！

第四章 120年来甲骨学发展史上有贡献的甲骨学家

一百二十年来的甲骨学研究，取得了辉煌成就，并成为一门国际性学问。这些成就的取得，是海内外几代学者追求、探索，开拓、创新，辛勤耕耘和智慧的结晶。充满海内外学者睿智的大量研究著作，也和甲骨文一样成为人类的宝贵文化财富。几代海内外学者的道德文章和他们的治学方法，也成为后世学人值得继承和弘扬的宝贵精神遗产。

一 甲骨学发展史上的四个第一人

（一）甲骨文发现第一人——王懿荣（1845—1900年）

王懿荣，字正孺，又字廉生，山东福山人，1880年中进士，授翰林，1895年任南书房行走，国子监祭酒。1900年任京师团练大臣。

王懿荣是有造诣的学者和著名金石收藏家，并与著名学者陈介祺（簠斋）、潘祖荫、吴大澂、翁同龢、胡石查等切磋学术，对古文物鉴定收藏和古文字学有较高造诣。主要著作有《汉石存目》《六朝石存目》《王文敏公遗集》（八卷）等。1899年，有"估人"携甲骨至京师，王懿荣审定为"篆籀之间"的殷商故物，出重金购藏，为我国殷墟甲骨文发现第一人，被誉为"甲骨文之父"。（图4-1）

图4-1 王懿荣

王懿荣还是反抗帝国主义侵略的伟大的爱国主义者。1900年"八国联军"进攻北京,王懿荣以身殉职,永远受到后人的怀念与尊敬。(图4-2)

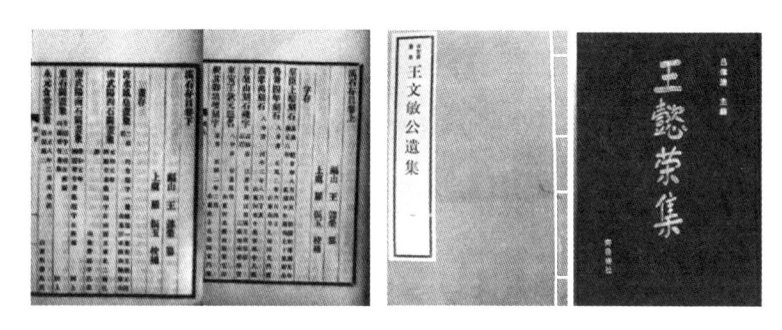

图4-2 《汉石存目》《王文敏公遗集》《王懿荣集》(从左至右)

(二)甲骨文著录第一人——刘鹗(1857—1909年)

刘鹗,字铁云,又字公约,江苏丹徒(今镇江)人。刘鹗精于数学、医术、水利等自然科学,还是一位对近代资本主义文明较为敏感的人物,曾经商、办工厂等实业。刘鹗多才多艺,1903年不仅凭借《老残游记》成为我国近代著名小说家,而且性嗜金石、碑帖、字画及墨本收藏,是著名的收藏家。(图4-3)

1902年10月,刘鹗收到王懿荣藏甲骨之大部。此后,又收得方若藏骨及经古董商之手大批搜藏甲骨,共得5000片之多。1903年,刘鹗将自藏

图4-3 刘鹗

图4-4 《铁云藏龟》(左);《老残游记》(右)

甲骨墨拓，编纂《铁云藏龟》一书出版面世。从此，甲骨文从学者书斋的摩挲欣赏之物，走向社会成为更多学者的"公器"——研究资料。因此，第一部甲骨著录书《铁云藏龟》，在甲骨学史上占有重要地位。（图4-4）

（三）甲骨文研究第一人——孙诒让（1848—1908年）

孙诒让，字仲容，号籀庼，浙江省瑞安人。清末著名经学家和古文字学家，著作等身。其代表性著作《周礼正义》八十六卷，是他1872—1899年历27年之功，数易其稿而成的《周礼》研究集大成之作。关于金文方面的研究著作有《商周金文拾遗》（重订后改名为《古籀拾遗》三卷）等。（图4-5）

1903年《铁云藏龟》出版后，孙诒让就在当年据此书资料撰著《名原》，并在1904年撰著《契文举例》二卷，是第一部考释甲骨文字的专著。虽然此书存在种种不足，但作为甲骨文研究第一人，孙诒让的开创之功应予充分肯定。（图4-6）

图4-5 孙诒让

图4-6 1.《契文举例》；2.《名原》；3. 玉海楼外景

（四）甲骨文字典编纂第一人——王襄（1876—1965年）

王襄，字纶阁，号簠室，天津市人。1910年北京农工商部高等实业学堂矿科毕业，1913年又毕业于天津民国法政讲习所政治经济科。曾在天津、福建、广东、四川、浙江、湖北等省盐务稽核所任职。1953年任天津文史

研究馆馆长。（图4-7）

王襄业余研究甲骨、金石之学，是甲骨文最早购藏者之一。所著《簠室殷契类纂》于1920年出版；1929年增订，释字957个，是甲骨学史上第一部字典。此外，王襄还将自藏甲骨编纂成《簠室殷契征文》（1925年），共著录甲骨1125片，并作有释文。晚年著有《古文字流变臆说》（1964年），考释文字甲骨69个、金文75字。其所藏甲骨，全部捐赠天津历史博物馆。（图4-8）

图4-7 王襄

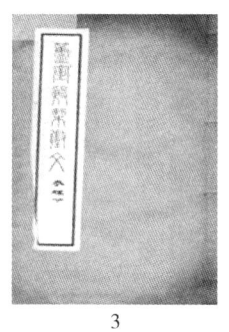

图4-8 1.《王襄著作选集》；2.《簠室殷契类纂》；3.《簠室殷契征文》

二 甲骨"四堂"开山功

（一）"导夫先路"的雪堂——罗振玉（1866—1940年）

罗振玉，字叔言，号雪堂，江苏淮安人，祖籍浙江省上虞永丰乡。少年入浙江上虞县学。1896年在上海与人合办农学社和《农学报》，又设东文学社，翻译介绍日本和欧美农学著作。1906年赴京，任学部参事官、京师大学任农科监督等职。1911年辛亥革命后，以清朝遗民自居，举家侨居日本京都。1919年由日本返国，逐渐参与了清室的复辟活动，后在伪"满洲国"任职。1940年"退休"，居旅顺。

罗振玉自少年时代起就酷爱金石，成年后适逢殷墟甲骨、西域简牍、敦煌文书和内阁大库档案等和大量古代文物陆续发现之时，他以一人一家

之力，广为搜集各种新发现的文物资料，分门别类进行刊布、整理和研究，堪称近代金石学集大成者。(图4-9)

罗振玉自1906年开始搜集甲骨，共收集3万片之多，成为国内早期收藏家中所获最多者。他不仅为刘鹗《铁云藏龟》(1903年)墨拓甲骨，促其出版，还编纂了《殷虚书契前编》(1912年)、《殷虚书契菁华》(1914年)、《殷虚书契后编》(1916年)、《殷虚书契续编》(1933年)等四书，共著录甲骨5000多片，为研究提供了大批资料。与此同时，罗振玉考证出甲骨出土地小屯村为殷墟，判明甲骨为殷朝王室之遗物。罗振玉还著《殷虚书契考释》(1915年)并加以增订成《增订殷虚书契考释》(1927年)，共释字561个，从而推动甲骨学研究完成了"识文字、断句读"阶段。郭沫若高度评价罗振玉的贡献，说："他的殷代甲骨的搜集、保藏、流传、考释，实是中国近三十年来文化史上所应该大书特书的一项事件。"①（图4-10）

图4-9 罗振玉

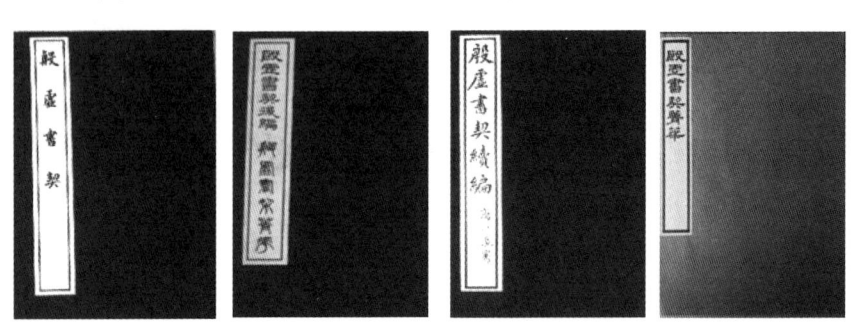

图4-10 《殷虚书契前编》《殷虚书契后编》《殷虚书契续编》《殷虚书契菁华》（从左至右）

(二) "继以考史"的观堂——王国维 (1877—1927年)

王国维，字静安、伯隅，号观堂、永观，浙江省海宁人。1898年加入罗振玉在上海创设的东文学社，1901年去武昌农校任教，后由罗振玉资助

---

① 郭沫若：《〈中国古代社会研究〉自序》，人民出版社1954年版。

去日本留学。1902年回国后，先后在上海、南通、苏州任教，教授心理学、伦理学等课程。1911年辛亥革命爆发后，随罗振玉去日本京都，转治经史、金石之学。1916年回国后，在上海为英国人哈同办《学术丛编》任编辑主任，兼任上海仓圣明智大学教授。1922年应聘北京大学研究所国学门通讯导师。1923年应清废帝溥仪聘，任清宫南书房行走。1924年应聘清华大学国学研究院导师，1927年自沉于颐和园昆明湖。（图4-11）

图4-11 王国维

王国维早年研究文学，转治经史金石之学以后，主要贡献在甲骨文、金文、简牍及度量衡等方面。王国维大量学术论著，多收入他自编的《观堂集林》（1921年）及罗振玉选编的《海宁王忠悫公遗书》（1927年），及其后的《海宁王静安先生遗书》（1940年，长沙石印本，商务印书馆出版）等书中。

王国维不仅作有《戬寿堂所藏殷虚文字考释》（1917年）等对甲骨文字多有发明，而且他以甲骨文作为研究商史史料，1917年完成了《殷卜辞中所见先公先王考》及《续考》，把草创时期的甲骨学研究推进到商史研究的高峰。他《古史新证》（1925年）提出的古史研究"二重证据法"，在我国学术史上产生了深远的影响。（图4-12）

图4-12 《观堂集林》《海宁王静安先生遗书》《戬寿堂所藏殷虚文字考释》

（从左至右）

(三)"区其时代"的彦堂——董作宾（1895—1963 年）

董作宾，原名守仁，字彦堂，号平庐，河南省南阳人。1922—1924 年入北京大学研究所国学门，师从王国维。1925—1927 年，先后在福建协和大学、河南中州大学、北京大学研究所国学门、广州中山大学任讲师、副教授、教授。1928—1946 年任职于"中研院"史语所，历任通信员、编辑员、研究员、代理所长；1948 年被选为"中研院"院士。1949 年以后兼任台湾大学教授；1956—1958 年任职香港大学、崇基书院研究员、教授。（图 4-13）

图 4-13 董作宾

董作宾在 1928—1934 年曾 8 次主持或参加殷墟发掘，其后专门从事殷墟考古出土甲骨文字的研究，编纂《殷虚文字甲编》（1948 年）和《殷虚文字乙编》（1948—1963 年）。1931 年，他在《大龟四版考释》中，首先指出"贞人"可以区分甲骨时代。1933 年，他《甲骨文断代研究例》划时代名文，创造性地提出甲骨文"五期"断代的"十项标准"，从而凿开晚商 273 年甲骨的一团混沌，把甲骨学研究推向了一个全新阶段，并使金石学的甲骨学研究，被纳入了历史考古研究领域。（图 4-14）

图 4-14 《殷虚文字甲编》（左）；《殷虚文字乙编》（右）

(四)"发其辞例"的鼎堂——郭沫若（1892—1978 年）

郭沫若，名开贞，号尚武，又号鼎堂，四川省乐山人。1923 年毕业于日本九州帝国大学医科。早年投身反帝反封建的新文化运动,成为中国新诗歌运动的奠基者。1924年回国后;1926年参加北伐战争,任国民革命军总政治部副主任。1927年参加南昌起义并加入中国共产党。1928年旅居日本,进行中国古代史和甲骨文、金文研究,开辟了我国马克思主义历史研究的新天地。(图4-15)

1937年,抗日战争爆发后回国,参加抗日救亡运动并进行先秦史和诸子研究。中华人民共和国成立后,历任政务院副总理、全国人大副委员长、中国科学院院长兼历史所所长等职。在繁忙的政务之余,他仍坚持古代史和考古学研究并不断有新著问世。

图4-15 郭沫若

郭沫若知识渊博,在学术文化领域有多方面贡献。在甲骨学方面独辟蹊径,作出了发凡启例,引领研究不断前进的卓越贡献。1928年夏,先后完成《甲骨文字研究》和《卜辞中的古代社会》互为表里的著作,通过一些已释未释的甲骨文字的阐述,进而认识商代生产方式、生产关系和意识形态。1933年的《卜辞通纂》,为当时甲骨之精华。1937年之《殷契粹编》,为一家甲骨之精品。郭氏两书新意迭出,在进行断片缀合的同时,又提出残辞互补问题,并且在卜法、文例等方面也屡有创获,引领了后学的进一步深入研究。郭沫若晚年,还主编了集大成式的著录《甲骨文合集》,为甲骨学研究的全面深入发展时期奠定了基础。(图4-16)

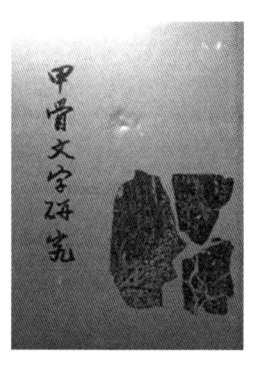

图4-16 《卜辞通纂》;《殷契粹编》;《甲骨文字研究》(从左至右)

三　甲骨学"八老"权威大师

（一）容庚（1894—1983年）

容庚，字希白，号颂斋，广东东莞人。自幼好金石、书画，精篆刻。1916年毕业于东莞中学，在研习古文字过程中深感吴大澂《说文古籀补》资料之不足，收三代秦汉文字，并系统整理成《金文编》初稿。1921年北游京师，过天津，拜谒时居天津的罗振玉先生，其所呈稿本深受赏识，遂推荐他入北京大学研究所国学门，并被破格录取为研究生。1925年，经增订写定的《金文编》，由罗振玉代为印行。1926年被燕京大学聘为教授，并主编《燕京学报》。1927年任古物陈列所鉴定委员，1934年倡导成立考古学社并出版《考古社刊》。抗战胜利后，容庚南下任教于广州岭南大学、中山大学。（图4-17）

图4-17　容庚

容庚治学勤奋，著作等身，视学术为天下公器，当年从未谋面的"未知友"郭沫若，从日本来函向其索借拓本等珍贵资料，容庚慨然相假，乐助其成。容庚对学生不仅悉心指教，而且还从经济上资助有困难者，助其成材。晚年把一生节衣缩食收集的古代青铜器九十多件和藏画千件、全部图书等都捐赠给国家。

容庚在金文研究方面著述颇多，其《金文编》十四卷1925年出版以后，1939年、1959年几经再版。容庚《商周彝器通考》上、下册（哈佛燕京学社1941年版）是青铜器研究集大成之作，在海内外产生了重大影响。而《殷周青铜器通论》（科学出版社1958年版），实际上是《通考》一书的普及本。虽书中引用器物只有《通考》的三分之一，但分类却比《通考》更趋精密，是金文研究和学习的基础读物和入门书。

容庚在甲骨学方面也做出了巨大贡献，不仅在燕京大学任教时曾以甲骨文教授学生（著名甲骨学家陈梦家曾受教门下），而且1929年以千金为燕京大学购得许枋藏骨 1200 片，经汰除伪片后，选 874 片编为《殷契卜辞》于 1933 年出版，容庚与瞿润缗为此书作有释文。（图 4 – 18）

图 4 – 18　《金文编》《殷周青铜器通论》《殷契卜辞》（从左至右）

（二）于省吾（1896—1984 年）

于省吾，字思泊，辽宁海城人。1919 年毕业于沈阳国立高等师范，1928 年任奉天萃升学院院监。1931 年"九一八"事变前夕移居北平，潜心研究古器物古文字学。先后任辅仁大学讲师、教授，北京大学教授，燕京大学名誉教授。1952 年任故宫博物院专门委员，1955 年任长春东北人民大学（现吉林大学）历史系教授，1978 年任中国古文字研究会理事，1979 年任中国考古学会名誉理事。于省吾在甲骨文字考释方面贡献颇多。《甲骨文字释林》（1979 年）共考释甲骨文字 300 多字，是他毕生文字研究的总结。他主编的《甲骨文字诂林》（1996 年），是九十多年甲骨文字考释集大成，推动了甲骨学研究的发展。此外，在甲骨文字的考释方面还开辟新途径，推动了文字研究的发展。于省吾出版的学术论著有《双剑誃吉金图录》（1934 年）、《双剑誃古器物图录》（1949 年）、《双剑誃诸子新证》（1940 年）、《商周金文录遗》（1957 年）、《泽螺居诗经新证·泽螺居楚辞新证》（1982 年）等。（图 4 – 19；图 4 – 20）

图 4 – 19　于省吾

图 4-20　上排左起《甲骨文字释林》；《甲骨文字诂林》；《双剑誃殷契骈枝·续编·三编》；下排左起《双剑誃吉金图录》；《双剑誃古器物图录》；《商周金文录遗》

（三）唐兰（1901—1979 年）

唐兰，浙江嘉兴人。1923 年毕业于无锡国学专修馆。1937 年前，曾先后在东北大学、燕京大学、北京大学、清华大学等校任教，讲授《尚书》《诗经》、"三礼"（即《周礼》《仪礼》《礼记》）和古文字学。1940 年任西南联合大学教授，兼文科研究所导师。抗战胜利后至中华人民共和国成立初期，任北京大学教授并任代中文系主任、学术委员会主任、故宫博物院副院长等职。（图 4-21）

唐兰知识渊博，涉及学术领域较为广阔。对于中国文字学，特别是古文字学和殷周青铜器学用力最勤，50 多年来建树颇多。唐兰主张突破传统的《说文》体系，在充分掌握出土实物资料的基础上，创造性地进行古文字研究。在文字考释方面，在前人成果的基础上，提出了以偏旁分析为中心的研究法，并产生了广泛的影响。在青铜器研究中，不仅订正了某些器铭，还对一批重要器铭做了考释和断代，为建立新的西周铜器断代体系做出了贡献。

唐兰的《中国文字学》《古文字学导论》等，对中国古文字学理论体系的建设做出了贡献。《天壤阁甲骨文存》（1939年）公布了一批王懿荣旧藏甲骨，而《天壤阁甲骨文存》甲骨释文和《殷墟文字记》（1981年），则对殷墟甲骨文字的释读做出了贡献。此外，唐兰的《西周青铜器铭文分代史征》（1986年）遗著的出版，对西周铜器铭文的断代和铜器铭文所反映的周初历史深入研究很有参考价值。（图4-22）

图4-21　唐兰

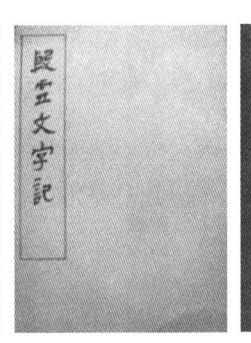

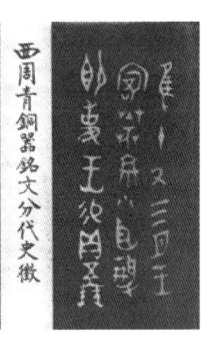

图4-22　《中国文字学》《古文字学导论》《殷虚文字记》《西周青铜器铭文分代史征》（从左至右）

（四）商承祚（1902—1991年）

商承祚，字锡永，号驽刚、蠖公、契斋，广东番禺人。1921年秋，赴天津拜罗振玉为师，研习甲骨文、金文。1922年，入北京大学研究所，为国学门研究生。1923年，出版甲骨文字典《殷虚文字类编》，得罗振玉、王国维的赞赏。1925年任东南大学讲师，1927年任中山大学教授。1929年继顾颉刚之后任语言历史学研究所代主任，1930年辞职离校。1937年抗日战争爆发，随金陵大学西迁，后在齐鲁大学、重庆大学、重庆女子师范大学等校任

教授。1948年秋天，回到广州，被聘为中山大学文学院语言学系教授，直至逝世。（图4-23）

继《殷虚文字类编》之后，他不仅对甲骨文已有资料进行研究与诠释，还积极对甲骨文新资料作整理与考释。陆续发表了《殷墟文字考》《殷墟文字用点之研究》《立字质疑》《释武》《释申》《殷商无四时说》《殷墟文字》《甲骨文字研究》《甲骨文及钟鼎文字研究》等论文，编辑出版了《福氏所藏甲骨文字》和《殷契佚存》。《殷契佚存》（1933年）著录了六家所藏甲骨实物三家拓本，共1000片，并加以考释，为研究甲骨者必备之书。此书不仅保存了大量珍贵的史料，在考释方面更是论述精到，可谓商先生研究甲骨卜辞之代表作。（图4-24）

图4-23　商承祚

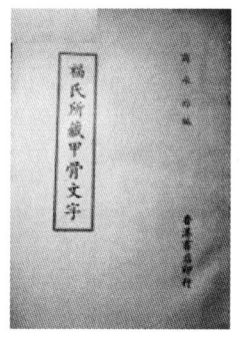

图4-24　《殷虚文字类编》《福氏所藏甲骨文字》《殷契佚存》（从左至右）

（五）陈梦家（1911—1966年）

陈梦家，原籍浙江上虞。1932年毕业于中央大学法律系，曾师事徐志摩和闻一多，成为新月派有影响的年轻诗人。后到青岛大学任教，并开始研究古文字学。1932年年底入燕京大学宗教学院学习，1934—1936年在燕京大学攻读容庚教授古文字研究生。1937—1944年任西南联合大学（校址昆明）中文系副教授。1944—1947年赴美国芝加哥大学，讲授中国古文字学。在此期间，遍收流散欧美的商周青铜器资料。回国后，任清华大学中文系教授。1952年调任中国科学院考古研究所任研究员,兼任《考古通讯》副主编。1957年曾受到不公正对待,但他忍辱负重,仍以巨大毅力,坚持《殷虚卜辞综述》的撰写。(图4-25)

陈梦家由现代派诗人,转入古代宗教、神话、礼学再转攻古文字学,继由古文字研究转入古史和考古学研究,并在各研究领域都取得了骄人的成就。在甲骨学研究方面,对董作宾的"贞人"说和断代有所发展和修正,将学界统称的"文武丁卜辞"(非王卜辞),进一步区分为"自、子、午"三组,并在学界较早确定其应属武丁时代,推动了甲骨文断代研究的发展。而陈梦家《殷虚卜辞综述》(1956年)一书,是甲骨学六十年发展的总结,被誉为甲骨学研究百科全书式的著作,在甲骨学史上有着巨大的影响。

图4-25　陈梦家

陈梦家研究领域广泛,并皆有建树,其著作还有《西周铜器断代》《汉简缀述》《西周年代考》《六国纪年》《尚书通论》等。(图4-26)

图4-26　《殷虚卜辞综述》《西周铜器断代》《汉简缀述》(从左至右)

(六) 胡厚宣 (1911—1995年)

胡厚宣,幼名福林,河北望都人。1934年北京大学史学系毕业,1934—1940年入"中研院"史语所工作。1940—1946年在齐鲁大学(时在成都）国学研究所任研究员，兼中文系、历史系主任、教授。1947—1956年任上海复旦大学教授兼中国古代史教研室主任。1956年调中国科学院历史研究所（现属中国社会科学院）任研究员、学术委员、先秦史研究室主任，兼任中国史学会理事、中国考古学会理事、中国古文字研究会理事、中国殷商文化学会会长等职。（图4-27）

图4-27　胡厚宣

胡厚宣1934—1935年参加安阳殷墟第10、11次侯家庄王陵区和秋口村（按：指洹河北岸，又称同乐寨）考古发掘，其间主持发掘1004号大墓，著名的牛鼎、鹿鼎即经胡厚宣之手。其后主要负责协助董作宾整理殷墟第1—9次所得甲骨，并为《殷虚文字甲编》作释文。胡厚宣研究甲骨，力图材料齐全，并结合商代遗物、遗迹对商代史进行研究。胡厚宣早年所写论著，基本收入《甲骨学商史论丛》（初、二、三集）之中，成为甲骨学发展时期商史研究的高峰。中华人民共和国成立以后，胡厚宣在教学、科研的同时，致力于甲骨文材料的搜集、著录工作。他的《战后宁沪新获甲骨集》（1951年）、《战后南北所见甲骨录》（1951年）、《战后京津新获

图4-28　**胡厚宣教授与他的研究生**（左：前排左起：宋镇豪、裘锡圭、胡厚宣、齐文心。后排左起：王宇信、范毓周）；**1984年10月安阳"全国商史学术讨论会"期间合影**（右：前排右起：田昌五、夏含夷、张政烺、吉德炜、胡厚宣、刘起釪。后排右起：萧良琼、杨升南、王宇信、范毓周、宋镇豪）

甲骨集》（1954 年）、《甲骨续存》（1955 年）等书，为甲骨文的流传做出了贡献。胡厚宣开创的先分期再分类的著录甲骨新体例，为科学著录甲骨做出了重大贡献。

胡厚宣晚年总编辑《甲骨文合集》（13 册），是甲骨文集大成的里程碑式著作，为甲骨学研究全面深入发展时期奠定了基础。胡厚宣按主编郭沫若"要大力培养接班人"的要求，在《合集》编纂过程中，为甲骨学商史研究的发展，培养了一批高素质的专家。裘锡圭、齐文心、王宇信、宋镇豪、范毓周、宋新潮等，皆为胡厚宣培养的研究生。（图 4-28）

（七）严一萍（1912—1987 年）

严一萍，原名城，又名志鹏，字大钧，以号行，嘉兴新塍人。东亚大学法科政治经济系毕业。抗战时，任浙江省政工队二队中队长、干事、新塍区区长、嘉兴县政府主任秘书。抗战胜利后，曾任国民党上海市党部总干事、总务科长。1950 年由香港去台湾，1987 年逝世。

严一萍到了台湾后，持书稿《殷虚医徵》求见董作宾，得到董先生的赏识，由此出入于台湾大学董作宾之研究室。进而至中央图书馆、中央研究院、故宫图书馆。严一萍专治甲骨文，在台湾创办艺文印书馆，任经理并编辑《中国文字》杂志。在甲骨学研究方面，著有《甲骨缀合新编》（1975 年）、《铁云藏龟新编》（1975 年）、《甲骨学》（1978 年）、《殷商史记》（1989 年）等。而他的《甲骨集成·第一集》（1975 年）是"今欲整理甲骨，使无重复之患，惟有采取名归主人之方法，一一寻其最早之藏家，沿流溯源，必可还其真相……待全书完成之日，当为甲骨整理就绪之时。"[①]"分人著录"也是一种编纂甲骨著录的新体例，惜未能坚持做下去。他对甲骨学商史发展做出了也不少贡献。而其董理艺文印书馆，对甲骨文和中华传统文化的传承与弘扬，做出了不可磨灭的贡献。（图 4-29、图 4-30）

图 4-29　严一萍

[①] 严一萍：《甲骨集成·第一集》序，台湾艺文印书馆 1975 年版。

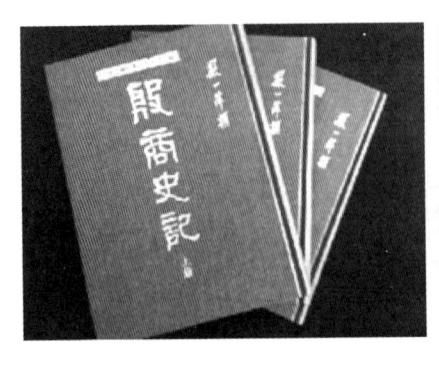

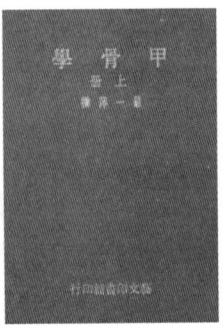

图 4-30 《殷商史记》《甲骨学》《铁运藏龟新编》（从左至右）

（八）饶宗颐（1917 年至 2018 年 2 月 5 日）

饶宗颐，字伯濂、伯子，号选堂，又号固庵，广东潮州人。幼耽文艺，18 岁续成其父所著《潮州艺文志》，刊于《岭南学报》。1935—1937 年，应中山大学之聘任广东通志馆专人纂修。以后历任无锡国专、广东文理学院、华南大学、香港大学、新加坡大学中文系、香港中文大学等教授。于 1962 年获法国汉学儒莲奖；1982 年获香港大学颁授荣誉文学博士，后任香港中文大学艺术系荣誉讲座教授。（图 4-31）

图 4-31 饶宗颐

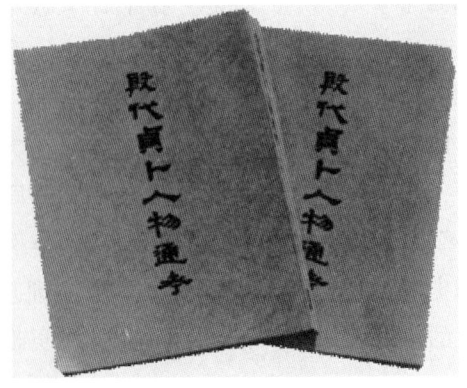

图 4-32 《海外甲骨录遗》（左）；《殷代贞卜人物通考》（右）

饶宗颐于 1956 年出版《日本所见甲骨录》和《巴黎所见甲骨录》之后，又于 1959 年出版了《海外甲骨录遗》，与此同时，还出版了《殷代贞卜人物通考》（1959 年）专著。该书是一部全面整理甲骨之作。1970 年出版了《欧美亚所见甲骨录存》等甲骨著录。饶宗颐为国际汉学研究及海内外弘扬中华文化，做出了巨大贡献。（图 4-32）

四　甲骨学"六外国权威"学者

（一）明义士（1885—1957 年）

明义士（James Mellon Menzies），加拿大人。1910 年，明义士从诺克斯神学院毕业，由加拿大长老会海外传教协会统一安排，被派往位于河南北部的加拿大长老会豫北差会工作。豫北差会先是把明义士分配到武安传教总站，后调任安阳传教总站，并晋升为牧师。1932 年秋，明义士应齐鲁大学之邀，离安阳赴济南齐鲁大学任教。1936 年 6 月，明义士离齐鲁大学回国。

任教齐鲁大学期间，是明义士学术研究最多产的时期，他先后完成了《甲骨研究》《考古学通论》讲义的写作，并发表了一系列研究甲骨的论文，使齐鲁大学成为甲骨学殷商史的重阵。明义士在甲骨文著录、辨伪、缀合、断代和释读等诸方面都有所贡献[1]，奠定了他在甲骨学研究上的重要地位，并被誉为甲骨研究的"西方学者第一人"[2]。（图 4-33）

图 4-33　明义士

明义士生前编纂的甲骨著录有三部：《殷虚卜辞》（1917 年）、《殷虚卜辞后编》（1928 年；1972 年由台湾艺文印书馆正式出版）、《柏根氏旧藏甲骨文字》（《齐大季刊》1935 年第 6、7 期）。辨伪、缀合甲骨方面的专著有《甲骨研究》（1933 年）；校重方面研究成果有《表校新旧版〈殷虚书契前编〉并记所得之新材料》（《齐大季刊》1933 年第 2 期）。

---

[1] 参见方辉《明义士和他的藏品》第五章，山东大学出版社 2000 年版。
[2] 1948 年 4 月 23 日，董作宾致明义士的信，转载方辉《明义士和他的藏品》，第 108 页。

图4-34 《殷虚卜辞》(左);《甲骨研究》(右)

明义士虽然是一位为将基督教传播于中国的目的而来的传教士,但他从1914年到安阳以后,却对中国古代文明产生了浓厚的兴趣,并开始研究甲骨学商史,逐渐成为西方人中最早精通甲骨文的专家。虽然在此期间他不懈寻找西方基督教与中国传统文化的接合点,如甲骨文中的"帝"与基督教的"上帝"的联系等,但他的研究,客观上为弘扬中国古代文化,尤其是甲骨学研究做出了巨大的贡献,是值得我们永远尊敬与怀念的。(图4-34)

(二) 岛邦男(1908—1977年)

图4-35 岛邦男

岛邦男(图4-35),日本青嘉县人。1930年毕业于官立弘前高等学校,1933年毕业于东京帝国大学(现东京大学)哲学支那文学科,后在北海道厅立札幌第一中学任教,开始研究甲骨文。1935年任东方文化学院东京研究所助教,1938—1942年在中国收集甲骨文资料,1942年任教于伪满洲国东北师范学校,1950年任弘前大学文学部副教授,1954年文学部教授,1966年兼任弘前大学附属图书馆馆长,1967年任学生部部长,1974年退休,1976年被弘前大学聘为名誉教授。岛邦男是日本甲骨学研究的先驱者之一,著名甲骨学家。先后发表及出版了《祭祀卜辞の研究—甲骨卜辞の研究·第一部》(1953年)、《殷墟卜辞研究》(1953年)、《殷虚卜辞综类》(1967年)、《卜辞中先王称谓》、《甲骨文地名》、《贞人补正》等。《殷墟卜辞研究》和《殷虚卜辞综类》为其甲骨学领域代表作,有着深远的影响。(图4-36)

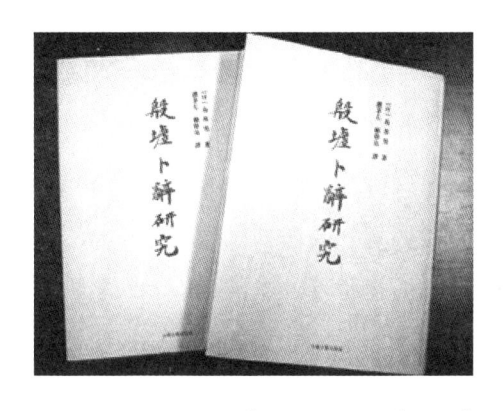

图 4-36 《殷墟卜辞研究》和《殷墟卜辞综类》

(三) 雷焕章（1922—2010 年）

雷焕章（Jean A. Lefeuvre），法国人。天主教耶稣会神父，著名甲骨文、金文汉学家。在台湾利民学社服务超过五十年，曾获得法国文化部颁发文艺骑士勋章。（图 4-37）

图 4-37 雷焕章　　　　图 4-38 《法国所藏甲骨录》

主要著作甲骨学为《法国所藏甲骨录》（中英法文对照，1985 年）、《德瑞荷比所藏一些甲骨录》（中英法文对照，1997 年）、《甲骨文集书林》（中英对照，2008 年）。雷焕章为流散欧洲各国的殷墟甲骨文搜集、著录做出了贡献。（图 4-38）

(四) 伊藤道治 (1925—2017 年)

伊藤道治（图 4-39），日本著名甲骨学家，1949 年于京都大学文学部史学科东洋史专攻，历任关西外国语大学国际文化研究所教授、名誉教授、所长。主要研究著作有《中国古代王朝的形成——以出土资料为主的殷周史研究》（中华书局 2002 年中译本）、《甲骨文字研究》《中国古代国家支配构造》等。他的著作当中，《古代中国甲骨文·金文研究》和《在中国古代国家·王权的成立与宗教》有相当大的影响。编著《京都大学人文研究所藏甲骨文字》（与贝塚茂树合作）、《天理大学附属参考馆藏甲骨文字》等为日本所藏殷墟甲骨的公布与著录做出了贡献。（图 4-40）

图 4-39　伊藤道治

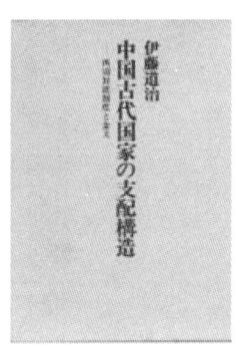

图 4-40　《中国古代王朝的形成》（中文版）；《中国古代国家的支配构造》（日文版）；《古代中国——原始、殷周、春秋战国》（日文版）；《京都大学人文研究所藏甲骨文字》（从左至右）

(五) 吉德炜 (1932—2017 年)

吉德炜（D. N. Keightley），1932 年出生于英国伦敦，后移居于美国。他是当代西方甲骨文研究的先锋，在商周历史研究领域也是西方汉学界的巨擘,被推选为以美国加州大学为中心的学术组织"古代中国研究会"主席,并担任该组织出版的刊物《古代中国》(*Early China*)的主编。退休前,他是加州大学伯克利分校历史系教授。吉德炜辛勤著述,硕果累累。对中国古代占卜术中的"习卜""三卜"制具有自己独特的见解。(图4-41)

自1969年以来,吉德炜相继撰写了《岛邦男的〈殷墟卜辞综类〉(书评)》等10多篇评论;《释贞——关于商代占卜性质的一个新假设》《宗教信仰与都市主义的起源》《商代占卜与商代的形而上学——附论新石器时代的占卜与形而上学》《商朝历史时期的年代——中国青铜时代编年史上的一个问题》《〈古本竹书纪年〉的真实性》《安阳新发现的甲骨》等30多篇论文。他编辑了《中国文明的起源》,出版了在西方享有盛誉的甲骨学专著《商代史料——中国青铜时代的甲骨文》等。(图4-42)

图4-41 吉德炜

图4-42 《商代史料——中国青铜时代的甲骨文》(英文版)

(六)松丸道雄(1934年至今)

松丸道雄(图4-43),日本著名甲骨学家,曾任日本甲骨学会会长,《甲骨学》杂志主编。松丸道雄的贡献首先是在日本甲骨材料的搜集与著录方面,出版著录有《甲骨文字》《东京大学东洋文化研究所藏甲骨文字》(1983年出版),每版甲骨均以拓本、照片"二位一体"入录,按藏家集中,每家甲骨按分期分类列定。(图4-44)对日本各家流散甲骨也大力搜求,编为《日本散见甲骨文字搜汇》在《甲骨学》上六次刊出。与高岛谦一编有《甲骨文字字释综览》,为甲骨文字研究作了总结。研究论文多篇,其中以《殷墟卜辞中的田猎地》具有较大影响。

图4-43 松丸道雄

图4-44 《东京大学东洋文化研究所藏甲骨文字》

五 甲骨学"五资深"学者

(一) 李学勤(1933年至今)

李学勤,北京人。1945年就读北京汇文中学;1951年考入清华大学哲学系;1954年入中国科学院考古研究所(现属中国社会科学院)研究甲骨学,同年入历史研究所研究中国思想史;1973年以后研究重点转向古文字学、考古学、古代史研究;1975年在国家文物局整理新出土帛书、竹简,曾任中国社会科学院历史研究所所长,博士生导师,现任清华大学教授。(图4-45)李学勤在古文字、古代史研究方面多有贡献,在甲骨学方面主要有:

图4-45 李学勤

1. 缀合整理取得了成就,1955年出版了《殷虚文字缀合》(与郭若愚、曾毅公合著)。

2. 推动了甲骨文断代研究的前进,不仅在"非王卜辞"的研究方面颇有贡献,而且提出了"历组卜辞"时代应前提,并在《殷墟甲骨分期研究》中,完成了殷墟王卜辞演进"两系说"的架构。

3. 对西周甲骨学的形成做出了贡献，第一个提出山西洪赵所出甲骨应为西周时代之物，并对岐山凤雏和扶风齐家甲骨进行了全面研究。

4. 在商代历史和方国地理的研究也作出成就，出版了《殷代地理简论》。

5. 在甲骨文著录方面也做出了新贡献，出版了《英国所藏甲骨集》《瑞典斯德哥尔摩远东古物博物馆藏甲骨文字》等。（图4-46）

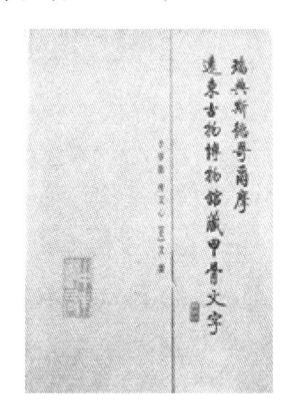

图4-46 《殷虚文字缀合》《殷代地理简论》《瑞典斯德哥尔摩远东古物博物馆藏甲骨文字》

（二）裘锡圭（1935年至今）

裘锡圭，浙江慈溪人。1952年考入复旦大学历史系，1956年考取复旦大学研究生并随胡厚宣调入中国科学院历史研究所（现属中国社会科学院）学习。1960年研究生毕业后，入北京大学中文系任教。1974年参加国家文物局新出竹简、帛书的整理工作。曾任北京大学教授、博士生导师，现为复旦大学出土文献与古文字研究中心资深教授、博士生导师。（图4-47）

裘锡圭在甲骨学方面的贡献有：

1. 甲骨文字考释屡有贡献，出版有《古文字论集》（1992年）等文字考释著作。

图4-47 裘锡圭

2. 在甲骨文的分期断代研究方面，其《论"历组卜辞"的时代》等，推动了"历组卜辞"讨论的深入。

3. 在商史研究方面，也进行了不少有意义的探索，推动了有关论题研究的深化。上海复旦大学出版社出版的《裘锡圭文集》，全书共六卷。其中第一卷甲骨文卷，收录了作者多年研究甲骨学的论文成果。（图4-48）

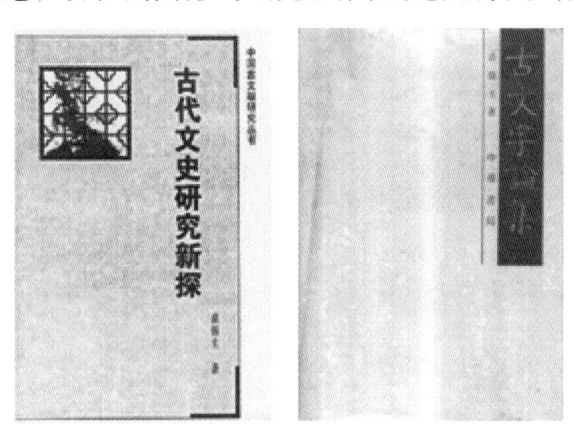

图4-48 《古代文史研究新探》《古文字论集》

（三）王宇信（1940年至今）

图4-49 王宇信

王宇信（图4-49），北京市平谷区和平街人。1959年考入北京大学历史系考古专业；1964年大学毕业后考入中国科学院历史研究所甲骨学商史专业研究生（现属中国社会科学院）。毕业后留所，历任副研究员、研究员、博士生导师，曾任中国殷商文化学会会长，兼任北京师范大学历史文化学院"985工程"特聘教授、中国文字博物馆顾问。2011年被聘为中国社会科学院荣誉学部委员、中国殷商文化学会名誉会长。

曾参加《甲骨文合集》编纂，并总审校《甲骨文合集释文》。研究著作合著有《中国政治制度通史·先秦卷》《中国古代文明与国家形成研究》《甲骨文字诂林》《商周甲骨文》《甲骨学导论》《中国近代史学学术史》《商代国家与社会》等。主编并参加撰写的著作有《甲骨学一百年》《甲骨文精粹释译》《世界文化遗产殷墟丛书》及《三代文明研究论集》多部；个人专著有《建国以来甲骨文研究》《西周》《西周甲骨探论》《甲骨学通论》《中国甲骨学》《新中国甲骨学六十年》等及研究论文百余篇。①（图 4-50）

图 4-50　上排左起《商周甲骨文》；《甲骨文精粹释译》；《甲骨学导论》；中排《商代国家与社会》；《建国以来甲骨文研究》；《西周甲骨探论》；下排《甲骨学通论》；《新中国甲骨学六十年》；《中国甲骨学》

---

① 沈之瑜教授《甲骨文讲疏》（上海书店出版社 2002 年版）曾指出，"八十余年来，在综合和总结性的研究与资料列布方面，做出重要贡献的有以下八个人：胡厚宣，陈梦家，董作宾，日本岛邦男，裘锡圭，李孝定，严一萍，王宇信"（第 343—351 页）。

(四) 刘一曼 (1940 年至今)

刘一曼,广东梅县人。1962 年毕业于北京大学历史系考古专业,同年考入中国科学院考古研究所研究生班,从徐旭生先生学习商周考古。1966 年研究生毕业后留所工作,现为中国社会科学院考古所研究员、博士生导师。(图 4-51)

图 4-51 刘一曼

1972 年起在河南安阳从事田野发掘工作,先后参加了小屯西地和南地的发掘,并获甲骨卜辞约 5000 片。在整理出土甲骨的基础上,合著出版了《小屯南地甲骨》上、下册(共五分册),收录了出土甲骨的全部拓片,并作出释文、索引。此外,对甲骨出土层位及分期、钻凿形态特征进行了较全面的考察和研究,是近年出版的重要的甲骨资料专刊。合著出版了《中国古代铜镜》《甲骨文书籍提要》《殷墟小屯村中村南甲骨》等书。撰写了《安阳小屯南地发现的"𠂤组卜甲"》《略论"午组卜辞"》《商代甲骨文的新发现与研究》《论武乙文丁卜辞》《卜辞考释数则》《试论战国铜镜的分区》《试论卜辞中的师和旅》等论文。并著文讨论武乙、文丁卜辞和𠂤组卜辞,根据考古发掘的地层关系并结合殷墟文化的分期,论证它们的年代,推动了分期断代研究进一步深化。(图 4-52)

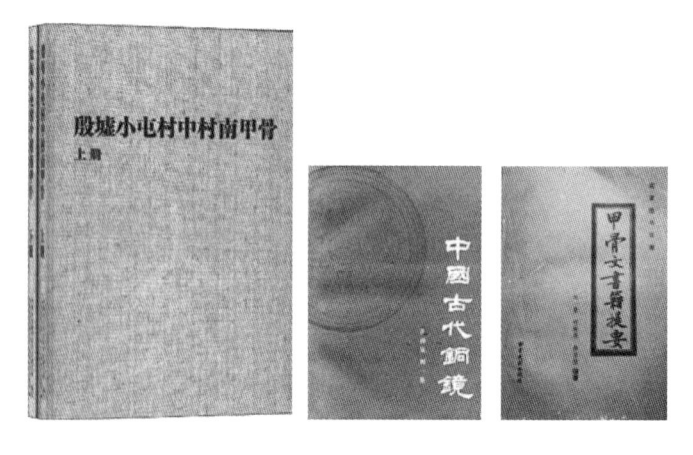

图 4-52 《殷墟小屯村中村南甲骨》《中国古代铜镜》《甲骨文书籍提要》
(从左至右)

(五) 许进雄 (1941 年至今)

许进雄，台湾高雄人，在台湾大学中文研究所毕业后，在 1968 年受加拿大多伦多市皇家安大略博物馆之聘，为远东部整理馆藏的甲骨文，1974 年取得多伦多大学东亚系博士学位。1977 年开始在多伦多大学教授中国文字学、经学史、中国古代社会等课程。1996 年退休后，返回台湾，继续任台湾大学中文系教授、博士生导师，2005 年退休后转任世新大学中文系教授。主要研究领域为甲骨学、中国古文字学、中国古代社会史、博物馆学等。（图 4 - 53）

图 4 - 53　许进雄

主要著作有《殷墟卜辞后编》《明义士收藏甲骨文学》《怀特氏等收藏甲骨总结》等及《卜骨上的凿钻形态》《甲骨上凿钻形态研究》《中国古代社会：文字与人类学的透视》《古事杂谈》《古文字谐声字根》《简明中国文字学》《中华古文物导览》《许进雄古文字论集》等。（图 4 - 54）

许进雄专精甲骨文，发现甲骨钻凿型态断代法，对甲骨学断代研究有着很深的影响。

图 4 - 54　上排左起《故事杂谈》；《简明中国文字学》；《中国古代社会：文字与人类学的透视》；下排左起《许进雄古文字论集》；《卜骨上的凿钻形态》；《甲骨上的凿钻形态研究》

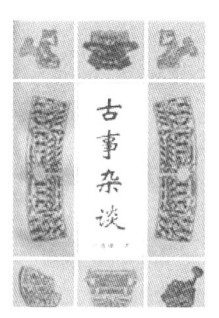

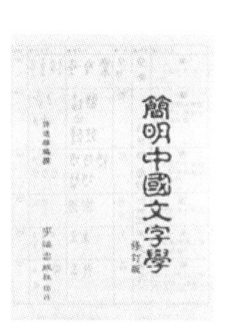

六　甲骨学"七领军"学者

(一) 葛英会 (1943年至今)

葛英会(图4-55),河北顺平人。1968年北京大学历史系考古专业毕业,1982年获历史学硕士学位,留校后历任北京大学考古文博学院教授、博士生导师、中国殷商文化学会理事。研究专长为中国古文字学,曾授《中国古文字学》《战国古文字》《甲骨文》《古代历史文选》等课程。代表论著有《古陶文字征》《金文氏族徽号所反映的我国氏族制度的痕迹》《殷墟墓地的区与组》《续殷墟花园庄甲骨卜辞》《殷墟花园庄东地甲骨卜用丁日的卜辞》等。出版专著有《古文字与华夏文明》;《北京大学珍藏甲骨文字》(合著);《古陶文字征》(合著)等。(图4-56)

图4-55　葛英会

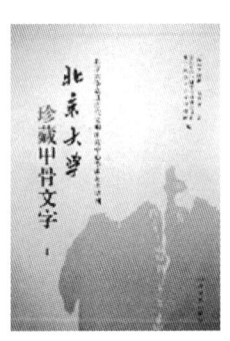

图4-56　《古汉字与华夏文明》《北京大学珍藏甲骨文字》《古陶文字征》(从左至右)

(二) 朱凤瀚 (1947年至今)

朱凤瀚,北京人。祖籍江苏淮安。1988年获南开大学历史学博士学位,1990年任教授。1995年任南开大学历史系主任、人文学院副院长,1998年任中国历史博物馆副馆长,2000年任馆长。兼任国家古籍保护工作专家委员会委员、南开大学学术委员会委员、北京大学历史系学术委员会委员、北京大学中国考古学研究中心与中国古代史研究中心学术委员会委员、南开大学学位委员会委员。国务院学位委员会学科评议组成员、中国先秦史学会常务理事、国家"九五"社会发展重大科研项目——"夏商周断代工程"专家组成员。现任北京大学出土文献研究所所长、历史系教授、博士生导师。(图4-57)

主要从事中国古代史、先秦史、古文字与青铜器研究。重要论著有《商周家族形态研究》《古代中国青铜器》《先秦史研究概要》,主持编辑《西周诸王年代研究》《国博藏甲》等及论文百余种。(图4-58)

图4-57　朱凤瀚

图4-58　《商周家族形态研究》《古代中国青铜器》《先秦史研究概要》《西周诸王年代研究》(从左至右)

(三) 宋镇豪 (1949年至今)

宋镇豪,江苏苏州人。1981年毕业于中国社会科学院研究生院历史系,获历史学硕士学位。现任中国社会科学院历史研究所研究员、中国社会科学院研究生院博士生导师。曾任中国殷商文化学会副会长,现任中国先秦史学会会长。2011年3月被聘为中国社会科学院学部委员。(图4-59)

主要学术专长为甲骨学、古文字学及先秦史。主要论著有《夏商社会生活史》《中国春秋

图4-59　宋镇豪

战国习俗史》《中国饮食史·夏商卷》《中国风俗通史·夏商卷》《商代社会生活礼俗》等，主编著作有《甲骨文献集成》（四十卷）、《百年甲骨学论著目》《商代史》（11卷本）、《旅顺博物馆所藏甲骨》等，合著有《早期奴隶制社会比较研究》《中国古代文明与国家形成研究》《甲骨学一百年》《甲骨学殷商史研究》等。（图4-60）

宋镇豪现正主持中国社会科学院"十一五"重大规划项目暨国家社科基金重点课题《甲骨文合集三编》的编著。该课题计划完成辑集《合集》《合集补编》漏收的旧著、旧拓殷墟甲骨文以及汇编《合集》问世以后散见各处的甲骨文，补收公私家所藏甲骨文，提供一部材料详尽且能反映当今学术前沿水平的高档次大型甲骨著录集，将尽可能体现甲骨学研究的新认知，全面充分体现百余年来甲骨学与甲骨文字研究的新进展与新成果。

图4-60　上排：1.《夏商社会生活史》；2.《甲骨学殷商史研究》；3.《早期奴隶制社会比较研究》；下排：4.《中国风俗通史·夏商卷》；5.《百年甲骨学论著目》；6.《商代社会生活与礼俗》

(四) 黄天树 (1949年至今)

黄天树, 福建莆田人。1982年考入陕西师范大学中文系研究生, 于1985年获硕士学位。1985年考入北京大学中文系博士研究生, 师从裘锡圭教授, 1988年获博士学位。现任首都师范大学甲骨研究中心主任、国务院学位委员会中文学科评议组成员、中国文字学会常务理事、中国古文字研究会理事、中国殷商文化学会理事。主要从事甲骨文、金文及文字学等方面的研究工作。(图4-61)

图4-61 黄天树

主要学术专著有《殷墟王卜辞分类与断代》《黄天树古文字论集》, 主编《甲骨拼合集》(初、续、三集)。学术论文130余篇。他的专著《殷墟王卜辞分类与断代》利用考古类型学的"分类法", 将殷墟卜辞按字体、字形为准, 分为自组、𠂤类、宾组、宾出类、自宾间类、历类、自历间类、何组、历无名间类、无名黄间类、黄类卜辞等进行研究分期断代, 推动了甲骨文分期断代研究的前进。(图4-62)

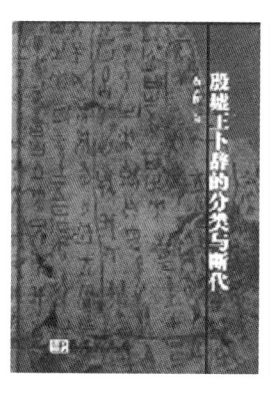

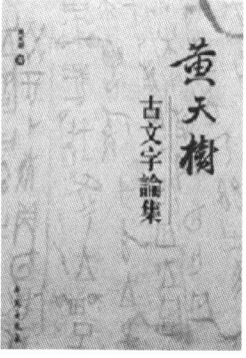

图4-62 《殷墟王卜辞的分类与断代》《黄天树古文字论集》《甲骨拼合集》(从左至右)

(五) 蔡哲茂 (1951年至今)

蔡哲茂, 台北人, 甲骨文、古文字及古代史专家, 东京大学东洋史学博士。现任"中研院"历史语言研究所研究员, 并兼职辅仁大学中文系、

台湾"国立"政治大学中文系教授。对甲骨文、金文以及商周史有许多新见,并以甲骨缀合闻名于甲骨学界。(图4-63)

主要专著为《甲骨缀合集》《甲骨缀合续集》《甲骨缀合汇编》图版编和释文编,论文有《甲骨缀合补遗》及《甲骨缀合补遗续》(一至二十六篇)、《论羌甲奭妣庚在殷卜辞中五种祭祀的地位》《日本后藤朝太郎氏藏的甲骨文字》《周原甲骨简介》(上、下)、《甲骨文四方风名再探》《释殷卜辞的"速"字》《甲骨文考释四则》《甲骨缀合三十五则》《殷墟甲骨文字新缀五十一则》等,在甲骨学研究及甲骨学缀合工作方面做出了贡献。(图4-64)

图4-63 蔡哲茂

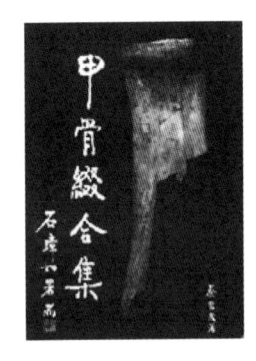

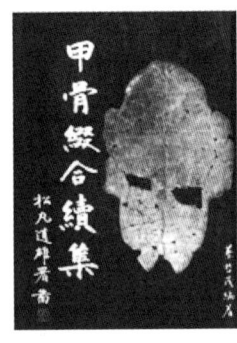

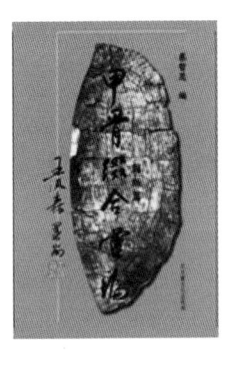

图4-64 《甲骨缀合集》《甲骨缀合续集》《甲骨缀合汇编》(从左至右)

(六) 朱歧祥 (1958年至今)

朱歧祥(图4-65),广东省高要县人。台湾大学中文系学士并获硕士学位,师从金祥恒教授。香港中文大学博士毕业后,现任职于台中市东海大学中文系教授。著作有《殷墟甲骨文字通释稿》《殷墟卜辞句法论稿》《甲骨学论丛》《周原甲骨研究》《王国维学术研究》《甲骨文研究——中国古文字与古文化论稿》《殷墟花园庄东地甲骨论稿》等及论文数十种。(图4-66)

图4-65 朱歧祥

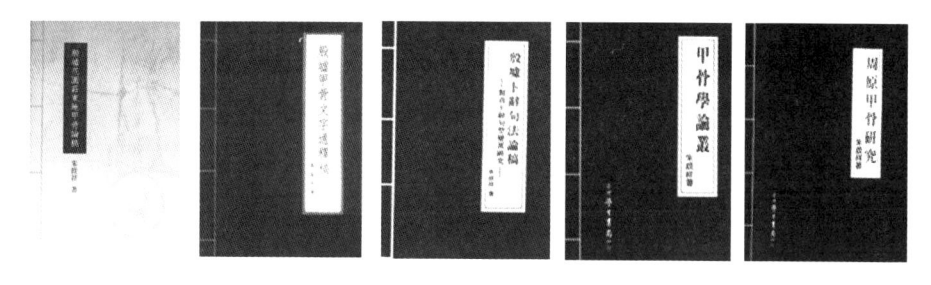

图 4-66 《殷墟花园庄东地甲骨论稿》《殷墟甲骨文字通释稿》《殷墟卜辞句法论稿》《甲骨学论丛》《周原甲骨研究》

(七) 吴振武 (1957 年至今)

吴振武,上海人。1978 年考取吉林大学历史系考古专业古文字方向研究生,师从于省吾教授,1981 年获历史学硕士学位,1984 年获历史学博士学位。毕业后留吉林大学古籍研究所任教,从事中国古文字学研究。现任吉林大学副校长、研究生院院长。现任中国古文字研究会会长、中国文字学会副会长、中国殷商文化学会理事、全国古籍保护工作专家委员会委员、吉林省古籍保护工作专家委员会主任、国务院学位委员会学科评议组历史学组成员、国家社会科学基金学科评审组专家、教育部历史学教学指导委员会委员、中国社会科学

图 4-67 吴振武

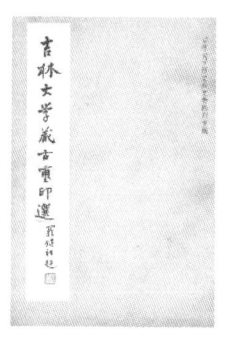

图 4-68 《殷墟甲骨刻辞摹释总集》《殷墟甲骨刻辞类纂》《吉林大学藏古玺印选》(从左至右)

院古代文明研究中心专家委员会委员、北京大学中国古文献研究中心学术委员会委员、清华大学出土文献研究与保护中心学术委员会委员等。（图4-67）

主要研究著作有《吉林大学所藏古玺印选》《殷墟甲骨刻辞摹释总集》（参与编辑）、《殷墟甲骨刻辞类纂》（参与编辑）、《甲骨文字诂林》（参与编辑）、《珍秦斋藏印〈战国篇〉》（考释）。此外，学术论文八十余种。（图4-68）

七 甲骨学"九新秀"学者

（一）唐际根（1964年至今）

唐际根，江西萍乡人。先后就读于北京大学考古系（学士）和中国社会科学院考古研究所（硕士），师从郑振香教授，2004年获英国伦敦大学博士学位。2008年在美国波士顿大学完成世界文化遗产管理课程。现任中国社会科学院考古研究所研究员、中国社会科学院考古研究所安阳工作队队长、中国社会科学院考古研究所考古学理论研究中心副主任、中国文字博物馆副馆长、中国殷商文化学会副会长等职。

图4-69 唐际根

兼任中国社会科学院研究生院教授、加拿大英属哥伦比亚大学人类与社会学系客座教授、台湾台南艺术大学客座教授、安阳师范学院首位"殷都学者"。（图4-69）

主要学术成果，专著有《考古与文化遗产论集》《矿冶史话》《安阳殷墟出土玉器》（主编）、《曹操墓真相》（总撰稿）、《商王朝文物存萃》（主编）、《殷墟——一个王朝的背影》等，主要论文集有《殷墟与商文化——殷墟科学发掘80周年纪念论文集》（主编）、《多维视域——商王朝与中国早期文明研究》（合编）等，学术论文有《中商文化研究》《欧美考古理论的发展与所谓理论流派》《古城遗址价值认知与保护展示工作中的三组概念》等论文120余篇。（图4-70）

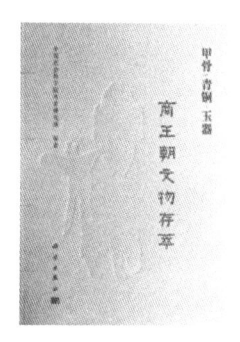

图 4-70 《商王朝文物存萃》；《殷墟——一个王朝的背景》；《考古与文化遗产论集》；《安阳殷墟出土玉器》（从左至右）

（二）朱彦民（1964 年至今）

朱彦民，河南鹤壁人。1985 年毕业于安阳师范学院中文系，初习甲骨文。1992 年获郑州大学历史学硕士学位，1996 年师从王玉哲教授，获南开大学历史学博士学位。主要研究领域为甲骨学、古文字学、殷墟考古与殷商社会生活史、书法艺术史论。现为南开大学历史学院教授、博士生导师、先秦史研究室主任、中国社会史研究中心研究员、北京大学中国画法研究员兼职教授、中国殷商

图 4-71 朱彦民

图 4-72 《商族的起源、迁徙与发展》《殷墟都城探论》《商代社会的文化与观念》（从左至右）

文化学会副会长、中国先秦史学会理事等。(图4-71)

主要专著有《殷墟都城探论》《商族的起源、迁徙与发展》《商代社会的文化与观念》《殷墟考古发掘与甲骨文研究》《甲骨文精粹释译》(参加编纂)等,此外发表了《贞人非卜辞契刻者》《谈甲骨文中的象形字》《魏晋时代的书法艺术理论》等论文三十余篇。(图4-72)

(三)韩江苏(1964年至今)

韩江苏,河南安阳林州人。1985年安阳师范学院毕业,于1998年考入中国社会科学院研究生院历史系,2001年获硕士学位。2003年入北京师范大学历史系,师从晁福林教授,攻读博士学位,2006年获历史学博士学位。现任安阳师范学院历史与文博学院教授、安阳市甲骨学会理事、中国殷商文化学会副秘书长。(图4-73)

图4-73 韩江苏

主要专著有《殷墟花东H_3卜辞主人"子"研究》《商代史·〈殷本纪〉订补与商史人物徵》(合著)及参加《甲骨文精粹释译》编纂等,此外发表了《殷墟花东H_3卜辞主人"子"为太子的考证》《甲骨文中的"多子"、"多子族"、"王族"》《殷墟H_3卜辞"祖甲、祖乙和妣庚"身份考证》等论文三十余篇。(图4-74)

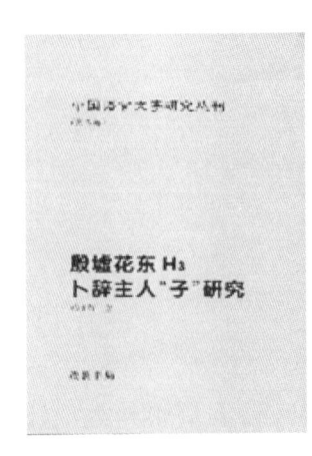

图4-74 《殷墟花东H_3卜辞主人"子"研究》;《商代史·〈殷本纪〉订补与商史人物徵》

(四) 林宏明 (1971年至今)

林宏明，台湾人。于 2003 年台湾"国立"政治大学中国文学系毕业，获文学博士学位。曾任"中央研究院"历史语言研究所约聘助理、"国立"台湾海洋大学共同课专任助理教授。2004 年任台湾"国立"政治大学中国文学系专任助理教授。(图 4-75)

缀合专著有《醉古集——甲骨的缀合与研究》，战国文字研究专著有《战国中山国文字研究》，论文有《小屯南地甲骨缀合十二则》《历组与宾组卜辞同卜一事的新证据》《从一条新缀合的卜辞看历组卜辞的时代》《〈殷契摭佚续编〉77 真伪检讨——一版刻着历组卜辞的龟腹甲》等二十余篇。林宏明在甲骨文缀合方面，取得了骄人的成绩。(图 4-76)

图 4-75　林宏明

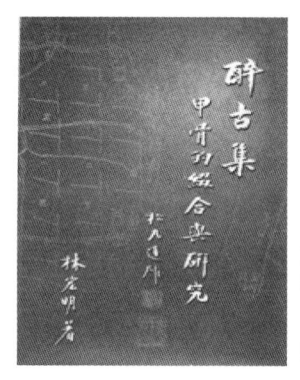

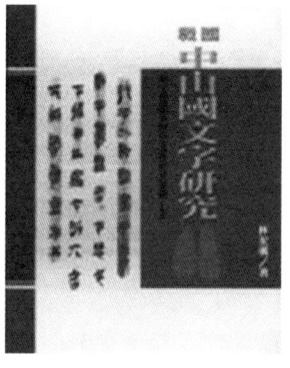

图 4-76　《醉古集——甲骨的缀合与研究》《战国中山国文字研究》

(五) 徐义华 (1972年至今)

徐义华，山东临朐县人。1993 年毕业于山东省潍坊市昌潍师范专科学校历史系，1993—1994 年任教于山东省临朐第九中学，1994—1996 年进修于山东省教育学院，1996 年考入中国社会科学院研究生院历史系，学习甲骨学殷商史专业，获硕士学位，1999 年进入中国社会科学院历史研究所工作，2003 年考入中国社会科学院研究生院历史系历史文献学专业，2006 年获博士学位，同年晋升副研究员。现为研究员，先秦史研究室主任，中国殷商文化学会秘书长。（图 4-77）

参加了《甲骨文献集成》（40 卷）的编纂工作，出版专著有《商周甲骨文》（合著）、《商代史·卷四：商代国家与社会》（合著）、《商代史·殷遗与殷鉴》（合著）等。发表论文有《也谈甲骨文发现的"旧说"》《甲骨文发现的意义》《商代诸妇的宗教地位》《甲骨刻辞诸妇考》《商代国家制度申论》《中国大一统思想的起源与成因》《三皇五帝时代再思考》《新出五年琱生尊与琱生器铭试析》等四十余篇。（图 4-78）

图 4-77　徐义华

图 4-78　《商周甲骨文》；《商代史·商代国家与社会》；《商代史·殷遗与殷鉴》

（六）赵鹏（1976 年至今）

赵鹏，河北定兴人。2006 年毕业于首都师范大学文学院，获博士学位。2006—2007 年任职于北京联合大学师范学院，2007 年任职中国社会科学院历史研究所。2009 年任副研究员，现为研究员。（图 4-79）

出版专著有《殷墟甲骨文人名与断代的初步研究》《张藏》（合著）、《旅博藏甲》（合著）、《甲骨拼合集》（合著，续、三集）等。论文有《甲骨文考释四则》《殷墟甲骨文女名结构分析》《从花东子组卜辞中的人名看其时代》《師组肥筆類卜辞中的"王"字補釋》《"艱"字補釋》等论文。（图 4-80）

图 4 - 79　赵鹏　　　　图 4 - 80　《殷墟甲骨文人名与断代的初步研究》

（七）孙亚冰（1978 年至今）

孙亚冰（图 4 - 81），河南登封人，2001 年在中国社会科学院研究生院获硕士学位，后留中国社会科学院历史研究所工作，2011 年在中国社会科学院研究生院获博士学位。2010 年任副研究员，现为研究员。出版著作有《殷墟花园庄东地甲骨文例研究》《商代史·商代地理与方国》（合著）、《张藏》（合著）、《俄藏》（合著）、《旅博藏甲》（合著）等。译著有《另一种古史——青铜器纹饰、图形文字与图像铭文的解读》（合译）。论文有《甲骨文中的人方》《易国考》《商代的道路交通网路》《商代的铜路》《由一例合文谈到卜辞中的"更吉"》《花东卜辞解诂》等三十余篇。（图 4 - 82）

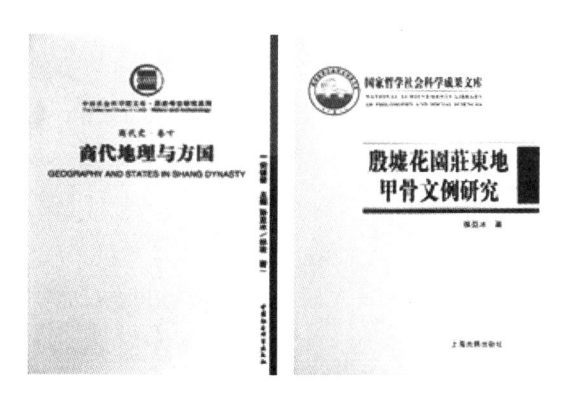

图 4 - 81　孙亚冰　　　　图 4 - 82　《商代史·商代地理与方国》
　　　　　　　　　　　　　　　　　《殷墟花园庄东地甲骨文例研究》

(八) 铃木敦 (1959 年至今)

铃木敦，1982 年日本茨城大学人文学部毕业，同年入日本九州大学大学院文学研究科修士课程，于 1985 年获文学修士 (相当于中国的硕士学位)。1985 年考入日本九州大学大学院文学研究科博士课程。1986 年 9 月至 1989 年 1 月，在北京大学考古系留学。(图 4-83)

历任日本学术振兴会特别研究员、日本茨城大学人文学部专任讲师。现任日本茨城大学人文学部教授。

图 4-83　铃木敦

日本甲骨学会会员、东方学会会员、日本中国考古学会会员。曾获中国殷商文化学会"商承祚甲骨学奖"。

主要学术论著有

＊《甲骨分类在前人研究中的应用》(Classification of Oracle Bones on Prior Researches on Their Usages)

＊《关于古汉字研究者工作的政策问题》(Questions on the Policy of Old Hanzi Expert Group Works)

＊《周原以外有字西周甲骨出土遗址的现状》(《周原以外の有字西周甲骨出土遺跡の現状》)

＊《在古汉字的甲骨文字符号化作业的问题及给金文列国文字符号化作业的影响》(《Old Hanziにおける甲骨文字符号化作業の問題点と金文・列国文字符号化作業への影響》) 等论文三十余篇。

(九) 河永三 (1962 年至今)

河永三 (图 4-84)，韩国人。1987 年获台湾政法大学中国文学研究所硕士学位；1994 年获中国古文字研究所博士学位，现任韩国釜山庆星大学中国学院中文系教授，韩国汉字研究所所长，《汉字研究》主编、世界汉字学会秘书长。2008 年与华东师范大学承担了中国教育部人文社科重点研究重大课题"中韩汉字调查研究"，并为主持人之一，承担

图 4-84　河永三

"中韩古代小学类文献联合检索系统"的研究工作。著作有译著《甲骨学一百年》《古文字学初阶》等。论著有《韩国〈说文〉研究综述》《韩国朝鲜时期坊刻本俗字研究——以〈论语集注〉、〈孟子集注〉为例》《甲骨文所见时间表现法之特记》等数十种。

八　群星灿烂

（一）喻遂生（1948年至今）

喻遂生，重庆人。西南大学汉语言文献研究所教授，博士生导师。1990年调西南师范学院汉语言文献研究任副所长，1999年起任所长。曾任西南师范大学学位委员会委员，1992年任副教授、汉语史专业硕士导师，1996年任教授、校汉语言学专业及市重点学科带头人，2003年起任西南师大学术委员会委员（西南师范大学现已与原西南农业大学于2005年7月合并为西南大学）。2006年任汉语言文字学专业博士导师。（图4-85、图4-86）

图4-85　喻遂生　　　　图4-86　《甲金语言文字研究论集》

已出版《纳西东巴文研究丛稿》《甲金语言文字研究论集》等专书7部，《全汉字甲骨文字族浅论》《关于甲骨文语料库的几个问题》《甲骨文动词和介词的为动用法》等论文80余篇。

（二）沈建华（1953年至今）

沈建华，上海人。1978年任安徽省博物馆助理研究员。1988—

图 4-87 《甲骨文通检》

图 4-88 黄德宽

图 4-89 《汉语文字学史》

1990 年，在日本东京大学东洋文化研究所任辅助研究员。1995—2004 年，任香港中文大学中国文化研究所大学研究资助项目汉简帛书、甲骨、金文的全文电子资料库执行总编辑和主持人之一。现任职于清华大学出土文献研究与保护中心研究员。1989—2007 年，先后编著出版《甲骨文通检》五册（饶宗颐主编），《新编甲骨文字形总表》，《甲骨文校释总集》20 卷（与曹锦炎合作），以及发表学术论文 30 余篇。

（三）黄德宽（1954 年至今）

黄德宽，安徽广德县人。先后于安徽大学、南京大学、吉林大学获得文学学士、硕士和历史学（古文字学）博士学位，安徽大学汉语言文字学专业教授，博士研究生导师。第十二届全国政协委员，中共安徽省第七、第八届委员会委员，曾任安徽大学校长、党委书记、安徽省文史研究馆馆长。2018 年 1 月，任清华大学出土文献研究与保护中心常务副主任。（图 4-88）

主要从事中国文字学、古文字学教学和研究工作，独著和合撰有《汉语文字学史》《汉字阐释与文化传统》《古汉字形声结构论》等论著。先后主持完成国家社会科学研究基金"九五"重点项目《商周秦汉汉字发展谱系研究》等多项。兼任国家社科基金评审委员会委员，教育部中文学科教学指导委员会副主任委员，中国古文字研究会法人代表，中国文字学会会长，安徽省社科联副主席等职。（图 4-89）

第四章　120年来甲骨学发展史上有贡献的甲骨学家　587

（四）王蕴智（1955年至今）

图4-90　王蕴智

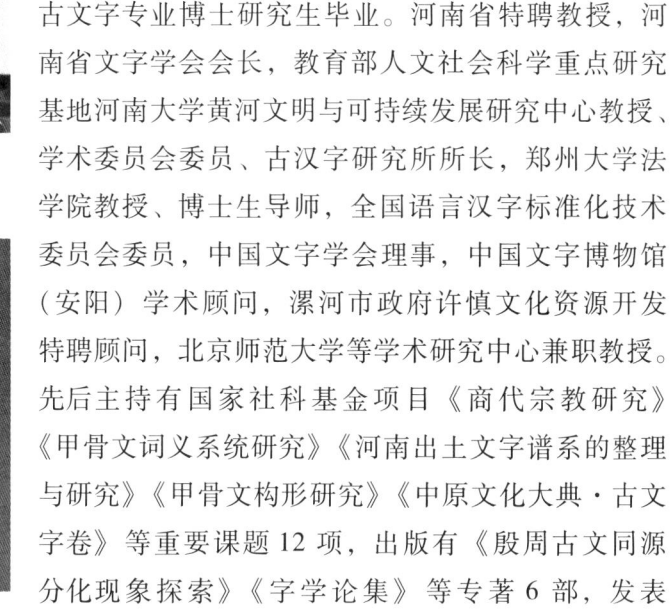

王蕴智，河南许昌人。1991年吉林大学考古学古文字专业博士研究生毕业。河南省特聘教授，河南省文字学会会长，教育部人文社会科学重点研究基地河南大学黄河文明与可持续发展研究中心教授、学术委员会委员、古汉字研究所所长，郑州大学法学院教授、博士生导师，全国语言汉字标准化技术委员会委员，中国文字学会理事，中国文字博物馆（安阳）学术顾问，漯河市政府许慎文化资源开发特聘顾问，北京师范大学等学术研究中心兼职教授。先后主持有国家社科基金项目《商代宗教研究》《甲骨文词义系统研究》《河南出土文字谱系的整理与研究》《甲骨文构形研究》《中原文化大典·古文字卷》等重要课题12项，出版有《殷周古文同源分化现象探索》《字学论集》等专著6部，发表《释甲骨文市字》《毓、后考辨》等专业学术论文120余篇。（图4-91）

图4-91　《殷周古文同源分化现象探索》

（五）宫长为（1957年至今）

图4-92　宫长为

宫长为，吉林省永吉县人。中学毕业以后曾下乡，后就读于东北师大历史系，又深造于吉林大学古籍研究所，师从宋敏、徐喜辰和金景芳三先生，先后获历史学学士、硕士和博士学位。1996年8月进入中国社会科学院历史研究所博士后流动站，师从李学勤先生。1998年9月出站后，留中国社会科学院历史研究所先秦史研究室工作，现为研究员、中国社会科学院古代文明中心秘书、中国先秦史学会常务理事、秘书长，主要从事先秦史、简帛学和国学的研究工作。

主要论著有合作《甲骨文献集成》（四十卷）、《商代史·殷遗与殷鉴》

图 4-93 《商代史·殷遗与殷鉴》

《旅博藏甲》等及论文《周公何以摄政称王》《"分陕而治"说再认识》《西周三公新论》《"隶臣妾"是秦时官奴婢》《试论〈秦律〉中手工业管理》，以及《〈周礼〉官联初论》等文五十余篇。《西周官制研究》《〈周礼〉官联研究》专著即将问世。（图4-93）

（六）张玉金（1958年至今）

张玉金，吉林省榆树人。1981年12月东北师范大学中文系本科毕业；1984年12月辽宁师范大学中文系汉语史专业硕士研究生毕业后。1988年北京大学中文系古典文献专业师从著名古文字学家裘锡圭先生，获博士学位。毕业后任教于大连辽宁师范大学中文系；1992年破格晋升为副教授；1996年破格晋升为教授；2000年聘为特聘教授，同年被选举为辽宁省语言学会会长。2003年被选为广东省中国语言学会副会长；2004年被选中国殷商文化学会理事。现任华南师范大学文学院特聘教授、博士生导师、副院长。（图4-94）

图4-94 张玉金

主要从事出土文献和语言学研究、古文字学和汉字学研究。出版著作有《甲骨文虚词词典》《甲骨文语法学》《甲骨卜辞语法研究》《20世纪甲骨语言学》《西周汉语语法研究》《西周汉语代词研究》《汉字学概论》《当代中国文字学》《出土战国文献虚词研究》等。主编有《古今汉语虚词大辞典》《简明古汉语常用字字典》《全功能汉语常用字字典》《出土文献

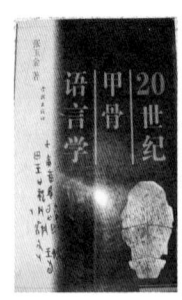

图4-95 《20世纪甲骨语言学》《甲骨卜辞语法》《甲骨文语法学》《出土战国文献虚词研究》

语言研究》《古代汉语》等。主编两套丛书《高等院校文科语言学教材系列》《汉语言文字学研究丛书》。在《中国语文》《语言研究》《古汉语研究》《文史》等刊物发表学术论文120多篇。(图4-95)

(七) 刘钊（1959年至今）

刘钊（图4-96），吉林省吉林市人。1982年吉林大学历史系考古专业本科毕业，1991年获博士学位，1997年任教授，1999年任博士生导师。1995年起任吉林大学古籍研究所古文字教研室主任，1997年起任吉林大学古籍研究所副所长，2004年至2007年8月任厦门大学历史系主任。现任复旦大学特聘教授，出土文献与古文字研究中心主任。2008年3月被教育部聘为"长江学者奖励计划"中国古典文献学学科特聘教授。研究领域及方向为中国古典文献学（侧重古文字与出土简牍帛书），兼及古代汉语和商周考古。已出版专著《新甲骨文编》等9部（包括合著4部），发表文章一百余篇。曾获中国社会科学院"青年语言学家奖"及省部级奖励多项，主持国家社科基金和教育部等省部级科研项目多项。（图4-97）

图4-96 刘钊

图4-97 《新甲骨文编》

(八) 李宗焜（1960年至今）

李宗焜，台北金山乡人。1985年毕业于国立台湾大学中文系，获学士学位。1990年毕业于"国立"台湾大学中文研究所，获硕士学位。1995年毕业于北京大学古文献研究所，获博士学位。现任台湾"中央研究院"历史语言研究所研究员。（图4-98）研究方向为古文字与甲骨文，主要论著有《当甲骨遇上考古——导览YH127坑》《甲骨文字编》《凿破鸿蒙——纪念董作宾逝世五十周年》等专著12部。发表了《论卜辞读为"夜"的"亦"——兼论商代的夜间

图4-98 李宗焜

活动》《妇好在武丁王朝的角色》《妇好的生育与冥婚》《从丰豊同形谈商代的新酒和陈酿》等论文五十余篇。（图4-99）

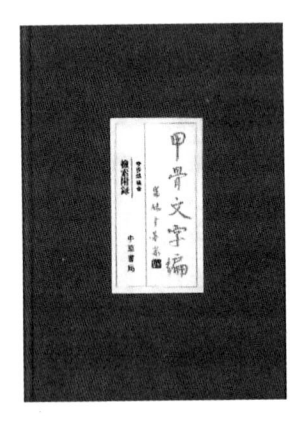

图4-99　《甲骨文字编》《凿破鸿蒙——纪念董作宾逝世五十周年》

（九）常耀华（1960年至今）

常耀华，河南西平人。1983—1998年在河南平顶山学院中文系任教，历任助教、讲师、副教授，系副主任，甲骨学研究所所长；1998—2000年借调至中国社会科学院历史研究所工作；2000—2003年在中国社会科学院研究生院读研究生获硕士学位；2003年至今在北京第二外国语学院国际传播学院工作，任教授。（图4-100）

图4-100　常耀华

主要研究方向为汉语言文字学、对外汉语汉字教学研究、中国文化、书法艺术。主要学术成果有《中国文化史十七讲》（合著）、《殷墟甲骨非王卜辞研究》《古文字与旅游文化》等专著，并发表了《甲骨文田猎刻辞性质刍议》《"年"字几种最常见的误解》《卜辞"省田"即"观猎"说》《殷商旅行諏日卜辞研究》《"循卜辞"与商王之巡游——甲骨文与商代旅游研究之一》等学术论文六十余篇。（图4-101）

图 4-101　《中国文化史》《殷墟甲骨非王卜辞研究》

（十）马季凡（1960 年至今）

马季凡，辽宁省锦州人。籍贯湖南。最后学历大学本科。1980 年进入历史所，先后在办公室、科研处工作，1987 年调入先秦史研究室，1994 年评为馆员，1996 年转助研，2002 年 8 月晋升为副研究员。以商代史为主要研究方向。代表作有《甲骨文合集补编》《甲骨文献集成》。《甲骨文合集补编》是社科"九五"重点科研项目。该书共七册已于 1999 年由语文出版社出版，并荣获历史研究所"优秀科研成果一等奖"。《甲骨文献集成》的编纂工作，该书收入了一百年来海内外几代学者研究甲骨文的著作数千种，其中有许多是难得一见的珍本。全书四十册已于 2001 年由四川大学出版社出版。被学术界评为"2001 年全国文博考古十部最优秀的图书之一"，获最佳图书奖。发表论文有《关于"虎食人卣"的定名》《商代中期的人祭制度研究——以郑州小双桥商代遗址的人祭遗存为例》等十余篇。

（十一）江林昌（1961 年至今）

江林昌，浙江杭州人。1988 年至 1994 年浙江大学古籍研究所攻读硕士、博士，获文献学博士学位。1994 年至今执教烟台大学，任教授，现任烟台市人大副主任、烟台大学副校长、烟台南山学院名誉校长、山东大学历史文化学院博士生导师，中国先秦史学会理事，曾任国家"夏商周断代工程"专家组学术秘书。（图 4-102）

图 4-102　江林昌

主要研究方向为中国古代文明史、学术史和文学史。出版专著《中国上古文明考论》等5部，合著有《商代史·〈殷本纪〉订补与商史人物证》等，并在《历史研究》、《文物》等刊物发表论文150余篇，多篇被《新华文摘》《中国社会科学文摘》等转载。曾获国家级、省部级学术成果奖多项。（图4-103）

图4-103　《〈殷本纪〉订补与商史人物证》《中国上古文明考论》

（十二）陈年福（1961年至今）

陈年福（图4-104），江西于都人。1981年师范毕业后担任中学教师；1993年考入西南师范大学（现西南大学）汉语言文献研究所；1996年取得硕士学位。同年至常熟高等专科学校（现常熟理工学院）任教，担任讲师。1998年到浙江师范大学任教，先后任讲师、副教授。2001年郑州大学中国古代史专业博士毕业后回到浙江师范大学任教；2004年起被聘为汉语史专业硕士生导师；2007年晋升教授。2008年赴东京目白大学、成城大学从事博士后合作项目；2010年回到浙江师范大学工作。现为浙江师范大学人文学院教授、校汉字与出土文献研究中心副主任、中国古典文献学专业硕士点负责人。主要研究方向为古文字学、出土文献学。出版专著《甲骨文动词词汇研究》《殷墟甲骨文摹释全编》等5部，《甲骨文"易日"为"变天"说补正》《卜辞命辞的构成分析》等论文数十篇。（图4-105）

图4-104　陈年福

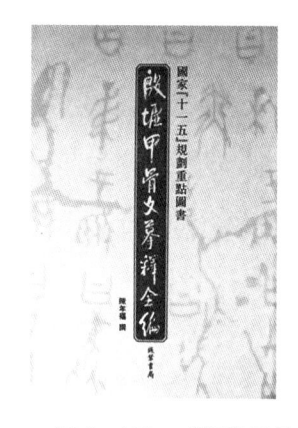

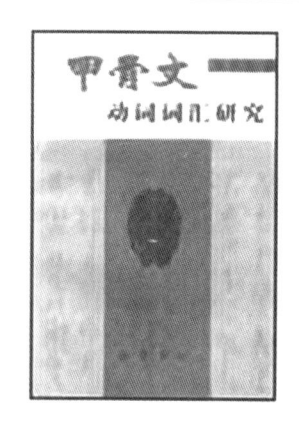

图 4 – 105　《殷墟甲骨文摹释全编》《甲骨文动词词汇研究》

（十三）具隆会（1962 年至今）

具隆会，韩国人。1997 年来中国留学，先后在天津大学、中国政法大学、天津师范大学、天津中医学院、南开大学等学校进修中文、古文字学、针灸学和中国古代史。2000 年考入中国社会科学院研究生院历史系，师从姜广辉先生学中国古代思想史攻读硕士；2003 年获历史学硕士学位。2003 年考入中国社会科学院研究生院历史系，师从王宇信先生学甲骨学殷商史攻读博士；2007 年获历史学博士学位。（图 4 – 106）

图 4 – 106　具隆会

2009 年 12 月至 2014 年 10 月，在河南安阳师范学院历史与文博学院及甲骨学与殷商文化研究中心任职。现任河南大学历史文化学院教授。现为中国殷商文化学会会员、中国先秦史学会会员。主要从事甲骨学殷商史和《周易》思维模式研究。主要著作为《甲骨文与殷商时代神灵崇拜研究》（中国社会科学博士论文文库），还发表了《近 10 年来在韩国对中国先秦、秦汉史研究综述》《试论甲骨文和圣经所见的"上帝"观比较研究》《谈九世之乱与殷人屡迁问题》《从祭祀制度的演变看殷商晚期的政治、经济》等学术论文十余篇。科研成果荣获

图 4 – 107　《甲骨文与殷商时代神灵崇拜研究》

2013年度河南省优秀社科成果二等奖1项、2013年度河南省安阳市优秀社科成果一等奖1项。（图4-107）

（十四）李雪山（1963年至今）

李雪山，河南范县人。1985年安阳师范学院毕业；1989—1992年北京大学攻读硕士，获硕士学位。1998—2001年郑州大学攻读博士，获博士学位。原任河南安阳师范学院教授，现任河南师范大学副校长。（图4-108）

图4-108 李雪山

现任中国殷商文化研究学会理事、河南省史学会常务理事、河南省高校中青年骨干教师。长期从事甲骨文、殷商史的研究，自1987年以来，共出版著作3部，论文三十余篇，主持国家社科基金项目"商代历史地理研究"、全国古籍整理规划项目"卜辞分类资料库"等各级各类项目6项，主要论文有《商后期王畿行政区划研究》《中国传统文化的滥觞——纪念甲骨文发现一百周年》；主要著作有《商代分封制度研究》（中国社会科学出版社2004年版）、《董作宾与甲骨学研究》（河南大学出版社2003年版）、《甲骨文精粹释译》（云南人民出版社2004年版）。成果先后荣获河南省2004年度哲学社会科学优秀成果三等奖、省教育厅2001年、2004年度人文社科优秀论文一等奖。（图4-109）

图4-109 《董作宾与甲骨学研究》《商代分封制度研究》

（十五）方辉（1964年至今）

方辉，山东阳谷人。1980—1984年就读于山东大学历史系考古专业，获学士学位。1984—1987年就读山东大学历史系考古专业研究生，获硕士学位；1989—1994年在山东大学历史系攻读中国古代史方向博士生，获博士学位。现任山东大学历史文化学院院长、文化遗产研究院院长、博物馆馆长，教授、博士生导师。山东大学"国家级考古实验教学示范中心"主任，教育部、国家外专局"环境与社会考古学创新引智基地"主任。2007年入选教育部"新世纪优秀人才支持计划"；2009年成为教育部"马克思主义理论研究和建设工程"《考古学概论》教材首席专家；同年荣获山东省首批"齐鲁文化英才"荣誉称号。主要社会兼职有中国殷商文化学会副会长、中国社会科学院文明研究中心客座研究员、美国夏威夷大学《亚太考古》（英文版）编委等。（图4-110）

图4-110　方辉

主要研究方向为夏商周考古、考古学理论和考古学史等，出版专著有《海岱地区青铜时代考古》《明义士和他的藏品》《岳石文化》《考古学理论·方法·技术》（合著）和《拼合历史：考古资料的阐释》（译著）等，学术论文近百篇。科研成果荣获山东省优秀社科成果二等奖2项，三等奖2项。承担并完成国家社科基金项目和教育部社科项目各1项，横向课题10余项。（图4-111）

图4-111　《考古学理论·方法·技术》《明义士和他的藏品》《海岱地区青铜时代考古》

（十六）赵平安（1964年至今）

图4-112　赵平安

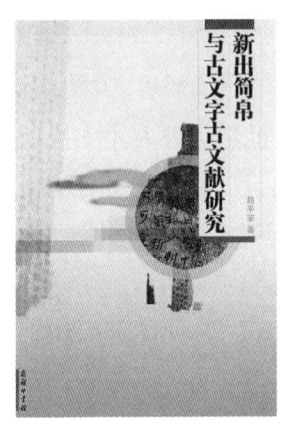

图4-113　《新出简帛与古文字古文献研究》

赵平安，湖南邵东人。中山大学文学博士（1991），中国社会科学院历史文献学专业博士后（1995—1997）。1987年硕士毕业后在河北大学参加工作，1995年获得教授任职资格，1997年任中国社会科学院历史研究所、简帛研究中心研究员，2003年任北京师范大学教授、教育部重点研究基地民俗典籍文字研究中心副主任。其中2000—2001年在伦敦大学和香港大学访问研究，2004年入选教育部新世纪优秀人才支持计划。2009年调入清华大学。现为清华大学教授，出土文献研究与保护中心常务副主任，中国文字博物馆学术委员会副主任，中国古文字研究会秘书长，中国文字学会常务理事。（图4-112）

研究领域主要是古文字和出土文献，兼及先秦秦汉语言、历史和文化。著有《隶变研究》《〈说文〉小篆研究》《新出简帛与古文字古文献研究》《金文释读与文明探索》《秦西汉印章研究》等著作，在《历史研究》《中国史研究》《文史》等刊物上发表学术论文百余篇。曾获河北省和北京市社会科学优秀成果奖、高等学校科学研究优秀成果奖（人文社会科学类）、中国社会科学院青年语言学家奖、北京大学王力语言学奖、王懿荣甲骨学研究奖等奖项。（图4-113）

（十七）郭旭东（1965年至今）

郭旭东，河南林州人。现任河南省政协常委，安阳市政协副主席，民进安阳市委主委，《殷都学刊》《安阳师范学院学报》编辑部主任，安阳师范学院历史与文博学院院长，河南省教育厅青年骨干教师、学术技术带头人，烟台大学兼职教授、硕士生导师，中国殷商文化学会副会长，河南省文字学会常务理事，安阳甲骨学会副会长、周易研究会名誉会长。（图4-

114）

1985年毕业于安阳师范学院政史系，留校工作；1992年6月毕业于郑州大学历史系，获史学硕士学位；2004年陕西师范大学历史文化学院毕业，获历史学博士学位。任安阳师范学院教授，主讲《先秦史》《甲骨学与殷商文化》《殷墟发掘史》等课程。发表学术论文40余篇。出版《青铜王都——殷墟考古大发现》《殷商社会生活史》

图4-114　郭旭东

（合著）《殷商文明论集》等专著十余部。主持国家社科基金项目"甲骨文与商代礼制研究"、全国高校古委会项目"甲骨文军事资料集萃与考辨"以及多项省部级、厅级科研项目。主编的《殷都学刊》特色鲜明，发行20个国家和地区，2005年被中国殷商文化学会命名为该学会会刊，蝉联三届"全国百强社科学报"和六届"河南省一级期刊"。2005年被中国人文社科学报学会评为全国社科学报优秀主编，2008年被授予全国高校社科学报事业突出贡献奖。（图4-115）

图4-115　《青铜王都》《殷商社会生活史》《殷商文明论集》

（十八）陈爱民（1965年至今）

陈爱民，江苏淮安人。南京艺术学院博士研究生、获美术学博士学位。是江苏省甲骨文学会副会长、南京甲骨文学会会长、南京印社学术委员、江苏省教师教育专业委员会美术分会委员、南京市社科联委员、《甲骨天地》执行主编。（图4-116）

主要论著：《论陶行知的书法教育思想》《陶行知艺术教育的当代价值》《论黄庭坚书法美学思想的核心——韵胜说》《论钱馥对黄庭坚书法的批评》《构建"三笔一体"书写训练模式》《"三笔一体"书写训练模式——提高小教专业师范生书写水平的实验研究》《甲骨文书法史年表：1899—1999》《论甲骨文书法在现代转换中所面临的问题》《甲骨文书法的艺术价值及艺术转换问题》《甲骨的终结与甲骨文书法的艺术转换》《甲骨文书法的艺术转换研究》《接纳与进入：二十世纪甲骨文书法的发展态势》《甲骨文书法的艺术规定性及当代评价问题》《殷商甲骨文艺术生命的现代升华》《中、日、韩和新加坡甲骨文书法之比较》《"写"、"刻"兼通与甲骨文篆刻》《从契刻到书写：甲骨文书法的技巧转换》《拂去尘封：二十世纪甲骨文入印史钩沉》《二十世纪甲骨文书法研究》等。先后担任《国际甲骨文书法篆刻家大辞典》编委、《中国篆刻全集》（卷一）主编助理、《院校书法教程》副主编、《晓庄文库·艺术卷》副主编、《甲骨文研究文集》编委、《中国甲骨文书法高峰论坛论文集》副主编、《海外藏中国书法》（卷一）主编等。

图 4-116　陈爱民

（十九）李立新（1967 年至今）

李立新（图 4-117），河南邓州人。山东大学历史系毕业后入河南省社会科学院历史考古所，后就读中国社会科学院研究生院历史系，毕业获博士学位，现任河南省社会科学院历史与考古研究所及中原文化研究所副所长、研究员。兼任河南省河洛文化中心副主任、河南省姓氏祖地与名人里籍研究认定中心副主任兼秘书长、《黄河文化》副主编。长期从事甲骨学殷商史与中原文化研究，主要学术论文有《甲骨文"囗"字考释与洹北商城 1 号宫殿基址性质探讨》《甲骨文"贞"字新释》《甲骨文"肜"字新释》等五十余

图 4-117　李立新

篇，并编著《中原文化解读》《中华姓氏河南寻根》等著作。曾主持并完成国家社科基金课题1项。（图4-118）

图4-118 《中华姓氏河南寻根》《中原文化解读》

（二十）岳洪彬（1968年至今）

岳洪彬，河南新密人。1992年毕业于山东大学历史系考古学专业，获历史学学士学位。同年入中国社会科学院考古研究所；1995年入中国社会科学院研究生院攻读在职硕士学位；1998年获历史学硕士学位；同年，攻读中国社会科学院研究生院攻读在职博士学位；2001年获考古学和博物馆学博士学位。（图4-119）

自从事考古工作以来，曾参加和主持发掘的遗址有山东邹平丁公龙山文化城址、山东日照尧王城龙山文化遗址；夏商时期三大著名城址：河南偃师二里头夏代城址、河南偃师商城商代早期遗址、洹北商城、河南安阳殷墟商代晚期城址。现在主要从事河南安阳殷墟的发掘、研究和保护工作。

图4-119 岳洪彬

主要研究方向为夏商周考古学文化和三代青铜器研究。主要著作有《殷墟村中村南出土甲骨》（合著）、《殷墟青铜礼器研究》《殷墟新出土青铜器》（主编）、《安阳大司空——2004年殷墟大司空发掘报告》（合著）、《殷墟与商文化》（主编）、《醉乡酒海——中国古代文物与酒文化研究之一》（合著）、《唇边的微笑——中国古代文物与酒文化研究之二》（合著）、《20世纪中国考古大发现》（合著）等，此外，有《苏富比所拍"禾冉"方彝考》《商周蜗体兽纹铜器研究》《殷墟王陵区出土铜炮弹形器功能考》等学术论文八十余篇。（图4-120）

图4-120 《殷墟青铜礼器研究》《殷墟与商文化》《殷墟新出土青铜器》

（二十一）刘凤华（1971年至今）

刘凤华，河南汤阴人。1989年至1993年就学于华中师范大学中文系，获文学学士学位。1993年至1996年就学于河南大学中文系古汉语文字学专业，获文学硕士学位。2016年晋升副教授。1996年至2004年在郑州大学从事文书与新闻采写工作。2004年至2007年就学于郑州大学历史学院古文字学专业，获历史学博士学位。主要从事古文字学专业的教学与研究工作。发表论文有《殷墟村南系列甲骨缀合二例》《殷墟村南系列甲骨新缀9例》《殷墟村南系列甲骨缀合4例》等20余篇。（图4-121）

图4-121 刘凤华

（二十二）刘源（1973年至今）

刘源，陕西咸阳人。2000年获南开大学历史学博士学位，2000年至今在中国社会科学院历史研究所工作，2008年任研究员。现任先秦史研究室

第四章　120年来甲骨学发展史上有贡献的甲骨学家　601

副主任。主要研究方向为甲骨文、金文及殷商史。（图4-122）

主要成果为《商周祭祖礼研究》（专著，获第四届胡绳青年学术奖）、《甲骨学殷商史研究》（合编）《甲骨文与殷商史》（合著）等；发表《简论早期卜辞中祭祀的性质——兼谈历组卜辞的时代》《逨盘铭文考释》《花园庄卜辞中有关祭祀的两个问题》《试论殷墟花园庄东地H3卜辞的行款》《殷

图4-122　刘源

墟花园庄东地甲骨文所见禳祓之祭考》《从国博所藏甲骨谈王卜辞中的子某》《再谈殷墟花东卜辞中的"□"》《历组卜辞新缀两组》《殷墟"比某"卜辞补说》《从殷墟卜辞的"族"说到周初金文中的"三族"》《周公庙"宁风"卜辞的初步研究》《试论西周金文"帅型祖考之德"的政治内涵》《殷墟"虎首人身"石雕像和"彊良"》等。（图4-123）

图4-123　《商周祭祖礼研究》《甲骨文与殷商史》

（二十三）章秀霞（1974年至今）

章秀霞，河南宁陵人。现为河南省社会科学院历史与考古研究所副研究员。主要研究方向为古文字与先秦史，尤以甲骨学殷商史为主。论著为《花东子卜辞与殷礼研究》《殷墟花园庄东地甲骨刻辞类纂》等两部，发表《从殷礼论商后期的社会关系——以花东子卜辞为中心的考察》等论文30余篇。主持国家社科基金后期资助项目1项、河南省社科规划项目2项，

参与国家社科基金、河南省社科基金等省级以上社科基金研究项目 5 项。（图 4 - 124、图 4 - 125）

图 4 - 124　章秀霞　　　　图 4 - 125　《花东子卜辞与殷礼研究》

（二十四）李发（1974 年至今）

李发，四川营山县人。2006 年西南大学汉语言文字学专业硕士毕业，研究方向为碑刻语言文字研究，指导教师：毛远明教授。2011 年西南大学汉语言文献研究所博士毕业，方向为甲骨文研究，师从喻遂生教授。（图 4 - 126）

图 4 - 126　李发

1997 年 7 月至 2003 年 8 月在四川省营山中学校任教高中语文；2006 年 7 月至今在西南大学汉语言文献研究所工作。

已发表的论文有《关于甲骨文中的"师"》《关于"多尹""多 "与"多君"》《甲骨文中的"微"及其地望考》等 10 余篇。

（二十五）齐航福（1975 年至今）

齐航福（图 4 - 127），河南虞城县人。现为河南省社会科学院历史与考古研究所研究员。主要研究方向为古文字与古代文明，尤以甲骨学殷商史为主。论著为《殷墟甲骨文中句式使用的组类差异考察》《殷墟花园庄东地甲骨刻辞类纂》《殷墟甲骨文宾语语序研究》等 4 部，发表《花东卜辞中的祭祀动词双宾语试析》《殷墟卜辞疑难辞例考释八则》《殷墟甲骨文中句式使用的组类差异考察》等论文 40 余篇。《殷墟甲骨文中句式使用的组类差异考察》获得河南省社会科学优秀成果过奖（2014 年度）三等奖；《殷墟甲骨文宾语语序研究》获得河南省社会科学优秀成果奖（2015 年度）二等奖；合著《华夏历史文明传承创新研究》获得河南省社会科学规划奖（2013 年度）二等奖。（图 4 - 128）

图 4 - 127　齐航福

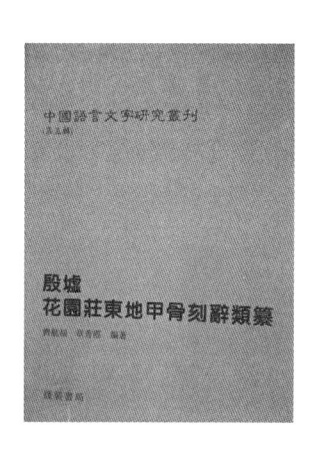

图 4 - 128　《殷墟花园庄东地甲骨刻辞类纂》

（二十六）周忠兵（1977 年至今）

周忠兵，1997 年 9 月至 2001 年 7 月，东北师范大学文学院，汉语言文学，学士。2001 年 9 月至 2004 年 7 月，东北师范大学文学院，汉语言文字学，硕士。2005 年 9 月至 2009 年 6 月，吉林大学古籍研究所，历史文献学，博士。博士期间（2007 年 8 月至 2008 年 8 月）获"国家建

图 4 - 129　周忠兵

设高水平大学公派研究生项目"的资助在美国匹兹堡大学及卡内基博物馆留学一年。2009年7月至今,任职于吉林大学古籍研究所。(图4-129)

主要研究成果有《从甲骨金文材料看商周时的墨刑》《从卡内基博物馆所藏甲骨实物看早期甲骨的作伪问题》《甲骨中几个从"丄(牡)"字的考辨》等论文10余篇。2015年出版《卡内基博物馆所藏甲骨研究》一书。(图4-130)

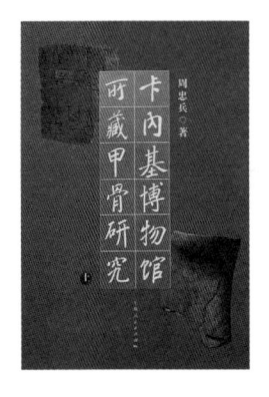

图4-130 《卡内基博物馆所藏甲骨研究》

(二十七)蒋玉斌（1978年至今）

蒋玉斌,山东泰安人。2000年7月毕业于曲阜师范大学中文系,获学士学位;9月考入东北师范大学古籍整理研究所,师从董莲池先生学习中国古典文献学(甲骨金文文献方向),2003年7月毕业,获硕士学位;9月考入吉林大学古籍研究所,师从林沄先生学习古文字学,2006年6月毕业,获博士学位。2009

图4-131 蒋玉斌

年4月至2011年4月在香港中文大学古籍研究中心,从事"甲骨文资料库重建计划"的合作研究,任博士后研究员。中国古文字研究会会员,中国殷商文化学会会员。2006年7月起任职于南开大学文学院,现为中文系副教授。2011年12月起兼任香港中文大学刘殿爵中国古籍研究中心荣誉副研究员,2014年12月起兼任首都师范大学甲骨文研究中心特聘教授。现就职复旦大学古文献研究中心。首届甲骨文释读优秀成果奖一等奖十万元获得者(2018年)。(图4-131)

参与编著有《说文解字研究文献集成·现当代卷》(副主编)、《说文解字研究文献集成·古代卷》(副主编)等,已发表论文有《师组甲骨新缀三例》《甲骨卜辞分类的一个新标准》等30余篇。

(二十八)门艺（1979年至今）

门艺,河南商丘人。本科就读于河南师范大学,2002—2005年考入西南师范大学文献所学习汉语言文字学,获文学硕士学位,2005—2008年在郑州大学历史学院学习考古学及博物馆学，获得历史学博士学位，博士学位论文获当年校级优秀论文。2009年进入河南大学黄河文明与可持续发展研究中心，主要从事殷商甲骨文的整理与研究，汉字与黄河文明的研究工作。已发表的论文有《黄组王宾卜辞新缀十组》《黄组征人方卜辞及十祀征人方新谱》等10余篇。（图4-132）

图4-132　门艺

（二十九）王子杨（1979年至今）

王子杨，2012年7月毕业于首都师范大学。现为首都师范大学甲骨文研究中心副教授，硕士生导师，中国文字博物馆第二届学术委员会委员。主要从事甲骨文献的整理与研究工作，尤其重视甲骨文字的考释以及基于甲骨文字考释的殷商史研究，注重从甲骨材料本身出发，以字征史、补史。工作期间发表学术论文30多篇，其中权威核心9篇，一般核心5篇。（图4-133）

图4-133　王子杨

独立承担教育部社科青年项目、国家社科一般项目各1项，担任2项国家社科重大招标项目子课题的负责人。先后获得北京市优秀博士论文奖（2013年）、第一届李学勤、裘锡圭出土文献与古代文明研究青年奖三等奖（2016年）、第七届吴玉章人文社会科学青年奖（2017年）、首届甲骨文释读优秀成果奖二等奖（2018年）、第三届李学勤、裘锡圭出土文献与古代文明研究青年奖二等奖（2018年）。参编著作多次获得教育部高等学校科学研究优秀成果奖。

第五章　国际学术交流的加强

山川异域，同研甲骨。操着不同语言的各国学者，有了甲骨文这一中国古老文明的共同文字，从不同角度和用不同方法，展开了自己的创造性探索和研究，并在研讨会上交流学术，为弘扬和发展甲骨学做出了自己的努力和贡献。

一　国际学术会议的成功召开

为了加强海内外甲骨学家的学术交流和增进学者间的友谊与交往，近年召开了多次不同规格的国际学术研讨会。我们在这里，只集中介绍召开国际会议最早，且专题以甲骨文、殷墟商史和殷商考古为议题研究的中国殷商文化学会，历年在安阳、郑州、洛阳、南昌、邢台、三星堆、北京、烟台、桓台、高青等地召开多次大规模、高规格的殷商文明国际学术研讨会。海内外学者共济一堂，共谋甲骨文殷商文化的发展。会后陆续出版的十一部"三代文明"研究系列论文集，展示了殷商文明研究的最新成果和推动了研究的发展。

（一）中国殷商文化学会历次召开的国际学术会议

1. 1987年9月10—16日，中国殷商文化国际学术研讨会在河南安阳召开，120多位海内外权威学者出席，提交论文107篇，会议论文编为《殷墟博物苑苑刊》（图5-1，中国社会科学出版社1989年版）。16日上午，中国殷商文化学会（China Society of Yin-Shang Civilization）宣告成立。大会推举周谷城为名誉会长,徐中舒、商承祚、吴泽、张政烺、杨希枚、谢辰生、安金槐为顾问,王玉哲、刘起釪、刘启益、李民、邹衡、杨鸿勋、陈全方、沈之瑜、郑振香、胡厚宣、姚孝遂、徐锡台、常正光、裘锡圭等任理事会理事,胡厚宣为会长,田昌五、李学勤、李民、邹衡、郑振香为副会长,田昌五任秘书长,王宇信、杨升南、李绍连、聂玉海任副秘书长。

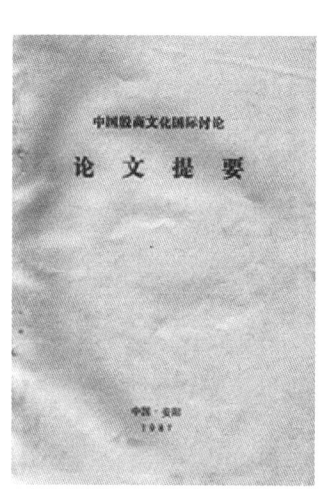

图 5-1　1.《殷墟博物苑苑刊》；2. 1987 年讨论会《论文提要》

2. 1989 年 9 月 10—14 日,中国殷商文化学会等发起,在河南安阳召开"纪念殷墟甲骨文发现九十周年国际学术研讨会",海内外 120 多名学者与会。会议论文编为《殷墟甲骨文发现九十周年国际学术研讨会专辑》(分别刊于《史学月刊》1990 年第 3 期、《中原文物》1990 年第 3 期、《殷都学刊》1990 年第 4 期)。(图 5-3)

3. 1991 年 8 月,在河南省洛阳市召开"夏商文明国际学术研讨会",海内外 120 名学者与会,会议论文编为《夏商文明研究》。会议增选高明、商志𩽾、王宇信为理事,张文彬、朱启新为特聘理事。(图 5-2)

4. 1993 年 8 月,在河南郑州召开"郑州商城与殷商文明国际学术研讨会",并为郑州申请历史文化

图 5-2　《夏商文明研究》

名城发出呼吁书。同月又在江西南昌召开"中国南方青铜器暨殷商文明国际学术研讨会",后一次会议论文编为《中国南方青铜器暨殷商文明国际学术研讨会专辑》(《南方文物》1994年第1、2期)。

图5-3 参加"殷墟甲骨文发现九十周年国际学术讨论会"的学者与胡老合影(郭胜强提供):前排张政烺、胡厚宣、郑绍宗;后排李绍连、高英民、雷从云、辛占山、王宇信(自左向右)

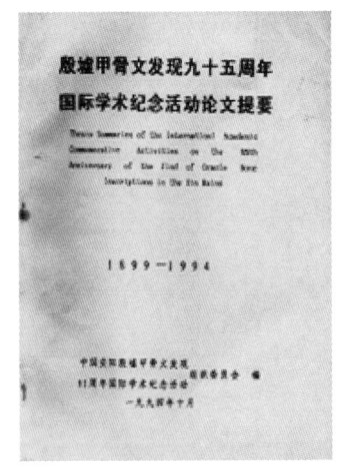

图5-4 《殷墟甲骨文发现九十五周年国际学术纪念活动论文提要》

5. 1994 年 9 月，在河南安阳召开"纪念甲骨文发现九十五周年国际学术研讨会"，并举行"胡厚宣教授发掘殷墟六十周年座谈会"。(图 5-4)

6. 1995 年 8 月，在北京房山韩村河召开"纪念北京建城 3040 年暨燕文明国际学术研讨会"，海内外 110 位学者出席。会议论文编为《北京建城 3040 年暨燕文明国际学术研讨会议专辑》。会议期间，推选田昌五为会长，增选雷从云、单天伦、杨升南、李伯谦、李绍连、杨育彬、齐心、辛占山为理事。

7. 1997 年 8 月，在山东淄博市桓台召开"97 山东桓台中国殷商文明国际学术研讨会"，百余名学者参加，会议论文由张光明等主编为《夏商周文明研究·97 山东桓台中国殷商文明国际学术研讨会论文集》，收入论文 38 篇。会议期间，增选高英民、高大伦、李天增、薛安胜为理事，郭旭东、方辉、张光明为副秘书长。(图 5-5)

8. 1998 年 8 月，在河北邢台召开"河北邢台中国殷商文明国际学术研讨会"，海内外近百名学者出席，会议论文由李思伟、杜金鹏等主编为《三代文明研究之二·1998 年河北邢台中国殷商文明国际学术研讨会论文集》，收入精选论文 50 篇。会议期间，增选

图 5-5 《夏商周文明研究·97 山东桓台中国殷商文明国际学术研讨会论文集》

宋镇豪、王巍、尹升平、秦文生、栾丰实、孙敬明为理事，推举王宇信为副会长、杨升南为秘书长、宋镇豪为副秘书长，遴选杜金鹏、张国硕、许宏为秘书处成员。

9. 1999 年 5 月，在山东烟台召开"纪念王懿荣发现甲骨文一百周年学术研讨会"，会议论文《三代文明研究之三》，由吕伟达等主编，共收入论文 46 篇。会议期间，增选刘一曼、杜金鹏、王震中、蔡运章、葛英会、朱凤瀚、陈炜湛为理事，郭新和为特聘理事。

10. 1999 年 8 月 20—23 日，在河南安阳召开"纪念甲骨文发现一百周年国际学术研讨会"，海内外学者 120 余人参加，中国社会科学院院长李铁

映致开幕词。会议论文由王宇信、宋镇豪主编为《夏商周文明研究·四·纪念殷墟甲骨文发现一百周年国际学术研讨会论文集》，收入论文77篇。会议期间，增选吴振武为理事，推举王宇信为会长，田昌五为名誉会长，张坚为副秘书长。(图5-6及图3-270)

11. 2000年7月26—28日，在四川广汉召开"殷商文明暨纪念三星堆遗址发现七十周年国际学术研讨会"，海内外学者120余人出席会议，提交论文60多篇，会议论文由肖先进等主编为《夏商周文明研究·五·殷商文明暨纪念三星堆遗址发现七十周年国际学术研讨会论文集》，收入论文49篇。会议期间，增选常玉芝、刘绪、晁福林、方辉、王晖、戴志强、黄锡全、李朝远、彭适凡、王毅为理事，增补杨升南、商志䉺、王巍、李伯谦为副会长，宋镇豪为秘书长，杜金鹏、张坚为常务副秘书长，增补孙华、宋国定、肖先进为副秘书长。(图5-7)

12. 2004年7月28—31日在河南安阳召开"2004年安阳中国殷商文明国际学术研讨会"，来自中国、日本、韩国、美国、法国、意大利、印尼，中国台湾、香港等10个国家和地区的专家学者130余人参加了会议。学者在大会上作了发言，介绍了自己的最新研究成果和最新考古发现，会后出版了由王宇信、宋镇豪、孟宪武等主编《夏商周文明研究·六·2004年安阳殷商文明国际学术研讨会论文集》，收入论文99篇。与会代表还参观考察了安阳殷墟和其他一些古文化遗址。在考察殷墟遗址并听取了安阳市领导关于殷墟申报世界文化

图5-6 《夏商文明研究之四·纪念甲骨文发现一百周年国际学术研讨会论文集》

图5-7 《殷商文明暨纪念三星堆遗址发现七十周年国际学术研讨会论文集》

2004年8月3日　安陽日報

支持殷墟申报世界文化遗产呼吁书

二〇〇四年安阳中国殷商文明国际学术研讨会与会专家

中华文明源远流长，在全人类文明史上占有极其重要的地位。而在中国历史长河中，殷墟是一颗光芒璀璨夺目的明珠。众所周知，殷墟是商代后期都城所在地、甲骨文的发现地、中国近现代考古学诞生地，是殷商文化研究的圣土。

1899年，王懿荣辨认出殷墟甲骨文，甲骨学因此诞生。1928年至1937年，当时中央研究院历史语言研究所在殷墟进行15次科学发掘，为中国现代考古学的发展奠定了坚实的基础。中华人民共和国成立后至今，殷墟的科学考古发掘工作一直连续开展，记录了中国考古学不断前进的脚步。百余年来，殷墟出土了10多万片甲骨文，规模宏大的宫殿宗庙基址，气势恢宏的商代王陵，数量众多的墓葬、房址、手工作坊遗址，精美的青铜器、玉器、骨器、石器、陶器，这些发现展示了中国殷商文明的丰富内涵，成为研究中国古代文明，乃至世界古代文明的珍贵史料，也是全世界人民共同拥有的珍贵文化遗产。近年来，殷墟考古工作不断取得令人瞩目的成绩：洹北商城及其一号宫殿基址、54号墓、小屯南地新出甲骨文、孝民屯铸铜作坊及村落基址等发现都引起了海内外学术界、社会各界的极大关注，进一步证实殷墟这一地下文化宝库仍然蕴藏着极其丰富的历史资料。作为研究殷商文化的学者，我们深知殷墟在全世界人类文明史中具有十分重要的独特地位，是全世界人民共同拥有的珍贵文化遗产，完全具备列入世界文化遗产名录的条件。

安阳市政府自2001年启动殷墟申报世界文化遗产工作以来，集中力量科学规划，对殷墟及周边地区进行了遗址保护、环境整治等大量切实有效的工作，完成了宫殿宗庙区、王陵区等多处大型遗址的保护展示、文物陈列，使殷墟蕴藏的历史文化内涵更加清晰地呈现出来，殷墟申报世界文化遗产的条件更加成熟。我们欣赏安阳市市政府作出的这些努力，希望殷墟申报世界文化遗产的工作取得成功，将这一全人类的文化遗产留给子孙万代。

为此，我们参加2004年安阳中国殷商文明国际学术研讨会的专家、学者一致呼吁：将殷墟列入世界文化遗产名录。

2004年7月29日

图5－8　各国学者支持殷墟申报世界文化遗产呼吁书

（2004年8月3日，河南《安阳日报》报道）

遗产工作报告后，均认为安阳殷墟遗址完全具备列入"世界遗产"的条件，一致呼吁将安阳殷墟遗址列入世界文化遗产名录。（图5-8、图5-9）

13. 2005年8月25—28日，中国殷商文化学会在北京市平谷区金海宾馆召开了"北京平谷与华夏文明国际学术研讨会"，出席会议的有邹衡、张文彬、王宇信等著名专家，以及来自中国台湾地区和日本的学者60余名。会议期间，全体代表踏访了平谷轩辕庙遗址、上宅文化遗址、刘家和商代遗址等。会后王宇信等主编了《夏商周文明研究·七·北京平谷与华夏文明国际学术研讨会论文集》，收入论文60余篇。

14. 2006年8月11—14日在河南安阳召开"中国安阳庆祝殷墟'申遗'成功暨纪念YH127甲骨坑发现70周年国际学术研讨会"，

图5-9 《2004年安阳殷商文明国际学术研讨会论文集》

来自中国大陆、台湾地区，以及美国、法国、俄罗斯、日本、韩国的众多大专院校和科研机构的学者120余人参加了大会。在大会闭幕式上，江苏学者徐自学提出了，殷墟甲骨文申遗的动员，引起了与会学者热烈响应。

15. 2009年8月12—16日在山东省烟台市福山区召开"纪念王懿荣发现甲骨文110周年国际学术研讨会"。海内外研究专家、学者200多人参加了研讨会，纪念王懿荣对中国文字、古代史和甲骨学研究做出的重大学术贡献，总结110年甲骨学研究的发展和成果，展望未来甲骨学研究，进一步推进甲骨学研究发展。结集出版了代表海内外最高水平、最新研究成果的《夏商周文明研究·八·纪念王懿荣发现甲骨文110周年国际学术研讨会论文集》，由王宇信、宋镇豪等主编。（图5-10）在大会上，江苏学者徐自学提交了《从甲骨申遗，刻不容缓》的论文，会长王宇信宣读了《甲骨文申报世界文化遗产倡议信》，受到热烈响应，200多位海内外专家学者签名。

当月18日，《光明日报》发表了学者呼吁甲骨文申遗的消息。

16. 2010年10月13—16日，学会与中国文字博物馆、中国文字学会联合举办"第二届中国文字发展论坛"，来自国内以及英国、日本、韩国等古文字学、考古学、历史学、语言学、中国书法领域的 50 余位著名专家学者与会，以学术主题演讲和研讨的方式就古文字与先秦考古、现代汉字研究、民族文字研究、文字与民族文化、汉字与中国书法等学术前沿论题展开讨论。（图 5－11）

图 5－10 《纪念王懿荣发现甲骨文 110 周年国际学术研讨会论文集》及开幕式

图 5－11 "第二届中国文字发展论坛"

17. 2011 年 12 月 9—11 日在河南安阳召开"殷商文明暨傅说文化研究高端论坛"，来自国内外的 60 余位著名专家学者及数十名傅氏宗族后人参加了大会，共收到论文 41 篇，作者们大量利用史料典籍、甲骨文献及新的考古发掘成果，从甲骨文书体到书法艺术、从祭祀到政治制度、从版筑到纪日法、从官职到用人的政治背景等各种角度,对殷商时期,特别是武丁时期的政治文化进行了广泛深入的讨论。会议期间,学会进行了换届选举,大会推选王宇信为名誉会长,选举王震中担任会长,唐际根、方辉、张光明、张国硕、郭旭东、张坚、朱彦民、周广明担任副会长,徐义华担任秘书长。增选张玉金、岳洪彬、印群、魏建震、常耀华、李恩玮、钱冶、李昆为理事。

18. 2012年5月18日在北京举办"妇好墓发掘与殷商研究座谈会",王宇信、唐际根等国内外学者三十余人出席了座谈会。座谈会上,学者高度评价了殷墟妇好墓发掘的重大意义,妇好墓的发掘者郑振香和台湾艺术家陈美娥作了主题发言,分别介绍了当年妇好墓发现发掘情况和在舞台上复原妇好形象的创作过程。当晚在国家大剧院由台湾汉唐乐府古典乐舞团演出《殷商王·后武丁与妇好》。

19. 2012年8月7—10日,在山东高青联合举办"甲骨学暨高青陈庄西周早期城址重大考古发现国际学术研讨会"。来自中国大陆、台湾地区及日本、韩国、法国、美国的上百名专家学者参加了大会,提交论文70余篇,并对高青陈庄西周城址进行了实地踏访、参观了高青博物馆。经过对发掘出土的大量实物和资料进行深入研究探讨、充分论证的基础上,结合商末周初的历史变革和齐国早期的历史,与会专家学者达成了共识:陈庄西周城址遗存以及其中14座大中型墓葬、墓中出土有铭齐国早期铜器、祭坛等是重大发现,当与齐国早期都城营丘关系密切,对确定齐国初都营丘具有坐标意义。会议期间,学会增选杜金鹏、张光明任副会长,增选刘正为理事。会后出版了《夏商周文明研究·十·甲骨学暨高青陈庄西周城址重大发现国际学术研讨会论文集》。(图5-12)

图5-12 《甲骨学暨高青陈庄西周城址重大发现国际学术研讨会论文集》

20. 2013年10月28—29日在河南偃师学会与中国社会科学院考古研究所、河南省文物局、河南省偃师市人民政府联合举办"夏商都邑考古暨纪念偃师商城发现 30 周年国际学术研讨会",来自日本、美国,中国大陆、台湾和香港地区的百余位专家学者参加了会议。与会专家学者共提交论文 60 余篇。(图 5-13)

图 5-13 "夏商都邑考古暨纪念偃师商城发现 30 周年国际学术研讨会"

21. 2014 年 3 月 27—29 日,由中国殷商文化学会、四川省文物考古研究院、三星堆博物馆联合主办的"夏商周方国文明国际学术研讨会"在四川广汉三星堆博物馆隆重开幕。来自北京、天津、山东、河南、吉林、广东、陕西、四川以及香港、台湾等地学者 50 余人出席了大会,就夏商周时期各地古文明的新研究成果进行交流探讨。大会共收到论文 30 余篇,涉及成都平原及各地考古新发现、古代方国文明、古代遗迹遗物、商周青铜文化等方面的研究。(图 5-14)

图 5-14 "夏商周方国文明国际学术研讨会"

22. 2014年8月11—14日，在山东省烟台市福山区召开"王懿荣甲骨学国际学术研讨会"。海内外研究专家、学者100多人参加了研讨会，纪念王懿荣对中国文字、古代史和甲骨学研究做出的重大学术贡献，总结115年甲骨学研究的发展和成就，发布最新研究成果，展望未来甲骨学研究，进行学术交流进一步推进甲骨学研究发展。会议期间，学者参观了新落成的王懿荣纪念馆。（图5-15）

图5-15　2014年8月11日，王懿荣甲骨学国际学术研讨会开幕式在烟台福山王懿荣纪念馆（甲骨文发现115周年会议）

（二）海外召开的殷商文明国际研讨会

甲骨文这一中华古老文明自1899年被发现以后，很快就引起了海外学者兴趣和追求。他们的不少研究成果，对中国学者很有参考价值。随着1978年以来中国改革开放，学者们也走出国门，与海外同行交流学术。海外率先召开的国际学术会，对中国内地召开国际会议，敞开学术之门，是很好的推动和促进。

1. 商文明国际学术讨论会（美国·夏威夷）

由哈佛大学人类学系教授张光直发起的"商文明国际学术讨论会"，1982年9月于美国夏威夷召开，来自中国大陆、台湾地区，以及日本、美国、英国、法国的50多名专家学者出席了会议，其中中国著名甲骨学商史专家和考古专家夏鼐、胡厚宣、张政烺、李学勤、杨锡璋、王贵民等和台湾"中研院"史语所的资深专家高去寻教授、张秉权教授等，美国的有戴·维·凯特利（吉德炜）、周鸿翔、夏含夷等，英国有艾克、法国有张聪东等学者。

　　这次会议共收到学术论文32篇，就殷商文明专题，各国学者进行了热烈的讨论并展开了学术交流。此次会议，也是1978年以来召开的第一次专就商文明展开国际交流的盛会，也是中国学者参加的第一次国际商文明研讨会。而中国大陆，作为甲骨文的故乡却从未召开过专门的国内和国际商史和甲骨文化研讨会。就是在这次会议上，不少外国学者呼吁在殷商文明的策源地、甲骨文的故乡——殷墟所在地河南安阳召开一次国际会议，以遂踏访殷墟故地，与更多的中国甲骨文专家、商史专家和考古专家交流学术，推动殷商文明研究前进的愿望。以此次会议的召开为契机，中国殷商文化学会成立，并在安阳、洛阳、郑州、福山等地组织召开了多次国际殷商文明国际学术会议。

　　2. 国际甲骨文学术研讨会（韩国·首尔）

　　1996年5月6日为韩国首尔淑明女子大学成立90周年，为配合校庆的纪念活动，由中国文学系梁东淑教授发起和组织了"国际甲骨文学术研讨会"，以庆祝校庆和扩大淑明女大在学术界的影响。应邀出席会议的学者，有来自中国大陆的裘锡圭教授、王宇信教授，中国台湾的蔡哲茂教授，以及加拿大的许进雄教授。韩国各大学的知名甲骨、汉语学家都积极出席会议，诸如尹乃炫、许成道、李弘镇、李圭甲、孙叡彻、河永三、梁东淑、金光照、丁一等。会议期间，交流了甲骨学研究成果，总结和展望了韩国甲骨学的进展。会议期间，淑明女大向各国学者展示了新入藏的7版甲骨（据说是许进雄教授从美国为该校收购，花3000美元），是为《殷契遗珠》所著录。会后，出版了《国际甲骨文学术讨论会论文集》（首尔东文选1996年版）。关于此会的报道，韩国学者丁一写有《国际甲骨文学术研讨会在首尔召开》，发表于《中国史研究动态》（1996年第9期）。这次会议是继1982年9月美国夏威夷商文明国际会议后，国际上沉寂了十多年后召开的一次专题甲骨文商史会议，在国际上产生了重大影响。也显示了西方和日本甲骨学商史研究后继乏人的情况下，韩国青年一代甲骨学家正在崛起，成为世界上一个后起的甲骨学商史研究重镇。

3. 甲骨文发现100周年纪念国际会议（法国·巴黎）

1999年是殷墟甲骨文发现100周年，不仅备受国内甲骨学界的注意，在国际上，也引起甲骨学殷商文化研究学者的重视。1999年12月1日至3日，由法国国家科学研究中心，法国社会科学院东亚语言研究所游顺钊教授发起和举办的"甲骨文发现100周年纪念国际会议"在法国巴黎"人学之家"召开。出席会议的有来自美国的学者鲍则岳、吉德炜，来自英国的学者艾兰、汪涛，来自加拿大的学者高岛谦一，来自日本的学者阿辻哲次、森贺一惠，来自中国内地的学者有李学勤、裘锡圭、赵诚等，来自台湾地区的学者有朱岐祥等。孟宪武、朱爱芹、段振美等甲骨文故乡的学者特邀出席。法国学者有游顺钊、罗瑞、汪德迈、蒲芳莎、麦里筱、风仪诚等。大会期间，收到学术论文20多篇，就甲骨学商史问题和100多年来世界甲骨学的发展进行了认真的总结和展望。

4. 甲骨文发现100周年学术讨论会（中国台湾·台北）

1899年甲骨文的发现，是近代学术史上的一件大事。虽然对甲骨文是1898年天津人王襄发现，还是1899年时任国子监祭酒的爱国主义学者王懿荣发现，一度在20世纪七八十年代展开争论，并渐趋王懿荣是第一个发现者，而王襄是基本与其同时的早年甲骨收藏者。[①]

由台湾师范大学和台湾"中研院"史语所联合发起的"甲骨文发现100周年纪念学术研讨会"虽然于1998年5月召开，并不意味着台湾学者承认甲骨文1898年发现说。而是知道大陆将于1999年举行盛大纪念活动，为避免"赶会"和做好学术准备（一年两会，赶论文也来不及），因此于1998年5月在台北南港"中研院"和台湾师范大学校举行。出席会议的专家有大陆刘一曼、杨升南、彭邦炯、胡厚宣、胡振宇、裘锡圭等，加拿大高岛谦一等，美国夏含夷等，英国艾兰、汪涛等，法国游顺钊等共80多人出席。5月10日开幕式由台湾师范大学文学院长赖明德和史语所长杜正胜主持，台师大副校长简花发教授、"中

---

① 王宇信：《关于殷墟甲骨文的发现》，《殷都学刊》1984年第4期。

研院"副院长杨国杞教授和史语所著名学者、当年安阳殷墟的发掘者石璋如教授发表了热情洋溢的演讲。开幕式后，国内外学者展开了热烈的学术讨论和交流最新研究成果，会议共收到学术论文 22 篇，涉及甲骨学、殷墟考古、殷商史研究各方面的一些问题。中国社会科学院刘一曼宣读了《殷墟花园庄东地甲骨坑的发现及主要收获》，回答了海内外学界对殷墟这一重大发现的关注。杨升南宣读了《释卤小臣》，彭邦炯发表了《书契缺刻笔划再探索》等，引起与会学者的兴趣。此外，甲骨文非王卜辞和商代祭祀制度等问题，在该次会议上也进行了深入的讨论。会议论文由台师大国文系编成《甲骨文发现一百周年学术讨论会论文集》（1998 年，台北）。

会议分别由著名学者朱凤瀚、林沄、赵平安、张光植、陈伟等主持，24 位中外专家在会上宣读了论文，诸如林宏明《论董作宾先生在甲骨缀合上的贡献》，林沄《〈甲骨文断代研究例〉在断代中仍可发挥作用》，刘一曼《论殷墟甲骨整治与占卜的几个问题》，松丸道雄《甲骨文断代研究与"〈珠〉491"》，蔡哲茂《说殷卜辞"多马"与"多射"》，朱凤瀚《殷墟卜辞中"侯"的身份补正——兼论"侯""伯"之异同》，黄天树《甲骨卜辞中关于商代城邑的史料》，如此等等，会上发表的一批研究论文，代表了当时甲骨学商史研究的最新水平。

5. 第四届古文字与古代史国际学术研讨会：纪念董作宾逝世 50 周年纪念会（中国台湾·台北）

1963 年 10 月 23 日，甲骨学一代宗师、"中研院"院士、原史语所所长董作宾先生逝世于台北。为纪念董作宾大师所开创的历史考古学甲骨学研究的重大贡献和董作宾的学生们对前辈大师的怀念，由台湾"中研院"史语所主办的"第四届古文字与古代史国际学术研讨会：纪念董作宾逝世 50 周年纪念会"于 2013 年 11 月 22 日至 24 日在台北南港召开。台湾史语所学者黄进兴、蔡哲茂、李宗焜等，台湾政法大学中国文学系林宏明，中国社会科学院刘一曼、刘源、孙亚冰等，吉林大学林沄等，北京大学朱凤瀚等。日本东京大学松丸道雄教授，以及董作宾先生的哲嗣董敏等及先生生前友好等共 60 余人出席了会议。

台湾"中研院"史语所所长黄进兴主持会议并致"欢迎词"，"中研院"民族研究所研究员石磊(董作宾生前好友石璋如之子)在会上介绍了董作宾先生的生平事迹,回顾了董先生所走过的艰难"搬迁"逆路和对学术事业的重大贡献。全体出席会议的学者,到"中研院"学人山的董作宾墓园祭扫行礼,表达了对前辈学者的崇敬和怀念之情。此外,还参观了"凿破鸿蒙——董作宾逝世50周年纪念特展",并由李宗焜编辑出版《凿破鸿蒙》专集。

回忆充满浓厚的学术氛围,先后共进行了八场学术报告会。

二 甲骨文书刻艺术的弘扬

随着甲骨学研究的发展,甲骨文书刻艺术也得到了弘扬。不少甲骨书法艺术家和篆刻艺术家,投身弘扬甲骨文书刻艺术创作中,从而使甲骨文书法篆刻艺术有了很大发展,成为我国百花盛开书坛上的一朵新葩,受到了广大人民群众的喜爱。而深藏在"象牙之塔"中的国宝甲骨文实物,也走出甲骨学家的书斋,在国内和国外举办的展览上一露芳容,使刻在甲骨上的古文字活起来,为传承中华文化基因和增强文化自信以及加强国际学术交流做出了贡献。

(一) 甲骨书法的组织: 各地甲骨文书法学会的成立

随着1978—1982年集大成著录《甲骨文全集》的出版,在全国掀起了一股"甲骨热"。甲骨文书法爱好者,先后组织成立了不同级别的群众性组织——甲骨文书法协会(学会)。各地甲骨书法组织的成立,使书法篆刻家有了交流创作心得和切磋书艺的平台。与此同时,各地甲骨学会举办各种甲骨书法讲座和训练班,推动了甲骨书法水平的提高。而不断举办的甲骨书法展,不仅使广大书法家观摩切磋书艺,交流创作心得,而且对提高自己的甲骨书法创作水平也大有裨益。与此同时,也使甲骨文字考释成果走向人民大众,对象及甲骨学基本知识具有重大推动作用。

表 5-1　　　　　　　　　　　全国各地书法协会

北京市	中国书法协会、中国书法艺术家协会、京师大学堂甲骨文书法研究院等26个协会单位
上海市	殷商甲骨文研究院、上海书法家协会等26个协会单位
天津市	天津市青年美术书法协会、天津国学院甲骨文书法研究会等9个协会单位
山东省	山东省书法家协会、山东省甲骨书法研究会、烟台王懿荣甲骨学研究会等105个协会单位
广州市	广州市书法家协会等9个协会单位
广东省	86个书法协会单位
江苏省	江苏省甲骨文书法协会、南京甲骨文学会等73个书法协会单位
河南省	中国甲骨文书法学术研究会、安阳甲骨文学会等64个书法协会单位
辽宁省	大连甲骨文书法研究会、丹东市甲骨文书法协会等54个书法协会单位
四川省	53个书法协会单位
河北省	42个书法协会单位
陕西省	34个书法协会单位
浙江省	浙江瑞安孙怡让甲骨文学会、中国美术学院甲骨文书法研究会、杭州师大甲骨文书法研究中心等34个书法协会单位
广西壮族自治区	28个书法协会单位
山西省	25个书法协会单位
湖北省	24个书法协会单位
湖南省	湖南省甲骨书法学会、长沙市甲骨文字学会等23个书法协会单位
吉林省	吉林省甲骨文书法学会、通化市甲骨文书法学会等23个书法协会单位
江西省	23个书法协会单位
福建省	22个书法协会单位
甘肃省	20个书法协会单位
安徽省	19个书法协会单位
云南省	19个书法协会单位
重庆市	15个书法协会单位
黑龙江省	牡丹江市甲骨文书法学会等12个书法协会单位
内蒙古自治区	12个书法协会单位
贵州省	11个书法协会单位
海南省	10个书法协会单位
新疆维吾尔自治区	9个书法协会单位
宁夏回族自治区	3个书法协会单位
青海省	2个书法协会单位

（二）甲骨书法研讨会的召开和甲骨书法

1984 年安阳"殷墟笔会"，是甲骨书法界第一次专门的会议及第一次以甲骨文书法为主的大展，在甲骨书法界引起巨大反响，兼具有里程碑意义。随着各地甲骨学会的先后成立，各省市召开的甲骨文书法会议和展览不胜枚举。本书仅列举对甲骨书法创作发展起推动作用的标志性会议，诸如甲骨书法篆刻家第一次大规模聚会。甲骨书法家与甲骨学家互动的大家及甲骨书法家与甲骨学家逐渐形成共识的重要会议等。此外，有关甲骨书法著作良莠不齐、不胜枚举，居然有意造出 5200 个"甲骨字"的《后世甲骨文简明字典》在坊间招摇，对此，我们不一一评论，仅推荐影响较大并有导向意义几部著作。

1. 安阳殷墟笔会

"安阳殷墟笔会"由安阳人民政府主办，安阳文化局、教育局、市文联承办，1984 年 10 月 16 日至 18 日在安阳宾维召开。著名甲骨学和殷商考古专家、甲骨书法家胡厚宣、张政烺、刘起釪、郭若愚、裘锡圭、吉德炜、夏含夷、王宇信、杨升南、李民、李绍连、杨育彬、杨锡璋、欧阳可亮、柳曾符、魏峰、周凤池、刘顺等和来自我国 24 个省市及日本、美国、新加坡、马来西亚等国家和我国台湾地区的特邀殷商学者、甲骨书法家 300 余人出席了这次盛会。在甲骨文故乡举办的甲骨书法是第一次大规模聚会，引起海内外甲骨文书法界的震动。时任国务委员兼国防部长的张爱萍将军为"殷墟笔会"题词："远古文化、华夏精神"。著名书法家舒同、启功、刘海粟、叶圣陶、周而复、刘艺等也分别为"笔会"题词。

"安阳殷墟笔会"有两个方面的内容，一是国际性的甲骨文学术讨论会，在会议上，郭若愚、裘锡圭、欧阳可亮、郭胜珍等学者，宣读了自己的新作；二是全国性的"甲骨文还乡"书法展，从 550 多件甲骨书法篆刻应征稿件中，选精 150 余件参展，反映了当时的甲骨文书艺水平。由于 1982 年《甲骨文合集》13 册出版，在海内外兴起一股甲骨热，因而甲骨书艺水平也参差不齐。著名甲骨学家胡厚宣等在看展览作品时，连呼"看不懂"，这在书法用字方面为甲骨书法界提出了忠告。会后由周凤池主编出版了《殷墟笔会书法选集》一书。安阳殷墟笔会的成功举办，为以后的甲骨文书法会议和书法展览开了个好头。此后,甲骨文书法界有了专门交换书艺创作展览和书艺心得的平台,从而在不断交流中推动了甲骨文书法艺术的发展。(图5-16)

2. 王懿荣发现甲骨文110周年纪念大会暨国际学术研讨会

2009年8月13日,由中国殷商文化学会、山东省大舜文化研究会和山东烟台市政府主办的"王懿荣发现甲骨文110周年纪念大会暨国际学术研讨会"在山东省烟台市福山区青龙山文化广场盛大开幕。著名甲骨文殷商文化研究专家王宇信、李民、杨升南、宋镇豪、郑慧生、高安译、高岛谦一、吴玚、刘克甫、宫长为、徐义华、刘源、李雪山、郭旭东、韩江苏、贾书晟、李来付、刘继贤、张坚、陈爱民、中帑等,来自海峡两岸和香港特区及韩国、日本、英国、法国、美国、俄罗斯、新加坡、马来西亚等10多个国家的学者和甲骨书法家250余人出席了会议。在会上徐自学提交了《甲骨申遗刻不容缓》的论文,引起学者提议。

图5-16 《殷墟笔会书法选集》

中国殷商文化学会名誉会长王宇信在开幕词中指出,甲骨文作为世界最早文字之一,推动了人类的文明进程。1899年,王懿荣发现甲骨文,为商史研究提供了第一手资料,并为殷墟考古学的形成奠定了基础。会议收到论文80多篇并于2009年出版了研讨会论文集。会议分甲骨学与殷商史研究、考古学、甲骨文书法研究3个学术组进行了研讨。在大会闭幕式上,王宇信宣读了《关于甲骨文申遗的呼吁信》,与会250余名学者签名支持。不久,8月17日的《光明日报》上,刊登了记者贾雨关于甲骨学者呼吁甲骨文申遗的消息。

与会代表还出席了福山王懿荣甲骨学研究中心奠基仪式和参观了"华夏情:国际甲骨书法大展",在开幕式上,中国社会科学院荣誉学部委员王宇信盛赞这次甲骨学专家与甲骨书法家展开互动的大会,并称赞书法家提供的理论探索文章,将会对书法艺术创作的前进有所推动。并希望有更多的书法家对甲骨书法理论进行探讨,从而在理论的指导下不断提高创作水平。这次会上,对优秀论文和优秀书法作品颁发了"王懿荣甲骨学奖"。会后,甲骨书法作品和书法理论论文收入《华夏情:甲骨文国际书法大展集粹》一书,王宇信为此书作序,收入海内外甲骨书法300余幅。

3. 中国甲骨文书法高峰论坛

为传承和弘扬甲骨文书法篆刻艺术,展示当代甲骨书法艺术水平,引领甲骨书法篆刻艺术发展方向,2013年4月12日由杭州师范大学、中国美术学院、西泠印社和浙江书法家协会联合主办的"中国甲骨文书法高峰论坛"在杭州师范大学美术学院召开。中国社会科学院荣誉学部委员、著名甲骨学家王宇信教授、杭州师范大学美术学院院长张道森教授、中国美术学院博士生导师韩天维教授等和来自日本的书法篆刻家张大用、中国甲骨文艺术研究会副会长刘继贤等,以及来自江苏瑞安甲骨学会、山东福山王懿荣甲骨学会、威海甲骨文学会、江苏省甲骨文学会、京师大学堂甲骨文书法研究院等单位代表和来自全国各地的甲骨学家和甲骨书法家50多人出席了会议。在杭州师范大学美术学院展览厅举办了"中国甲骨文高峰论坛书法展",反映了当代甲骨文书法篆刻发展水平。(图5-18)

在甲骨书法艺术理论研讨会上,甲骨书法家仍结合展览及书法创作中出现的问题,进行了深入的探索。学者们致力于构建在理论指导下的书法创作规律,研究甲骨学的发展,探索甲骨书法的艺术美学及正确用字等问题。王宇信教授发表了《回归甲骨,走出甲骨,创作出无愧于时代的甲骨书法作品来》的主题报告,重申了自2011年11月以来,在京师大学堂甲骨书法研究院成立大会上提出的主张,并再一次告诫说,不识甲骨拓片的甲骨书法家,写出的绝不是真正的甲骨文书法。会议收到甲骨文书法研究论文61篇,从不同角度对甲骨书法遇到的问题,从理论上进行了深入探讨。

与会代表在会议上求同存异,畅所欲言,就甲骨书法当前存在的问题和未来的发展,展开了热烈的讨论,并在不少方面取得共识。参加会议的甲骨书法家一致认为,甲骨书法家要充分利用甲骨学研究的最新成果,掌握甲骨学基本知识。为提高书法创作水平,首先要立足于甲骨拓片的赏析、临摹、要基本掌握甲骨拓片的内容和文字格局,深入研究甲骨文字演变的不同风格和内涵,即"回归甲骨"。然后在此基础上,结合自己其他书体的书法功力及自己的学识修养和艺术灵感、悟性,形成自己的甲骨书法创作风格,即"走出甲骨",创作出无愧于伟大时代的甲骨书法作品来。

图 5-17　2010 年河南安阳中国文字博物馆书法大展(左);2011 年 12 月 23 日孙诒让故乡举办甲骨文书法大赛(右)

图 5-18　中国甲骨文书法艺术高峰论坛作品展在杭师院美术学院开幕
(2013 年 4 月 14 日《浙江教育新闻网》)

(三)甲骨书法大展的举办

各地甲骨学会不断举办的书法展览,反映了甲骨书法不断前进的新水平。甲骨书法家不仅在展览中充分表现了自己,还切磋了书艺,提高了艺术水平。不宁唯是,还为广大人民群众提供了一个典雅的文化生活乐园。在这一乐园中,为甲骨书法朴拙、苍凉的点划线条美所震撼,为劲挺或圆润线条所刻画的深邃哲理所感染,从而认识了甲骨文,喜爱上甲骨文书法,在怡情养志中,体会到甲骨文书法这一古老传统焕发出的时代价值。

1. 中国文字起源：中日甲骨文书法展

2005年7月16日至19日，由安阳师范学院与中国人民对外友好协会，日本北枝篆会联合举办的"中国文字起源：中日甲骨文书法展"，在北京中国国家博物馆展出。全国政协常委、中国人民对外友好协会会长陈昊苏、副会长陈永男、中国殷商文化学会会长王宇信、日本国驻华使馆井出敬二、日本国北枝篆会会长北室南苑、安阳师范学院院长郭新和、科研处长李雪山等各方代表及中日两国从事甲骨文书法研究的专家学者出席了开幕式。陈昊苏、郭新和、北室南苑分布代表这次展览的组织、承办方在开幕式上致贺辞。（图5-19）

甲骨文书法从一个方面反映了甲骨文字的研究水平，并以艺术形式为广大人民群众所喜闻乐见，对古奥的甲骨文字走向人民大众很有意义。因而，甲骨文书法受到学界和书法艺术界的重视。这次展览，展出了中日两国古文字学者、书法艺术家创作的甲骨文书法和甲骨篆刻作品及甲骨文考古发掘图片等共910多件。这次展览备受社会各界以及中央、省、市多家新闻媒体关注，新华社、中央电视台、中新社、《河南日报》《大公报》及日本北国新闻社等先后进行过报道。在北京展览结束后，又将去河南博物院继续展出。

图5-19 "中日甲骨文书法展"开幕式

2. 首届"四堂杯"全国书法精品大展

2010年11月16日，中国文字博物馆开馆一周年庆典系列活动及首届"'四堂杯'全国书法精品大展"在河南安阳开幕。河南省和安阳市有关领导和中国书协、中国美术馆有关领导及全国各地殷商文化专家、甲骨书法家数十人，"四堂杯"全国书法精品大展的部分获奖者出席。（图5-17）

首届"四堂杯"全国书法精品大展，是由中国文字博物馆与河南省书法家协会共同主办,面向全国各地征集篆、隶、楷、行、草等书体的书法作品1716件,经初评、再评、终评,共评出387件书法作品入展。大赛以甲骨学一代宗师罗振玉(雪堂)、王国维(观堂)、(董作宾)(彦堂)、郭沫若(鼎堂)即"甲骨四堂"冠名,意在号召当代学者和书家能够弘扬"四堂"开创的甲骨学研究事业,继承和发扬他们的探索和创新精神。会上,对获奖者颁发了奖项。由于中国文字博物馆在全国文字语言学界的重要地位,因而这一展览和奖项对书法界有着重大影响。

(四)甲骨书法研究著作

1.《甲骨文书法大字典》,马如森编纂,上海大学出版社2012年2月出版。

本书书前为目录,胡厚宣"序",孙常叙"序",李学勤"序",王宇信论甲骨书法,宋镇豪论甲骨文书法,"凡例","叙说"(商代的社会概况、甲骨文的命名、甲骨文的断代分期、新的"六书"说与甲骨文字、甲骨文形体结构的特点、甲骨文书法、甲骨文的著录、甲骨文论著及主要参考文献),笔画检字表,正文,汉语拼音索引,后记。

全书主体部分为"正文"(第1—1263页),共收入甲骨文字1203个,每个甲骨文字为一版(即一页),包括汉字字头及编号、文字拼音、所属韵部、字形说明。甲骨文书法字为作者按原篆摹写放大,双色套印,注明原篆甲骨字形、出处及期刊。其下一页为此甲骨字原篆的异体字或繁简字(原大),并注明每个异体甲骨字的出处、期别。再下一程为甲骨书法字"上下结构",即甲骨书法字的下笔先后范例。在五个米字格中,马如森按自己理解的甲骨书法字下笔先后,分五次在米格中依次写就,可供初学者摹写甲骨文字时参考。

此书收入的1203个甲骨文字,多为前人已考释并取得共识者。虽然还有一些尚未得到确认,但也皆有考释出处,可聊备一说,这就比那些充斥甲骨书法界的同类"字"典,连甲骨出处都没有的编者个人臆造、乱借、乱假的"甲骨文"字典要前进了一大步。特别是甲骨文总计才4300多字,居然有人编出了释读5200多个"甲骨"字的《后世甲骨文简明字典》在甲骨书法界流传,岂不滑天下之大稽!我们希望,甲骨书法家要使用《甲骨书法大字典》和甲骨学家编的《甲骨文编》《新甲骨文编》《甲骨文字编》等较为权威性的甲骨文字典。

2.《王宇信甲骨文书法论序集》，朱月萍编，文物出版社2014年11月出版。

本《论序集》扉页为王宇信行书"弘扬甲骨书法艺术，复兴华夏传统文明"，正文首篇为《〈甲骨文书法论序集〉出版感言》。其下即为甲骨文"论"和多年为朋友书法集的"序"，故此书冠其名为"论序集"。正文有《谈甲骨文与甲骨书法》《甲骨文基础知识——为甲骨文书法爱好者而写》《甲骨文：镌刻文明的国宝》《〈甲骨文精粹释译〉前言》《刘佳〈话说甲骨文〉序》《甲骨文书法漫谈》《雷声〈甲骨文书论语〉序》《金开〈耕耘集〉序》《张坚〈甲骨文释读300字〉序》《姬克喜〈甲骨文源流简释〉序》《〈华夏情：甲骨文书法国际大展集粹〉（2009·烟台）序》《〈傅雨海甲骨文书唐诗200首〉序》《谢兆岗〈圆梦奥运书法展作品集〉序》《〈华夏情：甲骨文书法国际大展集粹（2009·烟台)〉序》《魏峰〈甲骨文春联〉序》《〈陆建书法作品集〉序》《走甲骨文自己的路：序〈张大顺（日）甲骨书法·入门篇〉》《李来付〈甲骨文精粹释译书法选集〉序》《中国文字博物馆〈甲骨文论丛〉序》《李俊国〈醒月文论〉序》《〈中国成语——魏峰甲骨文书法篆刻集〉序》等文章。书后附有王宇信甲骨文书法作品13幅。

王宇信认为，甲骨书法的弘扬，对甲骨学的发源和甲骨学家考释文字成果的普及很有意义。因而主张甲骨学家应与甲骨书法家展开交流、互动、参与到甲骨书法的创作之中，为甲骨书法这一墨苑新葩的绽放异彩贡献力量，为甲骨书法在中国墨坛占有应有地位而共同努力（见《耕耘集》序）。几十年来王宇信一直关注甲骨书法艺术的健康发展，这部论序集，就是随1978年《甲骨文合集》的编成，社会上掀起一股"甲骨热"。而不少热爱甲骨文书法的人，苦于入门之难而缺少必要的普及著作，王宇信及时为他们写出了《甲骨学基础知识》《甲骨文与甲骨书法》等入门读物，引领广大甲骨书法爱好者步入甲骨学之门；其后，随甲骨书法爱好者的成长，开始把他们的作品结集，以供更多的人欣赏。王宇信为他们的著作写"序"，祝贺他们的成长。在甲骨书法发展的不同阶段，在书法界出现一些倾向性问题时，王宇信就在为甲骨书法家结集而写的"序"中，适时指出存在的问题及应努力的方向。因此可以说，这部《论序集》是王宇信用心血浇灌甲骨书法这朵墨苑新葩的结晶。也可以说，这部《论序集》，记录了1978年以后中国甲骨书法界不断前进和发展的历史。此书中提出的不少观点，对指导甲骨书法的健康发展，引领甲骨书法的发展方向很有意义，受到了甲骨书法界普遍的重视和认同。

3.《二十世纪甲骨文书法研究》，陈爱民著，人民出版社2016年5月出版，本书的目录为：

绪论
第一章　二十世纪甲骨文书法的历史文化背景
第二章　二十世纪对殷商甲骨文的历史述原
第三章　二十世纪甲骨文书法的发生（1900—1920）
第四章　二十世纪甲骨文书法的形成（1921—1949）
第五章　二十世纪甲骨文书法的延续（1950—1977）
第六章　二十世纪甲骨文书法的转化（1978—1999）
结语
附录　1899—1999甲骨文书法史年表
参考文献
致谢

这是一部迄至目前出版的唯一一部较大型的全面研究中国甲骨书史的研究著作。从上列全书目录就可以看出，此书全方位、多角度、深层次地总结了20世纪甲骨文书法随1899年甲骨文的发现而诞生，形成、延续和转化的全过程，填补了甲骨学史研究专著的空白，材料全面，论述平实、科学，极富参考价值。该书不仅全方位展示了甲骨文书法发展的连续性、继承性，而且清晰地展示和突出了甲骨文发展的阶段性特点。诸如甲骨文学术研究与甲骨文艺术创作，由20世纪前期的互相融合，到后期的逐渐分离，"具体表现为由通人向专才，由文化精英向大众，由个体向社团等多方面。多层次地转化"等，极其深刻。不仅如此，作者还爬梳整理大量早期史料，颇为珍贵。诸如新文化运动的先驱陈独秀、鲁迅等，他们早年曾注意到才发现不久的传统文化甲骨文。又如在"文化大革命"时期中，无产阶级革命家周恩来曾忧切地关心着当今通识甲骨全文者还有几人，并指示要保护好这些人才等。书中还通过全面展示甲骨书法家的创作实践，展开了百多年甲骨书法史发展的历史画卷。特别是该书之"附录"并不"附"，而是展示1899—1999年百年来书法史的重要组成部分。百年甲骨书法史的材料（特别早年）和所"附"参考书目，材料较零散，搜集颇为苦难。而不少甲骨书法集及图录等，由于印数极少，且多未上市发行而只在书法界或朋友间流传，因而较为难见。现"附录"将其集中刊出，对甲骨文书法史研究参考价值较大。

4.《殷墟甲骨文书法探赜》，贾书晟主编，文物出版社2017年10月出版。

《探赜》全书共三卷。卷一，绪论（共十章）。第一章，甲骨文方法概述；第二章至第八章，为参照目前按字体分类分组，并与原五朝分法相参照，选出书法特点较显著及时代较明确的五类卜辞，即宾组、出组、何组、历组、黄组，以及"圆宾""花东"共七类，还对各组书法本体进行了全面细致的分析；该书第九章，集中讨论了"临帖"和"创作"的相关问题。该书作者主张，"临摹"拓片要"原原本本"，并要"察精拟似"，这样才能筑牢基础。而进行书法"创作"，则要"有本有自"，即在学习、体会和实践过程中，逐渐形成个人的风格；第十章，该书作者对甲骨文书法用字问题，引导和提倡正确的方向，指出书法创作中"借"字和"造"字并非良策，而是要提高甲骨文字识读数量并不断引导和提高文学修养，以便能随心应手地使用有限的可识甲骨文字，写出高雅的诗词联语来。因甲骨卜辞本身就没有长篇大论，有限的文字也不适于表达今天纷纭复杂的生活，因而该书作者不主张写充满"借"字、"造"字或"臆造"字的"长篇"。因为时过境迁，连写字的人也不知自己是写的什么字了。与此同时，该书作者也介绍了一些认甲骨字和记甲骨字的方法、体会；卷二，甲骨文常用字体分类字编。首先，该编集字是据近年出版的《新甲骨文编》《甲骨文字编》《甲骨文实用字典》《甲骨文字词表》等新出甲骨文字书，选录常用已识字辑成。其次，该书字编字形分类，皆从原拓本中截录，尽量不使其失真。虽然如此，该书所收 1341 个字当中，仍有一些尚未得到公认，还有进一步规范化的必要；卷三，甲骨文字体分类拓片萃编。该卷共收录甲骨拓片 201 版，其中宾组 36 版、出组 37 版、何组 34 版、历组 23 版、黄组 38 版。此外，又收入所谓"圆宾" 14 版、花东 19 版等。学术界按书体分类，各研究者之间仍见仁见智，所分组类不尽一致。因而该书所谓"组"，乃各家共识者（至少两家认同）。实际上各"组"与董先生"五期"说相对应，并基本相当的，不过是书法特征较比明显而已。此外，该书所选拓片，字口皆较为清楚。为了学习者更好理解卜辞内容，每版甲骨还附有释文。

当前，虽然甲骨文书法有了较大发展和前进，这对传播甲骨文知识，普及学者文字考释成果，使更多的人认识甲骨文，了解甲骨文是大有裨益的，因而甲骨文书法成为传承和弘扬甲骨文化的一个重要方面。但随着甲骨书法热的出现，也出现了种种乱象。该书作者一针见血地指出，"现在人们所创作的'甲骨文书法作品'，很少或者根本没有商代甲骨刻辞的风貌和韵致"。特别是"近十余年来在以肢解汉字为能事的流行书风影响下，使得本来就比较难认的甲骨文字，在书法家的笔下就更加令人难以辨认了"。因此，该书大力呼吁返璞归真，引领甲骨爱好者"回归甲骨，走出甲骨"，即有甲骨文古朴的风韵，又具个人时代风格的甲骨文书法作品，推动甲骨书法走上健康发展的康庄大道，推出更多更好无愧于伟大时代、为广大人民群众喜闻乐见的优秀作品来！

（五）甲骨文走出象牙之塔

1. 甲骨文走向人民大众

由于甲骨片上刻写着的商史和被破损后的不可复制性，因而自发现起，就被它的收购者们"秘不示人"视为珍宝收藏；而近世的公家收藏，也都将其置于防范严密的文物库房中，长期封存起来。因此，许多甲骨学家只能看甲骨的拓本、照片，而无缘得见甲骨实物的"真容"，更不用说广大人民群众了！中国汉字是中国文化传承的标志，而甲骨文事关中华文化传承的问题，这种传承是真正的中华基因。因此，让刻在甲骨上的文字"活"起来，为建设社会主义精神家园和中华文化的伟大复兴服务。从此，甲文摆脱了与世隔绝的状态，走出象牙之塔，走向社会，走到人民大众之中，并得到了社会大众的喜爱和肯定。

（1）殷契重光——国家图书馆藏甲骨精品展

国家图书馆主办的"殷契重光——国家图书馆藏甲骨精品展"于 2012 年 4 月 20 日上午在国家图书馆"稽古厅"隆重开幕。出席开幕式的甲骨文专家有王宇信、黄天树、李宗焜、宋镇豪、胡振宇等和来自中国社会科学院、首都师范大学、国家图书馆、北京师大图书馆和安阳殷墟管理处的学者共 40 多人出席了开幕式。这是多年来第一次举办的大型专题展，将较多密封在库房中的甲骨文，与广大人民群众见面的大型展览，在国家典藏第一库举办，因而引起学术界和社会各界的广泛关注。

国家图书馆收藏殷墟甲骨 35651 片，为海内外收藏之冠，主要为原名家旧藏，诸如罗振玉、孟定生、郭若愚、刘体智、胡厚宣等，其中不乏精品。为使紧锁仓库深处的甲骨能与世人见面，让甲骨上的文字活起来，这次展览精选国家图书馆藏甲骨实物 60 片和 30 多种甲骨文书法作品。展览分四个单元，即第一单元为余年来的甲骨发现、发掘与研究史；第二单元介绍甲骨文的基本知识；第三单元精选甲骨 36 片并作出释文，按祭祀、军事、田猎、农业气象、吉凶、疾病生育六大专题陈列，反映了晚商的社会生活；第四单元为近代罗振玉、董作宾、欧阳可亮等人的甲骨书法作品。甲骨学大师的书法作品，字体优美，风格多样，反映了他们对甲骨书法艺术的理解和追求，对后人具有示范意义。

国家图书馆举办这次"馆藏甲骨精品展"，目的在于让甲骨文走出学术的神秘殿堂，使广大人民群众更好地了解甲骨文和灿烂的古代文化，树立建设文化强国的文化自信。与此同时，缅怀前辈学者对甲骨学的追求，守护和开创之功。国家图书馆馆长周和平表示，该馆甲骨经过多年整理，现已有 8000 多片甲骨在网上公布，并将陆续以由文字形象的形式，通过网络及时发布。

这次展览自 4 月 20 日开始，一直持续到 5 月 10 日结束。在此期间，许多想了解和认知甲骨文的广大群众到此参观，收到良好的社会效益。作为第一次以甲骨文为内容的专题展览，取得了意想之外的成功，从而使甲骨学界深深认识到人民大众需要普及甲骨文知识，甲骨文也可以走出"象牙之塔"到人民大众之中。与此同时，也为以后举办同类展览积累了经验。

（2）甲骨文记忆展

2015年10月15日，国家典籍博物馆举办的"甲骨文记忆展"，在该馆第五、六展厅举行。展览的内容是展横（柜）展出甲骨实物，并附有释文，在展厅的展板上，依次是"序言"，第一部分"重现的文明"，其第一单元"廉价'龙骨'"、第二单元"惊天发现"、第三单元"殷人刀笔"、第四单元"考释甲骨"、第五单元"寻找出处"、第六单元"震惊世界"、第七单元"证明商王"、第八单元"考古探秘"；第二部分"神秘的文字"，第一单元"何以载文"、第二单元"千年不腐"、第三单元"刻写之道"、第四单元"有形可象"；第三部分"传奇王国"，第一单元"灵占天下"、第二单元"干支表谱"、第三单元"生生不息"；第四部分"探索的历程"，第一单元"更上一层楼"、第二单元"世界瑰宝"；结语等。每部分文字说明，浓缩了甲骨文发现和研究的历史事实和趣闻佚话，并配以珍贵的历史照片和放大的甲骨文拓片，文图并茂，把一百多年甲骨学发展史和创造历史的甲骨学家们，具体生动地展现在观众的面前。不少参观的群众，或在珍贵的甲骨实物面前驻足欣赏，或被展板上珍贵的历史瞬间照片所吸引。而展厅中陈列的大部头研究著作和学者所取得的成就，更是使他们崇敬不已和连连赞叹。而"有形可象"的甲骨文字传承的中华基因，需要我们代代在汉字文化的传承和发展中光大发扬……

国家典藏博物馆，力图通过"甲骨文记忆展"，使深藏在"象牙之塔"的国宝甲骨文，走向社会，直面人民大众，从而引导人民大众从一片片甲骨上感知汉字的源头，从一幕幕真切的历史场景中领略先人的生活百态。观众还可以在展览的互动区，效法殷人卜问天气、年成，从灼炙龟甲的裂纹中予知吉凶。又可以进入姓属林，寻找自己的姓氏、属相在甲骨中的文字。还可以在电子屏幕前，一笔一画地摹写甲骨文字，或看甲骨字组成的动漫画……在展厅布置的声光电设置中，一次次互动的游戏里，穿越时空隧道，观众可以从中体验文化的传承与变迁。因此，"甲骨文记忆展"对深奥的甲骨文进行了深入浅出的解读，灵动地展示，推动了甲骨文化的普及和传承，从而使优秀的甲骨文明，走向寻常百姓

家，因而在怡情养志，培养文化自信和建设社会主义核心价值观中，焕发出时代价值。（图 5 – 20）

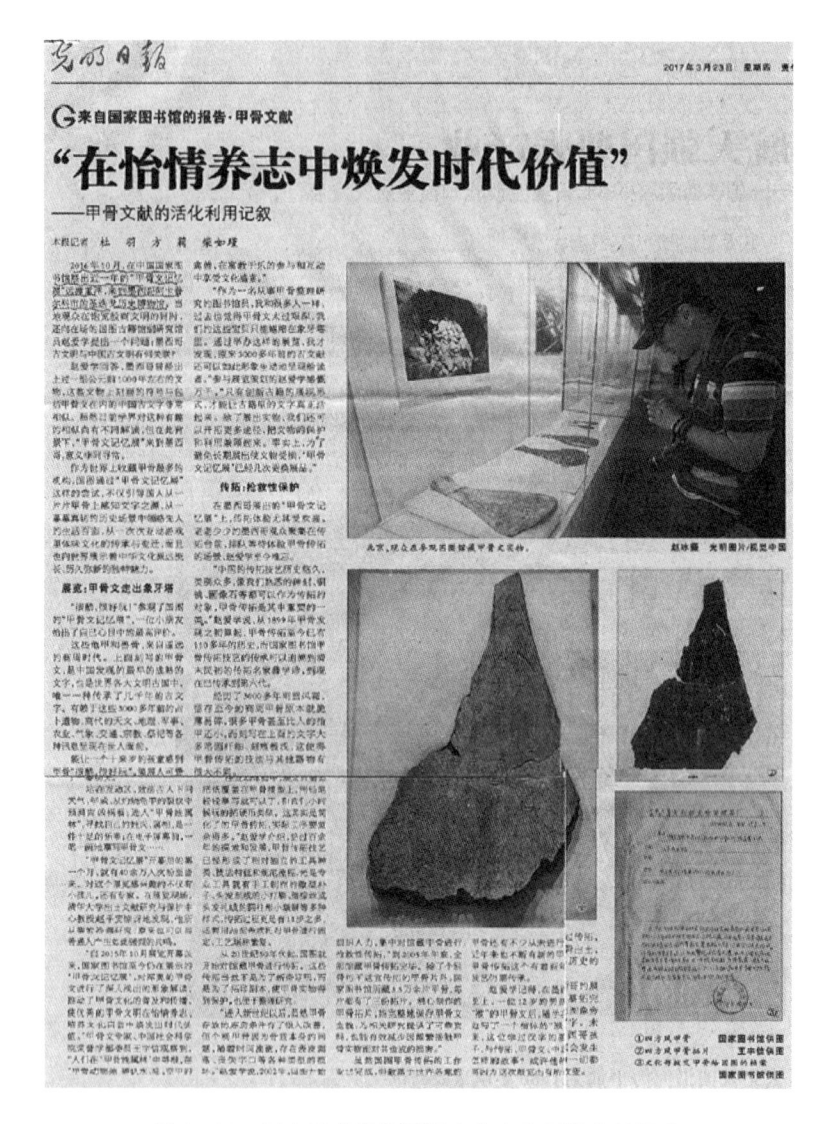

图 5 – 20　国家图书馆藏甲骨文公布和展览有关报道

（2017 年 3 月 23 日《光明日报》）

"甲骨文记忆展"自开幕以来，引起社会各界极大关注。那些想知道甲骨文究竟是什么的怀有求知欲的社会各界观众，纷至沓来，仅在开幕后的一个多月，就接待了 40 多万观众。这个展览得到了社会各界的肯定，被国家文物局评为 2016 年全国文博界十大优秀展览之一，至今仍在开放着。这在国家典籍博物馆举办的展览中，也是所见不多的。（图 5 - 21）

图 5 - 21　王宇信谈国家图书馆藏甲骨内涵，"甲骨文蕴含的中华基因"
（2017 年 3 月 23 日《光明日报》）

（3）甲骨文字识读进展与研究展望研讨会暨甲骨学发展史馆开馆仪式

为贯彻 2016 年 5 月 17 日习近平同志在"全国哲学社会科学座谈会讲话"中提出的对"事关文化传承问题"的"甲骨文等古文字研究"，"要重视这些学科，确保有人做，有传承"的重要讲话精神，中国殷商文化学会、中国先秦史学会、山东省大舜文化研究会等在山东烟台福山召开了"甲骨文字识读进展与研究展望研讨会"，出席会议的 50 多位专家就近年甲骨文字研究的进展进行了总结，并对未来的发展和贯彻中央讲话精神，传承和弘扬甲骨文化进行了展望，并决定设立"王懿荣甲骨学奖"和由专家组成的评奖委员会，向海内外征集优秀作品，鼓励和发展甲骨学研究，迎接 2019 年甲骨文发现 120 周年。关于此会的详情和其后又于 2016 年 11 月 19 日在山东济南召开的学术委员会专家"甲骨文字研究座谈会"，就评奖具体事宜进行了设计和研究的详细情形，本书第六章・五・"鼓励・'互动'再辉煌"部分介绍较详，可参看，此处从略。

经过多年的筹备，位于王懿荣纪念馆左边的"甲骨学发展史馆"终于布置完成，并在会议期间开馆。"甲骨学发展史馆"，以通俗易懂的语言，简明扼要的文字，定格历史瞬间的珍贵照片和艰苦卓绝的守护历程及苦难

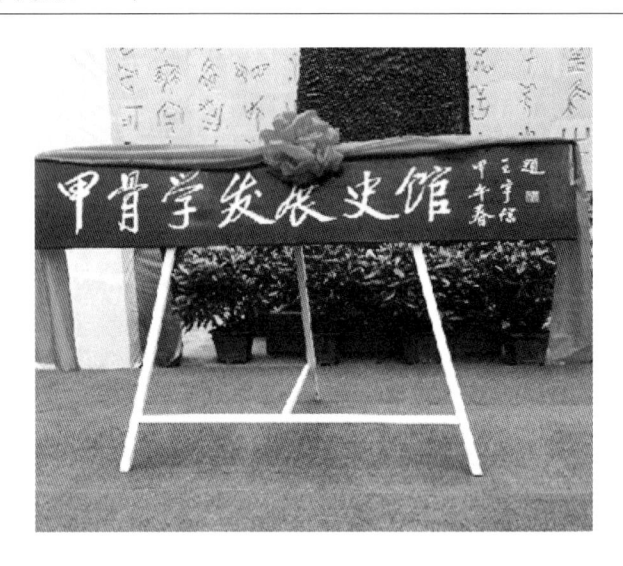

图 5-22　王懿荣纪念馆"甲骨学发展史馆"匾额（山东福山，王宇信题）

中的诙谐趣闻等，展现了甲骨学发展 120 年来的发展和取得的辉煌成就。全部展览内容，分为既有阶段性又有内在联系的五大单元，图文并茂并辅以声光电现代科技手段，把甲骨学发展 120 年的历史全方位地展现出来。

　　展览一开始就是"序言"部分，主要介绍了甲骨文的发现者王懿荣及甲骨文在世界文明史和中华文明史上的重要地位；第一单元为"甲骨学的草创时期（1899—1928）"，主要介绍这一时期甲骨文的发现及罗振玉等学者的收集、著录。罗振玉《殷虚书契考释》的完成，使甲骨文得以"识文字、断句读"，从而使王国维以《两论》《一考》把研究推向"考商史"的高峰；第二单元为"甲骨学的发展时期"（1928—1937 年），中央研究院科学发掘殷墟，不仅获得大批甲骨文，而且把殷王陵、宫殿基址发掘出来。考古学方法使董作宾大师解决了甲骨文分期断代，而《甲》《乙》编在抗战胜利后完成，为研究提供了大批新资料。董作宾在颠沛流离中完成了《殷历谱》，胡厚宣以《论丛》为这一时期商史甲骨学研究做了总结；第三单元为"甲骨学的深入发展时期"（1949—1978 年）《合集》的编纂完成，为 80 年来出土甲骨文作了总结，并为即将开始的新时期研究全面发展奠定了基础。于省吾自己的成果的总结《释林》和集 80 年文字考释成就《诂林》，推动了甲骨学的发展。这一时期，用历史唯物主义研究甲骨文商史已成为学术界主流；第四单元为"甲骨学的全面深入发展时期"（1978 年至今），在海内外甲骨基本得到整理、著录的基础上，又向单位所藏甲骨精细化全面整理与著录方向前进。即把全部甲骨（而不是精选）著录，并用彩照、拓本、摹本、片形部位释文"四位一体"的"更臻完善"地加以著录，出版了一批新著录（见前介绍）。此外，缀合方法的"甲骨形态学"把"定位法"向前推进了一步，从而甲骨缀合出现一批集成性的著录，其成果见本书前面的叙述。而大型11卷本《商代史》，是百多年来对"刻在甲骨上商史"的发掘、总结与弘扬；第五单元为"甲骨学发展与甲骨学家"。甲骨学发展史上不同阶段的甲骨学家，都为甲骨学的开拓、发展、传承与弘扬作出了贡献。他们的道德文章，也和甲骨文一样，成为值得继承的宝贵文化财富。该单元列举了甲骨学发展史上著名的甲骨学家，诸如甲骨学史上的"四个第一人"、"甲骨四堂"、甲骨学"八老权威大师"、甲骨学"六外国权威学者"、新中国甲骨学"五资深学者"、新时期甲骨学"七领军学者"和他们培养的学生"九新秀学者"和学生培养的学生也成长起来，甲骨学界呈现出一片"群星灿烂"的大好局面。以上四个第一、四堂、八老、六外、五资深、七领军、九新秀等具体所指，请参阅本书前"第四章 120年来甲骨学发展史上有贡献的甲骨学家"的详细介绍，此处从略。新老学者为甲骨学的发展和甲骨120年的再辉煌，撸起袖子加油干，以创造性的新成果，迎接甲骨学研究再辉煌新时期的到来。

2. 甲骨文走出国门

甲骨文自1899年出土以后，由于当时中国正处于半殖民地半封建社会的悲惨地位，不少甲骨文被掠至海外，蒙尘在异国他乡，不受重视。萧瑟秋风今又是，换了人间。而当今的甲骨文走出国门，是在中国人民越来越接近实现伟大复兴的中国梦的时候，是带着中华民族的文化自信和负有文化使者的重任走向天涯海角的，正底气十足地向世界人民诉说着它所见证由衰到盛的近百年近现代史和辉煌的三千年前商代史……

甲骨文不仅走向了人民大众，受到了广大人民群众的欢迎，而且走出了国门，让世界人民一睹中国这一古老而又优秀文明的风采，引起了强烈的反响。

（1）走向墨西哥的"甲骨文记忆展"（图5-23）

2016年10月，北京的国家典籍博物馆复制的"甲骨文记忆展"走出了国门,远渡重洋,来到了墨西哥阿卡普尔科市的盛迭戈历史博物馆展出。甲骨文这一中国三千多年前的古老文明,与墨西哥前不久出土的一组公元前1000多年的文物上,刻画的一些符号有某些异曲同工之妙。是远隔重洋的"兄弟"?抑或天涯的"陌路"相逢?虽然学界对此有种种不同的猜测和解读,但不同载体上的刻画,却同是人工所为,这就拉近了甲骨文化与墨西哥文明的距离,将在两国学术界,引起浓厚的兴趣和无限的遐思……

图 5-23 走向墨西哥的"甲骨文记忆展"开幕式及体验甲骨文的观众
(2017年3月14日《光明网》)

(2)"甲骨文记忆展"在悉尼开幕(图 5-24)

就在"甲骨文记忆展"在墨西哥落下帷幕不久,新华社又报道"传承与创新——中国非遗文化周"系列活动之"甲骨文记忆展",于2017年7月27日晚,在澳大利亚悉尼"中国文化中心"开幕。这次展览是由悉尼中国文化中心、中外文化交流中心和中国国家典籍博物馆联合主办的。

展览以展示中国最早有系统文字,汉字之源——以甲骨文为主题,通过图文并茂的展板,甲骨文复制品和甲骨文拓片,与甲骨文记载有关的历史文物仿真模型等多种形式,形象生动,且通俗易懂地让澳大利亚民众认识中国的优秀文明甲骨文,了解中国文字的源头和中国汉字的演变和传承、发展。展览上特设"汉字密码——Nice choice"文化创意品单元,展出了30多件具有代表性的汉字文化创意作品,通过中国古代智慧与当代生活元素相融合的设计,激发了当地广大观众对汉字文化的喜爱和加深了认识。

中国驻悉尼总领事顾小杰及当地著名文化人士和中国书法爱好者百多人出席了开幕式并兴趣盎然地参观了展览。开幕式上,顾小杰说,举办这次展览“促进了中澳两国的文化和人际间交流”。新南威尔士大学首席教授寇志明说，“这是非常有分量的展览，它所介绍的文字是中国文化的核心”。开幕式后，中国学者做了题为“纵横有象——中国书法的视觉内涵”主题演讲，引起了听众的浓厚兴趣。

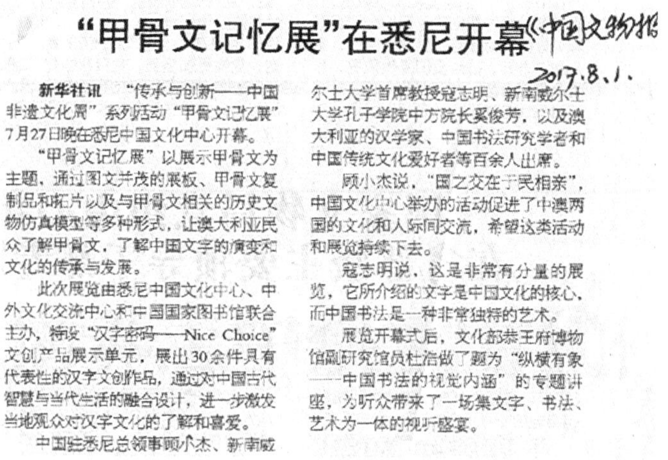

“甲骨文记忆展”在悉尼开幕《中国文物报

2017.8.1.

新华社讯　“传承与创新——中国非遗文化展”系列活动“甲骨文记忆展”7月27日晚在悉尼中国文化中心开幕。

“甲骨文记忆展”以展示甲骨文为主题，通过图文并茂的展板、甲骨文复制品和拓片以及与甲骨文相关的历史文物仿真模型等多种形式，让澳大利亚民众了解甲骨文，了解中国文字的演变和文化的传承与发展。

此次展览由悉尼中国文化中心、中外文化交流中心和中国国家图书馆联合主办，特设“汉字密码——Nice Choice”文创产品展示单元，展出30余件具有代表性的汉字文创作品，通过对中国古代智慧与当代生活的融合设计，进一步激发当地观众对汉字文化的了解和喜爱。

中国驻悉尼总领事顾小杰、新南威尔士大学首席教授寇志明、新南威尔士大学孔子学院中方院长奚俊芳，以及澳大利亚的汉学家、中国书法研究学者和中国传统文化爱好者等百余人出席。

顾小杰说，“国之交在于民相亲”，中国文化中心举办的活动促进了中澳两国的文化和人际间交流，希望这类活动和展览持续下去。

寇志明说，这是非常有分量的展览，它所介绍的文字是中国文化的核心，而中国书法是一种非常独特的艺术。

展览开幕式后，文化部恭王府博物馆副研究馆员杜浩做了题为“纵横有象——中国书法的视觉内涵”的专题讲座，为听众带来了一场集文字、书法、艺术为一体的视听盛宴。

图 5－24　“甲骨文记忆展”在悉尼开幕有关报道

（2017 年 8 月 1 日《中国文物报》）

三　甲骨文成功入选“世界记忆名录”

（一）“甲骨文成功入选‘世界记忆名录发布会’”在北京故宫博物院召开

2017 年 10 月，我国的殷墟甲骨文，顺利通过联合国教科文组织记忆工程国际咨询委员会评审，成功入选“世界记忆名录”。由教育部、国家语委、国家文物局、国家档案局、故宫博物院和中国联合国教科文组织全委会等单位联合举办的“甲骨文成功入选‘世界记忆名录’发布会”，2017 年 12 月 26 日在北京故宫博物院敬胜斋召开。出席会议的有主体申报“世界记忆名录”的 11 家甲骨收藏单位（国家图书馆、故宫博物院、中国社会科学院考古研究所、历史研究所、上海博物馆、北京大学、清华大学、南京博物院、山东省博物馆、天津历史博物馆、旅顺博物馆等）的领导和学者代表，以及来自甲骨文研究、整理和教学第一线的中国文字博物馆、中国三峡博物馆、吉林大学、安徽大学、复旦大学、浙江大学、中山大学、河南大学、北京师范大学、首都师范大学、安阳师范学院等单位的领导和专家，诸如联合国教科文组织驻华代表欧敏行、中国联合国教科文组织全委会副主任杜越和杜占元、单霁翔、王绍忠、关强、田立新、王宏敏、刘宏、申玉彪、支小勇、王丹卉、熊双林、郑欣淼、陈力、王素、钱玲、柳春鸣、郭思克、王振芬、田名利、葛亮、王双庆、宋镇豪、王宇信、宫长为、何毓灵、邻晓娜、黄德宽、沈建华、陈楠、吴振武、林沄、曹锦炎、陈伟武、黄天树、王蕴智、黑建敏、郭旭东、刘永革等，可谓当今中国甲骨学研究界一时之选的50多人出席了这次发布会。

这是继2006年7月，安阳殷墟遗址被联合国教科文世界遗产委员会评审成功列入"世界文化遗产名录"以后，我国甲骨文也被联合国教科文组织世界记忆工程国际咨询委员会评审通过，入选为"世界记忆名录"的又一件举国瞩目的大事。当2017年12月26日这一振奋人心的好消息在发布会上正式公布，并展示了甲骨文入选"世界记忆名录"证书时，会场上响起了经久不息的掌声。来自全国各地的甲骨学家们，为中国优秀传统文化甲骨文的价值得到世界的公认，为他们多年守护、传承和弘扬的珍稀文化上升到国家和世界层面的保护而自豪和激动。

"世界记忆名录""世界文化遗产名录""世界非物质文化遗产名录"，是联合国教科文组织关注的世界性三类文化遗产。"世界文化遗产名录"，是具有普遍价值的建筑物和自然遗址等具有世界性保护和传承意义的文化遗产；"世界非物质文化遗产名录"，登录的是口述传统和文化传承的具有世界保护意义的名录；"世界记忆名录"，在于保护文献遗产，是对世界范围内面临老化、损毁、消失的文献记录进行抢救性保护与利用，并改变各国政府和人民持续关注、重视和保护有关文化遗产。我国殷墟甲骨文申报"世界记忆名录"的成功，是3000多年前甲骨文对世界文明进程所起的巨大推动作用，得到世界各国人民承认与肯定的结果，也是我国甲骨学家多年守护、传承和弘扬的结果，也是我国政府有关部门对甲骨文这一珍稀文献列入"世遗"系统工程的重视和大力组织推动的结果。因此，甲骨文"申遗"成功，应是创造这一古老文明的中国人民集体荣誉，也是在新的基础上，进一步弘扬、传承、利用甲骨文创造新文化复兴的新起点。

在2006年申报殷墟列为"世遗"的文本上，甲骨文就与殷墟青铜器、宫殿基址和王陵区大墓等，成为殷墟遗址文化的世界重要性和保护的完整性、研究的可持续性的重要展示内容，成为打动国际古迹遗址评估专家学术良知的金声玉振，在2006年7月13日于立陶宛首都维尔纽斯召开的第30届世界遗产大会上，来自世界180多个缔约成员国代表，一致通过了中国安阳殷墟列入"世遗"名录。

就在当年8月11—14日中国殷商文化学会在安阳召开的"庆祝殷墟'申遗'成功暨纪念YH127甲骨坑发现70周年国际学术研讨会"上，有来自中国海峡两岸的学者和海外美、法、俄、日、韩等国家学者共120多人出席了会议。就在大会闭幕式上，江苏省甲骨文学会会长徐自学在发言中提出，殷墟"申遗"成功后，应进行"甲骨文申报世界记忆文化遗产"的动议，得到了与会学者的热烈反响，学者们有可能把注意力从殷墟"申遗"成功，转移到关注甲骨文"申遗"工作上来。2009年8月12日，中国殷商文化学会在甲骨文之父王懿荣的故乡——烟台福山召开了"纪念王懿荣发现甲骨文110周年国际学术研讨会"。就是在这次会议上，徐自学教授提交的《甲骨文申报世界文化遗产刻不容缓》的论文，又一次引起了与会学者的热议。学会会长王宇信教授广泛听取并集中了与会专家学者的意见，拟出《甲骨文申报世界文化遗产倡议信》，希望有关部门立项并运作，确保"申遗"成功，受到与会学者的热烈响应和全力支持，来自海内外的200多位学者在"倡议信"上庄严地签上了自己的名字。

会后不久，2009年8月17日的《光明日报》记者贾宇报道了烟台会议上，甲骨学家要求把甲骨文列入"世遗"，引起了国内各界的广泛关注。与此同时，不少新闻媒体（诸如《环球网》2010年3月28日）转发了我国台湾学界也拟向联合国教科文组织申报甲骨文列入"世遗"的消息，进一步激起世人对甲骨文"申遗"的关切和期盼。

就在海内外民间掀起的甲骨文"申遗"热潮的声声唤中，国家有关部门开始启动、运作甲骨文"申遗"工程。2010年5月21日，国家古籍保护中心召开了甲骨文"申遗"有关协调和专家座谈会，确定了国家档案局为归口管理单位，负责甲骨文"申遗"的具体协调及落实事宜。其后不久，国家图书馆先后两次组织在京甲骨学家刘一曼、曹定云、葛英会、黄天树、赵平安、王宇信、宋镇豪、胡震宇、贾双喜等聚首国家图书馆,其负责同志专家陈力和周和平分别参加了召开的两次座谈会,研究落实甲骨文"申遗"的前期准备工作和首先申请甲骨文列入"国家珍贵古籍名录",从而使甲骨得到国家层面的重视和保护。2013年3月8日,经国务院批准,甲骨文被列入"国家珍贵古籍名录"。

在此基础上,国家档案局和国家文物局委托甲骨学家宋镇豪教授起草"世界记忆亚太地区名录"和"世界记忆国际名录"申请文本(中、英文)。宋教授挑选了国内甲骨收藏数量多,来源流传情况清楚,入藏程序及档案登记明确,经专家进行了鉴定,具有文物和文献价值的国家图书馆、故宫博物院等11家收藏单位的9.3万多片殷墟甲骨文为申报主体。国家文物局还组织召集了11家收藏单位的专家聚会,就如何做好甲骨文"申遗"工作进行座谈。在有关部门的大力支持和起草申请文本专家的努力下,2013年11月26日申报"世界记忆名录"文本完成,在国家教育部等有关职能部门的大力配合下,甲骨文"申遗"文本于2016年正式提交。经联合国教科文组织世界记忆工程国际咨询委员会的咨询和实地考察后,2017年10月30日,我国的甲骨文终于通过评审,成功入选"世界记忆名录"。

教育部副部长、国家语委主任杜占元在会上发表讲话,强调新时期要关注甲骨文所蕴含的深刻历史文化内涵的研究与挖掘。教育部将牵头组织开展甲骨文研究与应用专项工作,努力使甲骨文研究融入中华传统文化创造性转化、创新发展之中,为增强中华民族文化自信注入力量(见本书前"代序");故宫博物院院长单霁翔介绍说,对该单位收藏的23000片甲骨,已展开了专门的保护与整理研究工作。甲骨文成功入选"世遗"名录,将进一步加强各研究和收藏单位的协同合作,为面向国内及国际的甲骨文宣教和推广打下坚实的基础;国家档案局局长王绍忠介绍说,甲骨文"申遗"项目从2013年准备到2017年10月通过评审,是经过了不懈努力实现的。我国是珍贵文献遗产的大国,目前已有13份文献遗产成功入选"世遗"名录,今后还将继续推动对我国珍贵文献遗产的认定;国家文物局副局长关强在发言中提出,"让甲骨文从书斋走向大众,从'绝学'变为'显学',还要在普及上下工夫";联合国教科文组织驻华代表欧敏行女士对甲骨文入选"世界记忆名录"表示祝贺,并介绍了联合国教科文组织世界记忆项目的整体情况,强调了该项目对促进文献遗产的保护及合理利用,促进国际合作与交流中的重要作用。

甲骨文申报"世界记忆名录"的成功,标志着传承中华文化基因的甲骨文,向世界证明了她的动力与价值,即由中国的"珍贵文献",向需要全世界加以保护、抢救的"世界珍贵文献",从而实现了由"中国记忆"向"世界记忆"的飞跃。因而这次"甲骨文成功入选'世界记忆名录'发布会",将在甲骨学史上留下浓墨重彩的一笔![1]

(二)甲骨文出土地安阳召开"庆祝甲骨文成功入选'世界记忆名录'座谈会"

2017年12月26日下午,在河南省安阳市中国文字博物馆,隆重召开了"庆祝甲骨文成功入选'世界记忆名录'座谈会"。此次会议是由安阳市人民政府、河南省文物局、中国文字博物馆联合举办的,出席会议的有来自北京、河南省和安阳市的有关负责同志和甲骨文研究专家、学者,主要有袁勇、田凯、冯克坚、宋华平、王震中、刘继贤、蒋玉斌、齐航福、张典友、龙霄飞、任雪莉、李文栋、李宝玲、杜芬、尉江华、李晓阳等。

"世界记忆名录",是联合国教科文组织的旗舰项目之一。作为"世界记忆计划"的一部分,旨在对世界范围内正在逐渐老化、损毁、消失的珍贵文献进行抢救。我国的甲骨文成功入选"世界记忆名录",是对甲骨文这一我国珍稀文献遗产世界价值的承认与肯定,具有重大历史意义。为了庆祝甲骨文"申遗"成功,因此在甲骨文出土地安阳举行座谈会,以与北京召开的"申遗"成功发布会相呼应。

中国文字博物馆常副馆长冯克坚致辞中说,甲骨文成功入选"世界记忆名录",证明了甲骨文不仅是中国的珍贵"记忆",也是世界的珍贵"记忆";安阳市副市长袁勇说,甲骨文"申遗"成功,对国际社会了解和认识甲骨文以及中华优秀传统文化具有重要推动作用;中国殷商文化学会会长王震中学部委员,论述了甲骨文在世界文明史上的重要地位和传承的中

---

[1] 任昉等《甲骨文收藏与绝学振兴高峰论坛综述》,《中国文物报》2018年1月6日;又,宋镇豪《甲骨文申报"世界记忆名录"姓事》,《中国文物报》2018年1月9日;又参考《故宫博物院藏殷墟甲骨文整理与研究工作简报》(第8期),2017年12月31日。

华文化基因。与此同时,也介绍了中国殷商文化学会的学者为守护、传承和弘扬甲骨文化及在甲骨文"申遗"工作中所做的巨大努力;故宫博物院熊长云,介绍了学界关注的该院藏3万多片甲骨的整理与研究进展。此外,与会学者还从不同方向阐述了甲骨文传承和研究的意义,表达了希望在今后整理与研究中要加强交流的愿望,并就弘扬和加强冷门学科的研究提出了很好的建议。河南省文物局局长田凯在总结发言中指出,甲骨文成功入选"世界记忆名录",不仅是甲骨文学科的大事,也是中国文化事业的大事,是增强文化自信和提升中华文明影响力的大事。

(三)"甲骨文收藏与绝学振兴高峰论坛"在故宫举行

2017年12月26日上午,在北京故宫博物院建福宫举办的"甲骨文成功入选'世界记忆名录'发布会"圆满结束,出席会议的来自全国各地的专家学者,就马不停蹄地开始了"甲骨收藏与绝学振兴高峰论坛",继续对甲骨文"晋升"为"世遗"以后,中国学者的使命与担当进行规划和展望。这次会议是由故宫博物院古文献研究所主办的。

会议的主持人故宫博物院副院长宋纪蓉首先介绍了出席这次"论坛"的嘉宾,有来自参与甲骨文"申遗"的主体收藏单位,诸如故宫博物院、国家图书馆、中国社会科学院等11家单位的领导和专家,以及来自北京大学、清华大学、吉林大学、安徽大学、河南大学、复旦大学、浙江大学、北京师范大学、首都师范大学等甲骨文科研和教学第一线的专家学者共50多人。

故宫研究院院长郑欣淼代表会议的主办方致辞,他谈到故宫博物院以甲骨文成功入选"世界记忆名录"为契机,以"甲骨收藏与绝学振兴高峰论坛"为平台,邀集来自四面八方的专家坐在一起讨论问题,就是希望能在收藏单位与研究单位之间架起桥梁,将甲骨的保护与研究连接起来,让甲骨冷门绝学为更多的人所熟悉;继其后,有五位学者作了会议的主旨发言。国家图书馆副馆长陈力在主旨报告中围绕"国家图书馆的甲骨收藏与利用"这一主题展开,为了使世界第一的馆藏甲骨为学界利用,正在分批整理出版《国图藏甲骨全集》。此外,利用甲骨数字资料库、馆藏甲骨专题展览等形式,向公众展示甲骨实物和普及甲骨文字,让刻在甲骨上的文字"活"起来,举办的"甲骨文记忆展"取得了成功;吉林大学教授林沄建议：考古部门要加强发掘，研究机构要加强资料的研究和整合利用。此外，要扩大关注甲骨文的人群，让更多的人都来参加研究工作；中国社会科学院荣誉学部委员王宇信围绕"在甲骨文守护、传承和弘扬中，将历史所打造成甲骨学研究重镇"这一论题展开，介绍了历史所几代学人守护、传承和弘扬甲骨文这一古老文明的担当，并在搜集甲骨资料，编纂甲骨著作的一系列艰辛劳动中，培养和造就了一支代有传人的高素质研究队伍；中国社会科学院学部委员宋镇豪，报告他参与甲骨文"申遗"文本起草和申报的过程。甲骨文"申遗"的成功，是大家的功劳，是中华文化自信的反映。他还介绍了即将出版的《合集三编》的内容和现正整理的山东省博物馆藏甲骨和天津历史博物馆藏甲骨的进展情况；河南安阳师范学院院长黑建敏教授以"编书的力量"为主题，报告了该校几代专家在甲骨学方面的探索和研究成果，特别是介绍了近年该校信息化处理团队，将大数据、云计算技术运用到甲骨文字的考释研究中及其进展，引起了与会学者的关注。该校《殷都学刊》33年来发表了甲骨文、殷商考古学和商史研究论文近700篇，为甲骨学商史研究搭建了一个在海内外学术界有影响的平台。

下午的会议分两阶段进行，即前一阶段会议由清华大学黄德宽教授主持，发言的专家有吴振武、郭思克、黄天树、葛亮、陈楠、王振芬、陈伟武、田名利、曹锦炎等；后一阶段的会议由故宫研究院古文献研究所所长王素主持，发言的专家有黄德宽、何毓灵、李宗焜、葛亮、王蕴智、王双庆、沈建华、朱凤瀚、刘钊等。学者们结合自己多年从事的甲骨文整理与研究工作相关的具体工作和研究出发，围绕"甲骨的整理研究与信息化建设""馆藏甲骨的保护与整理""甲骨文的传承与研究""甲骨文研究的总结与展望""甲骨文研究成果的数字化""甲骨文与汉字文明发展史""传统文字艺术的推广设计"等等议题，畅所欲言，各抒己见，提出了很多富有创造性和建设性的意见。学者们对近年甲骨的收藏单位与研究单位越来越重视通过合作的方式，将甲骨资料加以整理、研究、公布给了充分的肯定。与会学者还建议：从国家层面制定甲骨文的数据采集标准，并在此基础上，搭建国家平台进行运作，从而避免重复投资。[①]

[①] 任昉等：《甲骨收藏与绝学振兴高峰论坛》，《中国文物报》2018年1月6日；又参考《故宫博物院藏殷墟甲骨文整理与研究工作简报》（第8期），2017年12月31日。

第六章　迎接甲骨学研究新世纪的再辉煌
——开始了政府推动下的甲骨学全面深入发展与弘扬新阶段

> 要重视发展具有重要文化价值和传承意义的绝学、冷门学科。这些学科看上去同现实距离较远，但养兵千日，用兵一时，需要时也要拿得出来、用得上。还有一些学科事关文化传承的问题，如甲骨文等古文字研究等。要重视这些学科，确保有人做，有传承。
>
> ——习近平（2016.5.17）《全国哲学社会科学座谈会讲话》

文字是一个民族文明的标志，也是一个民族最显著的基因。甲骨文是目前所知的中国最早有系统、成熟的文字。加强甲骨文的研究和保护对传承中华民族文化和文明，具有重大现实意义和深远的历史意义。

习近平总书记在全国哲学社会科学工作座谈会上指出，要重视发展具有重要文化价值和传承意义的"绝学"、冷门学科之后，学术界认真落实习近平总书记重要讲话精神，高度重视甲骨文的研究和传承，撸起袖子加油干，为人民做学问，迎接甲骨学研究新时期的再辉煌。

一　冷门甲骨，代有传承

三千多年前的商代甲骨文，"看上去同现实距离较远"，但该学科"事关文化传承的问题"。党和国家一直都在"重视这些学科，确保有人做，有传承"，新中国60多年的甲骨学商史研究，取得了辉煌成就。

甲骨文是我国商朝晚期（BC13—BC11世纪）使用的占卜记事文字，由于典籍早已失载，所以商纣王被周武王在"甲子朝"打败以后，失国埋卜，被深埋在殷都废墟下的甲骨文再也不复为人所知。虽然自隋代直至明朝，也屡有甲骨在动土时被翻出，但因无人识其真面目而再次被弃置。清末同治、光绪年间，安阳当地农民始发现田里狼藉的古兽骨、龟壳可充"龙骨"入药，才成批以"每斤数钱"价值卖给药材商。在三四十年间，不知有多少珍贵的甲骨文被煎服吃掉，或磨作散丹敷粉涂抹创伤。

直到1899年，爱国主义学者王懿荣在北京锡拉胡同住宅里才第一个鉴定和重金购藏了古董商带来的那些文字"确在篆籀之间"的甲骨文。从此，学者们竞相收购，使甲骨文身价倍增，成为每字"价银二两五钱"的天价珍玩。随着1903年第一部甲骨著录《铁云藏龟》的出版及其后甲骨的不断著录，甲骨文走出了学者的书斋，从"秘不示人"的个人摩挲雅玩之物，变为大众可及的"公器"，成为全社会的文化财富而为更多的学者所利用，并投身其研究之中。

（一）甲骨文与"中国历史之开幕时期"的商代

在20世纪20年代，疑古辩伪之风大炽，顾颉刚、钱玄同等（图6-1）"古史辩派"学者疑古过头，普遍都知道的有五千多年的中国历史，经过他们"把伪史和依据伪书成立的伪史除去"的一番考据工夫，剩下的"实在只有千年了"。这还没有除尽，他们尽兴地宣称："照我们现在的观察，东周

图6-1　顾颉刚（左）；钱玄同（右）（选自百度百科）

以上只好说无史",甚至连战国末期著名的楚国三闾大夫屈原的存在都在疑辩之列!就是这样,在"古史辩派"否定了伪古史体系的三皇、五帝"信史"的同时,把进入阶级社会的"三代"夏商周王朝的历史也全部否定了,从而使我国历史上出现了一大段空白期,悠久的文明史一下子就缩水了许多。

就是在努力重建中国的"科学上古史"的史学家,为"中国古代史上科学考古资料上的极端贫乏"所困扰的时候,殷墟甲骨文所传承的商代历史文化讯息使研究摆脱了疑古过头所造成的困境,并走上了"辩古""考古"的史学研究康庄大道。史学大师王国维利用《戬》1·10 与《后上》8·14 的甲骨缀合,1917 年在《殷卜辞中所见先公先王考》和《续考》中,不仅纠正了《殷本纪》所列个别世次的错误,而且还互证《史记》的科学性,指出其所列"有商一代先公先王之名,不见于卜辞者殆鲜"。"《世本》《史记》之为实录,且得于今日证之。"对饱受疑古辩伪冲击的一些古籍,重新予以肯定。不宁唯是,王国维还大力抉发甲骨文中传承的古代史踪与古籍中的"不雅训之言"相勘校,进一步肯定了《山海经》《竹书纪年》等古籍的价值,指出"古代传说存于周秦之间者,非绝无根据也"。(图 6-2)

图 6-2 《戬》1·10+《后上》8·14 摹写本

到了 20 世纪 30 年代,甲骨学一代宗师郭沫若把"新兴科学的观点"引入甲骨文研究领域,从而在继承前人甲骨文研究成果的基础上,开辟了中国历史唯物主义史学研究的新天地。1930 年,郭沫若的《中国古代社会研究》,依据"商代已有文字",破天荒地把殷代作为"中国历史之开幕时期"。自此以后,有甲骨文记载的商王朝在中国历史上真实存在不容置疑,而商朝作为中国历史的"真正起头",也很快为国内外史学界所接受。郭沫若的《甲骨文字研究》《卜辞通纂》《殷契粹编》等书的文字考释,使"一部阶级统治史，于一、二字即已透露其端倪"。因此，他在1942年《论古代社会》中，提出商代是奴隶社会的看法，就不是偶然的了。1945年在《十批判书》中，郭沫若以甲骨文研究的"最前进的一线为基点而再出发"，进一步全面论证了商代为奴隶制社会。中华人民共和国成立以来的考古和甲骨文新材料的不断公布，进一步证实了他"殷代是奴隶社会是不成问题的"论断。郭沫若以甲骨文、金文等第一手资料研究历史，从中总结和宣传中国历史发展也遵循人类社会发展共同规律的历史唯物主义观点，应早酝酿自30年代始。他曾深刻地指出："中国人不是神，也不是猴子，中国人所组成的社会不应该有什么不同"，就是为了通过自己的《中国古代社会研究》，回答大革命失败后，甚嚣尘上的"中国国情不同"等形形色色否定革命的奇谈怪论，从而使处于彷徨和迷惘中的年轻人，在低潮时坚定了信念并看到了方向。

商史刻在甲骨上。随着甲骨文新材料的不断发现和著录，甲骨学商史研究也不断深入和拓展，几代学者声声唤和期盼着"写出一部以马克思主义为指导的科学性强的《商代史》专著"，终于在2011年由中国社会科学出版社出版。这部十一卷本的巨著，填补了百多年来大型商代史研究的空白。这部前无古人的巨著之所以能在21世纪初完成，应是参加《商代史》研究课题的中国社会科学院老、中、青三代学者，躬逢盛世，得到国家重视和大力支持的结果。多年来学者们对其参与撰写相关各卷专题的内容和资料都有所积累和独到的研究心得。他们在充分继承并利用前人成果的基础上，进一步爬梳甲骨文新资料和考古新发现提出的诸多新问题，并努力作出科学的解释和回答，这就使自己的研究领域有所拓展和前进，并在前进中有所创新，从而有可能向深层次的研究方向前进。学者的烛幽发微，使甲骨文中传承的丰富的商代文化基因，在多卷本《商代史》中得到了全方位、多角度、深层次的展现。因而可以说，这部卷帙浩繁的著作，既是商王朝的断代专史，展现了商民族在六百年间演出的威武雄壮的史剧；又是十多部分门别类的专门史，细化和量化了商朝社会各领域所达到的时代高峰，及对后世的影响和启迪。

2500多年前的博学孔子，虽然去"三代"王朝的"古"未远，但已深感研究商代历史的困难，曾发出"殷礼吾能言之，宋不足征也，文献不足故也"的慨叹。而生活在今天的我们，则比当年的孔子要幸运多了！这就是大批具有深厚文化底蕴甲骨文的面世，为我们研究商代历史文化提供了丰富的第一手资料。而历史唯物主义科学方法论，又为我们发掘和弘扬甲骨文中传承的历史文化信息提供了显微镜和望远镜，从而使我们的研究见微知著和高屋建瓴。因此，多卷本《商代史》，既是百多年来甲骨学商史研究的继承和总结，也是今后的研究继续深入和不断创新的起点和基石。

（二）众里寻他千百度

甲骨片上所刻（写）占卜记事文字中商代历史讯息的传承与弘扬，是以识读一个个构成篇章的文字为前提的。自甲骨文发现至1913年《前编》出版虽已有十多年了，但还是处在"书既出，群苦其不可读也"，即其字不识，篇章不可通读的混沌状态中。甲骨学大师罗振玉"发愤为之考释"，集中解读了一批文字，"遂成考释六万余言"，于1914年完成了《殷虚书契考释》。又经过王国维、叶玉森等学者的共同努力，可识之字日渐增多，甲骨文走完了"识文字，断句读"阶段，也就是甲骨文由单个文字的追索，开始了通篇史料的利用，从而使阐发弘扬其中传承的商史成为可能。百余年来，文字学家在传统的音韵、训诂的文字学的基础上，利用辩证法分析甲骨文字的点划和偏旁结构的同时，努力拓展文字考释的途径，诸如利用世界古代史和少数民族志材料等，从而使甲骨文字的考释工作取得了很大成就。这就是目前已知的全部4300多个甲骨文字中，有1100多个文字的考释已得到了公认。还有500多字已经进行过考释，但尚在进一步研究和讨论中。剩下所不识的字，多为人名、地名、族名或物名，其义可知，但不可得其音读。这是因为甲骨文字在其后的传承发展过程中，一些元素已经变异、失传，因离今天较远而难寻其蛛丝马迹了，再想释读已非常困难，因此可以说，甲骨文字的破译面临着瓶颈。但不少文字学家，仍锲而不舍，努力进行着文字的识读工作。他们充分利用和期待着新发现甲骨上的新材料、新线索，充分利用传统文字学行之有效的方法，并拓展研究视野与途径，诸如利用数码技术和电脑等，以便清晰地再现骨片上和拓片上文字点划的痕迹，从而使已有释读得到验证和期待新的发现。开展多学科的联合攻关，首先就是与金文学科、简帛学科等古文字研究学科合作。近年来，

图 6-3 国家图书馆（国家典籍博物馆）举办的"甲骨文记忆"展

简帛中传承的商代文字信息时有抉发，促使甲骨文字释读有了新的进展。因此，引入现代科学技术和开展多学科合作，将会使甲骨文字的破译工作有所发现、发明和前进。

让文物"活"起来，使甲骨文中传承的商代文化基因为广大人民群众所感知，并成为精神生活的盛筵，这也是甲骨学者的使命和责任。国家图书馆（国家典籍博物馆）举办的"甲骨文记忆"展览，把馆藏珍贵甲骨文与甲骨学百多年发展成就相结合，通过通俗易懂的解说和声光电的效果，使不少青年人在"六十甲子柱"中盘桓忘返，使许多少年学生在"甲骨姓属林"中寻觅流连。（图6-3）此外，在不同规模和不同规格的书法展览上，时有墨苑新葩——甲骨文书法的出现，这就使甲骨文走出学者的书斋，贴近寻常百姓，甲骨文书法成为人民群众喜闻乐见的艺术形式，从而美化和丰富了人民群众的精神生活。与此同时，甲骨文书法也普及了学者的文字考释成果。润物细无声。甲骨文书法以它的朴茁、隽永的艺术魅力，将会吸引更多的人喜欢它，也将会吸引更多的人投身书法的创作和研究之中，他们之中也定会涌现出甲骨文化的传承者！（图6-4）

图6-4 晓庄甲骨情缘——甲骨文书法艺术展开幕式

百余年来，甲骨文的重要文化价值在传承中弘扬，在弘扬中发展，在发展中创新。因此，甲骨学冷门不冷，代有传承，将会不断地前进和取得更新的成就！（图6-5）

图6-5 上为翰墨正春风——安阳鸡西甲骨文书法展精品展；下为南京甲骨书法展（新华网）

二 一个甲骨学重镇在中国社会科学院成长

1977年，中国社会科学院成立，是党中央支持和发展我国哲学社会科学事业的重大举措。中国社会科学院历任领导不忘党中央殷切的期望和赋予的历史使命，带领社科人改革创新，拼搏奋进，为把中国社会科学院打造成国家哲学社会科学的最高殿堂、党中央的智囊团和理论库而努力前进着。

四十年弹指一挥间，现中国社会科学院已发展成学科门类设置齐全，研究人才资源雄厚，在哲学社会科学各研究领域都取得丰硕成果和产生了重大影响。而"看上去同现实距离较远"的历史所的甲骨学冷门学科，也与中国社会科学院同成长，不仅推出了一批引领甲骨学发展方向的标志性著作，而且成长了一批传承和弘扬甲骨学的领军式研究人才。一个令海内外甲骨学界瞩目的甲骨学研究重镇，正在中国社会科学院崛起。

（一）涌现出一批引领甲骨学发展方向的标志性著作

自1899年殷墟甲骨文发现至今，已走过了她发展道路上的前50年（"草创时期"的1899—1928年；"发展时期"的1928—1949年）和中华人民共和国成立以后的后50年（"深入发展时期"的1949—1978年；"全面深入发展时期"的1978—1999年）。而自2000年以后，进入了21世纪开始的再创辉煌甲骨学研究新百年。中国社会科学院的甲骨学研究团队，以自己的一批优成果为甲骨学前80多年的发展做了总结，奠定了1978年以后"全面深入发展时期"的基础，并推动了甲骨学新百年走向再辉煌。

1. 集甲骨文之大成的《甲骨文合集》及《合集释文》

《甲骨文合集》（以下简称《合集》）于1978年完稿，并分册付印，在1982年13分册全部出齐的《合集》，自20世纪60年代中期立项，虽工作时作时辍，但坚持不已。直至1973年学者从"五·七"干校"毕业"，《合集》再度启动，但要随时为"大批判"让路而停作……

1977年中国社会科学院成立以后，随着科研秩序的恢复，《合集》的编纂工作才走上了正轨。历史所的青年学子在主编郭沫若的呵护和总编辑胡厚宣的指导下，无怨无悔地追求甲骨文这一"断烂朝报"，克服了种种困难，以更多的积累和梳理，终于以收入41956版甲骨的《合集》编辑完成并分册出版，迎来了科学的春天。这部为80多年来甲骨文发现和著录作了总结的集大成著录，奠定了1978年以后甲骨学"全面深入发展时期"研究的基础，成为甲骨学发展史上里程碑式的著作。《合集》以其巨大贡献，获1983年古籍整理奖、1987年获吴玉章奖、1993年获院优秀成果奖、1993年获国家图书荣誉奖等多种奖项。

作为《合集》的配套工程，以胡厚宣主编，王宇信、杨升南总审校的《合集》编辑组成员的集体成果《合集释文》（以下简称《释文》），经过十多年的打磨，终于在1999年出版。《释文》不仅全方位地展现了90多年来甲骨文字考释的最新成果，还反映了《合集》编辑者们知识的积累和研究水平。《释文》文字的准确性和释读的权威性，得到了海内外同行的承认。香港中文大学"甲、金文资料库"的学者盛赞这部著作为"研究院水平"，放弃此前拟采用的同类著作，而与历史所合作，利用《释文》影印稿，完成了资料库的电脑录入，为甲骨文与现代科技相结合，做出了成功的实践。2002年，《释文》获中国社会科学院优秀成果一等奖。

2.《甲骨学一百年》发展的总结与开创

由王宇信、杨升南主编，宋镇豪、孟世凯、杨升南、常玉芝等集体撰著的《甲骨学一百年》，1999年在甲骨文出土地安阳举办的"纪念甲骨文发现一百周年国际学术研讨会"上首发，产生了巨大的影响，被甲骨学权威专家推崇为与经典名著《殷虚卜辞综述》相得益彰，"两书合读可综览甲骨学这条学术大河的全貌"。台湾著名甲骨学家朱歧祥也高度评价此书，"不但有总结之功，而在若干课题上更有开创价值"，特别强调"它的影响当在下一个世纪逐渐开花结果"。此书把甲骨学的研究推向一个更新的高度，于2001年获第八届"五个一工程"一等奖和2001

图6-6 《甲骨学一百年》韩文版（韩国昭明出版社2012年版）

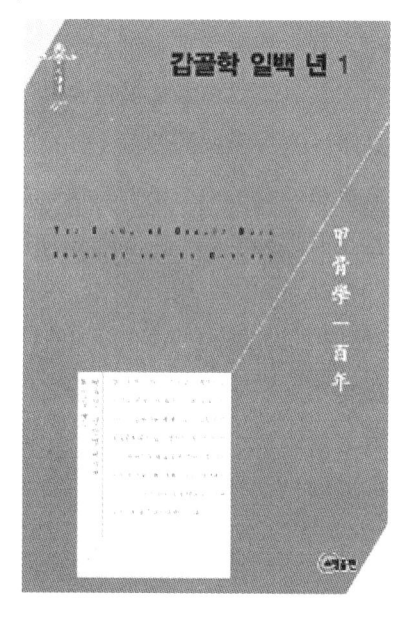

年国家图书提名奖、院优秀成果一等奖、郭沫若优秀著作奖等奖项。2012年,韩国庆星大学河泳三教授将《甲骨学一百年》译为韩文版5卷本,由韩国昭明出版社出版(此书获得了2012年大韩民国学术院奖)。这表明,韩国学者也需要认识和了解中国甲骨学百年来的发展。(图6-6)

3. 甲骨学研究新百年再辉煌的开局巨献《商代史》(十一卷本)

就在中国社会科学院历史所甲骨学团队以"甲骨学一百年成果"系列的《甲骨学一百年》等和《合集》的配套系列《合集释文》等著作作为甲骨文发现一百周年献礼,并迎来了21世纪到来的甲骨学新百年。几代甲骨学家期待并千呼万唤的大型《商代史》著作,终于被历史所的甲骨学团队提上了议事日程。1999年,新一代学者宋镇豪提出的填补大型商代史专著空白的《商代史》(11卷)课题,得到中国社会科学院批准立项,并由历史所老、中、青三代学者参加撰著。学者们在充分继承并利用前人研究成果的基础上,进一步爬梳整理甲骨文新资料和考古新发现带来的诸多新问题,并对此做出科学的解释和创造性的回答,这就使研究有所突破和前进。2011年奉献给社会的大型专著《商代史》巨著,卷帙浩繁的11卷是一个整体,全方位、多角度、深层次地再现商代社会的政治、经济和文化发展所达到的高度,是一部百科全书式的商代断代史。而《商代史》的每个分卷,又具体而细微地展示商代社会不同领域的方方面面,因而每个分卷又是商代有关领域的专门史。因此,该书即是百年来甲骨学商史研究的总结和创新,也是今后研究继续深入和不断前进的起点和基石,可以毫不夸大地说必将在今后一个相当长的阶段,影响并推动海内外甲骨学商史研究的全面发展。作为甲骨学新百年再辉煌的开局巨献,《商代史》(11卷)获2013年第三届政府出版一等奖等奖项。

与此同时,中国古文字大系《甲骨文献集成》(40卷),第一次将海内外百年主要甲骨论著,从一条条目录(有的著述已很难找到)的集录,具象化为可资阅读的论著文本汇编,既为学者研究时的参考提供极大方便,也是对研究论作的一次抢救和再激活。不宁唯是,随着电脑网络数据库的普及,中国社会科学院历史研究所先秦史研究室把《合集》《补编》等制作为数字资料,并把《合集来源表》《百年甲骨论著目》等工具书输入电脑,制作成便于检索的数据库。2005年,甲骨学商史研究中心网站建成,

成为海内外学者交流研究成果的重要平台，因而历史所甲骨学团队为研究手段的现代化，也做出了重要贡献。（图6-7）

（二）一支高素质研究队伍代有传人

在甲骨学发展史上一部部标志性著作打造成功的过程中，历史所甲骨学团队也在不断成长和不断提高，并代有传人，成为拥有一批享誉海内外专家组成的高素质研究团队。

1. 与《合集》同成长

《合集》总编辑胡厚宣，遵循主编郭沫若"要大力培养接班人"的要求，带领几个从未接触过甲骨文的20世纪50年代

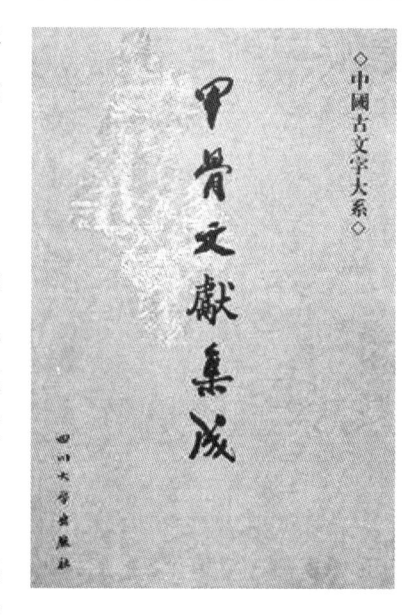

图6-7 《甲骨文献集成》封面

大学历史系毕业的学生，自1959年正式启动《合集》的编纂工作。虽然有种种不可预料的困难，但年轻人在艰难的进展中边干边学，研究能力和整理水平有了相当的提高。1974年再度恢复中断了十年之久的工作以后，为加快《合集》的编纂进度和培养更多的研究人才，又吸收几名"文化大革命"前大学历史系毕业生参加工作，诸如杨升南、张永山等，而研究生王宇信也是那时加入工作的。按照郭沫若给《合集》编辑组拨正的"边整理、边研究"的正确方向前进，使得这些青年学子得以在整理甲骨资料中学习和积累知识，在全面检视和研究甲骨资料中发现和探索问题。随着《合集》（13册）在1982年全部出齐和《合集释文》在1999年出版，这些都已过了"耳顺"之年当年的年轻人，不仅成为整理甲骨文资料的行家里手，而且成为学有专攻，著述颇丰的新中国培养起来的老专家，诸如王贵民出版了《商周制度考信》等，齐文心出版了《英国所藏甲骨录》等，王宇信出版了《甲骨学通论》，还出版了开拓甲骨学新分支学科的《西周甲骨探论》等，杨升南出版了《商代经济史》等，彭邦炯出版了《商史探微》《甲骨文医学资料考辨与研究》等，常玉芝出版《商代周祭制度》《殷商历法研究》等，罗琨、张永山出版了《中国军事通史·夏商西周卷》

等，孟世凯出版了《甲骨学辞典》等，肖良琼出版了《合集来源表》，谢济出版了《合集补编》等。

如此等等，《合集》编辑组的年轻人，在甲骨学一代宗师郭沫若的关怀和胡厚宣的言传身教下，与《合集》同成长。他们以其著作中的真知灼见和巨大影响，站在了甲骨学研究的最前沿。

就在郭沫若见到开始分册出版的《合集》样书不久，1978年6月他就放下多年的牵挂的《合集》编纂工作，驾鹤西归而去。而《合集释文》手写影印稿共2095页于1994年11月才缮写完毕，主编胡厚宣还没有来得及再过目核校，就于1995年4月停止了他漫漫人生追求的甲骨之路，离我们而去了。两位甲骨学大师以自己的道德文章，推动了甲骨学研究"发展时期"和"深入发展时期"前进的历程，并为"全面深入发展时期"（1978—1999年）奠定了基础。他们半个多世纪对甲骨学的坚守、追求和弘扬，永远地留在了传世之作《甲骨文合集》之中。（图6-8）

图6-8 《甲骨文合集释文》（左）；《甲骨文合集材料来源表》（右）

2.《甲骨学一百年》把新中国培养的一批专家推向了学术的前台

甲骨文发现一百周年，把王宇信、杨升南等甲骨学专家推向了学术的前台。由王宇信、杨升南提出的"甲骨学一百年成果"系列研究课题，被列为中国社会科学院和国家社科基金"九五"重点课题。这一项目包括王宇信、杨升南主编，由宋镇豪、孟世凯、常玉芝等人集体撰写的《甲骨学一百年》和彭邦炯、谢济、马季凡编纂的《合集补编》，新一代学者宋镇豪又主编了《百年甲骨学论著目》等。此外，由王宇信任《释文》组长，各位《合集》编辑者分别完成的各册释文又进行了互校，主编胡厚宣再授命王宇信、杨升南总审校毕，与肖良琼、谢济、顾潮整理的《合集来源表》同时刊出。可以说，原《合集》编辑的学者都投入了有关课题的研究工作。基于他们多年的学术积淀和学有专精，因而承担的各个研究项目进展都十分顺利。不仅如此，作为"甲骨学一百年成果"负责人的王宇信、杨升南，之所以能毅然担当起这一课题的策划、协调、运作，特别是主编《甲骨学一百年》这一国家和社科院重点项目，当与王宇信当年作为协助胡厚宣主编处理具体事务的《释文》组组长的历练，并和杨升南受胡主编之托，代其总审校《释文》的磨炼密不可分。正是当年协助胡厚宣主编工作时的观察与体会，感悟与学习，才使他们成为新一代的学科带头人，勇于担当"甲骨学一百年成果"课题的组织、领导工作并取得了成功。

1999年9月以前，中国社科院历史所甲骨学团队集中推出了一批高质量的著作，诸如《甲骨学一百年》《甲骨文合集补编》《百年甲骨学论著目》《合集释文》《合集来源表》《甲骨学通论》（增订本）等，从而使已经过去的甲骨学辉煌一百年更辉煌。不宁唯是，这批著作的集中推出，也标志着历史所甲骨学团队已完成了新老交接，即20世纪60年代以前成长起来的学者，已从甲骨学一代宗师郭沫若、胡厚宣手中接过守护和传承甲骨文化的未竟之业，并走在引领海内外甲骨学研究传承和弘扬的最前列。

3.《商代史》（11卷）与甲骨学新百年团队的炼成

江山代有才人出。20世纪60年代以前历史所成长起来的学者，经过《合集》编纂工作的长时期磨炼，在21世纪到来以后的甲骨学新百年，攀上了自己学术年华的高峰。王宇信教授于2003年7月正式退休，标志着随《合集》编纂走向成功的老专家都已经退出研究岗位，完成了自己的学术使命，从此有机会开始了享受休闲和从容的退休时光。但也仍有人割舍不下一生追求甲骨的情怀，退而不休，如王宇信、杨升南、罗琨、常玉芝等教授，仍在尽力尽兴地享受着甲骨学商史研究中的快乐。

1978年以后成长起来的新一代学者，从《甲骨学一百年》课题的撰著和主编《百年甲骨学论著目》脱颖而出，并走上了学术的前台。不仅如此，宋镇豪在主编《甲骨文献集成》（40卷，2001年）时，使参加编纂的青年学者宫长为、马季凡、徐义华等熟悉和掌握了百年来甲骨学家的研究成果。与此同时，宋镇豪、王宇信、杨升南在研究生的培养过程中，有意识地把他们研究的着眼点引向甲骨学研究较为薄弱的领域，诸如林欢研究商代地理，孙亚冰研究商代方国，徐义华研究商代政治制度，韩江苏研究商代政治人物等，这些研究生博、硕士论文的完成，则使这些领域的研究有所加强，也为大型《商代史》的撰著准备了研究人才。

2001年立项，2011年出版面世的国家重点项目《商代史》（11卷），以宋镇豪为主编组成的研究团队，标志着历史所甲骨学新百年团队的形成。主编宋镇豪知人善任，除了充分发挥尚有研究潜能的老一代专家的余热以外，主要研究力量是大胆启用有研究专长的新人。诸如韩江苏、江林昌负责卷二《〈殷本纪〉订补与商史人物徵》，王震中负责卷三《商代起源与先商社会变迁》和卷五《商代都邑》，徐义华负责卷四《商代国家与社会》，马季凡负责卷六《商代经济与科技》，孙亚冰、林欢负责卷十《商代地理与方国》，宫长为负责卷十一《殷遗与殷鉴》等。学者们在总结中继承，在探索中创新，出色地完成了著述，成为该研究领域有发言权的专家。大型《商代史》（11卷）的完成，标志着历史所形成了以新一代学者宋镇豪、王震中为核心，以21世纪成长起来学者徐义华、林欢、孙亚冰、马季凡、宫长为、韩江苏、江林昌等为基干队伍的甲骨新百年团队已经形成。

4. 《合集三编》与更上一层楼的新百年甲骨团队

2008年，新一代甲骨学者的领军人物宋镇豪，又提出了《合集三编》的重大项目，拟将《合集》未收的旧著录中的材料，以及《合集》收集拓本、摹本编纂时未选材料加以整理，凡有意义者均予以公布。经过《商代史》（11卷本）锤炼的这支甲骨学团队，虽然韩江苏、江林昌已离开了历史所，但又引进了高水平的研究人才而使研究队伍又有了加强。诸如《商周祭祖礼研究》（2004年）的作者刘源，《殷墟甲骨文中人名及其对于断代的意义》（2007年）的作者赵鹏，《无名组卜辞的整理与研究》（2014年）的作者刘义峰，以及郅晓娜博士等。在此期间，原参加《商代史》（11卷）撰著的青年学者孙亚冰出版了《殷墟花园庄东地甲骨文例研究》（2014年），徐义华出版了《商周甲骨文》（2006年），刘源出版了《甲骨学与殷商史研究》(2006年)。

宋镇豪带领这支由博士和博士后研究生组成的新百年甲骨学团队,又先后编辑出版了《中国社会科学院历史研究所藏甲骨集》(2011年)、《旅顺博物馆藏甲骨》(2014年)、《俄罗斯国立爱米塔什博物馆藏殷墟甲骨》(2013年)等。此外山东省博物馆藏1万余片甲骨正在整理中,如此等等。历史所新百年甲骨团队推出的一批甲骨新著录,推动了甲骨学研究新百年的发展,也使研究团队得到了加强和锤炼。

可喜的是,历史所新百年甲骨团队的学者,在追索甲骨的漫漫路途上成长起来,诸如刘源、孙亚冰、徐义华已晋升为研究员,成为甲骨学界新崛起的领军人才。新一代学者宋镇豪,以对甲骨学发展的卓越贡献,2011年被授予中国社科院学部委员的称号。另一位新一代学者王震中,也在2014年被授予学部委员称号。而作为60年代以前的老一代学者代表王宇信,又先后出版了《中国甲骨学》(2009年),并获社科院2013年离退休人员优秀成果一等奖。2013年出版了《新中国甲骨学六十年》,又获2017年院离退休人员优秀成果一等奖。2016年又出版了《中国古文字导读:殷墟甲骨文》。他的《甲骨学通论》,2004年韩国东文选出版翻译本。在他退休之后第七年的2011年,被授予中国社科院荣誉学部委员称号。在学科林立的中国社科院,历史所甲骨学团队竟被授予三个学部委员,这在我院其他学科是所见不多的,充分说明了我院领导对传承冷门学科甲骨学的重视。(图6-9)

上述种种,表明我院历史所的甲骨学研究团队,在追求和守望甲骨学的道路上传承、创新、发展,已成为举世瞩目的甲骨学研究重镇,并在习近平同志要重视甲骨文等古文字研究学科"确保有人做,有传承"的讲话精神的鼓舞和激励下,不改初心,勇于担当,为推动甲骨学研究新百年的再辉煌而努力奉献!

图6-9 《甲骨学通论》韩文版(韩国东文选出版社2004年版)

三 甲骨文中传承的中华基因——以国家图书馆藏甲骨文为例

国家图书馆是当代中国的总书库，馆藏宏富，品类齐全，以其馆藏文献数量之多和每年入藏书籍数目增长之快，居世界各国国家图书馆的第五位。特别是馆内的珍品特藏，诸如善本古籍、金石拓片、敦煌遗书、名人手稿、革命文献及少数民族图籍等，更是不可多得的文化珍品。而特藏中的大批殷墟甲骨文实物和拓片，不仅其收藏数量居世界之冠，而且其上博大精深文化底蕴的不断发掘和发现，推动了甲骨学研究前进。

（一）商代历史档案第一库

商史刻在甲骨上。1899年爱国主义学者王懿荣发现了甲骨文，这就为文献史料较少的商代社会历史的研究提供了大批真实而可靠的资料，从而把被"疑古派"否定了的历史上的商王朝，重新建立在有文字可考的坚实基础之上，并成为举世公认的"中国历史之开幕时期"。

甲骨文距今三千多年，是目前已知中国最早有系统的文字，与当时世界上先后出现的古埃及的纸草文字、古巴比伦的楔形文字和古印度的印章纹，并称世界四大最早文字，推动了人类文明发展的进程。但只有甲骨文一枝独秀，传承发展为今天的汉字。而其他古代文字，早已退出历史舞台，成为后继无桃的"死文字"。三千多年来汉字结构没有变，这种传承是甲骨文蕴含的真正中华基因。

由于甲骨文无与伦比的文物价值和其文字蕴含的商代社会丰富讯息，因而自甲骨文被学者发现起，就成了中外收藏家竞相争购的价值连城的抢手货。从1899年到1928年的安阳小屯村民私挖乱掘，到1928年以后由国家机构，即前中研院史语所科学发掘甲骨文和殷墟考古至今，近120年来安阳殷墟共出土甲骨文15万片左右。如果除去公家科学发掘所得甲骨共约32501版（即现藏台湾史语所25836版和北京考古所的6665版）左右，剩下的近11万版甲骨文，应都是1928年以前私人盗掘的出土品了。这些陆续出土的甲骨文，多被国内的大收藏家以"厚值"买走，或被外国人巧取豪夺，倒手转卖于世界各地。因此可以说，甲骨出土之日，即为离散海内外之时。

据甲骨学家胡厚宣教授统计，目前国内收藏甲骨文的遍及25个省市自治区，40多个城市，98个机关单位和47个收藏家，国内公私共收藏有甲骨80901版；而流散海外的甲骨，诸如日本、加拿大、英国、美国、德国、俄罗斯、瑞典、瑞士、法国、新加坡、荷兰、新西兰、比利时、韩国14个国家的公私藏家共收甲骨21758版。此外，中国台湾地区公私收藏甲骨4500多版，香港地区公私收藏甲骨90版，如此等等。近120年来，虽然私人盗挖所得甲骨文星散海内外，但11万片甲骨的立身之地，一直处在守护甲骨文化的学者追踪和掌控之中。

时间的推移和世事的沧桑，使不少私家所藏甲骨早已数易其主，物故人非。但从甲骨流传的总趋势来看，私家的大宗收藏越来越向社会公家机构集中。时代的更迭，使动辄有数万甲骨的私人藏家早已风光不再。而经"文化大革命"洗礼的私人小宗收藏，经查抄、退赔、认领、赠捐或转让，原个别仅供把玩或聊资纪念的小宗收藏，基本也已不复存在；而海外甲骨大宗收藏，原来也以私家为多，如日本富冈谦藏800片和三井源右卫门3000版等。但因一些不可抗拒的因素，诸如第二次世界大战的影响，使不少私人收藏甲骨变动很大。虽然还有一些甲骨尚在私人手中，但已数量不大。更有的大宗收藏，现已不知所终，如三井及富冈的大宗收藏等。也有不少私人藏品，逐渐转由公家单位收藏。因此，流散海内外的甲骨，现均以公家收藏为大宗。珍藏在中国各地和世界上14个国家和地区各大博物馆和研究机构的11万片非科学发掘所得甲骨文，以收藏万版以上的单位为数量最多，现全世界只有两家，即中国国家图书馆和故宫博物院。而国家图书馆收藏的34512版，比故宫博物院收藏的22463版要多出12000多版，因而居于世界收藏甲骨数量之冠。

1936年，第13次殷墟发掘发现的YH127坑17000多版甲骨的窖藏，以其出土甲骨的空前数量和文化内涵的丰厚，被国内外学者称为世界上最早的"档案库"和商王朝的"国家图书馆"。但YH127坑甲骨窖藏的甲骨贮存数量与国家图书馆的34512版相比，就略逊一筹了！因此，国家图书馆的世界第一甲骨收藏，堪称商代历史档案第一库！

(二) 片片甲骨震天下

国家图书馆的世界第一甲骨收藏，是几代学者为传承和弘扬甲骨文这一优秀的民族文化遗产，竭尽财力和心力，殚精竭虑地众里寻他千百度的追求、积累和守护的结果。这批馆藏甲骨，来源有两部分：第一部分为原北京图书馆多年搜藏所得；第二部分为原中央文化部划拨入藏。其第一部分甲骨，有接收者，如罗振玉藏品460多版和张仁蠡藏品292版等。有一部分为捐赠入藏者，如收藏家何遂130版等。另有一部分为先后收购入藏者，如甲骨学家胡厚宣1900余版及通古斋黄濬420版等。以上各项，前北京图书馆共入藏3300多版；第二部分国家图书馆的大宗入藏近30000多版甲骨，乃原中央文化部文物管理委员会（即现国家文物局）划拨而来。这批甲骨，有收购而来者，其中有大收藏家刘体智善斋旧藏28000版。刘体智，字晦之，号善斋老人，晚清重臣四川总督刘秉璋之第四子，自幼聪慧好学，其文物收藏堪称海内外第一。郭沫若曾盛赞善斋"所藏甲骨之多且精，殆为海内外之冠"。又有购自甲骨学家郭若愚440版，购自孟定生360版等。孟定生，字广慧，是与王襄齐名的早年甲骨收藏家，其前后共收得甲骨430版。其中的360版售与中央文化部。2004年7月4日，上海崇源国际拍卖公司落槌，20版甲骨拍出4800万元天价的消息震动了甲骨学界。这20版甲骨，就是原孟定生收藏所余部分甲骨。收藏家邵伯炯的22版甲骨，也是收购而来。又有一批甲骨为捐赠所得者，计有收藏家罗伯昭388版、书画鉴定家张珩32版、考古学家徐旭生13版等。以上文化部各项所得甲骨共3万版左右。此外，中央文化部还收得未刊甲骨拓本若干种，计有刘体智善斋甲骨28000版拓本、孟定生旧藏甲骨拓本360片，罗伯昭沐园藏甲388片拓片、邵章倬庵旧藏甲骨拓片22版、张珩旧藏甲骨22片、徐炳昶旧藏甲骨15片拓本等。中央文化部所得全部甲骨及拓片，划拨当年的北京图书馆（1998年始更现名中国国家图书馆）收藏，从而使国家图书馆甲骨收藏达34000多版之富，跃居世界收藏甲骨总数第一位。

国家图书馆的甲骨收藏，有不少是在学界起到一锤定音，震动学坛的名片的作用。诸如郭沫若的《粹》（1937年），即从善斋28000片甲骨拓本集《书契丛编》中选出1595片编辑而成。虽"略当十之一，然其精华大率已萃于是"书。善斋《书契丛编》的原骨，现入藏于国家图书馆。郭沫若在《粹》序中说，王国维虽然第一个考证出甲骨文先公名夒者当为帝喾，但其甲骨拓本"至今尚未问世"，因而颇有人疑夒非帝喾。现《粹》书第1片、2片、3片皆有"夒"，因而善斋藏骨"可为王氏之证，而间执怀疑者之口"。此外，虽然王国维于1917年据《戬》1·10+《后上》8·14的拼合，证明了《史记·殷本纪》所记商王世系可信，也据此版的缀合，纠正了《殷本纪》所列殷代王世的个别错误，从而把甲骨学研究推向了"草创时期"（1899—1928）商史研究的最高峰。但此"例仅一焉，笃古者将疑其为不足据"。郭沫若《粹》113号，就是将善斋所藏之二甲骨断片（即《粹》113号之乙、丙）"与燕京大学藏片（即《契》20，为《粹》113之甲）之复合"，此版"所见先公名号，其次亦为上甲、报乙、报丙、报丁、示壬、示癸"，"亦为王说得一佳证"，再一次证明了《史记》之误，为绝对无疑"。不仅如此，郭沫若还从此"得上甲以来周祭顺序，为研究殷代祀谱奠定了基础"。此外，甲骨学家董作宾于1933年曾对王国维所缀各片再补缀，即《粹》112片是《后上》8·14+《戬》1·10再补缀之断片，即为善斋甲骨277号。从而使王氏的缀合更为完整，即使王氏缀合示癸、先王又增加了大乙，大甲之下先王又增加了大庚、小甲和三祖乙等。总之，国家图书馆所藏善斋甲骨，内容十分丰富，有不少"制启后来，或各属仅见等异语"。这批甲骨有不少是"足以矜耀于契林"的重要材料。

不仅如此，国家图书馆收藏的"四方风"大骨，也是享誉学术界的珍品。此版即馆藏善斋7388号肩胛骨，全版无钻、凿、灼，也没有"贞"或"卜"的字样。甲骨的走向上刻自上下行的文字四行，共25字。1937年，郭沫若编纂《粹》时，因疑其为伪刻，故未收入书中。从而此版一直被束之高阁，几十年来默默无闻。后经甲骨学家胡厚宣先生鉴定此片不伪，实为记东西南北四方之名和四方风名的记事刻辞。胡先生在20世纪40年代写有《甲骨文四方风名考证》，并于1954年将此版甲骨收入《京津》一书为520号。1956年，胡先生又写了《释殷代求年于四方和四方风的祭祀》，对此版进行了再研究。从此"四方风"大骨从被人冷落多年的"假"货中恢复了"真"相，并声名大噪，成为镇馆名片，现已收入《合集》，编为14294号。

在国家图书馆收藏的大量甲骨中，虽然有不少片以其内容的重要震动了学术界，但大多皆为残碎小片。虽然如此，亦有一些鹤立鸡群的大片，使学者见所未见并见之瞠目。馆藏"善斋"21号，胡厚宣将其正、反面编为《宁沪》1·110及1·111。对海内外甲骨如数家珍的胡厚宣，称道善斋此版在15万片甲骨中，"为牛胛骨中最大（作者按：长达1.6尺左右）、最全（作者按：虽颈部断裂，但可缀合。全版甲骨正反面完整，丝毫未损缺）、文字最多（作者按：正面30辞，共193字。反面亦有6辞共25字）之一版"。国家图书馆收藏之此版最大牛胛骨与台湾收藏YH127坑出土之最大马来海龟甲版交相辉映，为15万片甲骨中无可与之争衡的龟骨和胛骨的"巨无霸"。

（三）让刻（或写）在甲骨上的文字活起来

国家图书馆珍藏的大批甲骨文，虽然其中一些名片在百多年的辗转流传过程中，已先后收录在《前》（1913年）、《通》（1933年）、《佚》（1933年）、《粹》（1937年）、《邺》（1935年）、《邺二》（1937）、《邺三》（1942年）、《缀》（1953年）、《宁沪》（1951年）、《京津》（1954年）及《合集》（1978年）、《补编》（1999年）等书中，有多少不等的著录并引起学术界的震动，但毕竟数量有限（先后公布的国图藏甲近1.5万片），还有大量的甲骨未经整理和公布，其上的文字，应有更丰富、更深刻的文化讯息，有待于我们去发掘和发现。因此，把国家图书馆藏甲骨进行全面整理和早日提供给学术界研究，是践行习近平同志"让书写古籍里的文字活起来"要求的刻不容缓的实际行动。

让刻（或写）在国家图书馆收藏大批甲骨上的文字活起来，应做好两个方面的工作。其一，是全面整理馆藏全部甲骨资料，这包括厘清已著录过和从未著录的资料，并去除伪片和对残碎甲骨的再缀合。在此基础上，将每片甲骨加以墨拓、用数码相机制作精细照片、制作准确的摹本和片形部位释文。最终用现代出版技术，印制纂辑全部3万多片甲骨的"四位一体"（及拓本、摹本、照相、片形部位释文互相参校）的"更臻完善"的甲骨著录，提供甲骨学者研究和阐发甲骨文中的中华文化精髓，促进传统文明的传承和弘扬，为增强文化自信和社会主义核心价值观的培育和践行做出贡献。我们希望国家图书馆的全部甲骨能早日整理完毕并面世。其二，是要通过展览等形式，增强馆藏甲骨的影响力和文化创造力。国家图书馆自 2015 年 10 月开幕，至今仍在举办"甲骨文记忆展"，把深奥的甲骨文知识进行了深入浅出的形象解读，推动了甲骨文化的普及和传播，从而使优秀的甲骨文明在怡情养志，培养文化自信中焕发出时代价值。因此"甲骨文记忆展"使阳春白雪的甲骨文"活起来"了，"寻常百姓"在"甲骨姓属林"中寻根和在"甲骨动物苑"中辨水、陆、空禽鸟的寓教于乐的参与和互动中，享受了一场典雅清新的文化盛宴。因此，这个深接地气的"甲骨文记忆展"是成功的！

让我们共同努力，使更多刻（或写）在甲骨上的文字活起来！

四　殷墟的保护与弘扬无竟时——向殷墟博物苑·世界文化遗产·国家考古遗址公园砥砺前行

殷墟从三千多年来的商王朝都城废墟，到 1928 年以后成为中国和世界著名的考古圣地，一直都是"享誉"在学术著作中和小众学者的象牙之塔里。直到 1987 年 9 月，在殷墟遗址上一座园林式的遗址公园——殷墟博物苑的建成，才使底蕴深厚的殷墟文化回到人间芸芸众生之中。这个鲜有人间烟火之地，成为一处考古学家与广大人民群众互动的热土。这里寓教于乐，广大游人在浓厚的殷商文化氛围熏陶下，潜移默化地就受到了历史唯物主义教育和爱国主义情怀的激励。因此，殷墟博物苑使殷墟文化走向人民大众，是安阳人民保护与弘扬殷墟和殷墟文化的一大创举，并取得了巨大的成功。

安阳人民并未就此止步，而是在殷墟博物苑对殷墟保护与弘扬取得成功的基础上，更上一层楼，又向更新的宏伟目标——申请列入联合国教科文组织的"世界文化遗产"名录前进了。为安阳殷墟能列入世界文化遗产，安阳市人民与考古学家一起，在各级政府的全力支持下，科学展示和模拟复原了殷墟的重要考古遗迹和文化景观，并按世界文化遗产所在地的标准，对殷墟遗址周围环境进行了整治。考古学家日以继夜，贡献了大量的心血和智慧。而世代居住在殷墟遗址上的当地民众，为世界文化遗产的申报成功,舍小家、为国家,又做出了巨大奉献与牺牲。在殷墟宗庙宫殿区,对建筑基址采用地下封存、地表植物标识的办法。只有乙二十基址,依据科学成果复原展示为茅茨土阶大殿;王陵区的十几座大墓,则采用地下封存、地表植物标识的办法。只有传出司母戊鼎之墓,重新揭露展示,并盖保护房,使之成为一个展览单元。而殷墟王陵区祭祀坑的骨架,则用石膏或树脂复原展示。一些车马坑,从原址整体迁移之后,建保护房集中保护展示。此外,著名的YH127坑17096片甲骨窖藏,则在发掘原址上建纪念室,既模拟再现YH127发掘原状,又在周围展壁上介绍此坑发掘经过、重要价值及发掘轶事等。在宫殿宗庙遗址区东边的洹水岸边,为保护遗址内景观的和谐,特建成一座地沉式殷墟博物馆,以展览殷墟历年出土珍贵文物。西边的妇好墓复原厅和东边的殷墟博物馆遥相呼应,使参观者在感受模拟景观营造出的殷商文化氛围的同时,看到了殷墟出土的厚重的青铜器、神秘的甲骨文、精美的玉器等一件件人类文明宝库中的珍品,从而享受到一场文化盛宴和被博大精深的殷商文明所感染……

2006年7月16日,联合国教科文组织在立陶宛首都维尔纽斯召开了第30届世界遗产大会。就是在这次会议上,中国殷墟以其历史的真实性和保存的完整性,遗址的重大科学价值和研究的可持续性,展示的科学性和景观的可视性等无与伦比的特色,被与会代表投票,一致赞成把殷墟遗址列入《世界文化遗产名录》。这标志着殷墟的保护与弘扬,由中华民族的、中国的,走上了世界的保护与弘扬的全新阶段。

殷墟申报世界文化遗产的成功,应是考古学家和安阳人民长期保护和弘扬殷墟文化的结果。而1986年殷墟博物苑的启动和兴建,应就是殷墟申报世界文化遗产的基础和序幕。殷墟博物苑使考古学家保护和弘扬的殷墟文化成果,从考古报告和书本里走向活生生的现实世界,并走向人民大众的精神生活和休闲怡性之中。而世界文化遗产的申报成功,则是殷墟博物苑保护和弘扬殷墟文化向世界范围的展示和升华,从而更广泛、更深层次地影响着世界人民的精神生活和休闲世界!

2010年10月,安阳殷墟宫殿宗庙区和王陵区遗址公园,又被国家文化局首批命名为考古遗址公园,这标志着世界文化殷墟文化的保护和弘扬又上了一个新台阶。

为把殷墟这块令中国和世界人民牵挂的文化圣土,千秋万代地保护好、弘扬好,安阳当地人民又行动起来了……花园庄村整体搬迁,从而使殷墟又扩大了保护和弘扬的土地,更多的地下珍贵文物宝藏得以在地下博物馆里完整地保存,将完整地留给后世子孙去打开、去研究、去解读……

配合基本建设,考古学家在殷墟的土地下又不断有新的惊世发现。诸如村落遗址窖穴中出土的成坑铅锭饼,这是自殷墟科学发掘以来所未见的……

以《王后·母亲·女将——纪念殷墟妇好墓考古发掘 40 周年特展》为题的考古文物展览,在北京首都博物馆隆重举行。(图 6-10)

图 6-10 《王后·母亲·女将——纪念殷墟妇好墓考古发掘 40 周年特展》

(展址:北京首都博物馆)

商王武丁之妻——王后妇好墓出土的有"妇好"铭青铜器、三联甗、方鼎、圆尊等雄浑庄严的器型,玉龙、玉凤和玉龟等栩栩如生的动物造型,以及象牙杯的华美、瑰丽等,这 400 多件精美文物离开三千多年前的商代都城殷墟,到当代中国的政治中心——北京一展风采。让文物"活"起来,让殷墟的国宝走向全国,走向更多关心华夏文明的人民大众之中。观众在展品前驻足流连,时空的穿越,实现了今人与古人的对话。妇好墓出土的一件件中华文明瑰宝,使更多的观众在心灵上受到震撼!

人事有代谢,往来成古今。从 1986 年冬殷墟博物苑的启动和 1987 年落成,到今年纪念殷墟申报世界文化遗产成功十周年,正好是三十年已经过去,真是弹指一挥间!

这三十年,考古学家保护和弘扬殷墟文化,在殷墟博物苑走出了一条与人民群众共同保护和弘扬的康庄大道……

这三十年，是在人民群众也能参与保护弘扬殷墟文化的殷墟博物苑的基础上，又走上了世界人民和全国人民共同保护和弘扬世界文化遗产和国家考古遗址殷墟的全新阶段。因此，从这个意义上说，殷墟博物苑的兴建，是申报世界文化遗产的序幕。

如此等等。殷墟遗址从殷墟博物苑向世界文化遗产，再向国家考古遗址公园砥砺前行。殷墟文化在保护与弘扬中前进，殷墟文化在保护与弘扬中发展。路漫漫其修远兮，殷墟文化保护弘扬的前进道路无竟时！

那些为保护与弘扬殷墟及殷墟文化做出贡献的人们，将与世界文化遗产殷墟和殷墟文化同在！我们永远怀念做出特殊贡献的张光银同志！

靡不有初。三十年前殷墟博物苑的兴建和巨大贡献，历史是永远不会忘记的！

五　鼓励·互动·再辉煌

2016年10月28日，中国文字博物馆在《光明日报》上公布的"关于征集评选甲骨文释读优秀成果的奖励公告"（以下简称"优秀成果奖"），是贯彻和落实习近平同志在全国哲学社会科学工作座谈会上"要支持发展事关文化传承"的甲骨文等冷门学科讲话精神的重大举措，也体现了党和人民对几代坚守在清冷的甲骨学苑里的学者们，为弘扬和传承甲骨文化锲而不舍的追求精神的承认与肯定。

因此，重奖甲骨文释读优秀成果的"公告"一经发表，犹如一石激起千层浪，在海内外学术界引起了巨大的反响。

（一）鼓励与肯定

习近平同志重视发展具有重要文化价值和传承意义的"绝学"、冷门学科，是老一辈无产阶级革命家一贯重视优秀中华文化传统的继承和弘扬，并在新形势下又有所创新和发展。

即使在"文化大革命"时期，敬爱的周恩来总理关心着"通读甲骨金文的人才"还有几位，并大义凛然地坚持"甲骨学事业不能在我们这一代就断送了",并想方设法减少损失,"要一代一代传下去"。就在一段不正常的时期,文化不受尊重的时期,周总理还指示要保护好历史所珍藏的甲骨片及资料,并将其全部"战备"转移到陕西太白山深处,得以在特殊的运动过后,完好无损地运回北京;甲骨学大师郭沫若在自己处境已相当困难的情况下,还念念不忘"要大力培养接班人",以使甲骨文这门濒危的学问能传承下去;老一辈马克思主义史学家尹达教授,也要求《甲骨文合集》总编辑胡厚宣教授要"出成果,出人才","要带出一支队伍来",以适应国家未来文化事业大发展的需要。不仅如此,老一代马克思主义史学家为人才的成长和学科的发展,还从研究资料的基础建设方面,做出了利在当代,泽及后世的贡献。诸如郭沫若在年老体弱和国务活动相当繁忙的情况下,毅然承担了主编《甲骨文合集》这一集传世甲骨之大成的著作。郭沫若的威望和影响,得以使这部著作克服了编纂过程中的种种困难,并在1978年终于完成,为其后的甲骨学研究全面深入研究时期(1978—1999年)的发展奠定了基础。

十年多的"运动"结束以后,凸显了甲骨学研究青黄不接的危机。自1978年科学的春天到来以后,不少老一辈甲骨学家昼夜兼程地努力著书立说的同时,还大力培养硕士、博士研究生,从而一批批年轻学者成长起来。研究队伍不断注入的新活力,使古文字学界人才断层的局面得到了改变。

不仅如此,国家还大力设置哲学社会科学各种奖项,以引领学术发展的正确方向和对人才的培养很有激励意义。甲骨学家的卓越贡献和其著作的重大价值,时有在重大奖项中名列榜首并被多种奖项奖励者,诸如老一代学者胡厚宣总编辑的《甲骨文合集》,获1993年国家图书奖等。由新中国培养的学者王宇信、杨升南主编的《甲骨学一百年》获2001年第八届"五个一工程"一等奖等。而1978年以后成长起来的学者宋镇豪主编的《商代史》(11卷本),获2013年第三届政府出版奖等国家级大奖。这表明,冷门甲骨学不绝如缕,在甲骨学研究的"深入发展阶段"(1949—1978年)、"全面深入发展阶段"(1978—1999年)和"新世纪"(2000年以后)再辉煌的开始等不同阶段,代有传人。他们的锲而不舍追求和卓越贡献,得到国家和社会的承认。

甲骨学家们传道、授业、解惑培养研究生,还采取多种鼓励人才成长的措施，而设立甲骨学优秀成果奖，就是支持和鼓励人才茁壮成长的行之有效的措施。作为民间学术团体的中国殷商文化学会，曾设置"商承祚甲骨学研究奖"，1999年在河南安阳召开的"纪念甲骨文发现一百周年国际学术研讨会"上，向取得优秀成果的5位青年学者颁奖（中国内地韩江苏、刘原2名、中国台湾林宏明1名、日本铃木敦1名、法国麦里筱1名）。这次授奖活动，引领了年青学者成长的正确方向，在海内外甲骨学界产生了巨大影响。当年获奖的年青学者，确定了以甲骨学研究为终生方向，又经过近20年的拼搏，如今均已成为享誉甲骨学坛的著名教授。

甲骨文字的释读，是进一步读懂和发掘甲骨文中蕴含的古代社会奥秘和中华文化基因的基础。因此，对一些尚未认识或尚未取得共识的甲骨文字进行释读研究，是推动甲骨学商史全面深入发展和再前进的前提。学者们认为，甲骨文字的释读，是创造性的科学研究，是在多年知识积累的基础上取得的。科学研究有其灵感瞬间性、方式的随意性和路径的不确定等特点，因而甲骨文字的释读，并不是像一些人理解的集中一批学者，花上一段时间，搞"群众运动式"的"研究"所能奏效的。因此，中国殷商文化学会为了鼓励人才创新，引领学术发展方向，设置了"王懿荣甲骨学奖"（以下简称"王懿荣奖"），并于2009年8月在王懿荣故乡烟台福山召开的"纪念王懿荣发现甲骨文110周年国际学术研讨会"上，颁发了一等奖（陈剑）、二等奖（赵平安）、三等奖（刘一曼、曹定云）。这些获奖的优秀文字学研究成果，其特点在于特别注意从新出土简帛等文献中，爬梳、发现其传承甲骨文字基因的蛛丝马迹，因而在研究中有所突破和前进。

虽然"王懿荣奖"重奖文字释读的新成果，力图吸引更多的学者投身这一充满挑战的研究工作中来，但甲骨文字的研究工作与甲骨学其他领域的研究进展相比，还是显得有些薄弱。鉴于此，中国殷商文化学会、先秦史学会、大舜文化研究会等学术团体一道，2016年8月20日在山东烟台福山"王懿荣纪念馆"召开了"甲骨文字识读进展与研究展望研讨会"，来自全国各地几十名有代表性的甲骨学家，专就甲骨文字研究的成绩进行了回顾与总结，并以高度责任感，担当起习近平同志赋予甲骨学界的确保有人做、有传承的历史使命，成立了"王懿荣甲骨学研究学术委员会"。

著名甲骨学家、商史学家、商周考古学家王宇信、谢玉堂、宋镇豪、王震中、朱凤瀚、吴振武、黄天树、蔡运章、李民、王蕴智等教授被选入学术委员会，将以公开、公正的原则，科学、严肃地评出优秀的甲骨文释读成果，引领甲骨学发展方向，并授予重奖以资鼓励。（图6-11）

图6-11　参会学者合影

为了把这一有重大意义的评奖工作做好，2016年11月19日，学术委员会的专家又齐聚济南，专在"甲骨文字研究座谈会"上，积极出谋献策，就"王懿荣奖"的设置、目标、评选范围和方法、奖金额等进行了周密的设计和遵循的规则，并决定在近期向海内外甲骨学界发布评奖作品的征稿"启示"。

中国文字博物馆"优秀成果奖"是在民间学术团体"王懿荣奖"的"启示"之后面世，并有国家基金支持的为发展冷门学科而专设的唯一国家级大奖，花落甲骨学研究领域，也表明国家重视甲骨文中华文化基因的传承，为实现中华文化复兴梦的不可替代的作用。应该说，"优秀成果奖"的设置是对民间学术团体的"王懿荣奖"等奖项推动了学科发展的肯定，并受其启示。而学术团体设置的"王懿荣奖"，在运作过程中又受到了官方"优秀成果奖"的促进与规制化的影响。虽然两种奖项规格不一，有文野之分和体制内外的区别，但目的却是相同的，即充分体现了党和人民对传统文化和冷门学科的重视和支持，为甲骨文化的深入发展，评出正确方向，并充分调动海内外学者的积极性和创新精神，推动甲骨文字研究取得新的实质性进展。

习近平同志关于"要重视发展具有重要文化价值和传承意义的绝学、冷门学科"的论述，高屋建瓴，说出几代甲骨学者的心声，也是对甲骨学者弘扬和传承甲骨学的不改初心和奉献的最大鼓励与肯定。

（二）互动与互补

"优秀成果奖"与"王懿荣奖"的设置，目标一致，相得益彰，将对甲骨学的发展和传承起到巨大的推动作用。但二者也有所不同，这就是：

其一，在评奖范围方面的不同。"优秀成果奖"圈定了设奖范围，即为了"解决甲骨文释读目前面临的瓶颈问题"，"自即日起组织实施甲骨文释读成果专项奖励计划"，主要是奖励甲骨文字研究取得的公认的突破成果。而"王懿荣奖"的设奖面则较为宽泛。之所以如此，是因为甲骨文字的释读研究是甲骨学研究的一个方面而不是全部，还应包括甲骨文新资料的继续搜索整理与著录、甲骨断片的尽可能地更多缀合和在诸项基础之上的甲骨新字的更多发现及研究。此外，还涉及甲骨文的分期与分类、卜法文例研究、甲骨文与商史研究、甲骨学史研究及甲骨目录学等专题范围的研究等。这些范围涌现出的优秀成果，推动了甲骨学的全面发展与传承，因而都在"王懿荣奖"所设奖项的范围之列。因此，就从奖励范围来看，"王懿荣奖"要较"优秀成果奖"要宽泛的多。

其实，甲骨文字的释读研究，并不只是从文字到文字孤立地进行的，而且在尽可能全部公布甲骨文拓片和缀合残片，以期发现更多的甲骨新字和更为完整的辞例和点划证据。与此同时，对已公布的材料进行再整理，并利用数码照相等现代科技手段，再显模糊之字之原貌和再现点划之隐痕，从而再发现新字和校正一批"新"字。这一甲骨文字的全面搜索著录和原有著录的再整理，是国家重大交办的科研项目，即"大数据、云平台支持的甲骨文字考释研究"建设大型数据库和分类综合研究的基础，也是甲骨文字释读研究取得突破性成果的前提。而这些成果的优异者，都在"王懿荣奖"的授奖之列。因此，授奖面较为宽泛的"王懿荣奖"，正是对"优秀成果奖"的扩大和补充，二者互补并相辅相成，从而推动了学科的全面发展。

其二，"王懿荣奖"和"优秀成果奖"评奖征文设定的时间也不尽相同。"王懿荣奖"学术委员会专家认为，文字释读的突破性成果，除了评委会的专家从文字学的规律和传统研究方法的检验得到确信以后，还要应用到全部有关文例的应用与研究，并做到文从字顺，毫无捍格的验证。因此，这些成果不仅要甲骨学商史专家在研究中得心应手的使用，还需要有一段时间实践的考验。有鉴于此，"王懿荣奖"的参评作品，与"优秀成果奖"的"自本公告发布"（按即2016年10月28日）之日起不同，而是从1999年以后至今，即21世纪开始的甲骨学研究一百年，在已经过去20多年来所取得的优秀成果。应该说，从这些经过时间锤炼的作品中评选出的优秀成果，更具有权威性和社会认同性。因此，"王懿荣奖"关注了"优秀成果奖"忽略的这时间段甲骨学家的创造性成果，从而体现了甲骨学发展120年学术史的完整性和传承的阶段性。因而从两个奖项设定的征稿时间看，也是互相补充，相互呼应的。

其三，120年来的甲骨学研究发展和传承，是几代甲骨学家皓首穷经，以延续甲骨学文脉为己任，终生追求和守护的结果。他们的道德文章，已成为和甲骨文一样的宝贵精神财富。而不断成长着的甲骨学新秀，以他们的研究成果，为甲骨学的发展注入了青春活力。因此，"王懿荣奖"不仅充分肯定老一代学者的优秀成果和贡献，而且还特别注意把评奖活动与研究人才的培养结合起来，专设"王懿荣甲骨学青年奖"，以发现和鼓励青年甲骨学家成长，把他们推向学术研究的前沿，从而确保甲骨学生生不息地发扬光大。有意识地向青年学者倾斜，这也是"王懿荣奖"对"优秀成果奖"的补充和丰富。

（三）开始了政府推动下的甲骨学全面深入发展与弘扬新阶段

前不久主项并已启动的重大交办项目，即"在大数据、云计算支持下的甲骨文字研究"，是一项系统工程。以甲骨文字释读为抓手的甲骨学研究，将推动甲骨学各研究领域的全面发展与弘扬。以权威专家为支撑的民间学术团体设置的"王懿荣奖"和国家社科基金支持的"优秀成果奖"，虽然二者规格不同，但并行不悖，且取长补短，相得益彰，从而使评奖活动更有代表性和社会性。学术团体设置的"王懿荣奖"，在多年运作过程中的影响和示范作用,启示和推动了国家级"优秀成果奖"的设置,也为其评奖活动提供更广泛的社会基础和认同感。但归根结底,"优秀成果奖"是国家社科基金支持的最高级别的奖项,也是多年来学术团体设置的各种奖项的归宿和升华,因而对甲骨学的发展和传承更具有导向性、权威性和示范性。

总之,国家级"优秀成果奖"的设置,和学术团体竭力设置的"王懿荣奖"交相辉映,极大地提升和鼓舞了那些衣带渐宽终不悔地追求甲骨学发展学者的信心。一个冷门学科,居然能在国家级媒体上发布"评奖公告",确实引起了学术界的震动。"公告"犹如在甲骨学界吹响了"集结号",将动员和吸引更多的海内外老、中、青年甲骨学家,利用传统方法与现代科学技术相结合,进行多学科联合攻关,将会有一批突破性成果问世。因此可以说,中国文字博物馆在2016年10月28日《光明日报》上公布的"奖励公告",是政府推动下的甲骨学全面深入发展与弘扬新阶段的里程碑。(图6-12)

让我们"撸起袖子加油干",为甲骨学研究大发展新阶段的再辉煌而努力奋斗吧!

图6-12 《光明日报》2016年10月28日公布的"奖励公告"

120年来甲骨学大事记

1899年
王懿荣在北京第一个鉴定并开始购藏甲骨。
王襄与孟定生也在天津开始购藏甲骨。

1900年
春、夏,王懿荣从范维卿、赵执斋处购得甲骨上千版。
秋,王懿荣以身殉国。

1901年
刘鹗、端方开始收藏数量不等的甲骨。

1902年
刘鹗购入王懿荣所藏部分甲骨。
罗振玉在刘鹗家始见甲骨文并为之墨拓。

1903年
第一部甲骨著录书刘鹗《铁云藏龟》出版。
美国长老会驻潍县宣教士方法敛和英国浸礼会驻青州宣教士库寿龄为上海亚洲学会博物馆购得甲骨四百片。

1904 年

孙诒让撰甲骨学史上第一部研究著作《契文举例》。

冬，小屯村民于村北朱家地大肆挖掘甲骨。

美国人方法敛和英国人库寿龄、驻潍县牧师柏尔根、英国人赫布金、德国人威尔茨等在潍县、青岛等地收购甲骨。

1905 年

孙诒让撰《名原》二卷。

1906 年

罗振玉奉调北京，始于坊间搜购甲骨及古物等。

1907 年

罗振玉研究甲骨文，已"渐能寻绎其义"，但"犹未及笺记"（《前》自序）。

1908 年

罗振玉访知甲骨文确切出土于河南安阳小屯村。

是年，孙诒让逝世。

1909 年

春，小屯村张家地出土大批甲骨。

日本人林泰辅开始研究甲骨文，为日本第一位研究甲骨文的学者。

7 月，刘鹗卒于迪化（今乌鲁木齐）。

1910 年

6 月，罗振玉《殷商贞卜文字考》出版，并考知河南安阳小屯村为商朝"武乙之虚"。

1911 年

罗振玉派其弟罗振常等赴河南安阳小屯村收购甲骨，所获甚多。《菁》书所收四大版即为此次所得精品。

冬，罗振玉举家赴日本，王国维同行。

1912 年

罗振玉在日本整理所藏甲骨文。

1913 年

罗振玉《殷虚书契》在日本出版。

1914 年

英国驻安阳长老会牧师、加拿大人明义士开始在安阳小屯村购藏甲骨。

罗振玉《殷虚书契菁华》出版。

1915 年

罗振玉《殷虚书契考释》出版。

春，罗振玉从日本回国，至河南安阳踏访殷墟遗址。

1916 年

罗振玉《殷虚书契后编》及《殷虚文字待问编》出版。

1917 年

王国维《殷卜辞中所见先公先王考》及《续考》等划时代的著作发表。

春，明义士《殷虚卜辞》出版。此书为西方学者所编第一部甲骨著录书。

12 月，林泰辅《龟甲兽骨文字》出版。此书为日本学者所编第一部甲骨著录书。

1918 年

4 月，林泰辅来中国并至河南安阳小屯村考察，为踏访殷墟的第一位日本甲骨学家。

1919 年

1920 年

华北大旱，小屯村民在村北大肆挖掘甲骨。

12 月，王襄《簠室殷契类纂》出版，为第一部甲骨文字典。

1921 年

1922 年

达古斋以所得甲骨四百多版赠北京大学研究所国学门。

1923 年

春，小屯村中张家菜地出土甲骨。

7 月，商承祚《殷虚文字类编》出版。

12 月，叶玉森《殷契钩沉》出版。

1924 年

小屯村民筑墙发现一坑甲骨，为明义士购得。

7 月，叶玉森《说契》及《研契枝谭》出版。

1925 年

小屯村民在村前路旁挖掘，得甲骨数筐，其大胛骨尺余。这批甲骨多为上海古董商购得，后归刘体智。

8 月，王国维《古史新证》出版。

9 月，王襄《簠室殷契征文》出版。

1926 年

小屯村民在村中张家菜地挖得大批甲骨，后为明义士购得。

1927 年

5月3日上午，王国维自沉于北京颐和园昆明湖。

1928 年

春，北伐军作战于安阳。战事结束后，小屯村民在村前路旁及麦场前树林中大规模挖掘甲骨，所得甲骨多卖给上海、开封古董商。

2月，郭沫若《卜辞中之古代社会》发表。

8月，中研院史语所派董作宾赴河南安阳小屯村，调查甲骨出土情形。

10月，中研院史语所派董作宾主持安阳小屯村科学发掘甲骨工作。此为中国考古学史上著名的殷墟科学发掘之始（注，具体时间参见本书"殷墟科学发掘甲骨文和中国考古新纪元"部分）。

1929 年

3月，第二次殷墟科学发掘工作开始（注，具体时间参见本书"殷墟科学发掘甲骨文和中国考古新纪元"部分）。

8月，董作宾《商代龟卜之推测》发表。

10月，第三次殷墟科学发掘工作开始（注，具体时间参见本书"殷墟科学发掘甲骨文和中国考古新纪元"部分）。

河南省何日章发掘殷墟二月余。

1930 年

3月，何日章再赴安阳殷墟发掘，先后两次开工（自1930年2月20日至同年3月9日；同年4月10日至月底）。

5月，郭沫若《中国古代社会研究》出版。

8月，郭沫若《甲骨文字研究》出版。

1931 年

3 月，第四次殷墟科学发掘工作开始（注，具体时间参见本书"殷墟科学发掘甲骨文和中国考古新纪元"部分）。

6 月，董作宾《大龟四版考释》发表。

11 月，第五次殷墟科学发掘工作开始（注，具体时间参见本书"殷墟科学发掘甲骨文和中国考古新纪元"部分）。

1932 年

4 月，第六次殷墟科学发掘工作开始（注，具体时间参见本书"殷墟科学发掘甲骨文和中国考古新纪元"部分）。

10 月，第七次殷墟科学发掘工作开始（注，具体时间参见本书"殷墟科学发掘甲骨文和中国考古新纪元"部分）。

1933 年

1 月，董作宾《甲骨文断代研究例》发表，此文为甲骨学史上划时代的名作。

5 月，郭沫若《卜辞通纂》在日本出版。

9 月，罗振玉《殷虚书契续编》出版。

10 月，叶玉森《殷虚书契前编集释》出版。

是月，第八次殷墟科学发掘工作开始（注，具体时间参见本书"殷墟科学发掘甲骨文和中国考古新纪元"部分）。

11 月，陈晋《龟甲文字概论》出版。

12 月，郭沫若《殷契余论》和朱芳圃《甲骨学文字编》出版。

1934 年

3 月，第九次殷墟科学发掘工作开始（注，具体时间参见本书"殷墟科学发掘甲骨文和中国考古新纪元"部分）。

是月，叶玉森逝世。

10 月，孙海波《甲骨文编》出版。

是月，第十次殷墟科学发掘工作开始（注，具体时间参见本书"殷墟科学发掘甲骨文和中国考古新纪元"部分）。

1935 年

3 月，第十一次殷墟科学发掘工作开始（注，具体时间参见本书"殷墟科学发掘甲骨文和中国考古新纪元"部分）。

7 月，董作宾《骨文例》发表。

9 月，第十二次殷墟科学发掘工作开始（注，具体时间参见本书"殷墟科学发掘甲骨文和中国考古新纪元"部分）。

1936 年

3 月，第十三次殷墟科学发掘工作开始（注，具体时间参见本书"殷墟科学发掘甲骨文和中国考古新纪元"部分）。此次有 YH127 坑 1.7 万多版甲骨的重大发现。YH127 坑甲骨整体搬运至南京前"中研院"史语所之后，胡厚宣等于 7 月 12 日至 10 月 15 日继续"室内发掘"三个月。

9 月，第十四次殷墟科学发掘工作开始（注，具体时间参见本书"殷墟科学发掘甲骨文和中国考古新纪元"部分）。

1937 年

3 月，第十五次殷墟科学发掘工作开始（注，具体时间参见本书"殷墟科学发掘甲骨文和中国考古新纪元"部分）。

4 月，郭沫若《殷契粹编》出版。

是月，董作宾、胡厚宣《甲骨年表》出版。

1938 年

美国方法敛摹，白瑞华校《甲骨卜辞七集》出版。

1939 年

4 月，唐兰《天壤阁甲骨文存》出版。

1940 年

5 月，罗振玉病逝。

6 月，于省吾《双剑誃殷契骈枝》出版。

是月，曾毅公《甲骨叕存》出版，是为甲骨学史上第一本甲骨缀合专书。

10 月，日本梅原末治《河南安阳遗宝》出版。

1941 年

4 月，于省吾《双剑誃殷契骈枝续编》出版。

1942 年

胡厚宣《甲骨文四方风名考证》发表。董作宾《从高宗谅阴说到武丁父子们的健康》发表。

1943 年

5 月，于省吾《双剑誃殷契骈枝三编》出版。

1944 年

3 月，胡厚宣《甲骨学商史论丛》初集一、二、三、四册出版。

1945 年

4 月，董作宾《殷历谱》出版。

是月，胡厚宣《甲骨学商史论丛》二集一、二册出版。

7 月，胡厚宣《甲骨六录》出版，收入《甲骨学商史论丛》三集。

1946 年

7 月，胡厚宣《战后平津新获甲骨集》出版，收入《甲骨学商史论丛》四集。

1947 年

胡厚宣《战后出土的新大龟七版》发表，首次指出 YH127 坑甲骨有流失社会者。

1948 年

4 月，董作宾《殷虚文字甲编》出版。

1949 年

3 月，董作宾《殷虚文字乙编》上、中辑出版。

1950 年

春，中国科学院考古研究所恢复中断多年的殷墟科学发掘工作，此后历年不断。武官村大墓发现，并在史学界引起震动。

是年，曾毅公《甲骨缀合编》出版。

《文物参考资料》创刊（1959 年改名为《文物》）。

1951 年

3 月，胡厚宣《五十年甲骨文发现的总结》出版。

4 月，胡厚宣《战后宁沪新获甲骨集》出版。

10 月，日本《甲骨学》杂志出版，为国外第一家专门发表甲骨学论著的刊物。

11 月，胡厚宣《战后南北所见甲骨录》出版。

是年，《中国考古学报》复刊（后改名为《考古学报》）

1952 年

1 月，胡厚宣《五十年甲骨学论著目》出版。

6 月，郭沫若《奴隶制时代》出版。

1953 年

3 月，日本贝塚茂树、伊藤道治《甲骨文断代研究法的再检讨》发表。

12月，董作宾《殷虚文字乙编》下辑出版。

1954 年

3月，胡厚宣《战后京津新获甲骨集》出版。

5月，杨树达《积微居甲文说·卜辞琐记》出版。

11月，杨树达《耐林顾甲文说·卜辞求义》出版。

1955 年

1月，《考古通讯》创刊（自1959年改名为《考古》）。

4月，郭若愚、曾毅公、李学勤《殷虚文字缀合》出版。

5月，胡厚宣《殷墟发掘》出版。

7月，董作宾《甲骨学五十年》出版。

12月，胡厚宣《甲骨续存》出版。

秋，河南省郑州市发现商代城址。

1956 年

4月，陕西长安县沣河西岸西周遗址进行大规模科学发掘工作，发现有字西周甲骨。

7月，陈梦家《殷虚卜辞综述》出版。

9月，丁山《甲骨文所见氏族及其制度》出版。

12月，周谷城《古史零证》出版。

1957 年

3月，甲骨学家明义士逝世。

8月，张秉权《殷虚文字丙编》上辑一出版（全书共上、中、下三辑六册，至1972年出齐）。

12月，日本贝塚茂树《古代殷帝国》出版。

1958 年

7月，日本岛邦男《殷虚卜辞研究》出版。

11月，周鸿翔《商殷帝王本记》出版。

1959年

3月，日本贝塚茂树《京都大学人文科学研究所藏甲骨文字》图版篇出版。

5月，李学勤《殷代地理简论》出版。

11月，饶宗颐《殷代贞卜人物通考》出版。

是年，石璋如《建筑遗存》（小屯乙编：遗址的发现与发掘）出版。

1960年

1月，董作宾《中国年历总谱》上、下出版。

3月，日本贝塚茂树《京都大学人文科学研究所藏甲骨文字》本文篇出版。

10月，河南偃师二里头遗址发现大面积夯土建筑遗址。

是月，台湾《中国文字》杂志创刊。

1961年

11月，屈万里《殷虚文字甲编考释》出版。

12月，《新中国考古收获》出版。

1962年

10月，梁思永、高去寻《第一〇〇一号大墓》出版。

11月，朱芳圃《殷周文字释丛》出版。

1963年

8月，日本白川静《殷·甲骨文集》出版。

是年，甲骨学一代宗师董作宾逝世。

1964年

10月，陈梦家《殷虚卜辞综述》在日本影印出版。

12月，日本池田末利《殷虚书契后编释文稿》出版。

1965 年

5月，郭沫若《殷契粹编》重印出版。

6月，董作宾《甲骨学六十年》出版。

是月，李孝定《甲骨文字集释》出版。

7月，梁思永、高去寻《第一〇〇二号大墓》出版。

9月，中国科学院考古研究所编辑《甲骨文编》出版。

1966 年

4月，梁思永、高去寻《第一〇〇三号大墓》出版。

7月，日本伊藤道治《古代殷王朝之谜》出版。

9月，古文字学家陈梦家逝世。

1967 年

11月，日本岛邦男《殷虚卜辞综类》出版。

是年，周鸿翔《卜辞对贞述例》出版。

1970 年

3月，梁思永、高去寻《第一〇〇四号大墓》出版。

4月，日本白川静《汉字》出版。

是年，石璋如、高去寻《殷墟墓葬之一》（小屯丙编：遗址的发现与发掘）出版。殷墟墓葬之一至五（北组、中组、南组墓葬和乙区遗址上、下的墓葬及丙组墓葬上、下）分别于1970 年、1972 年、1973 年、1976 年、1980 年出版。

1971 年

9月，马宗芗《甲骨地名通检》出版。

12月，中国科学院考古研究所安阳工作队在小屯西地发现牛胛骨卜骨20 版，有文字的10 版。

1972 年

2 月，日本白川静《甲骨文字之世界》出版。

是年，许进雄编《殷虚卜辞后编》出版。

是年，许进雄编《明义士收藏甲骨文集》出版。

是年，李大良《龟版文例研究》出版。

1973 年

3 月，河南安阳小屯南地发现甲骨 5000 多版，为中华人民共和国成立后出土最多的一批。

8 月，许进雄《卜骨上的钻凿形态》出版。

11 月，河北藁城台西商代遗址发现一把铁刃铜钺。

12 月，日本白川静《甲骨金文学论集》出版。

1974 年

5 月，许进雄《骨卜技术与卜辞断代》出版。

是年，梁思永、高去寻《第一五〇〇号大墓》出版。

1975 年

3 月，北京昌平白浮西周墓出土有字甲骨。

6 月，严一萍《甲骨缀合新编》出版。

是年，严一萍《甲骨集成》（一）出版。

1976 年

5 月，周鸿翔《美国所藏甲骨录》出版。

7 月，河南安阳殷墟发现"妇好墓（M5）"，出土大批铜器、玉器等珍贵文物。

是年，梁思永、高去寻《第一五五〇号大墓》出版。

1977 年

3 月，日本赤塚忠《中国古代的宗教与文化——殷王朝的祭祀》出版。

4月，陕西岐山凤雏宫殿遗址西厢二号房内窖穴出土西周甲骨1万7千多版。

7月，中国社会科学院考古研究所与中国历史博物馆联合召开关于殷墟五号墓（即"妇好墓"）的座谈会。

11月，李学勤发表《论"妇好"墓的年代及有关问题》一文，提出"历组"卜辞时代应提前并引起争论。

是月，《董作宾全集》甲、乙编共十二册出版（此书为甲骨学史上的重要文献）。

是年，李济《安阳》（英文版）出版。

1978年

2月，严一萍《甲骨学》上、下册出版。

6月，甲骨学一代宗师郭沫若逝世。

10月，郭沫若主编，胡厚宣总编辑《甲骨文合集》第二册出版。全书共十三册，至1982年12月出齐，是甲骨学史上里程碑式的甲骨著录书。

11月，中国古文字学术研究会在长春举行，中国古文字学术研究会成立。

是年，美国吉德炜《商代史料——中国青铜时代的甲骨文》出版。

1979年

1月，古文字学家唐兰逝世。

6月，于省吾《甲骨文字释林》出版。

8月，《古文字研究》创刊。

10月，《文物》开始公布陕西岐山凤雏出土有字西周甲骨。

11月，中国古文字学术研究会第二届年会在广州举行。

冬，陕西扶风齐家村发现有字西周甲骨。

是年，许进雄《怀特氏等收藏甲骨文集》出版。

是年，著名考古学家李济逝世。

1980年

9月，中国古文字学术研究会第三届年会于山西太原召开。

是年，中国社会科学院考古研究所编《小屯南地甲骨》上册一、二出版。

1981 年

3月，王宇信《建国以来甲骨文研究》出版。

5月，唐兰《殷虚文字记》（增订本）出版。

9月，中国古文字学术研究会第四届年会于四川成都召开。

是月，《文物》公布陕西扶风齐家村出土有字西周甲骨。

1982 年

5月，陈全方《陕西岐山凤雏村西周甲骨文概论》全部公布了有字西周甲骨289片，促进了西周甲骨的深入研究。

9月，由哈佛大学人类学系张光直教授发起的"商文明国际学术讨论会"在美国夏威夷召开。来自中国大陆、中国台湾和美国、日本、英国、法国等地的学者50余名出席。

是月，石璋如《殷虚文字甲编的五种分析》发表，公布了《甲编》所收甲骨的坑位。

1983 年

3月，日本松丸道雄《东京大学东洋文化研究所藏甲骨文字》图版篇出版。

是月，古文字学家容庚逝世。

是月，《甲骨文与殷商史》出版。

7月，著名考古学家尹达（即刘耀）逝世。

9月，美国张光直《中国青铜时代》出版。

是月，国际中国古文字研讨会在香港召开。

是年，中国社会科学院考古研究所编《小屯南地甲骨》下册一、二、三出版。

1984 年

4月，王宇信《西周甲骨探论》出版。

7月，古文字学家于省吾逝世。

8月，中国古文字学术研究会第五届年会于陕西西安召开。

10月，全国商史学术讨论会于河南安阳召开。

12月，《殷都学刊》公开发行，辟有《殷商文化研究》专栏。

1985年

1月，武汉大学将甲骨文输入电子计算机。

5月，中国社会科学院考古研究所《新中国的考古发现与研究》出版。

6月，著名考古学家夏鼐逝世。

是月，《出土文献研究》出版。

8月，姚孝遂、肖丁（即赵诚）《小屯南地甲骨考释》出版。

9月，李民《夏商史探索》出版。

10月，杨育彬《河南考古》出版。

12月，吴浩坤、潘悠《中国甲骨学史》出版。

是年，严一萍《商周甲骨文总集》出版。

1986年

5月，《人民日报》报道陕西西安出土一批史前时期的骨刻文。

7月，《天理大学附属天理参考馆藏品写真集：甲骨文字》出版。

8月2日，《人民日报》报道巢湖发现一批西周甲骨。

是月，《中国大百科全书·考古学卷》出版。

9月，中国古文字学术研究会第六届年会于山东烟台地区长岛县召开。

是月，林沄《古文字研究简论》出版。

是年，《英国所藏甲骨集》出版。

1987年

2月，伊藤道治《天理大学附属天理参考馆藏品甲骨文字》出版。

9月，中国殷商文化国际研讨会在河南安阳召开，国内外学者120名参加会议，提交论文107篇。中国殷商学会宣告成立。会长胡厚宣，副会长田昌五、李学勤、李民、邹衡、郑振香。秘书长田昌五，副秘书长王宇信

（常务）、杨升南、李绍连、聂玉海。

是年，常玉芝《商代周祭制度》出版。

1988 年

2 月，姚孝遂《殷墟甲骨刻辞摹释总集》出版。

3 月，胡厚宣《苏德美日所见甲骨集》出版。

8 月，"纪念殷墟发掘六十周年座谈会"在河南安阳召开，出席会议的有 40 位国内外学者。

9 月，张秉权《甲骨文与甲骨学》在台北出版。

1989 年

1 月，姚孝遂等《殷墟甲骨刻辞类纂》出版。

6 月，王宇信《甲骨学通论》出版。

8 月，《殷墟博物苑苑刊》出版。

是月，"纪念殷墟甲骨文发现九十周年国际学术研讨会"在河南安阳召开，海内外 120 名学者出席。

是年，王贵民《商周制度考信》在台北出版。

1990 年

5 月，《殷墟甲骨文发现九十周年国际学术研讨会专辑》（殷商史）（《史学月刊》1990 年第 3 期）出版。

8 月，朱凤瀚《商周家族形态研究》出版。

9 月，《殷墟甲骨文发现九十周年国际学术研讨会专辑》（甲骨学）（《中原文物》1990 年第 3 期）出版。

1991 年

1 月，著名古文字学家徐中舒逝世。

8 月，《甲骨文与殷商史》第三辑出版。

是月，"夏商文明国际学术研讨会"在河南洛阳举行，海内外 120 学者出席。会议增选高明、商志䪞、王宇信为中国殷商文化学会理事。

9月，河南安阳殷墟花园庄东地窖穴H3内有大批甲骨发现，其中有刻辞者579片，是继1936年YH127甲骨窖藏和1973年小屯南地出土成批甲骨之后的第三次重大发现。

是年，著名学者商承祚逝世。

1992年

10月，裘锡圭《古文字论集》出版。

12月，杨升南《商代经济史》出版。

是年，河北邢台南小汪有字西周甲骨公布。

1993年

8月，"郑州商城与殷商文明国际学术研讨会"在河南郑州召开。

是月，"中国南方青铜器暨殷商文明国际学术研讨会"在江西南昌召开。

是月，李民《殷商社会生活史》出版。

10月，"第二届国际中国古文字学研讨会"在香港中文大学召开。

1994年

9月，"纪念甲骨文发现九十五周年国际学术研讨会"在河南安阳召开。

是年，松丸道雄、高嶋谦一《甲骨文字字释综览》出版。

是年，宋镇豪《夏商社会生活史》出版。

是年，《中国南方青铜器及殷商文明国际学术研讨会专辑》（《南方文物》1994年第1、2期）出版。

1995年

4月，著名甲骨学家胡厚宣教授逝世。

8月，"北京建城三〇四〇年暨燕文明国际学术研讨会"在北京房山召开，海内外110名学者出席。会议增选李伯谦、雷从云、杨升南、李绍连、杨育彬、齐心为中国殷商文化学会理事。推选田昌五为会长。

是月,《夏商文明研究:(91)洛阳夏商文明国家学术研讨会专集》出版。

是年,钟柏生《殷虚文字乙编补遗》出版。

1996 年

5 月,于省吾主编《甲骨文字诂林》出版。

6 月,"国际甲骨学术讨论会"在韩国首尔淑明女子大学召开。中国学者裘锡圭、王宇信、蔡哲茂,加拿大学者许进雄应邀出席。韩国古文字学会成立。《古文字学论集》(第一辑,甲骨学特辑),韩国东文选出版社出版。

7 月,朱歧祥《殷墟花园庄东地甲骨校释》出版。

9 月,《于省吾教授百年诞辰论文集》出版。

11 月,北京房山琉璃河燕都城址内发现 3 片有字西周甲骨,其中一片刻有"成周"二字。

12 月,李学勤等《殷墟甲骨分期研究》出版。

是年,胡厚宣《甲骨续存补编》出版。

是年,日本荒木日昌子《中岛玉振旧藏甲骨片》出版。

1997 年

3 月,《北京建城三〇四〇年暨燕文明国际学术研讨会议专辑》出版。

8 月,"(97)山东桓台中国殷商文明国际学术研讨会"召开,近百名海内外学者出席。会议增选高英民、高大伦、陈炜湛为中国殷商文化学会理事。

11 月,第三届中国古文字学研讨会在香港中文大学召开。

是年,雷焕章《德瑞荷比所见一些甲骨录》出版。

1998 年

5 月,"甲骨文发现一百周年学术研讨会"在台湾台北召开。

8 月,"(98)河北邢台中国殷商文明国际学术研讨会"召开,海内外 120 名学者出席。会议增选王巍、宋镇豪、尹盛平、秦文生、栾丰实、孙敬明为中国殷商文化学会理事。推选王宇信为副会长。

是月，朱歧祥《甲骨文研究（中国文字与文化论稿）》由台北里人书局出版。

9月，"殷墟发掘七十周年国际学术研讨会"在河南安阳召开，120名国内外学者出席会议。

是月，常玉芝《殷商历法研究》由吉林文史出版社出版。

10月，《徐中舒先生诞辰百年纪念文集》出版。

1999年

4月，"甲骨文发现一百周年学术研讨会"在南京召开。

是月，《胡厚宣先生纪念文集》出版。

5月，"王懿荣发现甲骨文一百周年学术研讨会"在山东烟台召开。

8月，"甲骨文发现一百周年国际学术研讨会"在河南安阳召开。中国社会科学院历史研究所、考古研究所、中国殷商文化学会、安阳市人民政府等单位发起。中国社会科学院李铁映院长出席。王宇信被选为会长。全体会议代表在殷墟"申遗"呼吁书上签名。《甲骨学一百年》等著作首发。

12月，"甲骨文发现100周年纪念国际会议"在法国巴黎召开，法国学者和来自中国大陆和台湾地区，以及美国、英国等国学者参会。

是年，《甲骨文合集补编》出版。《百年甲骨学论著目》出版。《甲骨文合集释文·来源表》出版。《甲骨学通论》（增订本）出版。《殷商文明研究：（97）山东桓台中国殷商文明国际学术研讨会文集》（《管子学刊》增刊）出版。《夏商周文明研究：（98）河北邢台中国殷商文明国际学术研讨会论文集》出版。蔡哲茂《甲骨缀合集》出版。

2000年

7月，中国殷商文化学会等单位举办的"殷商文明暨纪念三星堆遗址发现七十周年国际学术研讨会"在四川广汉召开。

10月，第十一届中国文字学研讨会在台湾台南召开。

6月，方辉《明义士和他的藏品》由山东大学出版社出版。

7月，王玉哲《中华远古史》由上海人民出版社出版。

8月，饶宗颐主编《华学》（第四辑）由紫禁城出版社出版。

2001 年

7月，著名考古学家、中国殷商文化学会理事安金槐逝世。

9月，著名史学家、原中国殷商文化学会会长、山东大学教授田昌五逝世于济南。

4月，宋镇豪、段志洪主编《甲骨文献集成》由四川大学出版社出版。

5月，朱彦民《巫史重光》由百花文艺出版社出版。

9月，张玉金《甲骨文语法学》由学林出版社出版。

是月，钱宪和主编《海峡两岸古玉学会议论文集》（一、二）由台湾大学出版。

11月，《历史研究所集刊》（第一辑）由社会科学文献出版社出版。

是月，《古文字研究》（第二十一辑）由中华书局出版。

12月，饶宗颐主编《华学》（第五辑）由紫禁城出版社出版。

是月，沈建华等《新编甲骨文字形总表》，由香港中文大学出版社出版

2002 年

8月，河南安阳小屯南地又出土甲骨800余片，其中有字者228片，即有字卜甲106片，有字卜骨122片。

9月，"明义士学术研讨会"在济南山东大学召开。

是年，陕西扶风齐家村发现西周甲骨11片，其中一片3行筮数与3行刻辞交错排列，共37字。

1月，杨朝明《周公事迹研究》由中国社会科学出版社出版。

是月，刘正《金文氏族研究》由中华书局出版。

2月，杨宝成《殷墟文化研究》由武汉大学出版社出版。

是月，邵东方、倪德卫主编《今本竹书纪年论集》由台北唐山出版社出版。

5月，张永山主编《揖芬集——张政烺先生九十华诞纪念文集》由社会科学文献出版社出版。

6月，《古文字研究》（第二十二辑）由中华书局出版。

7月,《古文字研究》(第二十三辑)由中华书局出版。

10月,曹玮《周原甲骨文》由世界图书出版公社出版。

是月,日本伊藤道治《中国古代王朝的形成》由中华书局出版。

11月,刘桓《甲骨征史》由黑龙江教育出版社出版。

是月,胡厚宣《甲骨学商史论丛》(外一种)上、下由河北教育出版社出版。

12月,喻遂生《甲金语言文字研究论集》由巴蜀书社出版。

是月,沈长云《上古史探微》由中华书局出版。

2003 年

3月,在山东济南大辛庄遗址发现商代有字卜甲4版,其中最大卜龟共34字。

12月,陕西岐山周公庙遗址发现有字西周卜甲2版,共有文字56个。

3月,王宇信、宋镇豪主编《纪念殷墟甲骨文发现一百周年国际学术研讨会论文集》由社会科学文献出版社出版。

是月,郭旭东《青铜王国》由浙江文艺出版社出版。

4月,胡厚宣《殷商史》由上海人民出版社出版。

8月,宋镇豪、肖先进主编《殷商文明暨纪念三星堆遗址发现七十周年国际学术研讨会论文集》由社会科学文献出版社出版。

是月,陈全方等《西周甲文注》由学林出版社出版。

9月,《商承祚教授百年诞辰纪念文集》由文物出版社出版。

是月,李伯谦《商文化论集》(上、下)由文物出版社出版。

10月,杜金鹏《偃师商城初探》由中国社会科学出版社出版。

12月,《中国考古学:夏商卷》由中国社会科学出版社出版。

是月,中国社会科学院考古研究所编《殷墟花园庄东地甲骨》由云南人民出版社出版。

是月,王晖《古文字与商周史新证》由中华书局出版。

2004 年

3月,文字学学术研讨会在台中东海大学召开。

是月，安阳殷墟大司空村遗址窖穴出土刻辞卜骨1版。

8月，中国殷商文化学会等联合举办安阳殷商文明国际学术研讨会在河南安阳召开。

夏，陕西岐山周公庙遗址考古发掘又有西周甲骨重大发现，在四个地点共出卜骨、卜甲700多片。有字卜骨上共有文字480个左右，已知人名有"周公"等，地名有"新邑""唐"等，资料尚未公布。

1月，韩国李宰硕译《甲骨学通论》（王宇信著，1989年版）由韩国首尔东文选出版社出版。

4月，《历史研究所集刊》（第二集）由商务印书馆出版。

5月，王宇信等《甲骨文精粹释译》由云南人民出版社出版。

8月，李雪山《商代分封制度研究》由中国社会科学出版社出版。

是月，任伟《西周封国考疑》由社会科学文献出版社出版。

是月，蔡哲茂《甲骨缀合续集》由台北文津书局出版。

9月，王宇信、宋镇豪等《二〇〇四年安阳殷商文明国际学术研讨会论文集》由社会科学文献出版社出版。

是月，王蕴智《字学论集》由河南美术出版社出版。

10月，《历史研究所集刊》（第三集）由商务印书馆出版。

是月，刘源《商周祭祖礼研究》由商务印书馆出版。

12月，白于兰《殷墟甲骨刻辞摹释总集校订》由福建人民出版社出版。

是月，王仲孚《中国上古史论文集第二本》由台北兰台出版社出版。

2005年

殷墟西区一座中字型墓中出土嵌绿松石文字骨柶。

3月，加拿大温哥华英属哥伦比亚大学召开中国早期文明研讨会，王宇信、李伯谦、蔡哲茂、许倬云等出席。

5月，著名史学家、中国殷商文化学会理事、南开大学教授王玉哲逝世。

8月，中国殷商文化学会、北京平谷区人民政府举办的"（05）北京平谷与华夏文明国际学术研讨会"在北京平谷召开。

10月，"郑州商城发现五十周年纪念座谈会"在河南郑州召开。

11月，"甲骨学国际学术研讨会"在台中东海大学召开。

12月，商周考古第一人、中国殷商文化学会副会长、北京大学教授邹衡于当月28日逝世。

1月，唐石父等辑《王襄著作选集》（上、中、下）由天津古籍出版社出版。

5月，《李学勤文集》由上海辞书出版社出版。

6月，郭若愚《殷契拾掇》由上海辞书出版社再版。

是月，《黄盛璋先生八秩华诞纪念文集》由中国教育出版社出版。

7月，彭明瀚《吴城文化研究》由文物出版社出版。

9月，陈智勇《先秦社会文化论丛》由中州古籍出版社出版。

10月，王震中《中国古代文明的探索》由云南人民出版社出版。

是月，杨郁彦《甲骨文合集分组分类总表》由台北艺文艺术馆出版。

11月，王建生、朱歧祥主编《二〇〇四年文字学学术研讨会论文集》由台北里仁书局出版。

2006年

1月，林仁顺［韩］《殷墟甲骨文形义关系研究》由中国社会科学出版社出版。

4月，胡淀咸《甲骨文金文释林》由安徽人民出版社出版。

5月，宋镇豪、刘源《甲骨学与殷商史研究》由福建人民出版社出版。

是月，岳洪彬《殷墟青铜礼器研究》由中国社会科学出版社出版。

6月，《尹达集》由中国社会科学出版社出版。

7月，联合国教科文组织在13日于立陶宛首都维尔纽斯召开的第30届世界文化遗产大会上，中国殷墟这一闻名中外的古代文化遗产以高票通过列入"世界文化遗产名录"，举国同庆。中国殷商文化学会在1999年甲骨学一百年纪念国际会议及2004年殷商文明国家学术研讨会议上，曾以全体出席会议的学者签名呼吁殷墟申报世界文化遗产并做了许多工作。几代学者保护、弘扬殷墟文化的追求和努力终于实现。

是月，王宇信、徐义华《商周甲骨文》由文物出版社出版。

是月，陈梦家《中国文字学》由中华书局出版。

是月，史昌友《灿烂的殷商文明》由中国社会科学出版社出版，王宇信序。

是月，王建生、朱歧祥《花园庄东地甲骨论丛》由台北圣环图书公司出版。

是月，郭青萍《洹宝斋所藏甲骨》由内蒙古人民出版社出版。

8月，中国殷商文化学会等单位联合召开的"庆祝殷墟申遗成功暨纪念YH127坑发现七十周年国际学术研讨会"在河南安阳召开。

是月，杨善清等《中国殷墟》（世界文化遗产丛书）由上海大学出版社出版，王宇信作总序。

是月，刘庆俄《汉字新论》由同心出版社出版。

9月，王宇信、秦刚、王云峰主编《北京平谷与华夏文明国际学术研讨会论文集（2005）》由社会科学文献出版社出版。

10月，《杨希枚集》由中国社会科学出版社出版。

是月，"纪念YH127甲骨窖藏坑南京室内发掘七十周年国际学术研讨会"在江苏南京召开。

11月，姚萱《殷墟花园庄东地甲骨卜辞的初步研究》由线装书局出版。

是月，常耀华《殷墟甲骨非王卜辞研究》由线装书局出版。

12月，饶宗颐《甲骨文校释总集》（全二十卷）由上海辞书出版社出版。

2007年

1月，《中国国家博物馆馆藏文物研究丛书·甲骨卷》由上海古籍出版社出版。

是月，马如森《殷墟甲骨学》（世界文化遗产殷墟丛书）由上海大学出版社出版。王宇信作总序。

2月，中国殷商文化学会在北京召开"殷墟保护、利用、管理与构建和谐社会资深文物考古专家座谈会"。

是月，胡庆钧等《早期奴隶制社会比较研究》由中国社会科学出版社出版。

3月，王震中、王宇信等《中国古代文明与国家形成研究》由中国社会科学出版社出版。

4月，韩江苏《殷墟花东 H_3 卜辞主人"子"研究》由线装书局出版，王宇信序。

是月，赵鹏《殷墟甲骨文人名与断代的初步研究》由线装书局出版。

4月，杨升南《甲骨文商史丛书》由线装书局出版。

6月，晁福林《先秦社会思想研究》由商务印书馆出版。

是月，陈絜《商周姓氏制度研究》由商务印书馆出版。

7月，"陈梦家先生九十五岁诞辰座谈会"在北京召开。

8月，中国殷商文化学会与有关单位联合举办"甲骨学暨甲骨文书法国际研讨会"在山东烟台召开。

是月，《历史研究所集刊》（第四集）由商务印书馆出版。

11月，朱凤瀚主编《仰止集》由天津人民出版社出版。

12月，董敏《走进甲骨学大师董作宾》（世界文化遗产殷墟丛书）由上海大学出版社出版，王宇信序。

是月，郭青萍《〈洹宝斋所藏甲骨〉解读》由北京艺术与科学电子出版社出版。

是月，李雪山主编《董作宾与甲骨学研究续编》由中国社会科学出版社出版。

是年，彭邦炯《甲骨文医学资料考证与研究》由人民卫生出版社出版。

2008 年

1月，中国殷商文化学会在京理事会于北京召开。

是月，郭旭东主编《殷商文明论集》由中国社会科学出版社出版。

4月，商承祚《甲骨文字研究》由天津古籍出版社出版。

是月，《历史研究所集刊》（第五集）由商务印书馆出版。

是月，魏建震《先秦社祀研究》由人民出版社出版。

是月，马如森《殷墟甲骨文常用字典》（世界文化遗产殷墟丛书）由上海大学出版社出版。

5月，商志馥策事《殷虚书契考释原稿信札》由文物出版社出版。

是月，中国殷商文化学会发起的"盛世收藏：鉴定与市场高层论坛"在广州召开。

8月，在殷墟花园庄村南，发现商代陶窑10座及大量次品、废品陶器，以陶豆为多，簋次之。花园庄南地制陶作坊遗址的发现，是八十多年来殷墟考古的首次。

9月，焦智勤、党相魁《殷墟甲骨辑佚》由文物出版社出版。

是月，《古文字研究》（第二十七辑）由中华书局出版。

10月，台湾"中研院"召开的"纪念殷墟发掘八十周年大会"于13日在台北召开。

是月，中国社会科学院考古研究所、中国殷商文化学会等单位召开的"纪念殷墟发掘八十周年国际学术研讨会"于10月30日至31日在河南安阳举行。

11月，《中国甲骨学》二校毕。上海人民出版社编审许仲毅专程赴京，与孟世凯、杨升南、王宇信、宋镇豪等教授聚谈，商议甲骨学成果出版诸事宜。是为12日。

2009年

1月，孟世凯《甲骨学辞典》由上海人民出版社出版。

5月，刘钊等编纂《新甲骨文编》由福建人民出版社出版。

6月，江苏省甲骨文学会《甲骨学与南京》由南京出版社出版。

7月，著名甲骨学家、考古学家、中国殷商文化学会副会长商志馥教授逝世，国家文物局局长张文彬、会长王宇信赴广州吊唁致哀。学会理事陈炜湛献挽联，表示对商志馥教授悼念："铁骨铮铮礼仪诗书绵世泽，云山霭霭盘盂竹帛哭贤人。"

8月，中国殷商文化学会发起的"纪念王懿荣发现甲骨文110周年国际学术研讨会"在山东烟台召开，海内外学者200余人出席。授王懿荣甲骨学研究奖（一等奖陈剑，二等奖赵平安，三等奖刘一曼、曹定云）及书法奖一、二、三等若干人。会上王宇信《中国甲骨学》及《纪念王懿荣发现甲骨文110周年国际学术研讨会论文集》首发。"甲骨文国际书法大展"

亦在烟台举行。

11月，中国文字博物馆落成并于16日隆重开馆，李长春、陈志立、刘延东、陈奎元、蔡武、单霁翔等各级领导出席盛会。中国殷商文化学会与该馆联合举办"第一届中国文字发展论坛"举行，出席会议有海内外学者百余名。王宇信、王巍大会主题发言，并主持"论坛"。

8月，王宇信《中国甲骨学》由上海人民出版社出版。

是月，董作宾《平庐影谱》由三秦出版社出版。

12月，李雪山等《甲骨学110年：回顾与展望——王宇信教授师友国际学术研讨会论文集》由中国社会科学出版社出版。

2010年

韩国釜山庆星大学中国汉字研究所举办"汉语文字与文化国际学术研讨会暨21世纪汉字文化研究的新模式——东西方的方法论比较高级论坛"17—22日举行。王宇信、赵平安、李立新、王平、臧克和等中国学者及阿辻哲次［日］、顾彬［德］、蒲芳莎［法］、白谦慎［美］、刘志基［美］等学者应邀出席。

10月，中国文字博物馆成立一周年庆典暨"第二届中国文字发展论坛"举行。史金波、王宇信被聘为该馆顾问，并代表该馆向特聘研究员、客座研究员颁发聘书。

是月，肖楠《甲骨学论文集》由中华书局出版。

是月，王宇信、魏建震《甲骨学导论》由中国社会科学出版社出版。

11月，台北中国文化大学举办"发皇汉语——涵咏文学学术研讨会"，王宇信应邀出席，并提供《古文字学研究生培养六十年：启示与思考》。

12月，杜金鹏《殷墟宫殿区建筑基址研究》由科学出版社出版。

是月，中国社会科学院考古研究所《安阳殷墟小屯建筑遗存》由文物出版社出版。

是月，陈年福编《殷墟甲骨文摹释全编》（全十册）由线装书局出版。

2011年

4月，王宇信、杨升南主编《甲骨学一百年》由韩国河永三教授译竟，并由昭明出版社出版共五卷本。

是月，甲骨文专题展《殷契重光》在国家典籍博物馆开幕。

5月，著名考古学家、中国殷商文化学会理事辛占山教授逝世。会长王宇信特撰挽联表示对辛占山理事的悼念："家事所事考古事事事真君子，亲情友情科研情情情大丈夫"。

是月，7日"母亲节"宁夏"中华黄河坛"落成典礼举行，王宇信等应邀出席。"司母河鼎"（重18吨）、农耕大道、文化大道、感恩大道及感恩大殿文化底蕴深厚，令人震感！中国殷商文化学会李学勤、王宇信、杨升南、朱凤瀚、李伯谦、唐际根等学者，曾为此"中华黄河坛"的打造作了自己应做的贡献。

12月，中国殷商文化学会举办的"殷商文明暨傅说文化高峰论坛"在河南安阳召开。

7月，宋镇豪主编《商代史》共11卷由中国社会科学出版社出版。

卷数	卷 名	作者	出版年月	字数
卷一	商代史论纲	宋镇豪主笔	2011年7月	590千字
卷二	《殷本纪》订补与商史人物徵	韩江苏、江林昌	2010年12月	750千字
卷三	商族起源与先商社会变迁	王震中	2010年11月	190千字
卷四	商代社会与国家	王宇信、徐义华	2011年7月	720千字
卷五	商代都邑	王震中	2010年10月	590千字
卷六	商代经济与科技	杨升南、马季凡	2010年10月	915千字
卷七	商代社会生活与礼俗	宋镇豪	2010年10月	731千字
卷八	商代宗教祭祀	常玉芝	2010年10月	636千字
卷九	商代战争与军制	罗琨	2010年11月	645千字
卷十	商代地理与方国	孙亚冰、林欢	2010年10月	567千字
卷十一	殷遗与鉴赏	宫长为、徐义华	2011年7月	550千字

是月，谢玉堂《甲骨文的由来与发展》由山东人民出版社出版，王宇信序。

是月，18日中国社会科学院学部委员大会向王巍、宋镇豪等10名新增选学部委员颁发证书，向黄展岳、任试楠、王宇信等38名新增选荣誉学部委员颁发证书。

是月，宋镇豪、赵鹏、马季凡等《中国社会科学院历史研究所藏甲骨文》由上海古籍出版社出版。

是月，中国社会科学院考古研究所《殷墟小屯村中村南甲骨》由云南人民出版社出版。

12月，冯时《百年来甲骨文天文历法研究》由中国社会科学出版社出版。

是年，齐航福、章秀霞《殷墟花园庄东地甲骨刻辞类纂》由线装书局出版。

2012 年

2月，崎川隆《宾组甲骨文分类研究》由上海人民出版社出版。

3月，李宗焜《甲骨文字编》由中华书局出版。

5月，"妇好墓发掘与殷商研究座谈会"在北京召开。海内外30余名学者出席。

8月，"甲骨学暨高青陈庄西周早期城址重大考古发现国际学术研讨会"在山东高青召开。海内外学者100余名出席，提交论文70余篇。

2013 年

10月，在河南偃师学会与中国社会科学院考古研究所、河南省文物局、河南省偃师市人民政府联合举办"夏商都邑考古暨纪念偃师商城发现30周年国际学术研讨会"在河南偃师召开。

11月，"第四届古文字与古代史国际学术研讨会：纪念董作宾逝世50周年纪念会"在台北南港召开，海内外学者60余人出席。

是月，王宇信《新中国甲骨学六十年》由中国社会科学出版社出版。

12月，俄罗斯国立爱米塔什博物馆、中国社会科学院历史研究所编著《俄罗斯国立爱米塔什博物馆藏殷墟甲骨》由上海古籍出版社出版。

是月，具隆会《甲骨文与殷商时代神灵崇拜研究》由中国社会科学出版社出版。

2014 年

3月，由中国殷商文化学会、四川省文物考古研究院、三星堆博物馆联合举办的"夏商周方国文明国际学术研讨会"在四川广汉三星堆博物馆召开。海内外 50 余名学者参会。

3 月，孙亚冰《殷墟花园庄东地甲骨文例研究》由上海书店出版社出版。

6 月，刘凤华《殷墟村南系列甲骨卜辞整理与研究》由上海古籍出版社出版。

7 月，张光明、徐义华主编《甲骨学暨高青陈庄西周城址重大发现国际学术研讨会论文集》由齐鲁书社出版。

8 月，"王懿荣甲骨学国际学术研讨会"在山东烟台福山区召开，海内外一百余名学者出席。

10 月，中国社会科学院甲骨学商史研究中心、旅顺博物馆编著《旅顺博物馆所藏甲骨》由上海古籍出版社出版。

11 月，刘义峰《无名组卜辞的整理与研究》由金盾出版社出版。

12 月，国家社科基金办批准了"大数据、云平台支持下的甲骨文释读研究"重大交办课题十个子课题立项。

2015 年

10 月，国家典籍博物馆举办"甲骨文记忆"展览，在北京国家图书馆典籍博物馆举行。

12 月，周忠兵《卡内基博物馆所藏甲骨研究》（上、下）由上海人民出版社出版。

2016 年

3 月，刘影《殷墟胛骨文例》由首都师范大学出版社出版。

是月，"王后·母亲·女将——纪念殷墟妇好墓考古发掘 40 周年特展"为题的考古文物展览，在北京首都博物馆举行。

4 月，韩江苏《殷墟甲骨文字编》由中国社会科学出版社出版。

5 月，陈爱民《二十世纪甲骨文书法研究》由人民出版社出版。

8 月，"甲骨文字识读进展与研究展望研讨会暨甲骨学发展史馆开馆仪式"在山东烟台福山区王懿荣纪念馆召开，有学者 60 余人出席会议。

10月，28日中国文字博物馆在《光明日报》上公布"关于征集评选甲骨文释读优秀成果的奖励公告"，在海内外学术界引起了巨大的反响，是为政府推动下的甲骨文研究全面深入发展与弘扬新阶段开始的标志。

是月，"甲骨文记忆展"在墨西哥的阿卡普尔科市的盛迭戈历史博物馆举行（2016年10月22日至2017年1月31日）。

12月，王宇信主编《世界文化遗产殷墟文化大典》（甲骨卷、考古卷、商史卷）由安徽人民出版社出版。

2017年

4月，韩江苏《殷墟甲骨文编》由中国社会科学出版社出版。

6月，宁夏彭阳西周墓（M13）出土西周甲骨1版上有35字，此为中国目前发现甲骨文的最西部遗址。

是月，陈年福《甲骨文字新编》，由线装书局出版。

7月，由悉尼中国文化中心、中外文化交流中心和中国国家典籍博物馆联合举办的"甲骨文记忆展"在澳大利亚悉尼"中国文化中心"举行。

10月30日，甲骨文被推荐联合国教科文组织"世界记忆名录"候选项目。

是月，贾书晟主编《殷墟甲骨文书法探颐》（上、中、下）由文物出版社出版。

11月，刘一曼、韩江苏《甲骨文书籍提要》（增订本）由上海古籍出版社出版。

12月26日，"甲骨文成功入选'世界记忆名录'发布会"在故宫博物院举行。发布会由教育部、国家语委、国家文物局、国家档案局、故宫博物院、中国联合国教科文组织全委会共同主办。出席会议人员主要来自主办单位、联合国教科文组织驻华代表处、文博机构，以及有关高校和科研院所的代表陈力、林沄、王宇信、宋镇豪、吴振武、黄天树、王蕴智、陈伟武、黄德宽、陈年福、郭旭东等甲骨学家出席。当日下午进行"甲骨收藏与绝学振兴高峰论坛"。

是日，甲骨文出土地安阳召开"庆祝甲骨文成功入选'世界记忆名录'座谈会"。

是月,"甲骨文研究前沿论坛"在河南安阳师范学院举行。

2018 年

3 月,王晓鹏《甲骨刻辞义位归纳研究》,商务印书馆出版。

4 月 16 日,国家社科基金办召开"第一批征集甲骨文释读成果评审会"在北京举行。出席会议的专家有黄德宽(组长)、吴振武、林沄、王宇信、刘一曼、喻遂生、朱凤瀚、黄天树、宋振豪、董莲池、刘钊、赵平安、王蕴智、唐际根、王永民等。投票评出一等奖(10 万元)1 名,文章为《释甲骨金文的"蠢"——兼论相关问题》(蒋玉斌);二等奖(5 万元)1 名,文章为《释甲骨文的"阱"字》(王子扬),并公示后颁奖。

6 月,李发《甲骨军事刻辞整理研究》由中华书局出版。

8 月,[日]落合淳思著《甲骨文小字典》由后浪出版公司出版。

10 月 16 日,教育部语信司召开"甲骨文等古文字研究与应用专项工作"专家委员会会议。副司长刘宏宣读专家委员会名单,主任:黄德宽,顾问:许嘉璐、单霁翔、李学勤、林沄、裘锡圭、王宇信;委员:曹锦炎、黄天树、彭裕商、宋镇豪、吴振武、赵平安、朱凤瀚、刘一曼、刘钊、王素。与会专家审议了 2018 年度专项课题立项项目,研讨专项工作及筹备甲骨文发现 120 周年纪念事宜。

11 月 24 日,由天津国学会和中国殷商文化学会联合举办的"殷契抒怀——甲骨文书法楹联展"在天津文化中心开幕,200 多名各界人士出席了开幕式。王宇信在发言中指出:"这是迎接甲骨文发现 120 周年纪念活动第一展。"

12 月 24 日,由中国殷商文化学会和安阳师范学院历史文化学院联合举办的"迎接甲骨文发现 120 周年学术会议"在安阳举行,出席会议的学者来自北京、天津、河南、河北、山东、贵州、江西等省市和来自韩国的海内外学者 50 名。王宇信在会上做了《政府推动下的甲骨文研究全面深入发展与弘扬新阶段的时代特色》报告,何毓灵介绍了殷墟考古新收获,贵州学者介绍了水族文化与殷墟文化的关系,邢台、江西学者也介绍了最新考古成果。

附录一　甲骨著录书目及简称表

作者	书名	简称	出版情况
刘鹗	铁云藏龟	铁	抱残守缺斋石印本六册 1903 年版
罗振玉	殷虚书契	前	《国学丛刊》石印本三期三卷 1911 年版；1913 年影印本四册；1932 年重印本四册
罗振玉	殷虚书契菁华	菁	1914 年版；重印本一册
罗振玉	铁云藏龟之余	铁余	《眷古丛编》影印本一册 1915 年版；1927 年重印本；1931 年蟬隐庐石印本附《铁云藏龟》书后六册
罗振玉	殷虚书契后编	后	影印本一册 1916 年版；《艺术丛编》第一集本；重印本
罗振玉	殷虚古器物图录	殷图	影印本一册 1916 年版；《艺术丛编》第一集本；翻印本
明义士	殷虚卜辞	明	上海别发洋行石印本一册 1917 年版
姬佛佗	戩寿堂所藏殷虚文字	戩	《艺术丛编》第三集石印本 1917 年版；单行本与王国维《戩寿堂所藏殷虚文字考释》合二册
林泰辅	龟甲兽骨文字	龟	日本商周遗文会影印本二册 1921 年版；北京富晋书社翻印本二册
叶玉森	铁云藏龟拾遗	铁遗	影印本一册 1925 年版；翻印本一册
王襄	簠室殷契征文	簠	天津博物院石印本四册 1925 年版
董作宾	新获卜辞写本	新	石印本与《新获卜辞写本后记》合一册 1928 年版，载《安阳发掘报告》第一期
罗福颐	传古别录，第二集	传古	影印本一册 1928 年版
中村不折	书道，第一卷	书	日本书道院 1931 年版
关百益	殷虚文字存真	真	河南省博物馆拓本一集至八集各一册 1931 年版
原田淑人	周汉遗宝	周汉	日本帝室博物馆 1932 年版
商承祚	福氏所藏甲骨文字	福	金陵大学中国文化研究所 1933 年版
容庚、瞿润缗	殷契卜辞	契	哈佛燕京学社石印本 1933 年版

续表

作者	书名	简称	出 版 情 况
郭沫若	卜辞通纂	通	日本东京文求堂石印本 1933 年版；日本朋友书店 1977 年重印；科学出版社 1983 年版
董作宾	释后岗出土的一片卜辞	后岗	《安阳发掘报告》第四期，1933 年 6 月
王子玉	甲骨文		载《续安阳县志》1933 年 8 月
罗振玉	殷虚书契续编	续	影印本六册 1933 年版
商承祚	殷契佚存	佚	金陵大学中国文化研究所影印本 1933 年版
吉卜生	上海亚洲文会博物馆藏甲骨卜辞	沪亚	1934 年《中国杂志》二十一卷六号，《商代之象形文字》一文所附
黄濬	邺中片羽初集	邺初	北京尊古斋影印本二册 1935 年版
金祖同	郼斋藏甲骨拓本	郼	上海中国书店石印本（与《殷虚卜辞讲话》合一册）1935 年版
方法敛、白瑞华	库方二氏藏甲骨卜辞	库	商务印书馆 1935 年版
黄濬	衡斋金石识小录	衡斋	北京尊古斋影印本二册 1935 年版
白瑞华	殷虚甲骨相片	相	美国纽约影印单行本 1935 年版
明义士	柏根氏旧藏甲骨文字	柏	《齐大季刊》第六十七期 1935 年；齐鲁大学国学研究所单行本一册 1935 年版
顾立雅	中国的诞生	诞	1936 年版
董作宾	安阳侯家庄出土之甲骨文字	侯	《田野考古报告》第一册附摹本拓本 1936 年版
郭沫若	殷契粹编	粹	日本东京文求堂石印本 1937 年版；科学出版社 1965 年版
白瑞华	殷虚甲骨拓片	拓	美国纽约影印单行本一册 1937 年版
黄濬	邺中片羽二集	邺二	北京尊古斋影印本二册 1937 年版
孙海波	甲骨文录	录	河南通志馆 1938 年；艺文印书馆 1958 年重印版
方法敛、白瑞华	甲骨卜辞七集	七	美国纽约影印单行本 1938 年版
唐兰	天壤阁甲骨文存	天	北京辅仁大学 1939 年版
李旦丘	铁云藏龟零拾	铁零	上海中法出版委员会 1939 年版
金祖同	殷契遗珠	珠	上海中法出版委员会 1939 年版
曾毅公	殷契叕存	叕存	齐鲁大学国学研究所 1939 年版
方法敛、白瑞华	金璋所藏甲骨卜辞	金	美国纽约影印单行本一册 1939 年版
孙海波	诚斋殷虚文字	诚	北京修文堂书店影印本 1940 年版
李孝定	中央大学藏甲骨文字	中	石印摹写本 1940 年版

续表

作者	书名	简称	出版情况
于省吾	双剑誃古器物图录	双图	影印本二册 1940 年版
梅园末治	河南安阳遗宝	宝	日本影印本一册 1940 年版
李旦丘	殷契摭佚	摭	来薰阁书店影印本 1941 年版
何遂	叙圃甲骨释要	叙圃	影印本一册 1941 年版
黄濬	邺中片羽三集	邺三	北京尊古斋影印本 1942 年版
胡厚宣	厦门大学所藏甲骨文字	厦	载《甲骨学商史论丛》初集四册 1944 年版
于省吾	双剑誃殷契骈枝三编，附图	骈三	1944 年版
胡厚宣	甲骨六录（成都齐鲁大学国学研究所专刊之一）	六	1945 年版；又收入《甲骨学商史论丛》第三集
怀履光	骨的文化	骨	石印本 1945 年版
胡厚宣	战后平津新获甲骨集	平	（成都齐鲁大学国学研究所专刊之一、二册）1946 年 5 月、7 月版
胡厚宣	战后殷虚出土的新大龟七版	七版	上海《中央日报》《文物》周刊二十二期至三十一期，1947 年 2 月
金祖同	龟卜	龟卜	上海温知书店影印本一册 1948 年版
董作宾	殷虚文字甲编	甲	商务印书馆 1948 年版
董作宾	殷虚文字乙编	乙	上、中辑，商务印书馆。上辑，1948 年版，中辑 1949 年版。（下辑，台湾"中研院"史语所出版 1953 年版。又科学出版社 1956 年版）
李旦丘	殷契摭佚续编	摭续	中国科学院 1950 年版
曾毅公	甲骨缀合编	缀	修文堂书店 1950 年版
胡厚宣	战后宁沪新获甲骨集	宁	北京来薰阁书店 1951 年版
郭若愚	殷契拾掇	掇一	上海出版公司 1951 年版
胡厚宣	战后南北所见甲骨录	南	北京来薰阁书店 1951 年版
郭若愚	殷契拾掇二编	掇二	上海出版公司 1953 年版
胡厚宣	战后京津新获甲骨集	京	群联出版社 1954 年版
郭若愚、曾毅公、李学勤	殷虚文字缀合	缀合	科学出版社 1955 年版
胡厚宣	甲骨续存	续存	群联出版社 1955 年版
董作宾、严一萍	殷虚文字外编	外	艺文印书馆 1956 年版
饶宗颐	日本所见甲骨录	日见	《东方文化》第三卷第一期，1956 年 6 月

续表

作者	书名	简称	出版情况
陈梦家	殷虚卜辞综述（附图）	综述	科学出版社1956年版
饶宗颐	巴黎所见甲骨录	巴	香港大宏雕刻印刷公司1956年版
董作宾	汉城大学所藏大胛骨刻辞考释	汉城	《史语所集刊》二十八本下册，1957年5月
张秉权	殷虚文字丙编	丙	上辑一，台湾"中研院"史语所1957年版。（上辑二，1959年10月；中辑一，1962年；中辑二，1965年；下辑一，1967年；下辑二，1972年）
河南省文化局文物工作队第一队	1955年秋安阳小屯殷墟的发掘		《考古学报》1958年第3期
饶宗颐	海外甲骨录遗	海	香港大学《东方文化》四卷一至二期，1957—1958年
严一萍	中国画谱殷商编		艺文印书馆1958年版
青木木菟哉	书道博物馆所藏甲骨文字	书博	载日本《甲骨学》六、七、八、九、十，1958—1964年
贝塚茂树	京都大学人文科学研究所藏甲骨文字（图版篇）	京人	京都大学人文科学研究所1959年版
陈邦怀	甲骨文零拾	甲零	天津人民出版社1959年版
松丸道雄	日本散见甲骨文字搜汇（一、二、三、四、五、六）	日汇	载日本《甲骨学》七、八、九、十、十一、十二，1959—1980年。（中译本第一部分至第五部分发表在《古文字研究》第三辑，中华书局1980年版。第六部分发表《古文字研究》第八辑，中华书局1983年版。刘明辉译）
中国科学院考古研究所安阳发掘队	1958至1959年殷墟发掘简报		《考古》1961年第2期
屈万里	殷虚文字甲编考释（附图）	甲释	"中研院"史语所1961年版
姚孝遂	吉林大学所藏甲骨选释	吉大	《吉林大学社会科学学报》1963年第4期
金祥恒	国立中央图书馆所藏甲骨文字	中图	《中国文字》第十九、二十册，1966年
伊藤道治	故小川睦之辅氏藏甲骨文字	小川	日本京都《东方学报》第三十七，1966年3月
白瑞华校	方法敛摹甲骨卜辞三种（《库》《金》《七》）		艺文印书馆1966年版
李棪	卜辞贞人何在同版中之异体	何异	香港中文大学《联合书院学报》1969年第5期

续表

作者	书名	简称	出版情况
李棪	联合书院图书馆所获东莞邓氏旧藏甲骨	邓联	香港中文大学《联合书院学报》1969年第7期
李棪	北美所见甲骨选粹	北美	香港中文大学《中国文化研究所学报》第三卷第二期，1970年
刘体智辑	善斋藏契萃编	善斋	艺文印书馆1970年版
饶宗颐	欧美亚所见甲骨录存	欧美亚	《南洋大学学报》1970年第4期
伊藤道治	藤井有邻馆所藏甲骨文字	藤井	日本京都《东方学报》第四十二册，1971年3月
伊藤道治	桧垣元吉氏藏甲骨文字	桧垣	《神户大学文学部纪要》Ⅰ，1972年1月
中国社会科学院考古研究所	1971年安阳后岗发掘简报		《考古》1972年第3期
郭沫若	安阳新出土的牛胛骨及其刻辞	安新	《考古》1972年第2期
许进雄	明义士收藏甲骨文集	安明	加拿大皇家安大略博物馆1972年版
许进雄	殷虚卜辞后编	明后	艺文印书馆1972年版
严一萍	美国纳尔森美术馆藏甲骨刻辞考释	纳尔森	艺文印书馆1973年版
胡厚宣	临淄孙氏旧藏甲骨文字考辨	临孙	《文物》1973年第9期
沈之瑜	介绍一片伐人方的卜辞		《考古》1974年第4期
中国社会科学院考古研究所安阳工作队	1973年安阳小屯南地发掘简报	七三安	《考古》1975年第1期
严一萍	甲骨缀合新编	缀新	艺文印书馆1975年版
严一萍	铁云藏龟新编	铁新	艺文印书馆1975年版
周鸿翔	美国所藏甲骨录	美藏	美国加利福尼亚大学1976年版
李孝定	李光前文物馆所藏甲骨文字简释	李	南洋大学李光前文物馆《文物汇刊》第二号，1976年
严一萍	甲骨缀合新编补	缀补	艺文印书馆1976年版
伊藤道治	关西大学考古学资料室藏甲骨文字	关西	《史泉》五十一号，1977年
郭沫若主编	甲骨文合集	合集	中华书局出版：第二册，1978年版；第三册，1978年版；第四册，1979年版；第五册，1979年版；第六册，1979年版；第七册，1980年版；第八册，1981年版；第九册，1981年版；第十册，1981年版；第十一册，1982年版；第十二册，1982年版；第一册，1982年版；第十三册，1982年版

续表

作者	书名	简称	出版情况
渡道兼庸	东洋文库所藏甲骨文字	东文	东洋文库中国史研究委员会1979年版
许进雄	怀特氏等收藏甲骨文集	怀特	加拿大皇家安大略博物馆1979年版
胡厚宣	释流散到德国的一片卜辞		《郑州大学学报》1980年第2期
徐锡台	西德瑞士藏我国殷墟出土的甲骨文	西瑞	《人文杂志》1980年第5期
中国社会科学院考古研究所	小屯南地甲骨	屯南	中华书局出版：上册一、二，1980年版；下册一、二、三，1983年版
安阳市博物馆	安阳博物馆馆藏卜辞选	安博	《中原文物》1981年第1期
李先登	孟广慧旧藏甲骨选介	孟	《古文字研究》第八辑，中华书局1983年版
胡振祺等	山西省文物工作委员会收藏的甲骨	山西	《古文字研究》第八辑，中华书局1983年版
松丸道雄	东京大学东洋文化研究所藏甲骨文字（图版篇）	东化	东京大学东洋文化研究所1983年版
伊藤道治	国立京都博物馆藏甲骨文字	京都博	神户大学《文化学年报》第三号，1984年
伊藤道治	黑川古文化研究所藏甲骨文字	黑川	神户大学《文化学年报》第三号，1984年
严一萍	商周甲骨文总集	总集	艺文印书馆1985年版
雷焕章	法国所藏甲骨录	法藏	台北光启出版社1985年版
李学勤等	英国所藏甲骨集	英藏	中华书局1986年版
肖楠	小屯南地甲骨缀合篇	屯缀	《考古学报》1986年第3期
沈之瑜	甲骨卜辞新获	上新	《上海博物馆刊》第三辑，上海古籍出版社1986年版
伊藤道治	天理大学附属天理参考馆甲骨文字	天理	天理时报社1987年版
胡厚宣	苏德美日所见甲骨集	苏德美日	四川辞书出版社1988年版
胡厚宣	苏联国立爱米塔什博物馆藏甲骨文字	爱米塔什	载《甲骨文与殷商史》第三辑，上海古籍出版社1991年版
钟柏生	殷虚文字乙编补遗	乙补	历史语言研究所1995年版
胡厚宣	甲骨续存补编	续补	天津古籍出版社1996年版
荒木日吕子	中岛玉振旧藏甲骨	中岛	创荣出版（株）1996年版
雷焕章	德瑞荷比所藏一些甲骨录	德瑞荷比	利氏学社1997年版

续表

作者	书名	简称	出版情况
刘敬亭	山东省博物馆精拓甲骨文	山博	齐鲁书社1998年版
彭邦炯、马季凡等	甲骨文合集补编	合集补	语文出版社1999年版
齐文心等	瑞典斯德哥尔摩古物陈列馆藏甲骨	瑞斯	中华书局1999年版
朱歧祥	甲骨文读本	读本	台北里仁书局1999年版
刘一曼等	殷墟花园庄东地甲骨	花东	云南人民出版社2004年版
王宇信等	甲骨文精粹释译	精粹	云南人民出版社2004年版
唐石父等	王襄著作选集（上、中、下）		天津古籍出版社2005年版
郭若愚	殷契拾掇	掇	上海古籍出版社2005年版
梁东淑	甲骨文解读	甲文解	[韩]书艺文人画月刊社2005年版
郭青萍	洹宝斋所藏甲骨	洹宝	内蒙古人民出版社2006年版
中国国家博物馆	馆藏文物研究·甲骨卷	国博藏甲	上海古籍出版社2007年版
焦智勤、党相魁	殷墟甲骨辑佚	辑佚	文物出版社2008年版
李钟淑、葛英会	北京大学珍藏甲骨文字		上海古籍出版社2008年版
刘一曼等	商周甲骨文（中国书法全集·第1卷）	商周甲文	荣宝斋出版社2009年版
濮茅左	上海博物馆藏甲骨文字	上博	上海辞书出版社2009年版
宋镇豪等	云间朱孔阳藏（戬寿堂殷墟文字）旧拓	戬旧拓	线状书局2009年版
宋镇豪等	张世放所藏殷墟甲骨集	张藏	线状书局2009年版
李宗焜	史语所购藏甲骨集	史购	"中研院"史语所2009年版
中国社会科学院考古研究所	殷墟小屯村中村南甲骨（上、下）	村中南	云南人民出版社2012年版
宋镇豪、马季凡等	中国社会科学院历史研究所藏甲骨	所藏	上海古籍出版社2012年版
宋镇豪等	旅顺博物馆所藏甲骨	旅博	上海古籍出版社2014年版
周忠兵	卡内基博物馆所藏甲骨研究（上、下）	卡内基	上海人民出版社2015年版
焦智勤等	殷墟甲骨拾遗	殷拾遗	中国社会科学出版社2015年版
赵鹏等	笏之甲骨拓本集	笏之	上海古籍出版社2016年版
宋镇豪等	重庆三峡博物馆藏甲骨集	三峡情	上海古籍出版社2016年版

附录二　插图及配文

插　图　名	插图创作者	配文
图1（左）甲子朝决战牧野，商纣军倒戈溃逃；（右）逃鹿台萎裹珠玉，自焚死下场可悲		王宇信
图2 麦秀渐渐掩殷墟，箕子疾首忍涕泣	薛永亮	王宇信
图1-17 商王迷信钟埋祭，牛牢殉献悦鬼神	薛永亮	王宇信
图2-5 村民耕作出骨片，莫妨稼穑堆田头	薛永亮	王宇信
图2-8 成筐碎骨填枯井，理净土地利农作	薛永亮	王宇信
图2-11 搭棚起灶宿坑旁，抢分夺秒挖宝忙	薛永亮	王宇信
图2-12 泼妇骂街惹众怒，口舌逞凶招暴打	薛永亮	王宇信
图2-13 华北大旱断生计，洹滨找宝解燃眉	薛永亮	王宇信
图2-14 张村长菜园露宝，何帮工心底埋痕	薛永亮	王宇信
图2-15 三足鼎立掏中土，顶盖塌落埋四人	薛永亮	王宇信
图2-16 洹滨驻军误农作，村南挖宝补北歉	薛永亮	王宇信
图2-17 赴安行前授机宜，字少片小忽不得	薛永亮	王宇信
图2-18 殷墟沧桑埋古器，春刨秋挖富乡民	薛永亮	王宇信
图2-20 甲骨之王逾圭璧，得闻得见得缘分	薛永亮	王宇信
图2-21 欲擒故纵佯"放弃"，索价松动缓商量	薛永亮	王宇信
图2-22 老翁举家议让骨，某地鬻价定其值	薛永亮	王宇信
图2-23 各售掘骨不通气，行事私密防人知	薛永亮	王宇信
图2-24 盗亦有道共挖藏，待售封志同见证	薛永亮	王宇信
图2-25 大中小骨匀搭配，父子孙辈混一堂	薛永亮	王宇信
图2-26 粗劣搭配一堆售，奇字大骨特价昂	薛永亮	王宇信
图2-28 骑马洹滨求殷墟，爱骨教士寻"上帝"	薛永亮	王宇信
图2-29 新骨腐臭"熏"教训，鉴定"付费""炼"名家	薛永亮	王宇信
图2-31 调查伊始访文人，张君刨骨掘洹滨	薛永亮	王宇信
图2-32 尊古斋里见余骨，近出批量售外人	薛永亮	王宇信

续表

插　图　名	插图创作者	配文
图2-42 河南护宝阻"外流",另起炉灶争地权	薛永亮	王宇信
图2-44 存骨遭盗馆主逃,施氏得骨佚存收	薛永亮	王宇信
图2-54 结束前夕期"惯例",每现奇迹延工期	薛永亮	王宇信
图2-55 甲骨整坑惊发现,窖藏丰富挖不完	薛永亮	王宇信
图2-56 蒙文封志防牵骨,难动手脚保堆完	薛永亮	王宇信
图2-57 掘骨递骨困狭坑,观战二传闲众人	薛永亮	王宇信
图2-59 留值坑旁护"骨柱",不瘵冥思搬运方	薛永亮	王宇信
图2-63 土匪劫谋获知早,军队保护夷险情	薛永亮	王宇信
图2-64 六四"皇舆"踔半途,薛庄村外餐风露	薛永亮	王宇信
图2-65 车稀路轨承巨箱,释压平推省力量	薛永亮	王宇信
图2-66 千钧发力困徐州,有惊无险讯断轴	薛永亮	王宇信
图2-67 "耍赖"骨箱拒入门,"发威"后滑撞工人	薛永亮	王宇信
图2-102 财瞀匪探混研银,"钱库"天降动劫念	薛永亮	王宇信
图3-2 罗氏见骨咤"奇宝",《藏龟》第一谋流传	薛永亮	王宇信
图3-4《韩公碑》拓迷世人,枕中珍藏号"麒麟"	薛永亮	王宇信
图3-7 林翁初疑《藏龟》伪,文求冰释得骨真	薛永亮	王宇信
图3-14 货源垄断跑舌簧,藏家雾里寻庐山	薛永亮	王宇信
图3-15 雪堂访知出骨地,贾人被派小屯村	薛永亮	王宇信
图3-27 国学大师蔑甲金,謇古太炎训祖同	薛永亮	王宇信
图3-28 无缘面辩复信辩,四番作答再不闻	薛永亮	王宇信
图3-29《前编》乔装"寿礼盒",季刚谏师不言中	薛永亮	王宇信
图3-31 土里掘宝耗力气,骨上刻假巧赚钱	薛永亮	王宇信
图3-32 心灵手巧仿甲骨,日售月鬻换毒资	薛永亮	王宇信
图3-33 传说"商简"成筐现,臆造新名"矿质竹"	薛永亮	王宇信
图3-41 挑战意识研甲骨,唯物史观辟新天	薛永亮	王宇信
图3-42 精品八百纂《通》书,善斋巨藏择《萃》编	薛永亮	王宇信
图3-54 加使撤前托明藏,磊落宪益交国家	薛永亮	王宇信
图3-55 "按图索骥"挖藏骨,面世八千裕山博	薛永亮	王宇信
图3-57 陪都"阔佬"降北平,坊间骨价冲天起	薛永亮	王宇信
图3-65 科学得骨吊期值,公布迟滞遭指责	薛永亮	王宇信

参考目录

著录类

郭沫若主编：《甲骨文合集》，中华书局 1978—1982 年版。

郭沫若撰：《卜辞通纂》，《甲骨文研究资料汇编》，北京图书馆出版社 2000 年版（1933 年东京文求堂石印影印本）。

郭沫若撰：《殷契粹编》，《甲骨文研究资料汇编》，北京图书馆出版社 2000 年版（1937 年东京文求堂影印本）。

中国社会科学院考古研究所编：《小屯南地甲骨》，中华书局 1980 年版。

中国社会科学院考古研究所编辑：《殷墟花园庄东地甲骨》，云南人民出版社 2003 年版。

中国社会科学院考古研究所编著：《殷墟小屯村中村南甲骨》，云南人民出版社 2012 年版。

罗振玉编：《殷虚书契前编》，《甲骨文研究资料汇编》，北京图书馆出版社 2000 年版（1912 年上虞罗振玉永慕园日本影印本）。

罗振玉编：《殷虚书契续编》，《甲骨文研究资料汇编》，北京图书馆出版社 2000 年版（1933 年上虞罗振玉殷礼在斯堂影印本）。

刘鹗：《铁云藏龟》，《甲骨文研究资料汇编》，北京图书馆出版社 2000 年版（1931 年罗振常石印本）。

罗振玉：《铁云藏龟之余》，《甲骨文研究资料汇编》，北京图书馆出版社 2000 年版（1931 年罗振常石印本）。

董作宾编纂：《殷虚文字甲编》，商务印书馆 1948 年版。

董作宾编纂：《殷虚文字乙编》，于1948年上集出版，于1949年中集出版，而下集1953年在台湾出版；1956年科学出版社将《乙编》下集重印。

张秉权：《殷虚文字丙编》，台湾"中研院"史语所，上辑一，1957年版；上辑二，1959年版；中辑一，1962年版；中辑二，1965年版；下辑一，1967年版；下辑二，1972年版。

胡厚宣辑，王宏、胡振宇整理：《甲骨续存补编》甲编（上册、中册、下册），天津古籍出版社1996年版。

胡厚宣：《战后宁沪新获甲骨集》，《甲骨文研究资料汇编》，北京图书馆出版社2000年版（1951年来薰阁书店石印本）。

胡厚宣：《战后南北所见甲骨录》，《甲骨文研究资料汇编》，北京图书馆出版社2000年版（1951年来薰阁书店石印本）。

胡厚宣：《战后京津新获甲骨集》，《甲骨文研究资料汇编》，北京图书馆出版社2000年版（1954年上海群联出版社影印本）。

胡厚宣：《甲骨续存》，上海群联出版社1955年影印本。

胡厚宣：《甲骨六录》，成都齐鲁大学国学研究所1945年石印本。

胡厚宣编纂：《苏德美日所见甲骨集》，四川辞书出版社1988年版。

容庚等撰：《殷虚卜辞》，《甲骨文研究资料汇编》，北京图书馆出版社2000年版（北平哈佛燕京学社石印本）。

唐兰：《天壤阁甲骨文存·考释》，《甲骨文研究资料汇编》，北京图书馆出版社2000年版（1939年辅仁大学北平影印本）。

曾毅公编纂：《甲骨缀合编》，北京修文堂书局1950年石印版。

李学勤、齐文心、艾兰纂辑：《英国所藏甲骨集》上编（上、下），中华书局1985年版。

李学勤、齐文心、艾兰编纂：《瑞典斯德哥尔摩远东古物博物馆藏甲骨文字》，中华书局1999年版。

孙海波：《甲骨文编》，中华书局1996年版。

彭邦炯、谢济、马季凡：《甲骨文合集补编》，语文出版社1999年版。

《中国国家博物馆馆藏文物研究丛书·甲骨卷》，上海古籍出版社2007年版。

周忠兵：《卡内基博物馆所藏甲骨研究》（上、下），上海人民出版社2015

年版。

钟柏生纂辑:《殷虚文字乙编补遗》,"中央研究院"历史语言研究所 1995 年版。

王宇信、杨升南、聂玉海主编:《甲骨文精粹释译》,云南人民出版社 2003 年版。

宋镇豪、赵鹏、马季凡编纂:《中国社会科学院历史研究所藏甲骨集》,上海古籍出版社 2011 年版。

宋镇豪、郭富纯主编:《旅顺博物馆所藏甲骨》,上海古籍出版社 2014 年版。

宋镇豪、赵鹏编纂:《笏之甲骨拓本集》,上海古籍出版社 2016 年版。

宋镇豪、黎小龙主编,宫长为副主编:《重庆三峡博物馆藏甲骨集》,上海古籍出版社 2016 年版。

宋镇豪、[俄]玛丽娅主编:《俄罗斯国立爱米塔什博物馆藏殷墟甲骨》,上海古籍出版社 2013 年版。

宋镇豪主编:《张世放所藏殷墟甲骨集》,线装书局 2009 年版。

宋镇豪、朱德天编辑:《云间朱孔阳藏〈戬寿堂殷虚文字〉旧拓》,线装书局 2009 年版。

黄天树主编:《甲骨拼合集》,学苑出版社 2010 年版。

黄天树主编:《甲骨拼合续集》,学苑出版社 2011 年版。

黄天树主编:《甲骨拼合三集》,学苑出版社 2013 年版。

葛英会、[韩]李钟淑编纂:《北京大学珍藏甲骨文字》,上海古籍出版社 2008 年版。

濮茅左辑:《上海博物馆藏甲骨文字》,上海辞书出版社 2009 年版。

严一萍编纂:《甲骨缀合新编》,台湾艺文印书馆 1975 年出版。

蔡哲茂:《甲骨缀合集》,台北乐学书局 1999 年版。

蔡哲茂:《甲骨缀合续集》,台北文津版社 2004 年版。

蔡哲茂编纂:《甲骨缀合汇编》(图版篇),台北花木兰出版社 2011 年版。

许进雄纂辑:《怀特氏等所藏甲骨文集》,加拿大多伦多安大略博物馆,1979 年版。

许进雄编纂:《殷虚卜辞后编》,台湾艺文印书馆 1972 年拓本影印二册。

周忠兵：《卡内基博物馆所藏甲骨研究》，上海人民出版社2015年版。

周鸿翔编纂：《美国所藏甲骨录》，美国加州大学，1976年拓本影印出版。

郭青萍纂辑：《洹宝斋所藏甲骨》，内蒙古人民出版社2006年版。

段振美、焦智勤、党相魁、党宁纂辑：《殷墟甲骨辑佚——安阳民间藏骨》，文物出版社2008年版。

"中央研究院"历史语言研究所编：《史语所购藏甲骨集》，历史语言研究所，2009年。

［加］明义士：《殷虚卜辞》，艺文印书馆1972年版（原于1917年上海别发洋行石印摹本）。

［日］贝冢茂树纂辑：《京都大学人文科学研究所藏甲骨文字》（图版篇二册），京都大学人文科学研究所，1959年。

［日］松丸道雄编纂：《东京大学东洋文化研究所藏甲骨文字》（图版篇），东京大学东洋文化研究所，1983年。

［日］东洋文库古代史研究委员会编著：《东洋文库所藏甲骨文字》，东京株式会社，1979年。

［日］伊藤道治编纂：《天理大学附属天理参考馆藏品：甲骨文字》，天理教道友社，1987年。

［日］荒木日吕子编辑：《中岛玉振旧藏甲骨》，创荣出版社1996年版。

［法］雷焕章编纂：《德瑞荷比所藏一些甲骨录》，台北光启出版社1997年版。

［法］雷焕章纂辑：《法国所藏甲骨录》，台北利氏学社1985年版。

［美］方法敛、白瑞华：《金璋所藏甲骨卜辞》，美国纽约，1939年影印摹本。

［美］方法敛、白瑞华：《甲骨卜辞七集》，美国纽约，1938年影印摹本。

工具书

孙诒让：《契文举例》，《甲骨文研究资料汇编》，北京图书馆出版社2000年版（1917年影印孙诒让稿本）。

王国维：《戬寿堂所藏殷虚文字考释》，2000年严一萍补充由艺文印书馆出版。

于省吾：《甲骨文字释林》，中华书局1979年版。

于省吾主编：《甲骨文字诂林》，中华书局1996年版。

李孝定编：《甲骨文字集释》（台北版），台湾"中研院"史语所，1965年版。

郭沫若：《卜辞通纂考释》，1933年东京文求堂影印本，载于《甲骨文研究资料汇编》，北京图书馆出版社2000年版。

郭沫若：《殷契粹编考释》，1937年东京文求堂影印本，载于《甲骨文研究资料汇编》，北京图书馆出版社2000年版。

郭沫若：《金文余释》，《金文丛考》，人民出版社1954年影印本。

罗振玉撰：《殷虚书契考释》，1914年上虞罗振玉永慕园影印本，《甲骨文研究资料汇编》，北京图书馆出版社2000年版。

王襄：《簠室殷契征文考释》，天津博物馆影印本1925年，北京图书馆出版社2000年版。

唐兰：《天壤阁甲骨文存·考释》，《甲骨文研究资料汇编》，北京图书馆出版社2000年版（1939年辅仁大学北平影印本）。

张秉权：《殷虚文字丙编考释》上、中、下三辑共六册，台湾"中研院"史语所出版：上辑第一册1957年；第二册1959年；中辑第一册1962年；第二册1965年；下辑第一册1967年；第二册1972年。

杨树达撰：《积微居甲文说·卜辞琐记》，中国科学院，1954年。

杨树达：《耐林廎甲文说·卜辞求义》，群联出版社1954年版。

李孝定编著：《甲骨文字集释》，"中央研究院"历史语言研究所，1965年。

屈万里：《殷虚文字甲编考释》，台湾"中研院"史语所，1961年。

许进雄：《明义士收藏甲骨释文篇》，加拿大皇家安大略博物馆，1972年。

许进雄：《殷虚卜辞后编释文》，台湾艺文印书馆1973年版。

蔡哲茂：《甲骨缀合汇编——释文与考释》，台北花木兰出版社2013年版。

朱歧祥：《殷墟花园庄东地甲骨校释》，台中东海大学中文系语言文字学研究室，1996年。

李宗焜：《甲骨文字编》，中华书局2012年版。

林宏明：《醉古集——甲骨的缀合与研究》，台北万卷楼，2011年。

林宏明纂辑:《契合集》,台北万卷楼,2013年。

[日]贝塚茂树、伊藤道治:《京都大学人文科学研究所藏甲骨文字》(本文篇),京都大学人文科学研究所1960年版。

[日]岛邦男纂辑:《殷虚卜辞综类》,汲古书院1967年版,1971年增订版。

[韩]梁东淑:《甲骨文解读》,首尔《书艺文人画》,2005年。

[加]明义士:《甲骨研究》,齐鲁书社1996年版。

《辞海》(1979年缩印本),上海辞书出版社1984年版。

专著类

董作宾、胡厚宣:《甲骨年表》,商务印书馆1937年版。

董作宾:《甲骨学六十年》,台湾艺文印书馆1965年版。

董作宾:《殷历谱》,中研院史语所专刊版,1945年版,1963年日本影印出版,1977年收入《董作宾先生全集》(乙编一、二册),1981年中国书店影印出版。

董作宾:《平庐影谱》,三秦书版社2009年版。

胡厚宣:《甲骨学商史论丛初集》,成都齐鲁大学国学研究所1944年石印本。

胡厚宣:《甲骨学商史论丛二集》,成都齐鲁大学国学研究所1945年石印本。

胡厚宣:《五十年甲骨文发现的总结》,商务印书馆1951年版。

胡厚宣编:《五十年甲骨学论著目》,中华书局1952年版。

胡厚宣:《殷墟发掘》,学习生活出版社1955年版。

郭沫若:《奴隶制时代》初版于1952年,上海新文艺出版社印行;1954年,人民出版社改排出版;1956年,科学出版社印行新一版;1973年,人民出版社出版改编本;1984年,人民出版社《郭沫若全集·历史编》第三卷。

郭沫若:《〈中国古代社会研究〉自序》,人民出版社1954年版。

郭沫若:《十批判书》,人民出版社1954年版;1945年重庆群益出版社出版：1956年科学出版社第一版：收入《郭沫若全集·历史编》第二卷。

郭沫若：《中国古代社会研究》，上海联合书局1930年版：群益出版社重印1947年《郭沫若全集》本：人民出版社1954年版：又收入《郭沫若全集·历史编》第一卷，人民出版社1982年版。

郭沫若：《出土文物二三事·安阳新出土的牛胛骨及其刻辞》，人民出版社1972年版。

王国维：《古史新证》，清华大学出版社1994年版。

唐兰：《殷虚文字记》，北京大学讲义1934年，中华书局1981年版。

唐兰：《古文字学导论》，来薰阁1935年石印本四册：又齐鲁书社1981年增订本。

唐兰：《中国文字学》，上海古籍出版社1979年版。

王宇信：《新中国甲骨学六十年（1949—2009）》，中国社会科学出版社2013年版。

王宇信：《中国甲骨学》，上海人民出版社2009年版。

王宇信、杨升南主编：《甲骨学一百年》，社会科学文献出版社1999年版。

王宇信：《甲骨学通论》，中国社会科学出版社1999年版。

王宇信：《建国以来甲骨文研究》，中国社会科学出版社1981年版。

王宇信：《西周甲骨探论》，中国社会学科出版社1984年版。

王宇信主编：《殷墟文化丛书·殷墟青铜器》（严志斌著），上海大学出版社2008年版。

宋镇豪：《百年甲骨学论著目》，语文出版社1997年版。

宋镇豪、段志洪主编：《甲骨文献集成》，四川大学出版社2001年版。

宋镇豪：《夏商社会生活史》，中国社会科学出版社2005年版。

宋镇豪主编：《商代史》（全11卷），中国社会科学出版社2010—2011年版。

杨升南、马季凡：《商代经济与科技》，中国社会科学出版社2010年版。

严一萍：《甲骨集成》，台湾艺文印书馆1975年版。

陈梦家：《殷虚卜辞综述》，中华书局1988年版。

杜金鹏：《殷墟宫殿区建筑基址研究》，科学出版社2010年版。

"中研院"近代史研究所口述历史丛书《石璋如先生访问记录》，"中研院"

史语所2002年版。
石璋如：《石璋如先生口述历史》，九州出版社2013年版。
方辉：《明义士和他的藏品》，山东大学出版社2000年版。
张秉权：《甲骨文与甲骨学》，台北编译作，1988年版。
杨树达：《积微居甲文说》，上海古籍出版社1986年版。
杨树达：《卜辞求义》，《杨树达论文集之五》，上海古籍出版社1986年版。
容庚：《殷周青铜器通论》，中华书局2012年版。
谢成侠：《中国养马史》，科学出版社1959年版。
宋新潮：《殷商文化区域研究》，陕西人民出版社1991年版。
常玉芝：《殷商历法研究》，吉林文史出版社1998年版。
李亚农：《殷代社会生活》，上海人民出版社1955年版。
温少峰、袁庭栋：《殷墟卜辞研究——科学技术篇》，四川社会科学出版社1983年版。
管燮初：《殷虚甲骨刻辞的语法研究》，中国科学院，1953年。
李学勤：《殷代地理简论》，科学出版社1959年版。
李学勤：《中国古代文明与国家形成研究》，云南人民出版社1997年版。
李学勤、彭裕商：《殷墟甲骨分期研究》，上海古籍出版社1994年版。
黄天树：《殷墟王卜辞分类与断代》，台湾文津出版社1991年版。
彭裕商：《殷墟甲骨断代》，中国社会科学出版社1994年版。
方述鑫：《殷墟卜辞断代研究》，台北文津出版社1992年版。
黄景略：《山东莒县发现我国最早象形文字》，《中国历史学年鉴（1979年）》，三联书店1980年版。
胡光炜：《甲骨文例》，余永梁手写石印本，中山大学语言历史研究所考古学丛书，1928年。
杨善清、杜久明：《中国殷虚——去安阳认识商代文明》，上海大学出版社2006年版。
徐锡台：《周原甲骨文综述》，三秦出版社1987年版。
陈全方：《周原与周文化》，上海人民出版社1989年版。
朱歧祥：《周原甲骨研究》，台湾学生书局1997年版。
曹玮：《周原甲骨文》，世界图书出版公司2002年版。

饶宗颐：《殷代贞卜人物通考》，香港大学，1959 年。

董敏编选：《走近甲骨学大师董作宾》，上海大学出版社 2007 年版。

冯时：《百年来甲骨文天文历法研究》，中国社会科学出版社 2011 年版。

郭胜强：《董作宾传》，江苏文艺出版社 2010 年版。

常耀华：《殷墟甲骨非王卜辞研究》，线装书局 2006 年版。

姚萱：《殷墟花园庄东地甲骨卜辞的初步研究》，线装书局 2006 年版。

韩江苏：《殷墟花东 H_3 卜辞主人"子"研究》，线装书局 2007 年版。

胡振宇整理：《殷商史》，上海人民出版社 2003 年版。

《夏商周断代工程年表》，世界图书出版公司 2000 年版。

石璋如、石磊《龙头一年》，"中央研究院"历史语言研究所 2007 年版。

郭霭春主编：《〈黄帝内经〉素问校注》，人民卫生出版社 1992 年版。

溥仪：《我的前半生》，群众出版社 2013 年版。

［日］伊藤道治：《关于天理参考馆藏甲骨文字》，天理教道友社 1987 年版。

［日］岛邦男：《殷墟卜辞研究》，温天河、李寿林译，1975 年在台湾出版。

［法］雷焕章（Jean A. Lefeuvre）：《甲骨文集书林》（马向阳译），台北利氏学社 2008 年版。

［法］雷焕章：《库思藏·藏品来源》，《法藏》，利氏学社 1997 年版。

调查、发掘报告

刘一曼、郭鹏：《1991 年安阳花园庄东地、南地发掘简报》，《考古》1993 年第 6 期。

中国社会科学院考古研究所安阳工作队：《1973 年安阳小屯南地发掘简报》，《考古》1975 年第 1 期。

中国社会科学院考古研究所安阳工作队：《1973 年小屯南地发掘报告》，《考古学集列》第 9 集，科学出版社 1995 年版。

董作宾：《民国十七年十月试掘安阳小屯报告书》，《安阳发掘报告》第一期，1929 年。

傅斯年：《本所发掘安阳殷墟之经过》，《安阳发掘报告》第二期，1930 年。

董作宾:《释"驭氂"》,《安阳发掘报告》第四期。

董作宾:《大龟四版考释》,《安阳发掘报告》第三期。

董作宾:《新获卜辞写本后记》,《安阳发掘报告》第一期,1929年。

董作宾:《甲骨文研究的扩大》,《安阳发掘报告》第二期。

中央研究院:《田野考古报告》第二册,1947年。

中国科学院考古研究所安阳发掘队:《1958—1959年殷墟发掘简报》,《考古》1961年第2期。

河北省博物馆、河北省文管处台西发掘小组:《河北藁城县台西村商代遗址1973年的重要发现》,《文物》1974年第8期。

北京大学、河北省邯郸考古发掘队:《1957年邯郸涧沟发掘简报》,《考古》1959年第10期。

河南省文物考古研究所编著:《郑州商城》,文物出版社2001年版。

洛阳文物工作队:《洛阳皂角树》,科学出版社2002年版。

山东大学历史系考古专业:《山东邹平丁公遗址第四、五次发掘简报》,《考古》1993年第4期。

孙善德:《青岛市郊区发现新石器时代和殷周遗址》,《考古》1965年第9期。

商丘地区文管会等:《1977年河南永城王油坊遗址发掘情况》,《考古》1978年第1期。

洛阳发掘队:《河南偃师二里头遗址发掘简报》,《考古》1965年第5期。

中国科学院考古研究所、陕西省西安半坡博物馆:《西安半坡》,文物出版社1963年版。

中国社会科学院考古研究所编著:《安阳殷墟小屯建筑遗存》,文物出版社2010年版。

中国社会科学院考古研究所安阳工作队:《河南安阳殷墟刘家庄北地殷墓与西周墓》,《考古》2005年第1期。

山东省文管处、济南市博物馆:《大汶口》,文物出版社1974年版。

肖楠:《1973年安阳小屯南地发掘简报》,《考古》1975年第1期。

郭宝钧等:《一九五〇年春殷墟发掘报告》,《中国考古学报》1951年第5期。

中国社会科学院考古研究所编著：《殷墟妇好墓》，文物出版社1980年版。

任日新：《山东诸城前寨遗址调查》，《文物》1974年第1期。

李先登：《王城冈遗址出土的铜器残片及其他》，《文物》1984年第11期。

北京市文物管理处：《北京市平谷县发现商代墓葬》，《文物》1977年第11期。

河北省博物馆、文物管理处：《河北藁城台西村的商代遗址》，《考古》1973年第5期。

河南省文化局文物工作队第一队：《郑州商代遗址的发掘》，《考古学报》1957年第1期。

马得志等：《一九五三年安阳大司空村发掘报告》，《考古学报》1955年第九册。

河北省博物馆、河北省文管处台西发掘小组：《河北藁城县台西村商代遗址1973年的重要发现》，《文物》1974年第8期。

青海省文物管理处考古队等：《青海乐都原始社会墓地反映出的主要问题》，《考古》1976年第6期。

河南省文化局文物工作队：《1955年秋安阳小屯殷墟的发掘》，《考古学报》1958年第3期。

马得志等：《1953年安阳大司空村发掘报告》，《考古学报》1955年第1期。

刘一曼：《殷墟考古78年》，《中国文化遗产》（总第13期）2006年第3期。

李伯谦：《殷墟的价值》，《中国文化遗产》（总第13期）2006年第3期。

张渭莲、段宏振：《河北邢台南小汪遗址西周刻辞卜骨浅识》，《文物》2008年第5期。

曹定云：《北京琉璃河出土的西周卜甲与召公卜"成周"——召公曾来燕都考》，《考古》2008年第6期。

蔡运章：《洛阳新获西周卜骨文字略论》，《文物》2008年第11期。

南京博物院：《江苏铜山丘湾古遗址的发掘》，《考古》1973年第2期。

俞伟超：《铜山丘湾商代社祀遗址的推定》，《考古》1973年第5期。

王宇信等：《关于江苏铜山丘湾商代祭祀遗址》，《文物》1973年第12期。

山东省博物馆：《山东益都苏埠屯第一号奴隶殉葬墓》，《文物》1972 年第 8 期。

彭适凡：《江西清江吴城商代遗址发掘简报》，《文物》1975 年第 7 期。

湖北省博物馆盘龙城发掘队：《盘龙城 1974 年度田野考古纪要》，《文物》1976 年第 2 期。

辽宁省博物馆：《辽宁喀左县北洞村发现殷代青铜器》，《考古》1973 年第 4 期。

陕西周原考古队：《陕西岐山凤雏村发现周初甲骨文》，《文物》1979 年第 10 期。

徐锡台：《周原出土甲骨文所见了人名、官名、方国、地名浅释》，《古文字研究》第一辑，中华书局 1979 年版。

徐锡台：《探讨周原甲骨文中有关周初的历法问题》，《古文字研究》第一辑，中华书局 1979 年版。

徐锡台：《卜辞十篇选释及断代》，《古文字研究》第六辑，中华书局 1981 年版。

贾靖：《扶风县齐家村西周甲骨发掘简报》，《文物》1981 年第 9 期。

陈全方：《岐山凤雏村两次发现周初甲骨文》，《考古与文物》1982 年第 3 期。

唐际根、何毓灵：《殷墟近十年的考古新收获》，《甲骨文与殷商史》2016 年版。

论文类

王国维：《说殷》，《观堂集林》卷第十二，河北教育出版社 2003 年版。

王国维：《殷卜辞中所见先公先王考》，《观堂集林》卷第九，河北教育出版社 2003 年版。

王国维：《殷卜辞中所见先公先王续考》，《观堂集林》卷第九，河北教育出版社 2003 年版。

王国维：《殷周制度论》，《观堂集林》卷第十，河北教育出版社 2003 年版。

郭沫若：《释七十》，载于《古代铭刻汇考续编》，《郭沫若全集——考古编》，科学出版社 2017 年版。

王宇信：《释九十》，《文物》1977 年第 12 期。

张政烺：《卜辞裒田及其相关诸问题》，《考古学报》1973 年第 1 期。

李学勤：《论"妇好"墓的年代及有关问题》，《文物》1977 年第 11 期。

陈炜湛《"历组卜辞"的讨论与甲骨文断代研究》，《出土文献研究》，文物出版社 1985 年版。

赵却民：《甲骨文中的日、月食》，《南京大学学报》（天文学）1963 年第 1 期。

马汉麟：《关于甲骨卜旬的问题》，《南开大学学报》（人文科学版）1956 年第 1 期。

陈全方：《陕西岐山凤雏村西周甲骨文概论》，《古文字研究论文集》，1982 年。

李民：《商王朝疆域探索》，《史学月刊》2004 年第 12 期。

方辉《济南大辛庄遗址出土商代甲骨文》，《中国历史文物》2003 年第 3 期。

张秉权：《卜龟腹甲的序数》，《历史语言研究所集刊》第二十八本，1956 年。

姚孝遂：《吉林大学所藏甲骨选释》，《吉林大学社会科学学报》1963 年第 4 期。

于省吾：《关于古文字研究的若干问题》，《文物》1973 年第 2 期。

于省吾：《释羌、苟、敬、美》，《吉林大学社会科学学报》1963 年第 1 期。

宋镇豪：《释督昼》，《甲骨学殷商史》第 3 辑，上海古籍出版社 1991 年版。

胡厚宣：《气候变迁与殷代气候之检讨》，《甲骨学商史论丛二集》，《甲骨文研究资料汇编》，北京图书馆出版社 2000 年版（1945 年成都齐鲁大学国学研究所石印本）。

吴振录：《保德县新发现的殷代青铜器》，《文物》1972 年第 4 期。

胡厚宣：《论殷人治疗病之方法》，《中原文物》1984 年第 4 期。

燕耘：《商代卜辞中的冶铸史料》，《考古》1973 年第 5 期。

胡厚宣：《殷人疾病考》，《甲骨学商史论丛初集》，成都齐鲁大学国学研究所 1944 年石印本，又载于《甲骨文研究资料汇编》北京图书馆出版社 2000 年版。

周宗岐：《殷墟甲骨文中所见的口腔疾病考》，《中华口腔科杂志》1956 年第 3 号。

于省吾：《释束》、《双剑誃殷契骈枝》。

罗振玉：《增订殷墟书契考释》，东方学会 1927 年石印本。

于省吾：《从甲骨文看商代的农田垦殖》，《考古》1972 年第 4 期。

李学勤：《郿县李村铜器考》，《文物参考资料》1957 年第 7 期。

郭沫若：《盉尊铭考释》，《考古学报》1957 年第 2 期。

闻一多：《释豕》，《古典新义》载于《闻一多全集》选刊二（下）。

耿鉴庭、刘亮：《藁城商代遗址中出土的桃仁和郁李仁》，《文物》1974 年第 8 期。

于省吾：《殷代的奚奴》，《东北人民大学人文科学学报》1956 年第 4 期。

于省吾：《商代的谷类作物》，《东北人民大学人文科学学报》1957 年第 1 期。

周叔昆等：《中国最早大豆的发现》，《中国文物报》2002 年 3 月 22 日。

游修龄：《中韩出土引发的稻作起源及籼粳分化问题》，《中国文物报》2001 年 10 月 12 日。

何炳棣：《中国农业的本土起源》，《农业考古》1985 年第 1 期。

宋镇豪：《五谷、六谷与九谷——谈谈甲骨文中的谷类作物》，《中国历史文物》2002 年第 2 期。

张雪莲等：《古人类食物结构研究》，《考古》2003 年第 2 期。

金祖同：《殷契遗珠·发凡》，上海中法文化出版委员会，1939 年。

吴汝祚：《甘肃青海地区的史前农业》，《农业考古》1990 年第 1 期。

彭邦炯：《商人卜螽说》，《农业考古》1983 年第 2 期（总第 6 期）。

范毓周：《商代的蝗灾》，《农业考古》1983 年第 2 期（总第 6 期）。

陈邦怀：《小屯南地甲骨所见的若干重要史料》，《历史研究》1982 年第 2 期。

余扶危、叶万松：《中国古代地下储粮之研究》，《农业考古》1982 年第 2 期（总第 4 期）、1983 年第 2 期（总第 6 期）。

李学勤:《论新出大汶口文化陶器符号》,《"中央研究院"历史语言研究所集刊》第 50 本,1979 年。

杨宝成:《殷代车子的发现与复原》,《考古》1984 年第 6 期。

胡厚宣:《卜辞中所见之殷代农业》,《甲骨学商史论丛》第二集上册,1945 年成都齐鲁大学国学研究所石印本,载于《甲骨文研究资料汇编》北京图书馆出版社 2000 年版。

杨钟健、刘东生:《安阳殷墟之哺乳动物群补遗》,《中国考古学报》1949 年第 4 册。

吴其昌:《殷虚书契解诂》,《武汉大学文哲季刊》第 3—6 卷,1934—1937 年。

于省吾:《释禾、年》,《甲骨文字释林》,中华书局 1979 年版。

唐云明:《河北商代农业考古概述》,《农业考古》1982 年第 1 期。

平心:《商代的彗星》,《文汇报》1962 年 8 月 7 日。

中国社会科学院考古研究所:《河南偃师商城商代早期王室祭祀遗址》,《考古》2002 年第 7 期。

徐广德:《近两年来安阳殷墟的考古发掘与研究》,《殷墟发掘 70 周年学术纪念会论文》,中国社会科学院考古研究所编,1998 年 8 月。

裘锡圭:《甲骨文所见的商代农业》,《全国商史学术讨论会论文集》,《殷都学刊》编辑部 1985 年;又收录于《农史研究》第 8 辑,1989 年版;又收录于《古文字论集》,中华书局 1992 年版。

杨树达:《甲骨文中之先置宾辞》,《古文字学研究》,湖南大学油印讲义本,1945 年。

张宗骞:《卜辞弜、弗通用考》,《燕京学报》1940 年第 28 期。

夏鼐:《新中国的考古学》,《考古》1962 年第 9 期。

夏鼐:《碳-14 测定年代和中国史前考古学》,《考古》1977 年第 4 期。

李先登:《王城冈遗址出土的铜器残片及其他》,《文物》1984 年第 11 期。

何定生:《汉以前文法研究》,《中山大学语言历史学研究所周刊》1928 年第 3 集第 31—33 期。

王志俊:《关中地区仰韶文化刻划符号综述》,《考古与文物》1980 年第 3 期。

郭沫若：《古代文字之辨证之发展》，《考古》1972年第3期。

汪宁生：《从原始记事到文字发明》，《考古学报》1981年第1期。

裘锡圭：《汉字形成问题的初步探索》，《中国语文》1978年第3期。

李学勤：《考古发现与中国文字起源》，《中国文化研究集刊》第二辑，复旦大学出版社1985年版。

李学勤：《良渚文化的多字陶文》，《苏州大学学报》，吴学研究专辑，1992年。

唐兰：《关于江西吴城文化遗址与文字的初步探索》，《文物》1975年第7期。

张明华、王惠菊：《太湖地区新石器时代的陶文》，《考古》1990年第10期。

罗琨：《陶寺陶文考释》，《中国社会科学院古代文明研究中心通讯》2001年总2期。

何驽：《陶寺遗址扁壶朱书"文"字新探》，《中国文物报》2003年11月28日。

葛英会：《破译帝尧名号，推进文明探源》，北京大学震旦古代文明研究中心编《古代文明研究通讯》，第32期。

冯时：《"文邑"考》，《考古学报》2008年第3期。

王树明：《谈陵阳河与大朱村出土的陶尊"文字"》，《山东省史前文化论文集》，齐鲁书社1986年版。

于省吾：《关于古文字研究的若干问题》，《文物》1973年第2期。

唐兰：《关于江西吴城文化遗址与文字的初步探索》，《文物》1975年第7期。

唐兰：《从大汶口文化的陶器文字看我国最早文化的年代》，《光明日报》1977年7月14日。

唐兰：《再论大汶口文化的社会性质和大汶口陶器文字——兼答彭邦炯同志》，《光明日报》1978年2月23日。

唐兰：《中国奴隶制社会的上限远在五六千年前——论新发现的大汶口文化及其陶器文字》，《大汶口文化讨论文集》，齐鲁书社1981年版。

唐兰：《中国有六千多年的文明史——论大汶口文化是少昊时代》，《大公报在港复刊 30 周年纪念文集》,1978 年。

董作宾:《甲骨文断代研究例》,《庆祝蔡元培先生六十五岁论文集》,见《中央研究院历史语言研究所集刊外编》第一种上册,1935 年;又收入《董作宾学术论著》,台湾世界书局 1962 年版;又单行本,中央研究院历史语言研究所专刊五十号之附册,又收入《董作宾先生全集》甲编第 2 册,台北艺文印书馆,1977 年版;又收入《中国现代学术经典·董作宾卷》,河北教育出版社 1996 年版。

王宇信:《明义士甲骨学研究的成功及对我们的启示》,《文物天地》2001 年第 5、6 期。

郭沫若:《骨臼刻辞之一考察》,《殷契余论》,《郭沫若全集·考古编》第一册,科学出版社 1982 年版。

郭沫若:《镘甼解》,载于《殷契余论》,《郭沫若全集·考古编》,科学出版社 2017 年版。

董作宾:《商代龟卜之推测》,香港中文大学联合书院,1972 年。

胡厚宣:《殷代婚姻家族宗法生育制度考》,《甲骨学商史论丛初集》第一册,1944 年成都齐鲁大学国学研究所石印本,载于《甲骨文研究资料汇编》,北京图书馆出版社 2000 年版。

胡厚宣:《卜辞杂例》,《历史语言研究所集刊》第八本三分。

胡厚宣:《殷代卜龟之来源》,《甲骨学商史论丛初集》,1944 年成都齐鲁大学国学研究所石印本,载于《甲骨文研究资料汇编》,北京图书馆出版社 2000 年版。

胡厚宣:《武丁时五种记事刻辞考》,《甲骨学商史论丛初集》。

胡厚宣:《卜辞同文例》,《历史语言研究所集刊》第九本,1947 年。

胡厚宣《甲骨学绪论》,香港中文大学联合书院,1972 年。

李达良《龟版文例研究》,香港中文大学联合书院,1972 年。

卡美年:《河南安阳遗龟》,《中国地质学会会志》十七卷一号,1937 年。

中国社会科学院考古研究所:《小屯南地甲骨钻凿形态》,《小屯南地甲骨》下册第三分册,中华书局 1983 年版。

张秉权:《殷虚卜龟之卜兆及其有关问题》,《"中央研究院"院刊》1954 年第 1 辑。

赵铨、钟少林、白荣金：《甲骨文字契刻初探》，《考古》1982 年第 1 期。

彭邦炯：《书契缺刻笔画再探索》，《甲骨文发现一百周年学术研讨会论文集》台湾师大国文学系，"中研院"史语所，1998 年。

林声：《记彝、羌、纳西族的"羊骨卜"》，《考古》1963 年第 3 期。

林声：《云南永胜县彝族（他鲁人）"羊骨卜"的调查和研究》，《考古》1964 年第 2 期。

汪宁生《彝族和纳西族的羊骨卜——再论古代甲骨占卜习俗》，《文物考古论集》，文物出版社 1986 年版。

邵望平：《远古文明的火花——陶尊上的文字》，《文物》1978 年第 9 期。

王宇信、张永山、杨升南：《试论殷墟五号墓的"妇好"》，《考古学报》1977 年第 2 期。

董作宾：《〈殷虚文字甲编〉自序》，商务印书馆 1948 年版。

董作宾：《〈殷虚文字乙编〉序》。

胡厚宣：《五十年甲骨学论著目·序》，中华书局 1952 年版。

郭沫若：《骨臼刻辞之一考察》，《古代铭刻汇考续编》1934 年。

巴尔姆格伦：《半山及马广随葬陶器》，《中国古生物志》丁种第 3 号 1 册 1934 年。

王蕴智：《史前陶器符号的发现与汉字起源的探索》，《华夏考古》1994 年第 3 期。

董作宾：《骨文例》，《历史语言研究所集刊》第七本第一分。

刘一曼、曹定云：《三论武乙、文丁卜辞》，《考古学报》2011 年第 4 期。

陈全方：《陕西岐山凤雏村西周甲骨文概论》，《古文字研究论文集》，1982 年。

王玉哲：《陕西周原所出甲骨文的来源试探》，《社会科学战线》1982 年第 1 期。

李学勤、王宇信：《周原卜辞选释》，《古文字研究》1980 年第 4 辑。

陕西周原考古队：《陕西岐山县凤雏村发现周初甲骨文》，《文物》1979 年第 10 期。

徐中舒：《周原甲骨初论》，《古文字研究论文集》，1982 年。

王宇信：《甲骨学研究九十年》，《史学月刊》1989 年第 4 期。

胡厚宣：《卜辞记事文字史官签名例》，《中央研究院历史语言研究所集刊》第 12 本，1947 年。

于省吾：《释奴婢》，《考古》1962 年第 9 期。

于省吾：《释尼》，《吉林大学社会科学学报》1963 年第 3 期。

胡厚宣：《释殷代求年于四方和四方风的祭祀》，《复旦学报》（人文科学）1956 年第一期。

胡厚宣：《释余一人》，《历史研究》1957 年第 1 期。

胡厚宣：《殷代的刖刑》，《考古》1973 年第 2 期。

张政烺：《释甲骨文的俄、隶、蕴三字》，《中国语文》1965 年第 4 期。

张政烺：《卜辞裒田及其相关诸问题》，《考古学报》1973 年第 1 期。

杨向奎：《释"不玄冥"》，《历史研究》1955 年第 1 期。

赵佩馨（裘锡圭）：《甲骨文中所见的商代五刑》，《考古》1961 年第 2 期。

邹衡：《试论殷墟文化分期》，《北京大学学报》（人文科学）1964 年第 4、5 期。

杨锡璋、杨宝成：《从商代祭祀坑看商代奴隶社会的人牲》，《考古》1977 年第 1 期。

孙海波：《从卜辞试论商代社会性质》，《河南师院学报》1956 年 11 月创刊号。

徐喜辰：《商殷奴隶制特征的探讨》，《东北师大科学集刊》（历史）1956 年第 1 期。

王玉哲：《试述殷代的奴隶制度和国家的形成》，《历史教学》1958 年第 9 期。

束世澂：《夏代和商代的奴隶制》，《历史研究》1956 年第 1 期。

唐兰：《关于商代社会性质的讨论》，《历史研究》1958 年第 1 期。

朱本源：《论殷代生产资料的所有制形式》，《历史研究》1956 年第 6 期。

于省吾：《从甲骨文看商代社会性质》，《东北人民大学人文社会科学学报》1957 年第 2、3 期合刊。

赵锡元：《试论中国奴隶制形成和消亡的具体途径》，《吉林大学社会科学学报》1979 年第 1 期。

陈福林：《试论殷代的众、众人与羌的社会地位》，《社会科学战线》1979

年第3期。

肖楠:《论武乙、文丁卜辞》,《古文字研究》第3辑,中华书局1980年版。

刘一曼、曹定云:《三论武乙、文丁卜辞》,《考古学报》2011年第4期。

杨升南:《甲骨文商史论丛》,线装书局2007年版。

肖楠:《甲骨学论文集》,中华书局2010年版。

[法]雷焕章:《德瑞荷比所藏一批甲骨录·序》,台湾光启出版社1997年版。

古文献类

《周礼》,《十三经注疏本》,中华书局1980年影印本。

《周易》,《十三经注疏本》,中华书局1980年影印本。

《诗经》,《十三经注疏本》,中华书局1980年影印本。

《史记》,中华书局1982年版。

《汉书》,中华书局1962年版。

《后汉书》,中华书局2000年版。

《淮南子》,中华书局2012年版。

《世本八种》,中华书局2008年版。

刘文典编:《庄子补正》,安徽大学出版社1999年版。

谌东飚校译:《山海经》,广西民族出版社1996年版。

林家丽译注:《楚辞》,中华书局2009年版。

金良年撰:《孟子译注》,上海古籍出版社1995年版。

陆玖译:《吕氏春秋》,中华书局2011年版。

李梦生撰:《左传译注》,上海古籍出版社1998年版。

尚学锋、夏德靠编撰:《国语》,中华书局2007年版。

(明)李时珍:《本草纲目》。

后 记

这部《甲骨学发展120年》三校小样,在校完最后一页(实是校后的复校),已是2019年2月14日(即农历己亥年正月初十)晚上了。紧接着,我又开始给这部书写"写在前面的话"和"后记"了。应该说,这部书的三校小样,中国社会科学出版社在2019年1月28日(农历戊戌年腊月二十三日)下午送到我手中以后,当时我就开始认真校对了。其间,除了大年三十全家人一起吃年饭和晚上吃饺子并喝了点团圆酒稍事休息,停下手头的校稿工作外,基本都是在校稿过程中迎接新年的。正月初一(2019年2月5日)我回到老家平谷,与我弟弟王友信夫妇和侄子们、孙子们团聚的这一段时间(至正月初六),也是带着小样去的。除了中午和晚上全家人在一起吃饭,饭香酒醇,情意浓浓,大家在一起尽享亲情和天伦之乐,谈天说地之外,我都是躲在二层小楼安静的楼上,心无旁骛地校着稿子。直到2月10日(正月初六)回北京之前,我就已把全部书稿校过了一遍。回京后继续复核一遍后,2019年2月15日交"顺丰"快递,把书稿三校样寄给了出版社安芳女士。我这一校稿过程,前后共用20天左右的时间。感谢我的合作者、学生具隆会教授,根据我前后三次对文稿的补充、修订、润色,先后共进行了较大的三次录入、修改、增订过程。也感谢责任编辑安芳女士,她编校时认真、细致,并把原样稿插图进行了艺术化的大幅度调整。从小样的文字方面看,虽然原稿甲骨字、生僻字量较大,但小样需改动的错处不多,因而版面显得很干净。我一边校稿,一边在心中默默地感谢书稿的录入、编排、校对人员的辛勤劳动和认真细致的工作态度。

这部《甲骨学发展120年》立项的时候,原是以"甲骨学学术史"为题,向中国社会科学院学部局项目处申报的。"甲骨学学术史"的写作,首先就是要以甲骨学百年来的发展史为纲，即要理出甲骨学研究的"草创时期"（1899—1928 年）、"发展时期"（1928—1949 年）、"深入发展时期"（1949—1978 年）、"全面深入发展时期"（1978—2016 年）、"政府推动下的全面深入发展与弘扬新阶段"（2016 年 10 月至今）等不同发展阶段的学术传承和发展，就是要把甲骨文的发现和甲骨文的著录和缀合、甲骨学自身规律的复原和与殷墟考古学的发现相得益彰、殷商历史的复原和古代科学技术成就的溯源等，即狭义的甲骨学和广义的甲骨研究成就都作为参考文献和研究资料加以全面收集，并置于有关发展阶段之内加以展示，这是进行甲骨学学术史研究的基础；在此基础上，研究甲骨学学术变迁和发展的脉络，首先是新兴学科甲骨学与相关传统学术及学科的关系，诸如甲骨学与传统金石学，特别是彝铭、图像以及中国各种古文字及古文字学，直到与今天汉字的蝉遞关系和传承的中华基因等；而甲骨文字的释读与乾嘉以来朴学在文字学的音韵、训诂等方面所取得成就的借鉴、继承与融会贯通等；不仅如此，甲骨学的发展史，还与近代科学技术的发展，诸如近代田野考古学方法及现代科技手段与仪器的移用、现代摄影工具及技术、电子计算机及 C_{14} 测年手段等，也是甲骨学学术史在研究当代甲骨学何以如此迅猛发展时，所考虑的学者背后的科技推手。如此等等，即甲骨学学术史的研究，在研究资料和研究方法方面，不仅和前人的有关研究有着纵向的继承和弘扬关系；也与同时代相关学问，有着横向的启示和借鉴关系；此外，甲骨学史上不同师承和学派的差异和辩难，差异本身就是推动前进的动力，而辩难就是走向真理的前奏。在辩难中取得了学术的发展，在融会贯通中达成共识和前进；更为重要的是，甲骨学学术史还应将学术成就的取得，置于当时社会的政治、经济和文化思想的大背景之下，并力求讲清甲骨学何以在某些时间段在某些方面取得了突破或长足前进；而在某些时间段，却发展迟滞或成绩乏善可陈，这是甲骨学学术史赋予甲骨学史发展灵魂的工作。总之，我理解的甲骨学学术史，要以学术发展史为骨干，但要有学术发展的深厚社会政治、经济、文化的底蕴为推动前进的灵魂。

由于时间的关系，即在 2013 年至 2014 年共两年的时间内，我只完成了《图说甲骨学发展史》近 50 万字的写作（今名《甲骨学发展 120 年》

为后改，70万字为近年不断增补的结果）。其间，这部书的初稿，还为福山"王懿荣纪念馆"的"甲骨学发展史馆"的布展提供素材参考。山东福山王懿荣甲骨学研究会吕伟达会长和展览施工方清华大学美术学院的陈斌教授，就是据我提供的浓缩书稿，再精编为展版上的文字说明的。而恰在此时，《图说甲骨学发展史》也整理成一部完整的书稿材料，也正好是学部局规定的两年结项时间到。如果在此基础上，给"甲骨学发展史"注入前文所考虑的使"发展史"活起来的推动和制约学术前进的灵魂，进一步完成《甲骨学学术史》的写作，课题结项的时间已是不允了。因而以个人之力，在两年内只能以《图说甲骨学发展史》作为《甲骨学学术史》的阶段性成果结项了。请诸位相信，在我身体条件允许的情况下，以后一定会继续完成《甲骨学学术史》的研究的。

我和具隆会把第四次修订稿（即阶段性成果本）交中国社会科学出版社审读，就等着通过出版了。原拟名为《图说甲骨学发展史》，因我们手头图片资料不全，而且搜集起来十分困难，虽然书稿中尽可能用上了能找到的照片，但与我们原来预想的相差甚远，就索性改名为《甲骨学发展史》了。就在此书稿在出版社待"审读"期间，习近平同志在2016年5月17日的重要讲话，使广大甲骨文学古文字研究学者备受鼓舞。国家社科基金办和教育部等文化领导机构闻风而动，积极落实对甲骨文等古文字研究，"确保有人做，有传承"的讲话精神，设计了一批推动甲骨文字释读研究和甲骨文研究前进的一批课题，从而我国的甲骨学研究，进入了政府推动下的全面深入发展与弘扬的新阶段。而我们中华瑰宝甲骨文，也在2017年12月28日举行的发布会上，正式宣布被纳入了"世界记忆遗产名录"。如此等等。本书稿又把这一段甲骨学史上风云际会的时间段补入，因而正式定名为《甲骨学发展120年》。

就在这部新著即将面世的时候，我衷心感谢在写作过程中，对我提供这样那样的支持和帮助的人们。首先，我感谢我的老伴朱月萍女士，她不仅关心着我的一日三餐，我可以说是饭来张口而且还帮助我"故纸堆"中翻找故纸——需要参考的著作和论文，还帮助我与朋友们的联系等，从而为我节省不少时间和杂事的扰乱思绪。我的小孙子王宬章怕我累着，遵其父王晓峰和其母刘素芹之命，每天下午放学后都来看我，让我陪他读读晚报或说会儿话，使我享受含饴弄孙的天伦之乐，达到了让我放松一下身心的目的；初稿和文稿的几次增修，因我不使用电脑写作，稿纸上满是东涂西抹，上勾下补，文稿令人难以卒读。但朱月新女士以极大的耐心和细心，帮我把部分文稿抄清，使我放心地交人录入，从而把更多的时间用于文稿的增补和修订。在这里，感谢默默支持我，为我做出奉献的家人们！我还要感谢我的合作者和学生具隆会教授，每次文稿的修订和内容的增补，都是他把我的手写稿或修改处补录入电脑，并尽可能配上符合相关内容的图片。有一年他回韩国了，还在家里把我寄去的作了较大改动和增补的文稿重新录入，并精心装订成四改稿一册寄回中国。在录入过程中，他还为书稿增补了不少新内容。特别是出版社决定出版此书后，把排好的二校小样寄给他校对时，我又把经我再进行一番大修订的第四稿（即那份从韩国寄回的已经修改过三次的文稿，并早已用电脑发一份给出版社，以供排版用）寄河南大学具隆会处，请他把第四稿上贴的不少新增加内容纸条上的文字，一一排入有关章节、子目之中，并从整体上协调好全书的章、节，有机合为一册，作为第五次文稿定本，用于增修、校对出版社发表的二校小样之用，从而使二校小样有了较大的调整。不仅如此，这次的修订五稿本，还增补了不少新的内容。诸如增加了几部新出版的著录书《旅博》《笏之》《三峡博》及《缀汇》《醉古》《契合集》及《书法探颐》《二十世纪甲骨文书法研究》等，又补写了有关"海外召开的甲骨学会议""甲骨文书契艺术的弘扬"等方面的内容。这最后一次的修改稿（第五次定本），还新增加了"第五章""第六章"的长篇文字，虽然录制起来较前面新增加的"字条"要容易得多，但长篇文字的编排，也还是颇费心力的。如此等等，《甲骨学发展120年》第二校小样，也依据文稿五次修改定稿，增补了新补录的内容。现出版社给我的三校小样，就是在如此这般增补审改二校小样之后完成的……而我这次校对本书三校样，也还是依据第五稿定本进行的。在校完三校小样后，我如释重负，不禁长舒一口气。眼前我书桌上放着的本书三、四、五次修改稿文本，看着他们一次比一次增长的厚度，不正是具隆会先生耗费一次比一次更多的心血浇灌而成的么？！

我还要感谢安阳司母戊铜器文化传播有限公司吴苏桉总经理，他为我找到公司的专职画家薛永亮先生，诚请他为本书重新绘制插图。这新创作的53幅插图再加上画龙点睛的配文，一下子给本书增色不少。感谢薛画家的不凡手笔！此外，我还要感谢我的朋友和同事友好王震中教授、徐义华教授、刘源教授、谢玉堂先生、吕伟达先生、陈斌教授、于杰馆长、毛敏女士、李来付先生、崔文科先生、张光明教授等对我的支持、鼓励和关心；我也感谢安阳师范学院的郭旭东、韩江苏、郭胜强等教授和张坚先生等，特别是郭胜强教授，多年来十分注意收集甲骨学术会议有关的讯息和资料的积累。他在完成主编的《殷墟文化大典·甲骨卷》有关插图需要的同时，本书有关学术会议的珍贵照片，有不少是他慷慨提供的。此外，我的业师胡厚宣先生的哲嗣胡振遂和胡振宇兄弟，也为我提供了珍稀的照片，从而使我和我的朋友们得以一睹先师胡厚宣教授当年在南京和昆明时的风采。因此，我在此向他们致敬！

我在这里，还衷心感谢中国社会科学出版社的负责同志，感谢他们多年对我的关心和信任，特别是郭沂纹副总编和责编安芳的精心编校，使本书印刷质量有大幅度提高。一度由于此书出版经费无着，书稿不得不在出版社"搁浅"了一段时间。正是郭编指引迷津，她指导我，只要创新工程结项合格，出版津贴就有保障，可向社科院学部局申请……也正是在这段书稿被出版社"冷处理"期间，我大力补充了"新阶段"到来前后的甲骨研究进展，特别是甲骨文走向人民大众和走出国门等有关内容，从而使此书成为名副其实的《甲骨学发展120年》；此外，我还要感谢教育部语信司"甲骨文等古文字研究与应用专项"的领导及专家们，蒙他们垂青我这部还是以《图说甲骨学发展史》为暂名时的著作，并在2017年第一批资助的十个研究课题之外，特别是拨款资助《甲骨学发展120年》的出版。我还应感谢学部局项目处的刘杨同志，他为本书的出版和与教育部的协调，做了很多的工作。

总之，此书的出版，我要感谢新时代，感谢各位新时代的好人们的帮助和支持！我在这里祝愿我的朋友们：健康如意，长寿吉祥！并以这句话与大家共勉：德高人长寿，积善福自来。

王宇信

2019年2月20日凌晨于方庄芳古园一区"入帘青小庐"寓所